長南政義編

日露戦争第三軍関係史料集

大庭二郎日記・井上幾太郎日記でみる旅順・奉天戦

国書刊行会

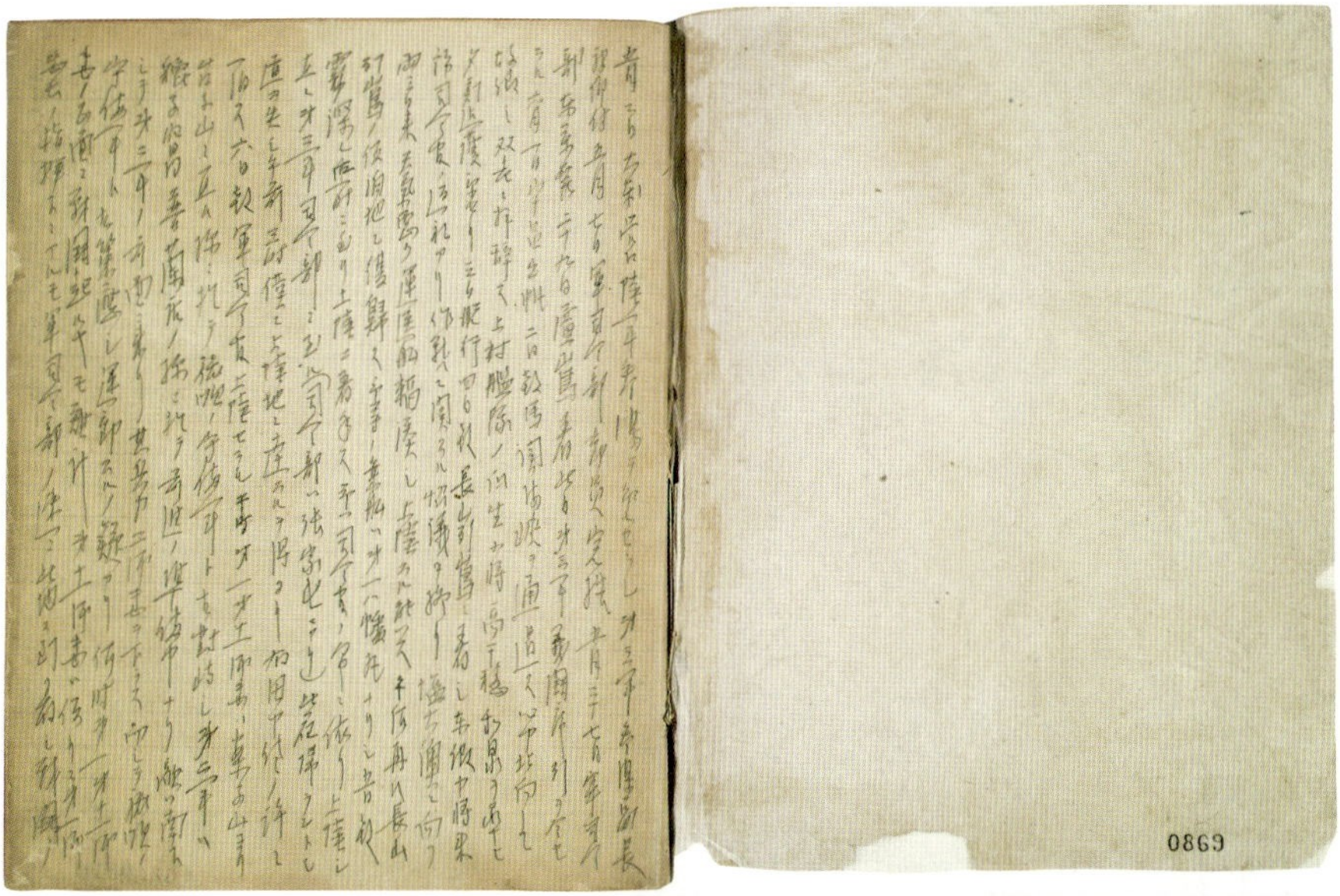

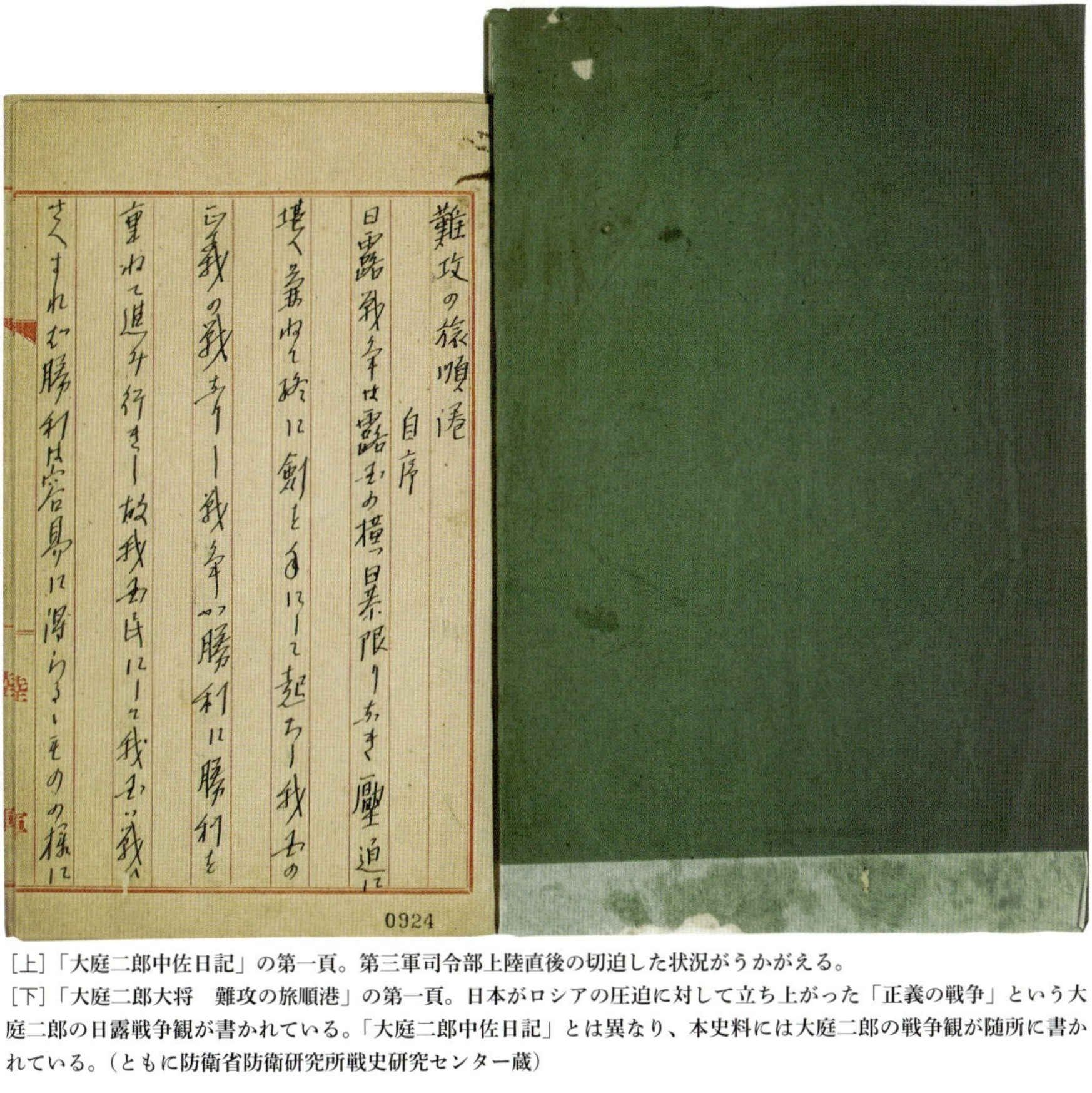

［上］「大庭二郎中佐日記」の第一頁。第三軍司令部上陸直後の切迫した状況がうかがえる。
［下］「大庭二郎大将　難攻の旅順港」の第一頁。日本がロシアの圧迫に対して立ち上がった「正義の戦争」という大庭二郎の日露戦争観が書かれている。「大庭二郎中佐日記」とは異なり、本史料には大庭二郎の戦争観が随所に書かれている。（ともに防衛省防衛研究所戦史研究センター蔵）

［上］明治38年9月20日、法庫門の第三軍司令部にて撮影。満洲軍総司令官大山巌が各軍巡視中に第三軍司令部を訪問した際に写された。最前列左から一戸兵衛、吉田丈治、牟田敬九郎、1人おいて土屋光春、乃木希典、大山巌、大迫尚敏、飯田俊助、秋山好古、永田亀、松川敏胤、落合泰蔵。2列目左から福島正一、5人目河合操、7人目津野田是重。3列目左から松平英夫、樋渡盛広、5人目井上幾太郎、6人目星野金吾、11人目河西惟一。4列目左から7人目安原啓太郎、9人目貴志弥次郎。

［下］明治37年12月20日、柳樹房第三軍司令部前庭にて撮影。聯合艦隊司令長官東郷平八郎が第三軍司令官乃木希典を訪問し会合した際に写された。最前列左から大庭二郎、吉田丈治、伊地知幸介、東郷平八郎、乃木希典、落合泰蔵、榊原昇造。2列目左から3人目白井二郎、6人目秋山真之、7人目山岡熊治。最後列左から2人目津野田是重、5人目松平英夫、7人目安原啓太郎。

目次

凡例

1、「大庭二郎中佐日記」

一、本史料は、大庭二郎「大庭二郎中佐日記」（防衛省防衛研究所戦史研究センター所蔵、戦役—日露戦役322）の翻刻である。「大庭二郎中佐日記」は、ノートに鉛筆縦書きで記入されている。

一、読みやすさと検索のしやすさを考慮して、月のはじめに年月を示す見出しを入れた。

一、「大庭二郎中佐日記」で使用されている仮名の大部分は片仮名であるが、読みやすさを考慮して、片仮名および変体仮名は、原則として全て平仮名に改めた。なお、仮名遣いに関しては、原文のままとし、原文にない濁点、半濁点を補うことなどはしなかった。

一、漢字は原則として常用漢字を使用した。また、旧字体は新字体に、略字、異体字、俗字は正字になおした。

一、「ヿ」は「こと」、「𪜈」は「とも」とした。

一、適宜、句読点をつけた。

一、闕字および平出は、字間を詰めた。

一、「午后」と「午後」、「廿」と「二十」、「竜」と「龍」、「功を奏す」と「効を奏す」、「濠」と「壕」、「攻路」と「坑路」などのように表記が不統一の箇所もあるが、原文のままとし、統一しなかった。

一、誤字および脱字は、原文のままとし、該当箇所右横に〔ママ〕と明記したが、箇所によっては、該当箇所右横および本文に〔 〕で訂正字句を記入した。

一、本文中に挿入した〔 〕内の文字は、編者が記入した補注である。人名に関する補注は、原則として初出時に

一、〔　〕として注記した。
一、削除箇所や欄外記入は、【削除】、【欄外】内に記入した。

2、「日露戦役従軍日記」

一、本史料は、井上幾太郎「日露戦役従軍日記」（二冊。靖國神社靖國偕行文庫所蔵）の翻刻である。「日露戦役従軍日記」は、原本ではなく原稿用紙および「井上用紙」罫紙に縦書きで記入された写本である。
一、読みやすさと検索のしやすさを考慮して、月のはじめに年月を示す見出しを入れた。
一、「日露戦役従軍日記」で使用されている仮名の大部分は片仮名であるが、読みやすさを考慮して、片仮名および変体仮名は、原則として全て平仮名に改めた。なお、仮名遣いに関しては、原文のままとし、原文にない濁点、半濁点を補うことなどはしなかった。
一、漢字は原則として常用漢字を使用した。また、旧字体は新字体に、略字、異体字、俗字は正字になおした。
一、適宜、句読点をつけた。
一、闕字および平出は、字間を詰めた。
一、「付」と「附」、「連」と「聯」、「到着」と「到著」、「状況」と「情況」などのように表記が不統一の箇所もあるが、原文のままとし、統一しなかった。
一、誤字および脱字は、原文のままとし、該当箇所右横に〔ママ〕と明記したが、箇所によっては、該当箇所右横および本文に〔　〕で訂正字句を記入した。ただし、「日露戦役従軍日記」は、写本のため誤字が多い。そのため、明白な誤字は修正した。
一、本文中に挿入した〔　〕内の文字は、編者が記入した補注である。人名に関する補注は、原則として初出時に〔　〕として注記した。

一、地名に関しては、参謀本部編『明治卅七八年日露戦史』全十巻・附図全十巻（東京偕行社、一九一二〜一九一五年）の地名と異なるものが多いが、原文のままとした。

3、「大庭二郎大将　難攻の旅順港」

一、本史料は、大庭二郎「大庭二郎大将　難攻の旅順港」（防衛省防衛研究所戦史研究センター所蔵、戦役―日露戦役323）の翻刻である。「大庭二郎大将　難攻の旅順港」は、陸軍罫紙にペン縦書きで記入されている。

一、漢字は原則として常用漢字を使用した。また、旧字体は新字体に、略字、異体字、俗字は正字になおした。

一、適宜、句読点をつけた。

一、闕字および平出は、字間を詰めた。

一、誤字および脱字は、原文のままとし、該当箇所右横に〔ママ〕と明記したが、箇所によっては、該当箇所右横に〔　〕で訂正字句を記入した。

一、本文中に挿入した〔　〕内の文字は、編者が記入した補注である。人名に関する補注は、原則として初出時に〔　〕として注記した。

4、「旅順の攻城及奉天会戦に於ける第三軍に就て」・「日露戦役経歴談（旅順攻城戦の部）」

一、白井二郎「旅順の攻城及奉天会戦に於ける第三軍に就て」は、多門二郎編『陸軍大学校課外講演集　第一輯』（陸軍大学校将校集会所、一九二九年）一五七〜二三八頁に収録されている史料である。

一、井上幾太郎「日露戦役経歴談（旅順攻城戦の部）」は、牛島貞雄編『陸軍大学校課外講演集　第二輯』（陸軍大学校将校集会所、一九三一年）五七〜一一一頁に収録されている史料である。

一、仮名遣いおよび句読点は、原文に忠実に翻刻した。

一、漢字は原則として常用漢字を使用した。また、旧字体は新字体に、略字、異体字、俗字は正字になおした。
一、闕字および平出は、字間を詰めた。
一、誤字および脱字は、原文のままとし、該当箇所右横に〔ママ〕と明記したが、箇所によっては、該当箇所右横および本文に〔 〕で訂正字句を記入した。
一、本文中に挿入した〔 〕内の文字は、編者が記入した補注である。人名に関する補注は、原則として初出時に〔 〕として注記した。
一、史料中に登場する「附図」ないし「戦史第〇巻の第〇図」とは、参謀本部編『明治卅七八年日露戦史』全十巻・附図全十巻（東京偕行社、一九一二〜一九一五年）の附図のことである。本書では、史料の理解に必要なもののみを巻末に収録した。
一、改行は、原則として本文に従ったが、鼇頭小見出しの関係で改行や追い込みを行なったり段落を付けた箇所もある。
なお、史料本文中に、現在の人権感覚からすると差別・偏見とされるような不適切な表現があるが、歴史的史料である性格を考慮し、原文のままとした。

大庭二郎中佐日記

明治三十七年五・六月

五月二日、大本営陸軍参謀を免せられ、第三軍参謀副長被仰付。五月七日、軍司令部動員完結。五月二十七日、軍司令部東京発。二十九日、広島着。此日、第三軍戦闘序列を令せらる。六月一日、宇品出帆。二日朝、馬関海峡を通過す。心中北向して故郷之双老に拝辞す。上村艦隊〔第二艦隊、司令長官上村彦之丞〕の瓜生少将〔外吉、第四戦隊司令官〕、高千穂、和泉を率ひ夕刻迄護衛せり。三日、航行。四日朝、長山列島に着し、東郷中将〔平八郎、聯合艦隊司令長官〕来訪、司令官〔乃木希典、第三軍司令官〕の返礼あり。作戦に関する協議を終り塩大澳に向ふ。両三日来、天気悪く、運送船輻湊し、上陸する能はす。午后再ひ長山列島の仮泊地に復帰す。予等の乗船は第一八幡丸なりし。五日朝霧深し、后〔ママ〕一時に至り上陸に着手す。予は司令官の命に依り上陸し直に第二軍司令部に至る（司令部は張家屯にあり）。此夜、帰らんとし道を失し、午前三時、僅に上陸地に達するを得たり。有田中佐〔恕、第二軍兵站参謀長〕の許に一泊す。六日朝、軍司令官上陸せらる。于時、第一、第十一師団は案子山より台子山に亘る線に於て旅順の守備軍と相対峙し、第二軍は貔子窩、普蘭店の線に於て前進の準備中なり。敵は南下して第二軍の前面に来り。其兵力二師団を下らす。而して、旅順の守備軍と相策応し運動するの疑あり。何時第一、第十一師団の正面に戦闘起るやも難計。第十一師団は仮りに第一師団長〔伏見宮貞愛親王〕の指揮下にあるも、軍司令部の速に此地に到着し戦闘の指揮を採らんこと、第二軍司令官〔奥保鞏〕の希望なりしに依り、予は上陸点に於て此旨を軍司令官に復命せり。軍司令官は之に依り、第三軍に入りたる第一、第十一師団の位置に急行するに決し、参謀津野田大尉〔是重、第三軍参謀〕を第二軍司令部に遣し礼意を致し、此夜亮甲店に赴かる。軍司令官に随行せるは僅に幕僚の全部なりし。七日、金州に着し、此日参謀山岡少佐〔熊治、第三軍参謀〕を第一師団長の許に差遣せらる。八日、北泡子崖に着し軍司令部を此地に置かる。午后三時、両師団長〔第十一師団長土屋光春〕を会し軍司令官の意図を示され、九日第一師団、十日第十一師団の陣地を巡視せられ、幕僚の大部随行せり。十一日、警急に応する処置を示され、当分の間無事に経過し、軍に隷属する部隊は逐次来着せり。廿一、二日に至りタルニー〔ダルニー、大連・青泥窪〕掃海の模様大抵定り、二十五日以後は艦隊にてタルニーに運送船の入るを掩護するを諾し、二十五日夕、仮装巡洋艦日本丸及糧食船若松丸タルニーに入港するに至れり。然るに、歪頭山及乱泥橋西南約四吉米の三六八の山〔老横山。四国の剣山に似ているところから、占領後乃木希典が剣山と命名〕は遠く郡山に抜て聳へ、タルニーの揚陸動作一々指点するを得へく、敵は此地に監視哨を置くに依り、若し其視る所を小平島附近にある敵の海軍に通知し、夜暗に乗し水雷艇隊を以てタルニーの運送船に向ひ襲撃を試むることありとせんか、敵は湾内の水路を熟知せるに依り、其危険測知る可らす。依て軍司令官は歪頭山を我有に帰し、又成し得れは三六八山を敵の自由に委せさるの意を以て、廿五日両師団に其陣地を、第一師団は左翼を盤道西南二三八山に、第十一師団は其全線を乱泥橋東方一帯の高地より黄泥川大上屯を経て双頂山に亘る線に前進せしむるを命せられたり。先是、海軍は我軍の小平島を占領せんことを希望せしが、此挙自然に海軍の希望に副ひ小平島も亦我手に帰することとなるなり。

六月二十六日

第十一師団は三縦隊となり早朝より運動を起し、第一師団は之に準して運動し、正午頃乱泥橋東方高地より直に南方に向ひ黄泥川大上屯を経て双頂山に亘る線を占領せり。歪頭山及鶏冠山に在りし微弱の敵兵は三六八の高地に退却せり。左翼隊は黄泥川大上屯に達し、老坐山北方一帯の地堅固に守備しあるを見て、双頂山附近に止るに決す。然るに、三六八山には微弱の敵兵あるのみなるを以て、第十一師団長は此山を攻撃占領するに決し、歩兵第四三聯隊に山砲一中隊を附し之が攻撃に任せしめ、右縦隊に之を援助すへきを命し、右縦隊は山砲一中隊を以て助力せり。敵は一大隊を展開し頑強に抗抵せしも、我兵之を撃退し、終に午後六時該山を占領せり。我死傷約百四十。夜に及ひ老坐山北方一帯の敵は大石洞に向ひ退却せり。

明治三十七年七月

七月三日及四日

六月二十六日以後前面の敵は静粛なりしも、七月三日午前、敵兵約二中隊、黄泥川大上屯西方高地の我前哨前に来り、若干時射撃を交換せし後、退却せしものの如くなりしも、午後一時頃に及ひ、敵の砲兵は大白山西方に八門、王家店北方に四門、老坐山北方に八門を出し盛に我中央隊及左翼隊の陣地に向ひ砲撃し、又其歩兵二、三大隊は剣山東南、黄泥川大上屯より乱泥橋に通する鞍部にある我第十一師団の中央隊に、一大隊余は左翼隊の前哨を駆逐し老坐山北方一帯の高地を占めて左翼隊に向ひ攻撃し来り。午後八時、敵の歩兵約三大隊、海軍陸戦隊らしきもの若干は軍楽を奏し中央隊に突撃し来りたるも、我兵之を撃退せり。夜半、敵は更に剣山に向ひ突撃し来りしも、我兵之を撃退せり。

四日、早朝より敵兵砲撃を開始し、王家店北方の敵砲は八門に増加し、歩兵約三、四大隊は第十一〔師団〕の中央隊に、一、二大隊は左翼隊に向ひ、又案子岺よりは爾他の砲兵有煙火薬なるに関せす無煙火薬を発射せり。溝口北方及囲屏口西北高地よりも各若干門の砲兵発射し、約二中隊の歩兵は五盆営子北方の我陣地に、又約一大隊の敵は乱泥橋西方高地に展開せり。

午後に及ひ砲戦漸次劇烈となり、午后四時三十分、師団長より左の報告到達せり。

電報 七月四日午后三時五十分凌水河子発
〃 四時三十分着

四日午后〇時二十五分、猪園子溝西南（不明）㈠王家店西南方約六百米の高地及無道溝東方約六百米の高地及案子岺道路の南側にある敵の砲兵は各射巨离〔マヽ〕六千米突にして、其曳火射撃は威力及精度共に我野砲に優るものと認めらる。之か為め山砲は忽ち沈黙せられ、高地上に在る散兵は殆と其位置を保守すること困難なり。

㈡中央隊前面の敵の歩兵は目下約十大隊に増加せり。師団は予備の全部を中央隊に招致し、尚左右翼隊より各一大隊を中央隊の方面に招致せり。

㈢右翼隊方面の敵の歩兵は一大隊を超過せさるか如し。

電話　七月四日午后五時着

目下中央隊は敵の歩砲兵火の為に大に苦められつゝあり。然るに、今又敵の海軍我左翼隊に向て盛に砲撃し、若し重砲隊を増加せられすは陣地を保守すること困難ならん。速に我海軍に援助を請はれたし。

爰に於て軍司令官は後備第一旅団（一聯隊欠く。実力三大隊と一中隊）を第十一師団長の令下に属し、又偶ま軍司令部にありし野戦重砲兵聯隊長〔酒井甲子郎〕に其三中隊を盤道附近に陣地に就かしめ、其二中隊を北河口劉家屯に送り、第十一師団長の令下に属することを令せられたり。

敵の海軍は我左翼を砲撃せしも、午后七時頃暴雨降来り戦闘一般に中止せり。

此夜一時頃、敵兵剣山に夜襲を試みたるも撃退せられたり。

七月五日

敵は僅に砲撃を持続するのみにして、野戦重砲兵は答射するに至らすして止む。

敵の海軍は午前中、我左翼を砲撃せり。

夕に至り、盤道にある野戦重砲兵には宿営地に帰還を命せられたり。

敵は攻撃を試みてタルニー上陸を妨害せんとせしも、成功せさりしに依り断念して静粛に帰せしか、若くは他に更に企図の準備をなすかは他日証明せらるゝならん。

夕に到〔ママ〕り報あり。第十一師団の前面の敵は安子嶺より大白山東方高地を経て老虎山に亘る線に退き工事を始めたり。又第一師団より南岔溝附近の敵は歩兵約二大隊にして、其一部は安子嶺方向に、其大部は金竜寺溝方向に退却せりとの報あり。

爰に於て敵は二日三日の企図の為め金州旅順街道の兵の一部をも招致せしか、今や此企図を断念し、此兵を原位置に復せしめたるものなるを知り、数日の間敵の活動なかるへきを確信するを得るに至れり。依て六日の早朝を以て、第一師団より稍有力なる威力偵察を旅順街道営城子附近に施こし、一は敵の陣地配備を確め、一は敵を牽勢〔ママ〕せんとするの軍の企図を中止するに至れり。

七月六日より七月二十六日に至る

七月三日、四日の恢復攻撃は敵の第四師団長フヲーク将軍〔アレクサンドル・ヴィクトロヴィッチ・フォーク〕の命する所にして、其目的は全く剣山の恢復にありしこと、七月二十六、七日に至り獲たる捕虜の言に依り明了となれり。

七月五日以後、敵は第十一師団の正面に対し日々数百発の砲撃を加へしも、我兵は応射せすして攻撃の時機を俟てり。第一師団方面は之に反し頗る静粛にして、唯盤道附近の左翼隊時々砲撃を受くることあるに過きす。

敵は七月三日、四日の恢復攻撃効を奏せさる以来、砲撃を以て我を苦しむるの策を執り〔ママ〕、盆道附近及第十一師団正面には諸種の火砲を現出し砲撃を加へたり。就中、第十一師団を苦しめたるは大白山陣〔ママ〕近にありたる敵の臼砲にして、十五珊の爆烈〔ママ〕の榴弾を時々我陣地に送りたり。此臼砲を引出したるは、或は我軍の過誤より来りしやも知る可らす。即ち、黄泥川大上屯に出したる野戦重砲兵大隊長〔松丸松三郎、野戦重砲兵聯隊第二大隊長〕は軍より厳禁しありたるに関せす、試射と称して七発の弾丸を大白山方向の敵砲兵に向ひ発射せり。数日を出てす、敵の臼砲、第十一師団の線に落下することとなれり。敵の大白山附近の砲兵漸次増加せるに依り、軍は万一を顧慮し、又攻撃前進に必要なるを以て、第十一師団に砲兵を増加するの計画をなし、海軍砲を用ゆることとせり。

七月二十五日　夕、我運送船はダルニーに入り桟橋に横附けせり。其此に至る迄の海軍の捜〔掃〕海は実に苦心惨憺たるものあり。捜〔掃〕海を完し、港内を整理し、運送船の発着を得せしむるに至りしは、海軍艦隊臨時集合地港務部長三浦功少将の力与て多きに居る。

爾後運送船は逐次来着し、先つ鉄道提理部の材料揚陸せらる。竹内鉄道提理〔武内徹、野戦鉄道提理〕はタルニーに着し、直に鉄道の修理に着手せり。

次て徒歩砲兵三聯隊と一大隊、野戦重砲兵二中隊、攻城砲廠、攻城工兵廠等、逐次タルニーに着し、又聯合艦隊よりは旅順の攻撃に応援せしむる為め、十二珊加農六門、十二斤（七・五珊米）砲十門と砲員七百五十名を第三軍に隷し、黒井中佐〔悌次郎、海軍陸戦重砲隊指揮官〕の指揮を以て、六月四日タルニーに上陸せしめたり。

然るに、第十一師団方面の砲撃、日を追て盛なるに依り、七月八日海軍陸戦重砲隊の内六門を西部猪圏〔ママ〕子口西北の高地に出すこととなり、九日頃此砲兵は陣地に入り、又徒歩砲兵第一聯隊の兵員を以て臨時戦利砲中隊を組織し、南山に於て捕獲せし分捕七珊八〔八珊七〕砲十二門を乱泥橋東方高地に備へ万一に応することとし、此砲も海軍砲と相前後して陣地に就けり。

右の諸砲は万一の場合に応すへきものなるを以て、漫に発射せさる様訓令せられたり。

七月十四日　満州軍総司令部タルニーに着す。軍参謀長〔伊地知幸介、第三軍参謀長〕之を迎へ、次て七月十七〔八〕日参謀長攻撃計画を携へ総司令部に行き、砲兵部長〔豊島陽蔵、攻城砲兵司令官兼第三軍砲兵部長〕、鉄道提理等と協議し、旅順攻囲軍の攻城計画爰に成る。

七月十七日　鉄道は後革鎮堡迄全通せり。軍は行動を起し前方に地歩を占めて鉄道の修築を為すへき余地を作るを至当とせしも、第九師団及野戦砲兵第二旅団は軍の戦闘序列に加へられ、且つ六月二十六日剣山に向ひ攻撃するの時に当り、大本営は攻城に任する全兵力を集結し、然る後前進するを可なりとすとの訓示を送りしに依り、即ち之を服膺し、第九師団の半部及第二砲兵旅団の一聯隊来着を待ち、二十六日を期し前進するに決せり。

七月十九日　満州軍総司令官〔大山巌〕、軍司令部を見舞はれ、旅順方面の戦闘は第三軍司令官に一任し、七月二十三日ダルニーを発し北進の途に上らる。

七月二十三日　第三軍司令官は第一、第九、第十一師団長〔第一師団長松村務本〈明治三十七年七月付〉、第九師団長大島久直〕、野戦砲兵第二旅団長〔大迫尚道〕、歩兵第四旅団長〔後備歩兵第四旅団長竹内正策〕を会し、来る二十六日よりする前進運動〔に〕関し命令を発せらる。此命令の細次は已に二十日、軍参謀長、各師団参謀長〔第一師団参謀長星野金吾、第九師団参謀長須永武義、第十一師団参謀長石田正珍〕及特種砲兵司令官を会し示されたる所なり。

（七月十六日、聯合艦隊より岩村中佐（参謀）〔団次郎、第三艦隊参謀。聯合艦隊司令長官の命により、第三軍との連絡のため第三軍司令部に派遣〕を連絡の為め軍司令部に差遣せらる）。

七月二十六日　軍は総攻撃を開始せり。其部署左の如し。

金州旅順街道

第一師団　野戦砲兵第二旅団の約二聯隊

旅順―盆道―青泥崖〔ママ〕街道

第九師団の大部

第九師団は柳樹屯に上陸し、金州及其附近に宿営せり。是れ宿営給養の関系〔ママ〕上然りしなり。其先頭は七月二十日到着し、二十二日より逐次盆道の谷地に開進せり。此時兵力約三聯隊、砲兵五中隊なり。

後備歩兵第一旅団

第九師団長の隷下に属す。

特種砲兵　長、酒井大佐〔ママ〕〔甲子郎、野戦重砲兵聯隊長〕

野戦重砲兵三中隊

分捕砲十二門（徒歩砲兵第一聯隊の三中隊）

九珊臼砲二中隊（徒歩砲兵第三聯隊の二中隊）

旅順青泥崖〔ママ〕街道

第十一師団

特種砲兵隊　長、江藤大佐〔鏑、徒歩砲兵第一聯隊長〕

海軍陸戦重砲隊の一部　十二听六門

野戦重砲兵隊二中隊

徒歩砲兵独立大隊（二中隊）　九珊臼砲

総予備隊

後備歩兵第四旅団（一大隊欠）　大辛寨子の西北

野戦重砲二中隊　利家屯附近

此攻撃に於て運動の基準は第九師団なりし。

廿六日午前四時、軍司令部は意気冲天之勢を以て、滞陣に厭きたる北泡子崖を出発し、先つ利家屯西北の高地に至る。途中、天明たるも濛気襲来せんとする恐れあり。果して暁に達するも目標明了ならす。午前六時に至るも尚第九師団方面に一発の砲声を聞かす。予は倉皇高地を攀登し、第一、第九師団方面を観察するに、第一師団は前牧城馹〔駅〕より牧城馹〔駅〕南溝に達する砂河の右岸に開進し、第九師団の砲兵は已に陣地にありて其歩兵は開進しあるも、安子岺及溝口北方約二千米の岩山（凹字形山〔三四八高地〕と名く）は時々濛気に掩はれ砲兵射撃に適せす。待つこと良久しく七時三十分頃、砲兵第一発を発し、次て第一、第十一師団方面に砲戦起りしが、此日陰晴常なく、砲火の効力を著すに頗る不適当にして、時々全く目標を見る能はす。従て砲火も頗る断続せり。

此時の作戦計画は、中央路上の砲兵は其全力を挙て先つ凹字形山を撲滅し、歩兵之を占領して後、逐次西方の諸岑に進むの計画なりしを以て、第九師団長は正午頃砲火の効力ありしと認め、歩兵を進め凹字形山の占領に着手せしも成らす。午後二時頃、大雨沛然。予は利家屯に出て、馬に騎し、韓家屯に出て其北方約千米のナマコの高地に至らんとせしに、生憎伝令騎兵、予のマントを携へ軍司令官に随ひ該地に先行せしに依り、濡鼠の如くなり。韓家屯に至り、更にナマコの高地に上らんとせしも、濛気山を掩ひ山頂を見る能はす。途を求むる中、軍司令官以下、山より下らるゝを望見し、韓家屯に至り之に合したり。後、天晴る。即ち、再ひナマコの高地に上り戦況を視察するに、戦況多く進捗せす。日没、山を下り利家屯の幕営に就く。

此夜、第九師団より凹字形山占領の報あり。夜半、更に報あり。未た全く占領するに至らす。

【削除　七月二十七日　晴　軍は攻撃を続行す。予は朝、第九師団司令部に行き、其方面の戦況を聞き、帰て之を報告す。後、ナマコの高地に上る。此日午後、第九師団第三十五聯隊の二大隊、勇を鼓して前進し、凹字形山の一部を占領せしも、敵は頑強に抗抵し、攻撃進歩せす。第一師団歩兵第三聯隊の第二大隊は、第三十五聯隊と照応し、凹字形山に迫りしも、日没に至る迄、此両隊は未た凹字形山を占領するに至らす。其他後備旅団は攻撃前進せしも、之か為に第九師団の戦闘力分散して集結を失ひし観を呈し、第十一師団の攻撃は更に前進せさるに依り、午後三時頃第一師団を放ち、第九師団に関系《〔ママ〕》なく攻撃前進せしめ、更に総予備隊たる】

七月二十七日　凹字形山に対する砲火の効力顕れさるに依り、第九師団に更に予備たる野戦重砲兵聯隊の二中隊を加へて攻撃せしめ、又総予備たる後備歩兵第四旅団を前牧城馹《〔駅〕》に開進せしめらる。

此朝、予は第九師団司令部に行き戦況を視察し、帰り報告し後、ナマコの高地に上り戦況を観察す。

第九師団の凹字形山に昨夜取附きたる歩兵は、堅牢なる防禦工事に阻害せられ、其攻撃毫も進捗せす。依て、一時歩兵を退け更に砲撃をなし、午後に及ひ第三聯隊第二大隊及第三十五聯隊の第二大隊は他の二中隊と共に該山を攻撃し、勇敢に前進し山頂に達せしも、敵は一角に依り殊死拒戦、容易に之を抜く能はす。

第十一師団の戦闘は容易に前進せす。依て午後三時頃、第一師団に後備歩兵第四旅団の二聯隊（四大隊）を加へ、第九師団に関することなく双台溝に向ひ前進すへきを命せられ、該師団は五時右の命令に接し攻撃に着手せしも、日没の為め果さす。

第三十五聯隊及第三聯隊の第二大隊は未た凹字形山を占領するに至らす日没となる。

此日、後備第一旅団は多少攻撃前進せしも、為に第九師団の歩兵集結せさるの観を呈せり。

七月二十八日　全線の戦局変化なかりしが、午前八時頃より敵兵逐次退却を始め、午後一時全く安子嶺の線を占領せり。

敵は純然たる随意退却を為し、我追撃は頗る緩慢なりし。軍は長嶺子、英各石、海魚島の線に停止し、鳳凰山一帯の敵情を偵察す。

此三日間の作戦計画は軍司令官と参謀長とに於て定められたるものなり。

予は双台溝を攻撃するの意見を有したり。双台溝占領後、該陣地を視察するに、頗る堅牢にして、砲兵の如きは悉く遮蔽陣地にあり。攻撃或は困難にして多大の死傷を生せしやも知るへからす。然れとも、平地〔ママ〕たる丈け〔マヽ〕平地なる丈けに攻撃後の結果は或は偉大なりしやも知るへからす。

彼の凹字形山より点々砲火を以て山嶺を掃除し、歩兵をして逐次之を占領せしむる巧妙なる戦術は全く不結果に終れり。

第九師団は兵力散乱し、且つ歩砲兵の攻撃一致せさりし。

七月二十九日　軍司令部は営城子に移る。此日、鳳凰山一帯の地形を偵察し、午後六時攻撃命令を与ふ。

七月三十日　晴　払暁より攻撃を実行し、土城子南方一帯の高地を占領せり。大、小孤山は尚敵手にあり。

此時、鉄道は已に営城子迄開通せり。先つ攻城砲廠及攻城工兵廠の材料を営城子に運ひ、諸縦列を以て之を前方に運搬し、徒歩砲兵は砲兵〔台〕建築に、又歩兵は第一攻囲の陣地構成に着手す。

軍司令官は攻城砲台建築中、旅順に威嚇砲撃を〔ママ〕行ふに決し、海軍陸戦重砲隊の十二珊米砲二門を火石稜子の北方窪地に出さる。八月二日、此砲は営城子に着し、八月七日より砲撃を開始し、大に旅順の内部を荒らし、又碇泊の敵艦を損傷せり。此火砲は僅に二門なりしも、陣地の撰定其宜しきを得て全く遮蔽しあり。且つ軌鉄を以て掩蔽部を作りしに依り、攻城間砲撃を受くることなかりし。

大、小孤山には敵の砲兵ありて、特に大孤山の砲は柳樹房、王家甸一帯の谷地を掃射し、攻城砲台築設に尠なからさる妨害を為せり。然るに、鉄道は将に長嶺子に通せんとし、此谷地に由〔ママ〕り攻城材料を進むること益多からんとす。即ち大孤山占領の必要生せり。然れとも、大孤山の占領は敵要塞の囲郭より砲火を受くること多きを以て、其占領は必要の許す限り遅延し、此占領と総砲撃の開始の間に時日最も寡きを要す。攻城砲兵司令官の意見に依り、占領の期日を八月八日の午前迄とせり。

明治三十七年八月

八月六日　大孤山攻撃に関する命令を頒つ。

八月七日　攻城砲兵司令官の指揮下にありて第十一師団の大、小孤山占領を援助すへき十二珊榴弾砲三中隊十二門、九珊臼砲二十四門（四中隊）は午後四時三十分より砲撃を開始し、第十一師団は薄暮より攻撃に着手す。此夜、大風雨。夜半、第十一師団より大孤山を占領せりとの報あり。

八月八日　朝、第十一師団より報告あり。大孤山は未た占領せられすと。昨夜の報告は第一線の聯隊長、中腹の堡塁を占領せしとき発したるものなりと云ふ。此に於て更に砲撃を開始し、午後八時三十分全く大孤山を占領し、九日午前四時小孤山をも占領せり。

此日、軍司令官は第十一師団に行き戦を督せらる。

此日、汽車長嶺子迄全通せり。

敵の海軍出来り、大、小孤山を砲撃す。我九珊臼砲之と応戦せり。

八月九日　敵は盛に大、小孤山に砲火を集中し、且つ駆逐艦数隻出来り、大、小孤山を背射し、第十一師団に多くの死傷を生せり。依て、海軍には掩護を依頼し、又昨日の攻撃成功に依り已に陣地を撤去せる諸重砲を再ひ陣地に就かしむ。

八月十日　更に第十一師団の左翼援護として、海軍陸戦重砲隊の十二听砲四門を郭家溝附近に出せり。

頃日に及ひ、海軍陸戦重砲隊の威嚇砲撃稍効力ありしものの如く、間諜等は海軍石炭庫、油庫等の一部の焼失を報し、且つ敵艦にも若干の損害を与へたるものの如し。

此日、参謀長、参謀を会し、攻城に関する意見を徴し、攻城計画を定めらる。砲工兵部長〔攻城砲兵司令官兼第三軍砲兵部長豊島陽蔵、第三軍工兵部長榊原昇造〕も列席す。

敵の海軍逸出を企て大海戦〔黄海海戦〕あり。

八月十一日　昨日議定せし攻城計画案を師団参謀長、砲兵第二旅団長、後備歩兵第四旅団長を会し示さる。攻城砲兵司令官及工兵部長列席せらる。

此会同は軍司令部の計画を示すの考なりしも、終に一種の軍議と変し面白からさる情態に終れり。

八月十二日　大本営より旅順の婦女子を出すことに関し勅命あり。

十三日、通告書及勧降書の起草に着手し、此夜海軍参謀岩村中佐之を携へ聯合艦隊に行く。

八月十三日には、八月十一日の会同決定に依り、第一師団は先つ運動を起せり。是れ敵の視目を此方向に引き、以て軍の本攻撃を掩蔽せんか為なりし。

予は八月十三日よりする第一師団の運動を過早と認め、十五日より運動を起せは十八日之砲撃開始迄に十分間に合ひ、且つ敵の意図を引き得る考なりしも、実行せられす。此会同に示したる攻城計画案なるものは左の如し。

【削除　第一師団は、十三日より行動を開始し、逐次に案子山、椅子山に迫る。之か為め第一師団に野戦重砲兵三中隊を属す。

野戦砲兵第二旅団は、第一師団の攻撃前進を援助す。

第一師団は、十五日払暁迄に、常に其左翼を第九師団右翼に連繋しつゝ干〔于〕大山南麓を経て小東溝南方高地に亘るの線に前進し、該線を保守す。

第九、第十一師団は、十七日夜に於て、水師営東南方高地より五家房北方の高地を経て大、小孤山に亘るの線に前進し、該線を守備す。

十七日攻城砲兵展開終り、十八日砲撃開始。十九日砲撃、二十日払暁突撃。

第九、第十一師団は、十八日夜間、各其前面に所要の部隊を派出して、前進地区の諸偵察を行ひ、十九日払暁迄に、八里庄西方高地より五家房を経て南部王家屯に亘るの線に前進し、十九日夜間に於て、有力なる部隊を出し、前進地区に於る諸障害を破却し、進路を開設し、同時、突撃縦隊を編成し、之を突撃陣地に準備し、次て翌払暁を以て突撃を実施す。第九師団の攻撃点は盤龍山東旧砲台にして、第十一師団の攻撃点は東鶏冠山北砲台と予定す。】

八月十二日 大本営より勅命至る。旅順の婦女、児童、僧侶、観戦外国武官、外交官にして避難に意あるものは退去せしむへしと。即ち、其通知書の起草に着手す。有賀博士〔長雄、第三軍法律顧問〕最も力を致す。

八月十三日 夜、暴風雨 第一師団は干〔于〕大山より小東溝南方高地に向ひ夜襲をなす。

岩村海軍参謀は通知書を携へ聯合艦隊に行く。蓋し聖旨の通達と共に勧降書を送るに決し、而して二者共に軍司令官と聯合艦隊司令長官との連署と決したれはなり。

八月十四日 時々驟雨 此朝、第一師団は予定の陣地を占領せしとの報ありしも誤にして、敵の前進陣地を奪取せしに過きす。

此日、砲兵は終日砲撃。第一師団は更に夜襲を施行するに決す。

八月十五日 此朝、第一師団は尚予定の陣地を占領するに至らす。即ち、砲火の掩護に依り攻撃するに決し、午前十時攻撃効を奏し予定の線を占領せり。

岩村海軍参謀、聯合艦隊司令長官の同意を齎し帰る。此夜、聖意の通知書及勧降書成る。

八月十六日　雨　山岡参謀、聖意の通知書と勧降書を携へ水師営北方に至り、敵の参謀長〔ヴィクトル・アレクサンドロヴィッチ・レイス、関東軍参謀長〕に会し之を交附す。

八月十七日　雨　敵の軍使来るへきに依り、速に処置し得る為め、参謀長以下幕僚、土城子に至る。山岡参謀先行し、水師営北方に於て敵の軍使〔要塞司令部参謀N・ゴロワン（正使）、司令部附S・マカリンスキー（副使）〕に会し返答を受取り帰る。敵は聖意も勧降も共に拒絶せり。此時、在旅順独逸海軍公使館附武官に同国皇帝〔ヴィルヘルム二世〕の退去命令を交附せり。

八月十八日　微雨　今朝より砲撃開始の筈なりしも、昨日道路泥濘を極め砲兵諸準備整ひ難き点あるに依り、一日間砲撃を猶予せり。

八月十九日　晴　軍司令部は午前六時出発、鳳凰山東南高地に至る。攻城并野戦砲兵は払暁より砲撃を開始し、諸砲台概ね沈黙せり。

八月二十日　晴　総砲撃を続行す。目標諸砲台全く沈黙し、其破壊も可也に実行せらる。

午前十時、参謀長は第九、第十一師団の参謀を会し、攻撃方法に関し示す所あり。

㊉　後を見よ。**八月二十一日**　午前四時より突撃を開始す。

軍司令部は午前四時より団山子東北の高地に移る。

軍司令部より観察せし戦況次の如し。

天明、第十一師団の一部隊は東鶏冠山両砲台間の中間砲台を占領しあり。他の一部隊は東鶏冠山北砲台の斜面にあり。第九師団の歩兵は望見するを得す。

第十一師団よりは第九師団の協同前進を促すこと切なり。軍司令部は第九師団機に後れ攻撃前進せすとの観念を懐き之を督促すること屢にして、午前八〔カ〕時頃、予は第九師団に差遣せられ、軍司令官の意図は損害に関せす一意前進にあることを述へたり。第九師団は目下砲兵を以て攻撃を準備しつゝある故、準備整次〔ママ〕第攻撃前進すへしとのことなりしも、一向前進の様子見へす。然るに、第十一師団は第九師団の共同前進を促すこと頻にして、軍司令部よりも第九師団を頻りに督促せしが、此日終に攻撃前進を見すして終れり。此間午前九時頃、第十一師団の東鶏山〔ママ〕の西の中間砲台を占領せし部隊は、側射、背射の為め終に撃退せらるゝに至れり。

【**欄外**　第十一師団は第九師団にして前進せすんば、独団前進せんと云ふに至れり。】

八月二十二日　天明、第九師団の一部隊盤龍山東砲台の麓に伏しあるを見るも攻撃効を奏すへき様子なきに依り、軍司令官は其攻撃を中止せしめんとし、之を第九、第十一師団に示し、又第九師団よりは参謀長を意見上申の為め軍司令部に遣し、第十一師団参謀長も軍司令部に招致せられて将に第二策を示さんとするに当り、一、二勇敢なる兵卒の動作に誘はれ終に東盤龍山砲台を占領するに至れり。因て第九師団参謀長は直に帰り、第十一師団参謀長は軍参謀長より軍の攻撃進路已に開けし以上は之より拡張して逐次に攻撃前進を為すを可とす、第十一師団は盤龍山砲台を経て前進すへしとの意を示され帰りたり。須臾、第十一師団は更に三縦隊となり攻撃前進すとの報告あり。軍司令部は従来の経験に照し其効なきを認め、此攻撃を止め、兵を東盤龍山に移さしめたり。

此日、第九師団は頻りに第十一師団の来るを待つも、第十一師団は五家房南方にて多くの損害を被むり兵を移す能はす、終に日暮に達せり。

此夜、第十一師団は兵を盤龍山東砲台に移さんと企てしも、敵兵我運動を見て退却するものとなし、屢小突撃を試みしに依り、終に目的を達せす。

八月二十三日　第九師団は第十一師団の至るを待つも、第十一師団は其運動遅緩し、漸く午後四時頃に及ひ、其先頭盤龍山東砲台附近に達するを得たり。午后十時頃、諸隊整頓す。

夜半十二時、敵は盤龍山東西両砲台に向ひ恢復攻撃を試み、銃火の激戦起る。次て二時過、第九、第十一〔師団〕、後備第四旅団の諸隊は突撃を試み望台附近を殆んと占領せしも、側背射の為め多大の損害を被むり終に目的を達せす。

八月二十四日　第十一師団は更に部隊を増加し、東鶏冠山北砲台及中間砲台を占領せんとせしも、此部隊は目的点に向ひ前進せんとせしも、此時其右に連り盤龍山より前進すへき兵なし。之を確め始めて第十旅団の全滅せしを知り、之を第十一師団に報告し、第十一師団は午后に至り始めて最早攻撃前進する能はさるを報告し来りしに依り、軍は已むを得す攻撃を中止するに至れり。

事の実想〔ママ〕

今日迄聞き得たる所に依り事の実想〔ママ〕を見るときは左の如きものなりし。

第十一師団は二十日夜半迄に鉄条網の切断終り、第九師団は払暁迄に之を切断し得さりしか如し。是に於て突撃隊たる第七聯隊は払暁之を切断せんとし頗る損害を被り、第七聯隊長大内大佐〔守静、歩兵第七聯隊長〕之如きは自ら部下を督励して鉄条網を断たんとし、爰に聯隊本部を挙て敵の機関砲火に倒るゝの悲愴の戦況を現出せり。各部隊は鉄条網の位置に達する迄に機関砲火の為に已に兵力の半を失ひ、幹部の多数は倒れ、伝令は倒れ、報告も命令も容易に到達せさるに依り、後方の隊長は前方の情況を明にする能はす、赴援は機に後れ、前方部隊は此間益損害を被むるに依り、為に第九師団は予定の如く突撃を施行する能はさりしなり。否、突撃は実行せしも効を奏せさりしなり。

第九師団長は前方の突撃不成功に終りしを知ること、前述の如く伝令卒の倒るゝに依り遅延したりしか、此間第十一師団よりは頻に協同前進を迫り、又軍司令部よりも頻に之を督促せしに依り、第九師団長は更に軍司令部より此朝増加せられたる後備歩兵第四旅団を増加し突撃隊を編成し、午後二時に至り突撃を実行せしも、是亦堡塁下に達するに至らす、機関砲の為に猛烈なる損害を被むり、突撃するに至らさりし。夜に及ひ、更に第九師団は突撃を実行せしも、是亦成功せさりし。

此夜間の突撃に於て、第九師団の第三十六〔五〕聯隊は軍旗を失へり。第九師団は軍の攻撃前進を中止するの命令を伝へ、一戸旅団長〔兵衛、歩兵第六旅団長〕は第三十五聯隊に退却を命せしも、第三十五聯隊は軍旗を失ひ帰るの面目なし、全滅する迄此地点に止るへしと称し、更に退却せす。旅団長は一面軍旗を尊重するの念を激賞すると共に、一面軍の計画を乱らんことを恐れ、更に使を馳せて退却を促せし。全隊頑として動かす。旅団長頗る痛心し刹那、第三十五聯隊の伴ひたる爆破班工兵下士以下六名【欄外　姫野軍曹〔栄次郎〕以下六名】の果敢なる動作に依り複郭を爆破し、終に堡塁を占領せり。又西砲台は午後、終に我軍の手中に帰せり。

爾後の動作に関しては概ね已に述たる如し。

此攻撃に於て苦き経験は左の数問を発せしめたり。

㈠　攻城砲弾四百発は全然不足なること。

㈡　突撃の時機は昼間を撰ひ、砲火の援助下に実行するを可なりとする如し。

㈢　突撃部隊は一号令下にある如く特別の指揮官を置くこと。

㈣　突撃の時は全線攻撃動作を為すこと。

㈤　突撃に使用する兵力は一、二大隊を最大とし、極めて疎散なる隊形を採ること。

㊉何故に突撃を八月二十一日に実施せしかに関しては爰に一言述る所なかる可らす。

始め戦役起らんとするや、旅順要塞攻撃の必要を顧み、攻城材料の計画を為せり。

此攻城砲は運搬の軽便を慮り左の五種とせり。

十五珊榴弾砲　一六）（陸軍の有する悉皆）

十五珊臼砲　七二

十二珊加農　三〇｝一四六　此他に野戦重砲12c榴弾砲二十八門あり。故に攻城砲総数は百七十四門となる。

十珊半加農　四
九珊臼砲　二四

此攻城砲に要する弾数は八百発とせり。是れ欧州各国に於ては千発なるも、旅順に対し必しも千発を要せさるへしとの意見にて、二割を減せしなり。

此二割減の弾数は大本営より陸軍省に移したり。陸軍省は何等回答を与ふることなく攻城砲弾数を一門約四百発とせり。即ち左の如し。

十五珊榴弾砲　四〇〇
十五珊臼砲　三四九
十二珊加農　五一七
十珊半加農　四〇〇
九珊臼砲　四〇〇（此砲は已に数回の戦をなし、八月十八日調にて二一六に減し居れり）

砲弾のことに関しては佐藤中佐（鋼次郎、攻城砲兵司令部高級部員）主として其交渉に任せしが、陸軍省の主任者は是れ以上に為す力なしと云ひしよしなり。

予は第三軍参謀副長となり、弥旅順攻撃の任務に服せんとするや、参謀長伊地知少将に弾薬のことに就き述る所あり。同少将は山口砲兵課長（勝、陸軍省軍務局砲兵課長）に語られしに、山口大佐は八百発になすことは負請〔ママ〕ふ能はさるも六百発迄にはなさん（攻城開始迄に）と答へたるよし。是れ参謀長より親しく聞く所なり。然るに、此約束は実行せられさりし。

七月二十六日前進の頃より、九珊知臼砲は使用され始めたり。其弾丸は若干追送を受けしも、格別の増加を見る能はさりし。

八月十九日の砲撃に各隊は約八十発の砲弾を発射し、八月二十日には百二、三十発を発射し、夜間射撃等を加ふれは発射弾数大約二百五十発前後なりしなり。

然るに、要塞の景況を見るに、仮令攻撃功を奏せりとするも、左右及前方の砲台を略取するに尚多くの砲弾を要するは明了なり。即ち、三分の二の弾数を射尽せしときを攻撃の時機となすは、実に已むを得さりしなり。

二十日夕、参謀長は予及白井少佐〔二郎、第三軍参謀〕を招き、攻撃功を奏すへきやを下問せられたり。予は砲撃の効果未た十分なりとは認め得さるも、全体の情況攻撃を急くと砲弾の関係上〔ママ〕、最早突撃を試むるの他に策なかるへしと答へたり。

初め児玉参謀次長〔源太郎、参謀本部次長〕は伊地知参謀長の問に答へ、旅順の陥落を急き立る如きことは決して為さすと断言せられしも、満州軍総司令部到着の時機より、一にはバルチツク艦隊来航の風説あると、一には海軍艦船の損敗に依り、速に旅順を陥し艦船の整頓を為し、逸を以て労を待つの策に出んとせるに依り、漸次陥落を急くの傾向を生し、八月四日来着せる大本営参謀鋳方中佐〔徳蔵〕に依り、陥落の一日一刻も速かならんこと明瞭に希望さるゝに至れり。

突撃の時刻、方法等に関しては後世評論あるへし。予は突撃を弾丸の関係上〔ママ〕、此時期に定めさる可らさりし情況を記し置くものなり。

〔文書一枚貼付〕

八月十八日、即ち砲撃開始前、弾薬の景況左表の如し。

野戦攻城歩砲兵弾薬景況一覧表

第三軍砲兵部

八月十八日調(横道)〔復生、第三軍砲兵部副官〕

種別	区分	砲数	携行弾薬	弾薬縦列	野戦兵器廠	攻城砲廠	合計	摘要
第一師団	歩兵二旅団		定数	一、七二五、四四〇				
第一師団	砲兵第一聯隊	三六	榴 六四 三一五					
第十一師団	歩兵二旅団		定数	一、四七四、五六〇				
第十一師団	砲兵第十一聯隊	三六	榴 五五 二九二					
第九師団	歩兵二旅団		定数	五〇四、〇〇〇				
第九師団	砲兵第九聯隊	三六	榴 三六 三一三					
後備歩兵旅団	第一旅団		定数	七四四、四八〇				
後備歩兵旅団	第四旅団							
野戦砲兵	第十六聯隊	二四	榴 五二 三九九					
野戦砲兵	第十七聯隊	二四	榴 五二 三九九					

旅団	野戦重砲兵隊		攻城砲兵					海軍砲		戦利火砲
第十八聯隊	聯隊	独立大隊	十五珊榴弾砲	十五珊臼砲	十二珊加農	十珊半加農	九珊臼砲	十二斤砲	十二珊砲	八珊七野砲
二四	二〇	八	一六	七二	三〇	四	二四	一〇	六	一〇
榴五二 三九九	二三一		四〇〇	三四九	五一七	四〇〇	二一六			

弾薬数は凡て一銃、若は一門に対する数を示す。
砲の総数は三百八十門なり。

〔文書終わり〕

此の如くにして、旅順要塞の強襲は僅に敵の二堡塁を奪取せしのみにして一万四千の鮮血を流し、終に中止せさるを得さるに至れり。

二十日の夕は尚強襲の成功に望を懐きありし。二十一日の朝、第九師団の突撃は成功せす。第十一師団の国旗を飜して東鶏冠山北砲台と東鶏冠山砲台との中間砲台を占領せしもの、斜射、背射の為め退却せさるを得さるを見るに及ひ、予は強襲の成功如何に付き頗る心配したり。此日、第九師団は頻りに督促を受くるも容易に前進せす。軍司令部にては第九師団の行動敏活ならさるを頗る遺憾とせり。夕に及ひ、後備歩兵第四旅団の怯懦前進せさるの報を得て、軍司令官は第九師団長に、逡巡進まさるものあらは断然軍法に照し即決すへきを命せられたり。然も尚終日攻撃前進を見す。且つ第十一師団の突撃縦隊は徒らに第九師団の前進を待ち空しく損害を被むるは忍ひさる所なりとし、第十一師団は独力前進せんことの意見を上申せり。軍司令官は第九師団の攻撃前進を見さるに依り、終に第十一師団に師団の誉栄〔ママ〕として独力前進すへきことを令せられたり。此夜、予は第九師団に至り、其攻撃前進を促し、且つ踏跙〔趦趄〕逡巡するものあらは即時軍法に照し処分すへしとの軍司令官の意を伝へ、第十一師団に至りては、第九師団の進むと否とに関せす第十一師団は師団の名誉として前進すへきを伝へたり。

二十二日の出来事は已に概ね前に述たる如し。

攻城砲兵司令官は二十一日突撃の不成功に終るや、直に戦闘の永続すへきを予想し、大に弾丸の節限に力め、終に依て以て攻囲戦を継続するを得たり。

然れとも、爰に此攻囲戦を永続するを得たるに与りて大に力ありしは、海軍陸戦重砲隊なることを特に記せさる可らす。

海軍砲の総数次の如し。

十二珊加農　六門　火石嵜子に配置す

七珊半加農

河家夏子に二門　是は敵の艦艇、鉄道を脅すに備ふるもの

劉士茂に二門　目的同上

郭家溝に四門　八月八日、九日、大孤山の戦闘に敵の艦隊、我側背を射撃し多大の損害を与へたるに依り之に備ふるもの

火石嶺子に四門

右の海軍砲中、火石嶺子12^{c}〔十二珊加農砲〕六門の中二門は、旅順威嚇砲撃の目的を以て、掩蓋を有する砲台を後夾子山南方に築き、八月八日以来旅順港内及市街を砲撃し尠なからさる損害を与へ、九日には砲弾敵艦に命中し火災を起す等のことあり。彼の敵の艦隊が八月十日に逸出を計り大海戦起り我海軍の迎撃する所となり、其一部は威海衛、膠州湾、上海等に逃入し、其大部は再ひ旅順に引き返さゝる可らさるの悲境に陥りし原因は、必竟〔ママ〕此海軍陸戦重砲隊の砲撃も其重なる一なりしを後に明瞭に知るを得しなり。右の二門は十九日の総砲撃開始に至る迄、烈敷旅順市其他の砲台を射撃せり。

此火砲中一門は第一発に腔発を為し破壊せられたるに依り、一門を以て先つ砲撃を開始し、次て火砲を取り替へ砲撃を継続せり。

総砲撃中にも素より右の諸砲は戦闘に参与し、八月二十二日なりしならん、敵艦セバストポール形出来り、第十一師団に向ひ砲撃せしとき、郭家溝の七珊半海軍砲は之と対戦し、終に之を撃退せり。

強襲功を奏せす我軍現状を維持し此地に止るに決するや、砲弾は頗る僅少となり、重砲一門の余す所僅に百発内外に過きす、頗る非憶〔ママ〕に陥りしが、幸に海軍砲の弾薬十分なりしに依り、九月二十五日以後の戦闘に於ては海軍砲、終に砲戦の首砲となるに至れり。

聯合艦隊は我陸軍の強襲成功せず、又砲弾も頗る減少せしを知るや、更に十二珊米砲四門を陸軍に増加し、又十二听砲六門を送れり。其他十二听砲予備三門、十五珊二門を送りしに依り、九月十九日の攻撃には左の砲数を以て之に参与せり。

一、小潘家屯（第一師団正面）	十二听砲	五門
△二、碾盤溝（　同　）	十二珊	二門
△三、火石嶺子西方	十五珊	二門
四、同	十二听	六門
五、火石嶺子東方（後夾子の掩蓋中にあるものを含む）	十二珊	六門
△六、東北溝北方	十二珊	二門
△七、同	十二听	二門
八、凰凰〔ママ〕山東南高地（陸軍十二珊砲台間）	十二听	二門
此砲は劉士茂にありしものを敵艦我に危害を加ふるの恐れなきに至り、此処に招致せしもの		
九、郭家溝	十二听	四門
十、河家夏子	十二听	二門

計　十五珊　二門
　　十二珊　一〇門　三三門　計三三門
　　十二听　二一門

右の内、二、三、六、七の△符を附せしものは九月十九日砲撃を開始し、其他の砲数は逐次陣地に進入し九月十九日以前に砲火を開始しあり。一の十二听五門は予備砲二門と火石嶺子西方の三門を此方面に移したるものなり。碾盤溝の十二珊二門は望台後方を十九日午前に射撃し、次て水師営南方の砲台を砲撃し、其他旅順の市街を砲撃せしに依り、敵の榴弾、榴霰弾を被むること多く、終に榴霰弾の破片に対し掩蓋を作らさるを得さるに至れり。海軍砲は弾丸十分なるに依り烈しく砲戦をなし、後夾子の十二珊一門の如きは最初より砲撃をなせしに依り薬室拡張し命中を害するに至れり。九月下旬に迄《〔ママ〕》に於る発射弾数一、八〇〇発以上なりし。

十月二十六日よりの総砲撃には海軍より更に十五珊二門を増加せられ、三十五門の海軍砲陸戦に参与せり。其威力の大なりしは論を俟たす。

海軍陸戦隊は決死の撰抜兵にして、極めて勇敢に戦闘せり。

八月二十四日強襲を断念するや、軍は現状を維持すへき命令を下し、司令部を柳樹房に移し、直に正攻法の研究に移り、地形を偵察し、命令を下し、第一師団は水師営南方の堡塁団に、第九師団は竜眼北方堡塁に、第十一師団は東鶏山《〔ママ〕》及東鶏冠山北砲台に向ひ攻路を進めしめたり。

此時、弾丸余す所僅に二万四千発に過きす。之を以て再度の攻撃を実施する為め、攻城砲兵には万已むを得さる場合の外は砲撃せさることを令し、又各師団には攻路前進に際し、砲火の援助を受くる能はさるものと覚悟すへきを示せり。

当時、軍司令官の胸中を推察するときは、其苦心想像に余りあり。

本国よりは、攻城砲弾若干の追送はなすも最早追送すへきものなきに依り切に節用を望む旨の電報ありて、軍は頗る苦心せり。

明治三十七年九月

九月一日より各師団は攻路掘開に着手せり。二十四日より九月一日迄は偵察と計画に従事し、一方には諸隊を整頓せり。此時、軍の現員は三分の一強に減しありたり。

九月四日　遼陽の占領の報あり。各人が愁眉を開きたり。

軍は速に旅順を占領するを期せり。是れ、バルチツク艦隊出航の風聞高きに依り、速に之に応し得る為め我艦隊を間あらしめん為め、大本営及海軍の切望する所にして、此素より軍の希望たりしなり。然るに、二十一日の突撃は終に不成功に終り、敵艦隊の始末を附くること能はさるに依り、速に高地を占領し旅順港内を瞰望し敵艦を射撃するの計画を為し、第一師団の已に攻撃に着手して二十四日の現情《〔ママ〕》維持に於て其儘と為り居る203の高地を攻撃するの策を建《〔ママ〕》たり。此攻撃は第一師団の希望する所にして、亦軍の刻下の情況に最も適したるものなりと信せられたり。

水師営南方の攻路及竜眼北方の攻路は着々歩を進め、十八、九日には共に突撃の位置に達するに依り、前次203の攻撃は之と共に実行するに決せり。蓋し、部分攻撃は弾丸を費すこと多きを以てなり。

九月十八日　水師営南方及竜眼の攻路突撃陣地を成形す。即ち十九日突撃を決行するに決す。

九月十九日　午後二時より、攻城砲兵は砲撃を開始す。午後五時三十分、第九師団は龍眼北方角面堡に突入す。同四十五分、第一師団は203、其東北ナマコ高地及水師営南方堡塁に突入したり。203、ナマコの高地、龍眼北方及水師営南方は終夜戦闘を継続せり。

九月二十日　午前六時三十分、第九師団は竜眼北方之堡塁を全く占領せり。第一師団は十時三十分水師営南方の堡塁団を悉く占領し、午後四時三十分ナマコ高地を占領せり。然れとも、203は尚未た占領する能はす。

九月二十一日　第一師団の右翼隊（主として後備第一旅団）は尚203の攻撃を続行せしも、未た奏功せす。

九月二十二日　第一師団の右翼隊は午前四時頃、已に占領し得たる203の歩兵陣地を逆襲之為め放棄せさるを得さるの究境《〔ママ〕》に陥り、其下の濠内に退却せり。加之、第一師団より攻撃に用ひたる兵数二十二中隊は、多大の損害を被むり余す所僅に三、四百に過きさるも、尚此濠に拠り之と后方の交通路を設け、更に機を見て突撃に転すへきの報告あり。軍参謀長は其戦況如何に経過せるや見込なき攻撃を続行するの疑なき能はさるを以て、第一課の参謀を従へ第一師団に赴むき情況を視察す。午後四時三十分、敵は野砲を小房村に携へ来り、我濠に拠る歩兵を側背より射撃す。其命中極めて良好なり。是に於て、歩兵は終に堪ゆる能はす、陣地を棄て退却せり。第一師団は攻撃を続行する能はすして、終に原陣地に右翼隊を退却拠守せしめたり。

203高地の攻撃成功せさりしは遺憾に堪へさるも、敵の陣禦工事は極めて堅牢にして、鉄板、大木材を使用しありて、十二珊榴弾砲弾は之を破壊する能はさりしに依り、突撃隊は多大の損害を被むるも、終に占領する能はさりしなり。

此の如くにして、水師営南方及竜眼北方并にナマコ高地を占領せしも、203は終に攻撃功を奏する能はさりし。

龍眼北方の堡塁を占領するや、軍は直に二龍山に攻路を進むることを第九師団に命令せり。

第一師団は部署を改め攻撃再興を望みしも、軍は砲弾の関系〔ママ〕を顧慮して部分攻撃の続行を制止せり。

此節の部分攻撃は実に苦しき境遇にありたり。軍は攻撃を企画するに、必す先つ弾丸の数を限り、一門何発との制限を設けたり。攻撃開始のとき、第一師団は野砲各約二百発を所有せしか、其内約七、八十発を使用するを許可せり。第一師団には此攻撃に野戦重砲三中隊、海軍砲五門を属せしが、野戦重砲の弾数は約五、六十発と限れり。海軍砲は弾数不定なり。是れ弾丸豊富なるに依る。其他第一師団には砲兵第十七聯隊属しありしか、其弾数も亦約七、八十発と限れり。然るに、二〇三攻撃は容易に結を結はす、殆んと各砲は其有する弾数を射尽し、九月二十二日之朝に於て第一師団の野砲は僅に三十余発を有するに過きす。幸に満州軍総参謀長児玉大将〔源太郎〕ダルニーにありて、野砲弾薬二千発を分配せられたるに依り、砲弾を射尽するの難境を救ふを得たり。

ナマコ山我の有に帰し港内の敵艦を若干認むるに至りしと、廿八珊榴弾砲は此節に至り大本営より第三軍に増加せられ、其六門は本月中に団山子、王家甸、鞠家屯に二門宛配置せられ、本月中には其据付を終る筈に付き、之を以て港内を射撃し得るに依り、此上多大の損害と多数の砲弾を費し軍の攻撃力を失ふは不得策なるを以て、終に二〇三高地の攻撃を断念せり。

此攻撃を終るに至る迄、軍は目下所有する攻城砲弾及野戦砲弾を以て攻撃を続行せさる可らさるの窮境にありしが、此攻撃後に於て攻城砲弾も若干追送せらるへきの快報至れり。
先是、陸軍省は参謀本部と交渉し、一ケ月一門五十発の比を以て砲弾の製造に着手せしか、毎野戦に於て砲弾の消費夥しく、到底弾薬補給の方法なく、野戦軍に向ひ厳に弾薬の節減を注意せしも、節約と正当の発射の間に尚大なる差異を加ふるにあらされは到底補給の見込なく、此の如きは勝敗を争ふ出征軍の堪へ得へき所にあらさるを以て、終に陸軍省は製造所を拡張し多数の弾丸を製造するに決せしなり。当局者が兵器行政を誤りたるは其責を免るゝ能はさる所なるへし。

九月二十九日　第九、第十一師団参謀を会し、二竜山及東鶏冠山両砲台に対する攻撃坑路の完成を十月二十日と決定せらる。

九月三十日　旅順より逃れ出たる米仏の新聞記者各一を海軍より送り来り。之を訊問して多少旅順の究情〔ママ〕を詳にせり。

明治三十七年十月

十月一日　廿八珊榴弾砲射撃を開始し、砲台、軍艦に対し効力あり。

十一〔ママ〕月六日　松樹山は第九師団に命し攻撃せしむる計画なりしも、第九師団兵力僅少にして攻路を進むる能はさるに依り、此日此攻撃を第一師団に命し、十一〔ママ〕月二十日を期し、成し得る限り攻路を前進せしめ、此終点より突撃せしむることとせり。

十月九日　是より先き九月二十八日、第九師団は鉄道橋を越へて二竜山下に歩兵陣地を作りしか、二十九日朝敵に奪はれ、更に攻撃して之を奪取せしも、払暁再ひ敵の為に占領せられ、二十九日夜々襲を以て之を奪取せんとせしも、百名余の死傷を生し果さす。依て更に攻路を進め、此日午後三時、一発を射撃することなく敵の占領せし歩兵陣地に突入し之を恢復せり。野戦砲及攻城砲兵は此占領陣地に向てする砲撃を制圧せり。

十月十一日　第一師団は松樹山下の鉄橋の敵を駆逐し、更に二百米を進んて歩兵陣地を作れり。

十月十六日　第一師団は敵の散兵壕を（松樹山下の）、第九師団は二竜山下の敵の散兵壕及鉢巻山を攻撃す。此日は先つ砲撃を施こし、諸隊は午后四時半砲火を犯〔ママ〕し敵陣に突入せり。

此時期に於て野戦砲弾は欠乏之極に達し、屢満州軍総司令部に請求せしも、北方の情況急なるに依り之を得る能はす。此頃の数回の小攻撃には砲兵は僅に一門十発の砲弾を発射せしめ得しに過きす。作戦計画者の苦心惨憺思はさる可らす。

十月二十一日に至り、冷気頓に加り嗽水の冷を感するに至れり。

攻撃攻路漸次敵塁に近つきしに依り、頃日来第二回総攻撃の計画に忙しく、軍の策定したる攻撃計画は次葉に貼付する如きものなりし。之を要するに、四日の砲撃を加へ、第五日の午後一時に於て、第一師団は松樹山に、第九師団は二竜山に突撃し、其他第九師団の大部は或は二竜山の東側より其咽喉部に迫り、鉢巻山、東西盤龍山より出て支那囲壁に向ひ、一部はＰ堡塁を略し次て囲壁に向ひ、第十一師団は東鶏冠山北砲台、Ｑ砲台、東鶏冠山砲台を略取し、直に囲壁を占領し、次て之を越へて望台一帯の高地に突進するにありしなり。

満州軍総司令部は此攻撃正面を過大なりとし、第十一師団を以て盤龍山砲台より二竜山方面に向はしむるを可とせり。是れ弾丸を一点に集中し、又兵力を一点に集めんとするの意に出たるものなるへきも、望台一帯の高地を占領するにあらされは二竜山、松樹山方面よりのみ戦況の発展を求むるの困難なると、盤龍山方面より二竜山方面に向ひ敵前に側面運動を為す如きは到底要塞戦に於て為し得へからさるの働〔ママ〕作なるを以て、依然軍の計画を襲用実施するに決せり。

十月二十三日　各師団参謀長〈第九師団参謀長足立愛蔵〈明治三十七年九月付〉、第十一師団参謀長斎藤力三郎〈明治三十七年九月付〉〉及攻城砲兵司令官、砲兵旅団長〈野戦砲兵第二旅団長永田亀〈明治三十七年九月付〉〉を会し、軍の攻撃計画を示さる。

此夜、更に総参謀長より軍参謀長に来電ありて、二竜山及松樹山方面に全力を挙て攻撃するの可なるを示さる。

予は此終夜考案を回らしたり。

旅順の陥落は国民の翹首して待つ所にして、況んや敵のバルチック艦隊東航の企あり。我海軍をして行動の自由を得せしむる為め、大本営は頗る陥落の速ならんことを欲し、少くも港内を制し得へき一点を占領して軍艦の処決を催んことを望めり。

〔文書一枚貼付。文書前半部欠〕

松樹山及二竜山方面の攻撃を援助し、且つ攻撃部隊の前方高地奪取と同時に可成多くの砲数を前方に移置して其占領を確実ならしむへし。

九、旅順街道以西に於ける第一師団の正面及東鶏冠山東南砲台以南に対する第十一師団の正面に在ては、勉めて有力なる牽制動作を行ひ、同時に最も戒心して敵の出撃に対し之を迎撃するの準備をなしあるべし。

十、第一師団より後備歩兵第四旅団に復帰すへき歩兵一大隊は、明二十六日中に復帰し、又該旅団は明後二十七日を以て其軍隊区分に入るべし。

十一、総予備隊たる諸隊は二十九日夜楊家屯北方鉄道線路の北側附近に集合しあるべし。但し同夜迄は所属師団予備隊の位置に在るべし。

臨時衛生隊は現宿営地に位置しあるべし。

十二、軍司令部は柳樹房に在り。総攻撃実施の日を以て鳳凰山南方高地に至る。

第三軍司令官　男爵乃木希典

〔文書終わり〕

今回の攻撃は実に国家安危の判る〔ママ〕ゝ所なり。若し此攻撃にして不成功に終か〔ママ〕、攻撃を再興するの砲弾なきに至るは勿論、バルチツク艦隊東航し来らは我海軍は之に対する為め戦略上の不利を免れす。此間、北方に敵戦略攻勢を採らは、我満州軍は実に第三軍の赴援を得る能はすして或は失敗に帰するなきを保せす。

右の情況を綜合推究すれは、第三軍は実に国家の安危を双肩に担へりと云はさる可らす。万一敵艦の処決を促すに至らすして敵バルチツク艦隊来り吾海軍不利の戦を交へるに至らんか、其責は第三軍之に任せさる可らす。旅順陥落遅延して、重砲も歩兵も北方に赴援する能はす、満州軍不利の戦を交へんか、第三軍亦速に旅順を攻略せさるに依り此戦略上の不利を来せりとの責を免るゝ能はさるへし。第三軍の行動難しと云ふへし。

顧て前方要塞の情況を考ふるに、敵は八月以来の攻囲に依り頗る萎菲《〔ママ〕》せるの情況にあるは疑ふ可らすと雖とも、其抵抗の頑強なると其防禦工事の堅牢なるとは、未た容易に侮る可らさるものあり。敵の砲弾は頃日来頗る欠乏せるの徴ありと雖とも、未た之を以て果して危急存亡の場合に於ても発射するの弾丸なしと速断すへからす。敵軍《〔カ〕》日々の発射を節約して突撃の場合に応するの策を為すは、近来の小攻撃に於て実験せる所なり。

我砲弾は廿八糎弾砲を除き、其他の攻城砲にて大約六万発を有するに至れり。是れ九月下旬、児玉総参謀長の来られたるとき、野砲弾の製作を若干日間延期して攻城砲弾の製作に宛てられたるの結果なり。

若し此弾丸を以て旅順を攻略する能はさるときは、再ひ此の如き攻城砲弾を得んことは望む可らさる所たり。

然るに、バルチツク艦隊の東航に依り、少くも旅順港内を瞰臨すへき一地点を占領するの必要は刻一刻に迫れり。

予は思へらく、二竜山砲台の重砲線を占領するを得は若干港内を望むを得へし。仮令全く港内を望む能はすとするも、二竜山砲台にして我手に落ちは盤龍山新砲台を略取すること難からす。盤龍山新砲台よりは確に海面を望むを得へしと。


　九月二十日海鼠山我有に帰せし以来、吾は此地に観測所を設け港内碇泊の軍艦を射撃せり。敵艦難を白玉山南方に避く。爾後、我諸占領地より敵艦を望見すること難く、従て僅に散布射撃を為すに止り、爾後十数日間廿八糎弾砲も軍艦射撃を廃止するに至りありしなり。

　（廿八糎弾砲は十月一日より発射し、毎日軍艦に命中弾を得しも、数日の後敵艦影を匿せり）。

依て思ふに、松樹山、二竜山を攻撃し、併て望台一帯の高地を占領する、旅順攻略の順序として可は即ち可なりと雖とも、広正面に射弾を散布し、万一成功せさる場合には国家を沈淪せしめたるの罪は第三軍之を辞する能はす。今や攻撃計画は已に示されたるも、之に多少の手加減を為すの余地は尚存す。寧ろ今に於て手加減をなし、先つ兎も角も二竜山と松樹山両砲台を占領し、其占領確実となるに及ひ更に東鶏冠山其他の諸砲台に及ほし、次て一挙に望台高地に進出するを可とすと。

十月二十四日 朝、予は之を参謀諸氏に諮りたり。是れ実に国家の重大事たるを以てなり。参謀中、山岡、津野田の二氏は嘗て参謀長より意見を徴せられたるときも此意見を述へ、今日に於ても素より同意なりしも、他は概ね已に示したる軍の計画は今日大に人の乗り気となりし時期に於て寧ろ成功の望最も大なるに依り変更するは不可なりとの説にて、予も之に同し。攻撃に前後を附するの策は終に之を放棄せり。

後日に至り予は実に予の意見を固執せす、又此意見を適当の時期に提出し軍の意見計画を爰に定めしめさりしを後悔せり。蓋し、予は此数週来独り旅順の攻略に頭を悩まし、松樹山、二竜山のみを奪取するも旅順の死命を制するに足らすとなし、望台一帯の高地を占領せんことを期せり。若し予の攻撃に多少の前後を附し、先つ松樹山、二竜山を奪取し、然る後東方の堡塁と高地に及ほすの策を採りしならんには、東方堡塁に向ひ発射せし砲弾と第十一師団の犠牲の幾分は之を救ふを得たりしならん。

参謀中にも、松樹、二竜両砲台に向ひ先つ部分攻撃を為すの考はありしも、部分攻撃は砲弾を要すること多く、有限の砲弾を以て至大の効果を収むるには多少の犠牲を払ふも旅順の死命を制するに足る大目的に出てさる可らすとの考にて、終に総攻撃に決せしなり。

蓋し、部分攻撃は先つ目標に向ひ十分に砲撃し、旁ら本目標に連撃〔繋〕する諸砲台に向ひ制圧射撃を施すの要ありて、此制圧射撃に要する弾丸は次回他部分の本攻撃に対し全く不用となるに依り、有限の弾丸を以て戦闘するものの最も不利とする所なり。

一般に此度の総攻撃は、攻路は進み、兵気は振ひ、砲弾は多く、成功確実なりと信したるなり。

十月二十六日　総砲撃を開始す。専ら二十八榴弾砲十二門を以て砲撃せしなり。午後五時、第一師団の第二聯隊は松樹山砲台前の散兵濠に、第九師団の第十九聯隊は二竜山の斜堤上の散兵濠に向ひ突進し、之を攻略せり。第十九聯隊は此夜斜堤上に逆襲を受け奮戦格闘、死傷三百名に達せり。

十月二十七日　此日も終日二十八珊榴弾砲を以て敵砲台を射撃し、破壊大に見るへきものあり。

十月二十八日　砲撃前日の如し。

十月二十九日　払暁、松樹山の敵兵逆襲し、第二聯隊の対壕守備兵殆んと全滅し、歩兵陣地敵手に陥りたり。依て第二聯隊は午後一時を期し之を恢復せり。敵は死屍百余を残し退却せり。此敵の逆襲は敵兵明に我に比し多くの損害を被むりたるものなり。

十月三十日　快晴　攻城諸砲兵は午前八時より全砲撃を開始し、午後一時総突撃を施行する筈なりし。此突撃の時機に関しては、軍司令官は各師団長を二十八日攻城砲兵司令部所在の鳳凰山西南高地に召集し意見を聞き決定せられたるなり。当時第一師団長は第一師団の攻撃攻路に着手すること遅かりしに依り、攻路甚はた不完全なるを以て、突撃を数日間延期せられたしとの意見なりしも、第九、第十〔一〕師団は準備完成突撃に差閊なしとのことにて、終に第一を強て此日に突撃せしむることとなりたるなり。

午後一時、第一師団の一中隊は猛然坑路頭より松樹山に向ひ突撃せしも、此攻撃部隊は時日寡く昨夜漸く鉄条網を切断せし程なれは、外壕の側防は未た破壊するに至らす、突撃隊の一部は濠中に突入せしも、終に敵火の為に斃され胸墻を攀登するに至らす、斜堤頂に漸く陣地を構成するに止りたり。

第九師団は突撃前に二竜山の外壕に橋を架するの計画にして、橋長十四米のものを準備せり。然るに、此橋は其長、濠幅に足らすして、濠底上若干米の所に落下せり。濠幅は十二、三米との偵察なりし故、十四米の橋を作りしに此の如き情況となり、其他橋桁に用ひたる竹は敵弾と我弾の為め破壊せられ、終に其用を為さす。実際濠幅十五米ありしなり。外濠通過の第一手段として考案せし架橋は其用を為さゝるに依り、第二手段たる梯子長さ八米のものを用ひたるに、是亦深く濠底に落ち其用を為さす。濠の深は実際十二米突ありしなり。第三手段たる土嚢を用ひ濠を塡実するの策は濠底深く濠幅大なるに依り是亦容易に奏功の見込なく、第四手段たる外岸の一部を爆破するの策、亦〔ママ〕深幅意想外なるに依り実行する能はす。此の如くにして、終に外濠通過の手段なくして突撃を実行するに至らす。但し、二竜山の外濠の側防は廿八、九日夜に於て完全に破壊し終りたり（爆破に依る）。

二竜山の突撃は右の如く外濠通過の手段なきに依り終に実施せられす。従て之と連繫して二竜山東側より咽喉部に逼り、或は鉢巻山、東西盤龍山より囲壁に向ふへき突撃は、終に之を実施するに至らさりし。

然れとも、第九師団の歩兵第六旅団の一部はP堡に向ひ突撃し之を占領せり。此夜、敵兵逆襲し来り。一ノ戸〔一戸〕少将手兵を提け逆撃し、之を恢復せり。事天聞に達し、後軍に於て之を一ノ戸〔一戸〕堡塁と改称せり。

第十一師団は已に二十八日夜以来、東鶏冠山外濠の西部を占領し、午後一時此砲台、Q砲台、瘤山及東鶏冠山砲台に向ひ突撃し、北砲台の胸墻を越ゆるに至らすして突撃隊皆倒れ、Q砲台内には若干突入せしものあるも、其大部は未た之に達するに至らすして斃れ、東鶏冠山は巓頂を一時占領せしも忽ち敵の撃退する所となり、独り瘤山のみ其手に残りたり。此日、第十一師団の損害約一千名なり。

東鶏冠山の中腹にある散兵濠は我散兵一時之を占領せしも、敵兵日没に及ひ両翼より爆薬を以て逆襲し来り。我兵頑強に抵抗せしも、終に支ふる能はす。之を棄て突撃陣地に退きたり。

此の如くにして、第二回の総攻撃は終に僅に一戸堡塁と瘤山を占領せしのみにて、他方面の攻撃は効を奏する能はさりし。

如何にして松樹山と二竜山の壕を通過せんかは実に当日の重大なる問題となれり。然も終に外岸を爆破し通路を設けて胸墻に攀登するの他に策なしと決し、即ち直に松樹山と二竜山へは垂降路の堀開を始めたり。其堀開に幾日を要すへきやは何人も之を明言する能はさりし。

一日と過き、二日と過き、五日、七日と過るも何日に至れは爆破し得へきや明瞭ならす。某坑路は岩石に出会し一日の行程〔ママ〕五十珊知〔ママ〕を下ることありし。十一月十日〔ママ〕。

明治三十七年十一月

十一月十日　予は二竜山の斜堤に上り、外岸爆破の垂坑路を視察せり。予定の計画に於て余す所尚五米。而して、日々の効程平均約五十珊と判断し、爆破に尚十日を要するを復命せり。

当時、バルチック艦隊は漸次東航し、大本営の心配一と片ならす、軍は昼夜寝食を安んせさるの情態にあり。海軍側よりは此間一寸二〇三高地を占領するを得さるやと促し、大本営よりも暗に此意をほのめかされしも、軍は今や全く攻撃配備にあり、此間一寸二〇三を攻撃する為め砲の配備を動すは容易の業にあらす。且つ二〇三攻撃の主任者たるへき第一師団は今や全力を尽し松樹山の攻撃作業に任しあるを以て、之をして其配備を改めしめ一寸二〇三に指を染めしむる如きは、軍の為し能はさる所なり。特に二〇三は軍始〔ママ〕めて之を攻撃するにあらす。曩に之を攻撃せしとき、十二珊榴弾砲の弾丸は弾き返りて奏功せさりしは軍の十分に記臆〔ママ〕する所たり。若し軽易に之か攻撃に着手し容易に奏功せさらんか、軍は実に容易に正面の総攻撃に着手し能はさるの情況に陥るへく、而して二〇三の高地の攻略容易ならさるは軍の信せんと欲する所なり。是を以て軍は断然正面の攻撃にして已に着手せるものを遂行し、他に容易に心を動さゝるに決せり。

軍は二様の任務を有せり（ダルニーの掩護は別として）。即ち、一は旅順を攻略すること、一は敵海軍を全滅せしむること、是なり。

若し軍の任務、単に速に敵艦の全滅のみにありしならんには、始より二〇三高地に向ふこと素より得策なれとも、二〇三を攻略し敵艦を全滅せしめたりとて旅順は攻略さるゝものにあらす。また弾丸には限りありてあちらこちらをつゝき廻はすは弾丸の使用上よりも許す可らさるものたり。故に軍は断然先つ旅順攻略の主目的たる正面攻撃に従事するに決せり。

バルチック艦隊益東航し、旅順未た陥落せす。日本帝国の戦略上の位置頗る不利の情態にあり。大本営及総司令部は旅順の陥らさるは攻撃の活気足らさるなりとなし、新鋭の第七師団を第三軍戦闘序列に加へ（十一月十一日）、且つ旅順攻略の為には多大の損害を払ふも顧る所にあらさる旨の訓示あり。

此訓示に対しては吾々第三軍にあるものは実に残念に感したり。要塞の陥らさるは攻撃の活気乏しきが為にあらずして、実に敵の術工物の破壊の不足にあり。若し第三軍にして精鋭の火砲と十分の砲弾を有せは、攻撃の進捗尚観るへきあるは信して疑はさる所なり。然るに、砲の大多数は旧式砲にして現世紀文明の利器にあらす。加ふるに弾丸は欠乏し、軍の参謀部は砲声を聞く毎に弾丸の減少を考へ冷々せし次第なり。攻撃の活気如何は独り第三軍のものにして之を之を〔ママ〕知るを得へし。兵卒は其職分を尽すに於て申分なかりし。勿論、最初の攻撃に於て多大の損害を被むり、其後日々の死傷にて、中隊に初め出征せし兵士は約二十名あるに過きさりし景況にて、殆んと大部は補充兵、然も短期教育の補充兵なりし。又幹部は大部分死傷し、残るは予備、後備の将校多かりし故、隊の働き振り新鋭の野戦隊の如くなきは自然の数なりと雖とも、然も従来の攻撃に於て行けと言はれて行かさるはなく、特に第九師団は続々数回の小攻撃を行ひしが皆着々成功せり。其成功は土工と砲撃と相待〔ママ〕て得たるものにして、今仮りに数万の新鋭を以て攻撃を施こすも、皆敵火の犠牲に供するのみにして、恐く悉く陣没し然も何等得る所なくして終りしならん。故に予は第三軍は攻撃を実行するには十分の兵力あり、活気もあり、唯時日を要す。此時日は勇気を以て短縮する能はす。北方にも兵は不足なりと称せらる。寧ろ第七師団を北方に招致せらるゝを以て策の得たるものなりとなし、之を総司令部の友人に通知せしこともありたり。

十一月十三日　第三軍現下の情況を報告する為め、白井参謀を総司令部に差遣せらる。此頃、寒威頗る強し。

十一月十七日　第一師団は松樹山の外岸穹窖を爆破せり。敵は穹窖内に土石を塡し、退て塁内に拠れり。外岸穹窖と塁内の交通暗路は亦土石を以て塡実しあり。

十一月十九〔八カ〕日　第三回総攻撃の準備逐次に歩を進むるに依り、第一、第九、第十一師団長、砲兵旅団長、攻城砲兵司令官を会し作戦を議せらる。此日、第一師団長より、水師営より白玉山に向ひ平地を突撃して要塞内に入り之を騒乱し、此機に乗し全線攻撃に転し、一挙に要塞を陥るゝの策を献せらる。軍司令官は此策に心を動かされたり。第一師団長の奇襲兵力は各師団の決死隊約二大隊の撰抜兵（三師団にて六個大隊の旅団となる）にして、其指揮官は旅団長とのことなりし故、司令官は何人を以て之に宛るやを問はれしに、中村少将〔覚、歩兵第二旅団長〕とのことなりし。

此夜、中村少将より予に電話にて、軍司令官と師団長の間に奇襲に付き話ありし様子なり。自分の考は師団長の意と大同なるも尚小異あり。策の採らるゝと否とは問ふ所にあらす。軍司令官に意見を申述したし〔ママ〕とのことなり。司令官は戦線の情況之を許すに於ては聞くへしとのことにて、明日午前十時戦線の情況差支なくは中村少将を攻城山に遣すへしと第一師団長に命せられたり。

十一月二十日　過日来掘開中なりし二竜山外濠外岸爆破の垂坑路完成し、此日午前十時爆破を行へり。其結果良好にして、東方には約四列側面にて外岸に攀登し得へき道を作るを得へく、西方も橋梁等若干の作業を加ふれは、亦外岸に攀登し得へし。爆破後、第九師団は直に攀登路及通路の設備に着手す。

中村少将は命に依り午前十時に攻城山に来れり。軍司令官は二竜山の爆破を見るの後、中村少将に会し其奇襲の意見を聞かる。

中村少将は先つ六大隊の兵を以て、月出前の夜暗を利用し鉄道堤に沿ひ松樹山補備砲台下に進ひ〔ママ〕、更に地隙を利用し不意に起て松樹山補備砲台を占領す。次て劉家溝の東方高地を占領し、更に進んて白玉山を占領す。之に用ふる兵力は六個大隊にして、各大隊は各特別の目標を有し、前者功を奏すれは之を占領守備し、後者は更に進んて次の己れの目標に進み、此の如くして終に白玉山を占領するに至る。而して、第七師団の全部之に続て前進し、通路を設け砲兵を進め弾薬を補給し、之に依て全要塞を中断すへしと。

　補備砲台を取りし頃、月出て目標見ゆる如くなる計画なり。

軍司令官は或は六個大隊の兵力を与へ之を実行せしむるも計られす、十分に研究を重ね置くへきを示され、少将は六個大隊の兵にても白玉山迄を占領する計画を立つへきも、可成は大規模に第七師団の全体直に続行、要塞を中断するの策に出てられんことの希望を述て帰れり。

第七師団の先頭は十八日来到着し始めたり。

十一月二十二日なりしならん。軍参謀長は予以下の軍参謀を会し、攻撃計画并に奇襲に関し意見を問はる。攻撃計画は何人も異存なかりしも、奇襲に関しては各参謀口を極めて其非を鳴らせり。其理由とする所は、夜襲の距离〔ママ〕遠きと、夜襲に巧妙の運動を為さんとすると、補備砲台の兵備薄きが如く見ゆるも堅牢の砲台にして中村少将の説の如く容易に占領し得へきものにあらす、且つ夜襲は従来の経験に依るに要塞の堡塁にして旅順の如き彼此の関系〔ママ〕密接なるものに対しては常に十字火の為に失敗に終りたり。又不意に敵を撃たんとすれは奇襲を先にせさる可らす。奇襲を先にすれは之に伴ふて払暁に攻撃せさる可らす。払暁の攻撃は要塞に対し砲火の援助を受くる能はさるに依り、常に辛き経験に終れり。故に此奇襲は実行せさるを可とすと。安原参謀〔啓太郎、第三軍参謀〕の如きは、此計画は夢の夢なるものなりと罵れり。

独り津野田参謀は此奇襲を成功し得へしとなし同意を表せり。

予は、良兵は目下中隊に已に多からす、之を引抜き各師団に二大隊の兵を作るときは正面攻撃の勢力衰弱するに依り不利なり。其他全体に此計画の成功し得へしと信すへき理由なく、却て失敗に終るへき戦史の例証多々なるを以て、之を廃止するの得策なるを述たり。

参謀中には又撰抜兵の俄編成の隊は兵は将校も下士も知らす、将校は下士の名も知らす、到底此の如き大規模の動作に使用し得へきものにあらさるを述たるものあり。

悲哉、此参謀諸氏の苦言は終に採用せられさりし。参謀長は已に久しき以前、即ち十月三十日の第一の突撃成功せさりしとき、水師営より全力を挙て突入する如き壮挙に出るにあらされは、到底此の如き要塞を陥るゝの難きを説かれたり。当時、予は唯其六ケ敷かるへきを答へしのみなりしか、此節松村将軍奇襲の策を献せし以来、参謀長は頻りに奇襲を主張し、司令官亦之に耳を傾むけられ、此日参謀を会し意見を聞かれたる後、反対説もあるか司令官は御決行になるとの一言にて万事休せり。

当時、ハルチツク艦隊東航の噂に連れ、総司令部も大本営も海軍も、やれ旅順を陥せ、それ旅順を落せ、旅順を落す為には死傷も問ふ所にあらす、新鋭の活気に乏しき故、第七師団を加ふとせつかれ、軍司令官と参謀長の胸中は実に其苦心惨憺推量するに余りあり。其究〔ママ〕余の究〔ママ〕に、終に此の如き究〔ママ〕策をも併せ行はんとせられたるは机上の議論を以て決して漫に之を評すへきものにあらす。当時の情況を明にするものにして、善く軍司令官と参謀長が尚一縷の望を此奇襲に置き、総て望あるものは其多少を問はす悉く実行せられたるを推知するを得へし。予を始めとし幕僚の大部は奇襲に大に反対せしも、事已に奇襲たり。奇道何人か其全く成功せさるを保するを得んや。況んや軍司令官は之を決行するに決せられたり。即ち全力を挙て之か遂行と成功とに尽力せり。

第九師団は十一月二十五日午前十時迄に二竜山砲台の攀登路を設くへき筈なりし。其他の設備も皆概ね二十四日、二十五日に終るへきに付き、即ち攻撃を十一月二十六日と定められたり。

攻撃の企図を報告するや、第三軍に勅語を賜はれり。将士一同恐懼出る所を知らす。一死聖慮を安し奉らんことを期せり。

右の勅語を賜はるに至りしは、実に補〔輔〕弼の臣、戦場の情況に暗く、漫に机上に空論を弄し、第三軍の志気を銷沈せりと判断したるの結果に外ならさるへし。実に遺憾の至りなり。此時にこ〔ママ〕り勅語なくて軍隊働き、爰に於て軍隊の奔も揚り、勅語の価値も十分にあるなり。後来、戦況苦しき時は勅語を賜はらされは得働かすと云ふ如き軍隊を作りたら如何する。

第三軍司令官は実に此勅語を拝し感激措く能はさりし。而て直に之を各隊に伝達し、一兵卒に至る迄十分に勅語の趣旨を徹底奉戴せしむへきを命せられたり。

然も当時の情況、将校下士卒皆共に、速に旅順を処置するの必要を感し奮励せさるものなし。勅語なしとて働かさるにあらす。ありたりとて此上に働き様はなし。此の如き時機に勅語を賜はり以て人を鼓舞せんとす、補〔輔〕弼の不明と云はさるを得す。

此度の攻撃方案は従来のものと少しく趣を異にせり。即ち、第一師団の松樹山攻撃は旧の如くなるも、第九師団は二竜山及二竜山より一戸堡塁に至る間の支那囲壁に向ひ、第十一師団は第九師団より一戸堡塁を受領し之を己れの突撃拠点とし、囲壁を踰て望台東斜面に向ふへく、又其一部隊は東鶏冠山北砲台に突撃すへく、而してQ砲台及東鶏冠山砲台は望台東斜面を得たる後、漸次東に向ひ攻撃し、之に策応して北よりも攻撃し攻略するの計画なりし。

若し此攻撃にして不成功に終らんか、即ち宵暗を利用して中村支隊を放ち、松樹山補備砲台を奇襲せしむへく、之を攻撃の第二策とす。

　中村支隊の編成は軍命令に詳なり。

此間、第七師団の約一旅団は予備として戦線の後方に位置すへく、其全力を用ひて尚強襲功を奏せさるときは正面は尚堅牢にして抜き難きものたるを以て、爰に即ち旅順攻陥を第二の業とし、先つ速に敵艦を処分する為め二〇三の高地を攻撃すへく、之を攻撃最後の手段とし、此期に及へは一兵一弾のあらん限り是非共二〇三を攻略するの決心にて次の攻撃命令を下されたり。

〔攻撃命令の記載なし〕

十一月二十六日　午前十時より攻城砲兵は射撃を開始し、午後一時諸隊は勇敢に突撃動作り移〔ママ〕れり。松樹山も二竜山も僅に胸墻頂に達せしのみにて突撃隊皆斃れ、数回の突撃更に効を奏せす。二竜山の東方に於る支那囲壁に向へる突撃も、頗る勇壮に実行されたるも、囲壁を距る数米の処にて爆薬、銃火、機関砲火の為に悉く斃され、数回の突撃是亦成功せす（第九師団）。第十一師団の一戸堡塁よりする突撃は勇敢なる将校二、三支那囲壁の上に立ちて剣を揮て指揮するを見しが、是亦忽ちにして敵弾に斃され、囲壁を越へて進出するに至らす。以て日没に達せり。

軍司令官は終に中村支隊を放たれたり。中村支隊は昨夜水師営附近に集合し、軍司令官は今朝訣別の為め同隊に赴むかれたり。事已に頗る悲壮。

中村支隊は月出前の宵暗を利用して突撃せしが、未た補備砲台を奪取せさるに、早く已に多大の損害を被むり成功の見込なく、中村少将は負傷し、諸隊中には方向を誤り椅子山に向ひしものすらありて到底勝算なきを以て、夜半に及ひ水師営南方堡塁に引立〔ママ〕たり。

此時、尚第七師団の先頭旅団中新鋭なるもの二個大隊半を残せしにより、軍司令官は明朝更に第九師団長をして之を以て突撃を試みしむるの決心なりしも、払暁迄に到達せし第九師団長の報告を綜合するに、仮令新鋭の兵を加ふるも到底正面を突破し能はさるを覚り、終に二〇三に攻撃を向くるに決せられたり。于時、明治三十七年十一月二十七日午前十時なり。

先つ第一師団に二〇三を攻撃すへきを命せらる。第一師団は昨日来の戦に敵の疲労に乗せんとし、即日攻撃に着手せんとす。依て終日攻城砲兵をして射撃せしめ、午後六時より第一師団は后備第一旅団と共に突撃に転ぜしも、日暮に至るも成功せす、依て更に明日午前八時より突撃を実行するに決す。

十一月二十八日　晴　終日二〇三を攻撃し、夜半全く之を占領し、防禦工事を施しつゝありしに、午前一時過敵兵逆襲し、我占領隊長第一聯隊長代理枝吉少佐〔歌麿〕は敵の投擲せる第一発の爆薬にて戦死し、諸兵已に信頼する所を失ひ、且つ第一師団に増加したる第七師団の一部隊は未た爆薬戦に慣れさるに依り混雑を生し、終に二〇三を失へり。

飛報軍司令部に到達するや、軍司令官は直に第七師団を第一師団に増加し二〇三を恢復せしむるに決せられ、予は第一、第七師団長〔大迫尚敏〕の間に立ち事を処すへき命を受け、夜半司令部を発し、先つ第七師団司令部を過〔ママ〕り、払暁第一師団司令部に至り、軍司令官の協同一致功を挙くへきの旨を伝ふ。

十一月二十九日　晴　払暁、第七師団は警急集合をなし、第一師団の高崎山附近に開進す。第七師団は未た地形と堡塁と堡塁戦に慣れさる所あるを以て、本日は攻撃を止め、将校下士をして攻撃目標を熟視せしめ、其他堡塁攻撃の要領を示す等準備に忙し。

十一月三十日　晴　第一、第七師団は共同し、砲撃の決果〔ママ〕を俟て、午前十時より攻撃を開始す。予は第一、第七共同の司令部所在地にありしが、軍参謀長の同地にあらるゝを必要とし、意見を上申し、参謀長来らるゝに依り、夕予は司令部に帰れり。

攻撃は終日に亘り、二〇三は夜半、赤坂山は午前三時占領せしも、再ひ逆襲に会し之を失へり。

明治三十七年十二月

十二月一日　晴　児玉総参謀長来る。此日攻撃を続行す。

十二月二日　晴　朝、参謀長第一師団方面より帰らるゝに依り、予は日夕第一師団司令部に赴けり。此日は格別の攻撃動作を為さす。

十二月三日　晴　方面指揮官大迫第七師団長は二〇三を已に我兵の取り付き居る西南角より攻撃せんとし、松村第一師団長は赤坂山を先つ占領するを有利とし意見合せす。予は情況を具申し、軍司令官の来臨を仰けり。軍司令官日没比来られ、大迫師団長の意見を実行するに決せらる。

此日も攻撃準備にして、攻撃動作なし。

十二月四日　攻撃計画漸次熟し、児玉総参謀長も乃木司令官も共に第七師団司令部に居らるゝに依り、参謀長の来り居らるゝを必要とし、意見を上申し、予は直に軍司令部に帰る。

目下我兵二〇三の西南の一角に取付きあり。［ママ］連合艦隊の切なる希望に依り、此一角に観測所を設け射撃を実施せんとせしも、敵弾屢来り、或は観測所を毀ち、或は電話線を断ち容易に射撃する能はす。本日も軍艦射撃を為す筈なりしも、明日の攻撃準備の為め果さす。

岩村海軍参謀〈団次郎、第一艦隊参謀〈明治三十七年九月付〉〉は軍司令官に迫り、軍司令官は明日より必す射撃すへきことを約せらる。

十二月五日　第七師団は午前九時より二〇三西南角を根拠とし攻撃し、午前十時西南部全部を占領せり。次て東北部を偵察するに、敵の兵力多からさるものの如し。依て直に東北部をも攻略するに決し、午後二時全く東北部を占領せり。

午後二時、軍艦射撃を始め、二十四発にして観測所を破壊せられたり。

二〇三には直に占領工事を施こし、敵は劇しく射撃せす。

十二月六日　晴　午前零時より第九、第十一師団方面に於て牽勢〔ママ〕を為す。二〇三には逆襲なく意外の感あらしめたり。我占領工事は益進歩し、払暁敵は赤坂山を棄て退き、午後一時吾兵之を占領せり。次て寺児溝北方一帯の高地、我有に帰せり。

本日、軍艦射撃を施行し（二〇三の観測に依り）レレビサンを傾むけたり。

軍使〔V・サガロフスキー、第二地区司令部参謀〕二〇三に来り、死体の収集に関し提議書を送る。

十二月七日　軍艦射撃をなし、ポペーダ及ポルタワを傾むく。此両三日の間に敵艦皆沈む。

午後三時、才藤参謀少佐〔斎藤季治郎、第三軍参謀〕死体収容に関し軍使として敵の軍使と水師営南方に会せしが、敵は負傷者已に斃れたる今日死屍を収容するの必要なしとし提議を撤回せり。

十一〔ママ〕月九日　朝、セバストポール旅順港外に脱出せり。

十二月十七日　第七師団は無抵抗にて高丁山を占領せり。

十二月十八日　午後二時、第十一師団東鶏冠山北砲台の胸墻を爆破す。是より先き十一月二十六日の総攻撃に於て、松樹山、二竜山、東鶏冠山北砲台ともに数回の突撃を行ひしも、皆成功せす。堡塁奪取の策は唯胸壁を爆破し堡塁内に突入するあるのみ。依て二十七日以来、直に之に着手し、且つ従来数堡塁を合し同時に攻撃せしを改め、準備成るに従ひ一堡塁毎に爆破して攻撃するに決せり。即ち、北砲台先つ準備成りしに依り之を爆破せるなり。薬室は過量薬室にして、爆薬量二三〇〇K〔キログラム〕なりし。爆破過強なりし為め、突撃隊の一部に損傷を生せり。

爆破後直に突撃隊は突入し、劇烈なる爆薬戦の後、午後十一時五十分全く之を占領せり。

右の爆破の景況に鑑み、第九師団は二竜山を二十四日に爆発するの予定なりしを、更に工事を増加し三十日に爆破するに決し之を報告せり。軍は勿論之を認可せり。

十二月二十二日　朝、後備歩兵第一旅団は奇襲を施し、後三羊頭北方の高地を占領せり。

十二月二十三日　第七師団は後揚《〔ママ〕》樹溝東北高地を攻撃し、之を占領せり。

十二月二十五日　後備第一旅団は敵の騒擾せるに乗して、大劉家屯及後三羊頭村を占領せり。

二〇三攻撃成功以来、敵兵頗る萎菲〔ママ〕せるの風あり。東鶏冠山北砲台の如き、其占領頗る困難なるへしと信せしも、比較的容易に之を奪取するを得たり。其他攻囲線着々の進歩、皆敵の萎菲〔ママ〕せるを証せさるはなし。砲台は各個に攻撃するときは我砲兵の指揮頗る容易なり。又一発の敵弾来るも、善く其孰れより来りしやを探究し、之を制圧するを得るなり。

然れとも、各個攻撃は亦害あり。敵より我突撃隊に砲火を集中さるゝこと是なり。唯北砲台の容易に占領されたる如き、之を敵の衰弱に帰せさるを得す。苟も敵兵砲火を集中せんか、其占領の容易ならさるは勿論のことなり。

十二月二十八日　第九師団の工事進捗速にして、此日午前十時軽砲線を爆破せり。第九師団は先つ確実に軽砲線を占領するを主とし、重砲線を奪ひ全砲台を占領するは独り情況之を許すときにのみ決行することとせり。

爆破には震盪薬室を用ひ、爆薬量二三〇〇Kなり。

爆破と同時に攻城砲及野戦砲は皆既定の目標に向ひ射撃を開始し、突撃を妨害すへき諸砲台を制圧せり。此砲撃中最も勇壮なりしは、二門の山砲、斜堤上より五、六十米の射巨离〔ママ〕にて発射せしことなりし。

突撃隊は直に軽砲線を占領し工事を施し、工兵は軽砲線上に二門の砲床を作れり。午後一時に及ひ砲床成る。即ち、更に山砲二門を此処に備へ、三、四十米の距离〔ママ〕にて重砲線を射撃せり。

攻撃隊長平佐少将〔良蔵、歩兵第十八旅団長〕は重砲線の敵情我攻撃に堪へ得さるものと判断し、午後四時より更に突撃を始め、午後七時三十分之を占領し、翌廿九日午前三時に及ひ終に咽喉部の敵を駆逐し全く砲台を占領せり。

此日、松樹山及二竜山脚に備へたる砲兵旅団の野砲八門も、亦大に両砲台の背後を射撃し効あり。

概して第九師団の山砲約三十門は千米以内にあり、又十五珊臼砲一門は鉢巻山にありて三百米にて二竜山の咽喉部を射撃せり。工事の力に頼り、敵の萎菲〔ママ〕に乗するにあらすんば、焉ぞ比の如き壮快の挙に出るを得んや。

十二月三十一日　午前十時、松樹山砲台の胸墻を爆破す。

是より先き十一月十七日、松樹山砲台の外岸穹窖を爆破するや、彼は逸早く穹窖内に土石を填実し、且つ暗路を塞き、退て堡塁に嬰守せり。爾後、我兵外濠通過の作業中、敵の対抗〔ママ〕路を堀開するの音響を聞けり。十一月二十六日の突撃は成功せさりしこと已に述たる如し。爾後、胸墻爆破の策を定め、薬室の堀開に着手するや、暗路の附近に断ゑす敵の対坑路堀開の音響を聞けり。十二月二十日頃なりしならん。敵兵我薬室に至る坑路を下方より爆破し四名を斃せり。其屍を得ん為め堀開中、偶然敵の対坑路に通する孔を発見し（爆破の孔なり）、之より五十吉の爆薬を投し敵の十四、五名を斃せり。其後、敵の対坑路は暗路を起点とするものと判断し、敵の埋没せる土石を除き、暗路を制し、爾来敵の為に爆破の害を被むらさるも、何時爆破せらるゝやも計り難きに依り、薬室填実を爆破の直前に行ふことに決せり。

軍の全体の作戦上、先つ二竜山を攻撃し、次て松樹山を攻略するに決せし以来、松樹山は薬室を堀開したるまゝ二竜山の攻略を待てり。

十二月二十八日二竜山攻撃成功するや、即ち軍は直に松樹山の薬室填実を命せり。此填実は約二日を要し、即ち十二月三十一日午前十時を以て爆破を実行するに至れり。

爆破には尋常火薬を用ひ、其量千余吉《?》なりしならん。

爆破と共に攻城及野戦砲兵の砲撃を開始せしこと二竜山北砲台の時の如し。

第九師団の山砲二門及第一師団の機関砲二門は二竜山より攻撃を援助せり。

我兵爆破を行ひ、未た突撃せさるに、敵は砲台内に地雷を発し、此爆破と地雷は咽喉部の掩蔽部の口を塞き、為に守兵二百余名捕虜となるに至れり。

第一師団は先つ松樹山砲台を占領し、然る後、為し得れは補備砲台を占領する見込なりしも、前述の如く咽喉部全く閉塞して後方に進出するの途なく、濠内は縦射を受け、砲台内には椅子山、案子山より砲撃を被むるに依り、隊伍を整頓し進出するに由なく、終に補備砲台を攻撃する能はす、僅に咽喉部に通路を開くに止れり。

午時過、第一師団より、二竜山の咽喉部方向よりも小銃弾を受け、補備砲台に向て突出益困難なる旨報告あり。

第九師団に成るへく二竜山前方の敵を制圧すへきを命せしに、午後二時勇敢なる第十九聯隊の一中隊は突然起て烏帽子山を占領せり。他の一中隊は二竜山東方の坑路頭にありしか、是亦蹶然支那囲壁を越へて前記の中隊と合し、共に烏帽子山を占領せり。是に於て天地の寂寥〔ママ〕乍ち破れ、攻城砲兵は野戦砲兵と合し、烏帽子山の占領を掩護し、日没に至る迄砲撃を続けしも、突出の時間早かりしと、第一師団の補備砲台に向ふ能はさるとに依り、烏帽子山占領隊は三面より射撃を受け多くの損害を被むり、師団長は終に夜暗に乗し、此勇敢なる中隊を原陣地に撤退せしむるの已むを得さるに至りたり。

午後六時、第九師団は東盤龍山前に於て支那囲壁を爆破し、若干戦闘の後、確実に之を占領せり。

此の如くにして明治三十七年は暮となれり。大晦日に松樹山を占領せし悦ひは、烏帽子山占領の勇兵を撤退せしめさるを得さるに至りしに依り、何となく消へ失せて、不愉快の感に打たれて寝に就きたり。

明治三十八年一月

明治三十八年一月一日

第九師団の左翼隊一戸旅団は五、六名の将校斥候を一月一日払暁にH高地に出したり。此斥候は一、二の監視兵を駆逐し、高地上に万歳を絶叫せり。歩兵二中隊は万歳の声を聞くや直にH高地に上れり。是に於てH高地の南方にありし五、六十名の敵は倉皇途を失ひ南方に退却せり。H高地には直に占領工事に着手し、又望台に向ひ斥候を出せり。

第九師団の右翼隊は之と相応して盤龍山新砲台及烏帽子山を占領し、直に占領工事に着手せり。

第十一師団の右翼隊も（前田旅団（第二十二旅団。長、前田隆礼））第九師団の左翼と連繋し、支那囲壁を越へて望台に向へり。

敵は望台を死守せり。数回の攻撃効を奏せす。

第九師団はH及盤龍山新砲台に十四門の山砲を運ひて頻りに望台を砲撃せり。

　明治四十年八月二十七日、東京附近洪水にて強雨中、旧記を続け完成す。

予は午前十一時頃、攻城砲兵司令部に行き、豊嶋〔ママ〕司令官、佐藤大佐と協議して、第九、第十一師団の攻撃計画に応し、攻城砲兵を以て望台の占領を援助することに斡旋せり。午後二時三十分、両師団突撃して終に望台を占領せり。

望台には我兵直に防禦工事を施せり。

敵はH高地にも望台にも多く砲火を送らす。椅子山、案子山砲台は望台附近の戦闘に多く関系〔ママ〕せさるものの如く、従来占領砲台には直に他砲台より砲火を集めしに比し頗る奇異の思を為せり。

午後四時、攻城砲兵司令部に報告あり。敵軍使〔V・マルチェンコ、副官〕来ると。

間もなく水師営の我第一線に軍使到達し、書翰を交附せりとの報あり。

予は急き軍司令部に帰れり。

敵の軍使の交附せし書状は間違て第一師団司令部を経て軍司令部に交附されたるに依り、其軍司令部に到達せしは午後九時なりし。

白井中佐之を開けは、仏文にて認めたる開城の申込なりし。

直に参謀長の許に集り、返答と開城条件を議し、午前四時に終れり。

敵の意、何れに在るや未た知るへからさるを以て、各師団には単に警戒を厳にすへきを命せり。

暁に及ひ、各師団に始めて開城の申込ありしことを通知し、然も決して警戒を怠る間敷事を命せり。

二日、参謀長レイス大佐と会同し、開城規約調印せられ、爰に旅順の開城を見るに至れり。

日露戦役従軍日記

井上幾太郎

〔表紙〕
丙の部
日露戦役従軍日記　一

〔以下本文〕

日露戦役従軍日記

陸軍工兵少佐井上幾太郎

明治三十五年六月独乙〔ドイツ〕留学の途に上りし余は、同年九月より同国「ワイマール」市及「アイセナハ」市に於て一ケ年間語学を専修し、三十六年十月伯林〔ベルリン〕に移り隊附勤務準備中なりしか、其頃より日露両国の交渉談判は日を追って緊張し、翌三十七年二月九日伯林に於て日露国交の断絶と共に旅順沖海戦の報に接す。二月二十二日帰朝の命に接し、他の欧州留学将校（其内、久邇宮〔邦彦王、帰朝後第一軍司令部附〕及梨本宮〔守正王、フランス留学から帰朝後参謀本部附。その後第二軍司令部附〕両殿下在らせらる）と共に先つ英京倫敦〔ロンドン〕に集り、次て「リパプール《〔ママ〕》」より乗船、米国に航し「ニューヨーク」、「バンクーバー」を経て、四月二日横浜に帰着。出征の命を待て、参謀本部の楼上に多忙なる大本営の状況を傍観しつつ其日を過せり。余か旅順攻囲軍に加はるへきことは、大本営に於ては概定しありしか如きも、余は直接知るところなかりし。当時、帰朝の将校は何れも出征軍に加はらんことを欲し運動に余念なかりしか、余は今回の戦役は大戦争にして各人早晩必す出征すへく、而して余は既に日清戦役、北清事変に従軍しあるを以て、敢て他人と其位置を争ふて出征軍に加はるの必要なしと感し、敢て自ら運動を試むる処なかりし。

四月上旬に至り、余か攻城軍に加はることは、誰言ふとなく自然に明かとなれり。

四月二十日、第三軍参謀副長たるへく予定せられたる大庭中佐〔二郎〕は余を召して曰。「貴官は兼てより要塞戦研究者たる所以に依り第三軍参謀と予定したる所なるか、今回更に磯村少佐〔年〕（余の同期生）か参謀として合〔ママ〕はる関係上、近く少佐に昇進すへき貴官は下級職として参加せさるへからす。敢て差支なきや」と。依て余は次の如く答へたり。「余の要塞戦の研究は未た甚た未熟なるも、若し其理由を以て軍参謀となり攻城戦に何等かの貢献をなすことを得るならは、名義の下級職たると否とは問ふ処にあらす」と。

同日頃に至り、軍司令官は当時留守近衛師団長たる乃木中将〔希典〕と概定したるを耳にせり。

明治三十七年五月

明治三十七年五月一日

第三軍司令部の動員令下り、五月二日を以て動員第一日と令せらる。軍司令官は乃木中将〔第三軍司令官〕、軍参謀長は伊地知少将〔幸介、第三軍参謀長〕にして、余は参謀の一員として之れに加はる。

五月二日

第三軍司令部動員事務を陸軍大学校内に開き、之に従事す。

本日、始めて乃木中将に面謁す。是迄宴会等にて会ひたることあるも、直接談話を交換したるは本日を以て始めとす。

五月三日

本日、馬丁田代惣十郎を雇入る。当時余はトヨ〔井上幾太郎夫人、河北一の三女〕と共に高輪南町河北道介〔洋画家、河北一の弟〕留守宅に居住しありたり。

五月五日

本日、第三軍司令部動員完結す。将校、同相当官已上は附表第一〔二一八頁に収録〕の如し。其中主なるものを挙くれは、

軍司令官	中将乃木希典	
軍参謀長	少将伊地知幸介	
同　副長	歩兵中佐大庭二郎	
同　参謀	歩兵少佐白井二郎	第一課
同	歩兵大尉津野田是重	第一課

同　砲兵少佐山岡熊二〔治〕　第二課

同　歩兵大尉安原啓太郎　第二課

同　砲兵少佐磯村年　第三課

同　工兵大尉井上幾太郎　第三課

軍高級副官　歩兵少佐吉岡友愛

軍管理部長　砲兵少佐渡辺満太郎

軍砲兵部長　少将豊島陽三〔蔵〕（兼攻城砲兵司令官）

軍工兵部長　工兵大佐榊原昇造

軍経理部長　主計監吉田丈治

軍軍医部長　軍医監落合泰造〔蔵〕

攻城工兵廠長　工兵中佐今沢義雄

第三軍人馬一覧表は附表第二〔二三〇頁に収録〕の如し。

動員完結と共に伊地知少将は幕僚を集め、曰。

不尚幸介今回参謀長の大任を受く。一に諸官の助力に依るの外なし。各員各其分課に従ひ担任の業務に奮励し余を輔助〔ママ〕せられんことを望む。又、井上参謀は殊に要塞攻撃の為に当軍に附せられたるを以て一層の努力を望む。

五月六日

管理部をして、余か戦地利用の為、自転車及写真器械を購入せしむ。

五月八日

参謀本部より、旅順要塞記録（附図第一〔存在を確認できず〕）並に攻撃計画案を受領し、幕僚中にて之を研究す。此記録は数年前のものにして、極めて概略のものにして殆んと信頼に足るものなし。又、計画は強襲を主とし、西北正面より攻撃するの案なりし。

此日、攻城砲兵司令部編成完結す。其主なる役員は左の如し。

司令官　豊島少将
部　員　佐藤大〔中〕佐〔鋼次郎〕
同　　　奈良少佐〔武次〕
同　　　吉田大尉〔豊彦〕

五月十日

大庭中佐已下幕僚は集合して要塞攻撃の策案を研究す。平時参謀本部にて研究したる案は西北方より攻撃するものなりしか、之れは攻城砲兵の展開に多くの時日を要すへきを以て、軍にて東北正面よりするを是なりとの意見に一致したり。然れとも、之か決定は過早なりとして議を了はれり。

五月十三日

第三軍兵站監部動員完結に付、兵站監部将校同相当官職員表（附表第三〔二二一頁に収録〕）及兵站監部人馬一覧表（附表第四〔二二二頁に収録〕）を呈出し来れり。

五月十六日

十四日附を以て、余は工兵少佐に進級す。然れとも、前記の通り余は下級職に在りて軍参謀たり。

五月十七日

本日、軍司令官已下部員一同、大学校を発し池上本門寺迄遠乗会を行ふ。余は当日、中野電信教導隊にて軽気球の昇騰試験あるを以て之を視察す。此際、宮内《〔ママ〕》待従武官〔宮本照明〕及大山元帥〔巌、参謀総長〕も立会へり。

五月二十六日

軍司令部は広島に至り待命すへき内命ありたるを以て、余は設営の為に本日主計一、下士一、兵卒一を伴ひ汽行す。午後九時三十分、新橋駅を発したり。

五月二十八日

午後二時、広島に着す。直に吉川旅館に入り設営に着手す。軍司令官及幕僚は吉川旅館に、砲工兵部及管理部は長沼旅館に、又軍医部、経理部は溝口旅館に定めたり。此夜、藤井兵站参謀長〔幸槌〕の招待にて明輝楼に至る。

五月二十九日

本日午前四時四十一分、軍管理部到着（二十六日午後十二時新橋発）。又、午後零時三十分、軍司令部各員広島に到着したり（司令部は二十七日午前十一時東京発）。

同日午後六時、第二軍南山攻略の報至る。之と共に乃木軍司令官の長男勝典〔乃木勝典、歩兵第一聯隊第九中隊小隊長〕同地にて戦死の報至る。幕僚一同将軍に謁し哀惜の意を表す。

五月三十日

午後五時、トヨ及河北母上〔伊登〕来広す。共に広島駅前、長沼支店に一泊す。

五月三十一日

本日、大本営より第三軍の戦闘序列並に軍の任務達せらる。
第三軍戦闘序列大要
軍司令官　乃木中将
軍参謀長　伊地知少将
第一師団　師団長中将貞愛親王〔伏見宮貞愛親王〕
第十一師団　師団長中将土屋光春
攻城砲兵司令部　司令官豊島少将

攻城特種部隊
徒歩砲兵第一聯隊（第一大隊（四中隊）十二加二十四門 第二大隊（四中隊）十五榴二十四門）
同　第二聯隊（第一、第二大隊　十五榴四十八門）
同　第三聯隊（第一大隊（四中隊）十五臼二十四門 第二大隊（四中隊）十二加六門、十半加六門、九臼十二門）
同　独立大隊（二中隊）九臼十二門
攻城砲兵廠〔ママ〕
攻城工兵廠
第一、第十一師団野戦電信隊
軍兵站部長〔監〕古谷大佐〔安民〕

第三軍の任務は、勉めて速に旅順要塞を攻略し、如何なる場合に於ても第二軍の後方に陸上よりする敵の危害を及ほさるに在り。

本日、吉川旅館にて軍司令部職員の宴会を開き、出発を祝し戦勝を祈る。

明治三十七年六月

六月一日

本日、軍司令部は乗船出帆のこととなる。船は八幡丸にして、午前六時より馬匹を搭載し、軍司令官は午後三時宿舎を発し宇品に至る。大手町より宇品に至る間、各小学校生徒、地方有志堵列して万歳を唱ふ。宇品碇泊場司令部にて暫時休憩の後、四時二十分乗船す。午後五時、出帆す。

六月二日

午前四時、満干珠島附近にて濃霧の為、一時停止す。是時、陸軍大臣〔寺内正毅〕より軍司令官宛電報来る。午前六時、馬関海峡に入る。午前十一時、長豊の山河後方に没す。壱岐の南方にて軍艦浪速、日進の二隻来りて護衛す。浪速に在る瓜生司令官〔外吉、第四戦隊司令官〕より信号にて、上村第二艦隊〔司令長官上村彦之丞〕は我運送船を護衛すること、並に瓜生艦隊は暫時我と同行する旨を報す。依りて、我よりは其任務を謝し健康を祝する旨を返信せり。

午後三時三十分頃、対馬南端神崎沖を近く通過す。此時、角田司令官〔秀松、竹敷要港部司令官〕より我司令官に祝電あり。午後六時、瓜生艦隊は我船を辞し去る。是時万歳を三唱す。

六月三日

午後六時、朝鮮白翎島沖を通過す。風稍強く、兵卒中船暈のものありし。

六月四日

午前八時、連合〔ママ〕艦隊の根拠地なる長山列島に達す。軍司令官は直に東郷司令長官〔平八郎、聯合艦隊司令長官〕を訪問し、陸海協同に関し協議を遂く。次て長官も亦我運送船に軍司令官を訪問す。

正午頃、出帆して上陸地の根拠地に至る。軍副官一名碇泊場の海上出張所に至りたるに、午後五時大本営の命令を受領して帰る。其要旨は、後備歩兵第一旅団を第三軍戦闘序列に入る、十二日頃内地出帆の予定なり。又、第一、第十一師団は軍司令部の上陸と共に第三軍司令官の指揮下に入らしむ。

又、状報〔ママ〕として、第二軍前面の敵は楊関州に集合しつつありしか、三日より前進し来れり。同軍は六日頃に之を迎撃する筈なりと。

我運送船は午後七時、長山列島の西端なる予定錨地に投錨す。

六月五日

早朝六時出帆、上陸地の錨地に至る筈なりしか、濃霧の為発するを得す。午前十一時頃漸く抜錨して、午前十一時半上陸地の錨地に至る。是時、第二軍の石坂参謀〔善次郎〕来り同軍の状況を通報す、曰。第二軍は第三軍の到着を待て前進する予定なりしも、北方の状況甚しく切迫したるを以て、北行して張家屯に至る。第二軍陣地は普蘭店附近に在りて、敵は前日来揚〔ママ〕関州附近に集合して漸次前進せるものの如しと。

大庭中佐は津野田大尉と共に直に上陸して第二軍司令部に至り連絡を取らしめらる。

正午過き、磯村少佐及安原大尉は上陸す。磯村は第二軍兵站監〔大谷喜久蔵〕と連絡し、安原は状報〔ママ〕収集の為なり。

午後六時に至り、日没の為上陸を中止す。是の日、馬匹並に荷物の大部は上陸せしむることを得たり。錨地は上陸点を距ること実に約三哩なり。上陸中止の後、船は再ひ長山列島に帰還し、夜間は灯火を滅し敵の襲撃に備ふ。

六月六日

午前五時抜錨、上陸地に至り、陸を去る約二哩の三官廟沖に投錨なし《〔ママ〕》、本船より小蒸汽に、小蒸汽より端艇に移り、次て人背に依り陸岸に達す。

上陸と共に大庭中佐等に遭ひ、第二軍との連絡の状況を知り、其甚た切迫せるを知るを以て、軍司令官已下直に金州に向ひ急行す。軍司令官及幕僚は亮甲店に、其他は転角堡に至り宿営す。南山戦闘の負傷者の後送せられあるもの多数亮甲店に来りありし。今日始めて戦地の給養を受く。

六月七日

午前七時亮甲店の幕舎を発し、午後一時金州の南方劉家店に着す。途中負傷者の後送せらるるものに出会すること夥し。午食後、軍司令官已下南山の敵陣地を視察す。其防禦編成の堅固なるに一驚を喫せり。

六月八日

午前七時出発して、南関嶺を経て前進し、余は途中三十里堡の兵站司令部を訪ひ物資の状況を聞き、午後一時北泡子崖の軍司令部に至る。軍司令官及参謀長は鉄道監視小舎に入り、幕僚は其傍らに幕舎し、其他は民家に入る。午後三時、第一、第十一師団長来り、軍司令官に面謁す。軍司令官は之に訓示を与ふ。

六月九日

軍司令官は幕僚を伴ひ第一師団司令部（前革鎮堡）に至り、次て同師団の第一線を巡視す。余は宿舎に止り、兵站に関する処理を行ふ。

六月十日

軍司令官は第十一師団司令部（達水澗子）を訪ひ、次て同師団の第一線を視察す。余は途中より分れて、榊原工兵部長と共に「ダルニー」〔大連・青泥窪〕港を視察す。「ダルニー」港は露国か東洋の開口として設けたるものにして、其規模の広大なること驚くに堪へたり。埠頭は未完成にして、一部は破壊せられあり。南山戦後露人の去りたる後は、市街は支那の奪略と破壊に委せられ惨状を呈せり。併し、之を我軍の攻城材料揚陸地として十分なることを確めたり。併し、市内の整理及警備の急なるを見て、帰還後之を上申し、直に整理委員を設く。

六月十二日

余は命を受け、安子岺方面第一師団第一旅団の戦線を視察し、旅団長松村少将〔務本、歩兵第一旅団長〕と共に第一線陣地を眺望しつつ昼食す。敵は凹字形高地〔三四八高地〕より西北方に亘る高地線上に盛に工事を行ひつつあり。

六月十五日

本日、第十一師団をして其左右両翼隊より有力なる偵察隊を出し敵状を偵察せしむ。其結果、安子岺道路の南側高地上に散兵壕を認む。又、土人の言に依れは、安子岺已東には防禦工事なし。然れとも、其監視兵は点々散在し乱泥橋に及ふ。又、左翼偵察隊は歪頭山を占領し得たり。敵の防禦線は黄泥川大上屯西方高地、老座山に在り。猪《〔ママ〕》園子溝附近には工事なしと。

六月十六日

新に第三軍に加へられたる後備歩兵第一旅団、塩大墺に上陸の旨通報あり。

第一旅団長の報告に依れは、敵は双台溝附近、金竜寺溝附近に工事を行ひつつありと。

六月十七日

在金州少佐斉《〔斎〕》藤季次《〔治〕》郎〔満洲軍政委員（第二軍司令部附）〕より、旅順要塞の現状につき詳細なる報告来る。同氏は支那人間諜《〔ママ〕》に依り偵察せるものなり。

六月十八日

内地大本営より左の電報来る。

　六月十五日、敵の浦塩〔ウラジオ〕艦隊出動して、我運送船常陸丸及佐渡丸撃沈せられたりと。

常陸丸は近衛後備歩兵第三聯《〔ママ〕》隊を載せ、又佐渡丸は我第三軍の攻城材料及攻城砲兵司令部、鉄道提理部を載せありたり。

六月十九日

大本営より、大連湾の掃海作業大に手間取るを以て、一時柳樹屯の桟橋を利用して攻城材料の揚陸を行ふ為、同桟橋の偵察を命せらる。

依りて、余は軍司令官の命を受け「ダルニー」港及大連湾の桟橋を偵察す。其結果は大連湾の桟橋は厳然存するも、海底浅く運送船を接着することを得す。其海上、海岸の揚陸施設何等存するものなし。反之「ダルニー」は大規模の岸壁現存し、之れに如何なる大運送船をも接着し得へく、海岸の倉庫は少きも、倉庫を設くへき位置の広場は充分に保存するを以て、更に掃海の為数日を遅るるも後者を利用する方遥かに有利なりとの判決を得たるを以て、此旨を復命し、直に大本営に答電せり。

本日、後備歩兵第四旅団は軍の戦闘序列に入れり。

六月二十一日

「ダルニー」港の入船に関し聯合艦隊参謀長〔島村速雄〕より左の通報あり。

大連湾の輸送揚陸は掃海の進捗如何に拘らす、来る二十五日より開始せらるへしと三浦港務部長〔功、戦時艦隊集合地港務部長〕に命令しあり。貴軍の要求に応し、出来得る丈迅速に揚陸を開始する予定なり。二十五日に運送船の航通を開始する予定なり。但し、一時に五隻已上を碇泊せしむるは、敵の襲撃に対し十分の掩護を与ふる能はす。先つ当地に来り碇泊し、「ダルニー」揚陸の状況を見て漸次に同地に回航せられたし、

云々。

依りて、直に大本営に打電し、攻城材料の輸送を開始せしむ。

午後、第二軍より「軍の兵站は輸送材料欠乏の為に、糧食輸送に大に困難を来せり。依りて、第三軍の占領地内に在る支那車輪〔輛〕の多数、並に「ダルニー」に在る鉄道貨車を二百輛、北方に輸送せられたき旨」懇望し来れり。

然るに、貨車を送るには「ダルニー」、金州間破壊しある多数の鉄道橋を修理せさるへからす。軍の苦痛甚しきも、軍司令官の意見に依りて之を実行するに決し、余は命を受け工兵一中隊を率ひて此作業に任し、多数の貨車

を金州方面に送れり。之か為に、鉄道提理部にて行ふへき狭軌改築作業の計画を妨けたること少なからす。之れか為、提理部の先発員たる福井工兵大尉〔策三、鉄道提理部部員〕は大に不平を鳴らし、余と口論したり。

六月二十二日

午前幕僚会議開かれ、爾後の作戦方針として、攻城材料揚陸前に前面の敵を撃攘すへきや否に付、意見を求めらる。其結果、前面の歪頭山及剣山を攻撃することに決せり。其理由は、両山は此附近に於ける最高峯にして、能く大連湾内及我陣地を瞰制し得へく、而して之を敵手に委するときは近く行はんとする「ダルニー」の揚陸は一々敵に監視せらるの不利あるを以てなり。

歪頭山は其山頂の形状、小児の頭上に瘤を有するか如くにして、其山頂より能く大連湾内及北泡子涯〔ママ〕附近を望見し得へし。剣山とは368の高地にして元無名なりしか、歩兵第四十三聯隊之を占領したるを以て、乃木将軍は之を徳島県の高山たる剣山に因し斯く命名せり。

新発田丸は本日「ダルニー」に入港し、岸壁より約一哩の処に投錨せり。之を同地第一回の入港とす。同船は海軍陸戦重砲隊を載せありて、直に之を上陸せしめたり。

六月二十五日

六月二十二日研究の結果、本日軍命令を下し、明二十六日より之を実行せしむ。

軍命令の概要（六月二十五日の命令）

一、第一師団は、其左翼を韓家屯北方高地より同地南約六百米なる標高238の高地に亘る間に前進せしむへし。

二、第十一師団は、第一師団の左翼に連繋し、花江溝西方高地より黄泥川大上屯の南北の高地に亘る線に前進し、該線を占領すへし。為し得れは、乱泥橋南方約三百米の368の高地占領。

三、後備第一旅団は、後革鎮堡に在るへし。

六月二十六日

午後八時、左の報告を大本営に呈出せらる。

予報の如く、軍は今朝、第一師団の左翼及第十一師団の陣地を其前方に進め、前地諸点、殊に368高地に於ける稍強固なる敵の抵抗を撃攘し、午後五時半全く第一師団右翼従来の陣地より盤道西方約一吉米高地、乱泥橋東方及南方の高地を経て双頂山に亘る線を占領。我死傷は合計百五十なり。

野戦重砲兵聯隊の先頭「ダルニー」に上陸す。

海軍に対し「ダルニー」入港の船舶は十隻乃至十二隻とせられたきことを請求せるも、海軍は之に応せす。

六月二十九日

第二軍の請求に依り、再ひ「ダルニー」に在る貨車百二十輛を引出して北方に送れり。

六月三十日

第十一師団より、其左翼隊及中央隊の陣地を前方に進出せしむへく命令したる旨報告し来れり。

明治三十七年七月

七月一日

海軍は小平島に望楼を設備す。

軍の幕僚は管理部の給与にて甚た不満を訴へ、材料を受領し、幕僚附書記をして自炊す。但し、軍司令官は依然管理部の食事にて満足しあり。

七月二日

大山総司令官〔巌、満洲軍総司令官〕より、左の電命を伝ふ。
一、第三軍戦闘序列を左の如く変更せらる。
第一師団
第九師団
第十一師団
後備歩兵第一旅団
同　　第四旅団
野戦砲兵第二旅団
第一師団後備工兵第三中隊

第三師団後備工兵第一中隊
第十二師団後備工兵第一中隊
攻城諸部隊
野戦重砲兵聯隊

二、第五師団、第十師団及後備歩兵第十旅団にて第四軍を編成せらる。

七月三日

午前七時頃より敵は恢復攻撃を始め、第十一師団の中央及左翼正面に攻撃し来れり。其兵力は歩兵三大隊、砲兵二中隊にして、日暮に至るも攻撃を続けあり。又、敵の水雷艇九隻及砲艦二隻は小平島沖に来りて、我陣地の左翼を砲撃せり。我海軍に敵艇の撃攘を依頼したるも、布設水雷の危険ある為、之を拒絶し来れり。

七月四日

余は第十一師団の左翼方面の状況視察を命せられ、早朝軍司令部を発し、伝騎一を伴ひ黄泥川陣家屯（大上屯）の旅団長神尾少将〔光臣、歩兵第二十二旅団長〕の許に至る。午前十時頃、到着す。此時、敵は一方には剣山を熾に攻撃し、同時に左翼隊の正面にも攻撃し来れり。同時に其海軍は大竜王塘附近に来り、巨砲を発射して、我左翼隊の陣地を射撃するを見る。我兵大に恐れ、光景稍悲惨なりしか、午後二時に至り突然大猛雨襲来し、一時呎尺〔ママ〕を弁せさる迄なりしか、之か為に敵の攻撃も一時に頓挫せり。余は午後四時出発、夜に入りて軍司令部に帰還せり。又、剣山（368高地）に対する敵の攻撃も、一時猛烈なりしか、夕刻に至り止みたり。

七月六日

北泡子湛《〔ママ〕》附近に軍司令部の兵卒及支那人に依り狼一頭を猟せり。狼は此附近の山野に棲息す。我山地に在る軍隊に逐はれたるにや、北泡子湛《〔ママ〕》附近に彷徨したるか、兵卒等の為に湛《〔ママ〕》の池の内に逐ひ込められ、遂に棍棒にて打殺されたり。余は始めて狼を見たるか、兼ての予想に反し霜降り色の大なる犬の如くなりし。

攻城砲兵司令部は昨五日「ダルニー」に上陸せり。

七月八日

敵は安子岺より271高地に亘る線上に、新たに防禦工事を開始せり。其工事の模様を見るに、大に堅固なるか如し。

戦利野砲兵大隊（十二門）及黒井大佐《〔中〕》〔悌次郎、海軍陸戦重砲隊指揮官〕の率ゆる陸戦隊の十二听砲六門を第十一師団に属し、剣山の東南方高地に配置す。

本日、攻城砲兵司令部の佐藤大佐《〔中〕》等を軍司令部に召し、攻城に関する大体の計画を定め、攻撃正面を東北正面と決定す。

七月九日

参謀次長〔長岡外史、参謀本部次長〕より軍参謀長宛、本攻撃開始予定時日を問合はせ来たるも、軍の攻撃期は主として軍の未た占領せさる鉄道の改築及補修を基として定め、尚一方には後続団隊の来着時日にも関すへけれは、今直に決定すること能はさる旨回答せり。

本日、敵は金竜寺溝附近の高地にも工事を施せり。

後備歩兵第四旅団の大部は本日上陸を了せり。又、攻城砲兵司令部に属する一切の攻城特種部隊も上陸を了せり。

鉄道提理の報告に依れは、十五日午前より臭水屯、後革鎮堡間の鉄道改築を行ひ、十八日より列車を運行し得へしと。

本日、守田大尉（利遠、参謀本部附（芝罘駐在））の牒〔ママ〕報に依る旅順の兵力は次の如し。

狙撃歩兵第十三、第十四、第十五、第十六、第二十二、第二十三、第二十四、第二十六の八聯隊、第二十五、第二十八聯隊の一部、要塞砲兵二個大隊、野戦砲兵、騎兵及工兵の若干にして、総員一万二千なりと。

七月十日

第一師団長伏見宮殿下大本営附に御転補あらせられ、其後任は松村少将進級の上之を襲ふこととなれり。

七月十一日

伏見宮殿下告別の為軍司令部に臨まれ、乃木将軍と対談の後、大連に向はせらる。

七月十四日

満洲軍総司令部は大連に到著す。

七月十五日

敵は昨日来、屢々剣山頂及其南麓地区を射撃せり。又15^{c}の爆列〔裂〕榴弾を時々発射せり。

軍司令官は大連に至り大山総司令官を迎へらる。

総参謀長〔児玉源太郎、満洲軍総参謀長〕より、第九師団の戦闘部隊及砲兵旅団の大部は本月中に上陸する筈なる旨通報あり。

七月十六〔八カ〕日

軍参謀長は大連に至り児玉総参謀長と会合し、前面に在る敵の前地〔進〕陣地の攻撃時期を来る二十五日頃とし、直に攻囲線を占領すへき旨協議せり。

之の時期を定めたる理由は次の如し。

我軍か攻城砲兵を有せすして攻囲線に在るは徒らに損害を大ならしむるを以て、此時日を可成短縮する為に、攻囲線占領後直に線内の鉄道を修理し、攻城砲兵を直に展開し得るを度として定めたり。即ち、鉄道の改築修理には約一週間を要し、攻城砲兵は来月六、七日頃全部「ダルニー」に揚陸し得へきを以て、本月二十六日より前進陣地の攻撃を開始せは、敵若し更に鳳凰山の線にて抵抗する〔も〕来月初め迄に攻囲線を占領し、爾後攻城砲兵の揚陸迄に鉄道の改築を行ひ得へしと云ふに在り。

右は主として軍参謀長の意見に依るものなり。先是、軍司令部か北泡子漄〔ママ〕に到着したる当時より、参謀の大部は後備第一旅団の到着の時期を以て、前面の陣地の未た堅固ならさる時に於て之を攻撃し、直に敵を本防禦線に圧迫するを是なりしと〔ママ〕屢々意見を具申したるも、参謀長の採用する所とならす、参謀副長大庭中佐も亦敢然之と争ふの勇気なくして、遂に右の如く決定したり。

本日、澎《ママ》海湾方面鉄道掩護の為に、海軍十二听砲二を夏家口に配置したり。

七月二十日

本日、軍の前進計画を定め、之を各師団参謀長〔第一師団参謀長星野金吾、第九師団参謀長須永武義、第十一師団参謀長石田正珍〕に伝ふ。其要旨は次の如し。

前進計画

一、前進時機

第九師団戦闘部隊の約半数、砲兵旅団の一部（少くも一聯隊）上陸せし時とす。其時機は、他に支障なければ本月二十三、四日頃とす。

二、前進の部署

双台溝方面

第一師団

野砲第二旅団の一部

長嶺子方面

第九師団（約半部）

後備歩兵第一旅団

野戦重砲兵聯隊（三中隊十二門）

9ᶜ臼砲二中隊

戦利砲兵隊（十二門）
大白山方面
第十一師団
野戦重砲兵二中隊
十二听海軍砲
総予備隊
後備歩兵第四旅団（一聯隊欠）
野戦重砲兵二中隊
各師団占領地区
略す。
三、前進準備
1、第九師団長〔大島久直〕到著せは、同師団の約半部並に後備歩兵第一旅団長〔友安治延〕を同師団長に属す。
二項已下略す。
四、前進の実施
第一日
午後、第九、第十一師団は其第一線を乱泥橋西方、黄泥川大上屯西方高地に前進せしめて、其掩護に依り重砲を陣地に就かしむ。

第二日

砲撃に依り先敵砲兵を沈黙せしめ、此成果を収むるに従ひ総前進を行ふ。

第一師団は予め適当の時機に営城子附近に前進しあるを要す。

右前進計画に基き、余は之れに伴ひ通信綱〔網〕計画を定め、第一期諸部隊営城子より黄泥川大上屯に亘る線に達する迄、第二期敵の陣地を攻略する迄、第三期攻囲線占領の時機に分ち作成し、之を各師団に示す。

七月二十二日

第十一師団の報告に依れは、敵は二十一日午後七時二十分鳳凰山方面に繋留気球を上けたりと。

又、敵艦出動し、小平島を射撃せり。同日、野戦重砲兵聯隊を攻城砲兵司令官の指揮に属す。

七月二十三日

大山大将已下満洲軍総司令部は本日「ダルニー」を発し北上す。第十一師団の騎兵一中隊を護衛として之に附す。

第九師団は其上陸部隊を以て午後三時三十分所命の地区を占領せり。二十五日より運動を起す為に軍命令を下せり。

七月二十四日

野戦砲兵第二旅団の司令部已下五中隊、本日「ダルニー」に上陸せり。

此日、余は命を受けて、二十六日に行ふへき攻撃の際の軍司令部の位置を偵察し、利家屯北方上に撰定せり。

七月二十五日

浦塩艦隊の横行著しきを以て、旅順の陥落の一日も速かならんことを希望する旨、総司令官より訓令あり。又、別に同訓令あり、曰。「敵か軍門に降伏する場合には責任を以て処置すへし。又、艦隊に乞ふ時は之と協議に応すへし」。

七月二十六日

本日より敵の前進陣地を攻撃す。午前四時軍司令部は北泡子崖〔ママ〕を発し、午前六時利家屯北方約千米の高地に到達せるも、濃霧の為砲撃開始出来す、八時頃に至り開始せり。午前九時五十五分、第十一師団参謀長より次の報告あり。

　師団は老座山已北の陣地を占領しつつあり。然れとも、老座山は未た我有に帰せす。第一、第九師団方面の情況如何。其方面の状況如何に依り、師団は本日老座山已北の陣地より敵方に進むことを止めんとす。御意見如何。


此意見は採用すへきにあらす。断固出来る丈前進すへきことを参謀長より回答せり。

第九師団は午前十時より凹字形高地に向ひ歩兵攻撃を開始せるも、遂に奪取に至らす。

午後三時、軍司令部は韓家屯北方高地に前進す。

諸報告に依るに、凹字形高地は天険に加工したるを以て、最も頑強に抵抗し、第九師団の成功容易ならす。又、他両師団の戦況も、未た之に伴ひ本陣地を奪取するに至らす。依りて、明日重砲兵を凹字形高地に向け増加し攻撃を行ふこととし、本日の攻撃を中止す。

軍司令部は夜、張家屯に至り露営す。此地に共に工兵第九大隊露営しあり。其大隊長芦沢中佐（正勝、工兵第九大隊長）は、余か候補生時代の中隊長なるを以て、之を訪ね暫時閑談す。同氏は、元〔ママ〕工兵部長榊原大佐よりは古参なりしに、今は中佐として其指揮下に在ることを気の毒に感せり。同氏の意気も往昔の如く熾ならさりし（同氏は八月二十日の第一回総攻撃に戦死せり）。

此日、軍司令部は通信綱〔網〕を顧慮せす屢々其位置を転せし為、各隊との通信には非常の困難を来せり。

七月二十七日

午前六時、軍司令部は再ひ韓家屯に至れり。

凹〔字〕地形高地は其砲撃十分ならさるを以て、更に重砲及山砲にて之を射撃するに決し、既に占領しある一部の歩兵を退却せしめ砲撃を行ふ。

第十一師団は大白山東方高地に向ひ攻撃す。

第一師団は其砲兵を以て金竜寺溝及271高地の砲兵に向ひ射撃を行ふの報告あり。又、正午、第十一師団長より次の報告あり。

　大白山東方高地の斜面は急峻にして、北端及南端の外は歩兵の攀登不可能なり。第十旅団は北方より進み高地の一部を占領せるも、正面狭く進むことを得す。第二十二旅団は高地の南部に向ひたるも、未た高地の脚に在り。老座山の南端は敵兵尚之を占領し、其海軍と連合して之を死守せり。

午後に至るも、凹字形の高地は占領甚た困難なるを以て、軍司令官は攻撃方針を改め、第一師団方面より攻撃を進捗せしめんと欲し、午後三時第一師団長に次の命令を与ふ。

一、第九師団は凹字形高地を砲撃中なり。

二、第十一師団は今朝来、大白山東方高地を攻撃中。

三、貴官は第九師団方面の進捗如何に関せす双台溝方面の敵を攻撃すへし。

後備歩兵第四旅団（二大隊欠）を貴官の指揮に属す。

已上決心変更の理由は、元来軍の最初の計画は、凹字形の高地は最も突出点なるを以て之を占領したる後、第一、第九師団の前進せんとするときは大なる損害を払ふことなく陣地を奪略することを得へしと判断せるに依るも、昨日来攻撃実施の状況に依れは、同高地は最も堅固にして砲火の効力も十分ならす。従て、之を占領すること甚た困難なるを以て、今は第一師団方面より進捗を図るの外なきを以てなり。

第九師団よりの報告（三時五十分）に依れは、左翼後備歩兵第十六聯隊は午前八時頃兆〔兜〕山を占領せるも、後続隊なく、遂に敵の為に駆逐せられたり。

午後六時、第九師団の左翼隊は凹字形高地を占領せり。

第一師団は日没の為、前命令実行に至らす。

第十一師団は未た大白山東方高地を占領するに至らす。

本日午後三時頃、余は軍司令官に従ひ前進し、先つ盤道に至り第九師団司令部に至り、次て後備歩兵第一旅団司令部を訪り〔ママ〕。此行は軍司令官自ら各部隊を督励するに在り。

軍司令部は日没後、再ひ利家屯に至り露営す。

第十一師団より、同師団の一部（内野少佐〔辰次郎、歩兵第四十三聯隊第二大隊長〕の率ゆる一大隊）は大白山東方高地を夜襲し、之を占領し得たる旨報告あり。

七月二十八日

午前八時、第一師団より、双台溝附近の敵は烽燧台方向に退却せるか如く、師団は今より金竜寺溝西南方陣地に向ひ攻撃せんとす。

又、午前九時、第十一師団長報告（午前六時三十分発）。

一、師団は大白山東方高地に向ひ、数回突撃の後、遂に之を奪取せり。

二、隊伍を整へたる後、処命〔ママ〕の地点に向ひ前進せんとす。

其後、各師団より、敵は漸次退却しつつあるの報告あり。依りて、午後二時軍命令を下し、各師団は敵を追撃して予定の線に前進し、且つ所要部隊を派遣して鳳凰山西北及南方高地を偵察せしむ。

軍司令部は利家屯に宿営す。

余は軍参謀長と共に、午後三時韓家屯を出し〔ママ〕安子嶺に至り前面の状況を見る。午後四時安子嶺に達する時、敵の大部隊は王家甸停車場附近を大混乱を以て退却中、又敵の砲兵二中隊は其西方高地上に在りて収容に任しつつあり。王家甸及長嶺子停車場は燃へつつあり。安子嶺頂より旅順各堡塁及砲台は能く望見し得へし。日暮頃、利家屯の軍司令部に帰還す。

明日直に干〔于〕大山の線を攻撃すへきや、或は一日を休養して明後日之を攻撃すへきやに付ては此夜議論ありたるも、結局各部隊は既に連続三日間悪戦奮闘し、其死傷も少なからす、其弾薬も欠乏せるを以て、之か補充並に敵状偵察の為明一日を費し、明後三十日攻撃を行ふことに定む。依りて、各師団は、明日は現在の線を占領して前面の敵状を偵察すへき軍命令を下せり。

七月二十九日

此日、大雨なり。余は工兵部副官宮原大尉〔国雄〕と共に、軍の予想最終停車場たるへき長岺子駅を偵察する為に、再ひ安子岺を越へ、我第一線の後方を横に通過して長岺子に至る。元来軍幕僚の意見としては最終停車場を攻城砲工廠予定地たる周家屯に置きたき考なりしも、鉄道提理部にては斯く前方に進むことを好ます。是れは長岺子已南は敵弾を受くる慮〔ママ〕ありて、殆んと全部文官より成る提理部の運用人員にては此敵弾下の輸送は困難なりと云ふに在りて、未た何れとも決定しあらす。長岺子に至るに、此地は地域並に施設も亦最終停車場として十分なり。又、茲には提理部より派遣せられたる静間大尉〔知次、鉄道提理部部員〕もありて、余との間に周家屯と長岺子との比較論起りたり。偵察後、営城子に向ふ。午後九時、到達す。

此日軍司令部は利家屯を発し、営城子に至り宿営し、此地に於て翌日の為の攻撃命令を下せり。此命令を記するに先たち、当時定めたる軍の旅順要塞攻撃計画及其理由の大要を記すへし。

当初軍の任務を受くるに当り、已に攻撃計画の大要を画定せり。爾来今日に及ひ、敵情特に要塞の状態を稍詳細に知悉し、且つ軍の戦闘序列を変替〔ママ〕して其兵力を増大せられたる等のことあるも、計画の大要は敢て大なる差異を生せす。

一、取るへき攻撃法

刻下の情勢、並に軍の任務上、多少にても時日を要すへき他の攻撃法は、一切之を避けさるへからす。而して、之れか為には要塞の強弱を顧みるに暇あらすと云ふも、敢て誣言にあらさるを信す。況や、我諸攻城砲の悉皆は其弾薬数僅少の制限を有せるに於ておや〔ママ〕。然れとも、今日迄に知り得たる要塞の防禦、並に城兵の状態は、仮令強襲法に依るも強て其目的を達するに難からすと判断せらるるに於ておや〔ママ〕。

二、本攻撃正面の撰定

東北正面、即ち二竜山、東雞冠山両砲台間とす。此正面は全正面中に於て比較的最も堅固なるものにして、然かも敢て之を撰定せる所以のものは実に左の理由を有す。

(1) 東正面、即ち東雞冠山已南は要塞内部に迫まり得る利あるも、海面の為に夫々我攻撃地帯の一側を制限せられあるを以て、我攻城砲火の威力を集中するを得す。且つ大、小孤山の一方に於て有利の拠点たるも、他方に於て寧ろ我火砲の配列並に攻勢部隊の動作を制限するの不利あり。又、此正面に本攻撃を行はんとせは、他の正面に対し比較的多大の兵力を配置せさるへからす。

(2) 松樹山已西の正面は本防禦線に達するに先ち、逐次許多の前進陣地を奪取せさるへからす。且つ一般に地形判断上、特に鉄道との関係上、攻城砲の配置に多くの時日を要し、従て総攻撃の開始を遅延す。然かも、此方面には適当なる重砲陣地少く、又其本防禦線上に於ても特に弱点とすへきものを認めす。且つ此方面は仮令本防禦線を奪取するも、敵か尚第二陣地（白玉山の線）を拠守するの不利あり。

(3) 撰定せる東北正面は攻城諸砲の配置最も速かにして、且つ其全威力を集中し得へく、且つ本防禦線奪取後直に要塞内部に浸〔侵〕入し得へく、且つ此面は前述両正面と異なり敵の本防禦線を中断して一挙に要塞の死命を制するの巨利あり。要するに、本攻撃正面撰定の大主眼は、攻撃法に強襲法を取ると同しく、一刻も速に要塞を攻略の目的を達成せんとするに在り。故に、正面の堅固なる丈、夫れ丈多大の損害を払ふか如きは、因〔固〕より之を期せさるへからす。

右の判断に基き、攻囲の如〔始〕め取るへき処置。

一、第一攻囲線を双島湾より郭家溝附近の海岸に亘り、次て攻城砲兵陣地の設置上之を要するに至り、小、大孤山を占領し、而て他の一部を前進す。

二、旅順本街道已西の地区に一個師団半を配置し、此部隊は後に西方正面を助攻に任す。

三、二個師団を旅順本街道已東の地区に配置し、之を本攻撃に充つ。

四、後備歩兵一旅団を軍の総予備とす。

五、攻城諸砲兵は主に本攻撃の正面に対して配置し、攻囲線占領と同時に之か設備を着手す。

前判断に基き、明三十日干〔于〕大山、鳳凰山の線を攻撃する為に、左の要旨の軍命令を下せり。

軍命令の要旨

一、後備歩兵第四旅団及野戦砲兵第二旅団を第一師団より脱し軍直属とし、又後備歩兵第一旅団を第九師団より脱し第一師団に属す。

二、各師団は明日未明より運動を起し、各其前面の敵を攻撃して後、右翼双島湾東北岸より大蛇〔頂〕山を経て郭家溝に至る線を占領せしむ。

三、野戦砲兵第三〔二〕旅団、鳳凰山、干〔于〕大山附近の戦闘に参加し、第九師団を援助せしむ。

七月三十日

軍司令部は午前四時営城子を発し、六時双台溝の南方烽燧台の傍に達す。途中双台溝に至りし時、既に前方に砲声を聞く。旅団の砲兵は長岺子南方の高地に放列を布き、干《〔于〕》大山、鳳凰山の線に向ひ熾に砲撃しつゝあり。敵の砲兵は後甲山南方高地に約一中隊許りを見るのみ。又、第一師団は長岺子西方高地上に在り。午前七時半頃、第九師団より報告ありて、午前七時には既に鉄道線に達せり、第一師団方面の進捗如何と兼て問合せ来れり。軍司令部は未た第一師団方面の状況に就て知る所なかりしか為、司令官、参謀長共に攻撃の督促を欲したり。余に督促の命を伝ふへきを命せらる。余は、余り其必要なく、今に第一師団より必す報告あるへきを思ひたるも、命せられたる儘第一師団司令部に向ふ。長岺子西方高地に至るに、既に石灰窑子に転進したる後なりし為、更に馬首を転して同方向に向ふ。石灰窑子の東方高地の南端に達したるとき、前方より第一師団和田参謀〔亀治〕汗馬に鞭て驀然馳せ来るに会す。曰、「師団砲兵は目下、山僩堡に在り。然るに、旅団砲兵は我師団砲兵を射撃せり。速かに之を停止せられたし」と、意気大に劇昂《〔ママ〕》せり。余は之を大に疑ひたるも、先つ其旨を諾し、且つ師団の現況を聞くに、師団は全線攻撃中にして、目下第一線は西窪子、大城子已南の線に在りと。余は最早督促の必要なきを感し、寧ろ旅団砲兵の射撃目標を確むるの必要を感し、直に長岺子南方高地の第十七聯隊の陣地に至る。同聯隊長〔横田宗太郎、野戦砲兵第十七聯隊長〕に確めたるに、同隊は山僩堡方向を射撃したることなしと。依りて、安神せり。此時、第九師団の歩兵か干《〔于〕》大山の中腹に在る敵の散兵壕に突入するを見る。

午前八時頃、余は軍司令部に帰着す。此時、司令部は長岺子西方高地に向ひ前進中にして、途中之に会して諸事を復命す。間もなく第一師団か後甲子の高地を占領せるを見る。

午前十一時頃、余は将来設けんとする砲工兵廠及其支廠、並に之に要する卸下停車場の位置、並に交通路の状況を偵察すへきを命せられ、周家屯、王家甸附近に至り偵察し、途中干《〔于〕》大山附近にて塹壕より逃け後れたる多数の俘虜を見る。諸偵察を終はり、午後八時営城子に帰還す。

此日、軍司令部は、午後一時長岺子西方高地にて攻囲線占領に関する命令を発し、午後三時同地を発し、営城子に至り宿営す。

七月三十一日

本日、営城子迄鉄道開通す。
各師団に攻囲線占領に関する軍命令を下せり。

明治三十七年八月

八月一日

本日、余は軍参謀長に随ひ、第一師団司令部及第九師団司令部に至る。其目的は、要塞視察と、各師団に厳密なる攻囲線を成形すへきことを、参謀長より直接訓示するに在り。午前六時営城子を発し、正午頃後沙泡の第一師団司令部に至り、各参謀と協議を遂け、帰路敵の常に射撃する泥沙子を通し〔ママ〕、後甲子南方高地に登り、旅順要塞を展望し、其防禦編成の堅固なるに驚き、偵察の結果を詳かに地図上に記入す。午後三時頃、周家屯に第九師団司令部を訪ひ、同師団の攻囲線の後退せると其工事の弱少なるとを注意したる後、九時頃営城子に帰還せり。此日、行程実に十四里に達す。

後甲子南方高地に上りたる際、僅々比高百米許りの高地なるに、参謀長は疲労し呼気烈しく喘息にて大に悩めり。

余は後より体を押し上けたり。斯の如く弱体にて軍参謀長たる重任を能く果し得るや疑はしき感を生したり。

第九師団の報告に依れは、敵は王家甸、柳樹房間の地区を熾に掃射せりと。

已に攻囲線を占領し、攻城諸般の配置を行はんとするに方り、之を敵に秘匿するの必要ありたるを以て、軍の後方の地区を交通遮断するの必要あり。竜王塘より分水嶺、双台溝に亘る線を交通遮断し、又第一、第十一師団に命し海上を監視せしむ。

八月二日

軍司令部は双台溝に移る。

各師団より敵の前哨線に就て報告あり。

第九師団の報告にて、午後七時、敵の軍艦六隻港外を東に航行せり。

攻城砲兵各聯隊は明三日より、敵の視目を避け、各其予定の陣地構築に着手することゝせり。

海軍十二听砲は十六門に増加せり。

双台溝の幕僚の宿舎は、同地南端、道路南側の一富家にして、参謀事務室は同家の納屋なりし床上に机を置きたり。寝室としては後庭に天幕を張りて用ひたり。又、庭内に樹林あり。之に「ハンモツク」を張り、用務なき時は之に昼寝せり。鴬鳥、時時来りて遠来の客を慰む等は得も云はれす。

八月四日

各師団の工兵一中隊宛及後備工兵三中隊を工兵部長の指揮に属し、攻囲線後方の道路修築を行はしめらる。

最終卸下停車場の位置は、砲兵側は周家屯に置かれんことを要望したるも、長岺子已南は敵弾到達すへきを以て、鉄道提理部は之を長岺子とせんことを懇願し、偵察、交渉等の結果、遂に長岺子と定められたり。

八月六日

二龍山附近に敵の軽気球の昇騰するを見る。

第十一師団に大孤山の占領を命す。其理由は、同山上よりは長岺子已南我攻囲線の内部を十分に展望し得へきを以て、我砲兵展開前に此敵を駆逐する必要ありたれはなり。又、第十一師団は之と共に小孤山をも占領し置き度意見ありしを以て、之を許す。榴弾砲三中隊、臼砲四中隊を以て之を援助せしむ。

鉄道の開通は次の如し。

1、明七日、長岺子迄運転し得へし。

2、八日より日に六列車を運行し、内一列車を糧食車とし、他を砲兵輸送用に供す。

八月七日

後甲子南方旅順街道の西側に、海軍十二珊砲二門を据付て、港内の威嚇射撃をなさしむ。然るに、午後に至り、一門は故障を生し、他の一門にて射撃せしむ。

本日、余は敵の防禦設備の偵察を命せられ、曹家屯南方211高地に上り、終日偵察を行ふ。又、将来軍司令部の位置として、鳳凰山南方高地を偵察す。

八月八日

第十一師団は、昨七日午後五時より大孤山に対し砲撃を行ひ、夜に入りて夜襲を行ひたるも、其部隊は中腹に達して敵の散兵壕の一部を占領したるか、之を頂上に達し山岳全部を占領したるものと誤認し、同山全部占領の旨を軍司令部に報告せり。

然るに、今朝に至り其誤認を知り、且つ敵は山頂を堅固に占領せるを以て直に突撃すること能はす、自ら砲撃の成果を待たさるへからす。午前六時、此報軍司令部に達するや、乃木大将は稍昂奮の色ありて、自ら第十一師団に到りて督促せんと欲し、余及ひ副官一名並に衛兵若干を随へ、六時三十分発、林家庄児に在る第十一師団司令部に向ふ。

途中東溝に達する頃、旅順東港附近にて大黒煙の天に昇るを見る。何事なるかを知るに苦む（之は後に機械油庫の失火にして、為に露軍は最終迄機械油の欠乏に苦みたりと）。一行は午前十一時、林家庄児の南西高地上に在る第十一師団司令部の位置に達す。土屋師団長は、乃木大将に対し誤れる報告を呈出したることを謝し、平身低頭せり。而して、前面の状況を見るに、今朝来何等進捗の模様なし。我突撃部隊は、大、小孤山の東方に面する中腹に、敵弾の死角内に伏臥せり。而して、出水と敵弾との為、是部隊と後方との連絡は断絶せり。正午頃に至りて、敵の砲艦一隻並に水雷艇三隻は、旅順方面より来りて塩廠の海岸に近つき、死角内に伏臥せる我第一線部隊に対し後方より猛射を行ひ、我兵は約二千米近距離の背面より射撃せられたる為損害多大にして、後方より見るものをしてハラハラせしめたるも如何ともすへからす。間もなく大龍溝附近に在る我山砲は、敵艦に向ひ射撃を開始したる為、（射弾は敵艦に達せさりしも）間もなく彼れは退却し、我軍始めて安堵せり。

昼食の後、軍司令官は師団司令部を辞し、大龍溝西南の高地上に在る第十〔ママ〕旅団長神尾少将の許に至らる〔ママ〕。始めて前面の地形の詳細を知るを得たり。

午後三時、同地を発し、龍頭、柳樹房を経て双台溝に帰還す。途中、劉家台附近にて、望台上より発せる敵の二十四珊弾を受くるも、損害なかりし。

第十一師団は午後三時頃より更に砲撃を行ひ、我歩兵は其射撃間に前進し、遂に午後八時より九時に至る間に大、小孤山を占領せり。

八月九日

昨夜遅く、軽気球隊（隊長河野少佐（長敏、臨時気球隊長））より、同隊は黄泥川大上屯に達したるも、瓦斯車重く之より前進すること能はす。依りて、同地にて昇騰すへき旨電報ありたるを以て、万難を排して少くも毛道溝迄前進すへき旨を返電したる後、余は早朝より一騎を従へ、馬を飛して午前十一時頃大上屯に至り、河野隊長に同地に止むることの不可なるを諭し、支那人夫を強制し老座山の坂路を引き上け、午後九時頃毛道溝に達せしめたり。

後甲子に在りし海軍砲の弾丸は、敵艦「レトウヰサン」及他の二、三艦、並に白玉山下の火薬庫に命中せり。

八月十日

本日、敵艦隊は港外に出て、駆逐艦十五隻も之に随ふ。午前九時三十分頃、老鉄山端に在り。我艦隊は之を監視せり。

攻城工兵廠は、主力を周家屯に、一部を土城子、龍頭に置くこととせり。

八月十一日

本日正午頃、旅順沖合にて海戦ありとの報あり。又、去月二十六、七、八日の戦闘に於ける我軍の死傷、将校四〇、下士卒一五〇〇なりし。

本日、各師団長、攻城砲兵司令官及砲兵旅団長（野戦砲兵第二旅団長大迫尚道）を軍司令部に召し、旅順要塞攻撃計画を指示せり。其概要は次の如し（詳細は附録第一（一九六頁に収録））。

一、攻撃正面は、二竜山及東雞冠山砲台間とす。

二、地区は、第一師団は松樹山西脚已西、第九師団は北砲台の北麓已西にして、已東は第十一師団とす。

三、砲撃間各部隊の動作。

1、第一師団は、十三日運動を起し、山東溝南方高地迄前進。

2、第九、第十一師団は、十七日夜、水師営東方高地より大、小孤山の線に前進。

3、砲兵旅団は、第一師団の攻撃援助。

四、砲撃開始より突撃迄各団隊の動作。

1、十八日払暁砲撃を開始し、二十日払暁突撃す。

2、第一師団は、椅子山を攻撃す。

3、砲兵第二旅団は、主として第一師団を援助す。

4、第九、第十一師団は、十九日払暁迄に大八里庄西方高地より呉家房を経て黄嶺子に亘る線に前進し、十九日夜敵の障碍物を排除し同時に突撃縦隊を組織し突撃陣地を準備し、二十日朝突撃す。但し、第九師団は二竜山に、第十一師団は北砲台。
5、全山野砲は、歩兵の前進に伴ひ、突撃の準備並実施に参与す。
6、各突撃隊に徒歩砲兵若干宛を随行せしめ、敵砲弾薬の処理に任す。
7、略す。
8、攻撃部隊の第一線は、劉家溝北方より教場溝東方に亘る線を占領す。
9、第一線堡塁の奪取後、野戦砲兵は時機を失せす爾後の攻撃に参与するを要す。

各計画の起案に際し、最初作戦課の立案にては、四項の4に於ては、第九、第十一師団は十九日夜に於て呉家房―黄嶺子の中間陣地に前夜に進出し置くことなく、突撃の際一挙に攻囲線より突撃する案なりしを以て、余は極力之を争ひ、前夜に中間迄前進し置くを可とし、本計画の如く修正せしめたり。蓋し、攻囲線占領已来、余自ら行ひたる数回の偵察に依り、各堡塁は意外に堅固に設備せられあるを以て、数日の砲撃を以て之を強襲し成功せんことは甚た心もとなき感を抱きたるも、目下之を正攻に代へんことは一般の形勢上云ひ出し得へきにあらさるを以て、少くも我軍の損害を少くし、且つ突撃前に各隊をして能く地形、敵状を偵知せしめんか為に、此修正意見を呈出せるものなり。

右計画に基き、余の主管たる通信網計画は附録第二〔一九九頁に収録〕の如し。

八月十三日

第一師団は八月十一日の軍命令に基き其攻囲線を縮少せし為、干〔于〕大山―碾盤溝の高地―174高地に進むる必要ありて、夕刻より一斉に運動を起し、各部隊は夜襲を行ひたるか、干〔于〕大山は占領したるも、174高地は占領に至らす。

又、右翼に於ては、大部は其目的を達成せり。此時、磯村参謀か第一師団司令部に派遣しありしか、電話不通となり報告至らす、状況不明なるを以て、軍参謀長は大に不満を感しありて、明日余を派遣せらるることとなる。

八月十四日

早朝より降雨。余は前夜の命令にて第一師団の位置に至る。道路泥濘を極めたり。土城子の北方にては泥土馬腹を没せり。途中、左家屯にて前方より帰還する磯村参謀に遭遇す。彼れと相分れて、余は進んて第一師団司令部に向ひ、午後五時到達す。該司令部は周家屯北方高地上に在りて、前面の状況は一向に変化なく、各部隊は僅に死角内に在りて進退谷るの有様なり。茲に於て余は師団長に前日第十一師団にて大孤山攻撃の際、歩砲の協同を最も緊密にし、砲兵の射撃間より歩兵は前進を行ひ敵に近接して、砲火停止と共に一挙に敵陣に突入することの甚た有利なりし情況を話して之か採用を勧めたるに、師団長も大に同意し、翌日之を行ふことに決せり。

八月十五日

夜明けとなるも、彼我の状況は前日と異なる処なし。天明と共に砲撃を行ひたるも、間もなく濃霧となり継続することを得す。午前十時頃に至り、一時霽れたるを以て熾に砲撃を行ひ、之と共に部隊の突撃を行ひて高崎山及小東溝東方高地を占領せり。已上の成功にて、同師団は今回の目的の大部を達成したるも、唯174の高地のみ残りたるを以て、更に和田参謀を派遣して偵察せしめたる結果に基き、午後四時更に命令を下し之を攻撃せんと決せり。依りて、之を軍司令部に報告したるに、軍にては之か迅速なる成功を危み余の意見を徴す。依つて余は次の如く述へたり。174の高地の防禦編成は是迄のものとは其趣きを異にし非常に堅固なり。故に、之か奪取迄には尚多くの日子と犠牲とを要す。故に、到底本日之を我有に帰せんことは思ひも寄らす。又、明日已後引続き之を攻撃すること不可なる理由あらは、寧ろ今之か攻撃を中止せしむるに如かす。軍司令部にては余の意見を採用し、攻撃を中止せしむる命令を伝ふ。蓋し、軍か之の命令を発したるは、翌十六日を以て勧降書を要塞内に発せんとするにありたり。

同日夜遅く、軍司令部に帰還す。

八月十六日

軍か攻囲線を占領したる当時より、要塞攻撃の例に依りて、勧降書を城内に送らんとする外交形式好みの愚論幕僚中に起りしか、余は常に之に反対せり。然るに、十五日に至り、参謀総長〔山県有朋、兼兵站総監〕より聖意を伝へ、要塞内の非戦員たる婦女子を救出すへき命令あり。依りて、之を伝ふると共に勧降の意を通することとなり、本日山岡参謀を軍使として送り、李家屯北方高地の敵の前哨線にて敵の参謀長〔ヴィクトル・アレクサンドロヴィッチ・レイス、関東軍参謀長〕に之を交附し、翌日午前十時を期し其回答を求めたり。

八月十七日

軍参謀長は若干の幕僚を従へ（余も亦同行者に加へられたり）水師営附近に出張して敵の回答を待てり。蓋し、幕僚を率ひて此地に至るは、敵の婦女子救出の処置を直に講せんとすると共に、敵か降伏の場合に直に之に応する処置を取らんとするに在り。余は敵を蔑視したる此の処置に対し極めて不満なりしか、幕僚中には降伏に関する条約書迄も草して携行せるものあり。

然るに、敵の回答は余の予想に違はず、全然之を拒絶せり。婦女子の救出は時間なき為に之に応すること能はず。又、要塞の降伏は、露国の尊厳と武士の名誉と、並に要塞の現状に於て為す能はさる旨を回答せり。

露国の此の拒絶は当然過きる程当然なるか、十中八九降伏するならんと思惟せし参謀長已下軍の幕僚の失望は笑止の至りなりし。前日来の降雨の為、道路泥濘、行進に困難せり。

十八日より総攻撃を実行する筈なりしか、道路泥濘の為砲兵の展開後れ、十九日より開始することとせり。

八月十八日

夕刻迄に攻城砲兵の展開を終了し、攻撃の諸準備整ひたるを以て、意気大に昂れり。

八月十九日

本日を以て総攻撃を開始す。

余は軍司令部の他の部員と共に（乃木軍司令官は下痢の為、午後宿営地を発す）午前六時双台溝の宿営地を発し、九時頃鳳凰山東南方の軍の司令処と予定せる236の高地に達せり。

其頃、既に攻城砲兵の射撃は開始せられ、大小数百門の火砲は猛烈なる射弾を各堡塁、砲台に集中し、或は火薬庫の爆発するあり、或は爆煙の土砂と共に天に中〔沖〕するあり、各堡塁の胸墻の外観は忽に変化し、塁内の火砲の如きは何れも立ろに沈黙せり。誠に壮烈の光景にして、恰も堡塁、砲台は尽く粉砕せらるるかと感せしめたり。而して、敵は僅に塁外に在る二、三の加農及数門の榴弾砲にて応射し得たるのみなりし。

此日、第一師団は173の高地を攻撃して、夕刻迄に之を奪略せり。又、第九師団は龍眼北方の堡塁を攻撃して、成功に至らす、多大の損害を蒙れり。

八月二十日

軍司令部は尚前日の位置に在りて戦況を督す。此日午後に至り、愈々明二十一日を以て一斉突撃を敢行するに決し、之に関する軍命令を発すると共に、各師団の野砲をも戦闘に参加し、堡塁を射撃して胸墻上及塁内の小術工物を掃除せしむ。此日、尚射撃を継続せる敵砲は僅かにH高地の南方に在る榴弾砲にして、其位置明らかならさる為我射弾の命中確実ならす。之に反して、此敵は我暴露陣地に在る十二珊加農砲陣地を射撃し、大に我を悩ませり。

軽気球隊は最初毛道溝に於て昇騰準備を行ひたるも、敵陣地との距離余り遠き為に偵察の効果少きを思ひ、本日長岺子の南方に召致し、準備の成ると共に余は同地に至り之に搭乗して偵察に従へり。然るに、高度四百米昇りたるも、風強くして吊籠は絶へす旋回し、敵の堡塁を注視すること能はす。其内に眩暈を感し気球を下降したるも、余は大に疲労し、一時其儘休憩するの止むなきに至れり。

八月二十一日

本日は攻撃正面に於ける突撃実施の日なり。軍司令部は未明に前夜の宿営地周家屯を発し、団山子東方の小丘に移る。此位置は攻撃正面の二師団に近く、直接指揮に便なるを以てなり。而して、前日より掩蓋にて展望孔など設けありたり。

軍司令官及幕僚は午前四時出発す。途中四面尚暗憺〔澹〕たりしも、敵は陣地前に十数個の探照灯を点し、其上尚時々光弾を発射しあり。此光弾の発射せらるるや、数分間四面昼の如く明かなり。依りて、夜暗を利用して敵塁に突入せんとする我軍の成功に疑はしき感ありたり。

午前五時、軍司令部は予定の地点に達す。間もなく天漸く明かとなり、敵方を展望し得るに至り、極めて悲惨の光景は眼前に現はれたり。即ち、我軍か目的として突撃したる各堡塁は何れも尚敵兵之を占領し、我軍の死傷者は累累として其前方に横たはるを見るのみなれはなり。之と同時に、各師団より達したる報告も、亦失敗と損害とを伝ふるのみなり。

茲に於て、軍司令官は如何なる犠牲を払ふも攻撃を続行するに決し、後備歩兵第四旅団を第九師団長の隷下に入らしむ。

午前七時三十分頃、第十一師団の右翼隊は北堡塁の東南方に在るQ砲台に対して突撃を敢行したるも、忽にして撃退せられ、無数の死傷者を其前方に遺したるのみなりし。

数日間の砲撃に依る此大突撃も遂に一の成功なく失敗に終り、各師団は殆んと予備隊を有せす、攻城砲は又弾丸の余すもの幾何もなき報告ありて、軍司令部は悲観の裡に日暮に入り、両師団は明払暁を期し突撃を再行〔ママ〕するの報告ありたり。軍司令部は山の後方に幕営す。

八月二十二日

昨夜、第十一師団は望台及Q高地に向つて突撃を試みたるも成功せす。天明けれは、戦敗の結果は多数の屍体を高地の斜面に残し、我軍の勇士は至る所に倒れて累累たるを見るのみ。実に軍司令部内の悲観云はん方なし。此時、軍司令部内にて幕僚の会議ありて、何れも直に強襲を断念すへしと云ふ。依りて、此事を乃木軍司令官に具申したるに、直に其同意を得たり。依りて、此旨を第九、第十一師団に伝ふ為に、両師団の参謀長を司令部に召致す。午前十時頃、両参謀長は軍司令部に来りて強襲取止めに関する命令を受くる最中に、第九師団正面の東盤龍山に於ては、前夜来突撃隊として塁下に肉薄しありたる二、三の工兵下士並に歩兵卒の突然立て堡塁に爆薬を投し之と共に突入せるより端を発して、我歩兵は堡塁内に入り、茲に塁内に於て劇〔ママ〕烈なる肉弾戦を発起せり。第九師団の最後の予備隊たる歩兵二中隊は東堡塁に向ふて増援の途中、西堡塁よりする敵火の如何にも劇〔ママ〕しきに困し、決然行進の方向を転して、東堡塁の斜面を下りて西堡塁の高地に攀登して之に突入せり。従て、茲処にも亦塁内に肉弾戦を見るに至れり。茲に於て、軍の強襲取り止めの命令は、之を止めて、再ひ戦闘は継続することとなり、両師団参謀長は各其司令部に帰還せり。

午後五時、余は第九師団の目下成功せんとしつつある東西盤龍山の攻撃に於て、其成否は一に占領工事と後方交通路の安否にあることを思ひ、之れか工事実施の為に同師団に新鋭の工兵の必要を感し、目下軍の直属たる後備工兵一中隊を第九師団に配属せんことを意見具申したるに、直に之れを容れられ、余は此命令を直に第九師団に伝達する為、午後六時出発、六時三十分呉家房に在る師団長の許に達し此命令を伝へ、且つ其配属の理由を詳述せり。

夕刻に至るも両堡塁は未た完全に之を占領するに至らさりしか、夜半に至りて遂に確実に之れを占領せり。此日始て、第十一師団長土屋中将か頭部に負傷したる為戦場に在らす、又二名の参謀〔第十一師団参謀酒井卯吉郎、堀田祐之〕か昨二十一日未明一発の敵砲弾にて戦死せることを知る。

八月二十三日

夜明けれは、東西盤龍山堡塁には旭旗飜り何とも言ふへからす、快感を得たり。此日は部隊の整頓と弾薬及糧食の補給を行ふに決し、之か処置を行ふ。而して、新に占領したる東西盤龍山より突出して望台及其両側高地に戦果を拡張するに決し、之れを両師団に命令す。而して、両師団は漸次兵力を此方に集結し、夜に入りて此大突撃を実行せり。

八月二十四日

前夜、望台高地に向ふて行ふ〔ママ〕たる両師団の最後の突撃は尽く失敗に終り、我勇士の屍体は累累として此高地一体の斜面を覆ふを見る。此時に於ける、攻城砲の弾丸は殆んと尽き、兵員は全く戦闘力を失ひ、戦闘を継続すること能はさる〔を〕以て、総攻撃中止に決し、之に関する命令を下せり。軍参謀長等は、敵の出撃を大に顧慮し、或は退いて鳳凰山の線を保持せんかとの内意ありしも、幕僚は敵の出撃に就ては比較的に楽観するもの多く、遂に各師団は各現在占領地を保持することに定められたり。

軍司令部は夕刻、柳樹房に退却し、茲に宿営せり。此地は鳳凰山の東北方に在る一小部落にて、民家約十戸を数ふ。軍司令官と参謀長とは一屋に入り、其入口より左に司令官、右に参謀長在り。又、其東方の側屋に軍副官部を入る。参謀部は其隣家にて、入口より右に副長及第三課を容れ、左の二室に第一、第二課を容る。参謀部の庭前の納屋に電話室を設く。

此日は第一線より帰還したるも室内に入らす、宿舎の後邸に設けたる天幕内に入り一睡を貪り、以て連日の労を慰せり。

八月二十五日

幕僚の大部は、連日の疲労と戦況の不利に悲観して、床を離るの勇気も失せん計りなりし。余は昨日総攻撃中止に決せるよりして正攻法に依るへしとの決心を抱き、早朝より各幕僚及参謀長を説き、兎に角に其同意を得て正攻作業の目標たるへき堡塁を偵察することとし、此日は伝騎一を連れ、先つ水師営に至り其南方の堡塁を偵察せり。此地は第一師団の歩兵第二聯隊の一部占領しありたり。次て更に後方より迂廻《〔ママ〕》して龍眼北方堡塁の前面に出つ。此時は、伝騎及馬は後方に遺《〔ママ〕》し、単身処々の土饅頭を伝ふて敵の堡塁に近つき、堡塁及附近の地形を偵察す。此時、夕陽は敵の方に傾きありし為に、遂に敵に発見せられ、土饅頭より体を現はせは忽ち狙撃を受く。遂に日没まて其地を去ることを得す、数時間土饅頭の後方に伏臥して日の暮るるを待て、夜に入りて遅く司令部に帰還せり。

此日、軍にて調査したる処に依れは、各師団の戦闘員の残存するもの次の如し。

第一師団	将校	一六四	下士卒	四三七四
第九師団	同	七〇	同	三九三八
第十一師団	同	一二七	同	三六〇九
後備歩兵第一旅団	同	五三	同	二九八六
同　第四旅団	同	四三	同	一七二〇

以て、此総攻撃に於て、如何に最後迄奮闘したるかを知るに足る。

八月二十六日

此日は前日の任務に引継〔ママ〕き、正攻の目的を以て、第九師団及第十一師団の正面を偵察す。先つ呉家房北方の斜面に在る第九師団司令部を問〔ママ〕ひ、師団長、参謀長に挨拶し、幕僚と種々の打合せを行ひ、次て師団参謀の案内にて東盤龍山堡塁に至る。其途中は、多くは降雨に依る地隙を進みたるも、所に依りては敵方に対して全く遮蔽物なき部分ありて、此部分を通過するときは敵より狙撃を受くるを以て、此部は一人宛時間を存して駆歩にて通過す。此間尚射撃を受け危険なること云はん方なし。所謂、親不知子不知の険の如し。漸くして堡塁斜面下の塹壕に達すれは、茲には旅団司令部（一戸少将（兵衛、歩兵第六旅団長））あり。余は数日来の労を述ふ。次て堡塁守備の状況を聞くに、同堡塁は我有に帰してより敵は日々之か回復攻撃を行ひ、昼間は第一線各方面の砲台より重砲弾を集中して我兵の前夜作れる防禦設備を破壊し兵員を損傷し、夜は前方二百米に在る支那囲壁を拠点として之より突出して前方及ひ左右より絶へす突入を試み、我兵は之か応接に暇あらす。為に我兵の死傷するもの日々百名に達すと云ふ。余は直に一将校の案内にて、戦々兢々として堡塁前の交通路を通して塁内に進めは、今朝来敵は例に依りて砲撃を行ひつつありて、時々巨弾の各処に爆裂するあり、守備兵刻々負傷する者あり。従て、兵員は何れも生たる顔色なく、唯敵弾の来る度毎に此度は己の番なるかと心胆を寒からしむるのみなりし。従て、死傷者生するも之を直に始末するの機会もなく、又勇気は失せて只管日の暮るるを待てり。従て、塁内には至る所に死傷者横たはり、伸〔ママ〕吟の声四方に起り、又歩兵の弾薬は至る処に散乱し、往々補充の為運ひ来りたる儘放棄せられあるを見る。此堡塁守備の如何に困難なるかを思はしむ。次て又元の道を通して師団司令部の位置に帰り、之より第十一師団の正面に至り、北堡塁及Q砲台の前方に至り、正攻作業の為に偵察を行ふ。此附近は何れを通過するも我第一線らしきものを見す、唯々僅かに呉家房東方の谷地にて二、三の兵員を見たるのみなりし。依りて、其隊長を聞けは、志岐大隊長〔守治、歩兵第十二聯隊大隊長〕なりと云ふ。夕刻師団司令部に至り一、二の情況を聞き、日没過き漸く軍司令部に帰還し、乃木軍司令官並に参謀長に、前日来偵察の結果大体に於て正攻作業の行ひ得へきこと、並に盤龍山東堡塁守備の状況を口頭にて報告す。

此日、参謀次長より二十八珊榴弾砲六門を第三軍に増加するの通知ありたり。

八月二十七日

早朝より工兵部々員宮原大尉を参謀部に来らしめ、正攻法実施上に付、計画書を作成す。正攻作業の目標たるものは、

第一師団方面

A、ナマコ山

B、水師営南方堡塁

第九師団方面

C、龍眼北方堡塁

D、西堡塁西方のコブ山

第十一師団方面

E、東雞冠山北堡塁

F、東雞冠山砲台

にして、軍司令官に呈出する為に余か立案したる攻撃作業計画（直に軍司令官の同意を得たるもの）は次の如し。

攻撃作業計画

一、攻撃すへき堡塁

A、太平溝東方約二千米の高地（ナマコ形山）堡塁

B、水師営西南方約六百米の堡塁

C、龍眼北方高地上の堡塁

D、盤龍山西旧砲台西方高地上の堡塁

E、東雞冠山北砲台

F、東雞冠山砲台

二、作業実施の要領

攻撃作業の計画は別紙附表〔一一九頁に収録〕及附図〔存在を確認できず〕の如し。攻撃作業は当該方面に在る部隊之に任し、其作業手中、工兵は一般の指導及特別の工事（轅土対壕先頭の作業手等）を担任し、歩兵は歩兵陣地及交通路の築設、攻路の堀拡、並に工兵を以てする作業の助手に任するものとす。別表に掲くる歩兵作業手の員数は、昼夜断〔ママ〕へす必要なるものを示せり。其交代に関しては、当該方面の部隊長に於て、指導将校の意見を参酌し、適宜之を定むるものとす。

作業の迅速を図る為、天然の地形を利用し、並に敵火の緩急に応し作業の種類、方法を適当に撰択し、工事の節約を勉むるは、指導工兵将校の責任なりとす。

三、材料の供給

各工事に充つへき主要なる材料の種類及員数は、別表に掲くるか如し。其他の補助材料は適当の比例を以て

之を準備す。

材料供給の為、工兵廠支廠を左の如く転移す。

第一支廠　大王荘　第一師団方面の為

第二支廠　王家甸　第九、第十一師団方面の為

附表

攻撃作業計画表

師団		第一	第一	第九	第九
地名		ナマコ形山	水師営西南	竜眼北方	盤竜山西砲台の西
符号		A	B	C	D
作業手	工兵	一中隊	一中隊	後備一中隊	一中隊
	歩兵	一〇〇人	一五〇	一〇〇	一五〇
掩護部隊（歩兵）		一大隊	一大	一大	一大
急造対壕		〇米	四五〇	三〇〇	五〇〇
輾土対壕		三〇〇米	一五〇	一〇〇	一〇〇
中間歩兵陣地		〇米	二五〇	一五〇	五〇
後方交通〔路〕		〇米	〇	〇	〇
所要材料	土嚢	九〇〇〇個	六五〇〇	五五〇〇	三五〇〇
	板	三〇〇枚	二五〇	三〇〇	二五〇
予定日数		二五日	一八	三	一三
摘要		攻路は主として土嚢対壕を用ふ。		第一中間陣地は従来我に利用したることある敵の掩堡を応用す。	攻路は盤竜山西砲台に通する道路の山麓に在る部を起点とす。

第十一	東雞冠山北砲台	E	一中隊	二〇〇	一大	五〇〇	一〇〇	三〇〇	八〇〇	七〇〇〇	二〇〇	一三	第一中間陣地は勉めて堡塁に近接して設け、次て後方交通路をつくること。
	東雞冠山砲台	F	一中隊	二五〇	一大	八五〇	二〇〇	二五〇	四五〇	八五〇〇	二〇〇	一五〔二五〕	右に同し。
備考	作業の予定日数は、各攻路共毎一日に、急造対壕約百米、轆土対壕約十二米を掘開し得るものとす。												

此計画中、作業完成は何れも突撃陣地を作る迄を目途としたるも、其予定日数著〔ママ〕く僅少なることは気付かさるにあらさりしも、之れは長く記するときは各級幹部か正攻作業に移るの意志を弱からしむる慮〔ママ〕あるを以てなり。此日、又将来永く攻撃時日を要するを見込し通信計画を定む。其要領は、攻囲線の後方に五乃至六条の裸線より成る半永久線を架設し、周家屯に交換所を設くることとす。依りて、工兵廠長を取り寄さしむ〔ママ〕。軍参謀長の命に依りて、独乙攻城教令を反訳することとなる。

八月二十八日

前日余か立案せる攻撃作業計画を軍司令官及参謀長に呈出の処、之に就て幕僚会議を開くこととなり、余は之か説明を行ふ。幕僚は大体に於て異存のものなく、参謀長已下概ね之を承認することとなり、依て来る三十日を以て各師団参謀長を軍司令部に招き其意見を求めて之か採否を決することとなる。

八月二十九日

此頃、第一回総攻撃に依りて占領したる盤龍山東西の堡塁を守備する為に日々の損害甚しく、時に一日百五十名に達することとありたり。依りて、師団より、斯の如くなれは永く之を守備することは困難なりとの報告ありて、幕僚の評議を開き、之を放棄せんかとの議論ありしか、軍司令官は何処迄も之を維持するを可なりとする意見にて、如何に死傷を作るも之を保持することと定めたり。

八月三十日

本日、軍司令部に各師団参謀長、工兵大隊長〔工兵第一大隊長大木房之助、工兵第九大隊長代理杉山茂広、工兵第十一大隊長石川潔太〕、攻城砲兵司令部高級部員〔佐藤鋼次郎〕を集め、砲、工兵部長、各幕僚出席の上、軍参謀長司裁の下に、余の立案を基礎として攻撃作業実施に関する会議を行ふ。此会議に於て各師団参謀長は、何れも砲火の有力なる援助あるにあらされは敵前の土工作業は困難なるへきを以て、正攻の実施は成るへく之を取り止め、更に弾丸の補充を得て強襲を繰返すへきことを主張せしか、独り工兵第十一大隊長石川大佐は、古来の戦史にも強襲に失敗したるときは正攻に移ること多きを以て、今日我軍か正攻に移ることは止むを得さるへしと述へたり。然れとも、各師団側にては、攻城砲兵の支援なくしては作業は困難なるへしと主張して止ます。幕僚に於ても説明はするものの十分の自信はなく、茲に於て甲論乙駁、会議は容易に決せす。殊に決心の遅鈍なる伊地知参謀長は、何れとも賛否を表せす、会議は徒らに長引き所謂小田原評議に陥り、午前十時より始めたるに、午後四時に至るも未た決定に至らす。

朝来此会議に列して傍聴しありし乃木軍司令官は、遂にたまり兼て口を出して曰。砲兵の援助射撃なくして作業を行ふことは困難にして、我に大なる死傷を生するやも知れす。然れとも、敵は有限の弾薬を有し、我は無限の人員を有す。彼れ若し一発の弾丸を発射せは、それ丈要塞の命脈を減するものなり。故に、我は此目的を以て正攻作業を実施すへし。而て、後日弾丸の補充来り、再ひ他の攻撃法を採り得る機会を得は、直に之に移るへしと。此将軍の鶴の一声にて、流石の小田原評議も立ろに決し、九月一日を期し全軍一斉に正攻作業を行ふこととなれり。

八月三十一日

本日、正攻実施に関する軍の訓令を下す。

明治三十七年九月

九月一日

鉄道の運行を周家屯より更に王家甸に延長せり。之れは近日、同地に二十八珊榴弾砲を備付けんとするに依る。

本日より各師団は正攻作業を実施す。

九月三日

海軍より増加せる十二珊加四門、長岺子に到達す。依りて、之を陸戦隊の陣地に拵付く。

予は本日より二日間、第一線攻撃作業を視察す。

九月四日

本日、各師団より将校已下若干名宛を青泥窪に派遣し、海軍より増加を受けたる左の火砲及弾丸を受領す。之は敵の機関銃を破壊せん為に必要とせるものなり。

四十七密速射砲　十門
同弾薬　一万発

此日、侍従武官宮本少将及東宮武官武藤〔ママ〕中佐〔東宮武官尾藤知勝〕、我軍慰問の為大命を奉し来らる。

九月五日

第一回総攻撃の失敗の原因は多々あるへきも、其一原因と認むへきは、我軍歩砲兵か永久堡塁に対する突撃の要領を十分に会得せす、遠距離より唯平押しに攻撃前進を行ふに在り。而て、実際に之か突撃を如何に実施せは果して可なりや、能く知得せるものなきに依る。而も、今後正攻作業に依り攻撃を行はんには、十分に之を了得しあるを要す。依りて、軍は突撃の要領を教育する為に突撃教令を草することとなり、余は之を命せられたり。然るに、余は在独中一、二回之に関する書籍は読みたることあるも、未た十分に会得するに至らす、又脳中に記臆〔ママ〕するものも少し。然れとも、必要の前には如何なることも勉めさるへからす。依りて、之を立案する為には先つ思索を錬〔ママ〕り、且つ記臆〔ママ〕を呼ひ起す為に、天幕の内に入り横臥瞑想すること約一日間にして略ほ案を得て筆を執れり。

攻城砲兵司令部の調査に依れは、第一回総攻撃に於て日露両軍の使用したる砲種、砲数は、次の如し。

A、日本軍

1.Reg	12^{c}K	24
	15^{c}H	16
2.R	15^{c}M	48
	12^{c}K	6
〔3.R〕	10.5K	4
	9^{c}M	12
独大	9^{c}M	12
F.S.A	12^{c}H	28
海軍	12^{c}K	6
	12斤 K	14
		計194〔ママ〕……重砲
野砲		108
山砲		72
		合計374

B′ 露軍

東北正面

15^{c}M	13
9^{c}M	4

口圣《ママ》不明 M	8
24^{c}K	3
21^{c}K	4
15^{c}K	14
12^{c}K	43
9^{c}K	16
野砲	27
口圣《ママ》不明 K	10
	計142
西北正面	
15M	8
15K	14
12K	4
9K	6
野砲	16
口圣《ママ》不明	10
	計58
	合計200

〔攻城砲の種類は軍隊略号によって記載されている。数字は口径を示し（ローマ字のcはセンチを示す）、Kは加農砲、Hは榴弾砲、Mは臼砲を示す。RegまたはRは聯隊を意味し、それぞれ徒歩砲兵第一聯隊、徒歩砲兵第二聯隊、徒歩砲兵第三聯隊を意味する。独大は徒歩砲兵独立大隊を、F.S.Aは野戦重砲兵聯隊を意味する。日本軍の重砲の合計があわないのは15^{c}M二十四門が抜け落ちているからであると思われる〕

第一回総攻撃に於て日本軍の発射弾数表
自八月十九日至二十一日

堡塁、砲台の名称	区分	12^c 海	12斤 海	12 K	10.5 K	15^c H	12^c H	15^c M	9^c M	合　計
椅子山	弾数 弾量屯	529 10.8	1450 8.2							1979個〔ママ〕 19.0屯《ton》
案子山	〃	181 3.7	1452 8.2							1633 11.9
白玉山	〃	32 0.7								32 0.7
松樹山	〃	730 14.9	4400 24.9				100 2.0			5230 41.8
二竜山	〃	700 14.3	1450 8.2	160 2.6		255 9.2				2565 34.3
盤竜山西	〃			1827 30.1		519 18.7	720 14.4		330 2.6	3396 65.8
盤竜山東	〃			905 14.9		684 24.6	325 6.5	1512 46.1	213 1.7	3639 93.8
東雞冠山北堡塁	〃			266 4.4		228 8.2	215 4.3	747 22.7	195 1.5	1651 41.1

東雞冠山	〃			717 11.8		437 15.7		1588 48.3		2742 75.8
東雞冠山南	〃							1831 55.7		1831 55.7
白銀山北	〃							1281 38.9	225 1.8	1506 40.7
H高地	〃			1414 23.3		530 19.2	55 1.1			1999 43.6
望　台	〃				745 11.5		120 2.4	282 8.6		1147 22.5
Hの西方有煙火薬の臼砲	〃			1216 20.1			80 1.6			1296 21.7
P砲台	〃					225 8.1			568 4.4	793 12.5
M砲台	〃					65 2.3	50 1.0	250 7.6		365 10.9
N砲台	〃			822 13.6				1358 41.3		2180 54.9
R砲台	〃			1050 17.5				172 5.2		1222 22.7

Q砲台		〃			31 0.5		26 0.9			950 7.4	1007 8.8
A砲台		〃								77 0.6	77 0.6
S砲台		〃							522 15.9		522 15.9
合　計		〃	2172 44.4	8752 49.5	8408 138.8	745 11.5	2969 106.9	1665 33.3	9543 290.3	2558 20.0	36812個《ママ》 694.7屯

九月六日

本日、各師団長已下軍直属の各団隊長を軍司令部に召集して会議を開き、同時に過日侍従武官より伝へられたる聖旨を軍司令官より直接伝達す。過日来の第一回総攻撃に於ては、軍より各師団に相当無理な要求を行ひ、難きを求め、従て各師団とも各大なる損害を蒙れるを以て、師団長の間には軍に対し多少不平の向きもあらんかと思惟せしか、本日の会合に依りて見れは、各師団長とも乃木大将の人格に服せるにや、更に不平の色あるものを見す、皆喜んて軍司令官の意図を向へ、進んて其重任を果さんとする色見へたり。

九月七日

余か担任せる堡塁突撃に関する教令の草案出来上りたるを以て、各参謀に配布し、其意見を求めて之を修正し、成案とせり。其全文は附録第三〔二〇二頁に収録〕の如し。

九月十日

近く龍眼北方の堡塁を攻撃せんとするに方り、余は之を各方面より偵察せんと欲し、本日は第一師団司令部に至り高崎山の高地より展望し、大に得る所あり。

海軍に依頼したる四七密速射砲を各隊に配布す。

九月十四日

龍眼北方堡塁の攻撃に関し、軍司令部に各師団主任参謀を召集し会議を開き、来る十八日と決定せり。

九月十五日

内地より増加追送せる二十八珊榴弾砲、到達す。

九月十六日

余は再ひ第一師団方面の偵察に向ひ、二〇三高地に対する後備旅団の正面を視る。最初軍司令官に随行して後備旅団司令部に至り、後単独にて第一師団方面に至り視察す。

九月十七日

軍司令部に各師団参謀長〔第九師団参謀長足立愛蔵〈明治三十七年九月付〉〕等を集め、来る十九日より行ふ攻撃に関し会議を開き、軍の意図を伝ふ。今回は歩砲兵の協同に関して殊に十分の協同協定を行はしむることとせり。此攻撃は第一師団正面にては二〇三高地、ナマコ山、水師営南方堡塁を、又第九師団正面にては龍眼北方堡塁、西堡塁西方の鉢巻山を目標と定む。

九月十八日

児玉総参謀長は田中義一中佐〔満洲軍参謀〕及東乙彦〔正〕大尉〔満洲軍参謀〕を伴ひ来営す。之は来る十九日に行はんとする攻撃を見んか為なり。

九月十九日

本日は、第一師団及第九師団に於て本防禦線前の各堡塁攻撃の日なり。余は第九師団の攻撃を視察し、且つ軍と連絡する為に同師団司令部に至る。同司令部は東北溝の高地に戦闘指揮処を設け之に位置す。今回の攻撃は正攻作業に依る方法の第一回にて、云はは此方法の試験なり。殊に、軍より発布したる突撃教令の実地試練〔ママ〕なるを以て、余は一層に責任の重大を感せり。

此攻撃は午後一時より砲火を開始し、午後五時三十分に至り歩兵の突撃を行ふ。数回突撃を復行する間に日は暮れ夜に入りたるも、我軍は突撃陣地を拠点として屢々突撃を行ひ、二十日午前四時に至り遂に之を占領せり。

余は同夜、師団の戦闘指揮処たる塹壕内に仮眠せり。又、同師団の鉢巻山堡塁に対する攻撃は其第一線のみを占領したり。

九月二十日

正午頃、軍司令部の所在せる攻城山に帰還し、昨日来の戦況を報告す。

此日、第一師団はナマコ山及水師営南方堡塁を占領し、二〇三高地の攻撃は失敗に終れり。

九月二十一日

余は今後は二竜山及松樹山に対し攻撃作業を行ふを必要と思惟し意見を具申したるに、軍司令官は直に工兵部長に対し之を命令せり。

九月二十二日

松石大佐〔安治、大本営参謀〕及斎藤大尉〔常三郎、大本営参謀〕来り、余は之を案内して攻城砲兵司令部の位置に至り展望、説明す。

九月二十四日

第九師団は龍眼北方堡塁を拠点として、二龍山堡塁に向ふて攻撃作業を開始せり。

九月二十五日

臨時機関砲隊を徒歩砲兵第三聯隊の人員を以て編成し、第九師団に配属す。

九月二十六日

二十八珊榴弾砲を更に六門増加の通知あり。

九月二十九日

既に増加せる二十八珊榴弾砲の砲台完成せり。

九月三十日

第九師団は二龍山に向ふ攻撃を進捗し、本日鉄道線路を占領せり。

余は第一師団方面の連絡並に偵察を命せられ、午後五時出発、第一師団司令部に至り一泊す。

明治三十七年十月

十月一日

余は午前五時半一名の伝令を伴ひ徒歩にて出発し、六時半ナマコ山（南山波〔坡〕山）に達す。所々視察を行ひ、二〇三高地の状況を偵察し、又防禦編成等に就て当面の聯隊長、大隊長に注意を与へ、大隊長の許にて朝食を喫し、正午馬場旅団長〔命英、歩兵第一旅団長〕の許に至り昼食し、二時師団司令部に至り、午後五時軍司令部に帰還す。我二十八珊榴弾砲の砲台完成し、本日始めて東雞冠山、同北堡塁、二龍山、松樹山及椅子山に対し砲撃したるに、其効果著大なるを見る。

昨夜来、児玉大将は田中参謀と共に軍司令部に来り、諸種の打合を行へり。

十月二日

長時日準備中なりし軽気球は、漸く瓦斯充実したるを以て本日午前昇騰し、岩村海軍参謀〔団次郎、第一艦隊参謀。聯合艦隊司令長官の命により、第三軍との連絡のため第三軍司令部に派遣〕之に搭乗し港内を視察し、久敷其所在不明なりし敵の軍艦何れも港内に在ることを確め、海軍は素より諸方面共大に安神せり。之に依りて、二十八珊砲にて射撃を行へり。

十月三日

午前、軽気球を昇騰し港内を視察す。昨日に比し艦の位置何れも稍変化せり。午後は大暴風生し、気球は遂に其瓦斯を放散するの止むなきに至れり。

本日は暴風の為、炊爨をなし得さる軍隊多かりし。

幕僚会議を開かれ、左の件を議定す。

今後の軍の攻撃に於ては、矢張東雞冠山より松樹山に至る間に主力を向け、二〇三高地に対して主なる攻撃を行はす。而して、十月二十日頃を以て第二回総攻撃の時機とす。

十月四日

風雨強し。午前、各師団参謀長会議を行はる（次回の攻撃の為）。午後、工兵廠にて研究せる迫撃砲の試験射撃を見る。之は次の総攻撃に各師団に配布して使用に供せんとするものなり。

第一師団工兵第一大隊中隊長小須田雹太氏（余の同期生）は本日夜、水師営南方堡塁にて作業指揮中、敵の砲弾に中り戦死せり。

十月五日

余は松樹山に対する攻撃作業の偵察を行ふ為に第九師団に至る。午後、帰還す。此攻撃作業は第一師団をして之に当らしむることとし、従て第一、第九師団の境界を松樹山と二龍山の中間の谷心とするに定む。松樹山に対する攻撃作業計画案は左の通なり。

松樹山堡塁攻撃作業計画

作業手		掩護部隊	急造対壕	轆土対壕	中間歩兵陣地	突撃陣地	後方交通路	所要材料			予定完成日
工兵	歩兵							土嚢	板	丸太	
二中隊	二〇〇人	歩兵一大隊	八五〇米	同上	一、〇〇〇米	四〇〇米	一、二〇〇米	一〇、〇〇〇	一五〇枚	一五	一五

備考
一、作業の予定完成日数は、各攻路共毎一日に急造対壕約百米を堀開し得へきものとして算定す。 二、此方面に用ゆる部隊は、歩兵一聯隊及工兵二中隊とす。

新に増加せられたる28c榴弾砲の陣地を次の如く定む。

王家甸　四門

碾盤溝　二門

本日も港内軍艦射撃を継続す。

十月八日

第一師団をして松樹山に対し攻撃作業を行はしむる為、第九師団との境界を松樹山と二龍山の中間谷地とすることを軍命令として出され、同時に第一師団は本月二十日迄に松樹山の攻撃作業を突撃陣地迄進捗せしむる予定を以て開始せり。

第九師団は龍眼占領後、旅順水道の破壊を行はんと試みしか、其鉄管の所在明ならさりし為、数日来捜索中なりしか、本日之を発見し、以て旅順に対する送水を絶ちたり。

十月九日

第九師団本日午後、二龍山脚の散兵壕を奪取す。此散兵壕は我軍にて作りたるものにして、余り遠く前方に作りたる為に昼間敵に奪はれたるものにして、本日之を奪還せり。

十月十日

砲兵第二旅団長永田少将〔亀、野戦砲兵第二旅団長〕及第一師団和田参謀、次回攻撃に於ける砲兵陣地の打合の為来る。徳永大尉〔熊雄〕を軽気球に関する報告の為、本国に帰還せしむへき命令ありて、明十一日出発せしむることとなる。

十月十一日　雨

第一師団の第二聯隊は松樹山前の鉄道線路に在る敵を駆逐して、之を占領す。

余は軍参謀長及白井少佐と共に龍眼附近に至り、松樹山及二龍山の偵察を行ふ。

十月十二日

本日、山岡少佐と共に水師営南方堡塁に至り偵察し、午後九時帰還す。

水師営南方堡塁は四個より成り、其前方に在るものは最大にして、過般我第三聯隊か之を攻撃したるものなり。

堡内、戦利品として手擲榴弾、魚形水雷等あるを見たり。又、滑腔砲二門あり。

次て龍眼北方堡塁に至りたるも、敵の射撃猛烈にして入ることを得さりし。

十月十三日

各師団参謀を会して、次回の攻撃に関する計画を内示せらる。

十月十四日

王家甸附近の二十八榴の陣地に至り、射撃を見る。冬衣袴追送来る。又、同時に山根一貫少佐より贈物（パイナツプル）ありたり。

十月十五日

攻城工兵廠長今沢大佐の考案に係る木製迫撃砲を第一師団に十五個、第九師団に三十個、第十一師団に三十個交附す。

二龍山前の敵の散兵壕攻略に関する打合せの為、第九師団参謀長足立大佐来部す。

軍司令官は優渥なる勅諚を拝授し、之を部下に伝達すると共に、更に一層の努力を為し天長節迄に大に局面を打開すへき訓示を発した。

十月十六日

軍参謀長は幕僚の若干名に開城規約の起案を命せられた。之れは次期攻撃の為、敵兵降伏の場合に処する為てある。之は第三軍の最初からの悪い僻《〔ママ〕》てある。要塞攻撃の手段に万全の策を講することなくして、常に敵か降伏せる場合に処することのみ考へ、云はは獲らぬ狸の皮算用をすること多かりし。

本日、第九師団は二龍山と盤龍山との中間の鉢巻山及二龍山前の散兵壕を攻撃するにつき、余は命せられて第九師団司令部に至る。正午師団司令部に達し昼食の後、一時其西方の野外指揮処に至る。鉢巻山の散兵壕に対する我二十八榴の射撃は、効果大に現はれ、毎発命中して大破壊を行へり。午後四時二十分、歩兵は突撃に移り、之を占領す。次て二龍山前も突撃を行ひ、敵を陣地より駆逐せり。敵は壕より脱出したる為に、我追撃射の為に大損害を蒙れり。

十月二十日

連合〔ママ〕艦隊より、敵のバルチツク艦隊は愈々本国を出発したり。従て、旅順の艦隊も脱出して之と策応するならんとの報あり。

十月二十三日

各師団参謀長〈第十一師団参謀長斎藤力三郎〈明治三十七年九月付〉〉並に攻城砲兵司令部々員を会して、軍参謀長より次の二十六日より行ふへき第二回総攻撃に関し協議を行はる。

此攻撃の為使用し得へき砲弾は次の如し。

十五榴 十五臼 十二加	各二基数
十半加	二基数
九　臼	三基数
十二榴	二基数半

二十八榴　各門二百発

本日、碾盤溝の二十八榴の砲台完成せり。

十月二十五日

午前九時四十五分、第二回総攻撃に関する軍命令発せらる。二十六日砲撃開始、三十日突撃実施の筈。

十月二十六日

予定の通、早朝より砲撃を行ふ。其砲数は次の如し。

28cH	18
15H	16
12H	16
15M	72
9M	24
12K	30
10.5K	4
15海〔ママ〕K	4
12K 海	10
12斤海	19

計　213

外に47^{mm}　16

午後五時、第一師団の歩兵第二聯隊は松樹山前の散兵壕に、又第九師団の歩兵第十九聯隊は二龍山の斜堤上の散兵壕に突撃を行ひ、之を奪取せり。

十月二十七日　二十八日

二十七日、早朝より砲撃を継続す。軍司令官已下幕僚、皆攻城山に至る。余も亦之に陪す。

二十八日も亦砲撃を行ひ、夜九時に至りて明後三十日午後一時を期して大々的突撃を行ふことを命令す。

十月二十九日

砲撃の継続前日に同し。

十月三十日

本日は総突撃の当日にして、軍司令部は攻城山に至る。余は命せられて、早朝より第九師団司令部に至り、軍との連絡並指導に任す。

午後一時に至り、松樹山及二龍山に対して壕の通過施設未た成らす、為に突撃を行ふを得す。第九師団の左翼隊はP堡塁に突入して、之を占領せり。然れとも、夜間に至り、敵は猛烈なる回復攻撃を行ひ来り、殆んと失はんとせしか、我一戸少将の勇敢なる指揮に依り、遂に之を保持することを得たり。因りて、此堡塁を一戸堡塁と改称せられたり。

第十一師団は、北堡塁に突撃したる者は側防射撃の為、死傷多く目的を達せす。又、Q堡塁に突入せしものは一旦之を占領したるも、後続部隊続かす、遂に敵の為に奪回せらる。

余は此夜、第九師団司令部の野外指揮所に撤宵〔ママ〕す。

十月三十一日

第九師団の二龍山攻撃は、側防機関を破壊し、壕の通過法を設くるにあらされは、此上進展の途なきを以て、之を報告旁々軍司令部に帰還す。

明治三十七年十一月

十一月一日

各方面の状況は次の如し。

第一師団は、松樹山に外岸破壊の目的にて垂坑路の掘開に着手し、敵は我砲撃の為に破壊せられたる部の復旧工事を行へり。

第九師団の方面に於ては、二龍山と鉢巻山の中間谷地に一攻撃路を開始せり。又、敵は二龍山堡塁の復旧工事を行へり。

第十一師団方面に於ては、北堡塁の頂斜面は我兵目下之を占領せり。又、瘤山は我兵確実に之を占領せり。

同日午後十時、第二回総攻撃の失敗に付、左の報告を総参謀長並に参謀次長〔に〕呈せり。

砲撃開始已来去る三十日迄、二十八珊榴弾砲を以て、松樹山に向ひ約七百発（命中二百発）、二龍山に向ひ約千百三十発（命中六百発）、北堡塁に向ひ約五百発（命中三百四十発）を、又東雞冠山砲台に向ひ約六百五十発（命中三百発）を発射せり。最初の景況にては、目標の大部分は破壊せらるへく、従て歩兵の突撃は容易なるへく判断せられたるも、実は大に然らす。固より四堡塁共、或部分に於ては多大の損害を受けたることは争ふへからさる形蹟あるも、堡塁全般の状況は著しき変態なく、特にペトン製掩蔽部及壕の側防機関及之に通する暗路に対しては、殆んと指摘すへき損害なし。加ふるに、松樹山、二龍山西堡塁の外壕の設備は已報の始〔如〕くにして、外岸壁は穿開岩石より成るを以て、之を破壊し我通路を構成するは容易の業にあらす。此の始〔如〕くなるか故に、一挙にして此等を奪略せんとするか如きは、到底実行すへからさることに属す。先つ側防機関を破壊し、逐次占領を勉むるより外、他に良法なし。

北堡塁は未た全部を占領するに至らさるも、已に西部頂斜面は占有確実となり、彼我爆薬を投しつつあるを以て、両三日中には多分我有に帰すへし。

東雞冠山砲台は之を奪取すること困難ならさるも、比隣諸堡塁よりする敵火の為に、其位置を保守すること困難なるを以て、砲弾其他の関係上、当分其奪取を中止せり。

目下、我作業を妨害する敵砲を制圧しつつあり。要するに、二龍山、松樹山両堡塁は、目下抗路〔ママ〕を掘〔ママ〕り、側防機関の破壊を努めつつあるを以て、遠からす成功の見込十分なり。又、已上の情況上、向後爆薬を要すること大なるを以て、已に要求したるものの外、成るへく多く支給せらるる様取計らはれたし。

十一月二日

第一師団方面の状況は、昨日得たる降参人に書状を与へ、要塞内に帰還せしめたり。

第九師団は、昨夜H高地上に顕はれたる十五珊砲は、我諸占領堡塁を射撃し、少なからす損害を与へたり。盤龍山東西両堡塁より各其正面の囲壁に向ひ、攻路を開始せり。

第十一師団方面にては、北堡塁の頂斜面の占領は、壕内の交通困難（敵の側防火の為）なる為、僅かに其位置を保持せるのみ。

攻城砲兵は、昨日来五隻の運送船を撃沈せり。

十一月三日

第一師団方面は、松樹山の外岸穹窖のペトン壁に出会せり。又、松樹山の西麓に敵の夜襲ありたり。

第九師団方面にては、H高地に在る敵の砲兵は、我工事の進捗を妨害せり。

敵は二龍山に於て頻りに爆弾を投し、為に我土嚢は絶へす燃焼し、之れか消火に勉めつつあり。

第十一師団方面に於ては、北堡塁の頂斜面を占領せる我兵は、徒らに損害を受くるのみにて何事をも為し得す、遂に外岸頂の線に後退せり。

本日、海軍陸戦隊にて、百一発の礼砲を兼て、港内に砲撃を加へたり。其結果、東港に猛烈なる火災の起るを見る。又、火石嶺に在る十二听砲は、距離遠きに過くるを以て前方に出し、砲兵旅団長の指揮下に入らしめらる。

天長節祝賀会を柳樹房に催したるも、数日来の失敗の為、意気昂らす。

十一月四日

第一師団方面にては、二〇三高地の攻路は、昨日二十米前進の報あり。

第九師団方面にては、二龍山外岸壁爆破の垂抗〔ママ〕路は、大岩石に出会せる為に、之を取り止め、別に開口せり。

総参謀長より、第三軍の攻撃作業を案するに、将来工兵を要すること多からん。当軍方面より工兵三中隊位は増援として差遣せられ得る。要否如何との電報ありたるを以て、余は直に工兵部長とも相談の上、至急差遣ありたき旨軍参謀長の名にて返電せり。

十一月五日

第一師団方面にては、松樹山堡塁の凸角部より、頻りに我陣地に射撃を行ひ、我工事を妨害し、我兵は之と火戦を交へたり。

第九師団方面にては、二龍山に於ける坑路は、敵砲の為に崩壊せられ、其復旧に汲々たり。

第十一師団方面にては、北堡塁にては、外壕の通過は完成の域に達しあるも、未た十分なる能はす。為に胸墻に向ふてする薬室の構成に着手するを得す。

総司令官より、工兵三中隊（近工の第一中隊、工六の第二中隊及工八の第一中隊）を第三軍に属し、諸隊は明後七日遼陽出発の旨命令あり。

目下、野砲弾は一門五十発に過きす。之にては前途心細きを以て、補充を請求したるも、之に応すること能はさる旨総参謀長より回答ありたり。

余は本日、第十一師団方面の視察を命せられ、北堡塁の既に占領せる外岸穹窖内に入り、彼我対戦の状況を見る。内部にては、逐次的の進捗甚た困難にて、積堆せる土嚢を一個宛逐次前方に転かして地域の拡張を図りつつあり。それに射撃を行ふ度毎に反響〔ママ〕甚しく、耳は聾せん計りなりし。

十一月六日

第一師団方面にては、松樹山にて、敵の小寄〔奇〕襲ありしも、之を撃退せり。

第九師団方面にては、二龍山に対する外岸破壊の垂坑道は、第一坑道深さ二・〇〇米、第二坑道深〇・八〇米、第三坑道深〇・三〇米、第四坑道三・〇〇米に達せり。二龍山、鉢巻山間の攻路は、約五〇米前進せり。

一戸堡塁の占領工事は、完成せり。

第十一師団方面にては、北堡塁に於て、彼我の衝突は外岩〔岸〕穹窖内にして、昨夜は土嚢及鉄板を推進すると共に、射撃を以て敵を圧迫しつつ、凸角部穹窖より左方へ約二十米突前進し、稍大なる一室を占領せり。此室の前面には約一・〇〇米の室あり。外壕底の上方一米に在り。而して、本日更に該通路内の前進を企図せしも、此室の出口附近に堅固なる掩体を設け、熾に射撃を為すを以て、穹窖内に山砲を引き入れ破壊したる後、更に前進せんとす。

又、壕内に在る通路は、敵の爆弾に依り焼夷せらる故に、窖室内にポンプを備付て、絶へす消火に努力しつつあり。

総参謀長より次の電報あり。新に開始せらるへき攻撃は、各砲台に対する坑道作業の進捗に伴ふへきも、何日頃の予定にして、如何なる方法にて実施せらるるや内報あれ。

此回答の為に参謀会議は開かれたり。蓋し、攻撃再興の時機は、即ち作業の進捗に任すへしと雖も、此時期は前

第二回総攻撃中止当時に於ては各砲台共に僅に二、三日を以て其目的を達し得へしと思考せられたるも、作業の進捗と共に堡塁の状態漸次明瞭となり、従て作業実施も一層の復〔複〕雑を加へ、今日にては各砲台共垂坑路を堀開し、坑道を用ゆるに至れり。且つ著く敵に肉薄せると、土質の険悪なるとは、多大の犠牲に甘し、昼夜不断の劇働〔マヽ〕を意とせさるも、日々困難の度を増加し、為に作業の進捗に予想外の時日を要するに至れり。之実に目下の状況上止むを得さる所にして、只諸種の手段を以て日々湧出の諸困難を排除するの外、他に致し方なく、之か完成期は過去の工程に依りて爾後の進行を予想するの外なし。依りて、総参謀長に致せる回答は全く此実況に対するものにして、又其攻撃方法は前きに総攻撃中止の当時に大要決定せるものなり。総参謀長に対する回答電文は次の如し。

坑道作業は一歩を進むる毎に、敵の妨害と土質及術工物の堅固とに依り、益々困難の度を加へ、従て其成功の時日を予定し難し。然れとも、今より約十日已内には、突撃実施の期に達し得るの見込なり。此間、盤龍山両砲台及鉢巻山より旧囲壁に向ふ攻路を進捗し、而して二龍山及北堡塁の占有次第、直に望台及其西北高地に向ひ突進し、以て其南方及両側に拡張して、予定の高地線を占領すへき計画なり。尤も、東雞冠山及Q砲台の攻路は依然継続し、後方高地方面よりする攻撃と相俣〔俟〕て其奪略を容易ならしむる筈なり。

十一月七日

第十一師団方面にては、昨日午後六時、北堡塁外岸穹窖左室内の敵を駆逐する目的を以て、山砲一門を窖室内に配置して五発射撃したるに、砲碩〔熕〕に故障を生したる為、遂に歩兵の突撃を実行するに至らすして止めたり。爾後、諸種の手段を取り、其目的に勉めつつあり。

此日又攻城砲台一部の移動を行ひ、第一聯隊の十二珊加農二中隊を北部梨嵐子西方高地より水師営東方高地並に八里庄西方高地に移し、又火石嶺子に在る海軍十二珊砲四門を季《〔ママ〕》家屯北方高地に出せり。

本日、余は松樹山堡塁の攻撃作業視察の為、同地に至る。工兵大隊長大木大佐と共に第一線に至り作業を見るに、工事は既に外岸頂に達し、其両側は稍包囲的に前進しありて、正面外岸の中央に壕内を側防すへき銃眼ありとのことにて、側方の作業頭より望見せんとせしも能はす。依りて、大木大佐に、今夜側方の作業を今一段に進捗し、以て壕内の状況を確めんことを要求し置けり。

十一月八日

第十一師団は、北堡塁の外岸穹室内左方暗路内にて、我作業隊は土嚢を推進し、占領地を約四米五〇拡張し得たり。本日も引続き之に従事し、敵を暗路より駆逐することに勉めつつあり。

工兵第一大隊長大木大佐は、本日戦死せり。同氏は、余か昨日松樹山堡塁工事視察の際依頼せる、外壕内の側防機関の偵察を行はんか為、昨夜出来上りたる側方の胸墻より数回頭を出したるに、敵の狙撃を蒙りたるものにして、全く余の身代りとなれり。同大佐は、余か士官学校生徒当時の教官にして、又大尉教官心得たりし時工兵科長たりし為、余の為には大恩人なり。今之を失ふ、誠に遺憾に堪へす。大に哀悼の意を表し、且つ其勲功を感謝す。

十一月九日

大本営参謀次長より、バルチツク艦隊の東航を伝へ来ること次の如し。

バルチツク艦隊今回の行動及諸般の準備を察するに、彼れは物資を中立国に求むるの不便を避けんか為に、予め大規模の設備をなし、多数の石炭船を航路各所に配置し、自ら給炭給水の船舶、工作戦〔船〕、水雷母艦、病院船等を伴ひ、厚意〔ママ〕中立若くは弱邦の港湾に寄港し、又は静穏なる海上に於て炭水の補充を行ひつつ進航しあるか故に、航程意外に迅速なるものあり。去月十五日、本国リバウ軍港を発して已来、嗹馬〔デンマーク〕海峡、セブール、ダンジールに寄港して炭水を補充し、司令官「フエルケルサム」〔ドミトリー・グスタヴォヴィッチ・フェリケルザム、第二太平洋艦隊第二装甲艦戦隊司令官〕の率ゆる艦隊は、本月三日ダンジールを発し「クリート」に向ひ、司令長官「ロゼストウエンスキー」〔ジノヴィー・ペトロヴィッチ・ロジェストヴェンスキー、第二太平洋艦隊司令長官〕の率ゆる残部及主力艦隊は、五日「ケイブウエル」に向ひ「ダンジール」を発せり。思ふに、上の如き方針にて進航するに於ては、途中何等の航程を妨くるものあるを見す。

信すへき情報に依れは、艦隊は二分して、一は喜望峯を、一は蘇士〔スエズ〕を取りて一度「マダカスカル」に集合す。其集合期は十二月の中旬にして、又駆逐艦、水雷艇は蘇士より「アラビヤ」、印度〔インド〕の沿岸を経て東航し、艦隊は集合地より直に馬来〔マレー〕半島附近に航し、茲にて準備を整へて北上するものとせは、一月上旬に台湾海峡附近に達し得るものと認む。

思ふに、「バルチツク」艦隊東航の遅速は、戦局の進行に伴ふへきか故に、印度航行の時日、並に馬来群島附近より更に北上して直に決戦を試むるや否やは、主として旅順口の運命と彼我艦隊の大勢如何に依るへしと雖も、彼れにして交戦の継続を絶念〔ママ〕せさる已上は飽迄海上権を争はさるへからさるは理の看易き所にして、且つ艦隊を極東に有すると否とは其間の問題に対しても亦多大の関係を有するを以て、旅順艦隊の運命如何に関〔ママ〕はらす必すや東航の目的を廃棄せさるは殆んと疑ひなきなり。

已上は、「バルチック」艦隊か経済速力に依りて其全力を挙けて極東に来り得へき時機に就き判断せる所なるを以て、若し旅順口の攻落意外に長引くこともあらは、彼の艦隊は意外なる急速力を以て本年中に極東に近つき来ることなきを保すへからす。

本日、在香港中丸氏より「ハム」を追送する旨、端書来れり。

将来何れの高地を占領せは、最も良く港内（殊に東港）を展望し得へきやを図上にて仔細に研究せり。依りて、二〇三高地より最も良く港内を展望し得へき答を得たり。此地図は別紙中二万分一図〔存在を確認できず〕なり。

十一月十日

旅順の攻略と共に第三軍を速かに北方に転用せん総司令部の意図ありて、此事は全般の作戦に重大の関係を有し、然も海陸両方面の状況上刻下の緊急なる問題たり。従て、此際上司の判断に資すへき旅順攻撃の現況、並に将来計画の大要を開陳する為に、軍参謀長より参謀次長及総参謀長に次の如く打電せり。

目下の大局上、旅順要塞は一刻も速かに之を攻略する必要あるに拘はらす、之を今日迄の経過に徴するに、向後の攻撃に於ても尚一挙に之を陥落するの望甚た少く、蓋し堡塁の構築法及天然の地形は仮令一塁を奪略するも、之に乗して直に他を略取するを許さす。現に肉薄しある三堡塁も、攻撃作業の進むに従ひ、益々諸般の困難に遭遇しつつあるを以て、堡塁其ものの如何に巧に、又如何に堅固に構成しあるかを想像し得へく、為に殆んと一堡塁の占領時日たも予定し難きの状態に在り。然るに、我企図せる望台一帯の高地に進まんとせんには、先つ少くも二龍山、北堡塁の両者を我有とし、尚且つ第一回総攻撃已来敵の力を極めて増築せる囲壁を奪取し、然る後前方高地の堡塁を攻撃せさるへからす。旧囲壁は此攻撃に於ける一大障碍なり。之か為め、已に各占領堡塁より鋭意攻路を進めつつありと雖も、堡塁占領後一挙に高地線を奪略せんことは頗る頼《〔ママ〕》み少し。

一度望台高地一帯を占領せんか、敵の本防禦線を両断して要塞の死命を制し、大に爾後の拡張に容易ならしむると雖も、敵も亦飽く迄抵抗を持続し其残塁を頑守せんか、逐次之を奪取して其最終の期に達せさるへからす。状況果して前述の如くならん乎、全く当方面の局を結ひ、当軍をして他方面に活動し得せしむるに至る迄には、尚多くの時日を算せさるへからす。之か為、軍は諸種の手段を尽して極力此期を速かならしめんことに努力しつつあるも、過去及現在の状況は遺憾乍ら未た向後成功の期を確保せしむるに至らす。現況を述へて閣下の御参考に供す。

本日、第七師団を第三軍に編入するの内報あり。

十一月十一日

聯合艦隊司令長官東郷大将より乃木大将宛左の書状来れり。

前略。大本営海軍々令部長〔伊東祐亨〕より左の電報有之候処、聯合艦隊各艦共、何れも早きは三週間、遅きは一ケ月余の修理手入を要す状態に付、最早此儘には為し置くを得す、姑息乍ら各戦隊より一艦宛を内地に送還することに決し候へ共、来月初旬に至ては、勢止むを得す非常の危険を冒かして少数の艦艇を残し不充分なる封鎖を続行するか（敵艦は決して脱出せさるものと想定し）、又は断然封鎖を止め全部を挙けて内地に引揚けさるを得さるの苦境に陥らんかと思考仕《〔ママ〕》候。

右の如き次第に付、目下貴軍に於て御計画、並に進行中の作戦、一日も速かに成功して敵艦隊の始末を見んこと切望の至りに堪へす。若、之に付、尚海軍砲の増加等の御企望有之候へは、本職より其旨大本営に上申可仕候。

右に対し乃木軍司令官より次の回答を出せり。

前略――御来旨の趣了承。旅順容易に陥落せす、「バルチック」艦隊漸次東航し、誠に憂懼に堪へす、閣下御苦神の程も奉惟察《ママ》候。当軍に於ても可成速に要塞の死命を制し、少くも敵艦隊始末丈にても相付度焦心罷在候得共、未た目的を達するに至らす遺憾此事に御座候。御承知の如く、過般来海鼠山の観測に依り二十八珊榴弾砲を以て敵艦を射撃し、二、三軍艦には可なりの損害を与へたりと信し候得共、目下敵艦は皆白玉山下に潜伏し、射弾を観測し得す。随て、敵艦に確かに損害を与ふるを得さるに依り、更に速に港内を瞰制し得へき一地点を占領し、敵艦を撃破することを計画致居候。其期遠からすと存候得共、貴艦隊に於ては之に関せす艦隊の修理手入に御着手相成候様企望仕候。之か為、旅順の封鎖艦隊を減せらるるは止むを得さる所に御座候。然れとも、兵器弾薬の密輸を防くの封鎖は引続き実行せられ度候。若し敵にして兵器弾薬を自由に輸入し得んか、陸海の防禦力を継続し、港内艦隊の始末も不相附情況に陥るへく存候。陸戦重砲隊に威力ある火砲を増加し、当軍の攻撃を援助せしめられたるは、誠に感謝の至りに勝へさる所に候。更に海軍砲の増加するの企図あらは之に応すへき旨御申越、深く閣下の御協力を謝し、更に詮議の上何分の御回答可申上候。

同日、第七師団を第三軍に増加せしむる為に、総司令官より参謀総長に呈出したる意見書を、総司令部より電報あり。其要旨は次の如し。

一、旅順陥落の急を要するは、北方野戦軍の状態、並に海軍の状況急を要する処なり、云々。

二、九月十九日已来、攻撃の実況を見るに、攻撃は元気の兵を以て猛烈に実施するを要す。又、過る三十一日の攻撃に於て、彼の二十八珊砲多数を以て砲撃を行ひたるも、其構築物堅牢の為に意外にも成功せす。元より構築物の堅牢に因すへしと雖も、又右塁中間地の突撃出来さるに依る。亦現時の軍隊は共に多くの将校を失ひ其価値大に減少するのみならす、仮令第一線を奪取するも敵の防禦線を真に中断するには勢ひ新鋭の兵力を有せさるへからす。

三、攻撃計画は既に閣下にも直接報告しある処の如くにて、目下他に攻撃点を撰定する等の余地なく、唯々計画を実行するにあるのみ。

四、二〇三高地の攻撃を有利とするの説あるも、之高地を占領するも、敵艦の射撃未た充分の成功を期し得へきものとも思はれす。寧ろ速に旅順を陥落するを可とす(主旨にて)。

五、第三軍の為には野砲弾甚た不充分なれ共、之れは北方の作戦に緊要なるを以て、之を第三軍に分ち得す。

六、已上の理由に基き、第三軍は現在の計画に基き其攻撃を鋭意果行せしむるを可とす。然して、新鋭の兵力は第七師団の増派に依らさるへからす。若し内地に兵力の是非必要ありとすれは、旅順陥落の後、何れかの師団を招還して可ならすや。

右の総司令官の意見は、大概第三軍の意見と同しきも、其内一、二同意し難きものを挙くれは、

一、突撃は堡塁のみならす、堡塁の中間にも行はさるへからす。此議論は一応正しきか如きも、決して正当にあらす。永久築城の性質上、中間の突進を許ささるのみならす、特に旅順は其中間後にはH高地、望台の高地等ありて尽く皆堡塁たり。之に突入するものは、尽く十字火の下に倒れさるへからす。依りて、如何にするも最前方の堡塁を奪略するを第一とせさるへからす。

二、攻撃点を他に求むることの不利なるは同意なり。総司令官の意見の如し。
三、軍隊素質の不良となりし為に、新鋭の兵力を増加するを必要とすと云ふと雖も、之は大に誤れり。攻城戦の特種の状態にありて、新来の補充兵は皆地形と攻撃とには習熟しあるも、新来の到著当時の軍隊は之に習熟せす、反て用をなささるなり。唯、此如き軍隊か後方に来るあらは、大に我軍の強味を生するなり。
四、野山砲隊の弾薬の補充は、是非必要なり。

同日午後一時、総司令官の命令。

第七師団は戦地に派遣し、第三軍の戦闘序列に編入せらる。同師団は来る十三日より、大阪より乗船せしむ。

午後、又、総司令官より、二十八珊榴弾砲の敵艦砲撃は効力なき故に中止すへき訓示ありたり。因りて、之に就き左の回答を出せり。

敵艦射撃に関する御意見了承。然るに、本件は聯合艦隊の熱心なる希望に基き、旅順陥落の期を予定し難き今日、幾部分にても敵艦に損害を与ふる目的を以て、許すへき範囲内にて之を継続しあり。今若し全然之を中止するときは、或は聯合艦隊に大なる失望を起さしむることを恐る。今一度貴意を得たし。

次て、又、総司令官より、次回の攻撃に就て下問あり。
一、二龍山、旧砲台の攻撃。
二、旧囲廓の攻撃。
三、望台高地の攻撃。
四、敵の残塁の撃破、全要塞の占領。

右第三段迄の攻撃計画を一報せよとなり。依て、白井参謀を派遣し、詳細に説明せしむ。十三日、出発せしむ。

十一月十二日

第一師団方面にては、昨日夕、松樹山の坑道作業中、C垂坑路の傍にて敵の対坑道らしきものを発見し、之を偵察したる結果、敵の急造的に始めたるか如き〔マヽ〕、我進出の速なりし為に中止したるものの如し。依りて、之を土嚢にて填塞し、背壁と同時に爆破することとせり。

又、窖室破壊の為、予定薬室の報告あり。

一、側壁の厚一米五〇、頂壁二米〇〇。

二、薬室は七個。

　頂壁中央に一個、両側壁に各一個、背壁に四個。

三、頂壁の室は、高〇米五〇、幅〇米五〇、深〇米六〇。

　黄色薬六〇吉。

　側壁、背壁のものは、高〇米四〇、幅〇米四〇、深〇米五〇。

　黄色薬三〇吉。

十一月十三日

攻城工兵廠にて口経〔径〕十八珊の迫撃砲を案出す。

十一月十四日

砲工兵部より攻撃計画につき意見具申あり。

豊島砲兵部長の意見。

松樹山、二龍山、旧砲台を攻撃すると共に、軍の主力を以て二龍山より一戸堡塁間中間地区を突破するを可とす。

榊原工兵部長の意見。

三堡塁に対する本攻撃と共に、奇襲を以て白銀山方面を、強襲を以て二〇三高地方面を攻撃するを可とす。其理由は、敵仮令要塞の本部を失ふも、白玉山已西を固守すへし。陥落の期を速かならしむるには、全面を攻撃するを要す。依りて、現企図堡に対して各歩兵一聯隊にて足るへし。其他の主力を奇襲、強襲に用ゆるを可とす。

十一月十五日

総司令部に派遣せる白井参謀より、野山砲弾は北方に至るへき砲兵旅団の一聯隊分を除き、他の一門に二百発の割合にて支給せらるへしと。

総司令官より軍司令官宛左の通報あり。

参謀総長より第一別記の如き通報ありたるに依り、第二別記の如く意見を具申せんとす。第二別記に関する意見を折返し返電せよ。

第一別記

御前に於て、海陸軍作戦に関し会議せし要件は、左の如し。

帝国艦隊の多数は、昨冬来間断なき戦闘航海に従事し、艦体並に機器、機関著しく不良の状態に陥り、艦体、備砲共戦闘の損傷を快復〔ママ〕せさるものあり。今日、是等を修理して戦闘航海力を恢復せんには、大至急工事を以てするも、尚三〔二〕ケ月已上を要す。然るに、旅順口に在る敵艦隊は、多少の損害を免れさるも、尚戦闘力を有すると算せさるへからす。又、浦塩艦隊も、亦修理完成しつつあり、其勢力因〔固〕り侮るへからす。而して、今や太平洋第二艦隊、大規模の準備を以て東航を急きつつあり。其極東来著の期、将に近きにあらんとす。此形勢に於て、旅順方面の戦局荏苒進歩せさるに於ては、未た戦闘力を恢復せさる已前に新鋭なる敵艦に当らさるへからす。更に旅順、浦塩艦隊の之に合するに於ては、彼我の優勢其位置を異にし、若くは永久に制海権を失ふに至るへし。

之か為、速に旅順攻略を全くすること必要なりと雖も、若し然らさるときは、同港内を全く瞰制し得へき地点を占領し、敵艦を撃破若くは大損害を与へ、又造兵廠を破壊し、艦船修理の道を絶ち、以て容易に其戦闘力を恢復すること能はさらしむるに至るは、帝国艦隊をして第二の作戦に応せしむるの只一の方法なりとす。若し夫れ敵の第二艦隊我に対して一ケ月已内の行程に近つくに於ては、旅順要塞陥落の如何に関〔ママ〕はらす、帝国艦隊は其大部を引上け、以て第二海戦の準備に従はさるへからす。若し此場合に至れは、敵は海上よりする材料補給の運〔途〕を復活し得へく、我旅順攻城に一層の困難を加へ、帝国作戦全体に非常の影響を与ふるを憂慮す。

右の状況に付、閣下の執らんとする処置、速かに報告あらんことを望む。

第二別記

一、艦隊修理、並に敵艦来着に二ケ月を要するは、如何ともすへからす。

二、我艦隊修理を始むる前に於て旅順を陥落することは、即ち第三軍の目下計画せる望台一帯の高地を速に占領し、旅順を速に陥落するを可とす。

三、又、仮令旅順を陥落すること能はさるも、港内を瞰制し得へき地点を占領し、敵艦並に造兵廠に打撃を与ふることは、望台の高地を占領するの捷径にして、且つ有効なるに若かす。若し望台の高地を攻略する傍ら二〇三高地を占領せんとするときは、砲撃の力を分割するの害あり。又、二〇三高地を攻略するも、三週間後にあらされは突撃すること能はす。而して、之に依て得たる結果は、僅に観測点の利用するに過きす。重砲を備へて敵艦を射撃するには、尚多くの日子を費やささるへからす。

五〔ママ〕、我艦船の封鎖を緩ふすると、修理に着手するを要するは、我海軍にして若し未た着手せられさるものあれは、直に着手せらるるを至当とす。然るに、艦船の修理は、全艦船を同時に行ふ能はさるを以て、多少封鎖を緩ふするも之を継続して修理を行ひ、又密輸入を封して強いて艦隊を用ひさるも出来得へきこと。斯の如くせは、敵艦の日本海に来るの時機、乃ち一月上旬迄には、必す旅順残艦には打撃を加へ其戦闘力を奪ひ、我艦隊をして之に顧慮することなく新作戦に移り得へきことと信す。

畢竟するに、今日の状態に於て旅順に対して採るへき処置は、現計画に従ひ決心を以て鋭意果敢に望台の高地を攻略し、旅順の死命を制せんとするに在り。此攻撃は、多分本月二十日過きに開始せらるへしと。

而して、軍司令官は、右の意見に同意し、且つ誓て其実行を期すへきを回答せり。

十一月十七日

第一師団は、午後二時二十分、松樹山の外岸側防穹窖を爆発せり。其結果、左肩角の附近は頂壁墜落し、右肩角附近は破壊口埋没して、結果を実視すること能はす。多分目的を達したるか如し。

当今、我対壕作業、各方面共、著く敵に近接し、敵は必死となりて之に砲撃を加へ其妨害甚しく、為に作業に非常の困難を加へ来りしのみならす、日日多大の死傷者を作るに至れり。

十一月十八日

軍司令部に師団長会議を催さる。之は近く第三回総攻撃を実行する為に其旨を伝へ、又過般来大本営及総司令部との交渉の状況を知らしめ、又攻撃に関し各師団長の意見を聞くにあり。此時、第一師団長松村中将は、敵の中央地区、乃ち松樹山の西方地区に、大奇襲を試むへき意見を述へられたり。

第一師団方面にては、松樹山にて垂坑路及坑路共に埋没せし材料多量にして、昨日来鋭意之を堀〔ママ〕出しつつあり。

第十一師団方面にては、北堡塁は已に爆薬を装し、穹窖の破壊を企てたり。然るに、意外に敵の対坑道を発見せしを以て直に之を利用し、此開口に対し四個の銃眼を有する歩兵陣地を設け、且つ開口より爆薬を投し、且つ射撃せしめたるに、敵は直に右側壁内に退行せる形跡あるを以て、直に穹窖内の土嚢を推進し、午前九時更に五室を占領し、肩角の一部に進出せんとする好況に達せり。今後は、山砲を以て敵の急造交通壕を破壊し、以て全く其交通を遮断して外岸通路全部を占領せんとす。

十一月十九日

第十一師団方面にては、北堡塁の穹室内に装したる我山砲にて、急造交通路を破壊せり。然れとも、敵は尚暗路内に在りて我作業を妨害しつつあり。依りて、今後は、暗路の外壁に沿ひたる坑道の進捗を待て暗路を爆破せんとすると共に、本夜より外壕内に土嚢を以て横墻を構築せんとす。

山県元帥より乃木大将宛左の手信あり。

去る十六日、大山総司令官より、本月二十日、過大〔ママ〕決心を以て鋭意果敢望台高地を攻略し、旅順の死命を制すへしとの報告ありたり。翌十七日、児玉大将より、総司令官は貴軍白井参謀を招き、来る二十二、三日頃より総攻撃を始め、十二月三、四日頃迄には是非望台一帯の高地を占領すへく、其後援として第七師団を参与せしめ、必す成功を期すへき旨申聞けらる。野山砲弾薬をも補給したるは、此一挙を以て旅順の陥落に至らさるへきも、死命を制すへきに至るへきを信す。唯唯損傷の多大なるへきは、予め覚悟せさるへからす。一旦望台を占領すれは、旅順東部に其区域を拡張し、同時に港内の軍艦、造船所は有効に撃破することも亦容易なるへしとの報に接し、直に参内之を奏上せり。

思ふに、此一挙は、神速果敢に遂行し、敵をして回復抵抗の余地なからしむるを要す。若し夫れ再ひ不成功に了はらんか、弾薬其他の関係上、爾後の再挙を計るの機容易に来らさるへく、北方に対しては漸く彼我の功〔均〕勢を失ひ、彼艦隊は益々其東航を急くの理由となり、十二月上旬已後、我海軍新来の敵艦に備へる準備上、已を得す其封鎖艦隊の大部を引上くるときは、敵は再ひ海上の交通を復活し、弾薬糧食を輸入し、攻城は益々困難となり、大連湾の防備も亦危からんとす。今や旅順の攻略は実に一日を争ふの時機にして、其成否は陸海作戦利弊の岐る所にして、邦家安危の関する所と確信す。老兄の御苦心を察し、御健康を祝し、敢て腹心を開き所見を述ふ。

有朋手記す

此夜、幕僚会議は開かれ、彼の第一師団長の意見たる松樹山西方地区に対する大奇襲の可否に就て意見を開《〔ママ〕》かる。元来此意見は、当面の戦況を担任せる中村少将（第二旅団長）〔覚、歩兵第二旅団長〕より出したるものにして、同氏の意見は、松樹山西方補備砲台に向ふて奇襲を行はんとするに在り。斯の如き中間の地域に達する奇襲の成功するものにあらさることは、此迄数回の実験を経たるを以て、余は主として之に反対し、其他の幕僚も亦多く余の意見を是としたるか、単り津野田大尉のみは之か実行を可なりと主張し、数時間に亘りて論議したるか、遂に決する処なくして終はれり。津野田の主張たるや、結局は、兵は奇道なり。理屈に於ては成算なきものも、時に大に成功することありと云ふに在り。優柔不断の軍参謀長は、遂に決すること能はすして、当日の会議を終はれり。

十一月二十日

第九師団は、今朝、二龍山に対する外岸の垂坑路三個を爆破し、結果良好にして、壕底を埋没し、適当なる降下斜坂を作れり。

総司令官に、近日実施せんとする攻撃計画に関し、左の報告を呈出す。

望台一帯の高地攻撃に関する、去る十一日の御下問に対しては、先きに白井参謀を派遣し、略ほ其要を陳述せしめたりしも、尚細部を述ふれは、

一、一般の配備は、現在に同し。但し、第七師団を近く後方に召致し、軍の総予備とす。

二、攻撃は、松樹山、東雞冠山北堡塁及二龍山に於ける外壕通過の設備成るを以て、左の二期に分ち実行す。

第一期

三堡塁の突撃を実行すると共に、一戸堡塁の前面より二龍山に亘る間の囲壁を奪取し、次て直にQ砲台より望台を経て松樹山後方高地に亘る線を占領す。

第二期

東雞冠山より殺軍後営〔毅後軍副営〕北方の高地を経て松樹山に亘る一帯の高地を占領す。

目下の状況にては、三堡塁の壕の通過設備は、其完成迄には尚三、四日を要する見込なるを以て、来る二十四、五日頃には攻撃を開始し得へし。

右攻撃計画決定の理由。

一、従来の考案たりし攻撃（高地線迄を三段に区別したるもの。即ち、三砲台の占領）を第一段とし、旧囲壁の奪取を第二段とし、望台高地を第三段とせるものは、実際の順序に鑑み、飽くまて事の確実を期せしものなり。而して、其理由は已に多く述たる所なり。

二、前項の方法は、情況に依り、或は迅速の成功を期し難きを以て、若し他の方法に依り其段落を省略し得れは、改めて其方法を取らさるへからす。軍目下の情況は誠に然り。

三、一戸堡塁已西鉢巻山西方谷地間に於ける攻撃作業は鋭意力行の結果、坑道は囲壁より近きは四〇乃至五〇米、遠きは多くも百米已内に近邇して、従て大に該囲壁に向ふ突進を容易ならしめたり。又、一方に於ては三砲台の外壕の通過にして、果して予期の如く完成し得ん乎、堡塁正面の胸墻は一歩の難に在るを以て、其占領は難事にあらさるへく、若し堡塁全部を奪略し得さるも（中略）。

四、次に、旧囲壁に〔ママ〕奪取後に於て、未た堡塁の占領確実ならさるに先ち、直に前方高地に進出し得へきやの問題は其解決最も至難にして、過去の実験上、軍は之を不可能とせり。然れとも、是れ亦絶対的の意義を附するを得す。何となれは、若し一戸堡塁前面より鉢巻山前面に亘る全囲廓を占領し、同時に北堡塁及二龍山堡に対して少くも其一部の占領と共に猛烈なる砲撃を加へて之を制肘《〔掣〕》し、尚且つ一方に於ては状況に依り多大の犠牲を供するも之を果行すへき決心を有せんか、必すしも之を企図し得へからさる事にあらされはなり。而して、目下の形勢は、実に軍は此決心を有するものなり。然れとも、之を決心せんには、攻撃計画中、殊に砲兵の目標配当に、最も緻密なるを要す。

北堡塁と一戸堡塁との関係上、両堡塁と旧囲壁間の地形と最も密着の関係あるを以て、両堡塁の攻撃者は同一指揮官なるを要するを以て、一戸堡塁を第十一師団に与ふることとし、第九、第十一師団の境界を次の如く改むることとせり。

五家房―一戸堡塁と東堡塁との中間―望台の東腹巓頂より約百米の地点―望台東南の谷心に通する線とす。

十一月二十一日

総司令官より、第三回総攻撃の為、訓令あり。

戦訓一七　午後四時五分発　八時着

一、内外の諸状《〔ママ〕》報を綜合し、今日迄の旅順要塞の敵の戦闘法に拠りて察するに、敵は最後の一兵に至るまで防禦を持続せんとする決心を有するものの如し。敵の第二太平洋艦隊は、目下東航の途中に在りて、其日本海に到着するは、凡そ来年一月上旬なり。

二、我艦隊は、来年一月上旬迄には完全なる戦備を整へて、敵の第二太平洋艦隊に対し作戦をなささるへからす。之か為、旅順の状況如何に論なく、十二月上旬に至れは、艦隊の大部を挙けて修理に着手せさるへからす。故に、此時機に至るも、尚未た旅順の死命を制するに至らすして、敵艦の戦闘力尚存在するときは、戦地と本国との海上輸送杜絶するの不幸に至るやも計られす。

三、敵の堅塁と決心とに対し攻撃の成功を期するは、我も亦堅忍と不撓の精神と勇往果敢の動作とに依らさるへからす。此精神と動作は、従来練磨したる指揮官の指導と新鋭なる予備隊の後援及機宜に適する之か使用に依らさるへからす、云々。

本日、各師団参謀長会議を柳樹房に開く。

十一月二十二日

臨時気球隊を内地に還送すへき命令あり。依りて、之を伝達す。此気球隊は、其装備の不十分なる為に、一回膨脹の瓦斯を作るに約一ケ月を要し、一度強風に遭へは忽ち瓦斯を放散せさるへからす。依て、戦闘間昇騰して役に立ち得るは、一ケ月毎に一回に過きす。然れとも、此攻撃間一、二回は、其昇騰に依り重要なる任務を果せり。

攻撃作業の進捗及第七師団の来着は、漸く次の攻撃再興の時期を予定し得るに至れり。依りて、二十六日を以て之を実施するに決し、計画を定め、之か報告を出せり。其要旨は、

松樹山、二龍山及北堡塁に於ける外壕通過の設備は略ほ完成せるを以て、軍は概ね現在の配置に依り、来る二十六日を以て攻撃を復行し、右三砲台に対する突撃と同時に、二龍山已東一戸堡塁に至る諸攻路より旧囲壁に向ふ突撃を実施し、次て直に望台一帯の高地に進出し、松樹山、毅軍後営〔毅後軍副営〕北方高地を経て東雞冠山に亘る高地線を奪取し、以て一挙に要塞の死命を制せんとす。

本攻撃外の正面に於ては、各其前面に対し有力なる攻撃動作を行ひ、機に乗して為し得る限り敵塁の奪略を計らしむ。

第七師団の歩兵は、其一部を東北溝及揚家屯附近に、他を鳳凰山北麓附近へ招致して軍の総予備隊となし、本攻撃の後援たらしむ。

各師団（第七師団を含む）より歩兵一乃至二大隊を撰出して約一旅団を編成して軍の特別予備隊となし、本攻撃進捗の状況に依り夜に乗して水師営附近より直に要塞内に突入せしめ、本攻撃と相俣〔俟〕て全要塞を中断し、少くも本攻撃の成功を容易ならしめんとす。

右の計画中、軍の特別予備隊を置くことは、遂に軍司令官の意図に依り決定したるなるか、当時之を行ひたる理由は次の如し。

一、今日迄の諸状〔ママ〕報を綜合すれは、敵の総兵力は一万に上らす。而して、何れの方面にも応し得へき遊動防禦力たるものは、二、三千に過きす。

二、今日〔ママ〕毎回総攻撃の際、第一師団方面より観察したる結果に依るに、松樹山南方、旅順街道附近には守兵至て少く、本攻撃と共に猛烈果敢なる突撃を実施せは、之を突破するの算なしとせす。

三、我正面攻撃には、如何に手段を尽くしあるも、万一の失敗なしとせす。

四、野戦と全く趣を異にせる此如き要塞に対し、第三項の動作は寧ろ無謀の挙に失するか如き観あるも、情況の変化に対して一定の原則を固守すへきものにあらす。第一回総攻撃の際、此如き方法を採らんか、固より無謀なり。然れとも、諸牒〔ママ〕報の教ゆる目下の敵状、並に軍の死活を賭して争ふへき今回の攻撃再興に在ては、寧ろ之を決行せさるへからす。之に関しては、本攻撃の成否如何に関せす、固り該部隊の全滅を覚悟せさるへからす。要は之を断するに在り。

五、已上の理由如何に関せす、此挙は勿論冒険なり。冒険の挙、必しも成功を伴ひ得へきものにあらす。然れとも、之をして成功の望多からしむるものは、其用法の良否、特に其時機に投すると否とにあり。確の方法として之を攻撃計画に算入すへきものにあらす。此如く或は之に拠りて本攻撃の進捗を遅緩ならしめ、又は全く敵の好餌たるに終らしむるの不利あり。故に、仮令其方法を決定するも、其実行を予期すへきものにあらす。須く本攻撃進捗の状況に依りて其好機を観破し、以て本攻撃の成功を大ならしむる為、少くも之を容易ならしむるを要す。而して、之か為予め十分の準備を完整しあらしむへきは、敢て言を俣〔俟〕たす。

参謀総長より左の勅語伝達あり。

旅順要塞は、敵か天険に加工し金湯となしたる所なり。其攻略の容易ならさる、固より怪むに足らす。朕、深く汝等の苦労を察し、日夜軫念に堪へす。然れとも、今や陸海軍の状況は、旅順攻略の期を緩ふするを得さるものあり。此時に当り第三軍総攻撃の挙あるを聞き、其時機を得たるを喜ひ、成功を望む甚た切なり。汝等将卒、夫々自愛努力せよ。

右勅語に対し乃木大将の奉答せるもの。

旅順要塞総攻撃に関し勅語を辱ふす。臣希典等、感激恐懼に堪へす。将卒一般、深く聖旨を奉体し、誓て速に軍の任務を遂行せんことを期す。

十一月二十三日

軍攻撃方法に関し総司令官より左の訓示ありたり。

本月二十一日より二十二日に亘る夜に於て呈出せられたる攻撃計画は、簡単にして確定なり。故に、全然之に同意を表したり。然るに、二十二日より二十三日に亘る夜に於て呈出せられたる攻撃計画に特別予備隊を設け、本攻撃を容易ならしむるの一手段とせらる。是れ、一の目標に向ひ二個の方法を以て攻撃するものに似たり。其結果、双方の譲合を生し、双方共に不成功に終はりはせぬやと心配す。然れとも、決定せられたる已上は、致方なし。余は切に望む、堡塁線の突撃を本攻撃の主眼とし、特別予備隊の突撃は堡塁線占領後、時機あらは之を実行して、占領区域を拡張するの用に供せられたし。

（巌　手記）

右に就て軍司令官の回答は次の如し。

特別予備隊の用法は、只小官の腹案を開陳せしに過きす。報告或は意を尽ささる所あらんも、全く閣下の御意見に同く、本攻撃実施後機を見て之を使用し、以て本攻撃の成果を拡張し、又万一本攻撃の進行意の如くならさる場合に於て、之を以て其成功を迅速ならしむるの目的に外ならす。其使用に関しては、本攻撃前、之を発令せす。従て、本攻撃の動作を左右することなし。

本日、第三回総攻撃に関し軍命令を下せり。

第三軍命令　十一月二十三日午前十一時、於柳樹房

一、軍は、来る二十六日を以て攻撃を再行し〔ママ〕、望台一帯の高地を奪取せんとす。

二、総予備たる第九師団の歩兵一大隊は、原所属に復帰せしむ。

三、第一、第九、第十一師団は、各攻撃地区に従ひ、午後一時を期し松樹山、二龍山、北砲台及二龍山已東一戸堡塁の前面に至る旧囲壁に向ひ突撃を実施し、次て相協同して松樹山砲台南方高地より毅後軍副営北方高地を経て東雞冠山砲台に亘るの線に進出して、該線を占領すへし。

四、砲兵旅団は、適宜の時機に砲撃を開始し、主に松樹山及二龍山方面の攻撃を援助すへし。

五、攻城砲兵は、左の如く砲撃を実施すへし。

1、攻撃目標たる諸砲台及旧囲廓に向ふる破壊射撃。

2、望台一帯の高地に於ける諸砲台及堡塁に向ふてする攻撃準備。

3、我攻撃部隊に向ふてする敵砲の制圧。

4、他方面に於てする牽制的砲撃、特に二〇三高地に対する砲撃。

攻撃主目標に対する破壊射撃は前日より、其他の砲撃は攻撃前適宜の時機に之を開始し、又二龍山砲台の咽喉部附近並に東雞冠山附近に対しては、我攻撃部隊の該地を占領するに至る迄之を砲撃し、望台一帯の高地への進出占領を掩護すへし。

六、本攻撃外の正面に於ては、各前面の敵に対し有力なる攻撃働〔ママ〕作を行ひ、機に乗し成し得る限り敵塁の奪略を勉むへし。

七、軍の特別予備隊として、各師団より左の諸隊を出し、攻撃の前日を以て水師営附近に集合しあるへし。

第一及第七師団より聯隊長の指揮する歩兵二大隊

第九師団より歩兵一大隊、工兵一小隊

第十一師団より歩兵一大隊

右諸隊は建制を以てするも、歩兵一中隊は八十人を、工兵一小隊は三十人を下らさるを要す。
歩兵第二旅団長中村少将を該隊の指揮官に任す。

八、第七師団の内、歩兵一大隊は東北溝附近の谷地に、同一聯隊は揚家屯附近の谷地に、他の歩兵、砲兵、工兵及衛生隊は曹家屯附近に、二十五日夜迄に前進して軍の総予備隊となり、其他は現在の宿営地に在るへし。

九、軍司令官は、二十六日午前十時より鳳凰山東南高地に在り。

右と同時に、砲兵旅団並に攻城砲兵の各時機に於ける射撃目標を最も詳細に予定して、一般に之を通報せり。

十一月二十四日

本日、特別予備隊に関する軍命令は発せられた。其要旨は、

一、特別予備隊は、中村少将の指揮に属し、特別なる徽章を附すること。

二、二十六日水師営南方に集合し、同夜機を見て本街道の東側より突進すること。

右の如くにして、幕僚中津野田大尉一名のみ同意し、他は尽く反対したる特別予備隊（即、白襷隊）は成立したり。蓋し、乃木軍司令官か、此案に密かに同意しありたるに依るか如し。

斯くの如くして、第三回総攻撃の準備は出来たり。此度は、前数回の失敗に懲り、凡ゆる準備を完全にし、吾人の考へたる諸準備に何等遺憾の点を見す。唯、砲弾の数の極めて僅少なりしのみなり。

同日、攻城砲兵より射撃目標其他に就て報告あり。又、各砲の準備弾は次の如し。

二十八珊榴弾砲（十七〔八〕門）　二〇発

十五珊榴弾砲　二五発
十二珊榴弾砲　二一発
十二珊加農　四〇発
十五珊臼砲　二五発
九　珊臼砲　四〇発
十半珊加農　三〇発
　海軍砲は十二珊加農に準す

当日、第九師団砲兵聯隊長宇治田大佐〔虎之助、野戦砲兵第九聯隊長〕より砲弾の増加請求を懇請す。之は軍に約三百発の予備弾を有しあるに依るなり。依りて、之を攻撃主方面たる同隊に与へたるに、聯隊長の喜ひ一方ならさりし。

十一月二十六日

余は、例に依り、第九師団に連絡として軍より派遣せられ、其司令部の野外指揮処（東北溝の小丘上にありて、銃眼式の展望孔と掩蓋か設けられ、軍及師団の直属部隊との電話連絡あり）。此日、軍司令部は攻城山に上る。此日、二十八珊榴弾砲は午前八時より、其他の諸砲は概ね午前十時頃より砲火を開始し、猛烈に射撃を行ひ、午後一時頃より各師団は突撃を敢行し、第九師団にては右翼隊は二龍山に、左翼隊は盤龍山西堡塁より囲壁に向ふて突撃を行ひたり。二龍山に対する突撃は、最も猛烈に、且つ数方面より之を行ひ、堡塁の胸墻に入り、巓頂を占領し、堡内に在る敵と対戦し、屢々堡内に突入したるも成功せす。其内に巓頂の我兵は次第に減少し、従て増加補充すれは、従て倒れ、日没迄に数回の突撃も尽く失敗に終れり。

盤龍山方面の突撃も、一時は囲廓に突入したるも、久敷之を占領し得す遂に放棄し、各方面と共に失敗に終れり。

第九師団長は、午後三時、其手下に在る予備隊を全部両翼隊に与へ、以て再突撃を行はしめたるも、之亦何も成功せす。依りて、午後七時に至り、左翼隊に最後の死力を竭して旧囲壁に向ふて突撃を行ふへきを命せり。此時、余は、第九師団の此企図を行ふには最早兵力の不足なるを知り、後方に近く招致しある第七師団の一部（歩兵第二十七聯隊の第一大隊）を増加するを必要と認め、之を軍に具申せんとしたるも、例の優柔不断にして突嗟の決断に乏き伊地知参謀長にては、到底其決定第九師団の攻撃の間に合はさるを憂ひ、大に独断にて軍命令として之を第九師団長の令下に入れ、然る後之を電話にて軍に報告せり。

軍司令部にては余の独断の処置に驚きたるも、各幕僚は其時機に適したるを思ひ、直に軍司令官及軍参謀長に上申し其同意を求め、次て第二十七聯隊の全部を第九師団に属する為、招致することとなれり。此歩兵第二十七聯隊の第一大隊は、午後十一時、東西堡塁の中間より囲壁に突入したるか、忽ちにして全滅となり、夜明けの後之を見れは、黒衣を着したる将卒は囲壁の前面を覆へり。実に此大隊の損害は、余の建策に基くものにして、誠に気の毒なりし。

午後九時三十分より、大島第九師団長は盤龍山東堡塁に入り、次て師団の全主力を掲け〔ママ〕て突撃を実施せんとする企図あり。依りて、余も従ふて同堡塁に入る。狭隘なる堡塁内に、多数の将卒、高等司令部か入りたるを以て、狭隘なること云はん方なく、午前一時に至り此方面の攻撃は何れも不成功に終り、又特別予備隊の松樹山補備砲台に対する突撃も全然不成功に終りたるを以て、軍司令官は此上は第七師団を使用して勝利を導くの外策なく、依て歩兵第二十八聯隊を第九師団に加へて攻撃再行〔ママ〕の命ありしも、新来軍隊にて突撃を行はんには其前に十分の準備を要するを以て、翌日に至り砲撃を行ふたる後突撃を行ふを可とする旨を意見具申したり。直に採用せられ、二十七日は早朝より砲撃を行ひ、午後二時第九師団の突撃を行ふこととなれり。

此夜午前四時に、第九師団内歩兵隊の戦闘員を調査するに、其兵力は次の如し。

歩十九	二一〇
歩三十六	四五〇
歩七	五〇〇
歩三十五	三三〇

十一月二十七日

昨夜来、第九師団司令部と共に東堡塁の咽喉部内に在りて夜を徹し、殆と一睡をも行はす、絶へす軍司令部と電話の交渉に任せしか、天明と共に堡塁の前方を見れは、昨夜の突撃戦に於て惨敗を被りたる各部隊の遺棄せる戦場の死屍は、殆んと全地域を覆ふ。実に見るに忍ひさる惨状なり。各隊将卒も亦眼前に此惨状を見撃〔ママ〕しては、一時に其勇気も消失せんとする慮〔ママ〕あり。午前八時頃に至り、軍より第九師団の実行計画並に突撃の成功の見込みに就て、師団参謀長の意見を聞き来る。依りて、余は参謀長をして直接報告せしむるを可と信し、足立大佐を煩はしたるに、同大佐は師団長とも相談の上「此方面の突撃は、第七師団の新手を加ふるも到底見込みかない」との事てある。依りて、軍にて尚不安を感し、余の意見を徴し来れり。此時、余は成功の確実性に就ては師団と同一意見を有したるも、更に之を強硬に実施するを可とする意見を有したるか、司令部の全員のみならす堡塁内に在る将卒は、余の軍参謀として如何なる意見を吐くかは直接彼等の運命に関すへきを以て、多大の注意を以て見られたり。余は此際のこととて、何等遠慮する処もなく率直に自己の意見を軍に通報したり。其要旨は、突撃成功の望十分ならさることは、師団参謀長と同意見なり。然れとも、此方面の攻撃を継続せんには、万一を堵〔ママ〕するも尚攻撃を行ふを要す。然れとも、軍にて寧ろ二〇三高地方面より攻撃して、敵艦を撃破して足れりとするならは、寧ろ今直に此方面の攻撃を中止して、二〇三高地に向ふを可とする旨を上申せり。

間もなく軍司令部にて二〇三高地に攻撃を向ける為に本正面の攻撃を一時中止すること〔ママ〕、今迄非常に緊張して居つた此方面の戦意は一時に衰へた感かある。余は暫時此所に止まり将来の師団の企図等を承知し、堡塁内にて昼食の後、攻城山の軍司令部に引き返せり。

途中に於ても、今回の大失敗の原因に就て色々考へて見たるも、確固なる理由を見出さす。蓋し、軍は今日迄約半歳、要塞前に於て各種の失敗に依り十分の経験を嘗めたるを以て、今回の攻撃には万全の策を講し、凡ゆる手段を尽し一漏なく諸準備を整へ、外壕の通過法も完全に之を講し、僅かに胸墻を越へて塁内に突入するのみとなしたるに、遂に成功せさりしものにして、自らも亦失敗を納得すること能はす。実に懊々として軍司令部に帰着せり。

十一月二十八日

本日午前三時より、第一師団は、二〇三高地に対し数回の突撃を行ふたか失敗に終り、午前九時、第三回の突撃を行ふたるも、殆と頂上に達したるも失敗に終れり。

十一月二十九日

第七師団を此方面の戦闘に注入するに決し、同師団長大迫中将〔尚敏〕を該方面の指揮官とす。同日は、師団の該方面の行進に費されたり。

十一月三十日

我両翼隊は、二〇三高地に向ふて攻撃して、東北及西北の二凸角を占領したるも、夕刻に至り敵の逆襲する所となり、奪還せられた。此日、保典少尉〔乃木保典、後備歩兵第一旅団副官、乃木希典次男〕は、二〇三高地の西北麓にて、流弾に中りて戦死す。

明治三十七年十二月

十二月一日

此日、児玉総参謀長、観戦の為、来着。午前十一時三十分、長嶺子着。柳樹房にて昼食後、高崎山に赴かる。乃木大将已下幕僚の大部は高崎山に至る。余は二、三の幕僚と共に柳樹房に残留せり。

十二月二、三日

二、三の両日は、第七師団の攻撃の準備に費され、攻撃実行を見す。

十二月四日

第七師団長より、明五日を以て二〇三高地を攻撃すへき報告あり。

十二月五日

本日午前九時より、第七師団長の指揮する諸部隊は、再び二〇三高地を攻撃して、遂に午後二時に至り全部を占領することか出来た。

十二月六日

本日より、二〇三高地上に観測所を置き、港内の敵艦を射撃す。

敵は今朝、赤坂山及其東方一帯の高地を棄てて退却せり。

午後三時、敵の軍使一名〔V・サガロフスキー、第二地区司令部参謀〕来りて、二〇三高地前方に在る死体収容の為、五時間の休戦を申出てたるを以て、明日午後三時水師営南方にて回答すへき旨を答へて帰らしめたり。

十二月七日

昨日軍司令部に帰還したる児玉総参謀長より、今回の攻撃を要塞の西北正面に対しては如何との意見あり。依りて、余は命せられて二〇三高地方面に至り、此目的を以て偵察に従事することとなれり。

早朝、柳樹房を発し、高崎山に至り、先つ第一、第七師団司令部を訪ひ、尋《〔ママ〕》て海鼠山の西端を降り、赤坂山に登る。此地は、自然地は堅固なる掩蓋を以て覆はれたる塹壕にして、殊に二〇三高地の前面を側防すへき位置には堅固なる銃眼を有する機関砲座ありて、此位置に立ちて前方を見るに、二〇三高地の正面、即ち北麓には第一、第七師団の勇士の屍体累々として横はり、高地の全斜面を覆ふ。実に眼も当てられぬ惨状なり。之より東北凸角の稜線に沿ふて二〇三高地の頂に達すれは、前方一帯は良く展望し得へし。東港内に隠れたる敵の軍艦も一々指呼し得へく、今しも我二十八珊榴弾砲にて射撃中なり。又、直前方の椅子山、案子山、大《〔ママ〕》陽溝方面の築城の設備及防禦の状態を仔細に見るに、東北正面と大なる相違なし。殊に、此方面にて対壕作業を行はんか、先つ二〇三高地の降下斜面を下るへき対壕作業を行はさるへからす。之実に至難なる工事に属す。又、例へ数十日を費して堡に近接するも、東北正面と同一の悲惨なる戦闘を繰返すにあらされは、堡塁の占領は出来す。結局、東北正面の攻撃を継続するを有利とすとの結論を得たり。同時に二〇三高地上を見るに、頂上にも今しも我兵の作りたる僅少なる土嚢の掩体ありて、其土体の間には彼我勇士の屍体合せて積堆せられあり。之より余は、西北凸角に至り二十八珊榴弾砲の観測所を見て此稜線を降り、夕刻迄に柳樹房に帰着し、偵察の結果に基き攻撃点変換の必要なき意見を述へ、児玉大将已下各官の承認を得たり。

此日より、第一師団及第九師団は、松樹山及二龍山に対し、其胸墻下に坑道作業を開始せり。

昨日敵の請求せし死体収容の件に付、斎藤少佐〔季治郎、第三軍参謀〕を軍使として水師営に派遣し、敵の軍使と会見せしめしに、時日遅延の為に請求を取消し来れり。

十二月八日

総司令官の命令に依り、野戦電灯班を第二軍に転属す。同班は、敵陣地照明の為には多く役立たさりし。

目下、三主要堡塁とも、外壕より胸墻下に対し抗《〔坑〕》道堀《〔ママ〕》穿中なるも、岩石堅くして日日の行程甚た進ます。斯くては胸墻下に爆薬を装する為に多くの日子を要するのみならす、各堡塁は前面胸墻の爆破のみにては果して陥落に至るや疑なき能はす。要すれは、坑道を咽喉部の掩蔽部迄堀《〔ママ〕》進して、堡塁全体を爆破粉砕するを要すへし。之か為には、工兵の腕のみにては作業の進捗少きを以て、鑿岩機を用ひ堀《〔ママ〕》進するを可なりとの議論興り、之か使用に熟練せる人を求めたるに、鉄道提理部に在る月野技師〔正五郎〕は小仏及笹子の両隧道を堀《〔ママ〕》穿したる経験ある由を聞き、早速に之を司令部に招き其意見を聞き、空気鑿岩機を用ゆることとし、此意見を工兵部長に求めたるに、同部長は之は工兵隊の名誉を毀損すへきものなる故に同意し難しとのことなりしも、此困難なる時機に際し工兵の名誉なと考へ居るへき時にあらす、要は凡ゆる手段を尽くして要塞の奪取を図るに在るを以て、軍司令官及参謀長の認可を得て、此月野技師を直に内地に帰らしめ、鑿岩機並に之か使用に要する人員を編成して再ひ旅順前に来るへきを命し、出発せしめたり。

十二月九日

昨日迄東港内に在りし「セパストポール」艦は、今朝逃出して外港に出て饅頭山下に碇泊せり。

攻城砲兵司令部より呈出せる敵艦射撃の成績は次の如し。

艦　名	発射弾	命中弾	最有効弾
戦ポルタワ	三一	二	一
〃ペレスウエート	三一六	四八	二三
〃レトウイザン	五二	八	六
〃ポペーダ	一一七	一五	七

巡パルラダ	二〇六	二六	一三
砲アムール	五四	二	
巡バーヤン	三一七	四一	二八
戦セパストポール	六一	不明	
砲ギリヤーク	五五	一二	五
一運送船	二〇	三	
一水雷駆逐艦	七	〇	
雑種船	一二	〇	

十二月十日

本日午後九時、今後の攻撃に関し軍命令を下す。其要旨は次の如し。

一、軍は、正攻的動作に依り、望台一帯の高地に対する攻撃を継続し、先つ速に二龍山、松樹山及北堡塁を奪取せんとす。

二、軍隊区分の変更は、次の通り。

a、後備第一旅団、近衛工兵中隊及第十一師団の機関砲四門及第一師団の臨時衛生隊を、第七師団長に属す。

b、第一師団後備工兵第一中隊を、第一師団に属す。

c、工兵第六大隊の第二中隊、第三及第十二師団の後備工兵中隊を、第九師団に属す。

d、後備歩兵第四旅団、野砲第十八聯隊の一大隊、工兵第八大隊の第一中隊及第四師団臨時衛生隊を、第十一師団に属す。

三、各師団の地域は、前に同し。

四、第一、第九、第十一師団は、松樹山、二龍山、北堡塁を、作業の進捗と共に之を占領すへし。但し、突撃実施は、其都度予め之を報告すること。

第九、第十一師団は、同時に、鉢巻山前面より一戸堡塁の前面に亘る旧囲壁の若干部を爆破すへし。

五、椅子山及西大〔ママ〕陽溝堡塁に対する工事を実施し、前方の地を占領すへし。殊に第七師団は、準備成り次第、揚樹房東方約千米の高地を奪取するを要す。

六、攻城砲兵は、云々。

七、野戦砲兵第二旅団は、云々。

八、軍の予備隊は、云々。

十二月十一日

北堡塁咽喉部射撃の目的にて、十五珊臼砲を一戸堡塁に拵付く。

十二月十二日

第十一師団の報告に依れは、本日午前九時、一戸堡塁に在る十五珊臼砲を以て、北堡塁咽喉部の兵舎に向ひ四発を発射し、内二発はペトンに命中し、十分の成果を収めたり。此間、敵は前面の囲壁より熾に銃火を集中せしを以て、砲門を改築し、午後更に三発を射撃せしに、窓部に命中し、二ケ所を破壊せり。

十二月十三日

露軍よりの申出に依り、本日午後二時より三時に亘る一時間、東北正面に於て戦闘行動を中止し、各占領地外に在る死者を収容することを諾し、之を実行せり。之は第十一師団にて敵の軍使よりの申込みを受けたるものなり。其実行に方りては、双方より兵員は、其占領線より前方に出て、恰も彼我の中間にて相会し、死者収容の傍ら相談笑し、或は食物、飲物を寄与せり。三時に至り、何れも元の占領線に帰還し、直に射撃を開始せり。

十二月十五日

第十一師団は、来る十八日北堡塁に突撃を行ふに決し、本日之に関する師団命令を下し、且つ之を軍に報告せり。其要旨は次の如し。

一、師団は、来る十八日、奇襲を以て東鶏冠山北堡塁を奪略せんとす。

二、同堡塁突撃隊は、午後二時、正面胸墻爆破と共に突撃を実施すへし。

三、他の各地区部隊は、前面の敵を牽制すへし。

今後の作戦上、老虎尾半島の諸砲台、並に為し得れは同半島外方海面を砲撃するの目的を以て、王家甸の二十八珊榴弾砲の内二門を二〇三高地の北麓に移すに決し、之か処置を行へり。

十二月十六日

第一師団は、昨日より椅子山に対する対壕作業を開始せる旨報告あり。

十二月十七日

第七師団は、午前九時、揚樹房東方千米の高地を占領す。

又、高丁山攻撃隊は、今払暁準備陣地に就き、天明後約一大隊は同高地の塹壕に突撃し、午前九時殆んと抵抗なく之を占領せり。

第一師団方面にては、松樹山に於て、本日午前三時半頃、A坑道頭の下に於て敵の爆薬破烈〔ママ〕し、続いて敵兵十数名東面外壕より来襲せしも、我潜伏斥候及穹窖内の警戒兵の為に撃退せられたり。

第十一師団に於ては、北堡塁爆破の為坑道は昨夜完成し、目下塡塞中なり。

十二月十八日

本日は、第十一師団か北堡塁を攻撃するを以て、軍司令部は攻城山に登り指揮を取る。

本日午後二時、敵の一弾二〇三高地頂の我陣地内に落下し、偶々小銃弾及爆薬等集積しありたるものに命中し爆発し、将校已下三十余名の死傷者を出せり。

第十一師団方面にては、予定の時刻より遅れて、午後二時二十分、北堡塁の爆破を行へり。其際、爆煙並に土石は高く冲天に上り、落下せる土石は附近三百米の地面に達し、其凄壮なる光景云はん方なし。其際、斜堤上及攻路両側の掩蓋下に在りし我第三、第四突撃班は、落下せる土砂の為に大部埋没せられたり。第一、第二突撃班は外岸窖室内に在りしか、外壕の塡塞の為に出口を塞かれ、為に出撃を遅緩せり。胸墻の破壊部には約二米の断崖部ありし為、両側より堡内に突入したるか、諸部隊は大損害を蒙り噴火孔を占領せり。
午後六時三十分、後備歩兵第三十八聯隊第一《〔ママ〕》大隊長〔第二大隊長岩本京輔カ〕の率ゆる二中隊は堡塁内に突入し、堡塁全部を遂に占領せり。午後十時に至り占領は益々確実となり、山砲及機関砲を内部に拵付けたり。敵は咽喉部の堡塁及望台等より熾に射撃せり。
攻城砲兵は、午後二時二十分、北堡塁の爆破と共に一斉に左の各地点に対し砲撃を行ひ、夕刻に及へり。
　H砲台、は砲台、北堡塁後方囲壁、
　Q砲台、M砲台、N砲台、R砲台、
　東雞冠山砲台
磯村参謀（少佐）は、数日前より痔瘻にて入院中の処、本日内地に送らるることとなり、副官河西惟一氏入りて参謀となる。

十二月十九日

昨夜半迄に占領したる北堡塁の状況視察を命せられ、同堡塁に至る。先つ驚きたるは、第五歩兵陣地より前方の攻路の両側掩蓋下には、昨日爆破の際、土砂に依り埋没されたる多数の勇士の死屍ありて、目下堀《〔ママ〕》出中なりしことなり。其れより例の外岸穹窖内に入り、次て堡塁右側の外岸壁内通路に伝ふて咽喉部の外壕に入り、之より咽喉部の兵舎に入る。咽喉部外には尚敵兵ありて我と対峙しつつありしを以て、余は彼我の中間下を通行したるわけなり。兵舎には我警戒兵ありて、次て内底に出て中庭の状況を見て、中庭内に設けられたる通路を経て正面噴火孔に入り、外壕に入りて帰還す。五ケ月間我軍に依りて攻撃せられたる状況甚た不明なりし堡塁も、茲に始めて詳細に知るを得たり。其構築の堅固にして、尋常の手段にて容易に陥落せさる所以も、亦明かにするを得たり。依りて、夕刻軍司令部に帰還、状況を詳細に軍司令官已下に報告せり。此報告に添附したる余の記臆〔ママ〕図は附図第二〔存在を確認できず〕の如し。此図は、直に隷下各部隊に配布し、今後攻撃の参考とせり。

十二月二十日

北堡塁の咽喉部前方の急造小堡塁を奪取せり。

十二月二十二日

第七師団の右翼隊後備歩兵第一聯隊は、後三羊頭村北方の高地を占領せり。次て午前七時、半島の高地をも占領せり。其際、二門の小口径砲を鹵獲せり。

十二月二十三日

第七師団は、北大陽溝〔ママ〕北方の高地を攻撃して、之を占領せり。
第一師団の松樹山に於けるA坑道は、敵の為に破壊せられたり。

十二月二十四日

第九師団は来る二十八日を以て二龍山を攻撃するに決したる旨報告あり。

十二月二十六日

第一師団は十二月三十一日を以て松樹山を攻撃する旨報告あり。

十二月二十八日

本日、第九師団は二龍山を攻撃せんとするを以て、余は例に依り同司令部に至り視察す。午前九時三十分突撃準備を整へ、十時点火の予定なりしも、敵の投爆薬の為導電線切断せられ、之か修理の為に少許りの時間を要し、十時五分五箇の大薬室は一斉に爆破し、正面胸墻を顚覆し、各相連続せる十五乃至二十米の噴火孔を成形し、其噴唇は在来の胸墻火線より更に前方に於て成形せられ好結果を得たり。然れとも、爆破の際飛散せる土砂に依り、掩蓋下に在りし五、六十名の死傷者を出せり。

我突撃隊は砂煙を冒して突撃を行ひ、之と同時に我攻城砲兵も亦一斉に射撃を開始し、堡塁の重砲線及咽喉部は素より、外部の各砲台を射撃せり。午前十一時頃に至り正面の胸墻は全く我有に帰したるも、敵、堡内の重砲線に拠りて頑強に抵抗しあるを以て、更に十分に偵察の上各方面より重砲及野砲を以て重砲線及咽喉部を射撃し、又既に占領せる胸墻に山砲三門を拵付けて射撃し、午後四時を期し更に重砲線を攻撃し、遂に四時二十八分重砲線の敵を駆逐せり。然るに、敵は尚咽喉部の線及掩蔽部の入口に位置して我に抵抗したるか、午後六時更に我兵は咽喉部に突撃し、午後八時に至り堡内を完全に占領せり。

十二月二十九日

昨日占領したる二龍山堡内に入りて状況を視察す。正面の噴火孔より内底に入り、更に重砲線の西方を横断し、掩蔽部の入口に至る。茲には、小銃を五梃許り一架上に配置固定して、一横杆に依り全部同時に発射せんとする設備のものを見たり。之より掩蔽部に入り、其設備の堅牢完全なるに驚き、次て噴火孔を経て帰還せり。偵察の結果を直に軍司令官以下に報告せり。其際報告に添附したる偵察図附図第三〔存在を確認できず〕の如し。

十二月三十日

第一師団は明三十一日を以て松樹山堡を攻撃する為に命令を下せり。

十二月三十一日

本日、第一師団の松樹山堡攻撃視察の為に、其司令部の所在地たる水師営南方C堡塁内に至る。午前十時、工兵は胸墻の一斉爆破を行へり。其景況は頗る良好にして、予想の如く爆破の土石は殆んと全部堡塁内に落下したり。之と同時に二龍山堡に備付たる機関砲及山砲は、堡内及咽喉部附近を射撃せり。我歩兵は十時三分、爆破の余焔未た沈静せさるに乗し胸墻に攀登す。敵は直に出て抵抗を試みんとしたるか、我爆発の余焔暗路を伝ふて咽喉部に奔り、堡の中庭に在りし彼の爆薬庫に点火し、て爆発し、為に大半死傷し、又其塁外に退却せんとするものは二龍山より側射を受けて退却する能はす。其間に我軍は先つ正面胸墻を完全に占領し、之に防禦編成を施し、十時二十五分我撰抜兵は猛然塁内に突進して中庭の第二線を占領し、次て十時三十分咽喉部を全部占領せり。此時、掩蔽部には尚敵兵ありて白旗を樹《〔ママ〕》て投降を請ひ、一人宛之を内庭に引出せり（投降者は将校二、下士卒九九）。

此攻撃の状況にては直に後方の補備砲台を攻撃すれは必すや成功すへしと思ひ、余は之を師団参謀長に勧めたるも容易に決定に至らす、午後六時に至り、此攻撃は更に準備を整へて後日に之を行ふこととなり、余は軍司令部に帰還す。

さて攻撃正面の三主要堡塁は奪取せり。此上は囲壁を攻撃せさるへからす。此囲壁たる一連の胸壁にして、正面攻撃に対し稍堅固なるのみならす、各処に横墻を設け之を区分しある為に、恰も小堡塁の連続せる状況となり、今後の攻撃も容易ならす。余は此夜、此攻撃の策案を苦神しつつ、失敗多き明治三十七年の深夜を迎へて眠に就けり。

明治三十八年一月

明治三十八年一月一日

早朝より攻撃正面の全面に亘り銃声熾に起る。

次て午前七時、第九師団より、我一部隊は今朝H高地巓頂を占領したる旨報告あり。

又、同時に、盤龍山新砲台も之を占領して二龍山堡と連繋して維持しありと、望台は敵兵尚之を占領せりとの報告あり。

第十一師団より、前田地区部隊の一部は、午前九時十分、望台に向ひ前進せり。

午後零時五分、第十一師団より、目下望台の攻撃隊は八合目に在る敵の散兵壕の外側を占領し、之に工事を施しつつありて略完成せり。山頂より投擲しつつある敵の手榴弾は、散兵壕内に落下して我に危害なし。突撃隊は夜に入りて頂上を占領せんとすとの報告あり。

午後一時、第七師団より、同師団は後三羊頭村南方の高地の一部を確実に占領したる報あり。次て午後二時、該高地を全部占領したる旨報告し来れり。

午後三時三十分、我第九、第十一師団の突撃隊は、望台の高地に突撃して之を占領し、旭旗を樹立するを見る。同時、第一師団より、次の報告あり。

只今敵の軍使〔V・マルチェンコ、副官〕C堡塁前に来りしを以て、歩兵第二聯隊より将校一名を出し之を迎へ信書を受領せり

と。依りて、該信書は直に軍司令部に送るへきことを電話せるも、該書は高崎山第一師団司令部を経て、午後八時軍司令部に達せり。其全文（訳文）は次の如し。

旅順　千九百四年十二月

貴下

交戦地域全般の形勢を観察するに、今後に於ける旅順の抵抗は無用なり。依りて、無益に人命を損せさる為に、余は開城に就て談判せんことを希望す。若し閣下之に同意せらるるに於ては、開城の条件、順序を討議する為、委員を指命し、余の委員か該委員と会合すへき場所を撰定せられんことを希ふ。

余は此機会を利用し敬意を表す。

将官ステツセル〔アナトーリー・ミハイロヴィッチ・ステッセル、関東軍司令官〕

旅順攻城軍司令官男爵乃木将官閣下

日頃より開城の際の準備のみ力瘤を入れ居たる幕僚の連中も、余り突然の申入れに其準備も間に合はす。更に熟議の結果、午前三時に至り漸く回答文出来上り、山岡参謀は軍使として水師営南方に赴くこととなれり。

一月二日

今朝未明、山岡参謀は回答書を携へ水師営南方敵陣地に至り之を一将校に交附し、次て午前八時我全権委員たる伊地知参謀長は有賀博士〔長雄、第三軍法律顧問〕、岩村海軍中佐並に二、三の幕僚を従へ水師営に至る。午後一時、敵の全権委員たる参謀長「レース」大佐〔ヴィクトル・アレクサンドロヴィッチ・レイス、関東軍参謀長〕已下同地に来着し会談の結果、午後四時三十五分概して我提案を応諾したるを以て、此時より彼我共に戦闘行動を中止すへきことを約し全軍に命令せしめ、午後九時四十五分調印を了し、悲惨極りなき此攻城戦も茲に終りを告け戦局を結へり。

此日午前十一時三十分、参謀総長より次の電報あり。

将官「ステツセル」より開城の提議をなし来れる件伏奏したる処、陛下には将官「ステツセル」か祖国の為に尽せし功を嘉しせられ給ひ、武士の名誉を保たしむへきことを望ませらる。

依りて、軍司令官は此ことを全権委員に命令すると同時に、左の返電を発せり。

謹て聖旨を体し談判を遂行せんとす。右可然奏上あらんことを。

開城に関する規約は、附録第二〔四〕〔二〇九頁に収録〕の如し。

一月三日

本日午前八時より、第一師団歩兵第十五聯隊は、開城担保として椅子山、大、小案子山及其東南高地の各堡塁を占領す。

我軍の各種受領委員は、午後一時三十分、白玉山の北麓に於て露軍委員と会合し、明日より行ふへき受領の業務に関し打合はせを行ふ。

此受領委員は、左の委員より成る。
一、堡塁、砲台、陸上に在る兵器弾薬、軍用諸建築物の受領委員
二、艦船艇の受領委員
三、給養諸物件受領委員
四、危険物除去委員
五、本規約第八条（受降者）に関する委員
六、本規約第九条（衛生）に関する委員
七、木規約第十条（行政）に関する委員
而して、余は第一の堡塁、砲台、其他の受領委員となれり。此委員は最も大なる委員にして、豊島少将を委員長、榊原少将を副委員長とし、余は之か参謀となり、騎兵将校二、砲工兵将校若干、海軍将校若干、通訳及下士兵より成れり。此際、露軍側之等引渡委員としては、要塞司令部員、砲兵部長、工兵部長等之に当れり。露軍将校は独乙語の出来るもの多かりし為に、余は此日日本軍委員との間に通訳に任したり。出征已来始めて独乙語か役立てり。此日は凡て引渡に関する打合せのみにて分れたり。馬匹の数は概ね三、四百頭に過さるへしとのことなりしを以て、騎兵将校（曾木大尉（春樹カ））をして之か準備を行はしめたり。而して、其受領地は白玉山北方の練兵場とせり。

兼て内地に帰還準備を命したる月野技師の鑿岩機部隊は、本日編成を終はりたる旨通知ありたり。

一月四日

早朝より各委員にて手分けして各方面の堡塁、砲台、兵器等の受領に従事したるを以て、余は早朝練兵場に至り馬匹受領の状況を見るに、馬匹は続々と来り其数は正午前既に予想の数倍に達せり。次て、余は単身伝騎を伴ひ要塞内に入り司令部に向へり。此時、白玉山東方の広場にては、今しも降参人として日本軍の受領地に至らんか為、集合せる数万の露兵の大密集せるに会せり。今日迄攻城数ケ月間、至る処劇《ママ》戦を交へたるも、敵は常に術工物の後方に匿れて戦闘したるを以て、十人と纏りたる兵員を見たることなかりしに、今眼前に此武装せる兵員を見て一驚を喫したり。当日は正午、砲兵部長「ベイルイ」少将〔V・ベールイ、旅順要塞砲兵部長兼旅順要塞砲兵隊司令官〕の官舎にて午餐の饗を受けたり。

一月五日

早朝、再ひ柳樹房を出て要塞内に入らんと練兵場に至り見るに、昨日受領せる軍馬は夜間に皆放れて其附近一面に散乱し、山河尽く馬を以て覆ふの状況なりし。蓋し、昨日の受領委員の手不足にして馬受領確実ならす、又夜間水の供給を行はさりし為、馬は自ら放れ附近水流に至り飲水し、次て山野に至り草を求たる為、此状況となれり。従て、各部隊の間には此馬を窃取し、或は自馬と取り代へ、或は隊馬とするもの多く、整理上甚た困れり。依て、余は馬匹整理の為、更に大委員を作らんことを軍司令官に具申せしに、承認を得、直に委員長たるへき人を求めたるも、全軍中此馬匹を絶対に私することなき人物を得ること難く、唯単り第一師団砲兵聯隊長兵頭大佐

〔雅誉、野戦砲兵第一聯隊長〕のみは信用を措き得へきを以て、同大佐を委員長として馬匹の整理に当らしめたり。

此馬匹受領委員たりし人は、

委員長砲一　兵頭砲兵大佐
騎十一　曾木騎兵大尉
騎一　野口騎兵少尉〔武久カ〕
騎七　和田騎兵少尉〔謙太郎カ〕
砲一　河合砲兵大尉〔鋥彦カ〕
砲九　津田砲兵少尉〔藤左衛門カ〕
第一師団　岡　一等獣医
同　角田三等獣医〔松兵衛カ〕
七師団　近藤三等獣医〔義四郎カ〕
九師団　大島三等獣医
十一師団　前田三等獣医

整理したる馬匹は旅順内コサック騎兵聯隊の厩舎に入れたり。鹵獲馬は合計千二百九十六頭に達す。此馬匹は主として戦利野砲兵中隊、十五珊榴弾砲兵中隊を編制〔ママ〕し、其他は各師団に乗輓馬として配当せり。又、種馬に適する約二十頭を撰ひ内地に送還せり。砲兵中隊編制〔ママ〕の為には要塞内に輓具のあるありて不足なかりし。余は前記要塞の堡塁、砲台、兵器、馬匹等の受領業務の為に日日非常の多忙を極めて、概ね隔日に柳樹房に帰還し、其他は要塞司令部内に起臥せり。当時、露兵の去るに従ひ、市内に盗難頻出す。之は、支那人は素より、我兵にして市内に来るものは、物珍しけに市内各戸に入り凡ゆる物件を捜し、珍しきものは之を携へ帰り、然らさるものは之を毀損し、其乱暴狼藉云はん方なし。守備兵を配置して之を監視せしむるも、守備兵自ら之と同様のことを行ふを以て、一時は如何とすへからさる状態なりし。現に余か要塞内宿泊の夜、余の乗馬は厩舎内にて行衛不見〔ママ〕となり、又柳樹房に帰泊したる日に、要塞司令部内に置きたる余の化粧道具は失せたり。

此日迄に俘虜としたる人員は次の如し。

将　官	十二〔ママ〕
佐　官	一五七
尉　官	七三一
軍　医	一〇九
従軍僧	一三
下士卒	二六九三四
非戦闘員	四一四五
計	三二一〇一

外に病院に在るもの一万六、七千人なり。

本五日、乃木将軍、敵将ステツセル中将と水師営に会見せらる。

一月六日

第三軍に左の勅語を下し賜はる。

旅順は極東に於ける水陸の重鎮なり。第三軍及聯合艦隊は、協同戮力、久しく寒暑を冒し、苦難を凌ぎ、勇戦奮闘、克く其鉄塁を奪取し、堅艦を殲滅し、敵をして城を開き降り乞ふに至らしむ。朕、深く汝将卒の克く其重任を全ふし、偉大の功績を奏したるを嘉《〔ママ〕》ふ。

一月八日

第三軍に対する総司令官の感状、本日到達す（一月四日附）。

一月九日

本日に至り旅順要塞司令部の編成あり。伊地知少将は要塞司令官、佐藤鋼次郎大佐は参謀長となる。又、同日、軍司令部にては参謀副長大庭中佐、参謀白井少佐は大本営に転し、軍参謀長として小泉正保少将、副長として河合操中佐、参謀として菅野少佐〔尚一〕来ることとなりたり。依りて、参謀として残任するものは山岡少佐、井上少佐、津野田大尉、河西大尉のみとなり、余は古参者として一時参謀部の業務一切を引受くることとなれり。又、高級副官吉岡中佐は歩兵第三十三聯隊長として転出し、塚田中佐〔清市〕其後任たり。

一月十日

軍命令にて軍用諸物件整理委員任命せらる。余も亦其委員たり。

一月十二日

軍の北進に関し次の報告を呈出す。

軍の北進は、鉄道輸送（毎日一列車）及徒歩行軍共、来る十五日より行ひ、野砲兵第二旅団、重砲兵聯隊、第一師団、第七師団、第九師団、後備歩兵旅団の順序に行ふ。

一月十三日

第三軍入城式を行ふ。此日、諸隊は、歩兵は軍旗中隊を、其他の部隊は代表的に中隊又は小隊を編成し、練兵場に集合し、軍司令部は其先頭に在て行進し、午前十時より途上縦隊にて行進を起し、旧市街を経て新市街に至り、公園西方の広場にて途上縦隊の儘分列を行ひ、之より各隊毎に解散帰還せしめ、軍司令部は柳樹房に帰還せり。

此日、第三軍の新戦闘序列令せられ、第十一師団は軍の隷下を離れて鴨緑江軍に属し、第三軍は第一、第七、第九師団の外、新に加へられたる第八師団の四箇師団となれり。

此頃より北方にて第三軍の北進を待つこと急なり。依りて、之か輸送、行軍の準備をなしたり。

一月十四日

本日、水師営南方にて戦病死者の招魂祭を施行せらる。祭典後、将校は旅順旧市街にて宴会行はる。

余は当日、北進部署計画の為に柳樹房の司令部に残留せり。後、再ひ旅順内に入り整理の業務を見、同夜は元砲兵部長ベールイ少将の旧宅に一泊す。

一月十五、六日

鹵獲馬匹を各部隊に分配す。

一月十八日

新軍参謀長小泉正保少将、同副長河合操中佐着任し、又兵站参謀長竹島中佐〔音次郎〕挨拶の為来る。

一月十九日

河西参謀は、遼陽に於ける軍司令部宿営地撰定の為、先発す。

此日、独逸皇族カール・アントン親王〔カール・アントン・フォン・ホーエンツォレルン〕軍司令部に来る。

一月二十日

大庭中佐転任の為、軍司令部を去る。白井少佐は機密作戦日誌未了の為、当分軍司令部に其儘残留す。此日、軍司令官はダルニーに独乙皇族を訪問せらる。

一月二十四日

軍司令部は北進の途に上り、柳樹房を去り、汽車にて遼陽に向ふ。余は尚未た出発せさる各師団各隊の行軍及汽車輸送を処理する為に引続き残留し、旅順要塞司令部内に起臥して昼夜事務を取れり。各団隊の北進は、師団は概して第一、第九、第七師団の順序に徒歩行軍し、重砲兵旅団砲廠（攻城砲兵の改称）及各師団野戦兵器廠並に兵站各部隊は汽車輸送とす。
此日、各師団司令部より余の許に電話通絡〔ママ〕を設けて、迅速に業務を処理す。
此日、新第三軍戦闘序列印刷のもの来り、之を各師団に交附す。

一月二十六日

北方正面最左翼第八師団の正面に敵兵大挙来襲し来るの報ありて、総司令部の命令に依り第九師団の歩兵一聯隊を直に汽車輸送に依り北進せしむ。

次て同師団の歩兵全部を汽車輸送すへき命ありて、直に之を師団に伝へ、二十七日より輸送を行ふ。

一月二十九日

遼陽附近に集中すへき各師団の宿営地変更の命令来り、之を各部隊に伝達す。

明治三十八年二月

二月一日

諸部隊は漸次出発し、残留の業務終りたるを以て、余は同日午後三時四十分旅順にて乗車し、徒歩砲兵第一聯隊第三中隊（中隊長佐藤大尉）の輸送列車に依り遼陽に向ふ。貨車内にて寒き一夜を過こし、翌二日午後八時半遼陽に着し、先着の軍司令部に入れり。

日記附録第一

要塞攻撃計画案

一、敵砲台の配置及備砲

最近の調査にして別図及別表㈠〔存在を確認できず〕に示すか如し。

二、攻撃正面

二龍山、東鶏冠山両砲台間。

三、攻城砲の用法

別図及別表㈡〔存在を確認できず〕に示すか如し。

四、軍隊区分

第一師団に依然後備歩兵第一旅団を属し、更に野戦重砲兵三中隊を属す。

第九、第十一師団は、現在各師団の有する兵力を以てす。

第一師団に属せしものを除き、他の諸重砲は、凡て攻城砲兵司令官の令下に属す。

後備歩兵第四旅団及野戦砲兵第二旅団は、軍の直属とし、砲兵旅団に後備工兵一中隊を附す。

五、各師団の攻撃地区

第一師団　火石稜東側の点線路、水師営北方高地の東脚及松樹山西脚河川に通する線（之を含む）以西。

第九師団　前項第一師団の左翼線と団山子東方五百米の凸稜、楊家屯西北高地、五家房及東鶏冠山北砲台北麓の谷心に通する線（之を含む）との間。

第十一師団　前項第九師団の左翼線以東。

六、攻撃の進捗

甲、砲撃開始迄に至る間

一、第一師団は、十三日夕に運動を起し、適宜の時機に運動を起して前面の敵を撃攘し、十五日払暁迄に常に其左翼を第九師団の右翼に連繋しつつ干〔于〕大山南麓を経て小東溝南方高地に亘るの線に前進し該線を保守す。

二、第九、第十一師団は、十七日夜間に於て、水師営東方高地より五家房北方の高地を経て大、小孤山に亘るの線に前進し該線を保守す。

三、水師営北方及龍眼北方の砲台に在る敵砲を撲滅するため、特に野戦重砲の一部を長春庵南方の谷地に布置し、歩兵の前進に先ち之を砲撃せしむ。

四、各師団は、前項の陣地占領後、熾んに工事を施して充分の掩蔽を得るに努め、同時所要の部隊を前方に出し工事の掩護並に前進地区の諸偵察に従事せしむ。

五、野戦砲兵第二旅団は、最初干〔于〕大山西北の地区に陣地を撰定して第一師団の前進を援助し、次て同師団の予定陣地に達すると共に干〔于〕大山附近に於て広く前方に射界を有する陣地を撰定して之か構築に従事す。

六、後備工兵二中隊は、攻城砲兵司令官の指揮に属して、諸工事に従事せしむ。

七、後備歩兵第四旅団は、現露営地（鳳凰山北麓）附近に在て戦闘準備の姿勢を維持す。

乙、砲撃開始より突撃迄の間

一、十八日払暁を以て砲撃を開始し、翌十九日尚ほ之を継続し、二十日払暁を以て突撃を決行す。

二、第一師団は、砲撃開始と共に適宜の行動を為して、椅子山方面の敵を攻撃す。

但し、攻撃進捗の動作に関しては、第九、第十一師団に就て示せる動作に準するものとす。

三、野戦砲兵第二旅団は、主に第一師団の攻撃を幇助す。

四、第九、第十一師団は、十八日の夜間各其前面に所要の部隊を派出して前進地区の諸偵察を行ひ、十九日払暁迄に八里庄西方高地より五家房を経て南部王家屯に亘るの線に前進す。十九日夜間に於ては、有力なる部隊を出し前進地区に於ける諸障害を破却して進路を開設し、同時突撃縦隊を編成して之を突撃陣地に準備し、次て翌払暁を以て突撃を実施す。第九師団の攻撃点は、盤龍山東旧砲台、第十一師団の攻撃点は、東鶏冠山北砲台と予定す。

五、総ての野山砲兵は、歩兵の前進に伴ひ、突撃の準備及実施に際し、特に全力を揮て之に参与するを要す。

六、各突撃隊には徒歩砲兵の若干を続行せしめ、敵塁奪取後に於る弾薬及火砲の処理に任す。

七、後備工兵隊（砲兵旅団に附せるものを除く）は、突撃の前夜、総予備隊に召致す。

八、総予備たる後備歩兵第四旅団は、突撃の前夜を以て団山子北方谷地に移る。

九、突撃の前夜を以て、第一師団より歩兵一聯隊を攻撃方面に召致するを以て、同師団は予め直ちに之に応し得るの準備を為しあるを要す。

十、突撃奏功後、各部隊は、最も戒心を加へ、一塁を奪取する毎に速に隊伍を整頓し、次て逐次其後方及側方に進出するを要す。

攻撃部隊の第一線は、劉家溝北方より教揚溝東方に亘るの高地線に止り、該線を占領す。

敵は白玉山、王家屯、教揚溝、趙家溝及芹菜溝に亘り複郭の如きものを構成せるを以て、之に拠り尚ほ抵抗を継続するなきを保し難し。故に、予め之に応するの準備あるを要す。
十一、第一線堡塁の奪取後、野戦重砲兵は、時機を失せす前進して、爾後の攻撃に参与し得るを要す。
十二、軍司令部は、砲撃開始の時より鳳凰山東南の高地に位置し、次て突撃前夜を以て団山子附近に前進す。

備　考

一、攻城材料の運搬及砲台構築の情況に依りては、本計画に示せる日次を変更する事あるへし。
二、軍司令部と師団司令部、並に師団司令部と旅団司令部間の通信法（電話）は、軍に於て企画し、各野戦電信隊をして之を施設せしむ。

日記附録第二

要塞攻撃間に於ける通信網計画

一、通信網の中心

攻撃間、電信、電話及逓騎等、諸通信連絡の中心を周家屯とす。

但し、各師団司令部及砲兵司令部に連絡する電話線は、直接軍司令部の位置（周家屯南方高地）に連絡し、他は周家屯より間接に連絡す。

二、電信

軍司令部の為にする周家屯の通信所は、之を十七日夕迄に拡張し、同時に双台溝の通信所を縮少す。

後沙包に在る通信所は、十三日より漸次、第一師団の前進に伴ひ、東泥河子附近迄前進す。

林家庄児に在る通信所は、第十一師団の前進に伴ひ、龍頭迄前進す。

爾後、電信通信所を移動することなし。

三、電話

攻撃運動間、軍司令部と各師団司令部間及師団司令部と各旅団司令部間の連絡は、電話を用ひ、野戦電信隊をして之か架設及電話機の取扱に任せしむ。之か為、各部隊の為に電信隊に次の電話機及電線（被覆線）を配当す。

部隊	電話機	被覆線	架設に任すへき電信隊
軍司令部	七個	一二吉	第一野戦電信隊の甲建築班
砲兵司令部	三	一二	
	五	一八	徒歩砲兵隊
第一師団	六	二〇	第一電信隊の乙建築班
海軍気球隊	一	七	
海軍監視哨	一	三	

野戦砲兵旅団	一	四	
第九師団	五	一二	第十一電信隊の乙建築班
第十一師団	五	一二	第十一電信隊の甲建築班
陸軍軽気球隊	一	六	
攻城工兵廠	三	裸線若干	攻城工兵廠

注意　軍司令部と他の各部隊とを連絡する電話機は、軍司令部の位置に要するものは軍司令部の所要数中に、他は各部隊所要数中に算入す。攻囲線の後方に之に並行して架設しある半永久線を利用し、之より延長して各司令部に至る可き被覆線は、当該司令部の所要数に算入す。

電話通信所は、各司令部の移動に伴ひ、之に随従移動するものとす。

四、逓騎線

軍司令部の位置には、軍に属する伝令騎兵の中より、逓騎哨を設く。

軍司令部と第一師団司令部間には、第一師団にて逓騎線を設く。但し、其一哨所を土城子に置くを要す。

軍司令部と第九、第十一師団司令部とを連絡する為に、第九師団にて一逓騎哨を王家甸に置く。

右の逓騎線の設置と共に現在の逓騎線を撤す。其時機は、軍司令部前進の時機とす。

日記附録第三

堡塁突撃に関する教示

明治三十七年九月十日

堡塁突撃に関する教示目次

堡塁突撃に関する教示

第一章　突撃準備

一、突撃陣地の編成

急造対壕又は轅土対壕に依る攻路漸くに前進して敵堡塁を距る四十乃至百米に至れは、爰に突撃陣地を編成す。突撃陣地は突撃準備を行ふへき待機の陣地にして、突撃部隊は之より躍出して敵塁に突撃す。該陣地の正面は敵塁の正面に並行し、為し得れは敵塁を包囲し得る如く構築し、且つ両端は之を我方に屈折し、側方よりする敵の出撃に対し抵抗するに容易ならしむへし。

突撃陣地は殆んと全長に亘りて銃眼を構成し、之に拠りて射撃する者に充分なる掩護を与ふるを要す。又、同陣地には全長に亘りて超越用の足場を設け、突撃前進の働作を容易ならしむ。而して、又其断面は成るへく幅員の大なるものを撰ひ、以て突撃隊の集屯に便ならしむるを要す。

突撃陣地完成と共に対壕衛兵は直に之を占領し、之より前進する攻路作業を掩護すへし。又、出撃して我突撃陣地を縦射せんとする敵に応する為、此陣地の両端、又は後方攻路の鈎部に機関砲を配置するを要す。

二、敵堡塁の偵察

敵塁攻撃に任せられたる部隊長は、為し得る限りの手段を講し絶へす敵堡塁の偵察（堡塁の経始及断面、複廓の有無、咽喉部の形状、外壕側防の有無、掩蔽部、大小口径砲及機関砲の位置、並に地雷の有無等）を行ふへしと雖も、突撃陣地完成の後、一層綿密精確なる偵察を行ふを要す。殊に機関砲の位置は最も注意して偵察し、之か為要すれは敵と射撃を交換するか、或は擬目標を作り敵をして射撃せしむる等の手段を取るへし。而して、同砲の位置明瞭となりたるときは、之を当該堡塁の砲撃に任せる諸砲兵隊長に通告し、以て砲撃破壊を容易ならしむることを勉むへし。

又、機関砲破壊の為に、各堡の攻撃部隊に数門の小口径速射砲（例へは四十七密砲）を属し、其精密迅速なる射撃に依り機関砲の防楯を貫通して砲及砲手を撃破するを要す。該速射砲は、第一歩兵陣地の附近に位置せしめ、爾後要すれは臂力を以て之を前進し、突撃隊を援助すへし。

突撃陣地よりする偵察に依りて第一に決定すへき要件は、爾後の攻撃動作は前方攻路を設けて前進し、遂に壕の降路、壕の通路及爆発に依る破墻孔を設け、然る後突撃に移るの必要あるか、或は直に突撃陣地より敵塁に向つて突撃を施行し得へきかに在り。若し外壕の形状、断面、良く突撃隊の降下、攀登又は携帯橋に依るの通過を許し、而して壕の側防機関を砲撃又は爆発に依りて破壊し得るの見込充分なる場合に於ては、第二策を用ひ、突撃陣地より直に突撃を施行し得可しと雖も、然らさる場合に於ては、止むを得す第一策に依り、更に攻路を設けて前進せさる可からす。然れとも、此方法は、大に時日を要するの不利あり。

攻撃部隊長は、突撃前に於ては十分なる偵察をなさしめ、其部下下士卒に至るまで能く敵塁の編成、兵備及其附近の地形を熟知せしむるを要す。

又、堡塁攻撃の援助に任すへき攻城砲兵並に野戦砲兵は、突撃歩兵に有効なる援助を与ふる為、偵察将校を敵塁に近く（突撃陣地内等）派遣し、特に破壊を要すへき射撃目標の位置及状態、並に附近の地形を詳知するを要す。

三、突撃陣地よりする攻路

突撃陣地より前方に支出すへき攻路の数は、将に設けんとする破墻孔の数（換言せは突撃縦隊の数）に応するを要す。即ち、一堡塁の為、少くも二個を下らさるへし。

若し壕の外岸、又は内岸に側防機関あるときは、攻路は之に向ふて進むを要す。而して、該攻路は、成し得れは急造対壕を用ゆへしと雖も、多くは輴土、又は盲障の対壕を用ゆるの止むを得さるに至るへし。攻路漸くに前進して外壕に到達せは、茲に壕の降路及通路を設くへし。若し壕内に於て側防火を受くるの恐れあるときは、之に対して側掩体（鉄板、又は土嚢を応用するを便とす）を設くるを要す。

四、砲撃

攻路開設の始めより、攻撃砲兵は、時々堡塁を射撃し攻路の前進を容易ならしめ、而して突撃の数時間前に至れは、堡塁破壊を行ふ為、精密なる射撃を行ひ、掩蔽部、側防機関及機関砲等を破壊し、且つ破墻孔の開設を行ひ、其効果漸次現はれ突撃部隊の準備略ほ整頓するに至れは、攻撃砲兵は猛烈なる砲火を堡塁に集中し、敵兵をして全く胸墻に拠ることを得さらしめ、僅かに残れる掩蔽部内に蟄伏するか、又は其一部は堡塁の外部に出つるの止むを得さるに至らしむるを要す。而して、我突撃部隊前進を始むるも尚射撃を継続し、遂に友軍に危害を及ほすの恐れあるに至れは、射程を延伸して其後方を射撃す。

高地に在る堡塁を攻撃する場合に於ては、突撃隊高地脚に近接するも我砲撃は友軍に危害を与ふること稀なりと雖も、平地の堡塁に在て我突撃陣地敵に近接するときは、敵堡塁を射撃すること困難なり。故に、此如き堡塁に対しては、成し得れは側方より之を砲撃するを利ありとす。

五、爆発に依る破墻孔の開設

破墻孔は、為し得れは砲撃に依りて開設せらるへしと雖も、砲火の効力尚ほ充分ならさるときは、工兵を用ひ爆発を行ふの外なし。堡塁の構成堅牢ならさるものに対しては、爆薬を掩蓋頂に投するか、又適宜の形状に装置せるものを銃眼に挿入して、掩蔽部の破壊を行ふと同時に、其内部に在る守兵を駆逐すへし。斯の如き爆薬は、多数に準備し置き、最初の爆発点より逐次之を左右に拡張し、破墻孔を漸次大ならしむることを勉むへし。

攻城工兵廠に於ては、十吉入、五吉入、二吉入及一吉入等の各種爆薬包を多数に準備しあるを以て、請求に応し必要なる数量を供給することを得へし。又、該爆薬包は、突撃前に於て、工兵をして使用の予習をなさしめ置くを必要とす。

堡塁内の掩蔽部、若し厚き鉄鈑又はペトン等にて構成せられ、以上の方法に依りて之を破壊することを得さる時は、適当の位置（普通、内岸脚）より坑路を掘開して、地下より之を爆発顚覆せさる可らす。

第二章　突撃実施

一、突撃部隊の編成

攻撃隊長は、堡塁攻撃に任せられたる部隊を区分して、突撃部隊、外部攻撃部隊及予備隊とす。突撃部隊は、過大ならさるを必要とし、且つ之を数個の縦隊に区分するを良とす。而して、一縦隊の兵力は、概ね歩兵約一中隊、工兵半小隊乃至一小隊を以て適当とす。

外部攻撃部隊は、少くも二個を編成し、堡塁両側の地区及外部の散兵壕に向ふて攻撃を施行せしむ。而して、該部隊は、必要に応し咽喉部に迂回して、敵の複廓に迫らしむへし。

突撃部隊の編成と共に、突撃に要する諸器具材料（携帯梯子、携帯橋及土工具等）を突撃陣地内に準備し、土嚢を突撃部隊下士卒に各一個宛を携帯せしめ、又突撃陣地には、塡実したる若干の土嚢を準備し置き、必要の場合には之を前方に搬致するの計画あるを要す。

突撃部隊は、漸次突撃陣地に移り、器具材料を適宜整頓して、何時にても突撃に移り得るの姿勢にあらしむるを要す。

突撃隊に加はるへき工兵は、各縦隊毎に所要数の爆薬包を携行するを要す。尚ほ要すれは、歩兵の一部にも之を携行せしめ、又予備の爆薬包を後方突撃陣地に準備し、必要の場合には直に之を前方に搬致し得る如くすへし。爆薬の使用は、降雨の日に於ては困難なり。故に、為し得れは、突撃には雨天の日を撰はさるを良とす。

二、突撃部隊の前進及前進の合図

突撃予定の時刻に至り、砲火の成果既に十分なりと認むるときは、攻撃隊長は突撃各縦隊に前進を命す。而して、各縦隊は、突撃に移るに先ち、砲兵をして之を知らしむる為に適宜の合図をなすへし。

合図の為に、各突撃部隊は、陣地内に在りて日章旗を左右に振動するを良法とす。

已上の外、尚通信を確実にする為、攻撃隊長の許に電話通信所を置き、上級司令部に連絡せしむるを要す。

各突撃部隊前進の法は、少許の散開せる歩兵（約半小隊）に続くに工兵を以てす。該歩兵は工兵を掩護すると同時に其作業を援助し、工兵は尚残留せる障害物を排除し、次て堡塁の内部に爆薬を投入して突撃点附近の掩蔽部及機関砲等の破壊に任す。此一群の散兵に続いて、突撃縦隊は、一斉に突撃陣地より躍出して前進を行ふ。其際に於ては、勉めて集団することなく散開の隊形を以て前進し、壕を通過して破墻孔より登り外斜面に攀登して之を占領すへし。

若し壕を通過する為、携帯橋又は梯子を使用するを要するときは、工兵の指導に依り第一に前進すへき歩兵之を行ふ。而して、其使用法は、予め練習せしめ置くを必要とす。

既に外斜面を占領することを得は、直に之に沿ふて散開し猛烈の射撃を行ひ、工兵は携帯せる爆薬を塁内に投入し、敵をして塁内に止まり得へき寸地なからしむるを要す。又、之と同時に一部の歩兵は、外斜面を沿ふて咽喉部に迂回す。斯くの如くにして敵を堡塁内より駆逐すへし。

突撃隊突撃陣地より前進すると同時に、攻撃隊長は、予備隊の一部を突撃陣地に前進せしめて、要すれは直に突撃部隊を援助し得る如くすへし。

三、堡塁の漸進占領

各方面よりせる突撃縦隊、既に胸墻の外斜面を占領して猛射を加ふるも、敵尚ほ堅固なる術工物又は複廓に拠りて頑強に抵抗し、工兵の投入せる爆薬の効力尚ほ大ならすして、我一気呵成の突撃奏効〔ママ〕の見込なしと判断せらるるときは、突撃縦隊は一方に射撃に依りて敵を悩ますと同時に、他方に於ては胸墻の工事を加へ（携帯せる土嚢を応用し）我占有及ひ射撃に便なる如く編成すへし。而して、之と同時に、突撃隊長並に工兵将校は、敵の拠守せる複廓及ひ其他術工物の状況を偵察し、数回の大爆発に依り逐次に之を破壊して敵に近接す。其際、各漏斗孔の形状之を許せは、歩工兵の一部は直に前進して之を占領す。斯の如く突撃部隊は、逐次前進し、遂に咽喉部の敵を駆逐して之を占領す。

四、堡塁占領後の処置

咽喉部の敵を駆逐して堡塁を占領せは、突撃隊の一部は直に咽喉部を改造し敵の逆襲に抵抗し得る如く編成し、又工兵は爆発装置の有無を検して危険物を除去す。

堡塁攻撃部隊に加へられたる徒歩砲兵は、最初は予備隊と共に前進し、堡塁全く我占領に帰すれは、時機を失せす直に堡塁に進入し、火砲及火薬庫を占領するを要す。

堡塁奪略の瞬時よりして我に最大の危害を与ふるものは、敵の集中砲火なりとす。此危害を成るへく減殺するの策他なし。堡塁内に多数の兵を集団せさるに在り。故に、奪略の当初より、堡塁内の守兵は敵の逆襲に対し抵抗し得る丈けに減少し、他の部隊は堡塁の両側地域に散開し速に土工を施して爰に占位するを要す。

奪取したる堡塁にして我兵永く之を占領せは却つて敵の集中砲火を受け不利なりと判定する場合には、寧ろ堡塁を根底より破壊し、其附近に於て適当の陣地を占領し、敵をして該堡塁を再ひ利用することを得さらしむへし。

日記附録第四

旅順口開城規約

第一条　旅順口要塞内及其水上に在る露国の陸海軍軍人、義勇兵及官吏は、総て之を俘虜とす。

第二条　全堡塁、砲台、艦船艇、兵器、弾薬、馬匹、其他一切の軍用諸材料、並に官金及官有諸物件は、現状の儘之を日本軍に引渡すものとす。

第三条　露国陸海軍は前二箇条を承諾するに於ては、之を誠実に執行するの担保として、来一月三日正午迄に椅子山、小案子山、大案子山及其東南一帯の高地上に在る堡塁、砲台の守備を撤し、之を日本軍に交付す可し。

第四条　露国陸海軍に於て本規約調印の当時に現存せる第二条の諸物件を破壊し、又は其他の方法に於て現状を変更すと認むるときは、日本軍は談判を廃止し自由の行動を取る可し。

第五条　在旅順口露軍陸海軍官憲は、旅順口要塞配備図、地雷、水雷、其他危険物の布設図及在旅順口陸海軍編制表、陸海軍将校官職等級氏名簿、文官官職等級氏名簿、軍隊名簿、艦船艇名簿及其乗組人員名簿、普

通人民の員数、男女人種職業表を調製し、日本軍に交付す可し。

第六条　兵器（各人の携帯兵器を含む）、弾薬、軍用諸材料、官金、官舎、官有諸物件、馬匹、艦船艇及其内部の諸物件（私有物を除く）は、悉く之を現在の位置に整置すへし。其受授の方法は、日露両軍の委員に於て議定するものとす。

第七条　露軍の勇敢なる防禦を名誉とするにより、露国陸海軍の将校及官吏は、帯剣及直接生活に必要なる私有品の携帯を許さるへく、将校、義勇兵及官吏にして本戦役の終局に至るまて武器を執らす如何なる方法に於ても日本国の利益に反対する行為をなささる事を筆記宣誓する者は、本国に帰還することを承諾す。将校には各人に一名宛の従卒を随行せしむることを許す。此従卒は、特に宣誓解放をなす。

第八条　武装を解除したる陸海軍下士、兵卒並に義勇兵は、皆其制服を著用し、携帯天幕及所要の私有物件を携へ、所属将校の指揮の下に日本軍の指示する集合地に到るへし。

但し、此手続の詳細に関しては、日本軍の委員に於て之を指示す。

第九条　旅順口に在る露国陸海軍の衛生部員及経理部員は、病傷者及俘虜の救護給養の為、日本軍に於て必要と認むる時期間残留して日本軍の衛生部員及経理部員の指揮の下に引続き勤務に服すへし。

第十条　普通人民の処置、市の行政事務及会計、並に之に関する書類の引継き其他本規約執行に関する細則は、本規約附録に於て規定す。

右附録は、本規約と同一の効力を有す。

第十一条　本規約は、日露両軍の全権委員に於て署名すへく、其署名の時より直に効力を生すへきものなり。

正本二通を作る。

千九百五年一月二日水師営に於て

攻囲軍参謀長陸軍少将　伊地知幸介
海軍中佐　岩村団次郎
関東州要塞地区参謀長陸軍大佐　ラ《〔レ〕》イス
海軍大佐　セスノウイツチ《〔シチエンスノヴイツチ〕》

千九百五年一月二日調印旅順口開城規約附録

第一条　本規約を実行する為、日露両軍に於て指定すへき委員左の如し。
一、本規約第六条に関する委員
(イ)　堡塁、砲台及陸上に在る兵器弾薬等に関する委員
(ロ)　艦船艇に関する委員
(ハ)　給養諸物件に関する委員
(ニ)　危険物除去に関する委員
二、本規約第八条に関する委員
三、本規約第九条に関する委員
四、本規約第十条に関する委員

第二条　前条の諸委員は一月三日正午、白玉山の北麓旅順街道上市街の入口に集合し、其担任事項の遂行に着手するものとす。

第三条　旅順口要塞内に在る陸海軍軍人は、其編制表受領の上、日本軍の指定する順序に依り集団して退去し、

一月五日午前正九時其最先頭を以て鴨湖嘴東端に到着し、本規約第八条に関する委員の指示を受くへし。
将校及官吏は帯剣を許さるへく、下士以下は一切の武器を携帯すへからす。
但し、将校以下一日分の糧食を携帯するを要す。

第四条　陸海軍に属せさる露国官吏は、各職分毎に一団となり、前条に示せる諸隊に続行すへし。
但し、諸官吏中、義勇兵に加はりたることなき者は、宣誓を用せ〔ヰ〕すして解放す。

第五条　各堡塁、砲台、諸建築物、諸倉庫、其他の諸物件の引渡を執行する為、其所在地に将校下士卒若くは其他の適当なる人員若干を残置す可し。該人員には日本軍より交付したる徽章を佩用せしむ。

第六条　露国陸海軍軍人、義勇兵及官吏にして、一月五日午前九時以後に於て尚ほ兵器を携帯し、又は指示せられたる集合場に到ることを肯せさる者は、日本軍に於て適宜処分すへし。
但し、病者傷者は、此限にあらす。

第七条　本規約第七条に示す陸海軍将校及官吏の携行する私有必要品は、必要と認むる場合に於て之を検査すへく、其量目は概ね日本軍将校及所属官吏の為に規定せられたる行李の数量に準するものとす。

但し、事情に依り相当の斟酌を為す。

第八条　旅順口に在る陸海軍用病院及病院船は日本軍の委員に於て臨検すへく、同委員の定むる所の取扱法に従ふへし。

第九条　普通人民は、各々其堵に安すへし。其旅順口を退去せんと欲する者は、総ての私有財産を携行するを得。
陸海軍将校及官吏の家族にして退去せんと欲する者は、日本軍に於て為し得る限り便宜を与ふ可し。

第十条　旅順口要塞内の在住者にして日本軍に於て其退去を必要と認めたるものは、同軍の指定する時期及通路に由り退去せしむ。

第十一条　本規約第十条に示す露国委員は、行政並に会計に関する既往及現在の状況を日本委員に告知し、且之に関する一切の図書及公金を同委員に引渡すへし。

第十二条　旅順口に在る日本軍の俘虜は、一月三日午後三時に於て、本規約第九条に示す日本軍委員に引渡す可し。

正本二通を作り、各全権に於て署名す。

千九百五年一月二日水師営に於て

攻囲軍参謀長陸軍少将　伊地知幸介

海軍中佐　岩村団次郎

関東州要塞地区参謀長陸軍大佐　ラ《〔レ〕》イス

海軍大佐　セスノウイツチ《〔シチエンスノヴイッチ〕》

日記附録第五

開城実施手続

一、本規約第三条を実行する為に必要の兵力は、第一師団及海軍陸戦隊より差遣す可し。

二、本規約実施に要する委員の編成左の如し。

本規約第六条に関する委員

- 堡塁、砲台、陸上に在る兵器弾薬、軍用諸建築物等の受領委員
  - 委員長　軍砲兵部長
  - 副委員長　軍工兵部長
  - 委　　員　軍参謀　一
    - 騎兵将校　二
    - 砲工兵将校　若干
    - 海軍将校　若干
    - 通　訳　若干
    - 陸海軍下士卒若干
- 艦船艇等の受領委員
  - 委員長　海軍陸戦隊長
    - 海軍将校及同相当官若干
    - 海軍准士官、下士卒若干
    - 通　訳　若干
- 給養諸物件に関する受領委員
  - 委員長　軍経理部長
  - 委　　員　経理部々員若干
    - 通　訳　若干
    - 下士卒　若干
-
  - 委員長　軍工兵部長
  - 副委員長　攻城工兵廠長

危険物除去委員

委　員　工兵将校　若干
　　　　海軍将校　若干
　　　　通訳官　若干
　　　　陸海軍下士卒若干

本規約第八条（受降）に関する委員

委員長　第七師団長
委　員　軍参謀　一
　　　　軍副官　一
　　　　軍経理部々員一
　　　　其他第七師団長の指示したる将校、同相当官若干
　　　　通　訳　若干

本規約第九条（衛生）に関する委員

委員長　軍軍医部長
委　員　軍副官　一
　　　　経理部々員　若干
　　　　軍　医　若干
　　　　海軍将校及軍医若干
　　　　公法学者　一
　　　　通　訳　若干
　　　　下士卒　若干

委員長　後備歩兵第四旅団長
副委員長　参謀副長

本規約第十条（行政）に関する委員

委員
軍参謀　一
軍副官　一
軍憲兵長　一
各師団憲兵長各一
経理部々員　若干
軍医、獣医　若干
公法学者　若干
通訳　若干
下士卒　若干

三、堡塁、砲台及陸上に在る兵器弾薬、軍用諸建築物、諸材料等の受領委員は二班に分れ、其一班は金州旅順街道を界とし其東方の地区、他の一班は西方の地区に就て受領を了る可し。受領したる堡塁、砲台及諸物件の守備監視に要する兵員は、金州旅順街道の東方に在ては第十一師団並に後備歩兵第四旅団より、又其西方に在ては第一師団並に後備歩兵第一旅団より出し、尚所要の徒歩砲兵を附属す。

四、艦船艇等の受領委員長は、必要の将校以下を適当に部署し、本件に関する露国委員と協議し、適当の順序に依り受領を了る可し。

此委員は開城規約に規定する艦船艇の外に正式捕獲を要する船舶の捕獲手続を為すものとす。

五、給養諸物件に関する受領委員は、本件に関する露国委員と協議し、其軽重を計り適当の順序に依り受領を了る可し。之か監視に要する兵員は、第九師団より差遣せしむ。

六、危険物除去委員は、二班に分れ、金州旅順街道を界とし逐次其東西の両地区に就て作業を施行す可し。之に要する兵員は、各師団工兵隊より差遣せしむ。

七、受降に関する委員長は、趙家屯、鴨湖村〔嘴〕、文家屯、王家屯、韮菜房、大劉家屯、夏家屯、高家屯、小劉家屯の諸村落及ひ其内方に在る地域内に俘虜を収容す可し。之か監視に要する兵員は適宜其部下諸隊を使用し、又給養に関しては軍経理部長と協議し、又要すれは露国経理部員を指揮す可し。露国陸海軍将校及同相当官の宣誓は、受降委員長に於て施行せしむるものとす。俘虜の後送に関しては、臨時之を指定す。

八、衛生に関する委員長は、本件に関する露国委員と協議し、逐次病院及病院船を臨検し、露国衛生員を指揮し救護の方法を講す可し。

九、行政等に関する委員は、本件に関する露国委員と協議し、旅順要塞内に居住する露国臣民、諸外国人等の身分及職業別、官有民有の動産不動産に関する図書類、行政及会計に関する書類、官衙等を受領し、其他物件の調査、押収、風紀の維持、寺院の保護、婦女幼者の取扱等、軍事以外一切の事項を処理すへし。之に要する兵員は第九師団より差遣せしめ、尚軍及各師団の憲兵並に補助憲兵を為し得る限り多数に附属せしむ。

十、開城談判開始と同時に、第一、第九、第十一師団、野戦砲兵第二旅団、後備歩兵第四旅団に在る露語、英語及清語通訳は、悉皆水師営南端へ至り、軍参謀の指揮を受けしむ可し。

第三軍司令部将校同相当官職員表

明治三十七年　月　日

軍司令官

陸軍中将男爵　乃木希典

軍参謀部

参謀長
陸軍少将　伊地知幸介
参謀副長
陸軍歩兵中佐　大庭二郎
参謀
陸軍歩兵少佐　白井二郎
陸軍砲兵少佐　山岡熊治
同　磯村　年
陸軍工兵少佐　井上幾太郎
陸軍歩兵大尉　津野田是重
同　安原啓太郎

軍副官部

陸軍歩兵少佐　吉岡友愛

軍憲兵

陸軍憲兵中尉　鈴木武臣

軍管理部

長
陸軍砲兵少佐　渡辺満太郎
副官
陸軍歩兵大尉　後藤良男
同　松平英夫
主計
陸軍二等主計　山中信光
衛兵長
陸軍歩兵中尉　中島作十
輜重兵士官
陸軍輜重兵少尉　黒川良太郎
予
陸軍三等獣医　森　清克

軍経理部

部長
陸軍一等主計正　吉田丈治
部員
陸軍三等主計正　大江玄〔寿〕
予
陸軍一等主計　前田与三吉〔与之助〕
陸軍二等主計　山村英太郎

軍金櫃部

部長
后
陸軍一等主計　高木虎一
予
陸軍三等主計　平手鈴吉

軍糧餉部

部長

陸軍砲兵大尉	兼松習吉
陸軍歩兵大尉	河西惟一
同	福島正一
嘱　託	篠田治策
陸軍編修	兵藤為三郎
英語通訳	山口造酒

軍砲兵部

部長　陸軍少将	豊島陽蔵
副官　陸軍砲兵大尉	横道復生

軍工兵部

長　陸軍工兵大佐	榊原昇造
副官　陸軍工兵大尉	宮原国雄
英語通訳	後藤　薫
露語通訳	河津敬次郎
同	鎌田祐吉

陸軍一等主計	三宅周作
部員　陸軍二等主計	永松　茂
同	佐山兼吉郎
同	佐藤金治

軍軍医部

部長　陸軍軍医監	落合泰蔵
部員　陸軍一等軍医	秦野英三郎
陸軍二等軍医	伊藤菊蔵
支那語通訳	石本鏆太郎
同	広渡桂太郎〔美綱カ〕
同	佐々木喜太郎

日記附表第二

第三軍司令部人馬一覧表

区分＼階級	軍司令官	幕僚 軍参謀部	幕僚 軍副官部	軍憲兵	軍管理部	管理部隷属 衛兵 歩兵	管理部隷属 衛兵 騎兵	管理部隷属 輜重兵	管理部隷属 獣医	軍砲兵部	軍工兵部	軍経理部	経理部隷属 軍金櫃部	経理部隷属 軍糧餉部	軍軍医部	計	総計	総計
各兵科 中将	一															一	二三	一四八
各兵科 少将		一								一						二		
各兵科 大佐											一					一		
各兵科 中佐		一														一		
各兵科 少佐		三	一		一											五		
各兵科 大尉		三	二		一					一	一					八		
各兵科 中尉			一	一	一	一										四		
各兵科 少尉								一								一		
各兵科 曹長		二	二	二	一	一				二						一〇	二一	
各兵科 軍曹		一	一	一		一										四		
各兵科 伍長				三		一	一	二								七		
各兵科 上等兵				一五		三	一									一九	一〇四	
各兵科 兵卒						二一	一六	四八								八五		
計	一	一一	七	二二	四	四六		五一		四	二					一四八		
経理部 将官																		一八
経理部 上長官												二				二	一一	
経理部 士官					一							二	二	四		九		
経理部 下士					一							二	二	二		七	七	
計					二							六	四	六		一八		
衛生部 将官															一	一	三	六
衛生部 上長官																		
衛生部 士官															二	二		
衛生部 下士															二	二	三	
衛生部 看護手															一	一		
計															六	六		
獣医部 上長官																	一	一
獣医部 士官									一							一		
獣医部 下士																		
計									一							一		
高等文官																**八**	八一	一一〇
判任文官		三	一						一		一	一		一		八		
諸工長																		
従卒	一	三	一					二		一	一		三		一	一三		
馬卒	三	五	二		九	一			一		一	二	一	三	二	三〇		
馬卒代用人		二	六	一	三			一		三	二	一			一	二〇		
軍役夫																**二**		
計	四	一三	一〇	一	一二	一		三	二	四	五	四	四	四	四	八一		
合計	五	二四	一七	二三	一八	四七		五四	三	八	七	一〇	八	一〇	一〇	二五四	二八三	

馬匹 種別	軍司令官 徴	軍司令官 保	軍参謀部 徴	軍参謀部 保	軍副官部 徴	軍副官部 保	軍憲兵 徴	軍憲兵 保	軍管理部 徴	軍管理部 保	衛兵 徴	衛兵 保	輜重兵 徴	輜重兵 保	獣医 徴	獣医 保	軍砲兵部 徴	軍砲兵部 保	軍工兵部 徴	軍工兵部 保	軍経理部 徴	軍経理部 保	軍金櫃部 徴	軍金櫃部 保	軍糧餉部 徴	軍糧餉部 保	軍軍医部 徴	軍軍医部 保	計	総計
乗馬		三		一七		八	一	一二		一二		一九	二	五		一		三		三		三		一		三		三	九五	一二八
輓馬													二九	四															三三	
駄馬																														
計	三		一七		八		一三		一二		一九		四〇		一		三		三		三		一		三		三		一二八	

備考
㈠総計中に定員外の高等文官及軍役夫を算入す。㈡輜重兵卒四八の中、輸卒四四を含む。㈢衛兵騎兵の上等兵一は下士の定員中に在るへき勤務上等兵なり。㈣朱書は定員外とす〔ゴチック体で示した〕。
右の外酒保二名、通訳官一名増加の予定。

明治三十七年五月十三日調製

日記附表第三

第三軍兵站監部将校同相当官職員表

明治三十七年五月十三日調

兵站監本部

兵站監陸軍歩兵大佐	古谷安民
参謀長陸軍歩兵少佐	藤井幸槌
副　官陸軍騎兵大尉	市川一郎
同　陸軍歩兵中尉	成田彭蔵
主　計陸軍三等主計	加藤義之助
憲兵長陸軍憲兵大尉	朝倉浦太郎
理事　理　事	河村藤綱

兵站経理部

部　長陸軍二等主計正	武川房之助〔進〕
部　員陸軍一等主計	平田一允
同　陸軍一等主計	高山仁吉
同　陸軍一等主計	長崎綱一
同　陸軍二等主計	井上八尾
同　同	杉崎宗治
同　同	近藤龍太
同　同	武田鋭丸
同　陸軍三等主計	久次米定賢

兵站金櫃部

部　長陸軍一等主計	藤堂勉
部　員陸軍二等主計	寺井儀一

兵站糧餉部

部　長陸軍一等主計	黒岩友右衛門
部　員陸軍二等主計	西脇諦賢
同　同	坂田七蔵
同　陸軍三等主計	中橋達太郎

兵站軍医部

部　長陸軍二等軍医正	長尾収一
部　員陸軍三等軍医正	中村舜吾
同　陸軍一等軍医	荘司森之助〔治〕
同　同一等薬剤官	渡部〔辺〕又次郎

兵站獣医部

部長陸軍三等獣医正	上田義雄

軍郵便部

部　長一等郵便局長	角源泉
監　査通信事務官補	佐藤伸
同　同	長尚連
郵便吏同	高木鉄〔銑〕次郎
同　同	戸倉能利
同　同	村田信太郎
同　同	赤木幹

陸軍通訳

陸軍通訳官	森御蔭
同	松村利男

同	同	佐藤球三郎
同	同	京谷勘三郎
同	同	山口由次（治）郎
同	同	松尾弥太郎

考備
未到着者陸軍二等主計武田鋭丸 同　陸軍三等主計寺井儀一 同　同　同　中橋達太郎 同　同　同　久次米定賢

日記附表第四

第三軍兵站監部人馬一覧表

明治三十七年五月十三日調

区別	階級／役種	現	予	後	計
兵站監本部	大佐	一			一
	少佐	一			一
	大尉	二			二
	中尉	一			一
	曹長	三		二	五
	軍曹同相当官	一	一	四	六
	伍長	二	四	二	八
	上等兵	八	二	八	一八
	計	一九	七	一六	四二
経理部	二等主計正	一			一
	一等主計	二		三	五
	二等主計	五			五
	三等主計		四	一	五
	一等計手			一	一
	二等計手			三	三
	三等計手		一		一
	計手代用	三			三
	計	一一	五	八	二四
軍医部	二等軍医正	一			一
	三等軍医正			一	一
	一等軍医	一			一
	一等薬剤官	一			一
	二等看護長	一			一
	三等看護長		一		一
	計	四	一	一	六
獣医部	三等獣医正		一		一
	一等蹄鉄工長			一	一
	三等蹄鉄工長			一	一
	計		一	二	三
法官部	録事	二			二
	計	二			二
軍郵便部	高等官	七			七
	判任官	八			八
	計	一五			一五
通訳部	通訳官	二			二
	計	二			二
卒	従卒		七	五	一二
	輪卒		一一	一一	二二
	馬卒	三四			三四
	計	三四	一八	一六	六八
計		八七	三二	四三	一六二

区別	区分／種別	保	徴	計
馬匹	乗馬	三	五六	五九
	輓馬		一八	一八
	計	三	七四	七七

考備
兵站監本部の伍長一は下士適任の憲兵上等兵を含む。 経理部の一等計手は歩兵曹長、二等計手中二名は歩兵軍曹を以て勤務せしむる者。 軍医部の三等看護長は下士適任の看護手を示す。 乗馬五拾九頭の内二頭過数。

〔表紙〕

乙の部

日露戦役従軍日記　二

〔以下本文〕

日露戦役従軍日記　第二
奉天会戦及其以後之部

明治三十八年二月（続）

明治三十八年二月二日

午後八時半、遼陽停車場に着す。軍司令部より出せる下士の案内に依り、約五寸許り雪積りある途を城内に在る軍司令部に着し、直に軍司令官以下の諸官に挨拶す。

此時始めて軍参謀長の更迭を知る。聞く所に依れは、前参謀長小泉正保少将は旅順方面より汽車にて北進の途中、列車内より河中に墜落し負傷後送の止むなきに至りたる由にて、其後任として松永正敏少将来任しありたり。

此節、余に従ひありし馬丁は、田代惣十郎、西沢菊弥の二名なり。

二月三日

余は、河西参謀其他より不在中の状況を聴取す。先是、河西参謀は、一月十九日柳樹房を発し、軍司令部の設営として遼陽に先発し、一月二十六日烟台に至り満洲軍総司令部に出頭したる際、同部参謀より次の通報を受領せり。

　来るへき大会戦に於ては、第三軍は、敵の右翼に対し渾、遼二河の間に活動せしめらるる筈なり。依りて、第一次の給養起点を小北河とす。同地は目下第二軍に属するを以て、同軍兵站部をして三ケ師団の約二十日分の糧秣を集積しつつあり。

次て、軍司令官已下司令部の主なるものは、一月二十六日遼陽に着し、間もなく烟台に総司令部を訪問し、来るへき大会戦に関し詳細なる打合せを行へり。

其際、軍の作戦目標明瞭ならさる為、之を総司令部参謀に確めたるに、明確の答解を与えす、先つ奉天停車場に向ふへしと云へり。

以上の状況に依り、余は、本日より直に大会戦の為、後方勤務に関する計画に着手し、一意研究に余念なし。

当日、第三軍の現状は次の如し。

　第一師団司令部は遼陽に、第七師団司令部及歩兵一聯隊は午〔牛〕荘に、第九師団司令部は大沙嶺に、歩兵第六師団は里仁屯に、歩兵七聯隊は遼陽に、他の聯隊は黄泥窪に在り。

此日、第一師団長松村中将脳溢血にて死去す。同氏は旅順攻城に当り久しく懇情を受く、惜哉。

二月四日

本日、山岡参謀を当分の内、小北河に差遣せらる。其目的の主なるものは、軍の作戦地域内の地図不足の為、支那人を使用して之か補綴を為すにあり。

二月六日

総参謀長よりの電報あり。第三軍の兵站部は、二月十五日に小北河に位置し、二十日迄に第二軍のものと交代すへしと。依りて、之を直に第三軍兵站参謀長竹島中佐に通報し、第二軍兵站参謀長〔有田恕〕と詳細なる協定を行はしむ。

同日、兵站参謀長より、兵站輸送に任すへき補助輸卒隊に自衛力を与ふる為に、三人に付戦利銃一挺宛（弾薬百発）を支給せられたき旨申請し来れるに依り、之は至当の意見なりとし、直に総司令部に申出たるに、同部にては一人一挺の割にて約一万挺を準備しあるを以て、之か要否を問合せ来りたるを以て、必要なりと返答したるか、後に至り七千挺のみを支給し、旅順より汽車輸送すへき旨返答し来れり。依りて、兵站より受領者を旅順に出さしむ。

各師団の補充兵は、左の如く大連に到着の報あり。

第一師団	二六八〇名	十九日
第七師団	一五一〇名	十九日
第九師団	一三〇〇名	二十日

二月七日

本日、第三軍の新戦闘序列令せらる。第一、第七、第九師団及騎兵第二旅団、野戦砲兵第二旅団及後備歩兵第十五旅団となる。

軍司令官は先是、烟台訪問の際、第三軍の任務に稽へ、満洲軍全般より考慮し、第三軍の兵力を増加し、少くも一師団と野戦重砲兵旅団を増加すへき意見を述へられたるも、総司令部の容る所とならすして右の如くなれり。依りて、軍司令官は兵力の不足を補ふ為、一時兵站守備の為配属せられたる後備歩兵第十五旅団を近く野戦軍の後方に使用することとせり。

本日、次の作戦に関し軍の訓示を下す。其要旨は次の如し。

一、協同に名を藉り責を隣隊に帰することなく自ら進て他を援助すへきこと。
二、勇往奮進すへし。
三、弾薬を節約すへし。
四、少数の敵に濫に射撃すへからす。
五、敵の騎兵は強大なり。背後の不安に留意して前進を遅疑する勿れ。
六、優勢なる敵に対しても堅忍持久なれ。

二月九日

余は午前六時半出発、汽車にて烟台に至り総司令部を訪ひ総司令官大山元帥に申告し、次て各幕僚を訪問す。殊に兵站及給養に関する事項に付き尾野参謀〔実信、満洲軍参謀〕と打合せを行ひ、午後一時出発、遼陽に帰還す。途中、児玉総参謀長の遼陽に至るものと同行す。

本日、第九師団を里仁屯、大沙嶺に、第一師団を黄泥窪、河老橋附近に、第七師団を騰鰲堡に集合すへき軍命令を下せり。之は来るへき作戦の為なり。

二月十日

本日、寒冒の気味にて床に就く。午後、軽快となりたるを以て、兼て研究したる会戦間大部の携帯口糧の種類数量、大行李、輜重の積載量及之か補充の方法に就て軍司令官の同意を得て各団隊に通報せり。

今後の各人の携帯口糧は、重焼パン五食分、精米一食分と改め、之を全軍に達す。之は携帯及炊爨を容易ならしむるに在り。

二月十一日

新に軍の参謀となりたる菅野少佐内地より到着す。而て、前任者たる白井中佐は旅順攻城中の機密作戦日誌未了に付、当分軍司令部に止まり、且つ会戦間は第一課参謀として勤務することとなれり。

此日、軍司令官は、司令部員及兵站監部々員を司令部に集め、紀元節を祝する為、小宴を催さる。余は、風邪の為、出席するを得さりし。

本日より「ダルニー」を「大連」と改称せらる。

二月十二日

会戦間に於ける給養を円滑ならしむる為に、各団隊の給養人馬総数を調査したるところ、次の結果を得たり。依て、之を関係各部隊に通報す。其数は次の如し。

軍司令部	二八五人	一三〇頭
第一師団	一八、五二六人	五、一〇〇頭
第七師団	一五、六〇一人	四、一二七頭
第九師団	一八、三四六人	四、九七六頭
騎兵第二旅団	一、五一二人	一、四二七頭
野戦砲兵第二旅団	四、〇九〇人	三、三九四頭
第一師団野戦電信隊	一九三人	五三頭
第七師団野戦電信隊	一九三人	五三頭
第九師団野戦電信隊	一九三人	五三頭
合　計	五八、九三九人	一九、三一三頭

目下晴天引続き温暖の日多きを以て、諸河解氷遠からさる虞れあり。殊に第三軍の作戦地域には大河多きを以て、之に対する諸準備を整ふるの要あり。先つ兵站線路となるへき三線路に太子河及渾河に橋梁を架設することに決したり。

第七師団に於て架橋材料を大連に残置したることに関し之を責む。竹上参謀〔常三郎、第七師団参謀〕其責に任す。

本日、軍司令部及各団隊の職員を調査するものを副官部より受領す。次の如し。

第三軍重要職員表

軍司令部

司令官	大将男爵	乃木希典
参謀長	少将	松永正敏
参謀副長	歩中佐	河合 操
参謀	砲少佐	山岡熊治
同	歩少佐	菅野尚一
同	工少佐	井上幾太郎
同	歩大尉	津野田是重
同	歩大尉	安原啓太郎
同	歩大尉	河西惟一
副官	歩中佐	塚田清市
同	歩大尉	津久井〔居〕平吉
同	砲大尉	兼松習吉
同	歩大尉	松平英夫
同	歩大尉	福島正一
憲兵長	憲大尉	鈴木武臣
管理部長	砲少佐	渡辺満太郎
砲兵部長	少将	牟田敬九郎
工兵部長	工大佐	榊原昇造
経理部長	主計監	吉田丈治
金櫃部長	一等主計	三宅周作
糧餉部長	三等主計正	中山久亨
軍医部長	軍医監	落合泰蔵
獣医部長	三等獣医正	浜口鶴松

第一師団

師団長	中将	飯田俊助
参謀長	砲大佐	星野金吾
参謀	歩少佐	山根一貫
同	騎少佐	岡本 功
同	歩大尉	和田亀治
副官	歩少佐	隈部親信
同	歩大尉	津田金次
同	砲大尉	林 三郎
同	歩中尉	仙波安芸
憲兵長	憲大尉	高木赳夫
理事		三村清景
経理部長	二等主計正	武川房之進
金櫃部長	一等主計	小野運八
糧餉部長	三等主計正	道家次郎
軍医部長	二等軍医正	鶴田禎次郎

歩兵第一旅団

旅団長	少将	馬場命英
旅団副官	歩大尉	津島銀平
同	歩少尉	是永美治郎

歩兵第一聯隊

聯隊長	歩中佐	生田目 新
副官	歩大尉	倉島富次郎
大隊長	歩少佐	牛尾敬二
同	歩少佐	小田切政純
同	歩少佐	福田栄太郎

歩兵第十五聯隊

聯隊長	歩少佐	戸枝百十彦
副官	歩大尉	堀越千秋
大隊長	歩少佐	勝田太郎
同	歩少佐	吉野有武
同	歩少佐	粟野陽二郎

歩兵第二旅団

旅団長	少将	中村正雄
旅団副官	歩大尉	多田庫雄

明治三十八年二月十二日調

同 歩少尉 山中三郎

歩兵第二聯隊

聯隊長 歩大佐 渡辺祺十郎
副官 歩大尉 石川忠治
大隊長 歩少佐 中西福松
同 歩少佐 鯉登行文
同 歩少佐 高木満穂

歩兵第三聯隊

聯隊長 歩大佐 牛島本蕃
副官 歩大尉 久田国義
大隊長 歩少佐 湯地藤吉郎
同 歩少佐 小出六郎
同 歩少佐 浅村安直

騎兵第一聯隊

聯隊長 騎中佐男爵 名和長憲
副官 騎中尉 石川亀彦

野戦砲兵第一聯隊

聯隊長 砲大佐 兵頭雅誉
副官 砲大尉 山本光照
大隊長 砲少佐 山崎健次郎
同 砲少佐 朝川瀬平

工兵第一大隊

大隊長 工中佐 近野鳩三
副官 工中尉 遠藤新三

師団輜重

架橋縦列長輜大尉 水野勝昌
弾薬大隊長砲中佐 大友 毅
輜重兵大隊長輜大佐 奥村元信
衛生隊長 歩少佐 森 氏男
野戦病院長三等軍医正 水野秀吉
同 三等軍医正 谷 軍次郎
同 一等軍医 川尻政太郎
同 三等軍医正 篠尾明済

第一機関砲隊

砲隊長 砲大尉 綱島久治郎

第七師団

師団長 中将男爵 大迫尚敏
参謀長 騎中佐 吉田平太郎
参謀 歩少佐 蟻川五郎作
同 歩大尉 竹上常三郎
同 歩大尉 安満欽一
副官 歩少佐 山崎義重
同 歩少佐 米津逸三
同 歩大尉 斎藤善次郎
同 砲大尉 斎藤 稔
憲兵長 憲大尉 石井権蔵
理事 河合和光
経理部長 一等主計正 松本騰四郎
金櫃部長 一等主計 中沢桐三郎
糧餉部長 一等主計 後藤尚古
軍医部長 一等軍医正 林 代次郎
獣医部長 三等獣医正 田沢直高(署)

歩兵第十三旅団

旅団長 少将 吉田清一
旅団副官 歩大尉 高橋小藤治
同 歩少尉 大島 一

歩兵第二十五聯隊

聯隊長 歩大佐 渡辺水哉
副官 歩大尉 加藤錞一郎
大隊長 歩少佐 松本 浩
同 歩少佐 大須賀尚武
同 歩少佐 中溝武三郎

歩兵第二十六聯隊

聯隊長 歩中佐 丹羽 剛

副官　歩大尉　牧　信次郎
大隊長　歩少佐　静田一郎
同　歩少佐　山内正生
同　歩少佐　大滝幹正

歩兵第十四旅団
旅団長　少将　斎藤太郎
旅団副官　歩大尉　池内己巳男
同　歩中尉　飯盛正成

歩兵第二十七聯隊
聯隊長　歩中佐　竹迫弥彦
副官　歩中尉　板坂省吾
大隊長　歩少佐　吉井直太郎
同　歩少佐　宇宿格輔
同　歩少佐　吉岡銀一郎

歩兵第二十八聯隊
聯隊長　歩大佐　村上正路
副官　歩中尉　前田　勇
大隊長　歩少佐　長谷川武夫
同　歩少佐　岡　吉長
同　歩少佐　星　英

騎兵第七聯隊
聯隊長　騎中佐　白石千代太郎
副官　騎大尉　江間松也

野戦砲兵第七聯隊
聯隊長　砲大佐　鶴見数馬
副官　砲大尉　西方亮治
大隊長　砲少佐　飯田甲子蔵
同　砲少佐　星加喜蔵[三]

工兵第七大隊
大隊長　工少佐　佐藤正武
副官　工大尉　今川　済

師団輜重
架橋縦列長　輜大尉　浅井光三郎
弾薬大隊長　砲中佐　山内定矩
輜重兵大隊長　輜少佐　大隈　勲
衛生隊長　歩大尉　名越源五郎
野戦病院長　三等軍医正　坂本武戊
同　三等軍医正　上原惟善
同　三等軍医正　岡田顕斎

第九師団
師団長　中将男爵　大島久直
参謀長　砲大佐　足立愛蔵
参謀　歩中佐　井野口春清
同　歩少佐　宮田為之
同　歩大尉　河内茂太郎
副官　歩少佐　藤田直太郎
同　砲大尉　増田　正
同　騎大尉　森　寿
同　歩少尉　堀　清
憲兵長　憲大尉　水谷豊太郎
経理部長　二等主計正　井出　治
金櫃部長　一等主計　山本簡温
糧餉部長　一等主計　大角忠文
軍医部長　一等軍医正　市川広助
獣医部長　三等獣医正　坂野武次郎

歩兵第六旅団
旅団長　少将　一戸兵衛
旅団副官　歩大尉　新井亀太郎
同　歩中尉　中林貞治

歩兵第七聯隊
聯隊長　歩中佐　野溝甚四郎
副官　歩大尉　山崎雅雄
大隊長　歩少佐　粥川重尾
同　歩少佐　緒方多賀雄
同　歩少佐　堤　董

歩兵第三十五聯隊
聯隊長 歩中佐 佐藤兼毅
副官 歩大尉 辰巳富吉
大隊長 歩少佐 内藤　盈
同 歩少佐 田中武雄
同 歩少佐 増田惟二

歩兵第十八旅団
旅団長 少将 平佐良蔵
旅団副官 歩大尉 黒川栄太郎
同 歩中尉 中村孝太郎

歩兵第十九聯隊
聯隊長 歩中佐 山田良水
副官 歩大尉 小木　津
大隊長 歩少佐 小出利次郎
同 歩少佐 望月銀吾
同 歩少佐 辻　翁助

歩兵第三十六聯隊
聯隊長 歩中佐 福谷幹雄
副官 歩大尉 町田徳助
大隊長 歩少佐 渡辺　博
同 歩少佐 江藤〔頭〕方種
同 歩少佐 塩沢義夫

騎兵第九聯隊
聯隊長 騎少佐 平佐眷弼
副官 騎大尉 原田宗一郎

野戦砲兵第九聯隊
聯隊長 砲大佐 宇治田虎之助
副官 砲大尉 堀川兵次郎
大隊長 砲少佐 舟尾鉄腸
同 砲少佐 鈴木賢吉

工兵第九大隊
大隊長 工少佐 杉山茂広
副官 工中尉 小野操一郎

師団輜重
架橋縦列長輜大尉 浜島弥熊
弾薬大隊長砲中佐 河北栄太郎
輜重兵大隊長輜中佐 春木源三郎
衛生隊長 歩大尉 渡辺米太郎
野戦病院長三等軍医正 野口詮太郎
同 三等軍医正 永末茂太郎
同 三等軍医正 鶴見金十郎

騎兵第二旅団
旅団長 少将 田村久井
副官 騎大尉 小松慶也
同 騎中尉 服部真彦

騎兵第十五聯隊
聯隊長 騎大佐 杉浦藤三郎
副官 騎大尉 池上八十二
聯隊附 騎少佐 平城盛次

騎兵第十六聯隊
聯隊長 騎大佐 本田〔多〕道純
副官 騎中尉 山本十三郎
聯隊附 騎少佐 楢本鉄石

第二繋駕機関砲隊
長 騎大尉 松田八郎

野戦砲兵第二旅団
旅団長 少将 永田　亀
副官 砲大尉 黒崎延次郎
同 砲中尉 竹内辰三

野戦砲兵第十六聯隊
聯隊長 砲中佐 成田正峰
副官 砲大尉 岩田富士太郎
大隊長 砲少佐 島田尚爾
同 砲少佐 青田幸吾

野戦砲兵第十七聯隊

聯隊長	砲大佐	横田宗太郎
副官	砲大尉	河野義雄
大隊長	砲少佐	新妻豪佐
同	砲少佐	三巻仲三郎
野戦砲兵第十八聯隊		
聯隊長	砲中佐	本庄〔荘〕全之
副官	砲大尉	佐藤利
大隊長	砲少佐	小野寺益
同	砲少佐	山之内赳
野戦砲兵第二旅団弾薬大隊		
大隊長	砲少佐	入江元義
野戦電信隊長		
第一師団	工大尉	太田岩三
第七師団	工大尉	村山燾
第九師団	工大尉	船橋定吉
兵站監部		
兵站監	歩大佐	小畑蕃
参謀長	歩中佐	竹島音次郎
副官	歩少佐	竹内儀平
経理部長	三等主計正	大江玄寿
軍医部長	二等軍医正	土屋淳介
獣医部長	一等獣医	根本文哉
電信部長	工大尉	有川鷹一

二月十三日

本日、太子河及渾河の架橋に関し、各師団に次の如く架設を命令あり。

第一師団（工兵第七大隊を属す）

イ、渾河　北大勾附近

ロ、渾河　老簿附近

ハ、太子河　小林子附近

第九師団

イ、渾河　媽々街附近

軍の作戦方針に基き、兵站及諸給養の計画を立案す。

二月十四日

本日午後八時に、敵の騎兵約七、八千は我軍の左翼に来り三家子（遼河の東岸上）附近に宿営せる報に接し、第一師団より急挙歩兵第三聯隊を出し之を襲撃せしむることとせり。

軍の慰問として大命を奉し、侍従武官長岡沢大将〔精〕及東宮武官長村木中将〔雅美〕来臨せられ、聖旨及令旨を伝達せらる。

本日、松永軍参謀長と共に小北河に至る。其目的は、小北河に於ける兵站諸施設の状況、並に架橋準備の状況を視察するに在る。

小北河に至ると共に余は、兼て同地に出張して架橋準備に勉めつつありし軍工兵部長榊原少将を訪ふ。然るに、同少将は、前日軍司令官より架橋の命令を下されたるに対し大不平にして、架橋に着手せしめすと云へり。其理由とする所は、目下渾河、太子河とも結氷して車馬の通過自在にして橋梁の必要なきのみならす、強いて之に架橋するも解氷に際しては氷と共に流失すへけれは、寧ろ架橋は解氷後に行ふを有利とするに在りと主張して止ます。依りて、余は即時架橋に決したる理由として曰。「解氷を待て架橋を行ふとすれは、解氷の初期より解氷を終はり架橋の完成する迄には数日を要すへく、而も其時機は恰も会戦の真最中に属し、此期間に於て一刻の交通遮断も軍の最も苦痛とする所なるを以て、寧ろ結氷中に架橋し置けは、解氷期に至り氷流の為一部流失することあるも、其修理は新に架設するものに比し時日短少にして、交通遮断の時間極めて少し。故に、目下軍の停止の時機を利用して架橋を行ふに如かす」と。然れとも、兎角感情に陥り易き同少将は、容易に之を耳に入れす、且つ自分か工兵部長たる間は決して架橋を行はしめすと誇語せり。依りて、止むを得す余は此ことを松永参謀長に告けたるに、参謀長は工兵部長を招き諭したるも、容易に聞き入れさるを以て、余は工兵隊長に軍命令の主旨を伝へ、直に架橋に着手せしめたる。

工兵部長は、大なる不平を以て遼陽に引き返せり。余も亦参謀長と共に用務を終はり遼陽に帰還す。

二月十五日

昨夜命令せし歩兵第三聯隊の敵騎兵襲撃に関しては、同隊は今朝始めて出発し、又如何なる理由にや其行進極めて遅々として捗らす、遂に敵を逸したり。敵騎は大烟角より二縦隊となり北方に退却せり。之に関しては、乃木将軍は甚た不機嫌なり。幕僚共は、牛島大佐〔本蕃〕の指揮する第三聯隊にては牛か馬を追ふたる故、成功すへきにあらすと云へり。

夕刻、兵站監部にて支那料理の馳走になる。河合、白井、菅野同行す。

同日、総司令部より第二軍との兵站管区の境界を次の如く定めらる。

　黒溝台―修二堡―王大人屯―東子家子

二月十六日

工兵部長榊原少将は内地帰還を命せられ、今沢工兵大佐〔義雄〕其後任となれり。此交迭は、小北河附近の架橋問題に近因を有するも、其遠因は旅順攻城中のことに属す。即ち、同氏は旅順に於て工兵部長として余り良成績の跡なきのみならす、動もすれは事を感情に訴へ処理渋滞のこと多かりしか、此事は総司令部の熟知する所となり、同部長か北進の後、総司令部に呼出され井口参謀（少将）〔省吾、満洲軍参謀〕より懇々説諭ありたり。然るに、今回、小北河架橋問題にて再ひ幕僚と衝突し軍命令に服せさりしを以て、遂に帰還を命せられたり。又、後任の今沢大佐は、旅順攻城間は攻城工兵廠長として能く奮励したるのみならす、常に各種の攻撃器具、爆薬等の新案を工夫し、其効果実に大なるものありて、軍司令部内上下の受け甚た宜しかりしに依るものなり。

二月十七日

軍の次の作戦準備として、河川の関係を顧慮し、隷下各団隊の位置を次の如く定む。
一、第一師団は、十九日倒台子及其西南方地区に。
二、第七師団は、二十日黄泥窪及其南方地区に。
三、第九師団及野砲兵第二旅団は、現在地（大沙嶺附近）に。
四、騎兵第二旅団は、十九日河達一路に。
五、兵站監に属する後備歩兵第十五旅団は、二十三日小北河に。
六、軍司令部は、二十三日小北河に移る予定。
本日、兵站監〔小畑蕃、第三軍兵站監〕より小北河に兵站部の設置を了したる旨報告あり。

二月二十日

此日、軍司令官は、参謀長を伴ひ総司令部に至り、将来に関する訓示及命令を受領せり。
兼て計画中なりし第三軍作戦計画並に兵站設置計画を確定して各部隊に通報せり。其要旨は次の如し。

作戦計画

一、作戦目標
軍の作戦目標を馬三家子とし、先つ大民屯及小新民屯の線に向ふて前進す。
二、前進開始前の位置
軍の諸隊は現在地より運動を起す。
三、縦隊区分及取るへき道路
甲、縦隊区分
第一縦隊　第九師団
第二縦隊　野戦砲兵第二旅団及後備歩兵第十五旅団等
第三縦隊　第七師団（歩兵一大隊欠）
第四縦隊　第一師団
騎兵第二旅団
第一師団の歩兵二中隊、騎兵第一聯隊（一中隊と一小隊欠）
騎兵第九聯隊（一中隊と一小隊欠）
騎兵第十五聯隊
騎兵第十六聯隊
戦利砲中隊
備考　(一)　略す。
(二)　後備歩兵第十五旅団及第七師団歩兵一大隊を軍の総予備とす。

㈢　略す。

乙、取るへき道路

図にて示す。

四、予定兵站線

兵站線は東路及西路の二とす。

㈠　東路は小北河―北大勾―茨輸〔楡〕坨―揚子崗子―沙河子

㈡　西路は小北河―呉家岡子―養猪圏子―大民屯

五、前進の実施

第一日

軍は卡力馬―七台子の線に前進す。

第一縦隊は黒坨子、高家窩棚に。

第二縦隊は歩兵先頭を以て亮甲溝に、他は呉家岡子附近に。

第三縦隊は先頭は老歓坨、他は大坨子に。

第四縦隊は先頭は卡力馬に。

第二日

騎兵第二旅団は遼河右岸にて斉頭面に。

第一縦隊は長家窩棚―三道岡の線に。

第二縦隊は薜家窩棚。

第三縦隊は牛心地。
第四縦隊は榛心岡〔ママ〕に。
騎兵旅団は遼河右岸にて右は斉頭面に。
軍司令部は阿司牛に。

作戦第三日已後は敵状に依るへきも、可成速に作戦目標に到達する如く指導。

右作戦計画に基き、軍の給養及兵站設置の計画を次の如く策定し、以て此会戦給養の基礎とす。

（井上立案）

第三軍新作戦に関する給養及兵站設置の計画

一、給養の起点を小北河とす。同地には二月二十日迄に三ケ師団の二十日分を、又末日迄に同数師団の三十日分を集積す。

二、予定兵站線路

東路及西路の二とす。

㈠　東路は小北河―北大勾―茨輪〔楡〕坨―揚子崗子―沙阿子

㈡　西路は小北河―呉家岡子―〈阿司牛 腰荒地〉―養猪圏子―大民屯

西路は最初阿司牛を設置し、軍か馬三家子、興隆屯の線に達する時、腰荒地に改む。

三、各兵站線にて給養せらるへき軍隊

東路　第九師団
西路　其他

四、作戦の初期、第一師団及騎兵旅団の為、三日分を第一日に大煙［ママ］角に集積す。

五、兵站に於ては、解氷の初めより橋梁修理完了迄、渾河は交通杜絶するものとして、三ケ師団の十二日分の糧秣及野戦兵器廠の弾薬全部を同河の右岸に集積す。

六、各団隊に分属すへき縦列及其他の車輌

㈠ 砲兵旅団に兵站糧食一縦列。

㈡ 騎兵旅団は人の四日分、馬の二日分の糧秣を輸送する為に、支那車輌十八輌を、第一師団の糧食縦列に属す。

㈢ 後備歩兵旅団の二日分の糧食を輸送する為に、支那車輌四十八輌を、砲兵旅団配属の兵站糧食縦列に属す。

七、各部隊は人員に対し尋常糧食と携帯糧食とを二と一との比に携行す。兵站の諸準備及各縦列も亦同し。

八、略す。

九、第七、第九師団の架橋縦列は一時小北河附近に残置す。依りて、兵站にては一日行程已内の輸送に之を使用することを得。

十、兵站の為渾河及太子河に架設すへき架橋

㈠ 北大溝（渾河）

㈡ 老簿（渾河）

㈢ 媽々街（渾河）

㈣ 小林子（太子河）

外に小北河に太子河の橋梁あり。
十一、略す。
右の計画に基き兵站にて各部隊に配当したる支那車輌は次の如し。

軍司令部	一六輌
第一師団	一一〇輌　輜重車の欠損と騎兵旅団糧食輸送の為なり
野砲第二旅団	四八輌
第一師団野戦電信隊	一一輌
第七師団野戦電信隊	二〇輌
第九師団野戦電信隊	一一輌

此日、戦闘に用ゆる為に奉天附近二十万分一地図を各部隊に配布す。此地図は、石版の部分は鹵獲地図に依り総司令部にて修正印刷したるものにして、蒟蒻版の部分は山岡少佐か小北河に出張して支那人を使用し偵察旅行を行はしめたる結果に依るものなり。

二月二十一日

兵站監部は小北河に出張所を設け、竹島参謀長同所に在る旨の報告あり。

兵站補助輸卒携行用として先に旅順要塞より受領することとなりたる戦利小銃は、本日七千六百挺を受領し来れり（之は七千挺の筈なりしも、同要塞に余裕ありて六百挺を増加受領せり）。依りて、六千挺を兵站部に交附し、他の千六百挺を輜重及縦列の自衛用とする為に各師団に左の如く支給せり。

第一師団　一〇〇〇挺
第七師団　三〇〇挺
第九師団　三〇〇挺
実包毎銃百発を属す
右の第一師団に多く配当したるは、同師団は最左翼なるに依る。

二月二十二日

給養の準備並に患者輸送に関し左の軍命令を下す（余の起案）。
一、軍の行動間、患者輸送に任する為、兵站に在る補助輸卒隊一隊宛を第一、第七、第九師団に配属す、云々。
各補助輸卒隊は担架百二十組宛を携行せしむ。
已下二十日の計画実行に関するものなるを以て茲に略す。
第七師団より、小林子の架橋は二十四日完成の旨報告あり。

二月二十三日

軍司令部は午前八時遼陽を発し、途中大沙嶺に在る第九師団司令部にて休憩し、午後二時小北河に着す。

大沙嶺にて第九師団長及野砲兵第二旅団長に訓示を与へ、又黄泥窪にては第七師団長及後備歩兵第十五旅団長〔松居吉統〕に訓示を与へ、又小北河にて第一師団長〔飯田俊助〕及騎兵第二旅団長〔田村久井〕に訓示を与へらる。

此日は寒気強く約零下十五度位なりしを以て、耳鼻覆を着し防寒服、靴を用ひたり。

同日午後三時、渾河右岸大烟角に兵站倉庫を設置する為、第一師団より守備兵を二十五日同地に出すへきことを命令せり。

旅順今沢大佐より、唯今軍工兵部長を命せらる、両三日中に出発すとの電報あり。

二月二十四日

北太勾〔ママ〕及小林子の架橋は昨二十三日完成、老簿は本日中に完成の筈なり。

二月二十五〔六カ〕日

各部団隊の携行弾薬数を調査するに、次の如く砲弾に於て概ね不足数なきも、小銃弾は大に不足せり。

一、三十一年式速射野砲弾薬現在数

区分／部隊	定数 携行及弾薬大隊	定数 兵器廠	定数 計	現在数	過数	不足数
砲兵第二旅団	二八、一七〇	七、一一〇	三五、二八〇	三五、二五三		二七
第一師団	一二、八七〇	三、五五五	一六、四二五	一六、四二五		
第七師団	四、〇二〇	一、七三一	五、七五一	五、七五一		
計	四五、〇六〇	一二、三九六	五七、四五六	五七、四二九		二七

二、三十一年式速射山砲弾薬等現在数

部隊＼区分	定数 携行及弾薬大隊	定数 兵器廠	定数 計	現在数	過数	不足数
第七師団	三、七三八	一、七三一	五、四六九	五、四六九		
第九師団	一二、二二二	三、二七六	一五、四九八	一五、四九八		
計	一五、九六〇	五、〇〇七	二〇、九六七	二〇、九六七		

三、三十年式小銃実包現在数

部隊＼区分	携行及縦列現在数	現在員に対する定数	定数に対する過（不足）	兵器廠予備弾薬
第一師団	三、二八六、七八八	二、三〇一、二〇四	九八五、五八四	五二九、九二〇
第七師団	二、八一九、六〇五	二、二三三、六七六	五八五、九二九	一、〇九〇、二〇〇
第九師団	二、七九〇、七三九	二、一七四、六八四	六一六、二〔ママ〕五五	一、〇一八、〇八〇
後備第十五旅団	一、〇三四、九八〇	一、〇三四、九八〇		
騎兵第二旅団	一一八、三一〇	五八、一四〇	六〇、一七〇	
計	一〇、〇五〇、四二二	七、八〇二、六八四	二、二四七、九三八	二、六三八、二〇〇

同日、余は軍の作戦行動間各輜重の給養並に作戦第一日及第二日に於ける各縦隊戦闘部隊の給養に関し、兵站参謀長と協定して左の如く各団隊に通報す（之は兵站の糧食は軍の前進に拘らす可成前方に集積すへきも、各輜重

の補充を最先頭の兵站地にて行ふときは兵站の輸送常に過重に陥るを以て、之を防く為なり）。

通報

一、当軍の行動間各縦隊の輜重は其縦隊の為に定めたる兵站線路中最近の兵站司令部にて給養す。

二、作戦第一日の給養地点は次の如し。

第一縦隊	戦闘部隊用	小北河	輜重用	里仁屯 大沙嶺
第二縦隊	戦闘部隊用	小北河	輜重用	黄泥窪
第三縦隊	戦闘部隊用	小北河	輜重用	劉二堡
第四縦隊	戦闘部隊用	小北河	輜重用	大烟角
騎兵旅団	戦闘部隊用	大烟角	輜重用	大烟角

(1) 大行李を以て兵站倉庫に就き直接受領するときは、師団糧餉部々員立会ひ、兵站司令部を補助すること。

(2) 第二日に於ける第一、第二、第三縦隊の輜重は小北河、第四縦隊の輜重は大烟角に於て補充す。

(3) 第二日に於ける戦闘部隊の給養地点は第一日に同し。第三日已後の戦闘部隊の給養地点は時々之を通報す。

(4) 各師団野戦倉庫は作戦第一日の輜重の給養をなし得る如く準備すへし。

二月二十六日午後、野戦及兵站電信隊の給養に関し、各団隊長に次の如く通報せり。

電信隊は其架設及通信の為、小部隊を以て分散して宿営することありて、原隊よりの給与及はさるときは、各団隊にて其要求に応し給養を行ふこと（其要旨なり）。
午後九時、兵站監より大烟角に兵站司令部設置の報あり。
二十六日夕迄に遼陽及小北河附近に到着しありし兵站諸部隊、及三月六日迄に到着予定の部隊は、次の如し。
既到着のもの。
兵站監部
兵站司令部　一〇個
野戦兵器廠　三個
兵站弾薬縦列　二個
兵站糧食縦列　二個
輜重監視隊　八個
衛生予備廠　三個
患者輸送部　三個
予備馬廠　二個
補助輸卒隊　一一個
兵站電信輜重　一個
守備隊
後備歩兵第十五旅団（一大隊の外、軍の直轄たり）
後備歩兵第四十九聯隊

後備歩兵第五十聯隊

二月二十七日より三月六日迄に到着すへきもの。

兵站司令部　四個

補助輸卒隊　九個

二月二十六日各倉庫現在の主食数量表

遼陽兵站倉庫	二・〇師団分
大沙岺〔ママ〕兵站倉庫	三・七師団分
劉二堡兵站倉庫	三・七師団分
黄泥窪野戦倉庫	一・九師団分
小北河兵站倉庫	六・八
小北河兵站司令部	四・三
北大溝兵站倉庫	四五・〇
大烟角兵站倉庫	四・六
三道龍湾野戦倉庫	一・二
媽々街野戦倉庫	一・三
小北河満洲支庫	四九・八

（小北河兵站倉庫より小北河満洲支庫まで）師団分

媽々街の架橋は二十七日完成の予定。渾河氷上通過差支なし。

軍の各縦隊は明日媽々街、卡力馬の線に前進すへき軍命令を下せり。其予定地、第一縦隊は黒坨子。

第二縦隊は亮甲子。

第三縦隊は〔老〕歓坨。

第四縦隊は卡力馬。

騎兵第二旅団は遼河右岸。

軍司令部は小北河に在り。

二月二十七日

本日は奉天攻撃の為、第三軍前進の第一日なり。各縦隊は前日迄に命令の如く各前進を起す。各師団に連絡の為、軍参謀を派遣す。由来、作戦行動中、参謀の数多くしてそれ丈の用務なきときは、反て議論百出、部内喧噪を極め業務捗らす。殊に第三軍の参謀中には口許りにて手足の之に伴はさるもの多きを以て、彼等は凡て外部に在て勤務せしめ、参謀部内は最少の人員を以て業務を実施する為に、山岡少佐を第九師団に、津野田大尉を第一師団に、又安原大尉を第七師団に派遣し、残員中白井中佐、菅野少佐は作戦に、井上少佐（余）は兵站に、河西大尉は通信に専ら従事せしむることとせられたり。

此日、第九師団は前進後間もなく敵騎と遭遇し双樹坨附近に於て戦闘を交へ、二、三の死傷ありたるのみにて予定の地を占領せり。

第七師団も亦劉家崗子附近に於て二、三百の敵と遭遇したるも、之を北方に撃退し、其騎兵は劉家崗子に達せり。

第一師団及田村支隊〔長、騎兵第二旅団長田村久井〕は敵に遭遇することなく概ね予定の地に達せり。

此日、各縦隊司令部の位置は次の如し。

第九師団司令部　長溝沿
砲兵旅団司令部　呉家窩棚
第七師団司令部　猫児頭
第一師団司令部　六間房
田村支隊司令部　遼河右岸東長崗子

午後五時、翌二十八日に関する軍命令を下せり。其要旨は次の如し。

一、軍は明日、三道溝、長家窩棚、榛子崗の線に向ひ前進せんとす。
二、第二縦隊の後備歩兵第十五旅団（一大隊欠）並に第三縦隊の歩兵一大隊を軍の総予備とす。阿司牛に向ひ前進すへし。
三、第一縦隊は三道溝、長家窩棚の線に向ひ前進。
四、第二縦隊は達子営に向ひ前進。
五、第三縦隊は大黄旗堡、牛心地の線に向ひ前進。
六、第四縦隊は哈喇房身、榛子崗の線に向ひ前進。
七、田村支隊は第四縦隊と斉頭面。
八、第七及第九師団の架橋縦列は一時兵站監の指揮に属す。
九、軍司令部は午前八時小北河発、猫児頭を経て阿司牛に向ひ前進。

本日、電線保護に関し、各部隊に訓示を与ふ。之は由来、各部隊か電線を保護するの注意少く、為に故障を生すること多きに依る。

二月二十八日

此日、軍司令部は小北河より阿司牛に移る。寒気は余り強からさりし。
軍の状況は次の如し。

一、第一縦隊は徒家窩棚、三台子附近に於て二、三十の敵騎を駆逐し、又烏邦牛に於て砲六門を有する二、三中隊の敵騎を撃攘し、午後五時頃長家窩棚に達す。

二、第二縦隊は房身地の敵を砲撃したる後、午後五時半達子営に達す。

三、第三縦隊は阿司牛に在りし敵騎二百を駆逐し、午後四時半大黄旗堡に達す。

四、第四縦隊は大邦牛附近に在りし敵を撃攘し、午後四時哈喇房身に達せり。

五、各方面の敵は凡て東北方に退却せり。

依て、軍は明日敵の右翼を包囲すると共に四方台附近の敵を攻撃する為に、午後九時半阿司牛に於て左の要旨の命令を下せり。

一、第二縦隊を解き、第三、第四縦隊を第二、第三縦隊とす。

二、第一縦隊（第九師団）は第二縦隊の磈家屯、安金海堡の線に進出するを待て、四方台の敵を攻撃すへし。

三、第二縦隊（第七師団）は火石崗子、頼家堡子に向ひ前進すへし。

四、第三縦隊（第一師団）は頼家堡子、大橋の線に向ひ前進すへし。

五、田村支隊は主力を以て大民屯に、一部を以て新民庁に向ひ前進すへし。

六、軍総予備たる砲兵第二旅団及後備歩兵第十五旅団は干〔于〕家台に向ひ前進すへし。

七、軍司令部は午前八時発、干〔于〕家台に至る。

午後十時、田村支隊に給養に関し、次の通報を発せり。

一、貴旅団明日の糧秣は阿司牛兵站司令部に於て補充す。

同時、第一師団参謀長には同様の通報を発す。

午後十時半、各師団（第一師団を除く）及兵站参謀長並に後備歩兵、砲兵各旅団長に給養に関し、左の通報を発せり。

一、明三月一日に於ける各戦闘部隊の糧秣補充地点は左の如し。

第一縦隊	小北河兵站倉庫
第二縦隊	同
第三縦隊	同
後備歩兵旅団	同
第四縦隊	阿司牛兵站倉庫
騎兵第二旅団	同

本日各縦隊の実施せる給養並に糧秣補給は次の如し。

一、第一縦隊は大行李を用ひ、翌日正午東荒地にて縦列より補充を受け、縦列は兵站倉庫にて補充す。

二、第二縦隊は大行李を用ひ、午後十一時五十分除家窩棚にて縦列より補充し、縦列は小北河兵站倉庫にて補充す。

三、第三縦隊は其大行李を午後八時小邦牛にて縦列より補充し、縦列は小北河に於て補充す。

四、第四縦隊は其大行李を午後七時金家灘に於て補充し、縦列は大烟角に至らんとせしか、途中臨時雇支那車輛逃走の為、遂に到達するを得さりし。

五、田村支隊は大行李糧秣を用ひ、午後六時之を古城子に於て補充せり。

兵站諸部隊未到着のもの本日全部到着の報告あり。又本日左の兵站司令部を設置せり。

茨楡坨、烏邦牛、阿司牛

明治三十八年三月

三月一日

午前零時半、総司令官より満洲軍は三月一日より真面目の攻撃に移ることに関し命令あり。又次て総司令官より第三軍は三月一日より四方台附近の敵を西方及西北方より攻撃すへき命令に接せしも、既に部署する処と大差なきを以て命令を変更せさりし（此命令を見ても、総司令部か第三軍使用の根本を誤りあることを知るへし）。

軍司令部は午前八時阿司牛を発し、午後二時千〔于〕家台に達せり。八時出発に臨み糧秣補給点に就て各縦隊に左の通報を発す。

一、昨二十八日左の兵站司令部を設置す。

二、今一日已後の糧秣の補充地を左の如く定めらる。

第九師団　小北河
野砲第二旅団　烏邦牛
後備歩兵第十五旅団　烏邦牛
第七師団　小北河
第一師団　阿司牛
騎兵第二旅団　阿司牛

午後三時、兵站監は三日小北河に移転の予定の報告あり。

本日夕刻迄に各部隊の行動は次の如し。

一、第一縦隊は正午より四方台を攻撃して、夕刻尚占領に至らす。

二、第二縦隊は光子山〔ママ〕附近にて敵騎を駆逐し予定の線に達し、又一部を以て小新民屯を占領せり。

三、第三縦隊は予定の線に達せり。

四、砲兵旅団及後備歩兵旅団の一部は四方台の〔ママ〕攻撃する為、⿰禾鬼家安附近に前進し、其一部を以て大平庄を占領せり。

五、後備歩兵旅団の主力は菜不街に到着、宿営。

六、田村支隊は途中僅少の敵騎を駆逐し大民屯に達し、其一部を以て新民庁を占領せり。

本日午後二時、軍命令に依り野砲兵第二旅団をして⿰禾鬼家安に前進し第一縦隊の四方台攻撃を援助せしめらるるや、余は状況視察を命せられ砲兵旅団の位置⿰禾鬼家安に到れり。此際三回重要なる報告を呈出せり。

午後八時、明二日に関する軍命令を下せり。其要旨は次の如し。

一、軍は明二日敵の退路に迫るの目的を以て林家台より拉木河に亘る線に進出せんとす。
二、第一縦隊は四方台占領後、渾河右岸地域を林家台、孤家子の線に前進すへし。
三、第二縦隊は孤家子、沙嶺堡の線に前進。
四、第三縦隊は沙嶺堡、拉木河の線に前進。
五、田村支隊は馬三家子に向ひ前進。
六、軍の予備隊たる後備歩兵第十五旅団は車家堡子に、又砲兵第二旅団は黄三家子に向ひ前進すへし。
七、軍司令部は先つ黄三家子に、次て沙嶺堡に至る。

本日各団隊の実施せる給養並に糧秣補給は次の如し。
一、第一縦隊は携行糧秣を用ひ、直接之か補充を行はす。爾後三月八日迄に各隊に於て適宜之を補充せり。
其糧食二縦列は媽々街倉庫にて補給を受く。
二、第二縦隊は大行李を用ひ、午後十時光山子にて縦列より之を補充す。
縦列は小北河にて補給す。
三、第三縦隊は大行李を用ひ、午後十時三十分北偏堡子にて縦列より補充。
糧食一縦列は大烟角にて補給を受く。
四、田村支隊は右に同し。
五、砲兵旅団及後備歩兵旅団は携帯口糧を用ひ、之を補充せす。
其縦列は小北河にて補給を受く。

此日午後より総司令部と電話通せす大に困却したりしか、夜十二時頃に至り第二軍より裸線にて延伸し来りしものに依り総司令部に通せり。総司令部にては第三軍か明日尚第二軍正面の敵の右翼に迫ることなく長駆奉天西方に向はんとするを好ます之を引き止めんと欲し、遂に総参謀長児玉大将は松永軍参謀長を電話口に呼出したり。然るに、松永少将は耳遠く電話に懸ること能はさるを以て余に代弁を命したり。依りて、余は先つ軍司令官の意図を確めたるに、総司令部の命令の如何に関せす軍は予定の通り前進するに在りとのことなりしを以て、余は電話に臨み児玉総参謀長の言は一切聞へさる真似をなし、単に我軍司令官の決心は明日孤家子、拉木河の線に前進するに在る旨を通して電話機を離れたり。

三月二日

午前零時二十分、兵站参謀長に左の通報を発す。

一、西路兵站線を菜不街より波林子に延長せられたし。

二、三月二日より第七師団の糧秣を鳥邦牛にて受領し得る如くせられたし。

午前四時五十分、兵站参謀長に次の通報を発す。

一、第九師団は本夜十時、全く四方台を占領せり。我死傷約六百。諸情報に依るに、渾河右岸の敵は逐次北方に退却せること疑なし。騎兵第一旅団は当軍に属せらる。

二、軍は本日最も迅速なる運動を行ひ、敵を追撃し、成し得る限り予定の線を越へて前進せんとす。

三、兵站の諸設備は成るへく速に前方に設置せられたし。

午前四時、第九師団に長灘、周官堡間に向ひ前進すへき訓令を与へられたり。

軍司令部は午前八時干〔于〕家台を発し、揚子崗子を経て、午後一時黄三家子に達し暫時停止す。

午後四時、黄三家子に於て、朝来得たる諸状報〔ママ〕に依り左の軍の報告を呈せり。

一、第一縦隊（第九師団）は午前九時、四方台を発し長灘、周官堡に向ひ前進する筈。

二、第二縦隊（第七師団）は目下徳勝営子、張士屯の線に達せし筈。

該方面に在りし敵の騎兵集団は東北方に退却し、其一部は正午頃狼洞山附近に於て我前衛の一部と戦闘中なるも、多分既に東北方に退却せるならん。

敵は林家台及沙嵜堡に在りし倉庫を焼夷して退却せり。

三、第三縦隊（第一師団）は目下前民屯、後民屯附近に達しある筈。此方面にありし敵の騎兵集団は又東北方に退却せり。然れとも、其若干は該縦隊の前方及左側前に行動して我前進を妨碍し在るものの如し。

四、田村支隊は馬三家子に向ひ前進中なり。此方面にも敵騎二、三中隊に遭遇せしも、敵は大なる抵抗を行はす。

五、午後二時頃、敵の騎兵大縦隊の渾河右岸の旧鉄道橋附近を東北方に退却せるを見る。

六、秋山支隊〔長、騎兵第一旅団長秋山好古〕は午後四時、黄三家子附近に達せり。今後同支隊は主力を以て拉木河西方附近に至り、一部を以て第一縦隊の右側渾河西岸地域を捜索する筈。

七、軍司令部は今夜沙嵜堡に宿営する予定。

軍司令部か予定宿営地を変更し沙嵜堡まて前進することとせるは、敵か沙嵜堡附近の倉庫を焼夷せること既に退却の兆あるものと判断せるに依る。

軍司令部は午後四時、黄三家子より更に前進を継続するを可とし、同時に出発して沙嵜堡に向ふ。余は暫時此地に止まり秋山少将の来るを待ち之に軍命令を伝ふ。此際同支隊は左の縦列を有することを知り、同隊の給養の為大に便利なることを知れり。

一、糧食一縦列（支那車輛より成り、支隊の四日分の糧食を有す）。

二、砲兵弾薬半縦列（砲兵第一旅団より分属）。

三、小銃弾薬一縦列（臨時雇支那車輛より成る）。

今後奉天西方若くは西北方何れの地区に作戦するも、其糧秣及弾薬の補給を容易ならしむる為に、沙河子に於て東西両兵站線を合し、同地に大兵站地を設け第二の補給点とするに決し、兵站参謀長に次の通報を発したり。

一―七は（軍の状況通報に付）略す。

八、軍今後の行動に対する為に、東西両兵站線を沙河子に於て合一し、同地に兵站司令部を置き糧秣大倉庫を設けられたし。

次て余〔ママ〕は午後四時半頃秋山少将は其部下騎兵を率ひ黄三家子に到達し、依りて余は之に軍命令を与へ前進を見送りたる後、日没頃急速度にて沙嶺堡に前進し軍司令部に追及し、午後七時頃沙嶺堡の軍司令部の位置に至れは、其前方熾に銃声を聞く。幕僚の室に入り見るに、各人稍昂奮の様あり。仔細を聞くに、目下我第一線は沙嶺堡の村縁に在りて敵と銃火を交へ、之か為に銃弾頻りに軍司令部の屋舎に命中せり。為に過刻獣医部三等獣医森清克は両眼に負傷せりと。

午後七時半、其時迄に得たる状況に基き総司令部に左の報告を呈す。

一、第一縦隊は西北方より長灘附近の敵の背後を圧迫するの目的を以て前進を起し、午後一時其前衛を以て小辺附近に達せし時、我友軍の既に周官堡附近に進出しあるを知り、転して渾河右岸の地域を東北方に前進し、北三台子にありし約一聯隊の敵を攻撃して之を潰乱せしめ白水寨附近に達せり。

二、第二、第三縦隊は午後四時乃至五時の間に於て徳勝営子、達子堡、揚家荒の線に達せり。其時に一師団を下らさる諸兵連合の敵に遭遇し、各縦隊は直に其砲兵を展開して之を攻撃し、一時彼我の砲声激烈となりしも、夜と共に熄めり。目下我第一線は徳勝営子より達子堡東方鉄道の線を経て後民屯に亘る線を占領しあり。

三、砲兵旅団及後備歩兵旅団は日没頃沙嶺堡に達し、又秋山支隊の主力は岔路口附近に在り。

四、軍は此姿勢にて夜を徹し、明三日払暁運動を開始し、奉天停車場及其西北方に向ひ猛進せんとす。

午後九時、翌三日に関する軍命令を出す。其要旨は次の如し。

一、敵は尚近く我前面に対峙しあり。

二、軍は明日前面の敵を攻撃せんとす。

三、第二、第三縦隊は相連繋して明払暁より前面の敵を攻撃すへし。

四、田村支隊は爾今秋山少将の指揮に属し、両支隊を合し秋山支隊と称し、馬三家子方向に前進し、且つ軍の左側を掩護すへし。

五、砲兵旅団は沙嶺堡附近に在り、戦闘準備の隊形に。又後備旅団は沙嶺堡西方畑地に集合しあるへし。

六、軍司令部は胡土台に在り。

沙嶺堡に於て軍司令部に充てたる家屋は第一線に近く、絶へす敵弾来りて執務困難なるを以て、軍命令を下したる後、午後十二時胡土台に移れり。

此夜、軍司令部大行李は夜間行進中、敵騎小部隊の為に非常に擾乱し後方に退却し、翌日正午頃に至り始めて到着せり。

午後九時に給養に関し次の通報を発せり。
明三日より各団隊の糧秣を左の兵站地にて補給す。
第九師団　茨楡坨
第七師団　烏邦牛
第一師団　菜不街
後備旅団　同
砲兵旅団　同
騎兵第一、第二旅団　同
本日夕の為、各縦隊の実施せる給養法並に糧秣補給は次の如し。
一、第一縦隊、携帯口糧。翌日三台子にて縦列より補充。
糧食縦列は兵站倉庫より補給。
二、第二縦隊、携帯口糧。翌日午前九時孤家子にて縦列より補充。
糧食一縦列は烏邦牛にて補給。
三、第三縦隊、携帯口糧。翌日午前八時より午後五時迄に五道溝にて縦列より補充。
糧食一縦列は兵站倉庫より補給。
四、騎兵第一、第二旅団は携帯口糧。
五、後備旅団、砲兵旅団は大行李糧秣を用ひ、翌日沙嶺堡にて縦列より補充。
縦列一は兵站倉庫にて補給。

三月三日

軍司令部は胡台〔ママ〕に在り。昨夜敵騎の襲来の報に依り後方に散乱したる大行李及副馬は、正午頃に至り漸く軍司令部所在地に来れり。

軍は本日前面の敵を攻撃したる後、直に前進を継続する予定なりしか、午前八時四十五分総司令官の命令にて一時停止することとなりたるを以て、第二、第三縦隊は各其前面に在る敵を攻撃したる後一時停止して、第一縦隊（第九師団）の斉頭面に来着するを待つこととせり。

而して、第九師団よりは一昨一日夜已来何等の状〔ママ〕報到らす。

午前七時より我正面に於て猛烈なる銃砲声を聞く。依りて、余は戦況視察を命せられ、先つ沙嶺堡の西方に砲兵旅団長の許に到り見るに、恰も我両縦隊の中間の正面にて沙嶺堡の前面には多数の敵兵濃密なる散兵を以て砂塵を上けつつ攻撃し来り、我砲兵旅団は全力を挙けて此好目標を猛射しつつあり。依て、余は直に此状況を軍司令部に報告したる後、更に進んて第一線の状況を見んと欲し沙嶺堡の部落に入る。丁度部落の中央にて道路の稍広き所に至りたる際、正面上方にて敵榴霰弾破裂するを見る。之はやられたりと直感したるか、同時に自己の四周を見るに、無数の丸子は地面に落下して土煙を上けたり。然るに、余及余の伴ひたる伝騎には何等の損害なかりし。誠に天祐と謂ふへし。後にて聞く所に依れは、露軍の榴霰弾は弾頭部に炸薬を装せる為に、破裂に中り被弾地の中央に空部を生する所ありと。蓋し、余は恰も此中央部に在りたるなるへし。

次て部落の東端に達すれは、茲には第一師団の右縦隊の占居するあり。露軍は我猛烈なる銃砲火を冒して濃密なる散兵を以て大目標を呈しつつ前進しつつありしか、我前方約四、五百米の処に到り旧鉄道の凸道に達して停止せり。

彼れは今回新たに欧露より来たる第十六軍団にして、新戦闘の要領に慣れす、為に斯の如き目標を呈しつつ前進したるものなるか如し。午前十時頃に至り、此敵は多大の損害の為に其位置に止まるを得す、漸次退却を始めたり。依りて、余は直に軍司令部に帰還し状況を報告せり。

午前十時四十分、秋山支隊より本日大房身附近の戦闘に就き報告あり。

午前九時三十分、山岡参謀より第九師団の状況に就き報告あり。之は師団の状況不明に付、同師団派遣の山岡軍参謀に状況報告を督促したるに依る。此報告にて師団は漸次前進し、本日中には第二縦隊の右に出て得へきを知れり。

午後四時四十分、兵站参謀長より三月二日午前九時発左の通報を伝騎に依り受領す。

一、今二日午前六時、始めて敵状及我軍の企図通報を受領せり。

二、本日弾薬中間廠を烏邦牛に進め、云々。

三、本日兵站司令部を八三堡子及菜不街に開設す。

四、昨日迄に各兵站地に集積せる糧秣は次の如し。

茨楡坨三日分、烏邦牛十日分

阿司牛二日半分

将来、東西路共、集積量を略同一とす。

又同時に、本日午前四時発の通報あり。

今三日、沙河子兵站司令部を開設す。同地には大兵站倉庫を設く。本日は菜不街及茨楡坨より糧秣を前送す。

其量は四日分なり。

午後六時、総司令官に左の報告を呈す。

一、第二、第三縦隊前面の敵は午後逐次退却の模様あるの外異状なし。

二、秋山支隊は目下小房身附近に在り。本日午後一時頃より敵の歩兵約一聯隊老辺附近より前進し来れり、目下之と対戦中。又別に歩兵約三大隊は大両家より南進し来る。依りて、後備歩兵一大隊を七工台附近に出し、又第一師団よりも若干の部隊を出して之に対せしめあり。

三、第九師団は午後四時頃林家台附近に達し、第二軍左翼と第二縦隊との中間に位置す。

四、一般の状況を判断し、明朝運動を起し、前面の敵を撃攘し、奉天西北方地区に向ひ前進せんとす。

午後六時、兵站参謀長には左の通報を出す。

一、軍は明四日更に運動を起し、前面の敵を撃攘して、奉天の西北に進出せんとす。

二、野戦兵器廠の弾薬は縦列の外支那車輛を使用し、可成多く前方沙河子附近に前進せしめられたし。

午後九時、第九師団経理部長〔井出治〕の報告に依り、張站及小新民屯に敵の集積せる左の糧秣あることを知れり。

張站	稗桿	三千貫
	高粱	四百石
	豆粕円板	二万五千枚
	粟	四、五十石
	塩	二十袋
	高粱桿	二万五千貫

薪　　二千貫

午後八時三十分、左の報告を総司令官に呈出す。

一、軍前面の敵は馬圏子方向に退却し、午後六時頃に至り全く双影を認めす。遺棄せる死者及土民の言に依れは敵の損害は三千以上にして、我死傷は約三百なり（以下略す）。

二、老辺方向より南進せる敵は歩兵五、六大隊、騎兵約五、六中隊にして、秋山支隊は曹家台附近に在りて之と対戦中なりしも、日没と共に砲声を聞かす。

三、軍は明朝八時運動を起し、三縦隊となり、第九師団を右に、第七師団を中央に、第一師団を左にして奉天停車場及張家子間の地区に向ひ前進し、秋山支隊は常に左側の掩護に任し、又砲兵旅団及後備旅団は軍総予備となり第二、第三縦隊間の地区を前進し、軍司令部は午前九時出発、先つ後民屯に至る。

午後九時三十分、右と同主旨の軍命令を下す。

本日各縦隊の給養及糧秣補給は次の如し。

一、第一、第二、第三縦隊とも大行李を用ひ、当日縦列より補充し、縦列は兵站倉庫にて補給を受く。

本日は第一縦隊の外、各縦隊共殆と停止の状態に在りしを以て、各其輜重梯隊を整頓し、糧秣及弾薬の補給の状況甚た良好となれり。

三月四日

午前四時五十分、第三軍参謀長〔大迫尚道〕より、満洲軍総司令官の将来の作戦計画訓令（三日午後十時三十分発）を伝達し来れり。同訓令に依れは、第三軍は本日は前進を中止し、将来第二軍の前進を待て、之と連繋して、右翼を馬三家子に於て前進すへきなり。

然るに、軍に於ては、露軍は既に退却を開始せるものと判断しありたるを以て、若し一刻にても猶予せしか、敵を捕捉すること不可能にして、今や第二軍の斉頭の来著を待つへき機にあらす、速かに直進して奉天停車場を占領するに如かすと考へ、総司令部の命令に従はす前進を継続することとせり。此議を決する為に、午前五時軍司令官の前面にて幕僚会議を開き、河合副長、白井中佐、菅野少佐、余及河西大尉列席したるか、河合副長已下何れも前進を可なりとせるを以て、稍不満の色ありし松永参謀長も止を得す之に同意し、軍司令官の決裁を得て前進に決せり。

午前二時二十五分、兵站参謀長より左の通報（一時十七分発）あり。

今三日小北河以北各兵站司令部の糧秣現在高、茨楡坨五・六、八三堡子なし、沙河子不明、烏邦牛一一・〇、菜不街二・四。

午前八時、兵站参謀長より三日午後六時発電報到達す。

明後五日より八三堡子にて毎日一師団半分、其他の部隊は五日より菜不街にて糧秣を補給するも差支なし。

阿司牛に在る大隊と連繋し左側に対し警戒守備する為、後備歩兵第五十七聯隊第三大隊（二中隊欠）を大民屯に差遣す。此大隊は明四日出発、明後日任地に到着する筈。八三堡子及沙河子には本日既に兵站司令部を開設せし筈。波林子には差当り司令部を置かす。当兵站監部は予定の如く本日当地に前進せり。

本夕に於ける各兵站地糧秣集積量は追て通報す。

午前八時二十分、第二軍参謀長より伝達せる総司令官の第三軍に与ふる訓令を受領せり。

第三軍は情況之を許すに至らは、馬三家子を右翼として東北方に面して運動すへき準備を整へしむるも、一時停止すへし。

の〔ママ〕訓令を受領せり。此訓令に関する処置に就ては、今暁既に幕僚会議にて決せる処なるを以て、軍司令官は依然前進することとせり。然れとも、此訓示は第一縦隊長〔第九師団長大島久直〕、第二縦隊長〔第七師団長大迫尚敏〕の許を通過し、右の二縦隊は既に運動中止の姿勢に在ることを知りたるを以て、軍は直に第一師団長並に砲兵旅団長に約一時三十分の停止を命したる後、各縦隊は前進を継続することとせり。而して、総司令官に対し、軍は目下前進運動中に在り、此運動は既に第二軍司令官〔奥保鞏〕にも通報し、同軍にも勉めて第三軍の運動に伴なはれんことを希望し置き、且つ軍の此運動は目下の情況に対し全軍の作戦上最も総司令官の意図に合することを確信し、且つ之に副ひ実施せんことを期する旨を報告せり。

午前九時軍司令部は胡土台を発し、午後四時頃後民屯に着せり。

午後三時、軍経理部長〔吉田丈治〕より左の意見上申あり。

糧秣補充地変更意見

一、明五日各団隊の糧秣補充地を左の如く変更。

第七師団	菜不街
第九師団	同
第一師団	沙河子
後備歩兵旅団	同
騎兵第一、第二旅団	同
砲兵旅団	同

二、輜重の給養は従前の通り。

右の意見は直に採用し、之を各師団及兵站に通報せり。

午後四時三十分、総参謀長に左の通報を発せり。

目下第一師団の主力は大石橋附近に、其一部は既に五台子、平羅堡を占領し、此方面に在りし敵の歩騎兵は何れも北方に敗走せり。

第七師団の主力は李官堡西南無名部落に在り。其前衛は目下李官堡に在る歩兵二大隊、砲十六門の敵を攻撃中。

第九師団の主力は張士屯附近に在り。其一部は其東方及寧官屯附近に在り。同方面にありても敢て大なる敵の抵抗を見す。

諸状〔ママ〕報に依り、後塔、大平庄及停車場西方には若干の工事あるも、大なる価値なきか如し。又敵の大集団は大平庄附近に在りと云ふも確実ならす。

敵の大縦隊の昨日来北方に退却せるは確実なるか如し。

軍は日没に至る迄も成し得る限り速に目的地に向ひ前進せんとす。

午後七時二十分、軍経理部長より次の報告あり。

一、午後六時第九師団経理部長の報告に依れは、同部か午後二時張士屯に達したるとき、露兵の残置せる乾草一万五千貫を発見せりと。依りて、之を師団の使用に供するの外、第七師団、砲兵旅団等の馬一頭に付五百匁宛分配し、受領者を出さしむ。

午後九時頃、総司令官に左の報告を呈せり。

軍の各縦隊は今朝予定の如く運動を起し、午後二時頃第一縦隊は張士屯附近に於て、第二縦隊は後民屯東方に於て、揚士屯及李官堡に在る敵の歩砲兵に会し之を攻撃し、第二縦隊は砲兵旅団の協力に依り午後六時頃遂に李官堡を占領したるも、第一縦隊に就ては其後の報告に接せす。

第三縦隊及秋山支隊は其前面に在る敵の小部隊を駆逐しつつ、正午頃主力は大石橋に、第一線は転湾橋、五台子を占領し、秋山支隊は前心台子に達し、其一部は平羅堡に達せり。

軍は此姿勢にて夜を撤〔ママ〕し、明払暁運動を起し、停車場より張家子東方に亘る線に前進し、特に左翼を東南方に繞回し、以て敵の退却を潰乱せしめんとす。

本日正午、軍の右翼は確実に第二軍の左翼と連繋を維持せり。

間諜及土人の言を綜合するに、敵は本日も陸続北方に退却し、停車場附近は人馬群集し大なる混乱を極めあり。又大平庄附近には若干の工事あるも、其設備大なるものにあらさるか如し。大平庄附近には諸兵種より成る大集団ありと云ふも、其真偽確実ならす。

軍は明朝より各縦隊の後方連絡線を前民屯、沙嶺堡、黄三家子、揚子崗子以北の地域に変更す。

同時に、翌五日に関する左の要旨の軍命令を発す。

一、軍は明日前進を続行して、可成速に敵の退路に迫らんとす。

二、各縦隊は明払暁運動を起し、前面の敵を撃攘して、可成速に四日の為示せる目標地点に向ひ前進すへし。

三、秋山支隊は北方に対し軍の左側を掩護し、且速に奉天鉄嶺街道並に奉天北方に於ける鉄道線路方面を捜索すへし。

四、軍の総予備隊は後民屯北方畑地に集合すへし。

五、各縦隊の後方連絡線を自今左の如く変更す。
第一縦隊　前民屯―沙嶺堡―黄三家子―揚子崗子
第二縦隊　黄土―拉木河―沙河子―光山子
砲兵旅団　ジヤヘン―皮家台―夾河沼
第三縦隊　馬三家子―黄家台―老虎牛―波林子
右の変更運動は明日午前七時より開始すへし。
六、軍司令部は後民屯に在り。
同時に、給養に関し各団隊に左の通報を発せり。
一、明五日以後、各師団及独立各旅団の戦闘部隊に要する糧秣を、左記の如く兵站司令部に於て補給す。
第九師団　八三堡子
第七師団　菜不街
第一師団　沙河子
後備歩兵旅団　同
砲兵旅団　同
秋山支隊　同
二、兵站監部は昨三日小北河に移れり。
午後九時三十分、松浦少佐〔寛威、第三軍副官〕か奉天に派したる間諜に依り得たる情報は左の如し。
一、本日午後七時頃奉天停車場に着せるに、該地には敵兵僅かに一千に上らさりし。

汽車には負傷者、糧食、椅子の類を積載して北走せり。

沙岡山に砲十四門を見る。其南方一帯掩堡に亘り約二、三千の歩兵あり。

午後十時、第九師団参謀長より左の報告あり。

一、第九師団は第五師団か渾河右岸に進出せし為、後方連絡に困難せるを以て、徳勝営子、大青堆子の線を明日より譲り受けたき旨第八師団より交渉し来れり。

二、然る時は、当師団後方連絡線は偵察せしも他になきを以て、張士屯、達子堡、四台子、馬門子の線を取らさるを得す。就ては第七師団の後方連絡路と混雑せさる様可然御取計相成度。

右の意見は、既に午後十時の軍命令にて解決せるを以て、別に指示を与へさりし。

本日各縦隊の実施せる給養法は次の如し。

一、第九師団は携帯糧秣を用ひ、一部は翌五日午前十一時四十分雑姮崗にて補充し、大部は補充を行はす。糧食一縦列は茨楡坨にて補給を受く。

二、第七師団は携帯糧秣を用ひ、翌五日午後五時姚家屯北方部落にて縦列より補充す。糧食一縦列は烏邦牛にて補給を受く。

三、第一師団は大行李を用ひ、翌五日午後五時黄上に於て縦列より補充す。糧食一縦列は菜不街に至りたるも、兵站司令官に渡すへき命令なき為、烏邦牛にて補給を受く。

四、砲兵旅団は大行李を用ひ、翌五日午後三時縦列より「プーマプーザ」にて補充す。後備旅団は大行李を用ひ、翌日午前十時藍山台にて縦列より之を補充す。

右両旅団の糧食縦列は沙河子にて補給を受く。

五、秋山支隊は大行李を用ひ、翌日午前十時岔路口にて縦列より補充す。

三月五日

午前一時十分、第九師団参謀長より、四日午前十一時三十分発左の通報あり。

当師団の進路兵站線路上にあらさると、戦況上携帯糧秣を使用するの時機多きと、糧食縦列を補充する兵站倉庫の遠隔せると、自ら野戦倉庫の始末をなささるへからさるとに依り、成し得る限り鹵獲品等を混用するも給養困難なり。就ては、今後は可成近き兵站倉庫より補充を受くることに取計はれ度。又携帯糧秣の補充を容易ならしむる為、糧食四縦列の内一縦列を携帯糧秣のみを積載することに変更致し度。

追て、明五日は八三堡子に於て携帯糧秣の補充を受けしめ度に就き、該倉庫に予め御命令ありたし。

右の通報に対しては、糧秣補給のことは四日午後九時の給養に関する通報中に明示し、又携帯糧秣のみの積載のことは実行し難き旨回答せり。之は最初出発の際、各人携帯口糧、尋常食五食分、携帯口糧一食と定め、兵站及輜重の輸送は之に依るへく定めたるに依る。

午前三時十分、四日午後十一時二十分発兵站監の左の報告あり。

守備として後備歩兵第五十七聯隊第三大隊本部及二中隊を大民屯に派遣す。此大隊は明五日到着の筈。

午前五時三十分、総司令官より、第三軍は速に揚士屯、後民屯に亘る線を開放して第二軍に譲るへしと。依りて、午前六時、左の軍命令（要旨）を発せり。
一、第一縦隊は今朝の攻撃前進を中止し、北方に転移するの準備をなしあるへし。
二、第二縦隊は本朝砲兵全部の協力に依り李官堡を占領したる後、第一縦隊同様の準備にあるへし。

三、第三縦隊は別命ある迄前進運動を一時中止し、現在の姿勢にあるへし。

午前七時三十分、兵站参謀長に左の通報を発す。

軍は状況を見て第一線を大石橋附近より平羅堡附近に亘る線に転移せんとす。其後方連絡線は概ね大石橋、沙嶺堡、黄三家子、様子崗子の線以北にて、板橋、老虎牛、波林子の線以南に転位せしむる筈。

弾薬は全力を竭して速に沙河子に前送せられんことを希望す。

午前九時三十分、第七師団及砲兵旅団に攻撃中止を命す。之は該方面の攻撃は容易に進捗せさるへしと見へたるに依る。

午前十一時五分、総司令官に左の報告を呈す。

今朝覆答し置きたる如く、昨夜発の貴訓令に基き、軍は本日現在の正面を岔台以北に転移せんとせしも、今に至るも李官堡は未た我有に帰せす、敵は馬圏子方向より漸次増援隊を受けるか如く、又第一縦隊の正面に在りても、今払暁来既に揚士屯の敵に対し攻撃動作を開始せしも、此攻撃も亦意の如く進捗せすして、敵は若干の工事に拠り多少の増援を得て頑強の抵抗を試みるか如し。状況此の如くなるを以て、軍は現在の攻撃を遂行するか、若くは此儘攻撃を中止して持続戦を行ひ、第二軍の此方面に進出するを待ち軍の転進運動を行ふを要す。然るに、諸状〔ママ〕報に依るに、敵は北陵附近より大平庄、李官堡を経て揚士屯附近に亘り若干の工事を施し一聯防禦線を設備しあるものの如し。之に対し我攻撃を続行するは、仮令其目的を達するも得る処少くして、然も貴命令の趣旨に違ふものと信す。故に、此際一時攻撃を中止して持続戦を行ひ、第二軍の予定地区内に進出するを待ち、然る後予定の転進運動を実施せんとす。

午後零時五十四分、兵站参謀長同日午前零時三十五分発左の通報あり。

今四日北大溝及其以北兵站司令部の糧秣現在高は、茨楡坨七・八、八三堡子〇・五、沙河子四・五、烏邦牛一三・〇、菜不街三・二、北太〔ママ〕溝四二・〇なり。

午後二時、負傷者後送を容易にする為に、曹家台兵站支部設置に関し、兵站参謀長に次の通報を発せり。

軍の第一線と最近兵站司令部との間は距離遠隔に過ぎ、負傷者の後送等後方の交通に差支へ尠からす。依りて、速かに曹家台（馬三家子の西方一里半）に兵站司令部、又は支部を設けられたし。

本日午前十一時、余は命を受け第二軍司令部に至る。其用件は、第九師団をして速に北方に転移せしめたきに付、第二軍は其交代となるへき部隊を速に同師団の占領地に派遣せしめられたしと云ふに在り。伝騎一を伴ひ後民屯を発し、前民屯、徳勝営子を過ぎ、高粱の切り株の畑中を一直線に南進し、午後二時第二軍司令部の所在地たる倭家堡に達す。直に軍参謀長大迫少将に会し、第三軍の希望を述ぶ。大迫少将曰。「当軍には目下第三師団を同地に充つる筈なり。依りて、直に其命令を与ふへし」とのことにて、余の主なる任務は果されたり。然るに、鈴木少佐（作戦主任参謀）〔荘六、第二軍参謀〕より、第三、第九師団の交代に当り、敵前に於て一方は退却し、一方は前進することは結局将来の攻撃を遅緩せしむる所以なるを以て、第三師団か攻撃前進を行ふときは、第九師団も亦共に協力して前進攻撃を行ひ、一段落の後、第九師団は退却する様せられたしとの議あり。余は何気なく之を諾し、之を第九師団に伝ふへきを以てしたり。依りて、第二軍よりは金谷参謀〔範三、第二軍参謀〕を同地に派遣し、協議の上相互に第九、第三師団に命令すへしとのことなりしを以て、午後三時軍司令部を発し、金谷参謀と共に第九師団司令部の位置に至れは、其後方には既に第三師団司令部の来れるあり。依りて、余は第九師団足立参謀長に第二軍との協定の旨を以てしたるに、足立参謀長はそれは服すへからす。師団は軍の命令にて一刻も速に北方に転移せさるへからす。第三師団の攻撃前進なと共にすることを得すと。之は正当の議論なるも、余は第二軍と約束せしことなるを以て、他軍との関係には自軍のことは多少犠牲とすへしとの考へにて之を主張したるも、容易に聴き入れず。又軍より派遣の山岡参謀も足立参謀長の意見を支持せるを以て大に困りたるか、遂に折衷論出て、第三師団にして今日日中に攻撃前進せは之と攻撃を共にすへく、夜に入れは第九師団は直に退去すへしとのことにて議論纏り、金谷参謀は此ことを第三師団に告けることとなり、余は辞して日没頃後民屯の軍司令部に帰着せり。

午後八時、総参謀長に左の要求を出せり。

小北河附近橋梁保護の為、左の爆薬及火具を直接当軍兵站監部に渡されたし。

小型綿火薬一〇〇〇個

雷管　　二〇〇〇個

午後四時三十分、今後の作戦の予報に関し兵站参謀長に次の通報を発す。

一、軍の各師団は目下次の線に在り。

第九師団は張士屯及其附近に、第七師団は李官堡及其附近に、第一師団は岔台より転湾橋に亘り強大なる敵と相対す。

二、軍は本夜更に敵の背後連絡線上に進出せんか為、現在の位置を第二軍に譲り、左の姿勢を取らんとす。

第一師団は平羅堡。

第九師団は大石橋。

第七師団は右両師団の中間に。

軍の正面は奉天及其北方に向ふ。

三、後方連絡線を左の如く規定す。
第一師団は板橋、大房身を経て波林子方向に。

第七師団は馬三家子より万家河台を経て荒山子方向に。

第九師団は大石橋、沙河子を経て八三堡子方向に。
四、軍司令部は明朝後民屯より馬三家子に移る。
同時に、兵站参謀長より左の電話通報あり。

本日八三堡子に兵站弾薬縦列二個を以て鳥邦牛より送致せり。明日は更に輸送力を増加し送附す。現在弾薬は鳥邦牛及八三堡子に在り。小北河には弾薬なし。八三堡子の弾薬は逐次沙河子に送り、同地に弾薬中間廠を設置する筈。

目下兵站諸部隊の運動は激烈なる状態を告け極力努力しつつあり。師団各縦列も同様に奮励せしめられたし。

右の末文に対し、師団の各縦列は目下非常の困苦を忍ひ劇烈〔ママ〕なる行動を実施しつつあることを回答せり。

次て午後五時、軍前面の状況を通報す。

午後六時四十分、兵站監に次の命令を発せり。

命令。軍の左側背掩護の為、沙河子に出たる後備歩兵第五十四聯隊第二大隊は自今貴官の指揮に属す。同隊は明五日朝宿営地出発、敬安堡に至り、同地附近に在りて軍の後方連絡線を掩護すへきことを命し置けり。

午後六時、軍の正面変更に関し左の命令を下す。
一、軍は大平庄附近より奉天西方に亘る堡塁線を拠守せんとする敵に対し西北方より之を包繞する為、先つ軍の正面を岔台附近より平羅堡附近に亘る線に転移せんとす。

二、従来の第一縦隊（第九師団）を第二縦隊とし、第二縦隊（第七師団）を第一縦隊とす。
三、各縦隊の新に占むへき地区左の如し。
第一縦隊　岔台より劉家窩棚に亘る線。
第二縦隊　第一縦隊の左翼より高力屯東方約二吉の無名部落に亘る線。
第三縦隊　第二縦隊の左翼より平羅堡東北約二吉に亘るの線。
各部隊は即時運動を開始すへし。但し、他部隊に正面を譲るものは交代の来る迄一部隊を残置すへし。
五、〔ママ〕軍の総予備たる砲兵旅団及後備歩兵旅団は馬三家子に到るへし。
六、秋山支隊は常に軍の最外左翼に位置し軍の左側を掩護し、且つ遠く前方を捜索すへし。
七、各縦隊の後方連絡線を左の如く変更すへし。
第一縦隊
　黄土—沙嶺堡—黄三家子—揚子崗子
第二縦隊
　馬三家子—曹家台—皮家台—沙河子—光山子
第三縦隊
　板橋—老虎牛—波林子
砲兵旅団
　三家子—拉木河—阿司牛
八、軍司令部は明朝馬三家子に至る。

本日は各師団の取りたる給養法は次の如し。

第九師団は大行李を用ひ、之を同日午後三時雅姐崗に於て縦列より補充し、一縦列は八三堡子にて補給を受く。

第七師団は大行李を用ひ、午後五時黄上西方畑地にて縦列より補充し、一縦列は烏邦牛兵站倉庫より補給を受く。

第一師団は大行李を用ひ、翌日朝范家屯にて縦列より補充し、縦列は兵站倉庫より補給を受く。

三月六日

軍司令部は午前六時後民屯を発し、午前九時馬三家子に達す。此朝寒気強かりし為、軍司令部の馬三家子に着するや、管理部は大に気をきかし司令部の庭内に焚火を行ひたるに、風の為稍危険のことありしを見て、焚火の嫌なる乃木大将は大に叱咤せられたり。

午前八時三十分、総司令官に軍司令官より、総予備を若干第三軍の方面に転位せらるるを有利とする旨を具申せられたり。

午前十一時五十分、山岡参謀より第九師団の状況に付、左の報告あり。
一、敵情先きに報告したる処の如し。
二、只今一戸少将の指揮する歩兵旅団前進したるを以て、歩兵第七聯隊を急行せしめ、大石橋東方約二千米の部落に派遣し、同地に在る第七師団の歩兵と協力せしむることとせり。
又同師団の一個聯隊は大石橋西方に開進中なり。

第九師団に属する野砲兵は只今大石橋に前進を命したり。

第九師団司令部は大石橋に在り。

午後零時三十分、第七師団より次の報告あり（午前十一時、厳家荒発）。

一、歩兵第二十八聯隊は西丁香屯東方無名部落に前進せしめたり。

二、大石橋東方の無名部落に在る我左翼隊の歩兵一大隊は目下猛烈なる敵の砲撃を受けつつあり。

兵力未詳の敵は東方より岔台に向ふて続続前進中にして、敵の小銃弾は岔台に在る我砲兵陣地に達す。

三、砲兵旅団には所要に望み一部隊を大石橋東方に進出して応援せしめられんことを請求せり。

同時に、大石橋東方の状況視察の為派遣せられたる菅野参謀より次の報告あり（零時十五分、大石橋発）。

敵は本道上転湾橋（図上転湾橋の西方半里橋梁の在る処）方向のみならす造花（化）屯方向にも前進し来り。其数約二大隊、砲八門。其北方には敵騎の集団あるか如し。

高力屯には第九師団の歩兵二大隊、閘上には第一師団の二中隊及機関砲あり。

本道の南にては我第七師団は展開して対戦中。

砲兵旅団も後備旅団も既に到着す。師団長は高力屯を固守すへきを命し（此処には野砲聯隊あり）、又山砲聯隊を高力屯附近に布置せんとす。

午後一時、松浦少佐の胡台に出したる間諜の報告に依れは、柳条屯及北陵には無数の露兵あり。

午後一時三十分、山岡参謀より左の報告（零時三十分、大石橋発）あり。

一、野砲兵第十六聯隊の一大隊は、午前十一時三十分大石橋東北方に陣地を占領し、八家子附近の敵砲兵を射撃中なり。此砲兵は八門なるか如し。

砲兵旅団の第十七聯隊の一大隊は、正午大石橋東南方に陣地を占領し、大平庄西方の敵歩兵に向ひ射撃中なり。

二、第七師団に於ても其歩兵を先刻来左翼、即ち大石橋東方二千米の部落に増加しつつあり。

三、目下小銃の声は漸次北方より南方に移るか如く想像せらる。或は敵か奉天、新民庁本街上に牽制し、岔台方向に本攻撃をなすにあらすやと思はる。

同時に、菅野参謀より左の報告あり（零時五十分、大石橋発）。

一、零時四十分、第九師団の状況。

本道上の状況は劉家窩棚に退却せし第七師団の大隊を援助する為、第七聯隊の一大隊を出せり。第七師団より同方向に歩兵一聯隊を出したりと。

故に本道上は先つ安全なり。

砲兵旅団の一部は既に陣地に進入し射撃を始む。

同時に、兵站参謀長より通報（五日午後九時五十二分、小北河発）あり。

今五日大烟角兵站司令部を撤去し、阿司牛にある同支部に合し、同地に司令部を開設す。

但し、同地に在る糧秣を菜不街に前送したる後、撤去する筈。

同時、又菅野参謀より左の報告（零時五十分発）あり。

第九師団は一部の外、戦闘部隊は集合を了はれり。

午後二時三十分、山岡参謀より左の報告（一時三十分発）あり。

一、高力屯東方に対しありたる敵の歩兵約二個大隊は只今東方に向ひ退却す。我砲兵は之に向ひ猛烈に射撃中なり。
二、八家子西方の敵砲兵は尚沈黙せす盛に其歩兵の退却を掩護する為射撃しつつあり。
三、目下一般の状況は各方面共漸次静粛になりつつあり。
午後三時五十三分、兵站参謀長より左の通報（五日午後三時三十分発電報）。

関外鉄道利用の件は、大本営に於ても是認し、遼東守備軍に訓令したる旨大島参謀〔健一、大本営参謀兼兵站総監部参謀長〕より電報ありたり。

新民庁には明七日、大民屯より歩兵一中隊を出し騎兵と交代せしむる予定。

午後四時、安原参謀より第七師団の状況に付、左の報告（二時十分発）あり。
一、第七師団前面の敵は全線攻撃前進を始めしも、其動作活発ならす。或は偵察的企図を有するものにあらさるか。
但し、其砲兵は頗る猛烈に射撃し、劉家窩棚及岔台にては火災を起せり。
二、後備歩兵第三大隊は午後一時三十分西丁香屯西南無名部落に到着し、已に開進を終はれり。
三、砲兵旅団の陣地後方に失し、有力なる射撃を行ふこと能はさるへし。小官の意見にては対家荒の東方附近に其主力を展開するを適当と思ふ、云々。
午後七時、安原参謀より左の報告（五時発）。
一、敵の砲兵、李官堡、馬圏子、大小方士屯、八家子附近の四ケ処に顕はる。就中、馬圏子の敵砲兵は頗る猛烈に射撃せり。敵砲兵は或時機に於て我兵の拠れる村落の後方を射撃す。
二、午後三時より四時の間に、前面の敵は攻撃前進を中止し、千乃至千五百米の距離に停止す。

三、午後五時左翼隊長〔斎藤太郎、歩兵第十四旅団長〕よりの報告に依れは、敵兵再ひ劉家窩棚に包囲攻撃し来れり、云云。

午後八時五分、総司令官より命令あり、曰。

総予備隊たる後備歩兵第一旅団、同第十三旅団（一聯隊欠）、同第十四旅団は明七日後民屯出発、馬三家子に至り第三軍に属せしむと。

右三旅団を此時機になりて第三軍に属せらるることは止むを得さるも、軍としては兵力の増加の利よりも給養力の不足の害多き方と云ふへし。

午後八時、翌七日に関する軍命令を下せり。

一、軍は明払暁より運動を起し、前面の敵を撃攘して、先つ北陵、張家子（田義屯）の線を占領せんとす。

二、第一縦隊は第七師団前面の敵を撃攘して、北陵に向ひ前進すへし。

三、第二縦隊（第九師団）は其主力を以て秋家屯、柳条屯の線を柳条屯に向ひ前進すへし。

四、第三縦隊（第一師団）は平羅堡附近より同地已北の地区を、敵を東南に圧迫する如く張家子（田義屯）に向ひ前進すへし。

五、秋山支隊は軍の左側及左側背を掩護すへし。

六、軍の総予備中、砲兵旅団は閘上西南方畑地に集合し、其東方附近に於て八家子及道義屯を射撃し得る如く陣地を占領すへし。後備歩兵旅団（三大隊）は秋家屯西方畑地に集合すへし。

七、軍司令部は東部馬三家子に在り。

当日夕、弾薬現在数を調査するに次の如し。

野砲弾　一五五八〇
山砲弾　四一四七
小銃実包　一二六七五六三
右を各団隊別とすれは、
砲兵旅団（携行及縦列共）一門に付　三六五・八
第一師団　同　同　三三〇・六
第七師団　同　同　野二六二・七
　　　　　　　　　山二九九・一
第九師団　同　同　山三三九・五
小銃実包縦列の分は各師団共定数充実せり。
兵器廠現在数、野山砲一門に付一五〇発、小銃実包総数一七九四六八〇発あり。
午後十一時四十分、安原参謀より左の報告あり（午後十時十五分発）。
一、第二軍の第三師団は明日李官堡の敵を西方より攻撃する筈。因て、隣接師団たる第七師団は其右翼隊を以て少くも間接に此攻撃を援助するの必要ありと信す。
二、第三師団の李官堡に対する攻撃動作に対し、第七師団の正当として為すへき援助動作は、昨今屢々第三師団より要請せらるる処なり。
三、小官の意見にては、第七師団の右翼隊は明日現在地に在りて第三師団の要請に応する必要ありと思考す。
本日各団隊の実施せる給養法次の如し。

一、第七師団は一部は携帯口糧、大部は大行李を用ひ、翌日午後五時黄土にて縦列より補充。
一縦列は菜不街にて補給を受く。
二、第九師団は大行李を用ひ、同日午後八時馬三家子にて縦列より補充。
一縦列は八三堡子にて補給を受く。
三、第一師団は大行李を用ひ、翌七日午前八時小房身にて縦列より補充。
一縦列は沙河子にて、他の一縦列は烏邦牛にて補給を受く。
四、砲兵旅団及後備歩兵第十五旅団は大行李を用ひ、翌日正午頃三十家子にて縦列より補充。
縦列は何れも沙河子にて補給を受く。
五、秋山支隊は大行李を用ひ、翌日午前十一時古城子にて縦列より補充。
縦列は本日より始めて沙河子にて補給を受く。

三月七日

此日、軍司令部は馬三家子（東部馬三家子にて実名藍家屯とす）に至る。

午前六時三十分、後備歩兵一旅団を馬三家子と平羅堡との中間に位置せしめ、其内一大隊を平羅堡に出し北方に対し警戒せしむることとす。

午前七時十五分、第一師団より鉄道破壊の命令に関し左の報告あり。

鉄道破壊の件に就ては極力之を実施すへきことを独立騎兵に訓示し置きたり。

午前十時五十分、兵站参謀長に左の通報を発す。

新民庁に於ける通信所は我軍に於て其通信を監督するを要す。之に要する兵力並に職員を至急同地に派遣し此処置を取られたし。

午前十時五十分、総参謀長に左の通報を呈す。

午前六時四十五分、第一師団の右翼隊は敵の歩騎兵若干を駆逐して弓匠屯高地を占領し、又其左翼隊は同時に多分三家子を占領せしならん。第九師団は高力屯より秋家屯の線に亘り、八家子及造化屯の敵に対し攻撃前進中。第七師団は昨夜来の線に在て前面の敵と交戦中。砲兵旅団は大石橋北方二吉の閘上附近の陣地に在て高力屯東北方に前進の準備中なり。

目下第七師団方面には時々砲声を聞くも、第一師団方面は未た静粛なり。

午前十一時三十分、山岡参謀より左の報告あり。

平佐少将〔良蔵、歩兵第十八旅団長〕の指揮する歩兵四大隊は造仁屯に前進中にして、同縦隊は第一師団と連繋して攻撃前進する筈。

只今造化屯方面に劇《ママ》烈なる銃声を聞く外異状なし。

正午に至り、第九師団方面の状況進捗せさるを以て、之に快速に前進すへき訓令を下せり。

同時に、松浦少佐の奉天に出したる間諜より左の報告あり。

昨六日夕、三台子にて露国斥候五、六十名に遭ふ。三台子の南営子堡にて露国通訳（支那人）に捕はれ其訊問を受く。昨夜拘留せられ、其時同地に露兵を見す。

本日払暁戸外を望むに、満目露兵ならさるなく、歩兵は最も多く中央に在り。騎兵は其西に、砲兵は其東に在り。兵数は多くして推算するを得す。皆疲労して地上に臥れ眠る者多し、云々。

又今朝、露の通訳、日本軍か露の背後に廻りたりとて狼狽せし為、放たるるを得たり。

午後二時三十分、総司令官より（午後一時三十分、烟台発）左の命令あり。

満洲軍総予備たる後備歩兵三旅団（第二軍に属したる第十三旅団の一聯隊欠）は本日より第三軍司令官の隷下に入らしむ。右三旅団を指揮する隠岐少将〔重節、後備歩兵第一旅団長〕は目下馬三家子附近に在る筈。

同時に、隠岐少将は軍司令部に於て、同三旅団の所属輜重に就て次の如く報告せり。

後備歩兵三旅団の為に左記の輜重を附属せしむる旨通報ありたるも、目下其所在不明にして捜索中なり。

臨時第二輜重兵大隊本部及糧食一縦列

臨時第二弾薬大隊（本部及歩兵弾薬一縦列）

臨時第一弾薬大隊第二歩兵弾薬縦列

第一師団第二次野戦病院

第三師団第二次野戦病院

第一師団第二次衛生隊（担架二中隊）

右、新に附属せられたる後備三旅団の給養は当兵站部に於て是迄計画しあらさりしを以て、本日迄該三旅団の給養を担任せし第二軍に当分の内給養を担任せられ度旨電話協議したるに、倭家堡第二軍野戦倉庫より補給し得へき旨回答ありたり。依りて、同旅団所属の糧食縦列到達の上は其糧秣を馬三家子に卸下せしめ、同地に軍野戦倉庫を設け、直接に各隊の大行李に補給し、而て糧食縦列は倭家堡より馬三家子に糧秣運搬を行はしむる如く計画せり。

本日正午、軍全般に対し左の加給品給与の命令ありたり。

一、当軍に属する軍人軍属一般へ、各人宛、清酒一合、巻煙草二十本宛加給す。但し、現品受領に関しては左の区分に依る。

軍司令部
第九師団 八三堡子
同野戦電信隊
第一師団
同野戦電信隊
第七師団
同野戦電信隊 菜不街
後備歩兵第十五旅団
秋山騎兵支隊
砲兵旅団
兵站諸部隊 附近倉庫

午後四時、兵站に対し電話開通したるを以て、後備歩兵三旅団の給養に関し左の如く聞合はせたり。

後備歩兵三旅団は新に第三軍に属せられたり。当軍兵站部に於て直に之か給養を担任し得へきや。又秋山支隊及砲兵旅団の糧秣も曹家台に於て補給せしむるの必要あり。兵站輸送の状態如何。

右に対し兵站参謀長より次の回答あり。

一、後備歩兵三旅団のことは昨夜総司令部よりも同様の問合はせありたり。依りて、本日既に一師団分を沙河子より曹家台支部に送れり。

二、秋山支隊及砲兵旅団の糧秣は未た曹家台より補給するを得す。

依りて、軍参謀長より更に次の如く要求せり。

曹家台に於ける集積の高を増加し、各独立旅団の糧秣補給を容易ならしむる為に、後備三旅団の糧秣は一、二日間第二軍の倉庫より補給を受くることとせり。第二軍とは協議済み。

午後四時四十五分、第九師団に在る山岡参謀より左の報告あり。

一、造化屯に向ひたる第九師団の攻撃は下官の所在地より目撃するに進捗しつつあり。敵は囲壁に拠り頑強に抵抗しつつあり。平佐少将よりは未た其後の報告なし。我山砲隊は大に効力を現はし居れり。

二、第一師団も歩兵一大隊を五台子に展開し、造化屯の攻撃を援助しつつあり。

又同時に、第七師団長に後備歩兵第十五旅団を其指揮に属することを命令せり。

午後七時、各団隊に対して猛烈に攻撃前進すへき旨軍訓示を下せり。

又後備歩兵第一旅団を第一師団に属する軍命令を発せり。

午後八時、翌日に関する軍命令を下せり。

一、軍は明日引継〔ママ〕き前面の敵を撃攘し、飽く迄包囲の目的を達せんとす。

二、第一縦隊（後備歩兵第十五旅団を属す）は後金家窩棚に向ひ前進すへし。

三、第二縦隊は奉天西北鉄道と石仏寺道との交叉点附近に向ひ前進すへし。

四、第三縦隊（依然、後備歩兵第一旅団を属す）は柳条屯東南方に向ひ前進し、特に軍の左側を警戒し、且つ速に一部隊を出し奉天鉄嶺街道を遮断し、且つ鉄道破壊を実行すへし。

五、秋山支隊は依然前任務を続行すへし。
六、砲兵旅団は各縦隊の前進に伴ひ、八家子附近を経て北陵に向ひ前進し、各縦隊の前進を援助すへし。
七、後備歩兵第十三旅団（一聯隊欠）及同第十四旅団は明朝七時大石橋東方畑地に集合すへし。
八、軍司令部は明朝七時馬三家子を発し大石橋に至る。
右命令の伝達後、命令受領者に対し軍司令官より、明日我軍の作戦の成功せんことは全軍の渇望する所なり。諸子は大に奮励努力すへき旨各指揮官に伝達せよと。

午後九時、総司令部井口少将より午前十一時発左の通報あり。直に之を兵站に通報す。

電話、電信隊の保護に任すへき当部憲兵を、渾河右岸長灘、八三堡子、沙河子、後民屯、倭家堡の線以内には、人数請求に応し、貴軍兵站部をして向後給養せしめられたし。黒溝台、後民屯に至る電話線に附属する臨時電話隊の人員に関しても亦同し。

同時、兵站参謀長より午後一時五十五分発左の通報あり。

今後沙河子中間廠の弾薬数は同地中間廠より直接貴官に報告すへきを命し置きたり。

烏邦牛に在りし弾薬全部は本日を以て八三堡子に送り済みなり。尚、新たに受けたる弾薬全部は小北河より六日支那車二十六輛と、又今七日支那車五十三輛を以て八三堡子に送れり。故に、沙河子と八三堡子には三個の兵器廠共分置しある筈なり。

糧秣集積量は昨夜貴官に電報し置きしか、念の為、昨六日現在、茨楡坨八・八、八三堡子一・二、沙河子六・〇、烏邦牛一一・〇、菜不街八・五。

午後十時、総司令官より左の命令あり。

一、諸報告を綜合して第三軍の戦況を判断するに、本七日に於ける運動は頗る遅緩なるを覚ゆ。甚た遺憾とす。

二、全般の戦機を発展する目的を以て、奉天附近の敵を撃退するは、第三軍の攻撃迅速果敢なるに依らすんはあらす。

三、貴官は充分なる決断を以て、貴官の命令を厳格に実行せしめ、以て攻撃をなすへし。

此命令を受くるや、軍司令部幕僚は何れも其甚た劇《〔ママ〕》烈なるに驚き、軍は数日来不眠不休を以て攻撃に従事し多大の死傷を作り大に功《〔ママ〕》果を挙けつつあるに拘らす此命令を受くることは甚た遺憾とせしか、軍司令官は従容として迫らす、飽く迄総司令官の命令を聴取すへきを唱へ、直に部下に対し次の命令を発せしめられたり。

本日総司令官より別紙命令を受領す。誠に遺憾に堪へす。諸子之に鑑み、明日以後猛烈果敢に動作し、重て失態なからんことを切望す。

午後十一時十分、沙河子兵站司令官より十時十三分発左の電報々告あり。

本日より曹家台に当兵站支部を設置せり。明八日より左の部隊は糧秣を支給す。

後備歩兵三個旅団、同第十五旅団、秋山支隊、田村支隊、野戦電信隊

午後十時《〔ママ〕》二十分、後備歩兵第一、第十三旅団引当の輜重隊指揮官新庄輜重兵中佐〔憲章カ〕、軍司令部に来り左の如く報告せり。

輜重全部は目下行進中に在りて、今夕中には沙嶺堡に到着すへし。

依りて、直に左の命令（要旨）を与ふ。

一、後備三旅団の糧秣分配は明日馬三家子に設置せらるへき軍野戦倉庫に於て実施す。

二、其輜重に属する糧食一縦列は明日其積載糧秣を馬三家子倉庫に交附し、倭家堡第二軍野戦倉庫に至り糧秣を受領し、之を馬三家子倉庫に運搬すへし。爾後別命ある迄同様の運搬を行ふへし。

三、爾余の諸隊は凡て馬三家子、若くは其附近に宿営すへし。

本日に於ける軍前面状況は次の如し。

一、第一縦隊は朝来転湾橋及小集屯の敵を攻撃せしも、敵の抵抗頑強にして其攻撃進捗せす。午後四時四十五分後備歩兵第十五旅団（四大隊）を同師団に増加し、日没に至る迄攻撃を続行せるも、遂に其目的を達するに至らす。

二、第二縦隊は午前十時半頃より造化屯に向ひ攻撃を開始し、敵の頑強なる抵抗を受けたるも、午後五時全く之を占領せり。

三、第三縦隊は途中若干敵の抵抗を受けて前進し、造化屯に対する第二縦隊の攻撃を援助し、午後五時四台子、張家子（田義屯）の線を占領せり。

砲兵旅団は高力屯東北方に前進し、此攻撃に多大の援助を与へたり。

本日右団隊の実施せる給養並に糧秣補給は次の如し。

一、第一縦隊（第七師団）は携帯口糧を用ひ、翌八日午後十一時転湾橋西方畑地にて縦列より補充。

糧食一縦列は菜不街にて補給を受く。

二、第二縦隊（第九師団）、携帯口糧を用ひ、翌八日午前四時三十分馬三家子にて縦列より補充。

糧食一縦列は八三家子にて補給を受く。

三、第三縦隊（第一師団）は大行李糧秣を用ひ、小房身にて縦列より補充。

糧食一縦列は沙河子にて、他一縦列は菜不街にて補給を受く。
四、砲兵旅団は大行李を用ひ、翌日午後一時三十家子にて縦列より補充。
後備歩兵第十五旅団は携帯口糧を用ひ、其補充を行はす。
両旅団の縦列は沙河子にて補給を受く。
五、後備歩兵第一、第十三、第十四旅団は大行李を用ひ、翌日曹家台支部にて補充。
右三旅団に属する糧食一縦列は沙嶺堡に到着せり。
六、秋山支隊は大行李を用ひ、翌日午前十一時揚馬廠にて縦列より補充。
糧食一縦列は沙河子にて補給を受く。

三月八日

午前零時十五分、津野田参謀よりの報告中に、第一師団は今夜中には是非鉄道破壊を実施する予定なりと。

又零時三十分、山岡参謀より第九師団の状況に就て出せる報告の要旨。
一、第九師団司令部は本夜秋家屯に宿営し、明払暁より前進せんとす。
二、本日右翼隊にて野砲六門を分捕せり。
三、造化屯の敵は我軍に包囲せられ死守するに至れり。十時半頃全部占領せしならん。
四、師団は造化屯と高力屯との中間に在る敵の陣地を奪取して其儘夜を撤《〔ママ〕》し、払暁より攻撃前進を起さんとす。
午前一時、第七師団の機関砲五、六門を第三師団に貸与すへき総司令官の命令あり。

午前八時、総参謀長に次の状況を通報す。

一、昨夜全正面異状なし。

二、今払暁全線攻撃前進を開始したるも、第二、第三縦隊方面に関し未た何等の報告なし。

三、第一縦隊の主力は目下転湾橋より其前面の敵を攻撃中。大小方士屯に向ひし後備歩兵第十五旅団の攻撃は頑強なる抵抗に遭遇し目下劇〔ママ〕戦中なり。其進捗意の如くならす。

四、本夜造化屯附近にて敵の遺棄せる野砲六門あり。

五、秋山支隊より出せし将校斥候（騎兵第六聯隊綿貫中尉〔正方カ〕）は勇敢なる行為を以て、七日午前一時五分奉天鉄嶺鉄道線に接近し、約四十米の鉄道線を破壊せり。

軍司令部は午前七時馬三家子を発し、七時三十分大石橋に至り、午後六時三十分同地発、同七時馬三家子に帰着せり。

軍工兵部長は小北河附近、渾河及太子河に架せる諸橋梁の解氷に対する防護処置の為、今朝小北河に向へり。

本日朝、軍砲兵部にて調査せる各部隊の弾薬現在数は次の如し。

三月八日朝調査弾薬現在数

砲兵旅団	一門に付		三五二・二
第一師団	同		三三〇・六
第七師団	同	野	三四二・七
		山	二九二・一
第九師団	同		三二六・二

兵器廠現在数　一門に付　九〇・二

小銃実包縦列現在数

第一師団	一、〇七三、三四〇
第七師団	一、一一一、二四〇
第九師団	一、〇九二、九六〇
中間廠現在数	一、二九三、五六〇

三月七日費消弾薬数

野砲弾	五、七〇四
山砲弾	三、二九七
小銃実包	四一六、〇八〇

午前七時、軍経理部長より次の報告あり。

本日朝、馬三家子東南端に軍野戦倉庫を設置したり、云々。

午前十時十分、総司令官より将来の行動に関する命令あり。

午前十一時五十分、第九師団に派遣せられたる福島大尉〔正一、第三軍副官〕より左の電話報告あり。

一、第九師団は今朝午前九時より攻撃前進に移り、十時より右翼隊は八家子の攻撃に着手し、左翼隊は戦闘準備整ひ何時にても援助し得へき状況に在り。

二、第七師団は本朝小寒屯に向ひ攻撃せしか、八家子より側射を受け苦戦の情況にあるを以て、第九師団に至急八家子を攻撃せんことを要求し来れり。

第七師団との連繋は確実なり。

三、第一師団との中間には騎兵を以て連絡を保持せしも、敵騎の為に圧迫せられ充分に之を保持する能はさるを以て、更に一部隊を派せり。

午後一時五十分、第一師団参謀長より後方のことに関し左の通報あり。

第一師団は軍の最外翼をなし目下の如き包囲運動を実施するときは弾薬糧食の輸送に非常の困難を生し、殊に輜重諸縦列は前方倉庫に於て補充を受くること能はさると、距離他師団に比し長大なる為に、糧食縦列の如きは充実するもの一、二縦列にして、他は尽く補充の為遠く運動中にある景況なり。斯の如き状況に在りては僅少の故障も遂に弾薬糧食の補充を杜絶するの惨状に陥るへく、尚当師団の為には支那車を以て特別に輜重梯隊の附近に送致する様処置相成度。又止むを得されは少くも最前の倉庫より補充する様処置相成度熱望致します。

午後一時五十分、第一師団参謀長の給与に関する希望に就ては、三月五日より沙河子に於て補充する様定めたるも、兵站監部に於て其命令伝達を遅延せしか為に、同師団の縦列は一時菜不街に至り補充を受くるの止むなきに陥りたるを以て、右の如き報告ありしものなり。依りて、直に電話にて兵站参謀長に、第一師団には確実に沙河子にて補給すへき様申送れり。

午前十一時、大石橋にて後備歩兵第五十七聯隊第三大隊長小川少佐より三月七日附左の通報あり。

一、敬安堡守備地に於ては情況不明に付、連絡の為横道少尉を派遣す。目下の状況指示ありたし。

二、小房身、小辺附近には第三師団長〔大島義昌〕の指揮に属する後備歩兵第五十五聯隊来着し、且つ敬安堡附近の敵状を偵察するに、当方面危険の慮〔ママ〕なきものと認む。

三、当大隊は兵站監の指揮を脱し、旅団に合する様取計はれたしと。

依りて、軍前面の状況を指示し帰還せしむ。

午後二時十分、沙河子兵站司令官より三月七日午後四時発左の報告あり。

当地現在数　　小銃弾二、一六六、六一八

榴霰弾五、二一七　　鋼製榴弾七一八

銑製榴弾五、〇一六

午後二時四十分、総司令官か第三軍の猛烈なる攻撃前進を希望せる旨の通報を得、之を各師団に通報し、且つ其前進を督促す。

前進督促の為、軍司令官は自ら第一線に至らんと述へられたるも、之を止め、松永参謀長をして病を冒して第一、第九師団長の元〔許〕に至らしめらる。

午後四時、左の状況報告を呈出す。

午後一時三十分、第三縦隊の状況。

「ウエン〔ママ〕チエンツン」西方の堤防は我兵確実に之を占領し、此方面の敵は北方及東方に退却せり。

此攻撃の際、敵砲兵は頑強に抵抗し、我に少なからさる損害を与へたり。

三台子の敵は頑強に抵抗し、我歩兵の猛烈なる攻撃も未奏功に至らす。縦隊長〔第一師団長飯田俊助〕は更に歩兵一大隊を増加して極力其占領を努めつつあり。

同縦隊より八家子方面に出したる斥候の報に依れは、敵の歩兵及車輌は大寒屯より潰乱して東南方に退却しあるを見たり。

目下第一線の占領したる地区より直接鉄道線路を脅威するを得へし。然れとも、同縦隊は全く線路を遮断する目的を以て攻撃前進を継続しつつあり。秋山支隊方面にては依然敵の騎兵部隊及僅少の歩兵出没するのみ。

午後四時、馬三家子軍野戦倉庫の視察に向へる浅野経理部々員〔量太郎、第三軍経理部員〕の帰来報告は次の如し。

本日馬三家子に糧秣を搬致すへき臨時輜重兵大隊の縦列は午後三時に至るも来着せす。然るに、後備三個旅団の大行李は続々受領の為来るも、同倉庫に分配すへき糧秣なきを以て、本日に限り曹家屯兵站支部にて補充を受けしむることとせり。

之と同時に、軍司令部に在りし臨時輜重兵大隊副官より、同隊糧食縦列は命令の行違ひよりして、今朝沙嶺堡に積載糧秣を卸し、直に倭家堡第二軍野戦倉庫に向へりとの報告ありたりと。

午後五時三十分、左の状況を総参謀長に出す。

一、第三縦隊午後三時に於ける状況。

第三縦隊は約一師団の敵に対し柳条屯及三台子の占領を強行しつつあり。敵は逐次其兵力を増加するを以て今尚其目的を達するに至らす。「ウワンチエンツン」附近に於ては劇〔ママ〕烈なる銃戦あり。敵は続々其兵力を増し、飽迄鉄道線路を保持せんとするか如し。

同縦隊騎兵聯隊長〔名和長憲、騎兵第一聯隊長〕の報告に依れは、約一軍団を下らさる敵は午後一時頃鉄道線路の東側地区を三縦隊となり北進し、其先頭は胡土〔土〕台に達せり。

二、第一縦隊は今尚小集屯を攻撃中なるも、未た占領の報に接せす。

三、第二縦隊は八家子占領後の前進に就ては未た何等の報告に接せす。

四、状況此の如くなるを以て、目下第一縦隊の攻撃進捗を督促しつつあり。

午後九時、翌日に関する軍命令を出す。其要旨は次の如し。

一、軍は引続き従来の目的を続行せんとす。

二、各縦隊は本日の任務を続行し、敵の退却を潰乱に陥らしむへし。

三、秋山支隊は其主力を以て大新屯附近に位置し、前任務を続行すへし。

四、砲兵旅団長の指揮する部隊は明払暁出発、四台子附近に前進し、第三縦隊の攻撃を援助し、特に一部を以て成し得る限り鉄道の運行及敵の北行を防碍〔ママ〕すへし。

五、軍総予備中、後備歩兵第十四旅団（一大隊欠）は明朝出発、田義屯に到りあるへし。又後備歩兵第十三旅団（一聯隊欠）は造化屯西方畑地に至り集合すへし。

六、軍司令部は明朝八時出発、造化屯に到る。

又同時に、第一師団第二次衛生隊に次の命令を与ふ。

其隊の半部は明日道義屯に至るへし。

又同時に、第七師団長に次の命令を与ふ。

一、第三師団第二次野戦病院を一時貴官の指揮に属す。同病院は明日午前九時大石橋に至る筈。

午後九時四十五分、兵站監より七日午後六時五十分小北河発次の電報あり。

明八日より第一師団、騎兵二旅団を沙河子に於て、後備歩兵四旅団及砲兵旅団は曹家台に於て、第七、第九師団は八三堡子及菜不街に於て、糧秣を補給することを得。

午後十時、第七師団長に第二軍の部隊と岔台の守備を交代すへき命令を下せり。

本日軍前面の状況概要次の如し。

一、軍は今朝来予定の攻撃を続行し、第一縦隊の右翼（後備歩兵第十五旅団）は未明大小方士屯を攻撃せしも、猛烈なる敵火の為多大の損害を蒙り撃退せられたり。又同縦隊の主力は小集屯の敵を攻撃せしも、敵は該村に堅固なる工事を施し頑強に抵抗せし為其目的を達せす。本夜々襲を以て之を奪取する筈。

二、第二縦隊は八家子の敵を攻撃し、劇戦〔ママ〕の後午後一時半之を占領し後、大集屯に向ひ攻撃前進を行ひ交戦中なり。

三、第三縦隊は今朝来三台子及柳条屯の敵を攻撃し漸次肉薄せしも、敵は屢々其兵力を増加し頑強に抵抗せしに依り、日没尚之か占領に至らさりし。

本日各団隊の実施せる給養並に糧秣補給は次の如し。

一、第七師団は第一線部隊は携帯口糧を、其他は大行李を用ひ、午後九時大石橋西端にて縦列より補充。

糧食一縦列は菜不街にて補給を受く。

二、第九師団は大行李を用ひ、翌日午前十時馬三家子に於て縦列より補充。

糧食縦列は補給を受けす。

三、第一師団は携帯口糧を用ひ、翌日午前十一時平羅堡にて縦列より補充。

四、砲兵旅団は大行李を用ひ、翌日正午三十家子にて縦列より補充。

糧食一縦列は沙河子にて補給を受く。

後備歩兵第十五旅団は携帯口糧を用ひ、翌日午後一時馬三家子にて縦列より補充。

右両旅団の糧食縦列は沙河子にて補給を受く。

五、後備歩兵第一、第十三、第十四旅団は大行李を用ひ、其補充は翌日馬三家子軍野戦倉庫より受く。

右三旅団引当の糧食一縦列は倭家堡第二軍野戦倉庫にて補給を受け、之を馬三家子軍倉庫に運搬す。
六、秋山支隊は大行李を用ひ、翌日午前十一時揚馬廠にて縦列より補充す。
糧食一縦列は沙河子にて補給を受く。

三月九日

此日、軍司令部は午前八時馬三家子（藍家台）を発し、同九時造化屯に至り、午後五時四十分同地発、六時三十分五台子に至れり。

午前零時、第二軍参謀長より、第八師団をして今より運動を起し、払暁迄に其先頭を以て岔台に達し、同地以北新民庁街道迄の地区を占領せしむる筈なりとの電話通報あり。依りて、此進出に伴ひ、右翼の一部を第二軍に譲り、軍は主力を左翼方面に集結するに決し、午前二時之に関する命令を下せり。其要旨は次の如し。
一、軍は可成多くの兵力を集結して、之を左翼に使用せんとす。
二、第三縦隊（第一師団）は前任務を遂行すると同時に、其左翼の延長に勉めて速に鉄道及奉天鉄嶺街道を遮断すへし。
平羅堡に在る後備歩兵第十四旅団（一大隊欠）を其指揮に属す。該旅団は午前七時迄に張家子に至る筈なり。
三、第一縦隊（第七師団）は第二軍の左翼より第三縦隊の右翼に亘る間の地区を前進し、其主力を以て奉天西北方、石仏寺街道と鉄道との交叉点に指向すへし。
四、第二縦隊（第九師団）は第一縦隊と交代し、即時運動を起し、可成多くの兵力を道義屯附近に集結すへし。

五、余は今朝八時、造化屯に到る。

午前零時四十五分、総参謀長より八日午後二時五十分発左の通報あり。

袁世凱〔北洋大臣兼直隷総督〕は我軍の為に情報を蒐集しつつあるものなるを以て、新民庁電信局より発信する袁世凱の電報（暗号を除く）は遅滞なく発進せしむる様電報局監督者に命せられたし。

此電報は直に兵站監に通報し、且つ発信監督の処置を行はしむ。

第二縦隊（第九師団）は午前五時より、砲兵旅団は午前七時三十分より、新命令に基き運動を起し、道義屯附近に集合したるを以て、午前九時五十分造化屯に於て左の命令を下す。

一、第九師団は胡士台に向ひ前進し、敵の退路に逼迫すへし。

二、目下第一師団長の隷下に在る後備歩兵第十四旅団（一大隊欠）を第九師団長に属す。

三、砲兵旅団は現任務を続行すると共に、第九師団の前進を援助すへし。

午前十時、余は命を受けて平羅堡に至り、後備歩兵第十四旅団長〔斎藤徳明〕に、自今第九師団長の指揮を受くへき軍命令を伝達す。帰途、道義屯に向ひつつある第九師団の縦隊に会す。其縦隊長径の短く、兵力の少きに驚けり。師団の縦長よりも大小行李の長径大なりし。

午前十時、左の状況報告を呈せり。

第九師団は今朝五時頃より運動を開始し、道義屯附近に集合中なり。同師団には目下張家子附近に在る後備歩兵第十四旅団を属し、胡士台に向ひ前進し、敵の退路に逼迫せしむ。

第一師団は今朝三台子を攻撃し、敵は家屋毎に防禦して頑強に抵抗を為せしも、午前八時頃に至り遂に其全部を占領せるか如し。其左翼隊は目下柳条屯を攻撃中なり。

砲兵旅団は今払暁四台子に到着し、該方面の戦闘に参与しある筈。

第七師団前面の敵は今朝来我に向って緩徐なる砲撃を為せり。

午前十一時十五分、沙河子弾薬中間廠長より八日午後三時二十五分発の電報々告あり。

八日調当廠現在弾薬数は、小銃弾二百十六万六千六百十八、榴霰弾二千五百九十四、鋼製榴弾四百八十、銑製榴弾三千五百九十、迫撃弾九百三十六、機関砲弾二十三万七千六百あり。

午前十一時五十分、兵站参謀長より八日午後一時五分小北河発左の報告あり。

本日大石橋（鷹森司令部）及状況之を許せは奉天（林司令部）に兵站司令部を開設する予定。曹家台は大石橋の支部となる。

然るに、軍今後の作戦上、大石橋は兵站地として右方に偏するを以て、直に左の通報を発せり。

昨夜来第三軍の正面は再ひ北に移り、右翼は八家子附近より左翼は胡士台に亘ることとなれり。為に大石橋は右に偏し不便少なからす。依りて、之に代ふるに、馬三家子に兵站司令部を開き、平羅堡に其支部を設くる様せられたし。目下馬三家子には軍の倉庫あり。

次て午後一時、鷹森兵站司令官より、本朝大石橋に着し直に司令部を開設したる旨報告ありたるを以て、直に左の如く回答せり。

大石橋は軍の後方連絡線の側方にありて、軍の給養を行ふに甚た不便なり。故に、大石橋に於ける開設を変更し、馬三家子に開設すへし。

右兵站地変更のことは兵站参謀長には通報済みなり。

此日正午頃より風塵甚しく四顧を弁せさる状態となれり。午後零時五分、第七師団長より、午前十一時三十分五台子を発し、包道屯を経て北陵に向ひ前進する旨報告あり。
午後零時四十分、第一師団より左の報告あり。
一、三台子に侵入したる我攻撃隊は村落の外囲を占領せしも、敵は其内部に於て頑強に家屋防禦をなしあり。
二、因て、工兵隊を増援し、爆薬を投して、逐次家屋防禦を排除する筈。
又同時に、津野田参謀の報告あり。
一、中村旅団〔長、歩兵第二旅団長中村正雄〕は馬場旅団〔長、歩兵第一旅団長馬場命英〕の夜襲発覚せられたるを以て夜襲を見合せ、払暁より砲二門を近距離に招致し「ウワンチエンツン」（観音屯）を砲撃し、其囲壁を破壊したる後突撃する筈なり。
夜中撰抜歩兵二中隊、工兵一中隊を以て鉄道破壊を実施せしめたるも、未た何等の報告に接せす。
二、後備歩兵第一旅団（四大隊）は中村旅団の左に連り焼鍋子に向ふて攻撃せしむへき命令を下せり。払暁より実施の筈。
三、師団長は後備第十四旅団の外、歩兵第一聯隊の二大隊を手裡に有せらる。後備第十四旅団は張家子北方部落に位置せしめらるる筈。
四、砲兵の大部は張家子東北方に、一部は其北方に位置せしめらるる筈。
五、第九師団の行進目標は道義屯より郭七屯附近に向て前進せしめらるるを有利とし、砲兵旅団は郭七屯、田義屯間を至当とす。
午後一時、左の状況報告を呈す。

第一師団三台子の攻撃は殆んと其効を奏したるも、敵は尚二、三の家屋に止り抵抗し、正午前此敵は更に多大の増援を得て頗る激戦を極めあり。然るに、我第七師団の主力は午前十一時三十分五台子を発して北陵に向ひしを以て、三台子攻撃部隊には著大の声援を与へたるなるへし。

柳条屯は尚攻撃中なるも、未た其目的を達せさるか如し。

焼鍋子に向ひたる後備第一旅団（四大隊）は午前十一時頃同村より七、八百米の処に近接し、彼我劇しく銃戦を交へあり。

本朝鉄道破壊に任せられたる歩兵二中隊、工兵一中隊は田義屯の東北方に於て騎兵集団に包囲せられたりとの報ありしを以て、救援の為歩兵一大隊を該方面に出したりとの報告あり。破壊の目的を達したるや否や不明なり。

本朝来列車の運行を認めすと。

八家子方面に時々緩徐なる敵の砲声を聞くのみ。

軍司令部は後刻五台子に至る筈。

午後二時、軍経理部をして、後備歩兵三旅団の糧秣分配所たる馬三家子は距離遠きを以て、其支庫を北大橋に設置せしむることとせり。之と同時に、新庄輜重兵中佐の部下縦列は自今馬三家子より北大橋に糧秣を運搬せしむることとせり。

午後二時十分、津野田参謀より左の電話報告あり。

唯今後備歩兵第一旅団は敵の逆襲に遇ふて退却し、之か為中村旅団の左翼も亦退却を始む。

後備歩兵第十四旅団は直に戦闘に加入すへく命令すへきに依り、承知ありたし。第九師団及砲兵旅団へは当方より通報す。

午後三時十分、安原参謀の報告。

第七師団は第一師団の右翼に連り攻撃前進を始め、其第一線は午後二時四台子南方の無名部落を通過せり。

午後四時三十分、左の状況報告を呈す。

第一師団の右翼部隊は敵の頻繁なる逆襲に抵抗しつつ三台子部落内に於ける我位置を固守し、午後二時第七師団の一部同地附近の戦闘に加入せしとの報あり。

柳条屯に於ける同師団左翼隊の戦闘は依然之を継続しつつあり。

第九師団は午後二時前衛を以て道義屯を発し、郭士屯、小橋子を経て、又左側衛を以て同地発、小心屯を経て胡士台に向ひ前進す。

小心屯及郭士屯附近には各敵の歩兵約一大隊あり。又小橋子には敵の砲八門あり。未た後報に接せす。

午後四時四十分、軍司令部は五台子に移る。

午後六時三十分、津野田参謀よりの報告（五時三十分発）。
一、後備歩兵第一旅団か攻撃失敗したるは、焼鍋子に向ひ西方より東面し、左側面の警戒皆無にして、四大隊の兵力を第一線に展開し、援隊も予備隊も有せさる場合に於て、敵より其左側背を攻撃せられたるに依る。只今迄に集合したるものは、第一、第十五聯隊に於て各三百、第十六聯隊に於て百五十にして、聯隊長、大隊長等幹部は皆死傷したるか如し。此等の諸隊は全く潰乱したるを以て、尚兵卒は多少増加の見込みあり。
二、歩兵第二旅団は全く後備第一旅団の敗退に随伴したるものにして、幾何旧位置に残存せしかは詳かならす。師団長は当村に於て敗退者の集合を了はりたる後、逐次旧位置に派遣せしめつつあり。而して、目下稍整頓を了はり「ウワンチエンツン」西方堤防に復行したるもの約一大隊半なり。此旅団も幹部の大部を失ひ、兵数も約二分一に減せり。只今旧位置を回復したりとの報あり。而て、敵は東北方に退却しつつあり。

「ウワンチエンツン」には依然敵兵あり。

三、略。

四、昨日来の戦闘に於ける師団の死傷は約四千に達す（後備第一旅団を含む）。

五、師団長の手裡には歩兵第一聯隊の完全なる二大隊あり。

六、後備歩兵第十四旅団は当村北方に（砲兵陣地の左に連り）歩兵五大隊を第一線に展開し、予備の姿勢に在るもの約三中隊に過きす。後備第一旅団の敗退するや、此方面にも敵兵約一旅団以上前進し来りしも、約千二百米の距離に至るや、我歩砲火の為退却せり。要するに、此旅団も現況に於ては之を引き抜くを得す。第九師団の攻撃前進に伴ひ、逐次其配備を撤し、同師団長の隷下に入らしむるを得策とす。仍て、本夜は此姿勢に於て第一師団長の指揮に附し置かれたし。後備第一旅団の失敗に依り、当師団の攻撃に著大の蹉跌を来したるは、小官の最も遺憾とする所なり。

後備第一旅団及中村旅団の敗退したる場合の混乱の状は実に名状すへからさるものありしも、小官は臨機の処置として直に後備第十四旅団を再ひ第一師団長の指揮に属し、直に秩序及戦況の恢復に勉めしめたり。目下殆んと戦勢を恢復し得たるは不幸中の幸なり。

同時に、津野田参謀より左の電話報告あり。

約一師団の敵は胡士台方向より中村旅団の左翼に向ふて逆襲し来れり。之か為同旅団は再ひ敗走し来れり。

諸隊混淆、惨情を極む。師団長以下第一線に在て之を収容し、且つ前進し来る敵を撃退せり。小官は此時已を忘れて機関砲に号令せり。

午後七時、安原参謀の報告（午後六時発）。

第七師団は目下北陵附近の敵に対し熾に攻撃実施中。三台子西北方無名部落は已に占領せり。

午後八時十分、津野田参謀より午後三時三十分発報告。

一、後備歩兵第一旅団（四大隊）の退却に随伴し、歩兵第二旅団の大部も張家子に向ふて敗走し来れり。然れとも、「ウワンチエンツン」附近より南方に在りし一部は（主として大隊長の指揮宜しかりしか如し）尚其位置に在り。

中村少将、渡辺大佐〔祺十郎、歩兵第二聯隊長〕、牛島大佐は敗走者の先頭に在り。其部下の如何になり居るやを知らす。実に言語同断《〔ママ〕》なり。

二、敵は追撃し来る模様なし。

敗退兵は只今村内に於て粗ほ隊伍を整頓し了はれり。師団長は中村少将に厳命し前位置に復帰せしむ。

今より約三十分間の後には多分運動を起し得へし、云々。

三、後備第一旅団は幹部の大部分を失ひ、向後使用に堪へさるへし。

午後八時十分、第七師団の報告（七時三十五分発）。

一、師団の攻撃しつつある敵（三台子西方陣地を占領しある者）は午後六時頃より其兵力を大に増加したるものの如し。

二、師団長は飽迄も之を撃攘せんとす。予備の大部分を第一線に加へ目下激戦中。

師団長の現に有する予備は歩兵一大隊なり。
午後十時、津野田参謀帰来。当日の状況を口頭報告せり。
同日、〔ママ〕翌日に関する軍命令を下せり。
一、軍は明日、現在地附近に停止して待機の姿勢にあらんとす。
二、第七師団は目下攻撃中なる三台子西方無名部落を占領せは停止して第二軍左翼及第一師団の右翼と連絡すへし。
三、第一師団は略現在の位置を保守し、第七、第九師団と連絡し、特に第七師団の三台子西方無名部落の攻撃を援助し、且つ確実に三台子の全部落を占領すへし。
四、第九師団は現在地附近に在て第一師団及秋山支隊と連絡し、特に軍の左側を掩護すへし。
五、後備第十四旅団（一大隊欠）は第九師団長の指揮を脱し、第一師団長の指揮に属す。
六、砲兵旅団は第一、第九師団の中間に於て両師団の戦闘に参与し得る如く陣地を撰定すへし。
七、秋山支隊は現在地に在りて前任務を継続し、特に鉄嶺方向を捜索すへし。
八、軍の総予備たる後備歩兵第十三旅団（一聯隊欠）は午前七時五台子北方畑地に集合すへし。
九、諸隊は現在地附近に於て頑強なる抵抗を為し得る如く設備し、且つ各目標に向ひ直に前進し得る準備にあるへし。
十、軍司令部は五台子に在り。
右の軍命令を下せるは、他の各軍の正面に於ては敵兵未た退却の色なく、第三軍のみ余り遠く孤立して作戦せるの感ありたるを以てなり。

午後十時三十分、安原参謀の報告（九時三十分、四台子発）。
一、第七師団の攻撃動作は夜に入るも未た其目的を達するに至らす、四百乃至七百米の距離を以て敵と相対峙す。地形平坦にして攻撃の為一拠点なく、恰も小集屯の敵砲より常に側背を掃射せらる。之容易に奏効せさる所以なり。
二、師団長は本夜手擲爆薬を使用し夜襲を以て敵陣を奪取することに決心せられたり。
午後十一時、山岡参謀報告（午後九時二十分、郭七屯発）。
一、第九師団の前衛は午後六時半郭三屯に進入したる後、尚前進を続行せんとせしも、敵は該村落の前方約四百米の堤防に拠り頑強に抵抗し、又只今敵は郭三屯の東南方に増加し逆襲し来れり。然れとも、銃声に依り判断すれは多大の敵にあらさるか如し。前衛司令官〔平佐良蔵、歩兵第十八旅団長〕直に之の敵の逆襲を退却せしめたり。
二、第九師団の左側衛（山田中佐〔良水、歩兵第十九聯隊長〕の指揮）は午後七時半小心屯を占領せり。
三、第一師団方面の戦声は静粛なり。
四、略。
五、第九師団長は只今左の決心をなせり。
　前衛をして郭三屯を、左側衛をして小心屯を固守せしめ、師団本隊は郭七屯に停止す。

午後八時、沙河子兵站司令官より六日午後八時四十分発左の問合あり。

　各師団、騎兵、砲兵、後備各旅団の所在地を知り度し、返待つ。以後位置変る毎に通知ありたし。

右に付、直に回答を発せり。

本日各団隊の実施せる給養及補給は次の如し。
一、第七師団は携帯糧秣を用ひ、翌十日午後九時四台子南側畑地にて縦列より補充。
糧食一縦列は菜不街にて補給を受く。
二、第一師団は大行李を用ひ、翌十日午前十時平羅堡にて縦列より補充。
糧食一縦列は沙河子にて補給を受く。
三、第九師団は携帯糧秣を用ひ、翌日午後一時道義屯に於て補充。
糧食一縦列は八三堡子にて補給を受く。
四、後備歩兵第十五旅団は大行李を用ひ、翌日午前八時馬三家子にて縦列より補充。
砲兵旅団は大行李を用ひ、翌日午前十時馬三家子にて補充。
右両旅団の縦列は沙河子にて補給を受く。
五、後備歩兵第一、第十三、第十四旅団は大行李を用ひ、翌日午前十一時より午後三時迄に馬三家子野戦倉庫にて補充。
右三旅団引当の縦列は達子営第二軍倉庫にて補給を受け、馬三家子に運搬す。
六、秋山支隊は大行李を用ひ、翌日午前十時揚馬廠にて縦列より補充。
縦列は沙河子にて補給を受く。

三月十日

午前二時、総参謀長より第一、第四軍の状況通報あり。其要旨は、

一、第一、第四軍の前面の敵は続々退却し、各軍の一部は九日午前五時半頃既に渾河の右岸に達せり。而て、本日第四軍の一部は早朝迄に二台子と魚鱗堡の中間に、又第一軍の一部は今朝三窪及蒲河に向ひ前進する筈。

右の状報〔ママ〕に依り、各軍も既に大に前進に就き、第三軍のみ孤立進入の状況にあらさるを知り、猛烈果敢に攻撃を実行するに決し、午前三時十分左の要旨の軍命令を下せり。

一、各師団は今払暁運動を開始し、予定の目標に向ひ猛烈に前進すへし。砲兵旅団は特に第九師団の前進を援助すへし。

二、秋山支隊は其主力を以て石山子方向に挺進し、敵の退路に迫るへし。

午前六時三十分、第七師団より三台子西方部落を占領したる報あり。

午前六時五十分、総参謀長より八日午後八時四十五分発左の通報あり。

奉天占領と共に同地の安寧秩序を維持する為、当部附小山歩兵少佐〔秋作、満洲軍総司令部附〕を該地に派遣す。依りて、貴軍に在る歩兵二大隊（可成第二次〔ママ〕）を同少佐の指揮に属して奉天の守備に任せしめられたし。

然れとも、目下の状況、奉天に入ること能はさるを以て、軍隊の分属を一時見合はせたり。

午前八時十五分、安原参謀の報告（七時三十分発）。

一、今未明の猛烈なる突撃に依り、敵の第一線の中央部の一部は占領せられたり。敵は其東方に尚兵力を増加すると、師団長は之か破壊の為更に歩兵一大隊を増加し、逐次側面より敵陣を潰乱せしめんとす。

二、其後第一線よりの報告に依れは、敵は第一線の後方に良好なる第二線を有し、我突撃隊は苦戦せりと。

午前八時三十分、総参謀長より次の通報（午前二時発）。

一、大久保支隊〔長、後備歩兵第三旅団長大久保利貞〕は今朝午前二時過、揚官屯に於て渾河を渡河す。此時、敵の逆襲を受け損害多く、目下現状を維持す。
二、第六師団は大久保支隊の左側に於て午前四時渾河を徒渉し、三家子に向ふて前進す。
三、後備第十旅団は大久保支隊の右側にて午前四時渡河し、楡樹屯に向ひ前進す。
四、第十師団は尚其右側にて渡河し、福陵を経て魚鱗堡に向ふ。

午前九時、第七師団より昨夜の夜襲に関し報告あり。

午前十一時五十五分、左の報告を呈す。

一、胡土〔土〕台方向より張家子に向ひし敵は、我歩兵の前方千五百米に来りしとき、第一師団と第九師団との中間に在る砲兵旅団の為に撃退せられ、再ひ胡土〔土〕屯方向に退却せり。
昨日来大寒屯附近に於ける第七師団の死傷未た六百を越へさるへし。唯今砲兵旅団長の報告に依るに、今朝来三回汽車の北行を見る。同旅団は試表人にて列車を待ちつつあり。

午後零時十分、津野田参謀より左の報告あり（午前十一時発）。

一、師団砲兵の大部は三台子西南偶を、一部は「ウワンチエンツン」附近を射撃せり。
馬場旅団は砲撃の成果を利用し、三台子西南部より敵を駆逐せんとす。
中村旅団は未た運動を起すに至らす。
後備第十四旅団は張家子西方畑地にあり。
以下略す。

午後零時五十分、山岡少佐の第九師団の状況報告あり。又午後一時、同官より左の報告あり。

第九師団の前衛は午後零時十五分、東場上を確実に占領したりと認む。

午後二時三十分、左の状況報告を呈す。

昨日胡土台〔十一〕に派遣せし間諜の報告に依れは、午後四時頃に十二台の一列車奉天方向より北方に走る。内五台には分解せる砲を積み、他の十台には死骸を満載し白布を覆へり。

同五十分、第九師団より、午後二時四十分約一師団の敵兵東場上に向ひ逆襲し来れり。

午後三時、第八師団より左の通報あり。

一、師団前面の敵は正午頃より東方に向ひ退却を始む。

二、師団は二縦隊となり停車場方向に追撃す。

午後三時三十分、左の報告を呈す。

一、午後二時四十分頃、約一師団の敵は東場上の第九師団に向ひ逆襲し来れり。彼若し前進を継続せは、同師団は之を追撃して、胡土台〔十一〕附近に向ひ溢出するの準備に在り。

二、午後二時半頃、「ウニチス」停車場附近を敵の歩兵大縦隊及車輛潰乱して退却するを見る。第一師団の砲兵之を猛射す。此附近に我友軍の砲弾らしきもの落下するを見る。

午後五時十五分、第七師団より北陵の占領に関する報告あり。昨夜々襲後、通信杜絶の部隊なり。村上聯隊長〔正路、歩兵第二十八聯隊長〕行衛不明となる。

午後三時、軍経理部長より、本日北大橋に軍野戦支庫を設置したる旨報告あり。

同時、明十一日各団隊の糧秣補給点を次の如く定め、直に通報を発したり。

第九師団　　沙河子兵站司令部

砲兵旅団　曹家台支部
後備第十五旅団　曹家台支部
後備第一旅団
同第十三旅団　} 北大橋野戦支庫
同第十四旅団
第七師団　菜不街
第一師団
秋山支隊　} 沙河子

同時に、兵站監より午前二時発電報あり。

遼東守備軍神尾参謀長〔光臣〕の通報に依れは、関外鉄道は十日には輸送し得る見込に付、貴部にて兵站部を新民庁に至急設けられたし。荷物は三井の名義にて送る。満洲倉庫よりも平服したる主計以下若干人を送る筈。又米と麦のみ送る。副食物は遼陽方面より取られたしと。

右に付、殊更新民庁を避け、兵站司令部を馬廠に、其支部を敬安堡に設く。新民庁より馬廠迄は三井の手にて輸送せしめ、馬廠より大石橋に当部にて輸送する筈なり、云々。

午後三時三十分、兵站監に電話開通す。依りて、左の通報を申来れり。

関外鉄道利用の目的を以て馬廠に兵站司令部を設置せし為、新民庁方面の警戒を一層厳にする必要あると同時に、敵騎法庫門方向より南下し来るとの確報あり。依りて、目下軍司令官の直属たる後備歩兵第十五旅団を兵站監に復帰せしめられたし。

依りて、次の回答をなせり。

一、敵の大部は奉天街道を北方に退却しつつあり。

二、敵は其退却を掩護する為、巧に其部隊を漸次変還し、以て鉄道線路に拠らしめ頑強に抵抗す。

三、情況此の如くなるを以て、軍の総予備は目下尽く戦闘線に加入しありて一兵をも剰す処なし。依りて、後備歩兵第十五旅団は差し当り兵站監の隷下に復帰せしめ難し。

四、然れとも、貴監部の苦神〔ママ〕する所の奉天新民庁街道附近及遼河左岸の地域は、軍に於て安全に之を掩護すへし。

午後五時三十分、兵站監より左の通報あり。

敵の騎兵法庫門方面より南下せる確報に接せり。総司令部よりも兵站地防禦に注意を与へられたり。依りて、後備歩兵第十五旅団に騎兵一中隊を附し本職の指揮下に返され度し。自今軍の給養に最も便なる新民庁を敵騎に占領せられさらんか為、若し現況右の兵力を割き能はされは、後備歩兵第五十七聯隊と騎兵一小隊を速に新民庁に派遣し、同地を掩護せしめられたし。

右に付、参謀副長河合中佐より左の如く電話回答せり。

今日の戦況に依り察すれは、多分明日は後備歩兵第十五旅団の全部を兵站監に返へし得へし。其際、同旅団の区署に就て必要なる件あらは、下さるへき命令を予め当方に申送り置かれたし。

同時、兵站監に左の電話通報を行ふ。

当軍は数日来其正面を北方に移動したると共に、各師団の正面を二回大変更を行ひ、最初軍の右翼にありし第九師団は遂に軍の左翼に位置するに至れり。之等正面変更に伴ふて、後方部隊の移動運動劇〔ママ〕烈となり、為に人馬の大疲労を起し、且つ補給距離の増大したる為、糧秣補給に大なる困難を感せり。以上の状況なるに依り、向後各師団は沙河子以南に於て補充を受くることは全く不可能となれり。依りて、今日以後、各師団共、凡て沙河子に於て補充を受くることに定めんとす。不取敢、今日は同地に於て補充を受くへきことを命せられたり。今後の集積は右に準せられたし。

曹家台已北に於ける兵站の集積を充分ならしむる目的を以て、新に属せられたる後備三旅団は、今尚縦列に依り達子営に在る第二軍の倉庫より補給を受けつつあり。今後の作戦に対する為、沙河子已北の集積を急かれたし。


午後七時四十分、兵站監に左の命令を与ふ。

一時余の直轄とせし後備歩兵第十五旅団（四大隊）を貴官の指揮に復す。同旅団は今夜四台子に宿営す。

右後備旅団の復帰と共に、同旅団の為に支那車にて臨時編制せし糧食縦列は之を解き、其車輛は軍糧餉部をして使用せしむることとせり。

午後九時、第九師団より電話にて山岡軍参謀重症の報あり。蓋し、本日敵砲弾の丸子に依り両眼の後方を射貫せられたるに依ると云ふ。

同少佐は旅順已来同一幕僚として極めて懇意の仲なりしに、今や共に戦場に在るを得さるに至る、悲哉。

午後十時三十分、翌日の為左の軍命令を下せり。
一、敵は本日午後に至り、殆んと潰乱して北方に退却したるも、尚之を継続す。
第七師団は前方の敵を撃攘し、夕刻に至り後塔より北陵森林の南端に亘る線を占領し、第一師団は三台子及揚城屯を占領し、其一部は鉄道線路を占領せり。

第九師団は歪樹子及東場上の線に在りて、竿化屯、双樹子及小橋子に在る敵と相対峙す。

本日午後、砲兵旅団及第一師団の砲兵は北方に退却する敵の大縦隊に向ひ日没迄猛烈なる砲撃を加へ、全く之を潰乱に陥らしめたり。

本日午後に至り、我第四軍、第一軍の諸縦隊は二台子、魚鱗堡、大窪及蒲河附近に進出したる筈なるも、未た之と連繫を保つに至らす。

第二軍の第八師団は夕に至り奉天停車場に進出し、奉天北門より石仏寺街道に至る間を警戒し、又第三師団は奉天西方の地区を北進し、午後六時三十分頃其先頭を以て柳条屯附近に到着せる筈。

二、軍は明日、現在地附近にて兵力を集結し、北進の準備をなさんとす。
三、第一師団は所要の警戒を配置し、他は張家子附近に集合し隊伍を整頓すへし。
四、第七師団は明日午前八時四台子附近に集合し、前進の準備を為しあるへし。
五、第九師団は前面の敵を撃攘したる後、胡土台〔十〕附近に至り隊伍を整頓すへし。
六、秋山支隊は其主力を以て退却する敵を鉄嶺方向に追撃すへし。
七、砲兵旅団長の率ゆる部隊は現在地に在りて隊伍を整頓すへし。
要すれは、第九師団の攻撃を援助すへし。
八、五台子に在る後備歩兵第五十二聯隊第三大隊は依然現在地に在るへし。
九、後備歩兵第十四旅団より二大隊を明朝奉天に出し、軍政委員小山少佐の指揮に属すへし。
十、後備歩兵第十五旅団は兵站監の隷下に復帰すへし。
十一、略。

十二、軍司令部は五台子に在り。

午後十一時三十分、総司令官に左の報告呈出。

今未明北陵森林内に突入し、敵の包囲を蒙りたるに拘はらす、終日其位置を固守したる第七師団突撃隊の隊号及指揮官は次の如し。

指揮官歩二八聯隊長　村上大佐（戦死）〔実際は、負傷して捕虜となっていた〕

同　歩二六第一大隊長　大滝少佐〔幹正〕

同　同　第三大隊長　山内少佐〔正生〕

同　歩二八第一大隊長　長谷川少佐〔武夫〕

同四十五分、総司令官に左の報告を呈す。

今朝、我第四軍、第一軍の奉天北方に進出すへき報に接したるを以て、軍は前日来引継〔続〕き最も猛烈に攻撃前進を行ひ、速に敵の退路を遮断することに努めたり。

第七師団の一部は今未明三台子西方の敵陣地に向ひ最も勇敢なる夜襲を決行し、先つ其第一線を突破して北陵森林内に侵入し、劇〔ママ〕烈なる戦闘を交へて敵の内部を攪乱せり。然れとも、敵は再ひ其第一線を保守して該突入隊の背後を遮断せしを以て、該隊指揮官は敵の防禦設備をなせし森林内の一囲壁内に其兵力を集結して之を死守し、四面よりする敵の攻撃に抗したるのみならす、敵の退却に際しては猛烈なる射撃を行ひ之を潰乱して多大の損害を与へ、此の如くにして遂に友軍の侵入し来る迄其位置を保守せり。該隊の損害は素より多大にして殆んと其半数に達せしも、敵に加へたる損害は遥に其数倍に達せり。同師団の他部隊は三台子西方部落の攻撃を行ふと共に、再ひ敵線を突破して突入隊との連絡に勉めしも、敵は頑強の抵抗を試み容易に其目的を達するに至らす。

午後に至り敵兵動揺の色あると共に遂に同地を占領し、午後五時初めて突入隊と連絡し、日没に至り西塔より該森林南端の線を占領せり。

第一師団の三台子に在る部隊は引続き其西南偶を拠守せる約五百の敵を攻撃して遂に之を占領し、他は砲撃の成果を待て、「ウワンチエンツン」を攻撃し、午後六時全く該部落及鉄道線路を占領し、目下第四軍との連絡を求めつつあり。

第九師団は昨夜来引続き前面の敵を攻撃し、歪樹子及東場上を占領せしも、敵は前面の諸部落に拠り遂〔逐〕次其兵力を増加し北方より我左翼を包囲せんとせしも、同師団は鋭意之に抵抗して終日攻撃動作を継続せり。

本日午後一時頃より敵の大縦隊は陸続鉄道線路附近を北方に退却せるを以て、我砲兵は日没に至る迄全力を挙けて之を猛射し、全く潰乱せしめ、敵の狼狽の状殆んと其極に達せり。

第一日已来の我死傷は約一万五千にして、戦場に遺棄せし敵の死体は昨日迄の分にて五千以上に達せり。第一及第七師団は実力約半に、第九師団は四分一に減せり。已下略す。

本日各団隊の給養法は次の如し。

一、第七師団は大行李を用ひ、午後九時五台子に於て縦列より補充す。
　又前日使用せし携帯糧秣を本日午後九時四台子にて縦列より補充。
　縦列は兵站にて補給を受けす。

二、第一師団は大行李を用ひ、翌日午前十時平羅堡にて縦列より補充。
　糧食二縦列は沙河子にて補給を受く。

三、第九師団は大行李を用ひ、同日午後九時道義屯にて縦列より補充。
糧食一縦列は八三堡子にて補給を受く。
四、砲兵旅団は大行李を用ひ、翌日午後一時閘上にて補充。
後備第十五旅団は大行李を用ひ、翌日北大橋軍倉庫にて補充。

右両旅団の縦列は沙河子にて補給を受く。
五、秋山支隊は大行李を用ひ、翌日午前十時揚馬廠にて補充。
縦列は沙河子にて補給を受く。
六、後備第一、第十三、第十四旅団は大行李を用ひ、翌日午前北大橋軍野戦倉庫にて補充。
右三旅団引当の縦列は馬三家子より北大橋に野戦倉庫糧秣を運搬す。

三月十一日

午前五時、第一師団より報告（午前三時発）に依れは、第四軍との連絡の為昨十日日没頃歩兵第三聯隊より出したる将校斥候は、同日午後九時頃二台子の歩兵第二十二聯隊及旅団司令部に到着し、確実に連絡を保つを得たり。其際聞き得たる処左の如し。

大久保支隊は二台子の西方約二千米の部落に在り。此両隊は共に日没頃同地に着せり。奉天城内には尚一軍団の兵力は残り居るならん。

午前八時、総司令官の命令到る。其要旨は、
一、余は今より隊伍を整頓し、戦力を回復せんとす。

二、第一軍は戦場追撃を終はりたる後、北嶺より掲屯《ママ》に亘る線に、第四軍は戦場追撃を終りたる後、第一軍の左翼より副趙大房に亘る線に、第三軍は戦場追撃を終りたる後、第四軍の左翼より石仏寺に亘る線の後方に於て戦力を回復すへし。

三、第一、第四、第三軍は諸兵連合の支隊を各其正面前に差遣し、敵の停止する地点を確知することを勉むへし。

四、各軍は状況の許す限り明十一日より開戦前の軍隊区分に復すへし。但し、総予備隊たりし諸隊は之共《ママ》に固有の戦闘序列に入り、秋山支隊は依然第三軍司令官の隷下に在るへし。

右に依り、午前八時三十分、北進に関し軍命令を下せり。其要旨は、

一、軍は敵を追撃して心台子西方副趙大房より石仏寺に亘る線に前進せんとす。

二、第九師団は其前進を継続して、副趙大房より「クンチヤオピン」に亘る線に達し、隊伍を整頓すへし。

三、第一師団は即時出発、「クンチヤオピン」より石仏寺東方約一里の地点附近に亘る線に達し、隊伍を整頓すへし。

四、第七師団は即時出発、第一師団の左翼より石仏寺西方高地に亘る線に達し、隊伍を整頓すへし。

五、砲兵旅団長の指揮する部隊は即時出発、桃樹子、劉三屯を経て方家窩棚に到り、同地附近にて隊伍を整頓すへし。

六、秋山支隊は前任務を続行し、特に一部を以て法庫門街道を捜索すへし。

七、後備歩兵第十四旅団（三大隊欠）は第一師団長の隷下を脱し、第九師団長の指揮に属す。

八、余は五台子に在り。後、鉄家堡に至る。

此総司令官の命令は夜中達したる如きも、之を電話にて受けたる総司令部派遣の田中参謀〔少佐国重〔満洲軍参謀〕〕か確実に我軍参謀菅野少佐に伝へたるや否や不明にして、之は両者も連日の不眠の結果、疲労の余り眠りを催し、失念したるに依る。而して、追撃に関する処置の稍遅緩したるは、此両参謀か連日の疲労の為なるも、総司令官の命令を見るも、猛烈果敢なる追撃を行ふて敵を殲滅するの意気の乏しきを知るに足る。

午前十時、兵站参謀長に左の通報を発す。

今後、軍の兵站線は馬三家子より平羅堡を経て鉄炉舗に通する線路に設けられたし。

午前十時、秋山支隊より左の報告あり〔午前七時十分、大新屯発〕。

一、敵騎の一縦隊は老辺、十里河方位に進入せしか如し。老辺には一部隊を派遣せんことを望む。

二、支隊前面の敵は十日日没に至り益々増加し、其砲数と戦線の広袤に依り判断するに、約一師団内外ありて、極力退却援護をなすものの如し。其東北方鉄道線路に沿ふ道路には二、三軍団雲集しあり。

騎砲を有する騎兵大集団は石仏寺街道方面に絶へす出没す。

状況此の如くなるを以て、余は成し得る限り前方の捜索を遂け、時機を見て追撃に移る予定なり。

午前十一時、在営口与倉中佐〔喜平、満洲軍総司令部附満洲軍政委員〕より三月九日午後九時発左の通報あり。

新民屯守備隊長伊藤大尉は、新民屯より鉄嶺に送らんとせし希臘〔ギリシャ〕人の所有に係る荷物、砂糖百三十個、洋酒千四百個、鑵詰四万個、穀類壱万斤を差押へたり。此荷物は確かに敵軍に供給する証拠顕著なく、如何に処分すへきや。又停車場にも疑ある荷物五百頓あり。是も併せて如何にすへきや、返待つ。莚包押へ品は貴地兵站守備隊に渡されたし。

依りて、直に左の如く回答せり。

押収の品物は守備隊長にて保管せしめ、第三軍兵站部にて処理せしめられたし。

同時、此ことを兵站参謀長に通報す。

午前十一時三十分、兵站参謀長より左の通報あり。

新民庁に於ける押収物件の処理上必要に付、軍司令部より公法顧問を同地に派遣せられたし。依りて、軍司令部附兵藤編修〔為三郎、第三軍司令部附陸軍編修〕を派遣し、之を兵站其他に通報す。兵藤氏は午後一時五台子を出発せり。

午後零時三十分、在小北河軍工兵部長より左の電報あり（九日発）。

小官今日午後六時小北河に着す。目下解氷の憂なし。

午後五時、河西参謀より次の報告あり（午後四時、高力屯発）（因に、同官は、前方に在る鉄道沿線の電線を如何に我有に利用し得るかを知る目的を以て、前方に派遣せられたる者なり）。
一、第九師団の先頭は只今（午後四時）桃樹子を通過せり。
二、第四軍の左翼縦隊は目下福神屯附近を前進しつつあるを見たり。
三、高力屯附近一帯に敵の遺棄せる車輛は数千を以て数ふへく、四方に散乱して、多数の弾薬をも発見せり。
四、小官は未た第九師団司令部の位置に合する能はすして、前面の敵状に就き聞知する能はさるも、全く敵と触接を失ひたるか如し。
五、電信線の形況、最も良好なり（之は露国鉄道線のものを指す）。
軍司令部は午後三時三十分、五台子を発し、桃樹子に至り宿営せり。之は九里溝子附近に、第九師団の前衛、敵の後衛と衝突し、前進し得さるに依る。

松永軍参謀長は三月初頃より病気なりしか、戦闘中なるを以て我慢して司令部に残り居たるか、本日入院することとなれり。

午後四時、軍参謀長より兵站参謀長に次の通報を発す（但し、此通報は早朝五台子出発の際、大要を電話にて為し置けり）。

一、軍は目下鉄道西方の地区に於ける戦場の追撃を行ひつつあり。

二、軍は追撃を続行し、心台子停車場より石仏寺に亘る線に向ひ前進す。

三、各師団の配置は左の如し。

　第九師団は右翼
　第一師団は中央
　第七師団は左翼
　砲兵旅団は第一師団と第九師団の中間

四、師団輜重の取るへき道路。

　第九師団　桃樹子—四家子—道義屯—大石橋
　第一師団　鉄炉舗—平羅堡—馬三家子
　第七師団　灰土黄—板橋

五、兵站線は馬三家子より平羅堡を経て鉄炉舗に通する線とせんとす。又沙河子より糧秣補給を受くるは距離遠し、且つ輜重は凡て非常に疲労しあり。故に、将来は馬三家子より補給を受くることにしたし。

六、弾薬中間廠は馬三家子に進められたし。

七、奉天の攻撃は希望通りには行かさりしも、少くも其二軍団は我正面にて全滅せしならん。而て、其大部分は我射程内を北方に遁走せり。
午後七時頃、電話器を既設線に接続したるに、盛に露語の入るあり。依りて、露語通訳官をして之を聴取せしめたるも、十分に要領を得す。又露語にて応答せしめたるも、敵を欺くに至らさりし。

午後九時四十五分、秋山支隊に、明日主力を以て鉄嶺方向に前進すへき命令を下せり。

午後十一時、総司令官より、今回の戦闘を奉天会戦と称する旨通報ありたり。

午後十一時五十分、兵站参謀長より通報。

馬三家子より各団隊に糧秣を補給することは、十三日より実施し得へし。但し、砲兵旅団の為には、十二日平羅堡にて補給し得へし。

又同時に、兵站参謀長より、
林兵站司令部は本日奉天停車場北方金家窩子附近に開設せり。車輌及精米は奉天にて集め得る見込なり。

本日各団隊の行動概要次の如し。
一、第九師団は目的地に向ひ前進中、九里溝子に在りし敵を撃退し之を占領せしか、敵の一部隊は尚福神屯に拠りて抵抗せしを以て九里溝子に停止せり。
二、第一師団は出発稍遅れ、日没後其前衛を以て四台子附近に達せり。
三、第七師団は午後六時其歩兵の先頭を以て石仏寺に達せり。
四、秋山支隊は本日僅かに四家子に到達せり。
五、砲兵旅団は其先頭郎家子に達せり。

午後十一時、各団隊に左の要旨の命令を下せり。
一、秋山支隊は明払暁運動を起し、前任務を続行すへし。
二、各師団（旅団）は明日予定の線を占領し、隊伍を整頓すへし。
三、軍司令部は桃樹子に在り。
本日各団隊の実施せる給養法次の如し。
一、第九師団は大行李を用ひ、翌日午後十時王家窩桃師団野戦倉庫（当日師団にて設置）より補充。
縦列は兵站より補給を受けず。
二、第一師団は大行李を用ひ、翌日午前鉄炉舗にて縦列より補充。
糧食二縦列は沙河子にて補給を受く。
三、第七師団は大行李を用ひ、当日午後九時中心台に於て縦列より補充。
糧食一縦列は菜不街にて補給を受く。
四、砲兵旅団は大行李を用ひ、翌日午後一時郭七屯に於て縦列より補充。
縦列は馬三家子にて補給を受く。
五、秋山支隊は携帯糧秣を用ひ、翌日午前三台子に於て補充。
縦列は沙河子にて補給を受く。

三月十二日

午前六時、兵站参謀長より通報あり（十一日午後三時五十分発）。

電報監督者は、通信技師佐伯秋亮、大津彦五郎及高等通訳中原左介なり。彼等の出発に臨み、貴電と同一の趣旨に基きたる詳細の訓令を与ふ。守備隊長の指揮を受くる様命し置きたるも、本十一日更に憲兵長曾我大尉〔祐秀カ〕を派遣することとせり。貴司令部より至急公法顧問を派遣ありたし。

午前九時、弾薬中間廠を馬三家子に進むることに定め、在馬三家子新庄輜重兵中佐に左の命令を与ふ。但し、中間廠前進のことは軍砲兵部長〔牟田敬九郎〕をして命令せしむ。

沙河子の弾薬中間廠を馬三家子に進む。依りて、貴官の部下に在る弾薬二縦列をして、沙河子中間廠に至り、同廠長の指示を受けて、馬三家子に弾薬の搬送を行はしむへし。

午前十時、小北河に在る軍工兵部長に左の通報を発す。

軍は昨十一日、敵を追撃して副趙大房（心台子停車場の西北約一里）より石仏寺に亘る線に前進し、目下隊伍整頓中。

爾後の作戦に於て、遼河に架橋して前進する必要あらん。架橋縦列の全部を当方面に招致するの必要あり。小北河に於て保存すへき橋は最少限とし、可成後備工兵のみを以て之に当らしめ、架橋縦列は速に貴地を発し所属師団に復帰せしめんとす。其他解氷の状況、同縦列の引揚け差支へなきや。

余は此日、九里溝子東方鉄道線路附近に、敵の遺棄せる車輛の状況を見る為に、伝騎一を従へて騎行し見るに、一望の地尽く車輛を以て覆はる。然れとも、砲車を見す。弾薬車は何れも殆んと充実せり。支那人は来りて盗奪を行ひつつありしを以て之を叱し、直に軍に帰り之か調査員を命すへきことを意見具申せり。此日、余は盗奪しつつある支那人を指揮刀（附刃しあり）にて切り付けたるも、創を与ふるに足らさりし。

午後零時四十五分、総司令官より、作戦地域変更の命あり。

午後二時、左の報告を呈す。

秋山支隊は今十二日午前八時、少数の敵騎を撃退して万家窩棚に達し、尚前進を継続せり。其前面部落には多少の敵騎ありて我前進を妨害す。

第七師団の報告に依れは、法庫門街道上遼河に橋梁あるも、其中央部に於て約三十米破壊しあり。然れとも、其附近に修理材料あるを以て修理容易なり。又完成の上は諸兵種の通過差支へなし。

氷上の渡河は処々に融解せる部分あるを以て危険なり。

石仏寺街道附近には敵騎兵あるのみにして、有力なる歩兵部隊なきか如し。

午後五時五十分、総参謀長に、軍は将来の作戦を顧慮し、力窪子、高坎、黒子泡子附近に架橋点を偵察せしめ、情況に応し応用材料を以て架橋を行はんとす、差支なきやと。

又同時に、第一、第九師団長に、高坎及力窪子附近に架橋点の偵察を命せり。又第七師団に石仏寺の橋梁修理を命せり。

本日、各団隊は予定の線に達し隊伍を整頓し、秋山支隊は敵を追撃して孤家子に達せり。

午後十時、軍経理部長より戦利糧秣に付次の要旨の報告あり。

一、本日部員を派遣し、胡土〔土〕台附近に在る戦利品を調査するに、次の如し。

薪	四千五百貫
石炭	一噸
圧搾馬糧	千二百枚
板	二千枚

瓦　　三十坪

停車場には露兵の負傷者及日本兵の負傷者四名（後備歩兵第十六聯隊のもの）。

二、本日劉三屯に派遣せる部員の調査。

小麦粉　約七石
釜　十四個
煖炉　六個
薪　八千貫

三、高力屯附近のものにして経理部に属するもの。

馬力〔ママ〕手入毛櫛　三十個
防寒絨靴　十組
同　外套　三十枚
沸水車　五輛

軍司令部所在地桃樹子には、露軍の設けたるパン焼釜あり。其他多数の和蘭製チースありて、幕僚も其数個を貰ひ受け副食とせり。

奉天会戦間第三軍損傷表

所属＼種別	死	傷	失踪	計
軍司令部		三		三

第一師団	五一七	二五一〇	八二三	三八五〇
第七師団	五八三	三〇〇一	五二〇	四一〇四
第九師団	八四四	四八三七	五六九	六二五〇
秋山支隊	二三	八二	二	一〇七
砲兵第二旅団	二四	二四三		二六七
後備歩兵第一旅団	一一一	一五四七		一六五八
同　第十三旅団	一	一五	一	一七
同　第十四旅団	二二	一七〇	一二	二〇四
同　第十五旅団	一五六	三六八	四六〇	九八四
第一師団電信隊	一			一
合計	二二八二	一二七七六	二三八七	一七四四五

三月十三日

午前六時、総参謀長より次の要旨の通報あり。

一、各師団の補充兵は次の如く乗船す。

第一師団の二〇九は七日、四二六は十四日、第九師団の一七四八は七日、二一二五は十九日。

二、当司令部は近々奉天に移り、将軍衙門に位置する予定なり。依りて、電信、電話線を同所に向ひ架設し、貴軍と直接連絡相成たし。

午前十一時三十分、在小北河軍工兵部長に左の通報を発す。

軍今後の作戦に於ては、遼河に敵前架橋を行ふの必要あり。依りて、小北河に残置したる架橋縦列は兵站監の指揮を脱し、速に北進急行すへきことを命せられたり。貴官も亦其地橋梁保持に関する処置を終らは、速に急行帰還せられたし。

同時に、兵站監に第七、第九師団の架橋縦列を原所属に復帰せしむへき電命を発す。

正午、総参謀長に左の通報を発す。

軍は孤家子より「チウチウ」山に亘る線を占領する敵を撃攘する為、明十四日第九師団より歩兵約一旅団、砲兵聯隊を差遣し攻撃を実施せんとす。

然れとも、是等の地域は他軍の作戦地に属するを以て、一応貴意を仰く。

午後零時十五分、第七師団に石仏寺附近の見取図及聞取図の調整及架橋点の撰定、応用材料の調査を命す。

午後八時、「チウチウ」山攻撃に関する軍命令を下せり。

当日、第一師団工兵隊長近野中佐（鳩三、工兵第一大隊長）より、同隊の渡辺保治大尉を何等かの用務に使用せられたき委嘱ありたるを以て、之を奉天に派遣し同地に於て応用架橋材料を蒐集することとせり。渡辺大尉は大学校三年学生中出征したるものなるか、奉天会戦後参謀官の不足を感し、三年学生中優秀なるものは夫々参謀となりたるも、同大尉へ其命なき為、何等か重要の職に当てられんことを希望し、近野大佐より請求の儘、余は試みに材料蒐集を行はしめたり。

三月十四日

午前六時四十五分、第一師団より拉馬台附近の架橋に関する報告あり。

正午、第九師団より「チウチウ」山占領の報告あり。

午後一時、左の報告を呈す。

　「チウチウ」山附近に在りし敵は秋山支隊に対し微弱なる抵抗の後、東北方に退却せり。

　平佐支隊〔長、歩兵第十八旅団長平佐良蔵〕は午前十一時敵の抵抗を受くることなく孤家子北方高地より「チウチウ」山に亘る線を占領せり。

　梅沢旅団〔長、近衛後備混成旅団長梅沢道治〕は昨十三日范家屯附近に達し、今朝同地に在る敵を攻撃して北方に撃退せり。

　第十師団は昨夜心台子に達せりとの報あり。

午後八時、松浦少佐か間諜に依り得たる状況左の如し。

　本月九日、胡土〔土〕台にて露兵に捕はれ、汽車にて鉄嶺に至る。十日、知己の保証にて許され帰還せり。又同汽車に在りし第一軍の間諜、李、王の二名は斬首せらる。

　十一日、鉄嶺東方高地仙関に野砲十五、六門あるを見る。歩騎兵無数鉄道に沿ふて北走す。鉄嶺の西方に掩堡あり。長さ約五清里、砲なし。鉄嶺の北方三清里に掩堡あり。馬蜂溝に敵騎約五百あり。汽車は十日迄は通せしも、十一日は之を見す。帰途、法庫門街道上北門にて、十二日、露の騎兵二千と我歩騎兵約五百と対戦し、露兵北方に退却せり。

同時、工兵部長より、十二日午後九時十五分発、小北河架橋縦列は全部引揚差支へなしとの報あり。

同時、兵站参謀長より通報（十一日午前十一時発）。

先きに井上参謀に内議せし公法学者を新民庁に出すことは、総司令部に交渉の結果、同部奉天着の後、福島少将〔安正、満洲軍参謀〕自ら行はるることとなれり。依りて、疑はしき物件は守備隊長に於て差押へ置く様命令せり。今十日より、軍の全部を沙河子にて補給し得。既電せしも念の為。

午後九時、各団隊に左の通報を発す。
一、昨十三日奉天及平羅堡に当軍兵站司令部を置く。
二、明十五日より各団隊の戦闘部隊に要する糧秣を馬三家子兵站倉庫にて補充す。
三、輜重自己の糧秣は従前の通、最寄兵站司令部にて補充す。
四、今十四日より弾薬中間廠を逐次馬三家子に移す。
午後十時、第一、第七師団に左の通報を発す。

平佐支隊（後備歩兵第一旅団、野砲兵一聯隊、騎工兵若干）及秋山支隊は、明十五日、第一、第四軍の運動に伴ひ、遼河西岸の地区より鉄嶺方向に前進せしめらる。

間諜の言を綜合すれは、鉄嶺附近の敵は逐次北方に退却しつつあるか如し。第一、第四軍の前面、即ち范輪台、辜官屯附近の高地には砲十五、六門を有する敵兵残置しあるか如し。

午後十時二十分、総司令官より、兵站管区の前方拡張に関する命令あり。同時に、又作戦地境改正の命令あり。

同時、総参謀長より左の通報あり。

内地よりする諸物件の供給の困難及輸送力の僅少なるを顧慮し、各野戦兵器廠に於て可成修理及新調業務を拡張し、内地よりの補給を減少する様極力計画されたし。

右は直に兵站参謀長に通報し、其処置を取らしむ。

三月十五日

午前零時三十分、秋山支隊より次の報告あり。

一、支隊は本日孤家子北方高地を占領し更に前進、該高地の北端に達せしとき牙奴児附近より敵の砲撃を受く。其砲数二中隊なり。該地附近に在る歩兵約一旅団、騎兵約三、四中隊にして、我騎砲、戦利砲中隊の射撃の結果、日没北方に退却の状況なり。

二、梅沢支隊は范家屯にありて、范家店にある敵と交戦中なり。

三、第十師団の前田支隊〔長、歩兵第二十聯隊長前田喜唯〕は湯牛屯附近に在り。

支隊は本夜、孤家子北方高地東麓湯牛堡に停止し、前面の敵情を捜索せんとす。

午前二時二十分、総司令部より、同部は十五日午前八時烟台発奉天に移る旨通報あり。

午前八時十五分、井口参謀より通報。

戦利電信線を左の通り各軍へ分配す。即ち、四方台より沙嶺堡を経て奉天停車場に至る電線は、沙嶺堡迄は第三軍、沙嶺堡より奉天迄は一応当部の承認を得らるるを要す。又撫順鉄道に沿ふ電線の使用は第一、第四軍に通知済み。

午後四時三十分、軍工兵部長の通報（十二日午前十一時三十分発）。

流氷を始むるは明日より四、五日の後ならん。橋の保護法は十分施せり。其地の方面に用事あらは御通知次第何日にても帰る。

午後五時、左の報告を呈す。

諸状《〔ママ〕》報を綜合すれば、奉天街道已西の敵は范家站東北方高地より范河に沿ひ陳家窩棚附近に亘る線を占領し、其砲約二十門は小范河に、又約六門は大范河に在り。范家站東北方高地にも若干の火砲あるか如し。歩兵の兵力は約一聯隊にして、其西方に約一旅団の騎兵あるか如し。

平佐支隊は本日遼河の渡河法を講し、明十六日右岸に移り運動する筈。遼河は目下解氷期に近つきしを以て、氷上の砲車通過は甚た危険なり。然れとも、支那車輛の通過したる跟跡あるを以て、午前中は一部の砲車を通過せしめ得るやも知れす。石仏寺西北方及拉馬台附近には徒渉場あるを発見せり。

前田支隊は沙坨子附近に、梅沢支隊は范家屯附近に在り。「シヤオシーシヤン」附近に在る敵と相対す。

午後九時三十分、状況報告を呈す。

今十五日正午発、秋山支隊の報告は次の如し。

支隊は午前三時「チウチウ」山北方に於て遼河を渡る。尚、氷の厚さ十分なるを以て、歩砲兵をも此方面に移されたし。

土人の言に依れは、昨十四日敵の騎兵約三千、砲四門は「チウチウ」山西麓より魏家窩棚を経て工夫屯方面に退却せり。

午後十時、軍工兵部長のことに関し兵站監に左の電報を発す。

軍の前面に在る遼河に架橋の為、目下材料収集中なり。

奉天に於て得る見込あるも、鎹及綱具はなし。依りて、貴地に残余あらは之を輸送し、且つ部長は速に当方に帰還せられたし。

工兵部長出発後ならは、貴官に於て鎹及綱具を輸送せられたし。

各団隊に次の通報を出す。

今後当分の内、馬糧は定量の五分の三を支給し、他の五分の二は各部隊に於て現地調弁に依る代用品を以て補ふことに定めらる。

右は後方輸送を寛〔緩〕和する目的にして、代用品は主として高粱を指すものにして、此品は右地にて容易に得らるへきに依る。

昨十四日午後六時、満洲軍に賜りたる勅語到達せり。

奉天は、昨秋以来、敵軍此処に強固なる防禦工事を設け、優勢の兵を備へ、必勝を期し功を争はんとせし所なり。我満洲軍は機先を制し驀然攻進、冱寒氷雪中、力戦健闘十余夜を連ね、遂に頑強死守の敵を撃破し、数万の将卒を擒にし、多大の損害を与へ、之を鉄嶺方面に駆逐し、曠古の大勝を博し、帝国の威武を中外に発揚せり。朕深く爾将卒の克く堅忍持久絶大の勲功を奏したるを嘉す。尚益々奮励せよ。

三月十六日

午前一時四十分、兵站監より報告（十五日午後二時発）。

明十六日、鉄炉堡に兵站司令部を開設し、平羅堡を同司令部の支部とす。戦闘部隊の悉皆を馬三家子より補給することは何時にても差支へなし。

午前七時、第一師団に、工兵一小隊を出し、応用架橋材料の収集を行ふへきことを命令せらる。

午前九時、秋山支隊に命令を下し、爾今田村旅団を分離し、秋山旅団は東北方に、田村旅団は法庫門方向に前進せしむ。

午前九時五十分、軍工兵部長の電報。

十三日附電報昨夜晩く着、承知。小官本日午後発、十七日夕其地着く予定。

同時、状況報告を呈す。

田村旅団は今より秋山少将の指揮を脱し法庫門方面に、秋山支隊は鉄嶺方面より開京方面に運動する筈なり。

旧田村支隊に属したる歩兵二中隊、戦利砲中隊は原所属に復帰せしめらる。

秋山支隊は昨十五日夜、古寨子西南約二吉の部落に宿営せり。

又平佐支隊の編組を解き、後備歩兵第十三旅団（一聯隊欠）は第一軍に、同第十四旅団は第二軍に復帰せしめらる。

午後八時、左の状況報告を呈す。

秋山支隊は本十六日午後零時三十分、白馬屯北方高地に達せり。此方面の敵騎兵は漸次北方に退却しつつあり。

同支隊は未た友軍の鉄嶺占領を知らさるか如く、昨日来同地方面に火災起れりとの報告あり。

法庫門街道上孤家子附近には、依然若干の敵騎あり。

又同時、総司令部より。

奉天停車場に満洲軍倉庫の出張所を設けたり。戦利の糧秣及被服を同部に渡されしと。

又同時に、同部より。

奉天停車場附近の地域を各軍利用の為区分せらる。

午後十時、兵站監の報告。

今十四日午後九時、当地兵站司令部内第一師団残品監視員の処より失火、同師団荷物の内若干焼失せり。原因は過失ならん。架橋縦列は本日当地出発せり。

午後十時三十分、状況報告。

秋山支隊は本十六日、鉄嶺附近に在る第一軍の一部と連絡を通せり。而して、本日中には城溝子に進出の予定なり。

騎兵第七聯隊は本日敵に遭遇することなく法庫門街道上小嶺に達せり。其報告に依れは、紅具堡、孤加子〔ママ〕には全く敵兵なく、土民は十四日此附近に在りし敵兵は悉く東北方に退却し法庫門街道上には一兵も退却せすと云へり。

右秋山支隊の追撃動作の緩慢なるには稍不満なりし。

皇后陛下〔美子、後の昭憲皇太后〕より満洲軍に令旨を賜ふ。

我満洲軍は、機を見て大挙勇を奮て激戦昼夜を分たす、艱苦を厭はす、堅を摧き、鋭を破り、旬日の後、頑強の敵を撃攘し、鹵獲算なく、捕虜亦夥しき旨、皇后陛下の懿聞に達し、我将校下士卒の堅忍壮烈、克く大勲偉績を奏したるを深く御感賞あらせらる。

皇太子殿下〔嘉仁親王、後の大正天皇〕の令旨。

自重機を見て動き奉天附近の総攻撃に大捷したる満洲軍偉大なる奏効を嘆賞す。

本日、松永軍参謀長の後任として一戸少将〔兵衛〕被仰付旨命課あり。

三月十七日

午前二時、秋山支隊より、鉄嶺西北方遼河右岸高地占領の報あり。

午前八時、状況報告呈出。

秋山支隊は昨十六日、遼河右岸に於て砲八門を有する敵騎七、八中隊を駆逐し、鉄嶺西北方遼河右岸の高地を占領し、又日没前孤家子、老辺方面より北方に退却する敵兵（歩兵少くも一師団、騎兵十中隊）に対し砲撃を加へたり。此敵は大頭山北麓にありしものの如し。

同支隊は昨日、鉄嶺西北方約二里の処に宿営せり。

秋山支隊に糧秣を補給する為に軍糧餉部員を馬蜂溝に出すこととし、之に糧秣を運送する為に第七師団の糧食一縦列を使用するに定め、師団長に命を下す。

午後一時五分、総司令官より、各軍の行動に関する命令あり。其要旨は、戦闘力の恢復と、騎兵を以てする前方地域の捜索なり。

依りて、午後五時、軍命令を発し、秋山支隊は開原附近に前進し、昌図及威遠堡門方向の捜索を、又田村旅団は大嶺附近に位置し、一部を以て法庫門方向の捜索を行はしむ。

又第一師団より、旅団長の指揮する一先進支隊（歩兵一聯隊及騎砲工各一中隊）を老辺附近に派遣し、同渡河点の占領、並に秋山支隊との連絡に任せしむ。各師団は各其前面の遼河に架橋を行はしむ。

午後九時、状況報告。

秋山支隊は今十七日、三台子（鉄嶺北方二里）附近に在りて一先つ隊伍を整頓する筈。明十八日、第一師団より歩兵一聯隊、騎兵、砲兵、工兵各一中隊を馬場少将の指揮に属し老辺方向に出し、自今之を馬場支隊と云ふ。

　軍司令部は明十八日、六王屯に移る。

軍司令部は奉天戦後直に六王屯に至る予定なりしも、当日第一線部隊の前進予期の如くならさりし為、一時桃樹子に止まりありしか、第一線部隊漸次前方に進みたりしを以て軍司令部も亦前進することとなれり。

三月十八日

此日、軍司令部は桃樹子より六王屯に移れり。午前九時発、同十時着。

午前三時三十五分、兵站参謀長の通報（十八日午前零時五十五分発）。

　馬三家子には監部の為宿営力なし。大房身若くは前心台子は之に適す。小北河へ帰還の後確定す。

午後三時五十五分、井口少将の通報（午前十時二十分発）。

　貴軍の患者は、兵站参謀長より既報ありしに依り、蘇家屯停車場より後送することにせり。同停車場は二十日に開設の筈。

午後四時十五分、総参謀長より通報。

　捕虜の輸送は一先結了する予定に付、患者の後送を復旧する様遼東守備軍に照会し置けり。

午後八時、第一師団の報告。

　一、遼河結氷の景況は沿岸二、三米は融解し、徒歩兵と雖も足を濡らさされは渡河し難し。

　　砲車の通過は困難なり。

二、明十九日より騎兵半小隊を陳家窩棚附近に位置せしめ、馬場支隊との連絡及右岸の地形図の調製を行はしむ。

三、工兵第一大隊は架橋準備に着手せり。

同時、田村旅団の報告。

一、将校斥候の報告に依れは、昨十八日法庫門には敵兵なく、又法庫門より鉄嶺に亘る線已南には敵兵なし。

二、今十九日、開原、昌図方向に斥候を出し捜索中なり。

三、石仏寺及旧門に逓騎哨を置く。

午後九時、軍工兵部長に命令。

一、各師団には状況之を許すに至れは偵察しある地点に於て遼河の架橋を実施すへく命令せられたり。

二、貴官は同架橋の為其材料並に技術に関して指示を与ふへし。

午後九時三十分、秋山支隊に通報。

一、老辺附近の状況視察の為、軍参謀井上工兵少佐を差遣せらる。同少佐は明十九日鉄嶺に、二十日老辺に至る筈。

二、田村支隊は本日大孤家子を発し法庫門に前進する筈。

三月十九日

余は老辺附近に至り秋山支隊、馬場支隊方面の状況を視察し、又同時に遼河右岸一般の地形、宿営力等を偵察する為に派遣を命せられ、本日午前六時建川中尉〔美次〕已下騎兵十騎を率い六〔ママ〕王屯軍司令部を発し鉄嶺に向ふ。鉄道に沿ふて北進し大范河に至り、鉄道破損の為范河を渡渉して、夕刻鉄嶺に達す。茲には第十師団司令部在り。

依りて、同部にて各方面の状況を確め、又鉄嶺附近の鹵獲地図を受領し、同夜は該地に宿営す。

此夜、軍参謀長宛左の報告を呈す。
一、午後七時鉄嶺に着す。
二、鉄嶺に於て偵察したる架橋材料の情況は次の如し。
(1) 架橋材料として、橋板として用ゆへきもの及若干の桁材として用ひ得へきものの外、他の架柱、綱具等更になし。
板は約百米の橋梁五個分、若くは六個分に足るのみにして、其材料完全ならす。
桁材は建築材料の残余等を収集して若干得るならん。
(2) 右の材料は第一軍にて鹵獲し、第四軍に於て其分配を要求しつつあり。此材料は第一軍に於ては范河に一個、第四軍に於ては范河及鉄嶺北方河川に合計三個の橋梁を架設する為使用せんとしつつあり。
(3) 以上の材料は右の情況なるを以て総司令部より第一軍一、第四軍二、第三軍二の比を以て分配する様取計はれたし。
(4) 馬蜂溝附近の遼河の橋梁は修理しあらさるも、渡渉場ありて其深さは約五十珊位なる由なるも、此地は真の渡渉場なるや、或は二段結氷の結果なるや明瞭ならさるを以て、明日偵察の上糧秣の処置をなさんとす。
(5) 馬場支隊とは未た連絡せす。
此日、新軍参謀長一戸少将来任せらる。

三月二十日

午前七時、出発に臨み、左の報告を軍司令部に出す。

一、別紙鉄嶺附近鹵獲地図一部、昨夜第十師団司令部に於て受領したるに依り送付す。但し、小官の為必要なる部分は写取れり。

二、鉄嶺附近に於ける架橋材料は昨夕電話にて報告したる外には未た発見したるものなし。同地に於ける架橋材料の分配法定まらは、至急工兵隊を派遣せらるることを必要と信す。然らされは、遂に他軍の占有に帰すへし。

三、下官は今朝八時出発、馬蜂溝を経て老辺に向ふ。

余は八時鉄嶺を発し馬蜂溝に至り、解氷せんとしつつある遼河の氷上を通し右岸に渡り、果子園に至り馬場少将の許に至り諸般の状況を聞き、又給養に付打合を行ひ、次て孤家子に至り同地に宿営す。

本日、軍司令部に於ては、勅語奉答文の到達と、軍司令官の訓示あり。

総司令官の勅語奉答文

奉天附近に頑強に抵抗を試みし敵を潰乱に陥らしめ、確に彼に一大打撃を加へ、此会戦に於ける我軍の目的を達したるは、一に陛下の御稜威に依る。今茲に優渥なる勅語を拝し、臣等感激の至に堪へす。以後益益奮励し、誓て聖旨に酬ひんことを期す。

右謹て奉答す。

軍司令官より部下に下されたる訓示

奉天附近の会戦に於て、諸子は能く二月五日の訓示を体し、二週間の久しき艱苦を忍、欠乏に耐へ、日夜行軍戦闘に従事し、多大の損傷を顧す、優勢の敵を意とせす、上下一致、以て其職務に尽瘁し、遂に軍の目的を達成し、全般の勝利を偉大ならしめたり。之余の深く満足する所にして、諸子亦自大に壮とする所ならん。然れとも、戦争は茲に一段落を告けたるのみにして、敢て終結したるにあらす。故に、此期間を利用し、軍隊諸般の教育を励し、以て軍紀を厳粛にし、体力を強健ならしめ、且つ軍事衛生に注意し、特に伝染病を予防せしむへし。

嗚呼諸子の名誉は曩には旅順に昂り、今復た奉天に鳴れり。願くは自重自愛、以て有終の美を完ふすへし。若夫れ自ら度らすして疾痾に斃れ、或は刑罰に触るるか如きことあらは、遺憾是れより大なるはなし。諸子豈慎まさる可けん哉。

三月二十一日

早朝、宿営地を発し、再ひ老辺に至り、遼河を渡り前方の地形を視察し、次て引き返し、四家子、長溝子を経て英家二台子に至り、茲に宿営す。

此日、軍司令部に於ては、総司令部より、鉄嶺鹵獲の架橋材料全部を第三軍に渡すの命あり。依りて、第九師団より工兵一中隊を出すこととなれり。

午後十時、第一師団の報告。

一、遼河解氷の結果渡渉を許さす。

二、拉馬台附近の架橋作業は本二十一日二十一橋節を終はり、残り十三橋節あり。

三月二十二日

余は遼河右岸の偵察を続行し、前〔ママ〕八時英家二台子を発し法庫門―奉天街道上の大嶺に出て、次て午後三時旧門に至り宿営す。此地は稍市街を為せり。

此日、軍司令部に於ては、昌図方面に前進しある秋山支隊の給養の為に開原停車場附近に野戦倉庫を設くるに決し、第九師団の糧食二縦列を以て鉄炉舗より開原に輸送せしむることとせり。

又田村旅団の為に小嶺に軍野戦倉庫を設置せしむ。

午前十一時、秋山支隊より昌図に前進する旨報告あり。

午後三時、兵站参謀長より、二十一日烏邦牛兵站司令部を、又二十二日菜不街兵站司令部を撤去する旨報告あり。

三月二十三日

此日、余は一行を率ひ旧門を発し、途中第一師団の架橋の状況を視察する為に拉馬台に於て遼河を渡り（氷上通過）、午後三時六王屯軍司令部に帰還し、今回の視察に関し得たる結果を詳細に報告す。

午前十一時、第一師団より拉馬台附近に於ける架橋に関し左の報告あり。

一、拉馬台附近の架橋は本二十三日午前八時三十分迄の状況は左の如し。

(1) 冠材の装置は合計十一橋節を終れり。

(2) 今後植杭すへきもの八橋節あり。内三橋節は本日植杭を終る筈なり。

(3) 杭の端末に鉄片を装置する為作業困難なると、氷全く溶解せし部分ありて引綱築頭の使用困難なる為、今後の作業頗る困難なり。

午後一時、田村旅団の報告（二十二日午後九時、小塔子発）。
一、宝立屯方面に派遣したる横山中隊は敵騎の為に退路を遮断せらるる状況なりしを以て、当旅団は今二十二日小塔子に至り此地に宿営せり。敵に付得る所なし。
二、法庫門街道に沿ふ諸部落は法庫門の外悉く寒村なり。旅団は明日宝立屯方向に前進する予定なり。
午後一時五十七分、井口少将より左の電報あり。

旅順及奉天附近にて鹵獲せし速射野砲を以て貴軍に三中隊（十八門）の一大隊を編成せんとす。之に関する編成表を至急提出せられたし。但し、現に貴軍に成立しあるものを含む。

依りて、直に余か担任として右大隊の編成を研究することとなれり。

午後二時、軍命令にて、会戦間砲兵旅団に属したる兵站糧食縦列を二十五日より原所属に復帰せしむることとせり。

午後四時三十分、第九師団に命して、該師団架橋縦列を明二十四日出発して鉄嶺に至り軍工兵部員大村大尉（斉）の指揮を受けしむ。之は馬蜂溝に架橋せしむるに在り。

午後十一時、兵站参謀長の報告あり（午後七時半発）。

二十二日平羅堡支部を撤去す。二十二日新民庁に支部を置き、同地滞在及通行軍人の宿営、給養を行はしむ。此支部は国旗を掲けす、又支部たるの札を掲けす、助六組と称す。支部長を軍曹とす。老辺（奉天新民庁街道上）に二十三日支部を開設し、通行軍人の宿営、給養を行はしむ。

三月二十四日　晴

午前二時、田村旅団の報告（二十三日午前十時、北部三家子発）。

一、横山大尉の報告に依れは、淐澄河の線に在りし敵の騎兵は二十二日午後一時頃より北方に退却せり。午後四時、中隊は新立屯に、将校斥候は東嘮轄に達せり。大窪には若干の敵騎あり。

二、法庫門已北は地図上には山地なるも、実際は殆んと平坦開豁にして、大起伏の緩傾斜を為す所あり。奉化街道は野砲の通過自由なり。小塔子附近遼河の渡場は河幅約三十米にして水深は約五十珊米なり。

午前十一時十五分、総司令部より左の通報あり。

倫敦電報。

「リネウイチ」将軍〔ニコライ・ペトロヴィッチ・リネウィッチ、満洲軍総司令官〕にして異論なくんは、黒鳩公〔アレクセイ・ニコラエヴィッチ・クロパトキン、満洲軍第一軍司令官〕は第一軍司令官として止まることを承認せり。

黒鳩公は第一軍司令官として昨日公主嶺停車場に帰れり。「リネウイチ」は残兵及欧露新来兵を併せ二十五万を以て、松花江の北八十七哩に亘る新防禦線に拠らんとす。

午後九時、馬場少将の報告（二十三日午後七時発）。

一、支隊の前面状況変化なし。

二、前田支隊より通報の要旨、云々（略す）。

三、昨二十二日以来、諸河解氷著く、糧子河、馬東河、清河の如き殆んと氷結を見す。従て、水量も増加しあるも、数日を出すして減少すへしと土人は云へり。

又遼河も甚しく解氷し、老辺附近は乗馬者の通過を許さす。依りて、工兵をして応急単独者の行〔ママ〕通し得る如く設備せり。架橋は明日より三日間に完成せしむる予定なり。

馬蜂溝附近は支那舟を以て行通〔ママ〕し居れり。

午後二時、田村旅団の報告（二十三日午後五時四十分、金家屯発）。

将校斥候の報告に依れは、庫平方面には敵兵なし。土民の言に依れは、十七日頃敵騎約五百来り、一泊して北に去れりと。又遼陽窩棚には若干の歩騎兵あり。

支隊の主力は当分金家屯に在り。一部を以て四面河の線を占領す。又楢本少佐〔鉄石〕に騎兵約百四十を附し、遠く東北方を捜索せしむ。此隊は二十三日大窪に向ふて出発せり。

奉化街道は概ね寒村にして宿営力に乏し。金家屯は戸数四、五百あり、此附近の要地なり。

此日、井口少将に対し、戦利野砲大隊編成に関し左の回答を発せり。

一、戦利大隊は砲兵旅団にて編成せしむ。

二、編成表は次の如し。

但し、一中隊は砲六門、弾薬車九輛、予備品車一輛、行李駄馬二十七頭を要す。

三、一中隊は既に成立しあるを以て、残余大隊長已下人員合計四〇九名を要す。

四、乗馬七十六頭、輓馬二百十六頭、行李駄馬五十四頭を新に借用するを要す。

五、輓具、馬具は供用を要す。

三月二十五日

本日、河合参謀副長は業務打合の為、在奉天総司令部に至れり。

午前十時、左の状況報告を呈す。

遼河は昨今に至り全く解氷し了はれり。老辺の架橋は二十八日完成すへく、馬蜂溝は支那舟にて交通せり。石仏寺附近の橋梁は全く軍用に適せさるに至れり。仍て、更に架橋を講しつつあり。

午後零時、軍経理部長の報告。

一、秋山支隊給与の為、開原停車場東方約五百米の小線台に軍支倉庫を設置し、都築三等主計〔繁之助〕を置く。

二、馬蜂溝にある支庫には松尾二等主計〔弥太郎〕を派し、馬場、秋山両支隊の糧秣補給に任せしむ。

三、田村旅団給与の為、左の通主計を置く。

梨白舗　舟〔船〕津二等主計〔完二〕

娘娘廟　加納三等主計〔徳治郎〕

四、遼河は一昨夕頃より解氷を催し、昨日より更に氷上通過を許さす。又対岸には目下約十五日分の糧秣を集積しあり。

此日、総司令官の左の訓示あり。

訓示

奉天附近の会戦に於て、我満洲軍の目的を達し、敵をして敗退に陥るの已を得さるに至らしめたるは、大元帥陛下の御稜威と、各軍か同一目的に向ひ各其任務に従ひ勇往邁進、以て全軍の協同一致を完成したるとに因らすんはあらす。其戦捷に依りて得たる結果は、世界の歴史上に燦熳たる光彩を放ち、皇軍の威武を発揚すること大なるものにして、余は感激措く能はさる所なり。然れとも、戦況の細部に亘りて之を穿索〔ママ〕するときは、転た寒心に堪へさるものあり。余は戦勝後の今日敢て之を諸君に開陳し、以て諸君の注意を促さんとす。

各軍の損傷表を閲するに、此大勝戦にも拘はらす生死不明者を生すること総数四千十二名に達し、各軍中多きは二千三百名余、少きも二百余名に達せり。然るに、各軍当時の戦況を按するに、或は功撃効を奏せさりしものあり、或は敵の逆襲を受けて退却したるものありと雖も、敵は我攻撃の不成功に乗して断然たる攻撃に転したるにあらす。又敵は逆襲を以て我を撃退したるも、敢て大なる前進に転せんとしたるものの如く見へす。換言せは、敵は一時苦戦を脱せんと欲して逆襲したるも、再ひ退却するの已むを得さるに至りたるものの如し。然り而して、此生死不明者を生するに至る。若し敵の逆襲にして充分其目的を達したらんには、我に及ほす結果思ひ半に過くるものあらん。

抑優勢の敵に遭遇し、或は堅固なる防禦陣地に出会し、攻勢効を奏せすして万已を得さるに際すれは、更に恢復を図らん為一時退却するも可なり。不意に側面若くは背面に敵を有するに至り、一時窮境を脱して殲滅を免れん為には退却も亦敢て禁する所にあらす。蓋し、戦闘は因〔ママ〕より死物にあらさるを以て、一勝一敗敢て意に介するに足らさるなり。唯た、僅かの退却に於て、多数の生死不明者を生するに至りては、吾人の須く一考せすんはあるへからす。生死不明者を生するは、各人の怯懦、若くは負傷及死体の遺棄に原因するもの多く、殊に今度の会戦に於ける生死不明者の多くは、負傷及死体遺棄に原因したるものと信するも、抑軍紀の厳粛に欠くる所あるに帰せさるへからさるものあらん。幾千万の将卒中、怯者、懦夫無き能はす。然れとも、一夫強なる能はす、一夫弱なる能はしむるものは、軍紀の厳粛に依らすんは他に之に達するの道を求むる能はす。

今や敵は奉天附近の敗衂に屈せす、更に新鋭の兵を増遣し、其総司令官を交迭し、以て最終の勝利を博せんことを試みつつあるの情報続々伝播せらる。是れ敵国の情勢に鑑み有り得へき所、否、吾人は之れあるへしと覚悟し、以て我最終の目的、即ち敵をして我命する所に屈従せしむる迄、敵を圧せさるへからす。大戦後に於て軍紀の馳緩《〔ママ〕》するは、従来の歴史之を証して明かなるのみならす、人間心情の自然に出つると云ふも恐くは誣言に非るへし。我満洲軍の戦力を全然恢復し再ひ起て運動するは、敵情に異変なき限り尚ほ幾多の日子を要すへし。故に、各団隊をして此時間を利用し、軍紀を緊張し、教育を励精し、以て後日の戦闘に遺憾なからしむることを勉むる、余の諸君に希望して已む能はさる所なり。諸君冀くは勝て冑纓を締むるの箴言を拋却することなく、百里を行くものは九十里を半とするの精神を以て余の希望を満足せらるれは、特《〔ママ〕》り余の光栄なるのみならす、我帝国全軍の威武を完ふするものと云ふへし。

三月二十六日

午前十時、定時報告を出す。其要旨は、

一、秋山少将の報告。

(1) 二十五日午後一時三十分発。双庙子附近に在りし敵の大部は二十四日夕東北方に退却を始め、又大窪附近の敵も漸次奉化方向に退却せり。

我捜索隊の一部は尚八面城方面の敵状を捜索中なり。

二十六日午前九時発。敵の警戒幕は依然双庙子、鴜鷺樹、大窪附近に在りて、其騎兵二十乃至五十の一群は時々支隊の前面に出没す。

田村旅団の状況は昨夜来未た報告に接せす。

午後四時、兵站参謀長より第三軍兵站設置図を送達せり。

午後五時三十分、田村旅団より次の報告あり（二十五日午前六時、金家屯発）。

二十五日午前六時十分頃、宝立屯に在りし我監視哨は東方よりする敵騎約三十名に駆逐せられたるも、暫時にして旧位置を恢復せり。敵は北方に退却したるか如し。

午後一時頃敵騎約五、六中隊大窪方向より来り、午後四時頃其先頭は宝立屯に達し、双山子、新立屯附近に停止せり。（中略）旅団は当分金家屯に停止する筈。

同五十分、総参謀長より、少佐井戸川辰三〔満洲軍総司令部附兼新民府軍務官〕をして新民庁に軍政署を開かしむる旨通報あり。

同五十五分、秋山支隊より電話。

本日当支隊より解放すへき為、後方より逓送せられたる露国衛生部員三百七名は、午後四時五十分、七家子、炭甸間より解放せり。

第九師団の糧秣は本日より鉄炉舗兵站倉庫より補給す。

総司令部に出張しありたる河合副長帰部す。

本日、河西参謀を法庫門及昌図方面の地形偵察の為派遣せらる。

三月二十七日

午前十時半、第一師団より、拉馬台の架橋は本日午前八時完成したる旨報告あり。

又老辺の架橋は昨二十六日完成の旨工兵部長より報告あり。

本日業務閑散となりたるを以て、内地及独乙知人に書状を出す。

三月二十八日

午後零時十分、第七師団より、石仏寺に架橋に着手せること、並に架橋間の通過法に関し報告あり。

午後三時十分、秋山支隊より双庙子占領の報あり。

午後四時、第九師団より、人馬、材料欠損の為、機関砲中隊の編成を解き、独立に小隊編成の報告あり。

本日、各団隊に左の訓令を下す。


目下軍の宿営地附近の土民は我軍に対し著く好意を表し我軍に利する所少からす。然るに、近来各隊に於て燃料の補足として住民の承諾を得す、村落近傍又は庭内に在る樹木を伐採し、其甚しきに至りては墓地の周囲に在る樹木を伐り倒すものあり、或は恣に家畜を屠るものあり。是或は兵卒の無意の所為に出つるものあるへしと雖も、苟も斯の如きは不知不識の間土民の憎怨を招き、為に我軍に不利を来すこと少しとせす。仍て、自今各隊に於て此の如き兵卒の行為を厳禁し、若し燃料の補足に必要なる場合には、持主の承諾を得て然る後に伐採し、且つ必す相当の代価を陪〔賠〕償し、以て徒に土民の憎怨を招かさらんことを勉むへし。

三月二十九日　近来稀に雪降る

午後一時、秋山支隊に向ひ鴬鷺樹に向ひ、又田村支隊に向ひ大窪に前進すへき軍命令を下せり。

又同時に、第七師団長に歩兵一大隊を金家屯に、又馬場支隊に歩兵一大隊を昌図に出すへきことを命せり。

午後八時、第一、第七師団長に、各衛生部員を昌図並に金家屯に出し、傷病者の収容に任すへきことを命令あり。

三月三十日　小雨後晴

戦利野砲中隊の編成後の運動性に関し、軍より砲兵旅団に命し試験中のところ、略終了に付、同旅団の報告に基き左の如く報告を呈出せり。

一、野砲兵第二旅団に於て編成したる戦利速射砲中隊は、今回の会戦間終始騎兵旅団に附随し、比較的快速の運動を為したるも、三駢の輓馬を以て敢て不足を感することなかりしと云ふ。是れ一には旅団の鹵獲馬中強健なる重輓馬を充用したると、又他には気候の関係上土地氷結して比較的運動容易なりしに依る。然れとも、此経験に依り推定すれは、向後と雖も強健なる日本馬を撰用すれは、三駢を以て著く不足を感することなかるへしと思考せらる。若し之を四駢とするときは、調教補充に於て云ふへからさる幣害あるを以て、三駢とするを得策とす。

二、弾薬は砲車の前車に四十発、弾薬車一輛に九十二発（前車に四十四発、後車に四十八発）あり。而して、一中隊は砲車六輛、弾薬車九輛より成るを以て、合計三千二百四発（一門百七十八発の割合）なり。依りて、之に若干の縦列を附加し、一門平均三百発とするときは、先つ吾人の要求を充足し得へしと信す。

午後八時十分、第一師団より遼河増水に関し報告あり。

一、今三十日の増水の状況。

架橋当時の約四十珊米流速未た著く増大せす。本夜より明朝にかけ増水に関し視察す。

同八時十五分、兵站監の報告。

当監部は四月一日出発、馬三家子北方前心台子に移転、三日著の筈。一日より前心台子に監部出張所を開設す。

午前〔ママ〕一時四十分、第一師団の報告。
一、昨日、遼河赤羽橋より拉馬台南端に通する軍路八百米を構築し終る。
二、昨三十日、拉馬台より高坎に通する道路上細流に短橋架設に着手、半は完成。今日完成の予定。
三、遼河の増水は合計五十珊高くなれり。流氷、流木は皆無にして、橋梁の通過に差支なし。
午後零時二十五分、馬場少将より午前十時発報告。
一、昌図に派遣すへき牛尾少佐〔敬二、歩兵第一聯隊大隊長〕の率ゆる部隊は、本三十一日午前八時半東橋を通過し、清河の右岸に沿ひ英城子に向ふて前進し、本日は該地附近に宿営する筈。
二、遼河は昨日暮より約十珊増水し、流速も一米になりたるも、東橋は尚維持せられあり。
午後三時十五分、昌図方面に派遣せられたる河西参謀より左の報告（午前九時発）あり。
一、小官は本日午前八時三十分昌図を発し、通江口に於て渡河し、遼河右岸を南下して宿営し、明日司令部に帰還すへき予定なりしか、降雪の為午後七時通江口に到着す。馬匹疲労せるを以て此地に宿営せり。此地は馬匹を渡河せしむること能はさるを以て、明日老辺に入り、明後一日軍司令部に帰還せんとす。
二、通江口は小塔子の南方約二里の地に在り。通商熾なるを以て船舶約百隻を得へく、穀類も亦数多あり。其詳細は帰還の上報告す。
三、亮子江は亮中溝附近に於て徒渉容易なり。遼河は其後増水し、小塔子附近の架橋数度流失し、騎兵旅団にては明日更に堅固に架橋せんとす。遼河は通江口附近にて深さ三米、幅は五十米に達せり。五、六日の後通船を開始し得るも、目下船は陸上に在り。架橋材料は調査中なるも望少し。

午後九時二十分、田村旅団の報告（電話）。

遼河は益々増水し、小塔子の橋梁は両端流失し渡るを得す。今朝来通江口より船を取り寄せつつあるも、夕に至り尚到着せす。目下橋梁は両端に於て二隻の船にて架橋しあるのみにして、他に船なきを以て成し得る限り橋梁保持に勉めつつあるも、流線屢屢変する為困難なる景況なり。

明治三十八年四月

四月一日

本日、軍の一般状況は次の如し。

一、軍司令部は大王屯に在り。

二、第九師団は、司令部は陳家窩棚に、諸隊は其附近に。

三、第一師団は、司令部は大孤家子に、部下は其附近に。

四、第七師団は、司令部は孟家台に、部下は其附近に。

五、砲兵旅団は銭家堡及其附近に。

六、馬場支隊（歩兵第一聯隊、騎兵、砲兵、工兵各一中隊）は、主力を後菓子園に、一部を老辺に置けり。

七、秋山支隊は昌図に在り。馬場支隊より出せる歩兵大隊の来著を待て前進を期す。

八、田村旅団は金家屯に在り。第七師団より出せる歩兵一大隊の来著を待て前進を期す。

九、馬場支隊の牛尾大隊は四月二日、第七師団の中溝大隊〔長、歩兵第二十五聯隊大隊長中溝武三郎〕は同日金家屯に着の筈。

十、第九師団は高台子に、第一師団は拉馬台に、第七師団は石仏寺に軍橋架設中にして、拉馬台のものは既に完成しあり。

十一、敵の状況概要。

(1) 敵の主力は公主嶺附近に向ふて退却を継続しつつあり。奉化、八面城附近並に吉林街道上には有力なる敵兵あり。其最前線は大窪、鴜鷺樹、双庙子及威遠堡門附近に在り。

(2) 鄭家屯方面には敵兵なし。

午後六時十五分、尾野総司令部参謀より電話。

浮流水雷多く、万一の危険を顧慮し、営口より患者輸送せすと。

午後八時、第七師団長より、石仏寺の架橋完成の報あり。

本日、河西参謀は昌図方面より帰還し、秋山支隊及田村旅団の状況を報告せり。

四月一日調、軍司令部の職員は左の如し。

第三軍司令部職員表

三十八年四月一日調

	司令官陸軍大将男爵	乃木希典
参謀	参謀長陸軍少将	一戸兵衛
	参謀副長陸軍歩兵中佐	河合操
	参謀同中佐	白井二郎
経理部	経理部長陸軍主計監	吉田丈治
	部員陸軍三等主計正	浅野量太郎
	同　陸軍一等主計	岡崎内蔵松
	同　同	野網喜平

幕僚

謀部

同	同　少佐	菅野尚一
同	陸軍工兵少佐	井上幾太郎
同	陸軍歩兵大尉	津野田是重
同	同	安原啓太郎
同	同	河西惟一

副官部

副官	陸軍歩兵中佐	塚田清市
同	同　少佐	松浦寛威
同	陸軍砲兵大尉	兼松習吉
同	陸軍歩兵大尉	松平英夫
同	同	福島正一

憲兵

憲兵長	陸軍憲兵大尉	鈴木武臣

管理部

管理部長	陸軍歩兵少佐	林昭正
副官	同　大尉	赤堀馬太郎
同	陸軍砲兵大尉	勝野正魚
主計	陸軍二等主計	山中信光
衛兵長	陸軍騎兵中尉	橋本虎之助
輜重兵士官	陸軍輜重兵中尉	黒川良太郎
獣医	陸軍二等獣医	横井七郎

砲兵部

砲兵部長	陸軍少将	牟田敬九郎
副官	陸軍砲兵大尉	宮地忠文

工兵部

工兵部長	陸軍工兵大佐	今沢義雄
副官	同　大尉	宮原国雄

金櫃部

金櫃部長	陸軍一等主計	三宅周作
部員	同　三等主計	下村敬助

糧餉部

糧餉部長	陸軍三等主計正	中山久亨
部員	陸軍二等主計	松尾弥太郎
同	同　三等主計	長嶺熊次郎
同	同	都築繁之助
同	同	加納徳治郎
同	同	船津完一

軍医部

軍医部長	陸軍々医監	落合泰蔵
部員	陸軍一等軍医	大森篤次
同	同	伊藤菊蔵

陸軍通訳

露語	鎌田祐吉
英語	後藤薫
露語	河津敬次郎
英語	山口造酒
清語	広渡桂太郎
清語	石本鏆太郎
独語	柳沢香村
仏語	根岸四郎

司令部附

嘱托	篠田治策
編修	兵藤為三郎

四月二日

午前十一時、第七師団長に小塔子架橋に関し左の命令を下す。
其〔ママ〕師団より工兵一中隊を小塔子に派遣し、同地遼河の架橋に任せしむへし。
但し、架設の時期、材料及技術上に関しては軍工兵部長の指示を受けしむへし。
同時に、第一師団の報告。
一、遼河は昨夜来十珊増水し合計〇・七八、流速一米三〇なり。
二、拉馬台の橋梁は左岸の橋礎、水の浸蝕甚く崩壊を始む。中央の三橋節は著く低下し、一橋脚上僅に三十珊を余せり。
従て、目下砲車の通過困難なり。
三、工兵大隊は橋梁保護に全力を尽しつつあり。
午後三時五十分、三面船兵站司令官の報告。
今二日より水路馬蜂溝に輸送を始む。娘々庙架橋点の通過に便宜を与へられたし。
依りて、之を第七、第一、第九師団に通報す。
午後七時五十分、馬場支隊より電話報告。
一、支隊前面の状況変化なし。
二、遼河は本日午後より減水の模様あり。
総司令部井口少将の通報。

撫順鉄道線は李石寨迄改修を了はり、明日試運転の後、糧秣輸送を行ふ。

四月三日

本日は神武天皇祭に付、祝宴を催され、軍司令部及附近在宿部隊の将校、同相当官を招待せらる。席上にて始めて「旅順の箱入娘」（森軍医監〔林太郎、第二軍軍医部長、小説家森鷗外〕作歌）を歌はしむ。乃木大将も大に喜ひ度々歌唱せしめらる。

午前十一時、第一師団より、遼河は昨夜より漸次減水の旨報告あり。

午後零時二十五分、井口少将より左の通報あり。

教育不十分なる将校の為、其隊に於ける火砲一門に付十発の砲弾を教練射撃に消費差支なし。

午後二時、田村旅団の報告。

一、敵の騎兵約十五中隊、砲六門は大窪方向より前進し来り。正午新立屯に到着し、旅団は高力屯に於て約一時間の抵抗を試みたるも、我右翼に約七中隊、左翼に五、六中隊迂回し来りしを以て、旅団は午後二時三十分八宝屯に退却せり。

二、敵は続々前進中なり。旅団は止むを得されは二小屯に退却せんとす。

午後十時三十分、田村旅団の報告。

一、敵は八宝屯、大小屯及其東西の諸部落に停止し、其警戒部隊は二小屯の東西に通する線に在り。

二、旅団は明日金家屯に於て敵を拒止せんとす。

三、金家屯、小塔子間の電話線は屢々土民の為に切断せられあり。

　小塔子橋梁には約一分隊の監視兵あるも、敵は優勢なるを以て、或は破壊せられ、為に連絡を断たるる虞あり。

午後十時五十分、第七師団長に、歩兵二大隊、砲兵一中隊を小塔子に派遣すへき命令を下せり。此指揮官は渡辺大佐〔水哉、歩兵第二十五聯隊長〕なり。

四月四日

午前八時、中溝少佐より報告（午前六時三十分、金家屯発）。
一、昨夜敵と近接せるを以て戦闘準備の儘夜を撤〔ママ〕せり。
二、本朝敵前進の模様なし。
午前十時、田村旅団の報告。

　敵は金家屯を包囲せんとしつつあり。

同時、秋山支隊より報告（三日午後九時発）。
一、昨夜主力を以て鴜鷺樹に、右側衛を以て四面城に宿営し、其一部は新侯堡を占領せり。
午前十時十五分、第一師団より電話報告。
一、拉馬台の橋梁改修作業は継続中。
　兵站用支那舟四隻の為、橋門の開閉を実施し、各二十分を要す。

午前十時半、田村旅団の報告（午前九時半発）。

　敵の騎兵は今朝八時半頃より運動を起し、我両翼に向ふて迂回運動をなしつつあり。而して、目下目撃し得る敵の兵力は右翼に三中隊、左翼に約六中隊なり。

昨日の死傷、下士卒十七、馬二十七頭なり。

午後三時、第一師団長に、古城子附近に渡船所を設置すへきことを命せらる。

午後七時三十分、田村旅団より、金家屯を攻撃せる敵は退却しつつある旨報告あり。

新宿営地に於ける給与計画を定めて、各団隊に通報せり。其要旨は、

一、新たに設置すへき兵站地

A、大孤家子支部

B、古城子兵站司令部

C、馬蜂溝兵站司令部

二、新たに設くへき軍野戦倉庫

A、通江口

三、閉鎖すへき軍野戦倉庫

A、大孤家子

B、馬蜂溝

C、法庫門

四、各兵站地及軍野戦倉庫の給養区分

A、三面船

第七師団輜重の一部

砲兵旅団の全部

B、大孤家子

第七師団（前進部隊及輜重を除く）

C、古城子

第一師団の全部

第九師団輜重の一部

D、馬蜂溝

第九師団（前遣部隊及輜重の一部を除く）

E、通江口

左記F、G、Hの倉庫起点とす

馬蜂溝、通江口間の水路輸送は軍経理部に於て開始し、其整理を俣〔俟〕て兵站に引渡す

F、昌図

秋山支隊及同地第九師団の一部

G、金家屯

田村支隊及同地第七師団の一部

H、小塔子

該地派遣の第七師団の一部隊

田村旅団よりの報告に依れは、昨日金家屯附近の戦闘に於ける我軍の死傷者、

死八、傷一九。

午後十時三十分、左の報告を呈出す。

一、今五日正午頃より昌図に来襲せし敵騎兵約五中隊は同地守備隊の為に撃退せられ、大部は北方に、一部は東北方に退却せり。

二、田村旅団を攻撃せし敵騎の大集団は大平山を経て四面城方向に転進し、一部は本道上を退却し、目下新立屯已南には敵兵なし。

同旅団は明日大窪に向ふて前進せんとす。

三、渡辺支隊は本日鳳岐堡に達せり。明六日午前中には小塔子に達する筈なり。

四月五日

午後三時二十分、兵站参謀長の報告。

一、昨四日馬蜂溝に兵站設置の件命令せり。司令官は嶋崎輜重兵少佐〔正誠カ〕とす。又昨五日古城子に兵站司令部を開設す。司令官は上野歩兵少佐とす。

午後六時、総司令官に向ひ左の報告を呈す。

一、軍は将来の作戦と衛生とを顧慮し、遼河右岸の地区に宿営を転す。

但し、第七師団をして明七日より運動を起さしめ、全部の転宿は十五、六日頃の予定。

午後八時三十分、兵站参謀長の報告。

目下関外鉄道より来る糧秣（約四師団分）は日日高力屯より水路に依り前送する予定なり。二日三面船より馬蜂溝に、三日高力屯より三面船に初めて小量を輸送したるか、各地に至る、無風の時約三日間を費せり。

本日、余は奉天会戦の状況に就き外国武官を集めて講話す。各将校何れも熱心に筆記せり。筆記に最も速かなりしは土耳古〔トルコ〕ベルトベー少将〔ペルテヴ・ベイ〕なりし。

会戦間の給養史を作る為に、其資料として各輜重の日日の行程及各師団の日日の給養状況を調査する為に記入すへき印刷物を各師団及各旅団に配布せり。

四月六日

河西参謀、各電信隊長を集め電信連絡に就て協議す。

午前十時、馬場少将に命し、歩兵一中隊を開原に出し、秋山支隊間の通信線保護に当らしむ。

本日は、通信線断絶の為、秋山支隊及田村支隊より報告来らす。

四月七日

午前一時十五分、秋山支隊より五日午後六時三十五分発状況報告あり。

五日午後二時頃、敵の歩兵約一大隊、騎兵五、六中隊は鴜鷺樹に在る同支隊を包囲し来りしか、我頑強なる抵抗に依り漸次東北方に退却せり。

午前十一時、秋山支隊より六日午後五時発報告あり。

今六日午後一時半、砲を有する敵の騎兵十中隊は鴜鷺樹の南方に来り我を包囲攻撃せしも、之を西北方に撃退せり。

第九師団より逓騎線設置の為、騎兵第九聯隊の一部を昌図間に差遣す。

午後零時三十分秋山、田村両少将に左の通報を発せり。

騎兵両旅団を鴜鷺樹及大窪に向ひ前進せしめられたるは、絶対的に土地を占領する目的にあらす、単に捜索の目的を達せしめんとするに在り。又昌図及金家屯に在る歩兵は其主目的同地を占領するにあるを以て、両騎兵団は孤立深く入り優勢なる敵の包囲を受くる等の苦境に陥るを避け、機を見て適当に動作し、以て昌図及金家屯に在る歩兵の支援を利用する如くせられんことを望む。

午後四時、兵站参謀長より報告。

本七日三面船より大孤家子に支部を、又明日奉天より道義屯に支部を開設す。

四月八日

午前八時三十分、馬場少将に向ひ左の命令を下さる。

貴官は、更に歩兵聯隊長の指揮する歩兵一大隊（一中隊欠）を昌図に派遣し、牛尾大隊を合し、該地を占領し、且つ秋山支隊の支援に任せしむへし。

特に昌図、開原間の背後連絡線を確実に保持せしむへし、云々。

午後一時三十分、馬場少将より報告。

軍命令に依り、歩兵第一聯隊長生田目中佐（新）に新に第二大隊（一中隊欠）を指揮して昌図に派遣せしめたり。此部隊は午後一時老辺を出発し、本夜英城子已北に宿営し、明日午前中に昌図に到着する予定なり。

又同時に、秋山支隊の報告（七日午前十一時二十分、鴜鷺樹発報告）あり。

一、約二十中隊を降〔ママ〕らさる敵騎は、昨六日午後五時三十分其先頭を以て大泉眼北方部落を過き、八面城方向に退却せり。

二、去る五日より四平街方向の捜索に任したる騎兵第三聯隊少尉加藤充の率ゆる捜索隊は、六日張家窑附近に於て、南方より退却する敵騎の大集団と衝突し、遂に其包囲する処となり、同少尉に従ひたる下士三、兵卒二十四の内、兵卒四（内一は重傷）帰還したる外、其他の状況不明なり。

帰還したる兵卒の言に拠れは、同少尉の率ひし大部は、敵と格闘の結果、多くは戦死したるものの如し。

午後十一時、馬場少将の報告。

一、秋山支隊前面の敵兵は未た甚たしく圧迫し来らす。双廟子方面の敵兵は南下せしやの疑あり。

二、秋山支隊は午後七時頃鴜鷺樹を発し退却の途に就き、今夜は興隆泉附近に村落露営の筈。

三、牛尾少佐は歩兵二中隊を率ひ興隆溝附近に向ひ午後十一時出発せり。

本日、軍人軍属一般に各人左の加給品あり。

清酒一合、紙巻煙草二十本、甘味品十五匁目。

四月九日

午前三時、秋山支隊の報告。

秋山支隊は夜行軍を以て其主力は九日午前二時昌図に到着せり。

秋山支隊出迎の為、興隆溝附近に発進したる牛尾大隊は、途中秋山支隊の無事昌図に来るに遭遇し、只今帰還せり。

午前六時三十分、渡辺大佐の報告。

　金家屯に在る歩兵第三大隊は前哨を騎兵旅団と交代し小塔子に向ふて背進する筈。

本日、乃木軍司令官は、独乙皇帝〔ヴィルヘルム二世〕より贈れるプールレシット〔プール・ル・メリット〕勲章を受領する為、奉天に至らる。松平副官〔英夫、第三軍副官、旧会津藩主松平容保三男〕及余は随行す。午前七時宿営地発、午後二時奉天着、総司令部に至り諸般の打合を行ひたる後、午後六時独乙皇族カールアントン親王〔カール・アントン・フォン・ホーエンツォレルン〕の許に至り勲章を受領せらる。余も同行す。同皇族の接伴役としては我閑院宮〔載仁親王、満洲軍総司令部附〕及長山少佐〔永山元彦〕あり。親王の随員としてはShelendorf中佐〔ブロンサルト・フォン・ツェルレンドルフ〕あり。同中佐は中々の人物の様に見受けたり。勲章授与の後、晩餐の宴あり。余も之に列す。

宴後、奉天に一泊す。

午前八時、第七師団司令部は宿営地移転の為本日李白堡に向ひ出発する旨報告あり。

午後五時十五分、田村少将の報告（午後二時発）。

　一、今九日午前七時五十分頃より敵の騎兵大小屯附近より運動を起し、午前十一時敵の騎兵約三中隊は八宝屯を越へ前進せり。尚、後続部隊あるものの如し。右翼方向よりも一、二中隊の敵は我捜索中隊を圧迫して前進し来れり。

二、宝力屯より来りし土人の言に拠れは、砲二十門を有する敵の騎兵約二千は本朝北方より該地に浸〔侵〕入せりと。

　旅団は小塔子に向て退却せり。

田村旅団か常に敵を恐れ、事あらは退却せんとしつつあることは、軍司令部各幕僚の実に憤慨せる所なり。

四月十日

午前九時、田村旅団の報告。

一、田村旅団は午後三時半頃小塔子に到着し、其一中隊は敵の強圧を受けさる限り遼河左岸に在て敵と触接せしむ。

旅団は小塔子西北約十二清里の対家屯附近に宿営す。

余は乃木将軍に随行し、早朝奉天を発し、正午頃帰部す。

午前十一時三十分、第七師団司令部法庫門着の報告あり。

午後九時、第七師団長に左の命令を与へらる。

一、渡辺支隊は自今貴官の隷下に属す。

貴官は同支隊をして前任務を継続せしむへし。

四月十一日

午前九時、秋山少将の報告（電話）。

敵は奉化附近に於て我に抵抗を試みんとすること確実なり。

大窪、鴜鷺樹、双庙子の線は其固定騎幕なり、云々と。

右は各部隊、総司令部及各軍に通報せり。

午後零時五十分、総参謀長より左の通報あり。

各隊に分離配属せる機関砲は、不馴の砲手に依り往々故障を生し、充分其機能を発揮せさるの懸念あり。寧ろ之を数個の機関砲隊に編成し、熟練の砲手にて操作せしむるを適当とすへき意見もあり、貴軍に於ける実験上の意見を速かに回答ありたし。

追て、機関砲は将来新式のもののみに相成、旧式のものは漸次交換せらるる筈。

午後三時十分、与倉中佐の報告中に、敵の艦隊は新嘉坡〔シンガポール〕を通過せし後に於て消息なしと。

第一師団司令部は十二日大孤家子を発し汪家荒地に到る旨報告あり。

四月十二日

午前十一時、総司令部田中参謀（少佐）より電話あり。

昨夜御申出の橋口中佐〔勇馬、満洲軍総司令部附〕の馬隊を最左翼に使用することは、貴軍の御意見通決定せられ、今朝命令せられたり。

右橋口馬隊は捜索の任務に当るも、地方の掠奪に任すること多く、軍の正面に在りては妨害多きを以て、之を最左翼に移すことを我軍より上申せるものなり。

金家屯より退却したる中溝大隊の其退却の動機を厳重に調査を命したるも、遂に明了なる能はさりし。要するに田村旅団と共に恐怖病に罹りありしものと思はる。

四月十三日

第一師団は昨日左の通、宿営移転の報告あり。

師団司令部　汪家荒地

歩兵第十五聯隊　蕎家窩棚

騎兵第一聯隊　宋家窩棚

野砲兵第二旅団は今十三日遼河右岸に移り、其司令部は東拉馬河子に位置す。

午前十一時、総司令官より左の電話命令あり。

目下秋山少将の指揮下に在る騎兵第三、第四聯隊（一中隊欠）は騎兵第五、第八聯隊と交代せしむへし。

但し、交代の時日は第二軍司令官と協議すへし。

第九師団に於て架設中の高台子の軍橋は今十三日完成せり。

四月十四日

前面の状況、大なる変化なし。

第一師団をして通江口に架橋せしむ。

四月十日調査の各部隊の現員及欠員は次の如し。

部隊	現員	欠員
第一師団	八、七五三	四、〇四九
第七師団	六、七四五	四、二七六

第九師団	五、七六八	七、四四五
騎兵第二旅団	一、一三七	五三
砲兵旅団	二、三八六	過員三四

此日、陸軍大臣より乃木大将宛左の通報あり。

独逸皇帝より左の電報閣下に到達したり。依て、之を伝達す。

閣下に勲章を贈与したることに依り、閣下並に閣下の軍隊の勇武を表彰したることは、朕の喜ふ所なり。

皇帝　ウイルヘルム

四月十五日

午前、左の諸件を命令せり。

一、第九師団の歩兵第六旅団長〔小泉正保〕の指揮する部隊と馬場支隊と交代の件。

二、在昌図生田目部隊を軍の直轄とする件。

三、第一師団より歩兵一大隊、工兵一中隊、騎兵若干を通江口に派遣すへき件。

四、軍司令部は十八日阿吉牛录堡に移転すへき件。

四月十六日

午前二時、田村旅団の報告。

一、昨十五日田村旅団の捜索に追躡せし敵の騎兵約五中隊は三眼井及其南方部落に宿営し、又長来窩棚にも約三中隊あり。

三家子に在る我第七師団の前進部隊（歩兵一大隊）は歩兵二中隊を以て三眼井附近に在る敵に対し夜襲を試み之を北方に撃退せり。敵は非常の狼狽を以て退却したる形蹟〔ママ〕あり。死屍八、乗馬一を遺せり。我死傷は兵卒二なり。

右は米津大隊（長、歩兵第二十五聯隊第一大隊長米津逸三）なり。

右の報告にて、数日来金家屯方面の歩騎兵の退却に関する憤気も四散せり。

同日、総司令部より、鴨緑江軍は総司令官の隷下に入りたる旨通報あり。

正午頃、第七師団より左の報告あり。

優勢なる敵の騎兵は法庫門街道を前進し来り。我米津大尉は三家子に在りて之と相対す。

敵は目下三家子を砲撃せり。

小塔子に在る我砲兵中隊は敵の翼側に向て砲撃を行へり。

午後三時二十分、同報告。

三家子前方の敵は午後一時四十分砲撃を止めたり。前進の模様なし。

午後六時、右の敵は午後五時より東北方に退却したる旨報告あり。

四月十七日

午後零時三十分、馬場少将よりの報告。

一、支隊は本日午前中に歩兵第六旅団長の指揮する部隊と交代を終はれり。
二、各部隊は新宿営地に至り所属に復帰せしむ。

四月十八日　曇後雨

此日、軍司令部は午前八時三十分六王屯を発し、阿吉牛彔堡に移転せり。

午前十一時五十分、井口少将の通報。

　貴軍に手投爆弾五千個を支給す。旅団砲廠に於て受領せられたし。

午後二時二十分、第七師団の報告に依れは、渡辺支隊は十七日小塔子の橋梁を完成せり。

四月十九日

一戸参謀長は菅野参謀を伴ひ第七師団司令部（法庫門に在り）に向ふ。

津野田大尉は第二軍参謀金谷大尉等の進級したるに、自分か進級せさる為不平を起し、各方面に不平を漏らし、陸軍を止〔ママ〕める迄云へり。依りて、余は彼れに不平あらは止〔ママ〕めるに如かす、早く止〔ママ〕めるへしと云ひたれは、爾後此不平を漏らすこと少くなれり。

本日、左の訓令を発せり（之は余の意見及起案に依る）。

　近来軍の宿営地に於ける諸道路は、降雨と車輛の往復とに依り著く破損し、又は泥濘を極め、車馬の交通甚た困難なるものあり。斯の如きものは、一朝緊急の際に当り、軍隊の運動を沮〔ママ〕害し、作戦上不利を来すこと尠なからす。依りて、自今各団隊は、要すれは土人を使役し、各其宿営地内及防禦陣地附近の道路を充分に修理し、以て軍隊の行動を容易ならしむることを努むへし。殊に左に掲くる諸道路は、最も注意を加へて完全に補修し、且つ之か保存の法を定め、以て常に軍隊及支那車輛の交通を遺憾なからしむる如くするを要す。

一、第九師団にて補修すへきもの
　朱山付近より高台子橋梁を経て大青堆子に至る道路
　高台子より老辺に至る道路
二、第一師団にて補修すへきもの
　大孤家子より拉馬台橋梁、汪家荒地附近を経て通江口に至る道路
三、第七師団にて補修すへきもの
　石仏寺より法庫門を経て小塔子に至る道路
四、各師団及砲兵旅団にて各其宿営地内を補修すへきもの
　旧門より東拉馬河子、阿吉を経て馬蜂溝の対岸に至る道路

四月二十日　曇後微雨

与倉中佐の報告に依れは、ロジエストウエンスキー提督はカムラン湾にて石炭を積載し戦闘準備を整へ日本海軍と戦闘を試むへしと。

秋山支隊より、昨十九日二十里堡附近に於て我捜索中隊は敵の包囲を受け戦闘を行ひ之を撃退せりと。

午後零時十分、落合少将〔豊三郎、満洲軍参謀〕より午前十一時五十五分発報告。

自今日々一列車丈大連より補充兵を搭載輸送すと。

午後七時、菅野参謀の報告（電話）。

参謀長已下午後三時法庫門に着いた。夫より第七師団左翼陣地を見て今帰へつた。明日は右翼陣地を見て小塔子に至る筈。

午後八時、尾野総司令部参謀より。

機関砲六門を以て一隊を編成し、歩兵聯隊に附属するものとすれは、如何に編成するを適当とするや。双輪、三脚の両式に区分し、編制〔ママ〕表を案定し通報ありたし。

右に就て、直に編制〔ママ〕表の作製に着手す。

本日、白井中佐は侍従武官に被補、又兼松大尉〔習吉〕は第七師団野戦兵器廠長に、守永大尉〔弥惣次〕は第三軍参謀に、又服部大尉〔真彦〕は軍副官に仰付らる。

本日、各人に清酒一合、巻煙草二十本、甘味品十五匁宛の加給あり。

四月二十一日

午後零時十五分、総司令部参謀落合少将よりの通報（井口少将病気にて還送につき其後任たり）。

手投爆薬製作の為、缶詰の空缶等凡てブリキ類は之を取り纏め、序を以て奉天旅団砲廠に送附ありたし。

午後二時、第七師団長に、騎兵第一聯隊の一中隊及其〔ママ〕師団の騎兵を以て軍の左側を捜索すへきを命せらる。

午後三時、生田目中佐より、昌図防禦計画訓令の送附あり。

午後五時十五分、菅野参謀報告あり。

第一師団に左の如く伝へられたし。

軍参謀長は明二十二日午前十時江家屯に於て、貴師団防禦工事設置委員と会合を希望せらる。

午後十一時、第七師団長より、機関砲隊編成表考案呈出あり。

軍工兵部長より道路修理の注意発せらる。

四月二十二日

守永大尉か軍参謀として任命せらるの噂あり。幕僚内に之を好まさるもの多し。

午前九時三十分、秋山支隊の報告（電話）。

今朝来、敵の騎兵約三聯隊は沙河子附近に在りて行動の姿勢を取り居るも、目下南進の報告なし。支隊は之に対し警戒中。

午後一時、秋山支隊より、敵騎漸次活動の旨報告あり。

午後二時、兵站監より報告。

古城子西南二千米黄家窩棚に兵站病馬廠を開設す。

午後七時二十分、秋山支隊の報告。

昌図東南方に前進し来りたる敵は騎兵約二十三中隊、歩兵一大隊なりしか、午後五時頃より東方に退却を始めたるも、其後に至り沙河子附近より歩兵四大隊、騎兵四中隊南下し来り、午後七時頃其先頭昌図停車場附近に達せり。

四月二十三日

午前十時、秋山支隊及生田目支隊に、昌図保守に関する訓令を与ふ（其要旨は昌図を保守すること能はさる場合には、状況許す限り、通江口、若くは小塔子に退却すへしと云ふに在り）。

午後、第九（第一）師団に、昌図方面の状況を顧慮し、各歩兵一旅団（一聯隊）以下の部隊を何時にても出発せしめ得る如く準備ありたき旨を参謀長に通報せり。

各兵站倉庫に糧秣集積量を左の如く定め、之を各団隊に通報す。

各倉庫糧秣集積基準表

一、三面船及古城子兵站倉庫	一師団の約十日分
二、大孤家子兵站倉庫	同　約十二日分
三、昌図通江口軍倉庫	人五千馬二千の　約三日分
四、開原軍倉庫	同右　約七日分
五、小塔子軍倉庫	同右　約十日分
六、各師団野戦倉庫	一箇師団約八日分
七、馬蜂溝兵站倉庫	後方より輸送し来る糧秣の内、日々第三軍諸隊の給養に必要なるものの外、悉く同地に集積す

四月二十四日

午後零時十五分、第一師団の報告。

（二十三日午後三時迄の状況）。
一、秋山支隊の前面に於て敵の歩兵約五大隊は沙河子方向より鉄道線路に沿ひ昌図の東南方に前進せり。又二十家子には敵の歩兵約一大隊ありて我歩兵と対峙しつつあり。馬中河に在りし我騎兵一中隊、歩兵一小隊は敵騎の包囲する所となれり。目下苦戦中なり。敵の砲兵（一、二門）は同地を砲撃しつつあり。敵の砲兵は三、四門なるか如し。
二、秋山支隊の大小行李は今夜九時同地を発し、通江口に向ふ筈。其掩護として歩兵一小隊、騎兵一中隊を附せらる。
三、敵騎の大部は開原方向に、一部は昌図西南方に迂回したるか如し。要するに敵状は昨日来と大差なく、彼我の緩徐なる砲撃を交換しつつあり。
午前八時三十分、第一師団長に、歩兵一大隊を双堆子に出すへきことを命せらる。
午後二時、第一師団の報告（電話）。
本二十四日午前八時四十五分松岡支隊の報告。
一、昨夜九時昌図を出発せし秋山、生田目両支隊の大小行李は、午前八時三十分当地に達せり。其時迄の状況は、敵は二十家子の線より未た前進せす。
開原、昌図間の連絡は、昨日西三道溝附近に於て電線を切断しありし為、不通となれり。

午後八時秋山支隊より二十三日午後二時発報告あり。
一、馬中河方面に迫まりし敵は砲数門を有する歩騎四、五百なるか如く、該地に在る歩兵中隊、騎兵中隊は苦戦中なり。

沙河子方面にも有力なる敵の一縦隊、西方に向ひ前進するを見る。

四月二十五日

午前九時二十分、兵站参謀長より報〔ママ〕（二十四日午後七時発）。

本二十四日、心台子西方約三千米に在る大鮑家崗子へ平井兵站司令部を開設し、心台子に其出張所を置く。

本日、第九師団は秋山支隊に連絡する為に歩兵一中隊を慶雲堡附近に出せり。

小塔子方面の敵は、昨夜其大部は金家屯已北に退却せり。田村支隊の報告に依れは、敵は目下羅船口の北方五十清里の揚家泌口に架橋中なりと。

此頃、秋山支隊より報告来らす、状況多少気遣はれしも、田村旅団よりの報告に依れは、同旅団より出せる連絡将校の報告に依り、敵は凡て二十里堡及四方台に退却したるか如きを以て、始めて安神〔ママ〕せり。

午後三時、秋山少将より始めて報告あり（二十四日午後六時発）。

一、昌図及馬千総台に昨二十三日以来攻撃し来りし敵の歩兵五、六大隊、騎兵二十余中隊、砲八門は漸次北方に退却し、其主力は午後三時頃沙河子附近に集合しあるものの如し。

喜多少佐〔信太郎〕の率ゆる捜索隊（三中隊）は敵を追撃して十八寝高地に至り敵と対峙しあり。我に負傷人馬二、三あり。敵の損害は詳ならされとも、約二十内外ありしを目撃せり。

支隊前面に在りし敵も其主力は興隆泉、四面城附近に退却したるものの如く、我捜索隊は二十里堡及四方台附近にて敵と対峙しあり。

二、昨二十三日に於ける戦闘に於て、歩兵第一聯隊第七中隊（一小隊欠）は馬中河に於て砲兵を有する優勢なる敵に包囲せられしも、勇敢に其陣地を固守し、支隊の背後を安全ならしむることに全力を尽せり。

支隊長、該守備隊の将校下士卒の卓越せる勇敢の行動に対し満腔の熱誠を以て深く感謝の意を表するものなり。


午後四時十五分、兵站参謀長報告。

本二十五日大沙嶺渡辺兵站司令部を撤去す。

第七師団の処置にて、軍との間に左の逓騎哨を設く。

法庫門—調兵山—汪家荒地—大台—阿吉
二十三日已来の戦闘に於て、生田目支隊の死傷は、下士已下戦死三、負傷九、生死不明六にして、敵か戦場に遺棄せる屍体七、傷者少くも二百五十に達す。

四月二十六日

午前八時、秋山少将より意見具申あり。

間諜の報告に依るに、奉化附近には敵兵約十万、公主嶺にも約十万、四平街、懐徳附近にも合して四、五万の敵兵あるか如し。即ち、敵の主力は奉化に集合しあること確実なり。

此敵は前進を起すときは約二日にして昌図附近に達するを得へし。満洲軍後来の為には、有力なる兵を進めて、威遠堡門、昌図、金家屯の線を占領すること必要ならんと判断す。

午前九時、渡辺支隊長の報告に依れは、二十五日午後三時敵の騎兵六中隊遼陽窩棚に進入せり。

午後零時四十分、浅野主計正より左の報告あり。

開原野戦倉庫岡田主計の報告。

本月二十二日夜、開原より大麦を支那車十二輛に積載して昌図に向はしめたるに、其後通信断絶となり安否不明の処、本朝昌図より帰来者の報する処に依れは、右車輛は翌二十三日馬中河附近に至りし頃敵に遭遇し、七輛は無事目的地に達したるも、他の五輛は途中にて散乱し終に行衛不明となれり。右帰来者は輸送監視に属せし兵卒なり。

午後三時、与倉中佐の通報。

二十四日、在柴棍〔サイゴン〕ロイテル〔ロイター〕通信員の報に依れは、運送船を合せて五十二隻より成れる波羅的〔バルチック〕艦隊は北に向ひ出帆せり。運送船十四隻、巡洋艦「スビトラナ」及病院船「オーレル」は依然「カムラン」に於て三哩の沖区域に在り。

仏巡艦「テスカルテー」は「ハトラン」に向ひ出帆せり。「ハトラン」に於て軍艦二十隻を見ると云ふ。

午後六時、第一師団に、昌図に向て歩兵一大隊を増加すへきことを命令せらる。此ことは予て総司令部と協議済なり。

午後七時、第九師団に、歩兵約一聯隊、古城堡に派遣すへき命令を出せり。

本日正午、白井参謀出発、帰任す。即ち、同中佐は旅順攻城後侍従武官を命せられたるか、機密作戦日誌の記載未了の為、其儘軍に留まりありて、奉天会戦中は作戦主任参謀として大に其手腕を振ひたるか、今や作戦日誌の記載も終りたるを以て、内地に向ひ出発することとなれり。約一年間軍中に在りて共に起居し、時には議論を闘はしたることあるも、常に兄として親交したる同氏か今日相〔ママ〕分るるに至り何となく惜別の状〔ママ〕あり。依りて、彼れを古城子の渡船場に見送り、対岸にて分〔ママ〕れを告けたり。

白井中佐帰国に付、依托の件。軍衣袴一着、夏服一着、帽子一個、襟布一打、黒さるまた三個、又金拾円を託し左の書籍を注文す。

シルレル〔フリードリヒ・フォン・シラー〕著アントウエルペンの攻城、小説若干。

四月二十七日　晴

午前零時五十分、兵站参謀長報告。

今二十六日小北河近藤兵站司令部を撤去す。

午前八時五十分、田村旅団の報告。

昨二十六日約四百の敵騎遼陽窩棚より南進せりとの報告は誤りにして、該地には昨日約百騎内外のもの停止しありたるのみ。昨夜拉々街に宿営したる三好中隊は本日再ひ遼陽窩棚に向ふて前進し捜索を続行する筈なり。

午後一時三十分、旅順要塞参謀長〔佐藤鋼次郎〕より通報。

戦利野砲十五門貴軍に交附することの命令あり。該砲には附属品及予備品若干不足するも射撃に差支なし。故に、其儘にて宜敷くは受領人当地着の上三日の後には発送し得へし。

受領人は何日当地に着する様出発せしめらるや、返待つ。

右は直に砲兵旅団に通報し手配を行はしむ。

午後五時四十五分、白井中佐より奉天発、次の通報あり。

只今松川少将〔敏胤、満洲軍参謀〕の談に依れは、第二軍は前進して第四、第三軍の中間に挿入せらるへし。

午後十時、第九師団に、古城堡に至るへき支隊の出発を見合はしむ。之は右の白井中佐の通報の結果に依る。

此日、各師団参謀長〔太田朗、第七師団参謀長〈明治三十八年四月付〉〕に左の通報を発す。

新に到着せる歩兵隊補充兵に対する教育の不足を補ふ為、各人に付実包二十発以内を発射せしむることを得。但し、之か弾薬は戦場に於て収集せる散弾を使用せしめらるる筈に付、所要数を軍砲兵部長に請求せられ度。

四月二十八日　晴

旅順の戦利野砲受領の為に酒井中尉を派遣す。此旨を旅順に通報す。次て尾野参謀より戦利野砲大隊編成の通報あり。

午後八時十分、総参謀長の通報。

満洲軍倉庫に於て倉庫設備の為、倉庫員を馬蜂溝に出張せしむ。其宿営及給与に就ては貴軍の兵站部をして準備支給せられたし。右設置出来れは同地に集積しある貴軍糧秣を漸次満洲軍倉庫に引渡されたし。

午後八時四分、総司令官より、各軍正面を開原―平安堡―大恒道子の正面に前進し、第二軍を第四軍と第三軍との中間に挿入することに就て命令あり。

四月二十九日　曇

午前十一時十五分、小沢参謀〔三郎、満洲軍総兵站監部参謀〕（総司令部）より通報。

遼河の水運は作戦地境の変更に関せす依然貴軍にて領せらるること、嘗て尾野中佐より申送りたる通なりと。

午後一時三十分、兵站参謀長報告。

本二十九日范輸坨楠川兵站司令部を撤去す。

本日清酒一合、巻煙草二十本、甘味品十五匁宛の加給あり。

四月三十日　午後微雨

第一師団長より、通江口の軍橋昨日完成の報告あり。

午前十一時、左の軍命令を発す。

一、敵の主力は海龍城、掏鹿、火石嶺、公主嶺及喇嘛甸に亘る線に在るものの如し。

満洲軍は前進準備の目的を以て五月三日（第二軍は同四日より）運動を開始し、左の如く動作す。

鴨緑江軍は略現在の姿勢に在りて、一部隊を英額城附近に派遣し、其前進支隊を以て年魚嶺及二道嶺を占領す。

第一軍は清河左岸地方に開進す。

第四軍は新家屯及開原の線已南に開進し、前進支隊を以て威遠堡門を占領す。

第二軍は東四家子及十間房の線以南の地区に開進し、特に前進支隊を以て昌図を占領し、且つ四平街及八面城方向を捜索す。

秋山支隊は第二軍の戦闘序列に復帰せしめらる。但し、其時機は追て命令す。

第二軍、第三軍の境界は、大房身―拉々屯―孟家台―高坎―老辺―二道溝の線。

二、軍は平安堡及大横道の線已南の地区に開進せんとす。
三、第九師団は五月三日運動を起し、十間房、平安堡の線已南、右側第二軍の境界より左側東遼河に沿ひ通江口、調兵山、趙具山に亘る地区に宿営移転をなし、特に一部隊を大小屯に派遣す。
小四家子附近遼河には諸兵通過に妨けなき橋梁の架設。
四、第七師団は五月三日運動を起し、五家子附近より大横道に亘る線已南及東遼河に沿ひ桃山、五台子の線已西の地区に宿営移転、遠く遼河右岸の地区を捜索。
五、第一師団は五月三日運動を起し、対家屯、桃山、法庫門、通江口、趙具山の地区内に宿営移転。
六、砲兵旅団は五月四日運動を起し、法庫門街道已西の陶家屯、五台子已南の地区に宿営移転。
七、秋山支隊及生田目支隊は前任務の続行。
八、騎兵第二旅団は金家屯に位置し、奉化方面及遠く遼河右岸の地区の捜索。
九、十、十一、略。
十二、軍司令部は五月五日法庫門に到る。
午後二時、与倉中佐の通報。

「ロジエストウエンスキー」は四月二十六日夕刻遂にカムランを出発せり。軍艦七隻と八隻とより成る二艦隊も東行中にして、「ノボカトウ」少将〔ニコライ・イワノヴィッチ・ネボガトフ、第三太平洋艦隊第一梯団司令官〕の指揮に属するものは二十七日夜「ペメン」の南六十哩の処に於て新嘉坡に向ひ航進しつゝあり。

明治三十八年五月

五月一日　強風

午後零時四十分、兵站参謀長通報。

今一日下黄地（古城子北方五里）に古城子司令部の支部を開設す。支部長は水野輜重兵大尉〔勝昌カ〕とす。

午後九時、第七師団長の報告。

遼陽窩棚方面を捜索しつつありし我騎兵一中隊は、七家子附近に於て敵に包囲せられ、午後二時四十分頃之を突破し、老成窩棚附近に於て約二中隊の敵と格闘の後東南方に退却せり。我損害は未詳なり。此敵は偵察の為来りしものの如し。田村旅団は明日松浦大佐〔杉浦藤三郎、騎兵第十五聯隊長〕をして騎兵三中隊、機関砲一小隊を以て該方面を捜索せしむ。

此日、宿営移転後の逓騎線設置計画を発表したり。

五月二日　晴強風

午前十一時、兵站参謀長報告。

今二日法庫門に内田兵站司令部設置、八三堡子岩井兵站司令部撤去。

午後一時三十分、第一師団長報告。

本朝通江口より昌図に出したる伝令は亮中橋附近に於て敵に出会して退却し来れり。土人の言に依れは、亮中橋に在りし我逓騎哨は敵の為包囲せられたりと。

午後八時二十五分、田村少将の報告。

遼陽窩棚方面昨日の戦闘に於て、我将校二、下士已下三十一名の生死不明あり。敵の損害は其落馬の状況より見るに三十を下らさるへし、云々。

本日、招魂祭を軍司令部に施行す（来る六日宿営移転にて施行し得さるに依る）。従軍外国武官、内外通信員を招待し昼餐の宴あり。午後、余興を行はる。頗る盛会なりし。

招魂祭の余興番組は次の如し。

大和尚山、三番叟、二〇加、軍歌、茶番、長唄、狂言、清元、大神楽、剣舞、西洋手品、加ツポレ、活人形等なりし。

五月三日　晴

午前九時、秋山少将報告。

敵の騎兵は今朝来二十里堡及四方台に向ひ我捜索隊を圧迫し来れり。其兵力は両方面とも約二中隊にして、其後続部隊は未た詳かならす。

午後三時十七分、兵站参謀長報告。

兵器本廠の兵器庫及弾薬庫を鉄嶺に設くることとなる由。故に、当軍の仮野戦兵器廠は、鉄嶺迄汽車開通後、鉄嶺に移す予定。

同時に、同官の報告。

下黄地兵站支部を、同地南方約二吉に在る後孤山子に移し、後孤山子支部と称す。

午後七時五十分、総参謀長通報。
　来る七日より鉄嶺迄列車運転開始の予定。

五月四日

午前零時、平城少佐〔盛次〕報告（三日午後七時、花揚樹発）。
一、騎兵第二旅団より出されたる遼河右岸捜索隊（第十五聯隊の二中隊）は本日午後六時花揚樹に達す。
二、斥候の報告に依れは、本日午前八時七家子に侵入せし敵約四十騎は午後二時三家子已北に退却せり。
三、土人の言を綜合するに、騎兵部隊は遼陽窩棚、馬家舗、羅船口に位置するものの如し。
　羅船口には不完全なる架橋ありて、徒歩者のみ通過し、馬匹は游泳を以て渡河しあるものの如し。
四、捜索隊は明日四家子に位置し、羅船口、遼陽窩棚方面を捜索せんとす。
午後五時二十分、兵站参謀長報告。
　本四日沙河子市川兵站司令部を撤去す。
本日、各師団共無事宿営移転を終はれり。

五月五日　是日烈風あり

軍司令部は阿吉牛录の宿営を発し、午後二時法庫門の新宿営地に着す。
午前一時、田村支隊の報告に依れは、昨日大小屯に出したる支隊は、金家屯北方に在りし敵の監視兵を駆逐して前進し、大小屯を占領せり。又田村旅団は之と協力して二道溝に前進し、夜に入り金家屯に入れり。

午後、第七師団長より、工兵大隊を三中隊の編成（是迄二中隊なり）とすることに就き申請あり、之を上司に進達す。

五月六日

野戦電信隊の業務を補助輸卒隊をして補助せしむる為に、午前十時、兵站監に左の命令を下せり。

野戦電信隊の業務を補助せしむる為、兵站所属の補助輸卒七十名宛（下士已下相当の幹部を附し）を当分の内第一、第七、第九野戦電信隊長の指揮を受けしむへし。

午後零時五十分、兵站参謀長報告。

本六日通江口に近藤兵站司令部を開設す。

午後二時、第一師団長より、小塔子已北の偵察に関し、師団命令の呈出あり。其要旨は、

一、師団北進の場合を顧慮し、小塔子以北に於ける遼河並に其沿岸の偵察を行はんとす。

二、偵察隊の編成。

長　和田参謀

歩、騎各一中隊

砲兵将校二、工兵将校二

三、三日分の糧食携行。

四、五月六日午後三時、小塔子に集合。

偵察計画

一、主力は東遼河右岸より、一部は左岸より前進、共に羅船口に至る。
午後三時、第七師団より、陣地構成に関する師団命令の呈出あり。

午後十時、橋梁監視兵の交代に関し、第九師団長及兵站監に命令せり。

五月七日

午前十時二十七分、秋山支隊を第二軍に属すること、並に生田目支隊の撤去に関し、総司令官の命令あり。

四月三十日調、第三軍各団隊戦闘員の状況。

部　隊	現員計	欠員計
第一師団	九、七九〇	三、〇一二
第七師団	八、五四九	二、四七二
第九師団	九、〇九八	四、一一五
騎兵第二旅団	一、一二二	六九
野戦砲兵第二旅団	二、二八六	過　二〇
総　計	三〇、八四五	九、六四八

五月八日　晴

午前一時二十分、兵站参謀長報告。

明八日通江口に弾薬中間廠を開設す。廠長小林砲兵少尉。弾薬は来る十三日以後水路同地に到着の筈。

旅順より酒井中尉に依り輸送し来れる戦利野砲十二門の受領方を砲兵第二旅団に命せらる。

午後五時、兵站参謀長報告。

古城子兵站病馬廠は来る十日之を撤去し法庫門に前進せしめ、来る十三日より同地に病馬廠を開設す。

午後十時二十分、総司令部落合少将より通報。

自今各軍に向け発送する各種追送品は凡て鉄嶺に卸下することに定めらる。

五月九日

午前十時、軍軍医部長より、流行性脳膜炎の予防上の施設に関し意見具申あり。

午後零時五分、陸軍大臣より、戦利野砲大隊編成に関する勅令の伝達あり。編成担任官は軍砲兵部長牟田少将と定めらる。

午後三時、総参謀長の通報。

鉄嶺及其附近に我軍の為一大集積場となす計画に付、各軍の為及他の兵站諸機関の為、鉄嶺停車場及其近傍の地区の建物を各軍に区分し、一昨七日各兵站参謀長に其区域を指示せしめたり、承知相成度。又鉄道輸送物整理の為、各軍より若干の委員を出すことを指示し置けり、承知ありたし。

午後七時、第一師団より、和田参謀帰着の報告あり。

午後九時、第二軍より、明十日歩兵一聯隊を昌図に出すの報あり。依りて、生田目聯隊を其到着を待て帰還すへきことに関し命令あり。

五月十日　晴

午前零時四十五分、第二軍参謀長通報。

遼河の水路輸送は貴軍に於て担任せられ、当軍に要する給与品は貴軍にて集積し引渡すことに定めらる。其数量、交附地点に就ては両軍参謀長に於て協議すへき旨総参謀長より通報あり。就ては、数量、交附地点等に関しては当軍兵站参謀をして直接に貴軍参謀長に交渉せしむることとしたし。

午前八時、秋山少将か軍の隷下を去るに臨み、左の軍訓令を発す。

奉天会戦間及同会戦後今日迄、捜索及追撃の為其支隊の尽せし多大の功労に対し、余は貴官及貴官の部下に対し誠意を以て感謝の意を表し、尚今後に於ける光輝ある成功を祈る。

午前九時、第二軍参謀長に対し、返電として左の通報を発す。

貴軍に要する給与品の一部を当軍の担任する遼河の水運に依り貴軍に引渡すことに就き、其数量及交附地点を両軍兵站参謀長をして協議せしむることは異存なし。依て、直に当軍兵站参謀長に其旨通報し置きたり。

昨九日、道義屯兵站司令部を撤去す。

明十一日より、法庫門、慶運堡間に特別郵便を開始し、同地より総司令部、第一軍、第四軍、鴨緑江軍に連絡す。

一号便、午前一時三十分発、午後十時三十分着。

二号便、午後五時三十分発、午前九時三十分着。

戦利野砲兵大隊編成に付、各師団及野砲第二旅団より出すへき人馬、材料の員数を定め、之を通達す。

本日、当軍附となりし守永参謀着任せり。当人は人格上に付、菅野参謀と殊に悪し、毛嫌を受けたり。

五月十一日　暴風

第七師団長の報告、午前八時電話。

敵の騎兵約二千、砲三、四門は八日鄭家屯東方に於て遼河右岸に移り、昨十日朝鄭家屯を占領せり。

此日、一戸参謀長は菅野参謀と共に第九師団方面の視察に向ひ出発す。

五月十二日　暴風

今回鉄嶺まで汽車開通に付、従来心台子駅より法庫門に至る間に設けありし陸路兵站線を撤し、鉄嶺を下車駅とし、法庫門に至る間に陸路兵站線を設くることとせり。

午前九時二十分、第七師団長報告。

鄭家屯附近より庫平に来りたる土人の言に拠れは、同地には敵の歩兵来着せり。然れとも、其兵力不明なりと。

五月十三日　雨

午後零時五十分、第七師団報告（電話）。

一、三眼井には敵騎兵約百五、六十あり。

二、羅船口には敵騎兵時々出没す。

三、大歳子、小歳子には騎兵の主力あるか如し。

四、鄭家屯には四、五日前敵騎兵の占領する所となり、同地には約千五、六百の敵騎兵ありと馬隊長より通報あり。又馬隊は三眼井の敵に向ひ払暁より攻撃を始めたり。
午後三時三十分、第七師団長報告。

橋口中佐の通報に依れは、本十三日敵の騎兵約五百は拉嘛営子方向より遼陽窩棚に向ふて来襲せんとする模様あり。而て、砲は有せさるものの如し。

午後八時四十五分、第七師団報告。

五月十三日午後八時二十分歩兵第十四旅団長の報告に依れは、敵の騎兵約二千遼陽窩棚に来襲し、我馬隊約二百は撃退せられ、莫力克方向に退却せりと。

五月十四日　雨

午前十一時、第七師団報告。

敵騎兵の主力は昨十三日遼陽窩棚に停止し、三家子、海家窩棚には本朝来敵の騎兵出没す。

午後九時半、第七師団報告。

本十四日当地を出発したる騎兵第七聯隊の捜索中隊は、午前十時四十分窮棒街北端に達し、左のことを知る。

遼陽窩棚に入りし敵の騎兵は約六百にして、其東方部落に敵兵約三十出没す。

五月十五日　曇

午前九時五十分、第七師団長報告。

騎兵第七聯隊報告。

一、昨十四日早朝宿営地を発し遼陽窩棚に向ひ前進せしめたる捜索中隊長の報告に依れは、同隊午前十一時大平街南方二吉無名部落附近にて約五、六十騎の敵に遭遇し、徒歩戦を以て之を攻撃中、敵は漸次増加し、午後三時頃約二百騎となり、我に向ひ攻撃し来るも、甚しく接近せす。兵卒一、馬匹三負傷す。捜索中隊は同夜拉々街に宿営せり。

二、該中隊は当分拉々街に位置し敵状を捜索せんとす。

午後三時五十分、第七師団長報告。

本十五日午前八時半敵騎兵約二百は海家窩棚北方約一吉の小部落に停止しあり。尚其二、三十は窮棒街に進入し、其両側に約二、三十の敵騎出没す。

午後九時五十分、同報告。

本日午後二時敵の騎兵約二十、山歪子（獅獅窖北方二吉）に於て我騎兵斥候と衝突し、次て獅々窖の我前哨線に前進し、我攻撃に会し遠く北方に退却せり。

本日、戦利野砲大隊の新設せる二中隊の編成は完結せり。

五月十六日　曇

午前八時三十分、第七師団報告。

諸状〔ママ〕報を綜合するに、昨十五日当方面の状況は次の如し。

一、敵の騎兵部隊は三家子、孫家坨子、窮棒街附近にあるものの如く、其警戒線は柳窩棚、東河窩棚に亘る。

二、獅々峪に在る我前哨中隊の撃退せる敵は、午後七時後三百旬地を通過し退却せり。

三、騎兵中隊は昨夜拉々街に宿営せり。

四、間諜の言に依れは、遼河右岸に在る敵は騎兵一千已上にして砲十二門を有し、昨日午後遼陽窩棚に六門、大平街に四門ありと。

五、土人の言に拠れは、一昨十四日の騎兵戦に於て、露国騎兵中蒙吉〔古〕馬賊混合し、露兵の死体五を搬送せり。

法庫門は従来管理部の処管〔ママ〕にして取締十分ならさる憾ありしを以て、本日成田砲兵大佐〔正峰、野戦砲兵第十六聯隊長〕を舎営司令官とし軍紀、風紀の緊縮を図らしむ。

午後八時五十分、第七師団報告。

一、間諜の言に拠れは、敵の歩兵約二百、本日遼陽窩棚にあり。該地には糧食を集積しつつあるものの如し。
又七家子と三百旬地との中央後に砲二門を有する敵騎三百あり。

二、敵の騎幕は茨榆坨より東平房に亘る線に在り。

五月十七日　晴

午前八時三十分、第七師団報告。

昨十六日午後六時より午後十一時の間に、敵の騎兵約二十は東平房附近より前進し山歪子附近を徘徊し、次て歩哨線前方に運動し、其監視兵らしきものは近く我に接す。午後七時頃敵の騎兵二、三十、三家子方向より四合堡に向ひ前進し来れり。我潜伏斥候一戦死せり。

午後五時、田村旅団報告。

十七日午後零時三十分、王家崗子、平城少佐報告。
一、本十七日午前十一時敵騎兵少くも五、六中隊は、遼陽窩棚方面より窮棒街に向ひ前進し来れり。其先頭は該地に停止せり。又約一中隊は三百甸地北方三吉の線に達せり。此敵は後続部隊を有す。七家子附近には敵の騎兵三、四十、馬家屯附近にも一部隊あり。
二、午後二時十五分、平城少佐報告。
先きに報告せし敵騎五、六中隊は午前十一時南進を継続し、其後続部隊は大平街と窮棒街との中間地区に充満し南進中にして、其兵力五、六十中隊を下らさるものの如し。

午後二時頃西方に当徐り緩徐なる砲声を聞く。

此報告の兵力は軍司令部にては十分に信を措かさりしも、兎に角優勢なる敵騎兵の南下しつつあることは十分に信せられ、従て軍司令部内も大に緊張の度を加ふ。

午後五時二十分、第七師団報告（電話）。

敵騎千、本日午後四時権子洞附近に顕はれ、尚前進の模様あり。

午後七時半、同報告。

午後四時権子洞に現はれたる敵は漸次西方に越し、目下は大平庄附近にあるならん。本日は砲を見す。

午後八時、同報告。

橋口馬隊の伝令は庫平より方家屯に通する街道上にて敵騎に遭遇せり。

諸報告を綜合するに、敵の兵力は騎兵一旅団ならん。敵の益々南下するや否は目下捜索中。

午後九時、騎兵第一聯隊名和大佐に命令を伝へ、何時にても出発し得る如く準備せしむ。

午後十時半、田村少将の意見具申。

敵の騎兵主力は遼河右岸の地区に活動し、加ふるに奉化街道方面にても旅団の兵力を以て捜索の目的を達する能はす。此際、当旅団は軍の左翼に位置せは、少くも軍の外翼を掩護し得ると同時に、多少捜索の目的を達するの途あるへしと信す。

右意見上申す。

右田村少将の意見は適当にして、幕僚内にも此意見ありしと、敵騎集団の状況よりして、之を採用することとし、直に軍司令官の同意を得て次の命令を下せり。

第三軍命令　五月十七日午後十一時、法庫門に於て
一、敵の騎兵五、六十中隊は本日正午頃大平街と窮棒街の間に充満し、尚南進中なり。
二、騎兵第二旅団は明十八日金家屯を発し、遼河右岸義哈屯附近に向ひ前進し、軍の左側を掩護し、且つ遠く鄭家屯方面を捜索すへし。
三、騎兵第七聯隊を自今貴官の指揮に属す。又騎兵第九聯隊（一中欠）は原所属に復帰せしむへし。
四、騎兵第一聯隊（一中欠）は騎兵第九聯隊と合し、遼河右岸にありて奉化方面の敵状を捜索する筈。
貴官は騎兵第一聯隊の八宝屯附近到着迄、騎兵二中隊を遼河左岸の地区に残置し、第九師団前進支隊に協力せしむへし。

右関係の事項は第九師団長、第七師団長及第一師団長に夫々命令あり。

五月十八日

午前一時、第七師団報告。

一、敵の騎兵は午後四時には大垣道子北方約二千米の地に達せり。

二、次て敵は西方に向ふて徐家窩棚、団山子を経、張江窩棚に至り、一部は義哈屯の東方より、其主力は敖海窩棚北方より南に向ひ前進せり。

三、我前哨部隊は敵の近接を待て射撃を開始せしも、敵は我歩哨、下士哨等には衆を持て圧迫し来るも、敢て本陣地に近つかす。

日没に至り敵は一時大平庄附近に停止せしも、暫くにして南方に行進せり。其停止点を確め中。敵の兵力は騎兵約一千。

午前七時五十分、第七師団報告。

一、将校斥候の報告に依れは、敵の騎兵は午前四時迄大平庄、王窩棚、魯家窩棚、牛頭位及其西方部落に宿営せり。

二、午前六時敵の監視兵、尚前記の諸部落に在り。

三、騎兵聯隊は揚家窩棚に位置し、敵と触接を保持し、尚ほ権子洞、莫力克及供窩棚方向を捜索す。

此報は大に軍の左側に不安を感し、殊に我砲兵旅団の左側はから明きなるを以て、法庫門に宿営中の歩兵第二聯隊第一大隊に次の軍命令を下せり（午前八時）。

歩兵第二聯隊第一大隊は即時出発、公主陵附近に前進し、方家屯及五家房方向を警戒し、軍の左側を掩護すへし。伝騎三を附す。

　貴官は出発後、余の直轄とす。

之と同時に、別に歩兵一大隊を法庫門に送ることを第一師団に命令せり。

此日、河合参謀副長及河西参謀は、第七師団方向視察の為、庫平に向ひ午前七時半出発し、司令部には軍司令官、一戸参謀長、菅野参謀及余と安原参謀ありたり。

午前十時、第七師団報告。

　騎兵第七聯隊長〔白石千代太郎〕の報告に依れは、敵騎約五百は南方に前進せんとするものの如く、又敵主力の位置は明瞭ならす。

愈々法庫門附近の危険明かなるを以て、桃樹子に在る騎兵第一聯隊に左の命令を下す（午前十時半）。

　騎兵第一聯隊は現在の兵力を以て新昌〔ママ〕堡に向ひ前進し、西北方に対し警戒し、軍の左側を掩護すへし。

午前十時五十分、第七師団報告。

　敵の騎兵約二千は午前八時其先頭を以て金窩棚西北高地を西南に前進中。敵は梅林河左岸を大屯方向に前進するものの如し。

午後一時二十分、第七師団報告。

　敵騎約五百は第七師団の宿営地に進入し、我野戦病院の一部は之か為蹂躙せられたり。

午後二時に至り第七師団との電話連絡断絶す。本日庫平に向ひたる河合副長已下の消息不明となり、軍司令部内の不安と、傍若無人の敵の動作に対し噴〔憤〕慨甚しかりし。

午後一時五十分、騎兵第七聯隊第二中隊長副地大尉〔英吉カ〕報告（午後十一〔ママ〕時、五官営南方泡子沼発）。

午前十時半敵騎兵の主力（約二千）は初家窩棚の高地より方向を変し庫平に向へり。

午前十一時約六千の敵は既に庫平西南方五官営北方の高地に達す。

中隊は漸次庫平方向に退却せんとす。

右の報告にて法庫門の西北方はから明きとなるへきを以て、外衛兵の歩兵中隊を新城堡に出せり。

事稍急なるを以て、午後三時半第一師団より更に歩兵一大隊を法庫門に急行せしむることを要求せり。

午後四時、先きに請求せし第一聯隊第三大隊到着せしを以て、一中隊を新昌堡〔ママ〕に出せり。

午後五時五分、第七師団との電話開通す。

午後六時、田村旅団報告（午後五時発）。

旅団は本日午後四時庫平に着し、数将校斥候を派遣し、法庫門方向に南下せる敵の停止点を捜索中なり。旅団は今夜五官営子附近に宿営し、第七師団の左側を掩護せんとす。

午後六時三十分、歩兵第二聯隊第一大隊長下野大尉〔厚造〕報告（午後三時三十分、公主屯発）。

大隊は公主陵に於て地形偵察の結果、適当の陣地なきを以て、孤家子に移り陣地を占領せんとす。

午後六時四十五分、騎兵第一聯隊長報告（午後六時新昌〔ママ〕堡発）。

揚家窩棚方向に派遣せる将校斥候の報に依れは、敵の騎兵約三千、莫力克附近に主力を置き、其一部は王家窩棚、陶代屯附近に在り。

聯隊は新城堡西端に位置し、敵状を監視中なり。

右田村旅団及第一聯隊長の報告に依るも、我騎兵は何れも兵力を以て敵の状況を捜索することを避け、主力は歩兵部隊の傍に位置し、斥候のみにて捜索せんとする為に、遂に敵状を確むるを得す。

午後七時五十分、庫平に到着したる河合副長の報告。

本日第七師団の左側に迂回したる敵騎兵約五百は、第七師団第一、第二野戦病院を襲撃し、第一は異状なく、第二は損害未詳。

間諜の言によるに、敵は羅船口上流十五清里の地に架橋せりと。

三台子、趙家窩棚の間には歩兵一大隊を配置し、背後連絡線の掩護に任せしめたりと。

午後九時半、騎兵第一聯隊長報告（午後八時半新昌〔ママ〕堡発）。

方家屯附近には敵の部隊あるものの如く、午後五時半其約五十は方家屯方向より東小陵に侵入せり。

後旧門已南法庫門方家屯街道間には敵兵なし。

聯隊は本夜新昌〔ママ〕堡に宿営す。

午後九時四十分、第七師団報告。

本日南下せし敵の主力は興隆窪附近に停止したるか如く、其兵力は騎兵二千、蒙古馬賊二百、砲六門なり。

本日我師団砲兵の射撃に依り損害は多大ならん。

右の報告にて、始めて敵主力の所在を知るを得たり。

午後十時、下野大尉(I/2)報告（午後七時、孤家子発）。

午後四時敵騎約四、五百、公主陵西方約四千米の地を南方に行進せり。後続部隊あるものの如し（是は橋口馬隊と間違ひたるか如し）。

第二回目に第一師団に要求したる歩兵第十五聯隊第二大隊は、午後十時五十分法庫門着、宿営せり。此大隊の到着の遅きには司令部内大なる不満ありし。

午後十一時三十分、第七師団報告。

師団は敵の退路を遮断する目的を以て、歩兵第二十八聯隊（一大隊欠）、野砲二中隊をして馬連屯より三眼井を経、大平庄に亘る線を占領せしめたり。

五月十八日〔九〕

午前七時半、騎兵第一聯隊長名和大佐報告。

昨夜陶代屯には敵兵なしと。陶代屯の西南二十清里小陵には兵力未詳の敵騎あり。

倪家窩棚には敵騎襲来の形跡あり。我軍の死体五を目撃せり。

方家屯方向は引続き捜索中。

午前八時三十分、第七師団報告。

権子洞、東平房、四家子方面に敵を見す。

午前九時二十分、歩兵第二聯隊第一大隊長代理下野大尉報告（午前七時十五分、孤家子発）。

昨夜来敵状につき得る所なし。

今朝六時公主陵北方高地上には敵の斥候兵徘徊するを見る。又同村北方一帯の高地上には数多の展望兵らしきものを見る。

午前十時、下野大尉報告（午前九時発）。

午前八時三十分敵の騎兵約三百、西部公主陵に顕はれ目下停止しあり。其一部は南方に向ひ行進せり。

東部公主陵に出せし我停止斥候及騎兵第一聯隊の斥候は孤家子に退却せり。

右の状況にて、敵は漸次法庫門の西に迫まるの感あるを以て、外衛兵として法庫門に在りたる歩兵第二聯隊第三中隊を四台子に前進し、野砲兵第二旅団の掩護に任せしむ。

午前十一時、第七師団報告。

　午前八時半旧門西方高地将校斥候報告。

　只今敵の一縦隊小陵より南方に運動するを見る。土人の言に拠れは、其兵力は騎兵約二千なりと。

愈々敵の南進確実となりたるを以て、孤家子に在る部隊は砲兵旅団長の指揮に入れ、其宿営地を掩護せしむることとす。

午前十一時十五分、名和第一聯隊長報告（午前十時半発）。

　避難民の言によれは、敵は昨夜東西小陵附近に宿営せるものの如く、其兵力は約二千なりと。

　本日午前九時頃より東小陵の敵は運動を始む。

　我捜索隊は五家子に在りて敵と触接す。

昨夜東西小陵附近に在りし敵の所在只今迄知れさりしは、如何に我騎兵の畏縮して活動せさりしやを知るに足る。

午前十一時、万一を慮り、歩兵一中隊（歩兵十五聯隊の第三大隊）を陶家屯に派遣す。

午前十一時半、永田旅団長報告。

　公主陵には敵騎約五十現在せり。孤家子は目下村落に依り〔ママ〕防禦中。五台子附近に警戒なきを以て歩兵部隊を派遣せられたし。

然るに、四台子に既に歩兵一中隊を出しあるを以て、之を旅団長に注意したり。

午後零時五十分、永田旅団長報告（午後零時半発）。

敵の騎兵（約三百）公主陵に顕はれたるものは、依然孤家子守備隊の前面に在り。土人の報に依れは、敵の騎兵集団は公主陵西方高地の蔭にあり。

旅団の内、第十八聯隊は四台子西方附近に放列を布き射撃準備を為しあり。

右の報告にて、騎兵集団の位置明瞭となりたるを以て、之を撃攘することに決し、午後二時軍は左の処置を行へり。

一、法庫門に在る歩兵第十五聯隊第三大隊は即時出発、孤家子に向ひ前進せしむ。

二、孤家子に現在する部隊及歩兵第十五聯隊第三大隊を以て敵を撃攘する為、井上参謀を孤家子に派遣し、両大隊及砲兵旅団と関係する業務を取らしむ。

三、騎兵第一聯隊に歩兵一中隊を属し即時出発、五家子附近に前進し、方家屯方向を捜索し、又公主陵攻撃部隊と連絡せしむ。

井上参謀は直接両大隊を指揮し敵騎の攻撃に在りたり。之は敵騎の攻撃に従来一つも成功することなきと、又今回の敵か如何にも傍若無人の行為をなす為に、乃木大将は大に憤慨し、是非之に痛棒を与へんとするに在りたり。最初一戸参謀長自ら之か攻撃に当らんと云ひたるも、参謀長の為すへきことにあらさるを以て、余か之に任することとなれり。依りて、余は建川中尉已下騎兵十騎を従へ、第三大隊（長、栗野少佐（陽二郎））と同行し、午後二時半発、孤家子に向ふ。

午後五時、余は粟野大隊と共に孤家子に達せり。而し、既に同地に在りし下野大尉に就て敵状を聞くも、確固なるものなし。依りて、斥候を各方面に派し捜索を行ひたるに、午後八時頃に至り、敵の集団は満洲屯及其西方附近に在るか如きも確かならす。然れとも、徒らに確報を求むれは機を逸すへきを恐れ、之を攻撃するに決し、状況を直に軍司令部に報告すると共に、先つ粟野大隊をして満洲屯に向はしめ、下野大隊は依然孤家子に止めたり。之は状況不明にして、直に全力を挙けて攻撃に転し得さるに依る。

午後十時、満洲屯に入りたるも敵兵を見す。依りて、部隊は一時此地に停止して、敵情を捜索するに決す。

午後十一時に至り、軍司令部より、次の要旨の通報あり。

一、支隊の敵集団攻撃は軍司令官の同意する所なり。

二、名和聯隊は明早朝宿営地を発し、大屯方向に前進し敵状を捜索する筈。

夜間歩兵を以てする捜索は容易に状況を挙るを得す。時刻は刻々に進むも敵の宿営地を知るを得す。余は甚た困惑の状態に在りて、粟野少佐と共に一民家に在りて報告の至るを待てり。

五月二十日　晴

午前一時頃より、ボツボツ敵状らしきもの報告し来れり。午前四時に至り、敵状略ほ明瞭となれり。即ち、二、三百の騎兵は大房身に在りて、又多数の者は蛇山子附近に在り。又僅少の監視らしきものは小房身にもありと。依りて、余は直に之を攻撃するに決し、軍司令官の名を以て粟野少佐に左の命令を下せり。

貴官は部下大隊（一中隊欠）及歩兵第二聯隊第一大隊（二中隊と一小隊欠）を指揮し、即時出発、大房身に向ひ前進し、同地に在る敵騎を襲撃すへし。

依りて、粟野少佐は第二聯隊第一大隊に、速かに大房身に向ひ来るへきを命し、自ら部下大隊を指揮し、小房身を経て大房身に向へり。之は最早払暁に近く夜襲の遅れんことを恐れたる為なり。

余は午前四時半南部満洲屯出発、大隊の本隊先頭に在りて前進す。

午前五時頃、小房身に達したるも、敵兵を見す。種種土人を尋問するに、敵は昨夕刻西方に退去し、又敵騎約三百は昨夕刻大房身を去れりと。依りて、直に大房身に向ふて進むことに決定したり。

歩兵一中隊を前衛として前進中、大房身北方高地上に敵の斥候らしきものを見る。又大房身の南方及東南方の高地上には点々多数の敵騎兵の頻りに行動しつつあるを見る。之は面白くなつたと心窃かに勇気に満ちて大房身に入る。前衛たりし第十中隊か村の西端に達したるとき、敵の騎兵部隊と突然衝突したるか、敵は我軍を避けて西方に退却せり。時に午前六時三十分頃なり。茲に於て夜襲の目的は達せられさりしも、敵騎は近く存在しあるを以て、攻撃の時機を見る為に一時大房身に停止するに決し、左の報告を軍司令部に呈す。

一、午前四時半南部満洲屯を発し、午前五時小房身に達せり。同地には敵兵なし。土人の言に依れは、敵騎約三百は昨夕刻大房身に去れり。

同大隊は直に大房身に向ひ前進し、午前六時同村を占領せり。

大房身には敵兵宿営せす。大房身東南及南方高地及同村西方には敵の監視兵散在す。土人の言を綜合すれは、敵は昨夜紅士張子山附近に露営せるものの如し。

大房身南方及西方に於ては彼我の斥候衝突、射撃を交換しつつあり。

大隊は夜襲の目的を達せさりしを以て、一時大房身に停止し、状況を確めて行動する筈。

孤家子守備隊は昨夜零時出発せしも、未たに到着せす。

次て七時二十分頃に至りて、敵騎の大集団の行動を目撃す。即ち、中隊毎に軍旗を有する約十五、六中隊を数へ得へき大縦隊は、大坨子より東方に向ひ行動せり。其集団の大なる、未た嘗て斯の如き大集団の行動するを見たることなし。恰も其中五、六中隊と覚しき部隊は、大坨山子より北方に向ひ我大房身を指して畑中を前進し来れり。余は粟野と共に大房身の中央南側にて之を見る。直に同少佐に命して村縁を占領せしむ。此敵は約五、六百米前進したる頃、我兵の射撃を受けて射程外に退却せり。然れとも、之より退却することなく其処に停止せり。午前八時三十分に至り、孤家子に在りたる第二聯隊第一大隊（下野大尉の率ゆるもの）も大房身に到着せり。依りて、直に大房身の村縁の東部を占領せしむ。又粟野大隊の一部を以て大房身南方の小部落を占領せしむ。先きに我に攻撃し来りたる敵は、退却の後、其本隊に合し、之と共に徒歩攻撃の色ありて、我目前に於て着々準備を行へり。我は之を目撃するも、射程足らす如何ともすへからす。愈々敵兵は攻撃の色ありて、其斥候は村の三面を監視し、将に包囲せんとする状況に在りたるを以て、防勢に依り之を撃破するに決し、村の囲壁に銃眼を設けしむ。且つ同一に報告を軍司令部に呈す（左の如し）（午後九時半発）。

　目下大房身の周囲に顕はれたる敵は総数二千を下らす。又砲四、五門を有するか如し。以上の敵は主として大房身の南方及西方に於て、我を去る千五百乃至三千の距離にて行動し、我を攻撃せんとするものの如し。其一部は既に徒歩戦に移れり。歩兵第二聯隊第一大隊は午前八時十五分当地に着せり。

　歩兵隊は大房身の周囲に防禦工事を了はれり。

今や吾人は優勢なる敵騎の包囲を受け、後方との通信は当分杜絶せんとす〔る〕状況に在るを以て、此報告を最後の状〔ママ〕報として確実に軍司令部に送達せしめん為に、唯一の伝騎長たる建川中尉を煩はすこととせり。然れとも、其途中に於て敵騎の為に捕せられ、或は戦死することあるへきを思へは、同中尉の為に気の毒なりしも、支隊の運命を托する重要の報告なるを以て、遂に彼を派遣したり。

間もなく敵は徒歩して攻撃を始めたり。依りて、余は粟野少佐に注意して、敵か二、三百米の距離に達する迄は決して射撃を行はす、愈々近つくに至りて猛烈なる射撃を行ひ、一挙に敵を鏖殺すへきを以てしたり。敵は先つ南方の部落を占領し、次て南方正面より徐々に我に近接せるか、各中隊も亦能く余の注意を守りたるか、既に三百米に達したる頃、何れの正面にか射撃の音を聞くや、待ちに待ちたる我兵は銃眼より一斉に射撃を開始したる所、敵兵は忽ちにして地面に伏臥し前進を中止せり。

茲に於て、敵も亦射撃を行ひ、約三十分間彼我射撃を交換したるか、素より囲壁内に在る我兵は殆と損傷なきに反し、開闊地に在る敵は刻々に死傷者を生し、逐次之を後方に運搬する状況、我目前にて一々指呼の中に在りて、此戦闘は約三十分の後、敵は逐次退却を始めたり。而して元の下馬の位置に帰り乗馬を行ふことも亦能く目撃し得、而して我は之に向ふて射撃せんとするも、射程外にて如何ともすへからす。

其間に敵は再ひ元の如く大密集団となり、南方の鞍部を越へて南に向ひ去れり。此際、余は粟野少佐を促し、部隊を前方に進めて追撃射撃を行はしめんとしたるも、今迄安全なる囲壁内に在りて防禦を全したる部隊は容易に前進せす。間もなく敵の一兵をも見へさるに至りて始めて直前の部落に部隊は前進せり。

午後一時、余は次の報告を呈出せり。

我を攻撃し来りし敵は、各方面共午前十一時頃より退却を始め、正午に至り戦闘全く止む。敵の主力は紅士張子山の鞍部を越へ南方に退却せしも、其後は見るを得す。又若干の部隊は蛇山子（大房身西方部落）に停止しあるか如し。正午頃砲兵旅団の宿営地方向に四、五発の砲声を聞く。

本日の戦闘に於て我損害は下士已下軽傷一、敵の損害は多大にして二、三百を下らさるものの如し。

余は歩兵大隊をして、引続き前進して敵情を確めしめんと欲するも、之と行動を共にすへき騎兵第一聯隊一向に来らす。同聯隊は今朝法庫門を出発したる報あるも、何れに至りたるか不明の為、一時同騎兵を待ちたり。

午後三時頃に至り、伝騎として派遣したる建川中尉已下伝騎は大部余の許に帰還し、互に其無事を祝せり。

午後五時半に至り、名和大佐の率ゆる騎兵第一聯隊は始めて大房身に到着せり。其到着の遅滞せる理由を聞くに、途中五台子部落の入口に在りし我軍の逓騎哨の二、三の騎兵を見て、敵騎に対する恐怖心より、之を敵騎部隊の同村占領と誤認し、之か攻撃に腐心し徒に半日を空費したりと。

余は到着せる名和大佐をして敵騎集団の行衛を捜索し、夜に入りて再ひ歩兵の夜襲を行はしめんと欲し、同大佐並に粟野少佐に相談したるに、概ね其同意を得たり。然るに、騎兵は歩兵の支援なくして遠く前進の勇気なく、結局取り敢す将校斥候を派遣し、歩騎兵は今夜大房身に宿営することとなれり。

間もなく余は左の報告を軍司令部に呈す。

　本日午前大房身南方に現はれたる敵は、午後団山子方向に行動したる形跡あり。

右は団山子方向より来りたる土人の言に拠るものなり。

午後十時に至り、騎兵第一聯隊の将校斥候の報告並に田村旅団より派遣の将校斥候の報告に基き、左の報告を呈す。

　敵騎約八百は石磊山背後より大新屯北端を経て小塔子に向ひ行進中。尚多数の後続部隊あるものの如し。

　午後八時田村旅団より派遣せる斥候の通報に依れは、同隊は本夜大屯に達せり。

　騎兵第一聯隊は明日丁家房身に向ひ前進し、田村旅団と連絡する筈。

本夜、余は名和大佐と共に大房身の中央一民家に宿営す。余は此夜に於て敵騎の攻撃を行はしめんと欲し、其宿営地を確めんと欲したるか、容易に確実なる状〔ママ〕報至らす。敵の行動に就て判断の頭を悩ましたり。

五月二十一日

払暁頃に至り、将校斥候の報告来り、敵状稍明瞭となりたるを以て、左の状況報告を呈し、且つ敵騎攻撃の策を購〔ママ〕す。

敵騎兵団は昨夜十時頃其先頭を以て小塔子に達し、続いて西方に運動し、孟家窩棚に向ひ行進せり。歩兵第十五聯隊第三大隊及同第二聯隊第一大隊は依然当地に位置せしめ、確報を待て敵兵攻撃の策を決せんとす。

今朝未明、大房身と軍司令部との間に電話連絡出来上り、依りて余は名和大佐を支隊長として敵騎襲撃を行ふへき案を具し意見を述へたるに対し次の軍命令あり。

第三軍命令（五月二十一日午前九時半、於法庫門）

一、康平方面より南下せし敵の騎兵集団は昨夜小塔子附近に宿営せしものの如し。

公主屯に在りし後備歩兵大隊は新民庁に転移せり。

依田少将（広太郎、歩兵第四旅団長）の指揮する歩兵一聯隊、野戦砲兵一大隊を基幹とする支隊は新に当軍に配属せられ、本日中に三面船に到着する筈。

二、名和支隊（歩兵第二聯隊第一大隊、同第十五聯隊第三大隊、騎兵第一聯隊及野戦砲兵一中隊より成る）は敵の騎兵を撃攘する目的を以て、先つ小塔子に向ひ前進すへし。

茲に於て名和聯隊長は、先つ騎兵のみを以て丁家房身に先進し、歩兵隊は正午続いて丁家房身に来らしむ。

午後一時に至り、名和聯隊より左の報告あり。直に軍に報告せり。

午前九時四十分名和支隊の騎兵聯隊は丁家房身に在りし後続部隊二中隊ある敵騎約五十、巴爾山方向より散開して前進するに会し、同聯隊は之を蛇山子に誘致し（午前十一時歩兵の先頭蛇山子に到着しあり）、午後零時十五分之を撃退せり。敵は西方に退却せり。

又同時に、田村旅団より次の報告あり。之を直に軍に電話報告す。

田村旅団報告　午前十一時十五分、小新屯発

一、本日午前十一時十五分敵の騎兵約二中隊は、登什堡子北方巴爾山附近より丁家房身南方を経て東進せり。又敵の騎兵五、六中隊は大秀水河子附近を北方に向ひ行進中なり。其左側衛らしきもの約一中隊は金家窩棚附近を北進中なり。

二、旅団は丁家房身北方高地に向ひ前進せんとす。

此旅団主力か丁家房身北方高地に達したるとき、敵の騎兵（我第一聯隊の為に撃退せられたるもの）に遭遇し、之を射撃して、午後零時半西方に潰走せしめたり。

午後一時半、田村旅団の報告あり。之を軍に電話報告す。

丁家房身に於て撃退せられたる約二中隊の敵は、団山子南方畑地を経て西方に退却し、午後二時四十分大秀水河子に於て其影を没せり。

馬連河右岸を退却せる敵の主力に関しては其後状〔ママ〕報に接せす。

旅団は尚丁家房身附近に位置し、敵状を捜索せんとす。

余は敵集団の行動方向に関し、各種の片端的報告に依り考察を廻らし熟考を重ねたるも、確実なる判定を得す苦神〔ママ〕しありたり。

午後七時に至り、田村旅団の報告あり。

田村旅団報告　午後六時、丁家房身北方高地に於て

一、午前十一時約二百五十の敵は、双庙子附近より我斥候を駆逐して長崗子北方高地に達せり。

二、午後三時頃約三中隊の敵騎兵団、団山子西北方約四千米の地を東北方に運動せり。

三、午後四時二十分候家窩棚に約二十騎の敵を見る。

四、午後四時半敵の騎兵二小隊、団山子に入れり。

本夜は敵騎の宿営地に在るを求めて歩兵の夜襲を行ふに最も適当ならんと思ひ、其所在地に関し報告の至るを求め、又之か判断に苦神《〔ママ〕》せしも、遂に断定を得す。従て、攻撃を行はしむることを得すして一夜を過せり。

五月二十二日

午前三時、田村旅団より左の報告あり。直に軍司令部に電話報告す（二十一日午後十時、候三家子発）。

一、今二十一日午前十一時半、長崗子附近を北進せし約二百五十の敵は、尚北進し大屯西方約二十一吉陳家梁西方高地附近に停止せり。陳家梁より長崗子に亘る高地上には所々監視兵あり。長崗子方向より陳家梁方向に時々二、三十の敵騎行動す。午後四時半敵騎約一中隊石頭房身より西南に運動せり。

午後五時四十分、候家窩棚、程家窩棚、令家窩棚には敵騎部隊ありて飯飼《〔ママ〕》居れり。土人の言に依るに、兵力約二千にして、宿営の準備を為しありと。

長崗子より来る土人の言に依れは、同地には騎兵約五百ありと。

大秀水河子には敵兵なし。

二、以上の状況よりして、本日大秀水河子を北進せし敵は長崗子を中心として宿営しあり。

本日午前十時已後、長崗子附近に停止しあるより考ふれは、此敵は続いて北方に退却するに非すして、他の希望あるにあらすや。

三、旅団は明日、尚候三家子附近に位置し、敵状を確めんとす。

四、唯今接手したる報告に依れは、今二十一日夕大秀水河子北方黄家窩棚、金家窩棚附近に露営火を見る。

土人の言を綜合すれは、其附近に宿営せる敵は騎兵約五千、砲五門なりと。

右の田村旅団の報告にて、二十一日夕の敵の位置は明瞭となりたるも、夜襲を行〔ママ〕には時已に遅く、再ひ敵を逸したるは残念なり。

午前四時半、名和支隊長報告、二十一日午後十一時五十五分、丁家房身発。

一、小塔子已南の地区に出せる斥候よりは未た報告に接せす。

本日午後六時以後は新民庁街道東側地区陳壇木附近には敵兵なし。

二、以上の状況より、支隊は今夜双庙子附近の敵を夜襲するに決したるも、支隊は目下南方及西方に敵騎を控へあるを以て、明日は尚敵状を確めんとす。

午前八時、田村旅団の報告、午前五時四十分、候三家子発。

長崗子、双庙子附近を中心として宿営せる敵は依然たり。

旅団は此敵と触接を維持する為、本日主力を以て大屯に前進せんとす。

右の電話報告の節、菅野参謀より左の電話あり。

長崗子已南の敵は依然たり。

名和支隊は暫く団山子附近に停止し、敵状を見て動作せしむるを要す。

依りて、名和支隊に之を通し、依然丁家房身に在りて偵察せしむ。

又右電話と共に、昨日後備旅団に属する後備歩兵第四十九聯隊の損害の多大なりしを知る。

午前十時、名和大佐報告、午前八時二十分、丁家房身発あり。之を軍に送る。

南方及西方の敵状、其後捜索中なるも、十分の情況を確め得す。

支隊は暫時の後、三家子に向ひ前進せんとす。

午前十時半、田村旅団の報告、午前八時五分、前三家子発。

今二十二日午前六時と七時二十五分の間に、兵力未詳の密集部隊は、程家窩棚西方附近の畑地に集合し、尋〔ママ〕て北方に向ひ退却を開始せり。

長崗子附近の高地にも敵の小部隊北進するを見る。

旅団は大屯に向ふて前進す。

次て午前十一時、同旅団の報告、午前十時、転山子発。

長崗子を通過し北進せし敵騎兵は約十八中隊にして、午前九時其主力は全く該地を通過せり。

旅団は尚此地に停止せんとす。

右の報告中、敵の集団の北方に退却せるに係〔拘〕はらす、旅団か尚此地に停止することは其理由なく、軍全般の状況より敵と共に北進し、絶へす軍の左側を掩護するを至当と考へ、旅団をして之を訂正せしむる為、余は直に大房身より馬を飛はして転山子の旅団の位置に至り、旅団長に会し旅団の停止の不可なるを述ふ。依りて、旅団は決心を変更して、次の如く改む。

「旅団は此敵に接触して北進せんとす」。

依りて、余は満足して再ひ大房身に帰還し、此報告を軍司令部に電話にて通す。

午後二時、田村旅団報告、午前十一時、大屯発。

敵の集団は二縦隊となり、其東に在るものは十七、八中隊にして、午前十時五十分、其後尾は大屯西方馬子泡附近を北進せり。此縦隊は機砲〔ママ〕八を有す。

他の縦隊は約六、七中隊にして、其西方四吉の地を通過す。

要するに、南下せし敵の全部は退却に就きしものの如し。

旅団は敵に触接して北進せんとす。

午後六時四十分、名和支隊報告、午後五時半、団山子発。

一、昨夜大秀水河子及長崗子附近に宿営せし敵騎は、本早朝より北進を始め、本日正午頃には大屯、団山子已西の地区に敵の隻影を見す。

二、本二十二日午前十一時には、大屯西方約二里半の地点に一縦隊、其西方約一里の点〔ママ〕に一縦隊を以て北進しつつあるを以て見れは、敵の主力は遠く北方に達するならん。

三、此敵に対する支隊の追躡は、既に功〔ママ〕なきものと判断す。

午後十時に至り、軍命令に依り、名和支隊は解かれ、騎兵第一聯隊は北進して田村旅団長の指揮に属すへく、又残余の諸隊は粟野少佐の指揮を以て明日現在地に停止し後命を待つへしと。依りて、余は之を名和支隊長に伝へたり。

五月二十三日

午前七時、余は建川中尉、其他伝騎を従へ大房身を発し、法庫門に帰来し、十九日已来の状況を報告す。余は此数日間の活動は、少くも敵騎をして法庫門附近に猛威を逞ふせしめさりしのみならす、相当大なる打撃を与へたるを以て、余は得得として帰還せり。然れとも、軍司令部にては余り喜色満面の状と云ひ難し。段々其様子を聞くに、後備歩兵第四十九聯隊の大なる損害と、又総司令部より相当大なる御目玉を頂戴したるに依る。即ち、昨二十二日午後一時十分到達せる総司令官の訓示（午後零時五十五分、奉天発）。

訓示

過る十七日以来、第三軍の左翼側に動作したる敵の騎兵をして横行を逞うせ〔ママ〕しめたるは、甚た遺憾とする所なり。軍の左翼に対する警戒、捜索の不充分なると、初め敵の現出に当り取るへかりし処置に欠くる所ありしに因るへしと雖も、抑も第一師団をして内側に、砲兵旅団をして外側に宿営せしめありしことも亦原因たらすんはあらす。要は速に第三軍の左側を清掃し、軍の配置を立直し、以て整然たる前進準備に復せんことを希望す。

右訓示に対し、同日夕刻左の報告を呈せり。

五月二十二日午後零時五十五分訓示を受領し、恐懼に堪へす。

去る十七日以来、軍の左側に現出せる敵は其兵力約一万にして、数縦隊となりて前進し、其東縦隊は近く我側背に接近し、十八日我野戦病院を襲撃し、十九日近く砲兵旅団の西側に顕はれ、其主力たる西縦隊は二十日牛其堡子附近に於て、二十一日公主屯附近に於て我兵站守備隊を攻撃し、漸次退却するに至れり。此間我騎兵の僅少なる為、常に其主力の所在と兵力を確むる能はす、且つ其迅速なる行動に依り彼の意志を逞うせ〔ママ〕しめたるは慚愧の至りなり。然れとも、我受けたる損害は幸に僅少にして、軍の前進運動を毫も沮害〔ママ〕するに至らす。尚訓示に基き多少配置を変更して爾後に備へんとす。

五月二十三日〔四〕

午前七時二十分、騎兵第二旅団縦列監視舘野伍長の報告あり。
一、敵の騎兵約二千は方家屯に昨夜宿営せり。
二、縦列は歩兵隊の掩護にて五家子迄前進せしか、危険なる為慈恩寺に退き宿営せしか、銃声を聞く為、昨夜十二時発新城堡に至れり。
午前九時五十分、第七師団より報告。
一、敵の騎兵集団は昨日方家屯北方の地区より西方に行進し、其主力は昨夜哈拉泌屯附近一帯の地区に、其一部は前新屯附近に宿営し、本早朝北方に向ひ退却せるものの如し。
従来の配備にては左側の警戒不充分なるを以て、各部隊の宿営配備変更に関し軍命令を下せり。

午後零時五分、田村少将より、莫力克発状況報告あり。

午後二時、総参謀長通報。

　敵のバルチツク艦隊は五月二十三日午前八時済州島の東方約四十三哩に現はる。

然るに、右は誤認に付取り消す旨通報あり。

午後七時、粟野支隊長に、原所属に復帰すへき命を下せり。之にて諸部隊は旧態に復せり。

兵站参謀長報告。

　後備歩兵第四十九聯隊長〔菊野景衛〕より、大孤家子兵站司令部支部を経て左の報告あり（五月二十三日午前三時四十分発）。

一、五月二十日午前七時三十分大房身方向より南下し来りたる敵の騎兵約六千は、午前八時十分戦闘を開始し、敵は午前十一時ホンカウシ、トウシザン方向より我警戒隊の空隙に侵入し、約五百騎は三面船の方向に前進し、其主力を以て全く包囲し、徒歩戦を以て我を攻撃せり。依りて、村落の囲壁に占拠し、是を防止したり。此敵は五月二十日夜土井子附近の高地に騎哨を残置し、主力は石拉子方向に転進せり。

二、我に対せし敵は約六千、砲六門、機関砲四門を有する大集団にして、敵の遺棄せる死体に依り察するに、西比利亜〔シベリア〕騎兵旅団ならん。

三、此戦闘に於て、第二大隊（一中欠）は多大の損害を蒙り、且つ一時同大隊に配属せし機関砲二門、敵の為鹵獲せられたるは深く遺憾とする所なり。

四、五月二十一日第一大隊（一中と一小欠）の第四中隊をハンラシ附近に残置し、他を牛其堡子に、五月二十二日の夜小造化屯附近に在りし第二大隊（一中欠）を土井子に招致し部隊を整頓し警戒す。

新作戦の準備を行ふ為、司令官又は参謀長を総司令部に召集せられたき意見を上申せられたる処、本日其必要なく、参謀一名を当部に差遣はされたき旨電報あり。

五月二十五日

此日、松浦少佐の出せる間諜に依り、敵状あり。懐徳附近の地形に就て詳細の報告あり。

五月二十六日　雨

午前九時、第七師団の報告。

一、間牒《〔ママ〕》の報告に依れは、敵の騎兵集団は遼陽窩棚西方の地区に在るものの如し。遼窩棚には歩兵二百、騎兵約二千、砲十五、六門あり。数日来敵は同村近傍に支那人の近つくを禁し、住民にも亦退去を命せるもの多しと。

本日、第一師団司令部は法庫門北方孤樹子に移転せり。

午後八時三十分、総司令官より、各軍の作戦地境変更に関する命令あり。

午後九時、総司令官より、騎兵第一旅団を再ひ第三軍に属する命令あり。

午後十時、総参謀長に報告。

五月二十日、牛其堡子、菜芹堡子、石磊子山及公主屯附近に於ける戦闘の為、兵站守備隊の損害は次の如し。

戦死	将校三、	下士卒一〇〇
負傷	同　五、	同　九〇
行衛不明	同　四、	同　一九一
機関砲	二	

死傷の最も大なりしは、後備歩兵第四十九聯隊第二大隊にして、損害の大部分を占む。該大隊の三中隊を以て約二里に亘る正面を防禦し、各中隊を分離しありたる為、各隊共此日包囲攻撃を受け、菜芹堡子附近に在りし第六中隊は情況止むなく重囲を突破して退却中全滅するに至り、之に附属しありたる機関砲二門は遂に敵手に落ちたり。

本日、戦利野砲大隊編成完結せり。

此日、軍の部下に対し、左の訓令を下す。

軍の占領区域は広大にして、其正面十五里以上に亘り、縦長も亦殆んと之と等く、其左側は開放して依托すへき地障を有せす。而して、諸隊は此広大の地域に散在し、加ふるに我騎兵の僅少なる為適時情報を得ること難く、時として敵騎の我警戒線内に侵入して不時の奇襲を企図し得るの情態に在り。目下の情況は必すしも急迫しあらすと雖も、其変化予め測り知るへからさるを以て、一朝敵の攻撃を受くるに当り、此広大なる正面を占領し、且つ比較的僅少なる軍の実力を以て機を逸せす適当に動作せんか為には、予め各地区の警戒を厳にすると、随時各部隊の迅速なる応急運動とに待つの外なし。

抑も駐軍久しきに亘れは士卒惰気を生し、連戦連勝すれは敵を侮るは軍隊の常弊にして、如上の注意不知不識の間に弛緩するは往々免れさる所なり。此際、各部団隊長は能く部下を戒飭し、軍紀を厳にし、士気を緊張し、以て一令の下に直に発信〔ママ〕するの準備を整へ、不時の事変に応し遺憾なきを期すへし。

右特に訓示す。

本日、総司令官の命令にて、昌図附近に在る秋山騎兵旅団は再ひ第三軍に属せらる。

五月二十七日

午前一時四十五分、総参謀長通報。

大連防備隊司令官（坂本一、大連湾防備隊司令官）の通報（六時四十分発電）。今、沖ノ島北東十九哩にて敵と激戦中。「カムチヤツカ」を撃沈せり。又我水雷攻撃に依り敵の戦闘艦「ボロヂノ」を沈没せしめたり。

正午、総参謀長通報。

我艦隊哨艦は、二十七日午前六時三十分敵艦隊の対馬海峡を東水道に向ひ北行するを認めたり。目下尚確め中。

午後五時、総司令官通報。

参謀次長の通報に依れは、二十七日午後二時対馬東水道沖ノ島附近にて彼我艦隊海戦中。

午後七時、総参謀長通報。

大連湾防備隊司令の通報に依れは、沖ノ島附近に於て我艦隊と交戦中の敵の兵力は、戦闘艦五、巡洋艦三、其他八隻なり。

五月二十八日

新に属せられたる秋山旅団に、五月三十一日昌図を発し遼河右岸趙家窩棚に向ひ前進すへき命令を与ふ。

午後十時発、宿営地変更に関する軍命令を発す。其要旨は、

一、第九師団は第二軍の左翼より左側は遼河迄。

二、第七師団は従前の通り。但し、歩兵一聯隊を基幹とする一支隊を六家子に出し側方の警戒に任す。野戦砲兵第十六聯隊の一大隊を属すること元の如し。

三、第一師団従前の通り。

四、砲兵旅団は柏家勾、頭台子、高力勾の地区内。

五、騎兵第一旅団は遼陽窩棚より康平に通する道路已東。

六、騎兵第二旅団は遼陽窩棚より康平に通ずる道路の已西。

午後一時、総参謀長通報。

只今連合〔ママ〕艦隊長官よりの報に依れは、昨二十七日の海戦に於て、少くも敵艦四隻を撃沈し、其他に多大の損害を与へたり。我艦隊には損傷少し。日没より駆逐艦、水雷艇襲撃を行ひ、其結果は未た報告に接せす。

午後五時十五分、総参謀長通報。

参謀次長通報

今二十八日迄に得たる海戦の情況。

一、昨二十七日の戦闘にて敵艦四隻を撃沈す。

二、二十八日「アトミラルナヒモフ」は対馬東北岸西泊附近にて沈没。韓国武部沖にて午前十一時五分「オレーグ」型一隻撃沈。

三、「シリイウエリキ」及「ドリトクドンスコイ」を捕獲。

四、長門の見島に敵の海兵五十名上陸、降伏。

又午後三時大連防備隊司令の通報。

敵の戦闘艦「ナムリン」は救助出来す。乗員は捕虜とす。

今、彼我の駆逐艦は蔚山沖にて交戦中。

五月二十九日

午前一時、総参謀長通報。

大本営よりの通報に依れは、二十八日午後七時迄に知り得たる情報次の如し。
一、敵の駆逐艦一隻竹辺附近にて我新高に逐はれ陸に乗り上け後沈没。
二、「カムチヤツカ」撃沈。
三、二十七日撃沈せし内に戦闘艦「ボロシノ」あるか如し。
四、蔚山沖にて我駆逐艦は敵の駆逐一を撃沈、又筑紫も駆逐一を撃沈。
五、二十八日午前捕獲せる戦闘艦及巡洋艦は共に沈没。
六、右の外、病院船二を捕獲す。
七、鬱陵島の西沖合にて、敵駆逐艦一を捕獲し、一を撃沈せり。

敵騎兵の再南下を顧慮し、第一師団に、左の通報を発す。

敵騎兵集団再ひ南下を企つるや測り難く、此場合には第一師団より歩兵一聯隊を基幹とする支隊を編成し、大屯若くは方家屯附近に派遣し、之を撃攘せしめらるることに決せられ候に付、承知相成度。


兵站参謀長に通報。

降雨の為、路面軟弱となりたる場合に、車輛を通過せしむるときは、著く路面を破損し、天候回復の後と雖も通過を困難ならしめ、軍隊の行動及糧秣の輸送に影響を及すこと大なり。依りて、自今陸路糧秣の輸送は凡て路面の乾燥せる時機に於て施行し、降雨の節は万止むを得さる場合の外御中止相成度。追て、連続降雨の節に於ては交通杜絶の場合を顧慮し、各師団及各独立旅団には野戦倉庫の設置及糧秣の集積を別紙の通致置候。

野戦倉庫設置及糧秣集積要領

一、騎兵第一、第二旅団及砲兵旅団の為に野戦倉庫を設く。所要人員は軍経理部より出す。
二、各師団は野戦倉庫一の外、支倉庫を設く。補給は一里半已内とす。
三、各倉庫間の輸送は路面の乾燥せるときのみ行ふ。
四、各師団及各独立旅団の倉庫集積量。

第七師団	約四週間分
騎兵第一、第二旅団	各約四週間分
第九師団	約三週間分
野砲旅団	約三週間分
第一師団	約二週間分

又宿営移転後に於ける給養倉庫及通信連絡の区署を定む。

五月三十日

海戦に関する状〔ママ〕報来る。

午前十一時、総司令官より、軍司令官に召電あり。六月五日午前十時迄に総司令部に来るへしと。但し、参謀長は残留せしむへし。

午後九時、総参謀長通報。

　陸軍大臣の通報に依れは、二十七日来の海戦に於て、敵戦闘艦八隻の内二隻捕獲、他は沈没、巡洋艦九隻の内六隻沈没、三隻所在不明、装甲海防艦三の内二隻捕獲、一沈没。「ロジエストウエンスキー」提督、「エレクワウイスト」〔オスカル・アドリフォヴィッチ・エンクウィスト、第二太平洋艦隊巡洋艦戦隊司令官〕、「ネボカドウ」〔ニコライ・イワノヴィッチ・ネボガトフ、第二太平洋艦隊第三装甲艦戦隊司令官〕両少将は捕虜となれり。

五月三十一日　晴

午後八時、日本海々戦に関する詳報あり。

明治三十八年六月

六月一日　雨

秋山旅団は本日小塔子に来り我軍の隷下に入る。

六月二日　晴

先きに日本海々戦の勝利につき、東郷大将に軍司令官より祝電を発したるに、本日左の返電あり。

日本海々戦に対し鄭重なる賞詞を辱ふし感謝の至に堪へす。謹て謝辞を呈すると共に閣下並に将士の御武運長久を祈る。

六月三日　晴

軍司令官は河合副長及菅野参謀、福島副官を伴ひ総司令部に向ふ。本日は馬蜂溝に一泊す。
本日、秋山支隊及第七師団正面にて、敵の来襲に依り戦闘あり。

六月四日

本日、軍司令官午後七時奉天着。
総参謀長より、雨期前に約一ケ月の糧秣を集積すへき通知あり。

六月五日

奉天に於て軍司令官の受けたる訓示は左の如し。

訓示

一、奉天附近の会戦に於て敵か敗戦を交へたるにも拘はらす、敵の鉄道輸送の状況を観察するに、軍隊の大輸送を為すの情況なり。単に軍需品及補充兵を輸送するに過きす。又敵の本国に於ける国情は、吾人をして、海上若くは陸上に於て彼の為に有利の戦況の一発展を見るに非されは、大規模の動員を決行すること能はさる感想を惹起せしむ。然るに、五月二十七日以来対馬海峡に現出したる波爾的〔バルチック〕艦隊は殆んと全く撃砕せられたり。
故に、奉天附近の勝戦と此度の海戦とは、共に偉大の打撃を敵に与へたるものと云ふへし。

二、（要旨は、雨期前に前進困難なり）。

三、（向後継続すへき前進準備の時日を利用し、軍隊内部の実力を恢復せんと欲す）（要旨）。
四、滞陣永《〔ママ〕》けれは軍紀弛緩の恐れあり、云々。
五、今日となりては将校団中の将校は殆んと全く動員後に補充せられたるものにして、当該将校団固有の将校を残留せさるに至れり。而て、其補充せられたる将校の技倆は従前のものに劣るのみならす、将校団の団結に涵養せらるること不十分なる所あらん。故に、各将校団長をして、滞陣の時機を利用し、鋭意此団結心を発揚せしむる如く注意し、且つ教育に依りて将校たるの技倆を発達せしむることを希望す。
六、諸種の方面より観察すれは、軍紀弛緩の傾向あり、云々。
七、滞陣を利用し、第一線前の地形及道路等、他日の前進に緊要なる関係を有するものを成る可く遠く且つ詳細に偵察せしむるを要す。

六月六日

午後九時三十分発、総司令官より命令あり。前進準備の為、占領地を前方に前進せしむることとなる。但し、第三軍は現状の通り。

軍司令官は、本朝奉天出発、途中馬蜂溝に一泊。

午後八時、総司令官の命令に依り、各軍第一線を前方に推進せらる。其要旨は、
一、鴨緑江軍は現在の通り。
二、第一軍は金家屯附近を占領し、第四軍の右翼と連繫。
三、第四軍は威遠堡門附近より炭甸附近に亘る線を占領し、第二軍に連繫。

四、第二軍は昌図附近より五塊石に亘る線を占領し、第三軍に連繋。
五、第三軍は現在の姿勢に在ること。
本日、小塔子に兵站司令部を設く。

六月七日

総司令官の命令に依り、第三軍の補給線掩護の為、後備歩兵第五旅団を属せらる。

軍司令官、本日午後三時、法庫門に帰還せらる。

六月八日

総司令部落合少将〔豊三郎、満洲軍総兵站監部参謀長〈明治三十八年五月付〉〉より、第三軍に戦利五十七密速射砲二門及弾薬車二輛、弾薬三〇〇発交附の通知あり。

守永参謀は第一軍に至り、混成第五旅団の参謀事務を取扱ふこととなれり。

此日、各師団長及砲兵旅団長を軍司令部に招致し、軍の訓示を与ふ。其要旨は、
一、我第三軍は策動に依り遼河右岸に使用する目的を以て諸準備をなす。又敵の襲撃に当り主力を遼河右岸に使用するを以て警戒偵察此方面に主力を注かれたし。
二、第九師団も必要に依りては右岸に移すことあるへし。計画を望む。
三、軍紀の厳粛を期すること。
敬礼の正しきこと。

清国人男女に対する態度を正しくすること。
堵〔賭〕博を取締ること。
警急集合準備を速かならしむること。
青年将校の実地的教育のこと。
馬匹調教。
四、地形測量及偵察のこと。
五、清人を耕作せしむること。
六、清人と筆談するとき指揮官の姓名又は隊号を示さること。
右各団隊長は何れも法庫門に一泊す。翌日各帰還す。

六月九日

午後六時、軍の後方補給線掩護の為、新に属せられたる後備第五旅団の為、次の命令を下す。

第三軍命令　六月九日午後六時、於法庫門

一、敵の騎兵団は依然遼陽窩棚に在るものの如し。後備混成第五旅団は余の隷下に属せらる。
二、軍は満洲軍補給線掩護の為、左の如く処置す。
其一、後備混成第五旅団は主力を以て丁家房身附近に位置し、西方及西北方に対し警戒し、大房身より公主屯に至る間法庫門新民屯街道を守備し、軍兵站線並に間接に遼河に於ける水運を掩護すへし。
特に一部隊を大秀水河子附近に出し彰武河方向を捜索せしむへし。

騎兵一小隊を属す。

其二、兵站監は部下後備歩兵第十五旅団の主力を以て新民庁附近に置き、公主屯已南新民庁街道を掩護し、且つ新民庁方向に向てする敵の侵入を拒止し、特に遼河の水路輸送を掩護せしむへし。敵若し新民庁より溝幇子に至る鉄道に危害を及さんとするときは適時之を掩護すへし。

但し、此場合には先つ余に之を報告するを要す。

〔三〕二、後備歩兵第十五旅団は後備混成第五旅団の部隊と交代後に於て新配置に就くへし。

已下略す。

総参謀長より、戦地砲兵隊射撃教育の為、各中隊毎月銑鉄榴弾二十発宛使用を許さる旨通知あり。

守永参謀本日出発す。

六月十一日

午前十一時、総参謀長通報。

北韓方面の占領区域を鏡城附近迄進むる目的を以て、後備第二師団は六梯団となり、其前衛は十日吉洲、十二日明川を占領し、残余の梯団は之に続行す。十八日前衛は更に明川を発し二十一日鏡城に達すへく、師団の開進を終はるは二十四日頃の予定なり。

与倉中佐の通報に依れは、米国大統領「ルーズヴエルト」〔セオドア・ルーズヴェルト〕は日露両国に通牒し戦争を終結せんことを勧告せりと。

六月十二日

与倉中佐の報に依れは、日露両国は米大統領の申込に応し、二国全権大使は多分ワシントンに会議すへしと（ロイテル電報）。

六月十三日　曇後雨

総司令官より、米国公使〔高平小五郎〕より平和勧告書を我外務大臣〔小村寿太郎〕に送りたるは事実なり、云々。
遼陽窩棚に在る敵騎兵を撃攘する為に、第七師団に左の軍命令を下す。

　第三軍命令　六月十三日午後七時、於法庫門

　来る十六日頃より其〔ママ〕師団にて施行する攻襲〔ママ〕偵察の間、騎兵第一及第二旅団は貴官の指揮に属す。

又同日、野戦砲兵第十六聯隊本部並に第一大隊を第七師団長に属す。

六月十四日

此日、総司令部田中中佐（義一）参謀及第二軍金谷参謀、来部、一泊す。

六月十五日

一戸参謀長は菅野参謀を従へ第七師団方面へ出張、津野田参謀は第二、第四軍方面へ出張す。

六月十六日

第七師団報告（午前五時二十分、庫平発電話）。

各隊は予定の如く前哨線を発し、黒沢大佐〔源三郎、歩兵第二十六聯隊長〕の部隊は午前一時四十分田家窩棚にありし敵騎約百を撃退せり。

歩兵第二十五聯隊の一中隊は敵騎約八十を撃退し柳木権印子に向ひ前進す。

午前四時五十分黒沢隊方面に砲声を聞く。

午前九時、第七師団報告。

奥田支隊〔長、歩兵第二十八聯隊長奥田正忠〕は道路悪しき為行進遅延し、午前四時公家窩棚に達し、続いて前進す。遼陽窩棚に通する本道上を前進したる歩兵中隊は午前四時白家窩棚に達し、約二十の敵の退却するを見る。

午前八時半頃遼陽窩棚には火災起れり。同時頃砲声止む。

師団長は東平房に向ひ前進す。

午後四時四十分、第七師団報告。

師団の偵察隊は、本日現在の姿勢を以て遼陽窩棚附近に宿営し、明日帰還せんとす。

午後十一時半、第七師団報告。

一、黒沢支隊は遼陽窩棚南端及其東方森林附近に亘る線の敵を攻撃し、午前九時全く遼陽窩棚を占領せり。

二、秋山旅団は午前六時馬家舗及羅船口を占領し、更に遼陽窩棚より北方に退却する敵を砲撃し、之に多大の損害を与へたり。

三、黒田支隊及田村旅団は道路不良の為行進遅延し、黒沢支隊と連繫して攻撃するを得さりしも、田村旅団は遼陽窩棚より西北に退却する千余騎のに対し稍大なる損害を与へたり。
四、柳木権印子占領の任務を有する石沢中隊は李樹坨子及東平房に於て敵騎約百を、東平房北方高地に在りし約三百の敵騎を撃退し、遂に柳木権印子を占領せり。
五、遼陽窩棚に在りし敵は約五千、砲約二十門にして、其主力は北方に退却せり。
六、我損害は黒沢支隊にて戦死将校已下三十、負傷者八十なり。敵は遺棄又は焼燼したる屍体七十已上にして、総損害は五、六百を下らさるへし。
（後に至り黒沢支隊の損害は約三百となれり）。
後備混成第五旅団は本日丁家房身に集合を了はれり。
午前十一時、道路修理に関し、第一、第九師団に左の命令を下す。
一、第一、第九師団は将来軍兵站線路となすの目的を以て左の地区間の通路修築を行ふへし。
第一師団　　小塔子―三家子間
第九師団　　三家子より馬家勾子に至る間
二、道路修築に関する技術上及材料に就ては軍工兵部長の指示を受くへし。
三、第一師団の工兵一中隊（目下小塔子に在るものを除く）を道路修築間、胡家屯に宿営せしむることを得。
午後十時、第一師団の報告。
一、遼河の増水は一米一五に達し、尚増加の模様あり。
二、遼河の橋梁は水面橋床に附着し頗る危険にして辛して人の通過を許す。
三、左岸の橋礎より前方百米は浸水せり。

六月十七日

与倉中佐の通報、ロイテル電報。

華盛頓〔ワシントン〕に於て聞く所に依れは、同地は両国全権大使の会合地として公然撰定せられたり。

尾野中佐より。

小塔子附近軍橋架け換の為、戦利鉄舟約七十を貴軍に交附し得る見込。

六月十八日

与倉中佐の通報（十六日、ロイテル電報）。

露都の新聞紙は依然平和の交渉に就て傲慢なる態度を執り、露国よりも日本か平和を求むる必要ありと云ふ。

露帝〔ニコライ二世〕は「アレキシム」大公〔アレクセイ・アレクサンドロヴィッチ〕の海軍及艦隊指揮官の辞任を許せしも、海軍の元帥及侍従武官たること元の如し。

過る十六日の戦闘に於て、我第七師団及騎兵両旅団の死傷合計は次の如し。

死	将校	一	下士卒	四七
傷	将校、相当官	九	下士卒	一九四
生死不明		二		
鹵獲品	地図	一八〇枚		

過る十六日の戦闘を見学せる外国武官の内、土耳古の大佐ヘルテベーは砲弾丸子の為負傷せり。

一戸参謀長本日帰部せり。

六月十九日

総司令部落合少将に、北大勾及媽々街の太子河、渾河の橋梁を遼東守備軍にて分解し、其材料を当軍に支給されたき旨要求せり。

六月二十日

英国中将バーネツト氏〔チャールズ・ジョン・バーネット〕は軍司令官の元に来り、過日土耳古大佐の負傷せるは外国武官か案内者の意見を用ひす前進したるに依る旨を報告し、且つ陳謝せり。

六月二十二日　晴

落合少将より、北大勾及媽々街の橋梁は第三軍にて分解、使用するは差支なき旨回答あり。

与倉中佐の通報（二十日、ロイテル電報）。

露帝は集会より出せる委員に告けて曰。「露帝は議会を召集することに変化なし」と。

高平公使は「ルーズヴエルト」に告けて曰。「日本の全権大使は八月一日迄にワシントンに着することを得るに依り、之に就き露国に不承知なきときは両国大使は八月一日頃に会合することを得へし」。

此後にカンニー伯〔アートゥーロ・パロヴィッチ・カッシーニ、駐米ロシア大使〕はルーズヴエルトを訪問して交渉は着々進行中なりと。

馬匹給与に付、各関係部隊長に、左の通報を発す。
来る二十六日より、馬匹飼料中、大麦五升及圧搾干草三百匁宛を追送に依り支給し、他は地方調弁に依ることに定めらる。
津野田参謀漸く帰還せり。

六月二十四日

此日、各師団参謀を召集し、防禦工事に関する注意及下士卒教育に関し注意を与ふ。

六月二十五日　雨

六月二十日調、各師団人員充実の状況。

第一師団	過員	一、一八一
第九師団	不足	九一
第七師団	〃	二九
騎兵第二旅団	〃	五〇
野戦砲兵第二旅団	〃	七九
第三戦利野砲大隊	〃	一九

六月二十六日

秋山旅団より伯王府に派遣せし宮地中尉〔久衛カ〕の報告を呈出せり。

六月二十七日　晴

午前五時頃より、敵は砲四、五門を第九師団の前面五百田地附近に、又二門を孟家屯に現はれ、我八宝屯に在る先進支隊を砲撃せしも、午後五時五十分北方に退却せり。

六月二十八日　晴

法庫門に妓館の営業を許可す。之は軍幕僚より兵站参謀長に勧め設けしめたるものにして、軍政署にて之を管理監督せり。妓は概ね天津附近より迎へ約二十名に達せり。

六月二十九日

此日、軍司令官は河合副長、余及福島副官を随へ、第九師団に出張す。
午後二時三十分、両家子に到着す。
此日、津野田参謀、営口へ出張せしめらる。余は写真材料の購入を依頼す。
独立第十三師団の戦闘序列発令の報あり。

六月三十日　晴

本日、乃木軍司令官、八宝屯に至り第一線の状況を見る。午後、金家屯に帰り一泊せらる。

明治三十八年七月

七月一日　雨

豊辺聯隊（長、騎兵第十四聯隊長豊辺新作）は程家窩棚附近にて敵襲を撃退せり。

第七師団方面にては我前哨部隊に対して獅々谷に敵兵約千四百許り攻撃し来れり。

軍司令官本日第九師団方面より帰還せらる。余も亦随行帰部す。

七月二日

午前十時、総参謀長通報。

独立第十三師団は「サガレン」占領の目的を以て派遣せられ、該師団の第一次輸送は六月三十日頃開始せらるる筈。

七月三日　晴

七月一日、獅々谷附近の戦闘に於て、第七師団の死傷は左の如し。

戦死　四四 ┐
負傷　六五 ┘ 一一七

生死不明　　八　一
即死　　　歩二五大尉小松秀雄〔夫〕

七月四日　晴

此日、各師団参謀長を軍司令部に会し会議を行ふ。其主要なる件は左の如し。
一、機関砲隊編成に関する件。
二、道路修理に関する件。
三、康平、法庫門間及康平、小塔子間道路修築に関する件。
四、第七師団六家子の支隊に関する件。

七月六日　晴

此日、総司令官に左の申請を出せり。

奉天会戦の実験に依るに、野戦砲兵の戦闘に方りては、最も迅速確実なる通信法の設備あるにあらされは、刻々変化すへき戦況に対し機を失することなく適当に射撃を指揮すること難し。之か為、砲兵隊長と其部下各隊長並に目標斥候間に電話に依る通信法を設くるは最も緊要のことたり。依りて、当軍各砲兵聯隊に左記電話機を御支給の議、御詮議相成度。

左　記
一、ソリードバツク電話機　　六

七月七日　曇

午前八時、橋口中佐に属する長渡大尉より、我軍に使用しある馬隊（馬賊）に就き報告あり。
一、我軍使用の馬隊は二あり。
其一、橋口中佐の指揮下　　満洲人約千二、三百人
其二、井戸川少佐指揮下　　主として蒙古人約七〇〇人
二、目下蒙古馬隊は敵騎南下の警戒上、遠く我軍の左翼を警戒せしめ、蒙古地方の偵察に任せしめあり。
(1) 新秋児附近、松岡通訳、若松通訳指揮
(2) 彰武県附近、金田通訳指揮
(3) 松本通訳の指揮する偵察隊は秋山支隊の偵察隊と共に蒙古内に派遣
(4) 長渡大尉は当分康平に位置す
三、目下我蒙古馬隊の行動地区は、哈拉泌屯附近より新秋児を経て彰武県に至る道路の已北の地区とす。
四、蒙古馬隊は一定の服装なし。
五、銃器は分捕露銃とす。
六、蒙古馬隊は正義軍と称し、隊伍を以て行動するときは我国旗を携ふ。
七、小部隊又は単独者は国旗を有せす証明書を有す。
本日、総司令官に、銑鉄榴弾の殺傷の少きことに就て、左の報告を呈せり。

今回当軍各野戦砲兵聯隊に於て教育射撃と共に銑鉄榴弾の効力を実験せしに、其破片に依る人馬殺傷の効力極めて尠少にして、到底該弾を以て榴霰弾に代用せんこと無望〔ママ〕なることを確知するに至れり。依りて、今後遂〔逐〕次野山砲の弾種配合を変替し、銑製榴弾の数を著く減少せられ度。別紙弾種配合に関する軍砲兵部長の意見並野戦砲兵第二旅団に於て実施せる射撃効力略図九葉相添及呈出候也。

右の砲兵旅団の実験には余自ら立会ひたるか、目標を歩兵の中隊縦隊形に並へたるアンペラの三列とし、其中間に破裂したる弾子破片にしてアンペラを傷付けたるものなきを見て驚き此処置に及へり。

七月八日　雨

遼河増水の報、工兵第一大隊長近野中佐より呈出せらる。

一、遼河の水は昨夜来急速の増水をなす。目下平水より一米四〇高し。

二、左岸の橋礎は殆と破壊せられたり。

三、当隊は目下之か応急設備中なり。単独兵の外一切通過する能はす。

又第九師団より次の報告あり。

各河川共増水の微候ありしも、目下は平水同様なり。

第九師団にて架設の分は異状なし。

総司令官より、各軍戦闘序列の変更あり。其概要は、

一、第三軍内にては第七、第九師団に各野戦病院一個の増加、砲兵旅団に第十二師団第二衛生隊の増加及後備第五旅団並騎兵第一旅団を第三軍の戦闘序列に入る。

二、他軍にて大なるものは近衛師団は第一軍より第二軍に転属す。

七月九日　晴

午後八時、総兵站参謀長より左の通報。

第二軽鉄班を派遣し、小塔子より其北方に軽便鉄道の布設に任せしむ。依りて、其宿舎、給養に就ては凡て貴軍より配慮せられたし。

軽鉄布設に関しては人員、材料の供給は貴軍の兵站監に協力を命せらる。承知せられたし。

七月十一日　晴

総参謀長より、樺太上陸軍に関する戦報あり。

此日、軍兵站参謀長に左の通牒を発せり。

今後戦闘行動を開始するに当りては、衛生隊の患者輸送を幇助し、且つ其業務を終ると共に同隊長指揮の下に戦場掃除を補助せしむる為、補助輸卒隊を各師団衛生隊に各一隊、又砲兵旅団及後備第五旅団の衛生隊に各半隊宛配属せらるる筈に付、予め承知相成度。

七月十二日　晴

此頃、余は暇閑を利用し、写真の練習に余念なかりし。

軍前面の状況何等変化なし。

七月十三日　晴

午後七時、総兵站参謀長より通報。

遼河に於ける軍橋の開閉度数少き為、水路輸送に時間を費すこと大なり。依て、及ふ丈開閉の回数を増し、糧秣船の上下に差支なからしめられたし。

依りて、此事を兵站参謀長に通報せり。

又午後八時、落合参謀より、土嚢五万個支給すへきに依り、大連に受領者を差出されたき旨通報あり。

総司令部田中参謀より、新に第十四師団を将来第三軍に増加することあるへき内報あり。

総参謀長より、小村外務大臣〔日露講和会議全権委員〕は八日横浜を発せり、二十七日頃紐育〔ニューヨーク〕着の旨通報あり。

七月十四日　晴

前面の状況は静穏なり。

七月十六日

午後八時、総参謀長通報。

参謀総長奉天に来らるるに付、貴軍司令官を其際奉天に呼はるる筈なり。就ては何時にても出発し得る様予め準備ありたしと。

此日、総司令官に左の意味の申請を出す。
　一、石油発動推進器交附相成度　六台
　二、携帯電話機用磁石発動機　九二個
此日、各軍兵站部編成変更に付命令あり。

七月十七日

昨夜、第九師団にて夜襲を行ひ、捕虜一を得たり。

午後零時、総兵站参謀長通報。

　第十四師団は明十八日より内地出発、大連より汽車輸送をなし心台子に下車せしめらる。

　歩兵第二十八旅団司令部、歩兵第五十六聯隊、騎兵二中隊は十八日門司を発す。

此日、軍参謀歩兵大尉守永弥惣治〔次〕、第十五師団参謀として留守近衛師団へ配属せらる。

七月十八日

秋山騎兵団司令部は本日対家窩棚に移れり。

七月十九日

午後二時、第一、第九師団長に、道路修築区域変更に付命令を与ふ。

第三軍兵站参謀長報告あり。

今十九日より第十四師団の輸送終る迄、心台子に臨時、鉄炉舗に在る第七師団第四兵站司令部の支部を開設す。

此日、軍参謀安原は少佐に進級す。

此日、第十四師団の先発将校松本参謀〔雋〕に、同師団到着後の宿営地（法庫門西方陶家屯附近）を通報せり。

七月二十日

遼河増水の為、各地通過困難となりたるを以て、第十四師団の前進の為道路偵察の為に橋本中尉〔虎之助、第三軍司令部衛兵長〕を石仏寺を経て心台子に出す。

樺太上陸軍に関し、総参謀長より、左の通報あり。

　樺太上陸軍か各所に於て投降を受けたる捕虜は合計四百六十一名なり。

午後十時、兵站参謀長報告。

一、石仏寺旧門街道は通行差支なし。

二、右道路偵察報告は未た受領せす。

三、石仏寺には三面船より兵站支部を設く。

七月二十一日

此日、軍司令官は河合副長及服部大尉を随へ奉天に向はる。途中公主屯、新民庁及馬三家子に各一泊、二十四日奉天着の筈。

七月二十二日　雨

第十四師団松本参謀の報告。

今上陸せり。軍の電報受領せり。直に提理部に至り輸送の打合せをなし、二十五日より輸送開始の筈。小官は二十三日午前五時列車にて大連発、途中総司令部に立寄り心台子に至る。

午後三時、在心台子、橋本中尉の報告。

道路は石仏寺、孟家台、東六王屯、耶子屯、安家窩棚を経るを可とす。之とても雨後は砲車の行進を遅滞するならん。

高坎の橋は流れ、今は舟一隻あるのみ。之を経るとせは旧門、高坎、小河口を経るを可とす。然れとも、小河口の河は雨後甚た悪し。

七月二十四日　雨

午前一時、総参謀長より、樺太上陸軍の状況通報あり。

午後八時、鉄道提理部通報。

二十六日より第十四師団の輸送を開始す。

七月二十五日

在奉天河合副長より通報。

松本第十四師団参謀は昨日当地着、今日心台子に到る筈。

午後三時、松本参謀の報告。

正午心台子に着。橋本中尉携行の命令書外三点受領す。

小官は逐次到着する部隊の梯団区分に関する区処をなし、二十六日午後出発、二十七日夕貴軍に到る。

道路変更の件承知す。

師団司令部の位置は不取敢公主陵に定められたし。

午後七時四十五分、落合少将より通報。

機関車式軽便鉄道線路測量の為、将校已下四十名宛を今二十四日奉天発、左の三地区に派遣す。宿舎及給養に便宜を与へられたし。

第一班　小塔子、法庫門、李具堡
第二班　李具堡、大孤家子、西坨山子
第三班　西坨山子、旧門、カンカ堡子
午後八時、総参謀長より、樺太上陸軍に関する通報あり。

午後八時二十分、落合参謀の通報。

貴軍に三脚架式機関砲二十八門支給せらるる筈。

歩兵一大隊に二門宛を配当するに在り、云云。

騎兵旅団の運動性を増加する為に支那車輌を増加することとし、左の通報を両旅団に発せり。
一、各旅団に官有支那車輌七十二輌を交附す。

各車には輓馬四、車夫二名（支那人）及毎八〔ママ〕乃至十輛毎に車頭一を属す。
二、右に依りて糧食一縦列を編成す。
三、一縦列は四小隊とし、各小隊は旅団の一日分の糧食、半日分の馬糧を運搬す。
四、縦列長は将校を、小隊長は特務曹長を以て之に充つ。
（已下略す）。

七月二十日調、軍戦闘人員総数。

将校	一、四二八人
下士卒	四八、八五八人
計	五〇、二八六人（定員に対し過員九〇五人）

七月二十七日　雨

総参謀長より、北韓方面の状況通報あり。

午前十一時、総司令部古川副官〔岩太郎、満洲軍副官〕より通報。

　貴軍司令官は今朝出発せられたり。

午後三時三十五分、松本第十四師団参謀の通報。

　途中道路泥濘の為、人馬共著しく疲労せり。今夜は大孤家子に泊り、明日法庫門に至る。今夜中に到着を要することあらは支那車に依り夜行す。

右の状況に依り、単独者と雖も雨期道路泥濘の為行進困難の状況を知り、又支那車か此悪道路を行進し得ることも知るに足るへし。同参謀には明朝来りて宜しき旨回答せり。

午後五時四十分、第十四師団参謀長〔高橋義章〕報告（大連発）。

当師団司令部は二十六日午後上陸、三十一日当地より鉄道輸送の筈。

七月二十八日

午後四時十五分、在大孤家子河合副長より、軍司令官の行動に関し通報。

今午後三時三十分当地着、明二十九日午前六時当地出発、帰還。

松本参謀軍司令部に到着。道路泥濘の為師団各部隊の行進困難の状況を陳述す。

七月二十九日　曇

午後十時四十分、石仏寺兵站支部長の通報。

本日到着の部隊

歩兵第五十六聯隊第二大隊、同第三大隊

総司令官に、師団機関砲隊の編成改正（定員増加）に付申請す。

軍司令官帰着。

（騎兵団編成の時期不明）。

七月三十日 雨

正午、第一師団の報告。

工兵第一大隊長の報告に依れは、今回の降雨に依り、法庫門、小塔子間の道路は所々破壊せられ、其状況は次の如し。

一、法庫門東方第一橋梁中間に於て長柵を破壊し、軍路の一部流失、凹部〇米六〇に達す。

二、第一橋梁の増水欄干の上（平水より二米九〇高し）に達す。

三、王家窩棚は欄干の一部流失す。

四、鳳岐堡部落内の二橋梁流失す。

右に依りて、大房身に在る工兵隊に命し修理せしむ。

此日、第十四師団参謀長に左の通報を出す。

連日降雨の為、道路泥濘を極めて、砲兵、輜重の行軍には大なる疲労を来すの虞あり。目下は差程《〔ママ〕》軍隊の急行を要する状況にあらさるを以て、貴師団の砲兵、輜重は天候定まる迄心台子附近に宿営せしめ、道路の回復を待て出発せしむるも差支なし。

本日は法庫門にて旅順前進陣地占領の紀念を行ふ筈なりしも、雨天の為延期せらる。各師団長已下法庫門に入り来りしもの百五十名に達す。

七月三十一日 曇

午前十時、遼河の増水及道路泥濘の状況に付、左の報告を呈せり。

一、当方面は二十二日已来連日降雨の為、各方面とも道路泥濘を極めて車輛の通過を妨くる所少からす。遼河は一米四〇、腰河は一米三〇増水し、小塔子の旧橋梁は一部は破壊して一時行通《〔ママ〕》を中止するに至りしも、新橋梁の完成と共に通過に妨けなし。

第十四師団の行進路亦非常に泥濘にして、予定の行軍をなす能はさるものと信せられしか、各部は多大の困難を冒し今迄は予定の如く前進せり。然れとも、輜重、特に砲兵に在りては全く行進し能はさる地点多きを以て、天候定まり道路恢復迄心台子附近に宿営せしめ、漸次前進せしむる方法を取らんとす。

本日、法庫門に於て旅順前進陣地攻略の紀念会を催さる。午前十一時より余興、相撲及演技等あり。午後六時会食場に於て立食す。来会者は各師団長、兵站監、独立旅団長、外国武官、内外通信員、其他将校、同相当官にして、約四百名に達する盛会なりし。

（七月中に伊豆の人より恤兵品来る）。

明治三十八年八月

八月一日　晴

午前九時、石仏寺兵站支部長報告。

昨夜来遼河増水標桿二米三〇を示し、軍橋右岸四百米浸水せり。車の通行を止め、徒歩兵を渡船又は徒渉にて通行せしむる見込。

午前十時半、第九師団報告。

工兵隊よりの報告。
一、本日午前九時半、流下せる小舟の大四家子橋梁に衝突し、一列柱を折損し、歩兵一列縦隊にあらされは通行出来す。
二、蓮花堡附近も出水し、深さ腰部に達する所あり。
同時、石仏寺兵站支部長報告。

歩兵第五十五聯隊本部及第一大隊は本日滞在す。

午後三時三十分、心台子より、第十四師団司令部下車の旨通報あり（土屋師団長〔光春〕午後七時三十分同地着、下車す）。

八月二日　晴
午後二時、第十四師団参謀長報告。
河川概して氾濫、道路泥濘、行進甚た困難なるを以て、心台子附近に到着せし当師団諸部隊は両三日滞在し、道路の景況を見て前進に就かんとす。
又司令部も本日滞在し、明三日出発す。

八月三日　晴
大井大佐（在独）〔菊太郎、ドイツ公使館附〕、明石大佐（在ストックホルム）〔元二郎、参謀本部附（欧州駐在）〕、久松少佐

（在仏）〔定謨、フランス公使館附〕の報告あり。

長尾中佐〔駿郎、参謀本部附（スウェーデン駐在）〕の報告あり。

此日、第十四師団松本参謀の報告。

歩兵第五十五聯隊本部及第一大隊は今三日新城堡に着、宿営。明四日王義官屯附近の集中宿営地に着する筈（之を該師団の先頭到着部隊とす）。

八月四日 晴

林公使〔董、駐英公使〕の報告あり（リネウツチの露帝に出せる報告）。

午後七時、陸軍大臣より通報。

貴軍司令部に参謀一、参謀部書記二名を増加せらる。

午後八時、第十四師団参謀長の通報。

当師団長は来る六日、幕僚及各部長を率ひ貴部を訪問せらるる筈（該部は本日石仏寺に達す）。

午後十一時、第九師団長報告。
一、三橋梁共現状を維持せり。
二、大四家子より馬家溝に到る軍路は其過半水の為破損せり。
三、遼河今朝来水量増減なし。腰河は〇米九〇、招太子河は〇米二四減水せり。尚減水の模様あり。
此日、御慰問使として伊藤侍従武官〔瀬平〕軍司令部に来り聖旨を伝ふ。

八月五日

第十四師団司令部は本日大孤家子に到着す。

此日、一戸参謀長は侍従武官と共に各師団巡視の為出発す。

八月六日　晴

午前十時、第九師団長報告。
　一、各河川は漸次減水す。
正午、総司令官より、第七師団の充実に関し命令あり。他の師団と同一の編成となる。

本日、侍従武官一行は秋山騎兵団に到り、各団隊長に聖旨を伝へ、守備線の一部を巡視せられ、康平に到らる。

本日、土屋第十四師団長来着せらる。同中将は第三軍に属すること第二回にして、先きに第十一師団長として旅順攻撃に参加したるか、三十七年十一月病気の故を以て帰国し、今回再ひ来れり。

八月七日　晴

午前十時、大孤家子兵站司令官報告。

　連日の晴天にて道路は概ね乾燥したるも、尚砲兵の通過至難なり。

八月八日　晴

午前八時、第十四師団報告。

一、当師団諸部隊七日午後迄に予定地に集中のもの次の如し。

師団司令部　公主陵
歩兵第二十八旅団司令部　老陵
歩兵第五十六聯隊　小陵及小房身
歩兵第五十五聯隊　五家子附近
騎兵第十八聯隊　後満洲屯

午前十一時、尾野参謀より左の問合せあり。

騎砲兵中隊編成の為、六珊海軍砲六門あり。必要なりや如何と。

依りて、之を騎兵団に聞合せたるに、必要なりとの返なりしに依り、其旨回答せり。

従来第九師団に属したりし騎兵第一聯隊の一中隊を原師団に復帰せしむ。

八月九日　晴

午後零時五十五分、在心台子奥平第十四師団参謀〔俊蔵〕より報告（之は問合せの返事なり）。

当地より石仏寺に至る諸道路は尚砲車の通過見込みつかさるも、鉄道の東方を迂回し腰士屯を経て石仏寺に至る道路は砲車を通するに至りたる故、明十日先つ当地に在る一中隊を前進せしむる予定なり。

馬の疲労を顧慮し、石仏寺迄を一日行程とす。

但し、当地附近の道は一日雨降れは三、四日砲車の通過を許さす。

八月十日　晴

第二軍の通報に依れは、遼河は老辺にて大に減水し、目下平水より一米二〇高しと。

総司令部より長尾中佐報告の通報あり。

午後零時四十五分、騎兵第八聯隊（一中欠）を第三軍司令官の隷下に属する旨命令あり。之は秋山騎兵団に属す。

午後二時、兵站総参謀長より左の通報あり。

　小塔子附近遼河の架橋及凸道工事完成せは、之に第二手押軽便班をして軽便鉄道を布設せらる。

午後三時四十分、田村少将より通報。

　米国通信員リカルトン〔ジェームス・リカルトン〕、貴軍に再従軍許可せられ、明日兵庫を出発す。

此日、騎兵第十八聯隊（一中欠）を秋山騎兵団長の指揮に入る。

午後七時三十五分、総参謀長通報。

　小村全権より左の電報あり。

　両国全権委員〔ロシア全権委員セルゲイ・ユリエヴィッチ・ヴィッテ、ロマン・ロマノヴィッチ・ローゼン。日本全権委員高平小五郎〕を乗せたる艦隊は六日夕、濃霧を避くる為ニユーポートに入り、翌朝七時半碇泊せり。午前十一時「ポウツマス」に着するや、暫時にして軍港司令官来訪せり。両国全権当地滞在中、国務次官〔パース、国務省第三次官（接待主任）〕当地に止まり万事便宜を与ふる筈。

午後八時十分、総参謀長通報。

　旅順戦利六珊海軍砲を繋架に改良せられたり。若し之を使用する希望あらは輓馬と共に交附せん。

第十四師団大行李及輜重の自衛の為、村田銃九百十一挺を支給す。

八月十一日　晴

午前十一時、総参謀長に回答。

　戦利海軍砲六門は当軍に於て使用したく、弾薬、輓馬共交附ありたし。

午後一時四十分、総参謀長通報。
　一、第十六師団は戦地に派遣し、第四軍戦闘序列に入らしめらる。
此日、戦利六珊砲を以てする編成を定め、野戦砲兵第二旅団長をして編成を担任せしむ。

秋山騎兵団の報告に依れは、昨三日三家子方向に出せし捜索中隊は敵の斥候長より我斥候長に宛たる書翰を拾得せり。其要旨は両者の会見を希望せるも、我は之を拒絶せり。

兵站参謀長に左の通報を発す。

　兵站守備用として新に三脚架式機関砲二門貴部に交附せらる。既に交附しある十六門と共に各大隊二門宛となる。

右の外第七師団に六門、第九師団に八門を交附す。

八月十二日　晴

午前八時十五分、第十四師団参謀長通報。
　一、心台子より六王屯を経て石仏寺に至る道路を、砲兵第五中隊か約七時間を費して通過せし景況を聞くに、六王屯迄は稍困難なから通過し得るも、雨後は通過し得すと。六王屯より石仏寺迄は、道路は野砲通過差支なし。
本日、第九師団は、八宝屯にて敵の攻撃を受け、左の死傷あり。
戦死　兵卒　十一
負傷　将校　四、下士卒　四二

八月十三日　晴

第九師団長報告。
一、招太子河は今朝〇米五〇減水。
二、遼河、腰河は平水となれり。
第一師団長報告。
小塔子、小大窪間道路構築は十三日完成。
兵站参謀長通報。
第十四師団通過の為、石仏寺に左の渡河材料を増加せり。
一、渡船用支那馬船　二隻
二、支那船改修のもの　二隻
三、支那荷物船　三隻
四、門橋　一隻
第三軍兵站工兵部長より小塔子、小大窪間兵站路完成の報告あり。

八月十四日　晴

第十四師団戦列部隊は全部宿営地に到着せり。
秋山騎兵団司令部の幕僚分担業務の報告あり。
参謀　高級参謀
参謀　次級参謀
副官　高級副官
同　次級副官
高級参謀として森岡中佐〔守成〕就職せり。

八月十七日
午後二時二十分、心台子停車場司令官の通報。
午後一時三十分着の列車にて第二糧食縦列下車す。之にて第十四師団の輸送終了す。
八月十八日　晴

午後十時十三分、総参謀長より、媾和会議に関する通報あり。
第七師団司令部に竹上少佐〔常三郎〕再ひ参謀として着任せり（安満少佐〔欽一〕に代る）。

八月二十日　晴

樋渡大尉〔盛広〕軍参謀として到着、第一課に増員す。

本日より二日間、第九師団司令部にて旅順第一回総攻撃の紀念祭あり。余は軍司令部より代表として列席す。早朝法庫門を発して至る。先つ戦死、病歿者の祭典あり。次て各種の余興あり。角力、芝居最も盛なり。又各種の小店開かれ、恰も内地の園遊会の如し。

場所は大なる森林内にて、大樹木鬱蒼たる下に於て行はる。

八月二十一日　晴

前日に引続き紀念祭の余興あり。余は引続き之を見る。

八月二十二日　晴

第十四師団の全部其宿営地に到達す。

本日、戦利六珊海軍砲材料到着す。

余は第九師団司令部を出発し、途中同師団にて先般来設備中なりし大軍道及大軍橋の開通式ありて之に列し、夕刻砲兵旅団の位置に来り一泊し、戦利六珊砲材料を見、次て一、二の打合を行ふ。

八月二十三日　晴

本日、始めて軍司令部に帰還す。昨夜来寒冒の気味にて発熱し、扁桃腺炎を伴ふ。食物咽喉を通過せす大に苦む。

八月二十四日　晴

八月二十五日　晴

八月二十六日　晴

八月二十七日　晴

病気にて打臥したるも、本日に至り稍快方なり。

八月二十八日

午前十一時、陸軍大臣より、徒歩砲兵聯隊編成の通報あり。

午前十一時半、与倉中佐の通報。

八月二十七日倫敦発。ポーツマスに於ける情況何等の発展なし。露国の態度依然たり。日本側に於ても新なる申込をなさす。大統領は続いて斡旋しつつあり。平和会議は一時間半会議の後、二十八日迄延会せり。

午後零時三十分、総参謀長より、長尾中佐の報告あり。

午後六時、総参謀長の通報。

媾和会議は二十六日会見の結果、更に二十八日会見することとなれり。而して、談判の模様は破裂に近きもの如し。

八月二十九日

此節は各方面より出せる間諜の報告、並に各方面にて捕獲又は投降せる捕虜の報告極めて多し。

本日に至り余の病気全快す。

八月三十日

午後一時、与倉中佐の報告。

八月二十九日ロイテル電報。平和会議は高平公使の請求に依て三十日迄延会となる。東京より何等の訓令なき為なり。

在「ポーツマス」タイムス通信員か或る露国側の有力者より聞く所に依れは、英国は「ルーツウエルト」より熱心に平和の回復を求め盛に運動しつゝあり。日英同盟の新条約は先頃調印されたれは、日本か新たなる申込を平和会議になさんとするも之か為なり。

高平公使は訪問者の問に答へて曰。平和の見込は絶無にあらされとも、殆んとなし。

午後七時五十分、総参謀長より、北韓方面の状況通報あり。

後備第二師団は本日主力を以て倉坪、会寧間に集合し、明三十一日先つ古豊山を占領し、爾後状況の許すに従ひ会寧を占領せんとす。

午後十一時、与倉中佐報告。

八月二十九日ロイテル電報。「ポーツマス」に於て聞く所に依れは、日本は去る二十四日戦費倍〔賠〕償問題を撤回し、樺太半部買上代金の問題を仲裁に附せんと大統領に申込めり。此事露都に於て誤解されしを以て交渉延ひたり。

八月三十一日

午後二時三十分、与倉中佐報告。

在「ポーツマス」平和会議は主要なる点に於て交渉全く纏り、細目の協議に移り、条約を完成すへし。日本は凡ての問題に於て譲歩をなし、露国の申込に応して償金を要求せす。樺太半部は金を取らすして露国に渡すへし。抑留軍艦の引渡と、極東に於ける露国海軍の制限に対する要求を撤回し、多分休戦の手筈に及ふならん。

此協定の報忽ち四方に拡かり、ロントン、紐育に於て非常に人心を驚かし、日本の寛大なることに深く感動を与へたり。

明治三十八年九月

九月一日

午後四時、総参謀長より。

寛城停車場の間諜報告あり。

九月二日

午後十時、与倉中佐報告。

八月三十一日ロイテル電報。仏国新聞紙は日本政府の寛大を当然のこととし、多数は露帝か譲歩を拒絶せしを称賛せり。露都の諸新聞紙は露軍か最も優勢なる今日、平和の締結に対し不満の意を現はす。「ウイッテ」は露帝に電奏して曰。日本は陛下の命令に同意せり。平和の条件は悉く陛下の意志に一致し、露国は依然従前の通り東洋に於ける一大強国なり。

九月三日　晴

午後十時、与倉中佐報告。

九月二日ロイテル電報。平和大使は正式に休戦条約に調印せり。後に有効となるへき平和条約十五ケ条の内十ケ条は既に脱稿せり。

九月四日　晴

本日、野砲兵第二旅団長より、六珊海軍砲用馬匹受領済の報告あり。

九月六日　晴

午後十一時、総参謀長通報。

　九月五日午後三時五十分、両全権委員の間に、媾話条約調印を了せりとの報あり。

平和始めて来る。上下の喜ひ譬喩方なし。

九月七日　晴

午前八時、混成第五旅団長〔渡辺章〕より左の報告あり。

　昨夜秀水河子に於て露探嫌疑者二十四名を捕縛す。

総参謀長通報、大井大佐報告。

　露国皇帝は民衆に勅語を与へ、平和締結に関する諭告を下せり。其中に云ふ。満洲軍は今敵を撃退するの実力十分なりと雖も、我忠勇なる軍隊をして戦争の残忍を再演せしむるを欲せす。故に、朕は姑く平和条約を承認せり、云々。

午後零時二十五分、与倉中佐報告。

（九月五日ロイテル電報）。平和条約は昨四日午後五時「ポーツマス」に於て調印せられ、五月〔ママ〕十日後に批准せらるる筈。日本媾和委員は今五日「ポーツマス」を立ち、露国委員は来る六日出発の予定なり。

午後二時、総参謀長通報。
　一、媾和全権委員をして媾和条約の実施に至る迄を有効期限として、左の休戦条約を決定せしめられたり。
　　第一条　満洲及豆満江方面に在る両国軍隊の間に一定の距離、区画地域を設定すへし。
　　第二条　両交戦国の一方の海軍は、他の一方に属し、若くは其占領する領土を砲撃することを得す。

第三条　海上の捕獲は休戦の為停止せらるることなし。
第四条　休戦条約期限中、増援隊を戦地に派遣することを得す。而て、其増援の途に在るものは、日本国に在りては之を奉天より北方に、露国に在りては哈爾賓より南方に送るを得す。
第五条　両陸海軍司令官は前記の規定に従ひ、休戦の条件を双方の合意に依り決定すへし。
第六条　両国政府は本議定書を実施せしむる為、調印の後直に其司令官に命令を発すへし。
二、北韓方面休戦に関しては、駐箚軍司令官〔長谷川好道、韓国駐箚軍司令官〕をして此方面の敵軍司令官と商議決定せしめらるる筈。
三、福島少将を以て、満洲方面の休戦に関する細目を協定する委員とす。
四、休戦に関する細目決定の後、更に休戦実施の命令を与ふ。
右に依り、始めて正式に平和の第一歩に入れり。上下一同大に喜へり。

九月八日　晴

午後七時、総参謀長通報。

　都合に依り支那車輛を雇ひ入ること一般に中止せしめられたし。

右は直に部下各団隊に通報す。

本日、第三軍司令部にて編纂せし、保式機関砲提要案一部を、参考の為、教育総監部に送れり。

九月十日　晴

六珊海軍砲の為に重砲兵旅団より野戦砲兵第二旅団に保管転換したる輓馬十六頭は、再ひ原旅団に保管転換の為返却することとなる。

九月十二日　晴

伊太利キヤラブリヤ地方大地震の報あり。

第一師団より、同師団附津久居大尉（平吉）より間諜に依る報告あり。

第一師団より、銭家屯、蓮花橋間の道路改修工事終了の旨報告あり。

九月十三日

与倉中佐の報告の一部。

（ロイテル電報）。在満洲露軍は平和締結に対し大々的祝意を表し、到る処「ルーズウエルト」の万歳を唱へり。

軍人は本国の形勢に対し不安の念を抱き、満洲に留ることを希望す。

九月十四日　晴

午前十一時、休戦実施に関する軍命令を発せり。来る十六日より実施の筈。

英国武官「バーネツト」中将已下四名、帰国の際、朝鮮、旅順を視察したき旨願出つ。

午後零時半、与倉中佐報告。

十二日「ロイテル」電報。昨十一日午後「バク」よりの通信に依れは、形勢益々不穏にして、軍隊は市内に充満し、其大部を砲撃して破壊せり。

日本戦闘艦は失火して爆沈せり。死傷五百九十九。

米国武官、本国政府の命に依り帰国許可せらる。

此日、軍司令官の訓示を出す。

今や既に平和条約は両全権の調印を了り、又満洲軍の休戦条約は実施せらるるに至れり。然れとも、情況の変化尚測り難く、各部団〔ママ〕は平和条約批准交換を結了する迄は、殊に警戒を厳密にし、以て不慮の変況に備へ、九仞の功を一簣に欠くこと勿れ。

休戦の為注意すへき細件は、別に示す所に遵ひ遺憾なきを期すへし。

右訓示す。

明治三十八年九月十四日

第三軍司令官男爵乃木希典

右の外詳細なる注意を頒布せり。

九月十五日　晴

午後一時、総司令官の訓示あり。

訓示　九月十五日正午発

一、媾和談判の結果は、敵我両軍に関し休戦条約を協定し、九月十六日正午より之を実行することとなれり。

然れとも、此度の休戦は決して平和克復を意味するものにあらす。媾和条約の批准交換に至る迄、一時戦闘行為を中止するに過きさるなり。故に、敵若し媾和を欲せす休戦条件を無視して戦闘行為を再ひするか、或は媾和条件批准に至らすして戦争継続となるか、之元より未た知るへからす。敵兵は如何なる手段を取るも、我に油断さへなくんは、何時にても敵の企図を摧折《〔ママ〕》し得へし。之に反し、我若し不覚を取るときは、敵の行為縦令不法戻《〔ママ〕》背に属するも、不覚の結果は敵の行為をして正当のものたるに至ることなしとせす。故に、休戦間と雖も深く戒心し、戦闘行為の発生に当り何時にても兵力を集結して之に応するの準備にあらしむるを要す。

二、戦闘行為を中止したる結果、捜索、偵察等を出して敵情を探知するを得す。然るに、第一項に述へたる如く、不時の戦闘に応する準備の為には、戦闘間と同様に敵情を明かにし置かさるへからす。故に、絶へす間諜を放ち敵の高等司令部等を探知するを要す。敵にして、果して日露媾和全権委員の協定せし休戦条款第四条を確実に実行するや否やを探知すること、又甚た緊要とす。

故に、従来の如く、公主嶺、長春等の停車場に於ける情況を知悉することを努めさるへからす。

三、従来の戦争を察するに、休戦間彼我相往来して交際を結ひ、為に失態を顕出したること其例に乏しからす。我軍に於て厳に之を禁止すへし。

午後一時半、総参謀長通報。

戦通四八二

戦命に基く各軍離隔地帯の限界、次の如し。

鴨緑江軍は云々。

第一軍
第四軍　}　概ね占領地。
第二軍

第三軍は八月四日調、同軍宿営位置の歩哨線及歩哨線の左翼三眼井より賓図王府に列する線の蒙古境界線に交叉する点巳東。

敵軍離隔地帯の限界は帽児山、小城子、滂口子溝、大白銀河、商家台、蓮花街、興隆泉、宝立屯、王宝屯を列する線。

英国大佐「バーグベク」〔W・H・バークベック〕、少佐「ペレラ」〔G・E・ペレイラ〕及「クロフオルト」〔G・M・クロフォード〕、並に米国少佐「キユン」〔J・E・クーン〕は、帰国の途、旅順の見物を願出たり。依て、之を総司令部に取り次きたるに許可せられたり。

第九師団の報告に依れは、本日敵の将官一、将校約三十名、孟家屯に来り会見を求めたるも、之を拒絶せりと。

又午後十時、第九師団長より、九月十一日我軍新井大尉（旅団副官）及立見〔辰巳〕大尉〔富吉〕（三五聯隊副官）と敵軍将校と会見したる詳報あり。

十二日再ひ会見せりと。

九月十六日　晴

工兵第七大隊の第三中隊（新に編成のもの）本日到達せり。

菅野参謀は旅順攻囲中の作戦日誌を携へ旅順に至る。之は伊地知少将（現要塞司令官）に一覧を受くる為なり。

英国武官四名、米国武官一名出発、帰国す。
騎兵第七聯隊第三中隊（新編成のもの）到着す。
法庫門附近部隊の小銃射撃教育の為、余の計画にて数日前より法庫門西北方に射撃場修築しありしか、昨日落成したるを以て、本日落成式を行ひ、軍司令官已下臨場、射撃会を行ふ。

九月十七日　晴

総司令部より日露両軍離隔地帯略図到達す。之を各団隊に印刷配布す。
外国武官全部帰国す。

九月十九日　晴

大山総司令官巡視の為本日来部せらる。依りて、各団隊長を召集し伺候せしめらる。

九月二十日　晴

午前九時、総参謀長より、休戦条件議定書写到達す。
本日、大山総司令官の為に各団隊長及軍の職員を会し宴会あり。

九月二十二日　晴

与倉中佐報告。

「ロイテル」。「リガ」に於ける暴動は監獄を襲撃して看守五名を殺し、重要国事犯人二名を逃け去らしめたり。「オベル」監獄の騒動は軍隊に依り鎮圧。
大山総司令官は本日出発、第九師団に向はる。一戸参謀長随行す。

九月二十三日　晴

軍司令官は本日庫平に向はる。

九月二十四日

第二軍に属したる第十五師団は二十四日集合を終はれり。

九月二十五日

与倉中佐報告。
「ロイテル」。「フインランド」に於ける露軍は大に増加せられたりと。
軍司令官庫平より帰還せらる。

九月二十七日　晴

小村大使は二十七日「バンクーバー」経由日本に向け出発。

九月二十八日

法庫門在住仏国宣教師「モンマスリン」、支那人に対し暴行を加へたる旨訴あり。依りて、憲兵にて取調へたる所、再ひ憲兵に暴行せんとせり。依りて、厳重に之を監視中なり。次て退去を命す。

九月三十日

此日、日英同盟条約発表せられたり。

明治三十八年十月

十月一日　晴

午後八時、総司令官の命に依り、騎兵第二十聯隊を原所属に復帰せしむ。

本日、米国通信員「リカルトン」は出発せり。之にて全部帰還せり。元来、第三軍の観戦者は武官十六名、通信員十五名なりしか、何れも満足を以て帰国せり。

十月三日

午前十時、総司令官より、独立第十三師団の戦闘序列を解かれたる旨通報あり。

戦利野砲大隊は第九師団長の隷下を脱し軍直属となる。法庫門西方四台子に宿営せしむ。

十月五日　曇小雨

午前十一時十分、総参謀長より。

媾和条約は十月四日枢密院を通過せり。

第七師団の宿営地偵察の為、奉天附近に出張したる竹上中佐の報告あり。

十月六日　晴

第九師団へ命令。

其〔ママ〕師団より小塔子、通江口附近の兵站地守備として歩兵二中隊を兵站監の指揮に属す。其到るへき地点及時日は兵站監と協議すへし。

右は兵站守備に任したる後備隊か近く内地還送の為なるに依る。

本日、参謀総長より、平和克復に際し、凱旋部隊の帰還地及宿営担任区分表の送附あり。

十月七日　夜降雨

午前十時、尾野参謀より。

小宮大本営兼勤を命せられ明日出発につき、爾今鉄道に就ては曾田少佐〔孝一郎、満洲軍参謀〕に、其他は佐藤少佐〔小次郎、満洲軍総兵站監部参謀〕と交渉せられたし。

十月八日　晴

午前九時、総参謀長通報。

貴軍兵站部隊に支給せられある機関砲全部は、第十四師団に配属せらる（十二門は後備第五旅団、二十門は軍兵站部）。

本日、総司令官より、媾和条約書写を受く。

日本の譲歩的なるには驚かさるを得さりし。

戦利野砲大隊を戦地に於て解散し、又兵站監部を東京にて復員することを申請す。

十月九日　曇

明十日、当地に於て第三軍戦死病歿者の招魂祭を行ふ為、司令部内を挙けて其準備に忙かし。委員長は一戸少将として、司令部内将校同相当官は殆んと全部委員たり。余は祭典委員並に余興委員たり。

将来に関する意見書の蒐集要領を定め各隊に配布す。

十月十日　晴

午前十時、法庫門西北方西山に設けたる祭壇に於て招魂祭を施行す。西山は乃木大将の命名にして、比高約百米なり。乃木大将は祭主たり。河合副長已下参謀は祭官の役を勤む。祭壇の木標は乃木大将の自ら書する所なり。祭典参列者は各師団長已下、独立団隊長已上、並に総司令部及各軍司令部の幕僚も来り会せり。先つ神饌を供したる後、大将の祭文朗読あり（之は将軍自ら撰へる所なり）。次て各部隊代表者及附近軍隊の参拝あり。

祭典終了後、法庫門にて競馬、相撲、演妓〔ママ〕等終日行はる。

午後五時、軍司令部にて宴会あり。会するもの約四百名なり。

本日、凱旋部隊の宿営準備命令あり。

十月十三日

満洲軍凱旋計画及同細則を受く。依て、更に軍にて軍の細則を作り各隊に渡す。余起案す。

十月十四日

総参謀長より、第一線に設備したる鉄条網を撤去すへき旨通報あり。

十月十五日　晴

第十六師団の輸送終了の旨通報あり。

十月十六日　晴

総司令官の命に依り、還送輸送幇助の為、第十四師団より将校二、下士四を鉄嶺遼東兵站司令部に出さしむ。

午後二時、総参謀長通報。

　仏国公使〔フランソワ・ジュール・アルマン〕より外務大臣に通報。

　ポーツマス条約第十四条に依り、下名は露西亜帝国政府より、一九〇五年九月五日に調印せられたる右条約は、一九〇五年十月十四日に「ペテルホフ」に於て全露皇帝陛下之を批准せられたることを、本書を以て日本帝国政府に通告することを依嘱せられたり。

一九〇五年十月十五日

於東京仏国公使館アルマン

午後十時、総司令官より、勅語の伝達あり。

朕か親愛する帝国陸海軍人に告く。朕曩に汝等に示すに、軍人の精神たる訓規五箇条を以てし、明治二十七八年戦役終るや、深く邦家の前途を思ひ、更に汝等に訓示する所ありたり。爾来十越年、朕か陸海軍は世界の進運に伴ひけいこう〔ママ〕大に其歩を進めたり。不幸にして客歳、露国と釁を開きしより、汝等協力奮励、各其任務に従ひ、籌画宜しきを得、交戦機を制し、陸に海に曠古の大捷を奏し、帝国の威武を宇内に宣揚し、以て朕か望に協へり。朕は汝等の忠誠勇武に由り出師の目的を達し、上は祖宗に対し、下は億兆に臨み天職を尽すことを得たるを喜ひ、深く其戦に死し、病に殪れ、癈痼となりたるを悼む。朕今露国と和を媾す。我軍の名誉は帝国の光栄と共に更に汝等の責務を重からしめ、国運の隆昌亦汝等の努力に待つこと大なり。汝等夫れ克く朕か意を体し、止りて軍隊に在るものと、散して郷閭に帰るものとを問はす、常に朕か訓諭を服膺して、朕か股肱たるの本分を守り、益々励精以て奉公を期せよ。

右は直に印刷して各部団隊に頒布す。

第九師団にて架設せし蓮花泡、大四家子附近の遼河、腰河並招太子河の橋梁は逐次撤収せしむ。

十月十七日　晴

本日より柳樹屯碇泊処司令部は輸送業務を開始の旨通報あり。

関東総督府の編成令せらる。

凱旋に関し軍命令を発す。

第七師団より報告。

　当師団は来る十九日より宿営移転の運動を起し得。

本日、軍命令を発し、概ね左の処置を為す。
　一、第七師団は来る二十日より逐次出発、奉天附近の新宿営地に到る。
　二、騎兵第八聯隊は原隊復帰せしむ。
　三、騎兵第七聯隊、同第十八聯隊、野戦砲兵第十六聯隊及同旅団第二、第三弾薬縦列は原所属に復帰せしむ。
　四、騎兵団は東西坨山子附近に宿営を移転す。
　五、第一師団は第七師団出発後、宿営地を西方に移し、第九師団も亦西方に拡張せしむ。

十月十八日　晴

軍に属せし軍楽隊は奉天に到り原所属に帰せしむ。

兵站監に軍命令を出す。

　第七、第九師団より野戦病院各一個を、又砲兵旅団より衛生隊の軍医三、看護長五、看護手十五を一時貴官の指揮に属す。

右は後送患者収容の為なり。

地図の処分に関し左の通報を発す。
一、動員の際、又は其後戦地に於て大本営より受けし軍事機密の指定ある地図は、復員の際各其主任者に於て取纏むへし。
二、総司令部及各軍司令部にて調製したる内、秘又は極秘のものは各団隊に取り纏め焼却のこと。
本日、各部団隊の参謀、副官を集め凱旋に関する実施規定を与ふ。余主宰す。

十月二十日　晴

第九師団の報告に依れは、昨日露国将校十八名、八宝屯に来り、午後三時帰還せり。

本日、東宮武官〔尾藤知勝〕に随行したる樋渡参謀帰還す。

十月二十一日

総司令官の命に依り、第十四師団の歩兵一大隊を鉄嶺に派遣し、遼東兵站監〔井口省吾〕の指揮に属す。

一戸参謀長は軍司令官代理として各団隊長（旅団長已上）と共に奉天総司令部に至る。河西参謀随行す。

十時一分、河西参謀報告（鉄岺発）。

参謀長は本夜鉄嶺第一軍兵站監部に一泊、明日午前九時汽車にて遼陽に行かるる筈。

十月二十三日　晴

午後六時、在奉天河西参謀報告。

軍内各師、旅団長の参集せらるへきものは、本日午後五時悉皆到着せらる。二十四日勅諭捧読、訓示、午後宴会。二十五日滞在。二十六日出発、軽便鉄道にて新民屯に出て、二十八日帰着の予定。

総参謀長通報。

一、満洲軍凱旋部隊の還送輸送は、別冊凱旋軍還送輸送諸表に依り実施せらる。

二、船舶輸送は十一月十日頃より開始せらる。

右は直に各団隊に配布す。

十月二十四日

第七師団司令部は本日康平を出発し新宿営地に到る。

十月二十五日

秋山騎兵団の編制〔ママ〕を解かる。

十月二十六日

凱旋鉄道輸送は十一月十三日より行はるる旨通報あり。

船舶輸送実施の為、軍司令部より左の諸官を大連に派遣することとし、之を各団隊に通報す。

軍参謀　少佐津野田是重
軍副官　大尉松平英夫
附属員　下士已下　三

十月二十八日　晴

軍司令官より左の訓示を発す。

訓示

第三軍将校下士卒に告く

日露開戦已来、陸に海に連戦連勝、空前の大捷を獲し、茲に平和の局を見るに至れり。之洵に陛下の神威聖徳の致す所にして、諸子と共に深く祝する所なり。回顧すれは、不肖希典、曩に第三軍司令官の重任を拝してより茲に一年有半、此間諸子と共に親しく戦闘に参与し、前きには世人の称して難攻不落とせる旅順要塞を陥落し、後には奉天会戦に於て、懸軍敵の背後に迫まり、以て我軍の名声を中外に発揚するに至れり。彼要塞に肉迫するに当りては、百難を排して毫も屈せす、屍山血河の間に馳せて益々奮ひ、遂に能く天為人工の堅に勝ち、其初心を一貫せり。以て守兵を降伏の余義なきに至らしめ、彼の奉天の野戦に於ては、疾風迅雷の勢を以て前進し、十数日間の長き櫛風沐雨、寒に堪へ飢を忍ひ、数倍の敵と奮戦健闘、終始攻勢を続行し、以て敵をして已むなく敗退するに至らしめたり。希典の不肖を以て此大任を辱しめさることを得せしめたるものは、之諸子か能く軍紀を守り協心戮力其分を尽せる結果に外ならす。之深く感謝する所なり。今や平和の詔勅を拝し、戦勝の光輝を担ふて凱旋するの期将に近きにあらんとす。然りと雖も、名誉大なれは其自重する所益々大ならさる可らす。古来戦勝軍にして凱旋の途次、或は財物を掠め、或は住民を辱しめ、汚名を千載に遺したるもの尠なからす。又狂するか如き国民の歓迎、郷党の優遇を受けては不知不識、自負傲慢に陥るもの其例も亦乏しからす。若し夫れ諸子にして、此に鑑みることなく汚名を受くる如きことあらんか、独り其身の不幸のみならす、実に国軍の声価を失墜するものなり。諸子夫れ深く戒心し、隊中に在ては軍紀を厳守し、訓練を励行し、隊外に在ては謙譲勤倹以て有終の美を完ふし、益々国軍の栄誉を発揚すると共に国家他日の急に備ふるに努めよ。

今や時将に寒天に向はんとし、数ケ月間此僻地に滞在せし。戦後悪疫の流行其例に乏からす。諸子夫れ衛生に注意し国家の為自愛せよ。

明治三十八年十月二十七〔ママ〕日

第三軍司令官男爵乃木希典

午後一時、軍命令にて、鉄道輸送規定を下す。之と同時に、各団隊は左の人員を乗車駅に三日前に出さしむ。

各師団	参謀又は副官	一
各独立旅団	副官	一
兵站部	将校	一

本日、在大本営菅野参謀の電報にて、復員後の動員計画発表の旨通報あり。

十月二十九日

津野田参謀一行本日出発、大連に向ふ。

十月三十日

貴志参謀〔弥次郎、第三軍参謀〕を本日鉄嶺に派遣し、鉄道輸送業務に任せしむ。

十月三十一日　晴

関東総督府の編成完結し、第十四、第十六師団は其隷下に入る。之を第三軍命令にて師団に令す。

明治三十八年十一月

十一月一日

与倉中佐より、ロイテル電報に依り、露国擾乱の通報あり。

津野田参謀大連に到着す。

総司令部より、日露両軍満洲撤兵及鉄道線路授受に関する討議委員を四平街に派遣し、三十日結了し、三十一日朝調印の旨、議定書と共に通知あり。

鉄嶺派遣の貴志参謀より、後備歩兵第五十聯隊第一大隊は本日同地に着、明日夜乗車出発の旨報告あり。之を第三軍の最初の凱旋輸送とす。

十一月二日

津野田参謀より、第三軍に属する後備歩兵第四十九、第五十聯隊の船舶輸送は十一月十日頃より開始の旨報告あり。

十一月三日

天長節祝宴を演妓〔ママ〕場に於て催す。

十一月五日

津野田参謀より、総司令部は十二月一日乗船の旨報告あり。

十一月六日

後備混成第五旅団に凱旋命令を与へ、来る十四日より鉄道輸送を行はしむ。

十一月八日　晴

各部団隊に鉄嶺に於ける凱旋部隊乗車に関する注意、先発者注意事項を通報す。

十一月九日

津野田参謀より、大連宿営力の関係上、鉄道輸送一日繰下の旨報告あり。

十一月十日　晴

総参謀長通報。

凱旋部隊は、乗車乗船地宿営中、衛生法に注意せす、或は宿営設備を毀損し、若くは燃料に供し、又火の用心に注意せす、不都合の旨あるに付、注意すへき旨厳命ありたし。

右は直に各部団隊に通報す。

十一月十一日　曇

大連花泊兵站司令官報告。

流氷の為大連花泊軍橋破壊し人馬不通。

十一月十二日　雨

本日、総参謀長へ通報。

当軍各部隊買上支那車輛の総数は左記の通り。

支那車輛（輓具共）　二四七輛

同附属支那馬　九七七頭

追て、該車輛は売戻の契約なきも、目下各部隊にて糧秣輸送に使用中。

十一月十三日

樋渡参謀は後備旅団鉄道輸送の為鉄嶺に至る。

十一月十四日

後備混成第五旅団司令部本日凱旋の途に上る。

総司令官の命に依り、第十四師団電信隊等、第三軍の隷下を脱し第十四師団に属す。

十一月十五日

総参謀長通報。

総司令官は幕僚及若干の将校と共に十一月二十五日奉天出発、凱旋の旨報告あり。

総司令部の残部は井口少将の指揮にて十一月二十八日奉天出発の筈。

十一月十六日　晴

兵站参謀長報告。

本日午前十一時三十分在石仏寺後備工兵第三中隊長の報告に依れは、昨日午前七時より遼河は流氷を始め、其程度去る十三日より多し。一旦復旧したる軍橋も、為に約三米下流に湾曲し、夜を撤〔ママ〕し橋の保持に勉む。

橋上の通過は差支なきも、流氷は今尚止ます。

総参謀長より、兵站総監より明年一月一日餅下給の為、出征軍人軍属一名に糯五合、砂糖三十匁給せらる。

十一月十七日

天皇陛下、本日伊勢参拝に付、一般に休暇一日を賜はる。

十一月十九日

総参謀長より通報。

総司令官、奉天より大連到着の際及乗船の節は、同地屯在並に滞在の部隊は、勤務及乗船に差支なき限り全部堵列せしめられたし。

依りて、之を関係各部隊に通報す。

十一月二十一日

総参謀長通報。

凱旋軍隊中、往々規定外の被服、雑品等を携行するものあり。為に検疫上、手数と時間を要し、延て輸送には影響を及ほすに付、各部隊に凱旋に関する規定を厳守する様達せられたし。

依りて、右は直に各部隊に通報す。

総参謀長より、復命書改正に付、新案を送付し、旧案を焼却すへき旨通報あり。

十一月二十二日　晴

後備混成旅団は全部大連着の旨報告あり。

総司令官命令。

　満洲軍総兵站監凱旋の為、満洲出発後は、同監の業務は関東総督〔大島義昌〕をして行はしむ。

総参謀長より、軍の写真班は全部総司令部写真班に合併せしむ。

十一月二十三日

内地に在る菅野参謀より左の電報あり。

　奉天会戦第一、第七、第九師団及砲兵旅団の消費弾薬を、師、旅毎、並に榴、榴霰、小銃に区分し至急通報ありたしと。

依りて、之を砲兵部に命し調査せしむ。其結果は次の如し。

奉天会戦間消費弾薬

隊号	鋼製榴弾	銑製榴弾	榴霰弾	小銃弾
第一師団	三八四	四、四〇一	四、九二九	一〇六五、七九八
第七師団	二八二	三、二五六	四、四〇〇	一三五三、九一〇
第九師団	三九七	四、〇四三	五、八四九	一三一一、七四一
砲兵旅団	五五二	一二、八一八	一五、八八二	

計	一、六一五	二四、五一八	三一、〇六〇	三七三一、四四九

本日、後備混成第五旅団は全部乗船、大連を出帆せり。

十一月二十五日

総参謀長通報。

今二十五日以後の報告、其他進達書類は大本営にて総司令官又は本官宛差出され度。但し、回答を要すへき至急のものは、二十六日迄は大連に、二十九日迄は旅順に、三十日正午迄は大連に向け電報ありたし。

総司令官以下本日奉天出発。

十一月三十日

兵站参謀長報告。

本日石仏寺後備工兵中隊よりの報告に依れは、昨日来一層流氷甚し。徹夜にて防氷に従事するも、橋梁の維持危険なるを以て、工兵部に大綱を請求せりと。

総参謀長より。

総司令部は本日午後一時丹後丸にて大連を出帆す。

明治三十八年十二月

十二月二日

第一軍司令部は本朝大連に着、午後乗船出帆す。

十二月三日

津野田参謀大連に残留申出〔ママ〕す。之を許さる。

十二月四日

総司令部は三日広島着、五日発、七日東京着の旨電報あり。

十二月五日

第一軍司令部は四日宇品に着、七日朝出発の筈。
津野田参謀は五日旅順発、九日法庫門帰営の旨申来る。

十二月八日　降雪あり後晴

総司令官の電報。

昨日、本職に賜りたる勅語は左の如し。

卿昨年以来満洲軍を指揮し、嶮〔ママ〕を冒し寒を凌ぎ、勇戦悉く偉功を奏し、以て出師の目的を達し誠に朕か望に副へり。朕今親く作戦全局の状況を聴き、更に卿の勲績と将卒の忠勇とを嘉賞す。

鉄嶺戦地馬匹購買委員より電報。

貴軍より保管転換の支那馬残数二百六十頭は、本月十三日より十六日に亘り毎日若干頭宛受領したし。差支なきや、返待つ。

依りて、左の通り返電す。

答。保管転換の馬匹は差支なく、日日左の通り受領されたし。

十三日　七十頭
十四日　七十頭
十五日　六十頭
十六日　六十頭

午後八時、総参謀長より電報。

皇太子殿下は軍艦筑波進水式御臨御の為、今朝八時新橋発、呉に向ひ御旅行遊さる。

伊藤特派大使〔博文〕は今朝十時新橋着、直に参内伏奏せり。

十二月九日　晴

第一軍司令部は今朝新橋着、凱旋せり。

十二月十日　晴

津野田参謀帰着す。

本日、軍隊凱旋に際し注意事項を各部隊に配布す。

十二月十四日　晴

第七師団に一大隊を新民庁に出し、後備歩兵大隊と交代すへきことを命す。

十二月十六日　晴

津野田参謀は凱旋輸送の為大連に至る。

十二月十八日　晴

午後六時、左の軍命令を発す。

各部隊は別紙第三軍凱旋出発規定に拠り、逐次凱旋の途に就くへし。

別紙

第三軍凱旋出発規定

一、第一、第七、第九師団各電信隊は、凱旋に関する区署は各其編成師団長に於てし、第一、第九野戦電信隊は宿営地出発の前日を以て其指揮下に入らしむ。
二、第一、第九師団より兵站監の指揮下に入りたる部隊は、該部隊の出発前日を以て原所属に復帰せしむ。
三、軍司令部守備小隊は来る一月十日之を解散し各原隊に復帰せしむ。但し、第九師団に属するものは十二月二十五日を以て原隊に復帰せしむ。
四、各部隊は凱旋鉄道輸送の通報に依り、凱旋に関する諸規定に準拠し、発車地及途中の宿営力を顧慮し、適宜の梯団に区分し其宿営地を出発すへし。
五、各部隊行軍途中の宿営地左の如し。
軍司令部
第一師団
第九師団
第三軍戦利野砲大隊
野戦砲兵第二旅団
第三軍兵站監部
右、双樹子附近
騎兵第一旅団
同　第二旅団
右、大孤家子附近及木廠附近、云々

六、行軍途中の給養は、総て兵站部に於て之を準備するものとす、云々。
七、各団隊は其行軍計画決定次第軍司令部に報告し、且つ兵站監に通報すへし。
八、第七師団は新民屯附近に派遣しある部隊を撤去する為には関東総督府と直接協定すへし。

十二月二十日　晴

大本営の復員を令せらる。
総司令部の復員を令せらる。
参謀総長は大山元帥、次長事務取扱は児玉大将。
参謀次長より電報。
　菅野少佐は貴軍復員迄、在京を命せらる。

十二月二十一日

軍司令部復員の為、左の諸委員を設け、河合副長已下各委員の任命あり。余は馬匹整理委員主座たり。〔原史料に委員に関する記載なし〕

十二月二十二日　晴

参謀総長より命令伝達。
満洲軍各軍司令部の内、尚満洲にあるものは、満洲軍凱旋計画表の順序に係〔拘〕はらす、成る可く速に凱旋の途に就くへし。

其輸送に関しては運輸通信長官〔大沢界雄、大本営運輸通信長官〕より直接通報せしむ。

午後六時、大沢通信長官より電報。

貴軍司令部の鉄嶺乗車に都合良き時日は何日頃なりや。

依りて、次の通り回答す。

一週間前に指定せらるれは何日頃にても差支なし。

十二月二十三日

津野田参謀報告。

各軍司令部の凱旋に関し、関係諸部隊と協議の結果、左の通り定む。

第二軍は一月一日鉄嶺発、四日丹後丸に、第三軍は四日鉄嶺発、七日鎌倉丸に、第四軍は七日鉄嶺発、十日安芸丸に、鴨軍は十日奉天発、十三日加賀丸に乗船の予定。

午後六時、鉄道提理部鉄嶺出張所より通報。

其筋の命に依り、貴軍司令部を一月四日輸送す。

本日貴志参謀、鉄道輸送業務取扱の為、鉄嶺に出張す。

十二月二十四日

先発として河西参謀を二十五日出発、東京に帰還せしむることとし、其旨菅野参謀に通報す。

在鉄嶺貴志参謀報告。

軍司令部は一月四日鉄嶺発車、七日大連乗船の筈。但し、軍司令官、幕僚及各部長等は一月一日旅順に到着する如く出発する筈。

在大連津野田参謀より電報々告。

軍司令部は来る三十日午後十時半鉄嶺発の特別列車にて輸送せらるることに決定せり。

午後六時、軍命令を出す（軍司令部出発後の各部隊の業務に関してなり）。

同時、鉄嶺貴志参謀に、
軍司令官は二十九日当地出発、其地に到達。三十日午前昌図を巡視し、同日夕刻其地に帰らるることを希望せらる。昌図往復汽車の都合如何。

右に就て貴志参謀より返電。

軍司令官昌図附近巡視の為、左の通り列車発着時間を協定せり。

三十日午前六時三十分鉄嶺発、十時四十分昌図駅着。午後三時三十分昌図発、七時四十分鉄嶺着。

十二月二十五日　晴

参謀本部井口少将より電報。

凱旋参内の節、軍司令官より奏上せらるへき復命書、至急電報せられたし。

依りて、全文電報し、且つ筆記を送る。

十二月二十七日　晴

午後六時、部下各団隊に通報。

一、軍司令官は幕僚を随へ、来る二十九日法庫門出発、同日鉄嶺着。三十日午後十時三十分鉄嶺発、一月一日午後零時四十五分旅順着。大連乗船迄同地に滞在せらるる筈。

二、略す。

三、軍司令部の残部は一月二日法庫門出発、双樹子に一泊。三日鉄嶺着。四日午後十時三十分同地発、大連に向ふ筈。

第二軍参謀長より通報。

第五師団司令部は二十七日宇品に上陸せり。

河西参謀は本日午前十時発の信濃丸に便乗、大連を出帆せり。

十二月二十九日

午前八時、軍司令官は、幕僚（余も之に加はる）及各部長を随へ、凱旋の為、法庫門を出発す。法庫門駐屯の我軍隊及清国官民、何れも老門にて見送る。惜別の情深きものの如し。

午後四時三十分、軍司令官の一行鉄嶺に着す。兵站部の宿舎に入る。

十二月三十日　晴

乃木軍司令官は副官及参謀一（余）を随へ、午前七時三十分鉄嶺発、昌図に向はる。一戸参謀長は営口に至る。

軍司令官は午前十時三十分馬仲子駅にて下車し、歩兵第二十四旅団司令部にて昼食す。旅団長〔香川富太郎〕は土窟内に在りたり。乗馬にて昌図に至る。秋山支隊の戦闘せる陣地を巡視し、午後二時三十分馬仲子に向ひ出発、午後四時十分馬仲子駅を発し、鉄嶺に向ふ。

午後十時三十分、軍司令官一行（余も含有す）は鉄嶺にて乗車、旅順に向ふ。

十二月三十一日　晴

朝遼陽に着、約三十分間休止。依て下車す。谷田工兵少佐〔繁太郎〕に久し振にて会ふ。同氏は関東総督の副官なりし。

明治三十九年一月

明治三十九年一月一日

午前四時、普蘭店附近にて汽車中より日の出を拝す。午前十一時南関嶺を通過し、午後一時旅順着。軍司令官は元副総督の官舎に、又幕僚は増田旅館に入る。

一戸参謀長及服部副官は午後六時三十分旅順に着す。

一月二日　晴

午後二時、旅順官民の催せる開城紀念祭あり。乃木大将已下一同招待せらる。

一月三日

軍司令官と共に旅順の西北正面の諸堡塁を巡視す。劇〔ママ〕戦の跡を見て感慨無量なりし。

一月四日

第二軍司令部は四日午後二時乗船出帆す。

津野田参謀より、軍司令部は六日午前九時四十四分旅順発特別列車にて大連に至る筈。

本日、参謀本部より、軍司令官凱旋戦況奉告次第を通報し来る。

乃木軍司令官と共に東北正面諸堡塁、並に二〇三高地を巡視す。

一月五日 晴

河西参謀（在京）より報告。

軍司令部は軍医学校に定めらる。他軍は戸山学校なり。菅野参謀、今沢大佐広島に出迎ふ。

此日、軍司令官に随ひ、老虎尾半島を巡視し、正午伊地知要塞司令官の招待に応す。

一月六日 晴

午前九時四十四分、旅順を出発す（余も亦随ふ）。午後一時、大連に着。大連にては官民の歓迎会あり、之に臨む。サハロフの家に泊る。
午後八時、参謀次長に通報。
一、当軍司令部は明七日正午、鎌倉丸にて大連出帆の筈。
二、第九師団の先頭は本日柳樹屯を出発せり。師団司令部は本六日到着す。明七日出帆の筈。

一月七日　晴

軍司令部は正午、鎌倉丸に乗船。間もなく出帆し宇品に向ふ。

一月八日

海上航行。静穏。

一月九日

午後一時、馬関海峡通過。
同九時三十分、宇品に投錨。十時、余は特に上陸し吉川旅館に泊す。余は広島発車迄の三日間の日子を利用し、郷里に亡父〔井上清蔵〕の霊を吊ふ為、軍司令官の許可を得て夜間上陸し、直に郷里に向ふ為なり。

一月十日

早朝広島発、帰郷す。午後三時三十分舟木駅着。午後五時半芦河内に入る。母上〔井上スエ〕、兄上〔井上文蔵〕、其他家族共の喜ひ云はん方なし。又来訪者多し。

此日、軍司令部は似島にて検疫を受け、正午広島に至り、吉川旅館に泊す。

一月十一日

余は早朝父上の墓に詣し、午前十一時芦河内発、午後一時四十分舟木駅乗車、途中つや姉上を三田尻毛利邸に訪ひ、直に又広島に向ふ。午後七時半広島に着す。軍司令部旅館たる吉川に入る。

一月十二日　晴

本日、軍司令部は広島を発し凱旋の途に上る。二列車となり管理部及馬匹、馬丁等は午前一時四十分乗車し、其他は午前七時十分乗車出発す。

見送人は極めて多数なりし。又途中の各駅にて歓迎者群集しありたり。

糸崎停車場に於て下車、昼食し、岡山停車場にて下車、同県知事〔檜垣直右〕の招待宴あり夕食。

一月十三日　晴

午前一時大阪着。三時迄休憩。米原にて朝食。名古屋にて昼食。浜松にて夕食あり。大米屋の風呂に入る。袋井にて附近の歓迎の士《〔ママ〕》女多く出つ。中に妙齢の美人あり。

幕僚は列車進行中は酒と歌にて大騒をなしたるか、乃木大将は昼夜各駅にて歓迎者に自ら出て挨拶せり。

一月十四日

沼津にて朝食。

午前十時三十九分新橋駅に着す。歓迎出迎の人プラットホームに集まり立錐の余地なし。家族の出迎へたる者にも唯た遠くにて目視し得たるのみなりし。

白井侍従武官〔二郎〕の案内にて、宮内省差廻しの馬車に乗り宮中に向ふ。行進準備〔ママ〕は、

第一車　乃木司令官、松平副官
第二車　一戸参謀長、福島副官
第三車　河合副長、津野田参謀
第四車　菅野、河西、樋渡各参謀
第五車　井上、安原、貴志各参謀
第六車　塚田副官、末永管理部長〔質、第三軍管理部長〕、
　服部副官
第七車　牟田砲兵部長、宮地副官〔忠文、第三軍砲兵部副官〕
第八車　今沢工兵部長、大村副官、
　勝野副官〔正魚、第三軍管理部副官〕
第九車　吉田経理部長、浅野部員
第十車　落合軍医部長、大森部員〔篤次、第三軍軍医部部員〕

宮中に於ては、岡沢武官長の案内にて、乃木大将は御学問所に入り、伊地知少将已下幕僚及各部長は其廊下に整

列す。此時列立の人は次の如し。
　参謀総長
　総司令官
　陸軍大臣
　侍従武官長
乃木軍司令官の伏奏は途中屢々声涙共に下るを聞く。其全文は次に記するか如し。
次て、勅語を賜ふ（其全文は次に記するか如し）。
次て、幕僚及各部長に拝謁を賜ひ、御前を退下す。
次て、一同に酒饌を賜ひ、午後一時東御車寄より出て、同一の馬車にて参謀本部に至る。
同部にては大山元帥、各宮殿下、陸軍大臣等より一同凱旋の祝詞を受け、杯を挙く。
次て、一同は東宮御所に伺候す。御菓子を賜はる。
次て、一同乃木大将の赤坂の自宅に至り、邸内にて一同撮影し、茲に始めて本日の行事を終了、解散す。余は兼てトヨか上京して麹町区平河町金生館に在りたるを以て茲に至る。
此日、軍司令部の事務を麹町区番町軍医学校内に開く。
　復命書類目録
一、復命書
一、第三軍作戦経過概要
一、第三軍給養一班

一、第三軍衛生一班
一、第三軍攻城作戦一覧図
一、奉天会戦間第三軍諸隊行動一覧図
一、休戦当時第三軍諸隊宿営位置略図
一、各戦間第三軍衛生機関作業一覧図
一、第三軍戦死戦傷並に失踪一覧表
一、第三軍患者一覧表

復命書

臣希典

明治三十七年五月第三軍司令官たるの大命を拝し旅順の攻略に任し、六月剣山を抜き、七月敵の逆襲を撃退し、次て其前進陣地を攻陥し鳳凰山及干〔于〕大山の線に進み、以て敵を本防禦線内に圧迫し、我海軍の有力なる協同動作と相俟ちて旅順要塞の攻囲を確実にせり。八月大孤山及高崎山等を陥れ、次て強襲を行ひ東西盤龍山の二堡塁を奪ひ、爾後正攻を以て攻撃を続行し、逐次要塞に肉薄し、十一月下旬より十二月上旬に亘り二〇三の高地を力攻して遂に之を奪ひ港内に蟄伏せる敵艦を撃沈し、既にして攻撃作業の進捗に伴ひ其正面の三永久堡塁を占領し、直に望台附近一帯の高地に進出し将に要塞内部に突入せんとするに当り、三十八年一月一日敵将降を請ひ、茲に攻城作業の終局を告けたり。

時に北方に於ける彼我両軍の首力は沙河附近に相対し戦機正に熟し軍の北進を待つこと急なり。因て一月中旬行軍を起し、二月下旬遼陽平野に集中し直に運動を開始して奉天附近の会戦に参与して全軍の最左翼に在りて繞回運動を行ひ、逐次敵の右翼を撃破して奉天西北方に邁進して其退路に逼り、連戦十余日尚敵を追躡して心台子、石仏寺の線に達し、一部を進めて昌図及金家屯附近を占領せしめたり。

五月各軍と相連りて金家屯、庫〔康〕平の線を占め、尋て敵騎大集団我左側背に来襲せしも之を駆逐し、茲に軍隊の整備を畢り戦機の熟するを待ちしか、九月中旬休戦の命を拝するに至れり。

之を要するに本軍の作戦目的を達するを得たるは、陛下の御稜威と上級統帥部の指導並に友軍の協力とに頼る。而して作戦十六箇月間、我将卒の常に勁敵と健闘し忠勇義烈死を視ること帰するか如く、弾に斃れ剣に殪れる者皆、陛下の万歳を喚呼し欣然として瞑目したるは、臣之を伏奏せさらんと欲するも能はす。然るに斯の如き忠勇の将卒を以てして、旅順の攻城には半歳の長日月を要し多大の犠牲を供し、奉天附近の会戦には攻撃力欠乏に因り退路遮断の任務を全ふするに至らす、之〔又〕敵騎大集団の我左側背に行動するに当り、之を撃砕するの好機を獲さりしは、臣か終世の遺憾にして恐懼措く能はさる所なり。

今や闕下に凱旋し戦況を伏奏するの寵遇を荷ひ、恭く部下将卒と共に天恩の優渥なるを拝し、顧みて戦死、病歿者に此光栄を分つ能はさるを傷む。茲に作戦経過概要、死傷一覧表並に給養及衛生一班等を具し、謹て復命す。

明治三十九年一月十四日

第三軍司令官男爵乃木希典

勅語写

卿第三軍を指麾し堅固なる旅順要塞を攻略し、且同港に拠れる艦船を撃沈し、爾後各地の戦闘咸く偉功を奏し克く其軍の任務を達し洵に朕か望に副へり。
朕今親しく作戦の経過を聴き、更に卿の勲績と将卒の忠勇を嘉尚す。

一月十五日

職員一同は軍司令部に会す。

一月十六日

第三軍司令部の復員令下る。

一月十七日

復員に取り計〔ママ〕れり。
余は此復員と同時に参謀本部附となる。
軍司令部の残部整理委員を命せらる。

一月十九日

午前九時、軍司令官の告別式あり。軍医学校の邸内に参集し、乃木大将より左の告別の辞あり。

告別の辞

希典不肖の身を以て一昨年五月第三軍司令官の大任を拝してより今日に至る迄一年九月を経過せり。此間屢々難局に処し幸に軍の目的を達成することを得たるは一に諸子の奮励輔弼の功に依る。今や諸子と共に帝都に凱旋し、既に復命を終はり、且つ軍司令部の復員を令せらる。其駐て軍隊に在ると郷里に到るとを問はす、願くは平和勅語の聖旨を体し自重自愛以て他日の用に供し、且つ有終の美を完ふせらるへし。茲に告別に臨み聊か蕪辞を呈し、且つ謝意を表す。

明治三十九年一月十九日

第三軍司令官乃木希典

次て、一戸参謀長は一同を代表して左の通り軍司令官に奉答す。

奉答

軍司令部将校下士卒に代り謹て奉答す。

小官等一同は出征已来殆んと二歳の間閣下の麾下に在りて戦役に従事し、今や其任を終りて復員令を拝するに至れり。此間、外、各地の戦闘に於て閣下の英武を以て第三軍の名声を中外に発揚せられ小官等も亦光栄を受くるの恩恵に浴し、内、軍司令部に在りては閣下の廉潔仁慈を以て愛撫薫陶せられ皆其徳に帰依するに至れり。

小官等の不敏を以てして各其職を辱めさることを得たるは一に閣下高徳の然らしむる所にして感謝措く能はす。今又別れに際し高教を忝ふす。一同謹て訓示に背かさらんことを期す。

終に臨み茲に謹て閣下の益々御健康ならんことを禱る。

明治三十九年一月十九日

第三軍参謀長一戸兵衛

一月二十一日

軍司令部復員完結す。

復員時に於ける職員は次の如し。

軍司令官	大　将	乃木希典
参謀長	少　将	一戸兵衛
参謀副長	歩中佐	河合　操
参謀	工少佐	井上幾太郎
同	歩少佐	津野田是重
同	同	安原啓太郎
同	歩大尉	貴志弥次郎
同	同	河西唯〔惟〕一
同	同	樋渡盛広
軍副官	歩中佐	塚田清市
同	歩大尉	松平英夫
同	同	福島正一
同	騎大尉	服部真彦
管理部長	歩少佐	末永　質

同　副官　砲大尉　勝野正魚
同　歩大尉　赤堀馬太郎
同　主計　一主計　山中信光
同　獣医　二獣医　横井七郎
同　衛兵長　騎少尉　野沢北七〔地〕
同　輜重兵長　輜中尉　黒川良太郎
砲兵部長　少　将　牟田敬九郎
同　副官　砲大尉　宮地忠文
工兵部長　工大佐　今沢義雄
同　副官　工大尉　大村　済〔斉〕
経理部長　主計監　吉田丈治
同　部員　二主正　浅野量太郎
同　一主計　村瀬主〔至〕郎
同　同　野網喜平
金櫃部長　同　長野捨吉
同　部員　三主計　下村敬助
糧餉部長　一主計　池田純孝
同　部員　二主計　松尾弥太郎

同　同　船津完一
同　三主計　鈴木儀兵衛
同　同　加納徳〔治〕太郎
軍医部長　軍医監　落合泰蔵
同　部員　一軍医　大森篤次
同　同　伊藤菊蔵
憲兵長　憲大尉　鈴木武臣
高等文官　編修　兵藤為三郎
同　通訳清　石本鎮太郎
同　同　広渡桂太郎
同　通訳露　河津敬〔次〕二郎
同　同　鎌田祐吉
同　同　英　後藤　薫
同　同　仏　根岸四郎
同　同　独　柳沢香〔村〕歩
歯科医　牧　謙治

一月二十三日

軍司令官已下幕僚、各部長、各部高級部員に正午御陪食仰付らる。

一月二十五日

兼陸軍大学校兵学教官たる辞令を受く。

本日、乃木大将の招待ありて紅葉館に至る。大将の戦死両典の写真並へありたり。又此日大将より幕僚たりし紀念として金時計を拝授す。此時計には第三軍紀念の文字入れあり。幕僚全部に賜はる。

山岡中佐は盲人の故を以て特に鳴声入りのものを受く。大将の部下を愛する慈心何日〔ママ〕もなから驚くに堪へたり。

一月二十五〔六〕日

午前、陸軍大学校に至り新任の挨拶を行ふ。

一戸前軍参謀長の招待八百勘にて行はる。之に列席す。

一月二十七日

本日、第一師団司令部凱旋す。

一月二十八日

凱旋将校に対し寺内陸軍大臣の園遊会ありて後楽園に招待せらる。之に列席す。

一月三十一日

山田伯爵〔繁栄、砲兵大佐、元司法大臣、山田顕義実弟〕家に養嗣として歩兵大尉松平英夫氏を迎ふることに付、山田未亡人〔龍子、山田顕義夫人〕来談す。之は余より申出たるに依る。

明治三十九年二月

二月十六日

衆議院予算総会席に至り旅順攻城の経過を講話す。

二月十九日

貴族院に至り旅順攻城の経過を講話す。

二月二十五日

松平英夫大尉と山田梅子〔山田顕義長女〕との見合を池田少将〔正介カ〕の宿処にて行ふ。余は之か参謀格たり。

二月二十六日

山田伯家の養子として松平大尉を迎ふることにつき、井上馨伯〔元老〕の承認を得る為に、同伯を訪ひ懇談す。

同伯大に同意せり。

二月二十七日

午前六時霊岸島出発、三崎に至り同地別荘に病を養へる山田伯爵（繁栄）を訪ふ。到着の頃より降雨あり。又松平大尉を養嗣子とすることに決定す。

本日午前、国元兄上、みよしを連れ上京す。

独乙へ再び留学を命せらるる旨新聞紙に記載あり。

二月二十八日

三崎を出発し葉山を経て陸行して帰京す。大暴風を冒し逗子迄車行す。

明治三十九年三月

三月一日

山田家に至り伯爵と養子問題決定のことを報告す。

参謀本部に至り独乙駐在員たるの辞令を受く。

三月二日

午前八時伯爵山田繁栄、三崎別荘に卒去せらる。三日死去のことに発表す。

三月三日

山田伯の特旨叙位を申請し、午後九時其発令あり。夕刻松平子爵〔松平容大〕家に至り養子を迎ふることに談略ほ決定す。

三月四日

過日来大雨を冒し奔走の結果寒冒の為一日臥床休養す。

三月五日

未た発熱ありたるも山田家に至り葬儀其他の世話をなす。

本日乃木大将より第三軍紀念として金時計一個を拝領す。「頒恩賜第三軍紀念」の文字あり。元軍副官塚田中佐携へ来れり。

三月六日

山田伯の葬儀ありたるも余は病気の為列席せす。トヨ代理す。

明治三十九年四月

四月十四日

再ひ独乙留学の為、午後六時東京を出発す。途中山口、万倉に至り滞在し、四月二十三日下ノ関にて河内丸に乗船す。

大庭二郎大将　難攻の旅順港

〔表紙〕

難攻の旅順口〔ママ〕

〔以下本文〕

難攻の旅順港

自序

日露戦争は露国の横暴、限りなき圧迫に堪へ兼ねて、終に剣を手にして起ちし、我国の正義の戦なりし。戦争が勝利に勝利を重ねて進み行きし故、我国民にして我国は戦へさへすれば勝利は容易に得らるゝものの様に軽々しく考へる者も出来た様であるが、我陸軍に於ては、露国之勢力東漸を予測し之に対する処置を講せんとしても、議会で予算が十分取れぬので、其準備は実は貧弱なものであつた。然れば、如何してあの様な勝利が得られたかと疑ふ人もあるであらうが、それは桜井大尉〔忠温、旅順攻囲戦に参戦し瀕死の重傷を負う。その体験を著書『肉弾』として刊行〕之名つけた肉弾の力である。大砲でも小銃でも露軍の方が遥に精鋭であり、弾丸、特に砲弾や其他の戦争資料でも、彼れが比較にならぬ程豊富であつた。由来、攻城は攻者が守者に優る兵器と兵力を持たねば勝〔ママ〕でぬとしてある。然るに、我第三軍は貧弱の兵器と不十分の兵力を以て、彼が難攻不落を恃んで居た要塞を落さねばならなかつた。従て、攻城に従事した人々の困難は一と通りではなかつた。それても終に開城せしめたのは、素より明治天皇陛下の御稜威に依るが、また上に乃木将軍〔希典、第三軍司令官〕の誠忠無比之奮戦あり、下には各師団長お〔ママ〕始めとし兵卒に至るまで、善く国家の大事お〔ママ〕弁へ、命を惜しまず、屍を踏み越へ〳〵して、進むあつて退くことお〔ママ〕知らぬ健闘振りお〔ママ〕見せたからである。爾来十有八年、星移り物替り、当時の従軍者も漸々少くなり、不完全な攻城材料を以て悪戦苦闘し、唯大和魂が露西亜〔ロシア〕魂より優秀であつたことのみに依りて勝利が得られたことお〔ママ〕語り伝ふる人も減し行く今日ゆへ、旅順の砲台下に眠れる一万五千の英霊を慰め、国民に戦争準備の不十分なりしため如何に多くの勇士が犠牲となり、また多くの難義〔ママ〕お〔ママ〕せなければならなかつたかお〔ママ〕知らせ、国家は百年戦なかるべく一日も兵備お〔ママ〕怠てはならぬことお〔ママ〕長く考慮に置かせたいと思ひ、習はぬ筆を試みることとした。

大正十一年秋朝鮮軍司令官官邸に於て　　著者誌

難攻の旅順港

目次

大庭二郎大将　難攻の旅順港

〔本史料は未定稿であるため、目次に削除・修正・空欄が存在する〕

難攻の旅順港

一　開戦前の形勢

朝鮮の事より日清戦争が起り、支那が戦敗れて日本に遼東一帯の割譲を約するや、露国は独仏と共同して、東洋の平和に害ありとの口実の下に、我国に其還附を迫つた。三国を相手に正義を貫くには国力余りに微弱であつたので、国民は涙を払て之を放棄し、臥薪嘗胆実力を養ひ、以て他日を待つこととなつた。焉んぞ知らん、露独仏が東洋の平和に害ありとして干渉した事が十年の後には極東を大戦惨禍の巷と化した。

東洋の平和に害ありとの舌の根の未だ乾かぬ先に、独逸〔ドイツ〕は一宣教師の殺害を勿怪の幸として膠州湾を租借し、露国は之に伴ふて旅順半島を租借して「ハルヒン」より東清鉄道の支線を延し、大連には築港を為し、旅順の支那堡塁は之を改築して金城湯池となし、満州併有の地歩を作り、一面浦塩〔ウラジオ〕の防備を厳重にして東洋艦隊を増大し、非常の勢を以て極東経略発展を期した。

明治三十三年の義和団事件の時は、露国は東清鉄道及其支線により北清に出兵し、且鉄道保護の名の下に大兵を満州に駐め事実上占領を行ひ、爾後列国は兵力を減少しても露国は更に撤兵しない。我国は支那と頻りに之に抗議し、英米迄関与するに至つて、一時は満州を支那に還附するを約し一部の撤兵を実行したが、中途より言を左右に托し中々撤兵しない。此間、我国は満州及朝鮮に関し露国と談判を始めたが、相互の意見は到底一致しない。緩衝地帯を設けんとの策も、彼我の主張に著しき相違がありて成立しなかつた。朝鮮に於ては、国王〔高宗、大韓帝国皇帝〕は王城を脱して露国公使館に入り駐り、是より露国の勢力は俄然勃興し、馬山浦の占領を企図し其附近の地を租借し鎮海湾を自由にせんとし、龍岩浦には永久的設備を施して其租借を迫り、要するに、満州を席捲した余勢を以て、朝鮮をも一舐めに舐め尽さんとしたのであつた。

日露の交渉漸く緊張せる明治三十六年の初夏、露国の陸軍大臣「クロパトキン」〔アレクセイ・ニコラエヴィッチ・クロパトキン〕は東京に来遊し、寺内陸軍大臣〔正毅〕は彼に青山練兵場にて近衛歩兵の演習を見せられた。「クロパトキン」は寺内大臣に、貴国の歩兵は実に精鋭であるが、我「コザック」騎兵を以てすれば之を蹂躪〔躙〕するは容易であると放言したので、聞く者憤慨せざるはなかつたが、「クロパトキン」の此一言は露人の対日観を代表した者〔ママ〕と見て差支はない。実際、露国は其強を恃んで我を威圧せんと試みて居たのである。

大正三乃至九年の世界の大戦乱が終ると、欧州にては戦乱の惨禍に恐怖して、永久の平和を叫ぶ声が高くなつた。是迄の歴史を見ると、大戦乱の後には乞〔屹〕度強烈な平和運動が起て居るそうである。我国民の中にも、直に戦争を廃止して永久平和の理想郷に達せらるる様に思ふて、国防と言ふことを甚だ軽々に扱ふ者も出来た。永久の平和は誠に結構である。是が容易に得らるるものなら、何人も不同意はあるまい。併し、つい二十年程前には、露人や独人は前述の様な横暴な利己的な行為を敢てし、終に我国をして一国の生存上已むなく剣を抜て立たしめたのである。露独の文化が格別英仏に劣り、其道徳的感念〔ママ〕が他に比して低かつた訳でもあるまい。先つ現代の此世の人間は、無理が通せて自己に利があるなら、随分遣り兼ぬ程度の者と思はねばなるまい。我同胞は一足飛びに理想の楽土に達せんとすると、邪魔者が飛出して痛い目に遭はさるる場合もあることも考へずばなるまい。

今仮りに、総てが露国の思ふ様になり、朝鮮政府は唯唯諾々唯命之れに従ひて恰も露国の属国の如くなり、鎮海湾は露国の軍港となり、釜山や元山も同様にて、露国の艦隊は常に此等の港湾を根拠として我西海岸を窺ふと言ふ日があつたとしたなら、日本は晏然として存在が出来るであらうか。思ひ出すだに悚とする次第である。

国民の憤慨は其極に達し、帝国の面目と存在の為には、仮令全国焦土となるも、尚且つ正義の剣を揮て一戦を辞せないと言ふ気概を示した。当時の帝国の兵力は、海軍に於ても露国の方が形而下に於ては遥に優勢であり、陸軍の兵力は全然比較にならぬ程で、唯問題は西伯利〔シベリア〕鉄道が何れ程欧露の兵を満州に送り得るかにあつた。従て、陸海軍の当局者は、国民の敵愾心のみをあてに開戦する訳には行かぬ。彼我の実力と戦争の結果を十分考慮せねばならなかつた。孫子が兵は凶器、戦は危事と喝破したのは此場合のことである。露国の圧迫は益々強く、国民は政府当路の交渉をもどかしく思ひ、彼処にも此処にも開戦の運動が行はれた。去りながら、政府当局者は其首相〔桂太郎、陸軍大将〕が軍人出身であつた丈けに尚更慎重考慮して折衝したが、露国は飽くまで横暴一点張りで、全然誠意がない。彼の欲する儘にすれば終に帝国の存在を危くするに至るので、帝国は断然存亡を賭して開戦するに至つた。

帝国が後に至り露軍に対し海陸共に勝利を得たに対し、列国は驚異の眼を睜〔ママ〕つた。帝国を以て侵略主義の国、武断政治の国、軍閥跋扈の国抔と悪評をたて始めたのは其後間もなくのことである。我国民の中にも左様思ひ居る者もある様であるが、其実日清、日露の役に於て世界驚異の種となる程好成績で戦ひ得たのは、軍国主義でも武断政治でも、将又軍閥跋扈の国でもなかつたからである。帝国民は常に平和を愛好する国民で、帝国の軍備は常に国防を完全にするに足らぬ勝である。それ故、開戦となると、陸海軍当局の痛苦、戦線に立つ将士の困難は一と通りではない。日清、日露の両役共、足らぬ勝の兵器弾薬、足らぬ勝の兵力を以て必勝を期せぬ〔ママ〕ばならなかつたからである。著者は帝国の軍隊程、平和的の軍隊は世界にないと確信して居る。著者自身にしても、幼少の時から四海兄弟と言ふ世界無類の博愛の精神に育てられ、軍人となりて後も備あれば患なしとか待つあるを恃むとか全く自衛的の主義に感化せられ、嘗て侵略的の言葉を聞たことはない。全国各隊の将校集会所には、幾多先輩の将官が後進の修養に資する為め書き与られたる額が楣間に掲けられてある。其孰れを見ても、概ね以上の趣旨の言葉の外に出てぬ。軍隊が好戦的でないから無名の師を起す気遣はない。帝国が剣を手にして起た時は、何時も他の横暴に已むを得す正義の為に殉せんとする名正しき戦である。故に、仮令国内に政党政派の争がありても忽ち挙国一致が出来る。名正しきが故に国民は挙て出征軍隊に後援する。将士は此国民の後援に対しても家を忘れ身を忘れて奮戦せさるを得ない。至る所に義勇奉公の念が発揮せらるゝ。日清、日露の役に悪戦苦闘を重ねつゝ、尚且つ赫々たる勝利を収め得たのは、是が為めである。是を露国が無名の師を興し、為に国民には闘志なく、豊富なる兵仗と精鋭なる器械と優勢なる軍隊を擁しなから、終に見て以て小弱国と侮つた日本帝国と和を議せねばならぬに至つたに比較すると、正義の師が如何に強きものであるかわ〔ママ〕明瞭に解るであらう。

欧米人の中には日本国民を惨虐、血を見るを好む人種の様に考へる者もあるが、今日、満州や朝鮮国境抔には多数の在郷軍人が警察官として職務に服して居る。彼等は忠実に其任を尽し、往々職に殉する。誠に賞讃に値する。併し、日露戦争に〔ほ〕世界の耳目を聳動せしめた様な奇蹟的のものではない。日本国民が戦争に強いのは、何も惨虐性を帯て居るからでもなければ、血を見るを好むからでもない。日露戦争の実験からしても、又此度の世界戦乱に見た所でも、個人としては寧ろ露人の方が強いかも知れぬ。惨虐性に至ては、露人や独人は迠〔迚〕もお話にならぬ程上手である。我兵は突撃の興奮した瞬間には随分斬りも突きもするが、暫くして冷静に復しる〔ママ〕と最早人を殺すの気力なきは、戦線に立た総ての将校の実験した所である。然るに、尚善く強を挫きて世界から奇蹟の如く思はるゝ勝利を得たのは、上に仁慈なる皇室を戴き来りし三千年の歴史と、其戦が正義の戦て皇国の存亡に関するからである。山県元帥〔有朋、枢密顧問官、明治三十七年六月参謀総長兼兵站総監〕は、開戦前に、露国の横暴、其強を恃みて我を威圧せんとせしとき、「錆ひ刀も抜て立向はねばならぬ時もある」と言はれたことがあり、戦後に時の陸軍大臣寺内将軍は、「露国に対し五分五分に戦が出来たら上乗と思つたが、目出度勝利が得られて、皇国の慶事何物か之に加へん」と言はれたこともある。実に日露の国交断絶は堪忍に堪忍を重ね、終に其袋の緒が断れたのであつた。軍人が祖国の存亡に関する戦に強いのは何も驚くには及ばぬ。天理の自然である。日本海の海戦之時に、東郷提督〔平八郎、聯合艦隊司令長官〕の「皇国の存亡此一挙にあり。各員奮励努力せよ」の命に依り、将士死力を尽し、彼が如き大勝を得たのも、亦戦が名正しき故である。

去りなから、国民は国防に更に注意を払はれたい。明治三十八年三月の奉天会戦の時、帝国の満州軍に尚三師団の兵があつたなら、其結果は全く別なものであつて、九月の休戦は三月に、十月の講和条約は四月に結ばれて、其条件も更に有利なもので、四月以降に起つた死傷と半年分の軍費は節約が出来たであらう。死傷は大戦がなかつたから大したことはないとしても、其頃の給養兵額が日々百万を越へて居たから、百万人の六ケ月分は大した金であらう。よし米大統領〔セオドア・ルーズヴェルト〕が仲裁し手を下すに、「バルチック」艦隊の東航の結果を待つたとしても、六月には平和が恢復せられたであらう。併し、奉天会戦の勝利が徹底的であつて露の満州軍が全滅したならば、「バルチック」艦隊は途中に止りて日本海迄来なかつたかも知れぬ。

二月五日国交断絶し、六日艦隊は佐世保を出発し、其首《〔ママ〕》力は旅順に向ひて、八日夜港外に於て露艦に水雷襲撃を加へ、一部は第十二師団の混成旅団を伴ひ仁川に向ひ、八日同地碇泊の露艦と戦闘之後陸兵を上陸せしめ、九日更に海戦の結果露艦二隻爆沈し、爾後近衛、第二、第十二師団より成る第一軍は朝鮮に上陸して義州方面に向ひ進み、四月三十日鴨緑江を越へ露軍を攻撃して大勝を得たり。此陸戦の初に於て露軍を撃破せしことは、大に全軍の士気を振興せり。

第二軍は先つ第一、第三、第四師団より成り、四月下旬大同江口に集合し、五月五日より遼東半島南岸候児石に上陸を始め、普蘭店方面に進み旅順との連絡を断ち、次て軍に増加上陸せる第五師団を北方に備へ、第一、第三、第四師団を以て五月二十六日金州南山の敵の前進部隊を攻撃して之を敗りて旅順方向に圧迫し大連を占領し、第一師団と更に増加せられたる第十一師団を以て旅順の敵を監視せしめ、第三、第四師団を旋して北進を準備せり。

二　開戦

我国は明治三十六年七月より、露国に朝鮮及支那の独立及領土保全を約せしめ、以て東洋の平和を維持せんとし、百方手段を尽して折衝を試みたが、露国は前にも述し如く其強を恃んで我を威圧し、以て鴟梟の欲を逞せんとし、眼中日本なしと言ふ風であつたので〔以下原史料に記載なし〕

三　大本営の作戦計画と第三軍の編成

露軍は遼陽を中心として兵力を集中するらしく、我大本営は第一、第二、第四軍を以て之を攻撃するに決した。そこで旅順の敵を何とか始末せねばならぬ。単に陸軍のみの作戦であつたならば、大連が已に我手に入り、旅順の敵は要塞近くに圧迫されて、進んて大連に於る陸揚けを妨害し得ぬ限り、袋鼠の如くに之を包囲して、現在敵を監視して居る第一、第十一師団に塁を高くし濠を深くして其出撃に備へしめ、北方遼陽附近の決戦に成るへく多くの兵力を用ゆるのが賢明の策であつたかも知れない。併し、旅順には敵の艦隊が居る。開戦の始めに我海軍より痛手を負はされて居るとは言へ、漸々修理も出来て損害も恢復するらしい。何時出て来て大連を襲はぬとも、また逃け出して「バルチック」艦隊と合することを謀らぬとも限らぬ。現に八月十日の海戦〔黄海海戦〕の時は彼れは浦塩に逃け込む積りであつたらしい。我海軍は之を封鎖するに多くの勢力を要する。「バルチック」艦隊は東航する。其極東の海面に到達する前に是非とも旅順の艦隊を片附け、我海軍をして全力を以て「バルチック」艦隊に当らしめねばならぬ。此に於て大本営は一軍を編成して、海軍と協力して旅順を攻略せしむるに決し、此任に当つたのが第三軍で、其司令官が乃木将軍であつたことは説明を要しまい。

世間には往々陸軍が堂だとか海軍が堂だとか片寄た議論をする者がある。泰平が長く続き軍費の支出が困難になると、陸海どちらかの一方を縮めて他の一方の拡張の費用に充てようとして、殊更其様の説が多く聞ゆるのであるが、海陸の軍備に偏軽偏重があつてならぬことは、旅順の攻略戦で善く解るであらう。どをして〔ママ〕も車の両輪、鳥の両翼と同しく、どちらも確りして居なくてはならぬ。況んや、陸軍でも海軍でも独で戦争が出来る様のことを言ふのは、大なる間違である。

四　第三軍の旅順攻撃計画

参謀本部は平時に於て隣邦の兵備を調査するのであるが、日露戦争の前頃には此様な費用が甚だ僅少であつて、列強が遣て居る様の仕事は迠〔迚〕も出来なかつた。露国が旅順要塞の改造に着手したのは知れて居たが、如何なる改造を為しつゝあるかは薩張り知れなかつた。随て旅順攻撃に用いた地図の如きも実に粗末な者〔ママ〕であつた。開戦以来、大本営にては兎に角此地図に依り攻撃の策案を建て〔ママ〕、第三軍司令部が編成されて後も此策案を基礎として攻撃計画を研究した。

凡そ旅順を攻めるには右翼鳩湾方向よりするものと、第三軍が実施した如く中央よりするものと、左翼大孤山方面よりするものと三つの方法がある。其内、左翼よりするものは敵の堡塁、砲台が高き堅固な地にあるに対し、我は開闊した平地を長く進まねばならぬ。故に、是は問題にならないが、他の二つは利害相半して幾ら研究しても可否の決論〔ママ〕に到達することが出来ないで、終に二案を具して軍司令官の採決を請ふこととなつた。軍司令官は慎重審議の上、終に中央、即ち松樹山、二龍山より盤龍山北砲台の間を突破することに決せられた。

此時、議に上つた攻撃計画なる者〔ママ〕は、実際行つた如き長囲の正攻法ではなく、第一回総攻撃の様に二、三日の砲撃に引続き肉弾を以て突撃を実行し、遮二無二陥落せしめんとするのであつた。何故に斯の如き挙に出てんとしたかと言ふに、必竟〔ママ〕国力が不充分であつて、後に攻城砲兵の部で詳述しようと思ふが、材料がなかつたからである。

旅順要塞は完成しては居なかつたが、兎に角露国の工兵科将校や技師が智慧を尽し金を惜しまずに造つた現代式の防備であつて、一朝一夕には落せなかつた。終に長囲正攻を以て其陥落を図らねばならぬ様になつたが、斯くなりて見れば、乃木将軍が攻撃点を中央に択まれたことは、実に天祐と言はねばならぬ。右翼鳩湾の方面よりは某程度迄は要塞に近つき易いが、最後の太陽溝砲台附近になると、岩石質の断崖が圪〔屹〕立して、攻撃坑路を掘開〔ママ〕して進むことが非常に困難である。然るに、松樹山、二龍山方面は、傾斜も緩て土質も比較的軟く、為に終に攻撃が成功したのであつた。乃木将軍は、明治二十七、八年の旅順攻撃の成果に鑑み、此方面を択んだと話されて居た。

五　攻城砲兵

三国干渉の屈辱に憤慨して、我帝国は実力を養ひ軍備を整へ、戦前の七師団を十三師団に拡張し、海軍も拡張したが、財政に余力なく、攻城材料抔を整備するには至らなかつた。然るに、爰に終に存亡を賭して起たねばならなくなり、要塞の攻略をも試みねばならぬ様になつたが、扨て其準備がない。攻城砲として使用し得へきものは、左の如くであつた。

十二珊榴弾砲	二八
十五〔ママ〕榴弾砲	一六
十二珊加農	三〇

十珊半加農　四
九珊臼砲　二四
十五珊臼砲　七二

右の内、十二珊、十五珊榴弾砲と十珊半加農は新式砲で、前者は野戦重砲兵を編成せずはなるまいとの考より、又後者は攻守城砲として、共に研究の為に欧州より取寄せたまでで、其砲数も僅少で、特に其弾丸に至ては僅に試験用に求めた数百発に過ぎぬものであつた。其上、此十二榴と十五榴は、野戦重砲兵として鴨緑江の戦に参加し偉勲を奏した後に、旅順方面に転用せられたものであつた。

其他の十二珊加農や九珊、十五珊臼砲は、日清戦争の時にも使用したことのある時代後れの大砲で、攻守城用として準備してあつたのではなく、在庫の旧品を引出して使用したに過きぬのであつた。其弾薬数も甚はた不十分で、且つ其効力も微弱なものであつたが、是でも使はねば他に砲はなかつたのであつた。

欧州の列強の攻城砲一門の準備弾薬は、概ね千発としてある。而して、戦況に応し国内より之を補充する。然るに、我攻城砲兵は、後にも先にも数百発の弾丸の外、準備がなかつた。鴨緑江や南山の戦で、野砲の弾丸消費量が仲々多かつたので、陸軍省ては全国の鉄工場に命して弾丸を製作せしめたが、仲々戦場の需要を満すに至らない。重砲の弾丸は野砲弾に比すれば製作が困難で、現在ある弾丸を射ち尽くすと、其補充は見込がなかつた。第三軍は現在の数百発の弾丸を以て、旅順の攻略を受け負はねばならなかつた。肉弾を以て敵に迫るより外に手段はなかつた。国力が不十分で準備の出来なかつたのは誠に遺憾の次第である。砲弾が乏しく十分に敵を射ちすくめることが出来ずして肉弾攻撃を為し、多くの勇士を無惨に失つたのは遺憾の極みである。左るにても、砲兵の援助を欠き悪戦苦闘して君国の為に斃れた将士の勇気は実に万世の鑑とすへきもので、国民は是に敬意を払はねばならぬ。

戦後、各方面の努力に依り国力大に発展し、大正三年乃至九年の世界戦乱の終りには帝国は世界五大国の一として講和会議に列席したが、此国力の発展は日露戦争の結果に依ることも尠くない。廃兵や戦死者の遺族が路頭に迷ふ様のことでは、帝国民と雖も永遠に此砲弾の援助なき悪戦苦闘に堪へ得るか。是は軍人以外の人の方が、寧ろ国民の心裡をより適切に判断し得るであらう。

此世界戦乱に於て、英仏軍は人命を節約する為に、金に飽かして万有る施設をした。砲弾の如きも、日露戦役全期間に八十万発足らずであつたが、世界戦乱の中期に於て、独逸の一日の製造高は八十万発にして、英仏も亦略同様であつたらう。日本に仮令黄金は有り余る程有つたとしても、製作力が迠〔迚〕も同様にはない。未来永劫戦なくんば即ち已む。若し再ひ世界戦乱の様な事起りて、日本も之に参加しなければならぬ場合には如何する。世人は今日の戦は器械の戦であるから肉弾ではいけぬと言ふ。御尤て、其通りである。然れとも、我国では器械が十分に出来ぬではないか。日露戦争の如く対手が横暴を極めた時に、我は器械力及はずとて始より兜を脱き降参するか、若しくは存亡を賭して錆刀でも抜て起つか、国民は予め覚悟を要する。欧米が精鋭の兵器を以て戦た〔マヽ〕から、我も必す同様でなければ戦へぬと言ふなら、始から戦はない覚悟をするがよい。一国の面目上存亡を賭しても戦はねばならぬ機会があるならば、我陸軍は肉弾でも戦ふの国民的決心を要する。肉弾と言ふ言葉に或は語弊があるかも知れぬが、欧州列強の軍では勝利は終に器械の力にあらずして人の力なりとして、決死の奮闘を激励して居る。而して、此決死の奮闘のみ、独り器械力の不足を補い、有形的に劣勢な軍隊をも勝者の地位に導くのである。日露戦争の勝利は取りも直さずそれである。露国の大砲でも小銃でも皆我に比し精鋭で、弾薬も亦遥に豊富なりしに関せず、勝利は終に肉弾的攻撃者たる我軍の手に帰した。過度に器械の力を軽視するは誤れり。左りながら、過度に之を重視するも亦誤れり。国民の此覚悟は戦争以外にも必要なりと信す。遠き将来はいざ知らず、当分の間は下駄と靴、和服と洋服の二重生活を以て、彼の単一にして器械力の優りたる生活と競争せねばならぬ。彼れの為し能はさる耐忍を為して奮励努力しなければ、終に落伍者たるを免れまい。

六　第三軍司令部の出征

第三軍司令部は、五月初旬編成され、下旬闕下を拝辞して、六月上旬塩太澳〔ママ〕に上陸した。時恰も約二師団の敵は南下して第二軍の前面に達し、旅順の敵が或は之と策応して出撃を試むるやも計り難ひので、軍司令官が速に此方面に到達して第一、第十一師団を指揮せらるゝのが必要となり、軍司令官は幕僚のみ従へて急行せらるゝこととなつた。途中、金州に宿した時、南山の戦場を視察されて、令息〔歩兵第一聯隊第九中隊小隊長乃木勝典、乃木希典長男〕の戦死を追懐されて、

山川草木転荒涼　十里風腥新戦場
征馬不進〔前〕人不語　金州城外立斜陽

の詩を賦せられた。

六月八日に北泡子崖に達し此処に軍司令部を置き、両師団長〔第一師団長伏見宮貞愛親王、第十一師団長土屋光春〕を会し親しく指揮を執ることを達し、翌日より戦線を巡視せられた。

当時、第一師団は右、第十一師団は左にありて案子山より台子山の線を守備し、敵は我線前二、三千米突の地に盛んに防禦工事を施しつゝあつた。大連は我手に帰した計りで、海軍は頻りに大連湾内の掃海に努力して居た。第十一師団の前には、此近傍で一番高い山が二つあつて、敵は此頂上に監視哨所を置て居るので、大連湾内に起る出来事は総て手に執〔ママ〕る様に敵方に知れた。大連の掃海が出来ると、運送船は続々大連に来る様になるので、此目の上の瘤なる二つの山を取ることが必要であつた。六月二十五日には、仮装巡洋艦が運送船一隻を伴ひ大連に着した。廿六日には、第十一師団は二山を攻撃して略取した。是以来、大連の出来事が少しも旅順に知れなくなつた。そこで此山を取戻さんとして、七月三日、四日には猛烈な回復攻撃が行はれたが、我兵善く防き、悉く之を撃退した。露軍も其不可能を知り、終に断念した。此二山の占領に連れて、第一師団も第十一師団も少しく第一線を前進せしめたので、海軍より予て希望せられて居た小平島も我線内に入り、海軍の小足溜りも出来、大連に向てする輸送は益々安全となつた。

玄海洋で常陸丸や佐渡丸が浦塩艦隊の為に襲はれたので、攻城砲兵司令部や鉄道提理部の来著が少しく後れたが、此等も逐次到着して攻城の準備も段々進捗した。第九師団や徒歩砲兵聯隊も軍の戦闘序列に加へられて、皆大連に上陸する様になつた。そこで安子嶺一帯の高地に拠れる敵の前進部隊を駆逐して要塞に迫り本攻撃の準備に着手する為め、七月二十六日より第一師団を右に、第九師団を中央に、第十一師団を左に備へ全軍一斉に攻撃に転し、三日の激戦の後、敵陣地を占領し、三十日更に鳳凰山一帯の敵を撃退して、旅順要塞本防禦線の前面に犇々とつめ寄りて攻城砲兵を展開し一気に攻略せんと、其準備に取かゝつた。

七　海軍重砲隊の協力

旅順攻撃の目的は、其港内に蟄伏せる露の東洋艦隊に止を刺して我海軍の行動を自由ならしめ、其全力を以て「バルチック」艦隊の東航を迎撃せしむるにあつた。此大本営の画策に対し、第三軍は上下心を一にして奮戦したが、海軍にても旅順陥落の一日も速ならんことを望み、陸戦重砲隊を編成して陸正面よりの攻撃に参加せしむることとなり、七月初旬十二珊加農六門、七珊半加農十門、海兵七百五十名は大連に上陸し、間もなく海軍砲の優秀の故を以て、第十一師団方面に赴援し（第十一師団の砲兵は、当時山砲にして射程短く、露軍砲兵に対し対抗すること困難なりしに依り）安子嶺一帯の攻撃にも加わり、或は陸軍の攻撃を援助し、或は敵艦隊の出動に対し海岸方面に備へ、熾んに活動した。特に其十二珊砲は、旅順の艦船、市街を砲撃して多大の効果を収め、堡塁攻撃にも強力なる援助を与へ、後には其砲数も漸次増加して終に三十三門を算するに至り、其弾丸の豊富と海兵の奮戦は旅順陥落に多大の貢献を為したことを爰に概説し、其詳細は戦況の進むに連れて所々に記することとする。

八　攻撃準備と開城勧告

七月三十日、鳳凰山一帯の高地を攻略するや、予定の計画に従ひ直に攻城砲台之建設に勉めしが、何分にも敵の砲火の下に於て行ふこと故、其困難も一と通りでなかつた。昼間は敵の砲火を受けるので、遮蔽した陣地の他は工事を施すこと出来す、砲を陣地に就けるにも夜間にのみ運ふのであつた。従て、其作業も困難を極はめたが、将士共に不眠不休非常の努力を為したので、工事は着々進んだ。此間に於て、海軍の十二珊砲の長射程を利用して、旅順の要塞内の艦船及主要建物に向ひ砲撃を加ふるは、開城を速にするに利あらんとの議ありて、其二門を旅順街道上火石嶺子の北方に出し、七月七日より砲撃を開始した。此砲撃は仲々効果がありて、艦船は其射方向に居ること出来す、白玉山の蔭や其他安全の地に錨地を変へた。油庫には弾丸命中して焼失したのもあつた。間諜の報告に依ても、相応効力があつたらしい。八月十日に敵艦隊が脱出を図り黄海の海戦となり、我艦隊の為に其企図を挫かれ、主力は再び旅順に逃け帰り、一、二の艦船が膠州湾其他に逃け込み武装解除をすることになつたのも、一つは陸正面よりの砲撃が始まり長く安閑と港内に居ることが出来ぬと考へたからであらう。

八月十二日、満州軍総司令官大山元帥〔巌〕より、旅順要塞内の非戦員をして鉄火の惨害を免れしむへき聖旨の伝達あり。且つ要塞内の婦人、小児、僧侶、中立国の外交官にして避難を望む者は之を大連に護送すへく、又作戦に影響するの虞なしと認むるときは要塞内の他の非戦員をも避難せしめ得へき訓令あり。

第一師団は、敵の注意を西方に惹く為め、十三日より攻撃運度《〔ママ〕》を起し、頻りに敵の前進陣地を攻略し、愈々十八日よりは攻城砲一斉に砲撃を開始し、引続き総攻撃に移り得る運と為つたので、前述の聖旨を伝達すると共に、乃木第三軍司令官、東郷聯合艦隊司令長官の名で、十六日勧降書を露軍に交附せられ、次て十七日露将〔アナトーリー・ミハイロヴィッチ・ステッセル、関東軍司令官〕より聖旨も勧降も共に拒絶する旨の回答があつた。十八日より砲撃開始の筈なりしも、十三日以来の雨続にて道路泥濘を極め砲兵の諸準備整はさるものあるに依り、一日延はして十九日より砲撃を開始することとなつた。

東西古今の歴史を見るに、攻城戦は由来、惨虐に陥ることが多い。従て、城を屠る抔の言葉も出たのであらう。旅順の攻城の如き正義人道を以て終始した者〔ママ〕は尠い。是れ、我軍が上に仁慈なる明治天皇を戴き、敵を憐むの聖旨を体し戦闘に従事したからであるのは勿論であるが、国民性が正義を愛し、善く大御心に副ひ得たからである。

攻城と言ふものは、動ともすれば長囲を為して糧食の尽るを待つ様になることがある。此場合、要塞内に一人でも非戦闘員が多ければ、それ丈け糧食は早く尽るのである。婦人、小児の手足纏が居た為めに陥落が迅速であつた例も沢山ある。然るに、聖旨は此様な戦争と無関系〔ママ〕の者が鉄火の惨に遭ふのを見るに忍ばれなかつたので、先つ之を救はんと思召されたのであつた。而して、敵にして望むなれば、戦は軍人同士のみで雌雄を決するまで遣れとの御考であつたと拝察するが、それも攻城材料が豊富で攻城の兵力が十分であるならば、此様の挙にも出て易いのであるが、後に追々述る如く、我攻城材料は至極貧弱で、攻城軍の兵力に至つては尚更ら不十分であつた。然るに、此の如き寛裕な所置〔ママ〕に出られ、終に陥落に至る迄、攻城の悪戦苦闘の傍に徹頭徹尾仁義の戦が行はれたことは世界の人道史上特筆すへきことで、我国民は大に其文化を世界に誇て可なりと信するのである。

軍司令官と聯合艦隊司令長官が勧降せらた〔ママ〕のも、実に人道上賞讃すへき事である。鴨緑江や南山の陸戦幷につい近日起つた八月十日の海戦の手並に照らすと、旅順の降伏は到底免れられぬ数である。問題は手数と時日に過きない。無益の死傷を避けしむるのは、日本の武士道である。

九　第一回総攻撃

八月十九日には天晴れ、攻城砲は払暁より砲撃を開始し、敵砲台も応射し、砲声轟きわたり凄まじき光景なりしが、夕刻に至り敵の諸砲台概ね沈黙しぬ。二十日にも終日砲撃を続行し、所々に火災抔起り、砲台の火薬庫爆発したのもあつた。元来の計画が、二日間の砲撃に各砲準備総弾丸の約三分の二を発射し、三分の一は万一の予備とし、第三日の払暁に突撃に移るのであつたから、二十一日の午前四時より突撃を決行した。

前にも述た通り、欧州の攻城砲の準備弾薬に比すれば、我砲の準備弾薬は遥に少数で、殆んど比較にならなかつた。且つ現時の砲台に対しては攻城砲の口径が過少なので、砲撃の成果に就ては随分心配であつたが、何とも策の出様はないので、突撃に移つた。

著者は明治二十八年の春、暫く旅順に滞在し、椅子山や安子山〔ママ〕にも屡々登り、又数回水師営にも遊ひ、此方面より砲台線を眺め、概略の山形は記臆〔ママ〕に存する積りであつたが、三十六年九月秋山将軍〔好古、騎兵第一旅団長〕に従ふて旅順に「アレキセーフ」〔エフゲニー・イワノヴィッチ・アレクセーエフ、極東総督〕を訪ふた時、汽車よりの一瞥とは言へ、全く方角がつかなかつた。今回要塞線を偵察したとき、椅子山、安子山〔ママ〕の山形の改まつて居たのには全く驚かされた。即ち、両山共に山頂を削りて平偏となし、之に砲台を築たのであつた。松樹山、二龍山共に全然新なる砲台が見ゆるが、其構造は外濠のあるらしきこと以外には、何事も分明でなかつた。強力の電気を通した鉄条網があると言ふことは、多くの間諜の報告する所であつた。砲台の景況は明瞭でないが、強襲を実行するは諸種の情況已むを得なかつた。砲撃の効果に就ても、人皆心配した。併し、已に総弾の約三分の二は射ち尽した。全部を射耗するは戦術上許す可らさることである。最早突撃を試むるより他に方法はない。列国の従軍武官は皆、鳳凰山より砲撃を見て居た。我接伴武官が某国の大佐に二十日の夕其意見を訊たら、「サア今一週間も砲撃するかな」と答たそうである。今一週間の砲撃は、第三軍の将士一同何人も不同意のない所である。唯欧州列強なら出来ることで、我は国力之を許さず。今一週間も砲撃を続けたら、恐く突撃は容易に成功したであらう。然るに、我国力でわ夫れ〔ママ〕が出来ないから、我は肉弾を以て之に代へ、長時日の悪戦苦闘を以て漸く之を落したのである。我国民は平和の声に誑されて戦備を怠てはならぬ。而して、何人が局に当ても、我国現時の国力では、更に一週間も砲撃すると言ふ様な潤沢な準備は出来まい。矢張り肉弾で戦ふより他に方法はあるまい。世人は現時は器械の世の中であるから肉弾では行かぬと論ずる。如何にも其通りであるが、金の上から欧米と同様の準備が出来るか。仮令金が出来ても、工業の上から欧米と同しには出来まい。器械の整備にも勿論全力を尽さねばならぬが、器械が欧米と同一でなければ戦は出来ぬと言ふなら、寧ろ帝国は当分の間如何なる事ありても戦はぬことに国策を建て〔ママ〕直すがよし。それが出来ぬ、時としては錆刀でも抜て立向はねばならぬ場合もあると言ふことなら、国民も軍隊も肉弾を以て「身を捨て〔ママ〕こそ浮む瀬もあれ」との信念の下に血戦を試むるの勇気と覚悟を養はなくてはなるまい。世界戦乱の欧州戦に、英米仏が金力に飽かせて人命を節約せんとした真似は、沾〔迚〕も我国の富力で出来る事ではない。国民は理論一偏に走らず、国力の現状に照して其時々の覚悟を定めぬと、欧米に対しては徹頭徹尾頭は上けられぬことになる。

露軍は、要塞に幾多の探照灯を備へて我攻撃動作を照すの外に、無数の光弾を発射して我兵を照らし、以て銃砲火を浴せんと企て、戦場の夜の光景は実に壮観を極めた。光弾は宛ら煙花の流星で、諸所より之を発射するので、非常に美麗であり、且つ賑かであつた。我歩兵は此様の物に照らされるのは始めてであつて、尠からず攻撃作業に妨害を受けたが、二十一日午前四時迄には概ね鉄条網を切て突撃路を開くことが出来た。各突撃縦隊は獅子奮進〔ママ〕の勢を以て突進したが、敵の機関銃は十分毀れて居なかつた為め、猛烈な射撃を受けて多大の損害を被むつた。生残つた者は屍を越へて突進し、堡塁の外濠内に飛込んで胸墻に突撃せんとしたが、何等の悲惨、外濠は従来の築城学に例の無い深きもので、飛込んだ者は皆濠底に墜死した。支那囲壁を越へてH砲台に突進して〔ママ〕部隊は、二龍山砲台の機関銃で後方より狙撃されて、山腹に列を為した儘で国旗を翻しつゝ全滅した。

夜が明けて暁霧が去つた時は、戦場は非常に静粛で、所々に折々銃砲火が聞ゆるのみであつた。打見たる所で、H砲台下の斜面に小国旗が翻て一部隊が二列で伏せて居る。成功らしい。東鶏冠山北砲台の西には一部隊が小高地を占領して居る。其外には何者も見へない。

追々時が移れとも、各師団よりも払暁攻撃の報告が来ない。其内、H砲台下に伏臥せる部隊が少しも動かないのに気が附く。動かない筈。是は前述の通り全滅して居たのだ。其内、東鶏冠山北砲台の西の高地上の部隊は敵の銃砲火の集中に堪へ兼ねて退却するのが見へる。突撃は不成功に終たらしい。軍司令部は憂慮に掩れた。其内、前線の情況が明になつて見ると、要するに次の様の事であつた。

十九日、二十日の砲撃は要塞に大なる損害を与て居ない。特に近距離防禦の機関銃抔は格別損して居ない。日本軍が現代的の進歩せる要塞を攻撃するのは始めてである。明治二十七年にも旅順を攻略したが、其時の砲台は殆んと野戦的の者〔ママ〕であつた。今回は敵が此砲台を現代式に改めたと言ふので、注意に注意を加へて攻撃したが、何分にも要塞築造や要塞防禦に実験の多い露軍の遣り方が残念ながら上は手であつた。砲台前の谷間や低き所で我軍の通りそうなる地は巧に側防の法が設けられて、一人の伝令兵ですら敵の狙撃は免れぬのであつた。突撃部隊は素よりのこと此様の地点の通過に多大の損害を被つた。中には敵が殊更らに我兵の集合しそうな場所を設けて、之に引き寄せ全滅させたのもある。全戦役を通して、此様の詭計は露軍が其特性を発揮して、我兵は到底之に叶はなかつた。此様の次第で、砲台前に達して突撃に移る前に、已に余程の死傷があつた。鉄条網も午前四時迄には切り終る筈であつたが、それが十分切れない所もあつた。彼や是やにて、突撃は皆砲台前で破摧されて、一堡塁をも我有に帰するに至らなかつた。突撃隊の此戦況は容易に師団司令部に知れなかつた。最前線の部隊からは屢々報告を出して居るが、此報告を持ち行く伝令兵は皆途中で戦死したり負傷したりして司令部に届かぬ。司令部よりも、余りに報告が来ぬので伝令を出すと、矢張り同様の運命に陥るので、一時は第一線部隊との連絡が絶へて司令部では更に情況が知れなかつたが、追々此様子が知れたので、各隊長皆奮励力〔ママ〕、下士兵卒は勇猛果敢に行動して、是非君国の為に一挙に旅順を屠らんとして焦慮したが、何分にも敵砲台の目の下での動作故、昼間は設備完全なる交通路もなく、狙撃を受くる谷間には僅に席〔蓆〕を張りて敵の視目を避け行動せる現在の有様では、陣容を立て直して攻撃を再行〔ママ〕するは容易の事でなく、上下挙て苦心惨憺の間に二十一日は暮れて仕舞た。

廿一日の夜は、各部隊共に何卒して旅順を抜かんと非常の努力を為た。元来、旅順要塞の価値は第三軍の将士には徹底的に諒解せられ、而して要塞攻撃は多くの場合先づ強襲を試むる者〔ママ〕なること、強襲は無論損害が多い、併しながら強襲で陥落すれば全戦局に有利な形勢を持来すは素よりのこと、損害の点より謂ふも正攻の長き経過のものに比し大なる変化はないことや、旅順が速に陥落すれば敵艦隊が全滅して、仮令「バルチツク」艦隊が東航して来ても、我海軍は最早何等恐るゝ所がなくなることや、旅順の陥落で我軍は四、五師団の兵力の余裕を得ることやは、一兵卒に至る迄肺腑に徹するまで滲み渡り、皇国の存亡此一挙に在りと堅き尽忠報国の赤誠を以て、一身を顧みず攻撃するのであつた。此間の涙の物語は数限りなく、到底此処に挙け尽すことは出来ぬので、是は感状に譲ることゝする。

此兵卒を指揮する乃木将軍は謂はずもがな、松村〔務本、第一師団長〈明治三十七年七月付〉〕、大島〔久直、第九師団長〕、土屋の各師団長は維新以来千軍万馬の間に往来した勇者で、且つ忠義の念の厚い人々である。之に従ふ旅団長や聯隊長や其他の人々も、皆歴戦の猛者である。兵は江戸つ児と四国と北陸の健児である。其攻撃の猛烈果敢にして、露の将校をして舌を捲て驚かしめたのは、当然の事である。然るに、廿一日夜徹宵の努力に関せず、要塞は終に陥落しないのみならず、一砲台をも奪取する事が出来なかつた。

其原因は明瞭である。現代式の要塞に対しては、攻城砲の威力が甚はた微弱である。僅に効力ありと認めらるゝは十五珊の若干門に過きぬ。而して、其弾丸が亦屢前に述たる如く甚はた僅少である。必竟《〔ママ〕》軍備が不十分であつた。是は軍部の責でも国民の責でもない。国力が不足なのである。遼東還附以来、国民は臥薪嘗胆なる標語の下に、一意専心軍備の拡張と国力の充実に努めたが、何分にも維新後年を経ること漸く三十余年、其内最初の十年は国家の統一に力を尽し、挙国一致して対外策に向ふたのは明治十年以後の事で、漸く二十幾年に過きぬ。其間、国力は大に発展したが、明治二十七、八年戦役の後に於て陸海軍を大に拡張したので、攻城砲迄は手を伸す余地がなかつたのである。国民は此処の道理を善く考へて国防の事に当らねばならぬ。帝国の工業力と工場数が欧米諸国と同一となり、国の資力が英米と同一とならぬ限り、兵器材料が列強に劣るのは已むを得ないが、それでも尚戦はねばならぬ事もある。此時は精神の優越を頼むより外にないのである。

廿二日の朝になつても攻撃は少しも進捗して居らぬ。最早射つべき砲戦《〔ママ〕》は寡くなつた。砲火の援助なしには突撃は出来ない。乃木将軍は恨を呑んて策を長囲正攻に決しられて、其命令を下されんとした（正攻とは、敵の銃砲火に暴《〔ママ〕》されぬ様に、土を堀《〔ママ〕》り、土手を築きて、敵の砲台に近くのである）。

此時、盤龍山東砲台の北斜面に一部隊の集合せるを見るの他、一物の眼に映する者《〔ママ〕》なく、時々断続せる銃砲声戦場の寂寞を砲《〔ママ〕》るのみ。盤龍山東砲台の頂斜面に近き所にて、我兵一名、進みては倒れ、倒ては又進むを見る。幕僚は皆眼鏡を向けて其動作を注意せるに、其倒るゝは傷ける為にあらずして、敵の射撃の合間を利用して、我砲弾の落下せし穴や敵砲台の崩れたる土塊を小楯に取り、一進一止敵に近つき、是に爆薬を投するのであつた。此砲台は臨時に築造せる者〔ママ〕にして、「ベトン」や錬瓦〔ママ〕を用ひたる永久築城とは異り、我攻城砲兵の砲弾も相当威力を現はして、其火砲は破れ、胸墻は崩れ、微弱なる守兵が一、二の機関銃を利用して頑強に抵抗するので、此方面に在りし工兵第九大隊中隊長杉山大尉〔茂広〕の指揮に依り、姫野工兵軍曹〔栄次郎〕が、高島〔長蔵、一等卒〕、高木〔吉松、二等卒〕の二兵を率ひ此機関銃の破壊に赴むき、千載不磨の英名を残した活劇であつたのである。軍曹は真先に進み、適当の地点を撰みては他の二兵を招致して、終に機関銃前に達し爆薬を投し、更に差遣された る中島二等卒〔千松〕の如きは、大胆にも点火せさる爆薬に更に点火爆発せしめて、首尾克く機関銃を毀はし、砲台内を窺ひ、守兵恐怖狼狽、而も其数甚た寡く、機関銃も亦壊れしを確め、砲台上に立ちて其下にある突撃隊を麾き、攻撃隊は機を失せず突進して、悪戦苦闘の末、夕刻迄に漸く全砲台を占領し得たのであつた。

爆薬を投すると白煙ぱつと立昇る所や、敵の一将校が頑強に機関銃を以て抵抗する有様や、我兵が伏しては起ち、起ちては伏して巧に爆薬を運搬する光景や、露将校の姿が消へて機関銃が壊れたと思ふと、一兵卒が砲台上に立ちて合図を為し、歩兵が直に突進した迄の戦況が、手に取る様に眼鏡に映つたのであつた。今迄正攻に移るの外手段なしと考へて居た軍司令部は、此戦況の発展に大に力を得て、此砲台を足場として更に強襲を継続して是非とも旅順を奪取せんと、是に関する命令を与へ、大本営には一、二兵卒の勇敢なる動作に依り盤龍山東砲台を占領するに至り、戦機更に発展せしを報告された。間もなく大本営より一、二兵卒の姓名を奏上せよとの電報が来て恐懼感激、姫野軍曹以下六名の姓名を奏上せられた。

大元帥陛下が如何に戦場の事に御軫念遊ばすか、一兵卒の功績に迄大御心を注かるゝかは、予想し能はさる所であろう。明治天皇陛下の戦役に関する多くの御歌は、皆此大御心の流露である。此事を聞く三軍の将士も国民も誰も感激措く能はさる所であろう。唯千秋の恨事は、其姓名を取調へ奏上せられた時は、此等勇士は皆悪戦苦闘の裡に旅順の露と消へ失せて、聖恩独り（に感泣することが出来なかった）枯骨に及んだことである。〔原史料未完〕

難攻之旅順港

目次

十二、第三回総攻撃
十三、二龍山、松樹山攻撃
十四、明治三十八年一月一日
十五、開城
十六、露将校の感想
十七、国防に関する所感〔原史料終わり〕

旅順の攻城及奉天会戦に於ける第三軍に就て

白井二郎

日露戦史第五巻附図第二十五、第六巻附図第二、七、十、十一、及二十九参照

旅順の攻城及奉天会戦に於ける第三軍に就て

陸軍中将　白　井　二　郎

其一　旅順の攻城に就て

緒言

只今多門〔二郎、陸軍大学校幹事〕閣下から御紹介を戴きました白井でございます。話が甚だ拙なうございますが、自分の経験した事に就て申上げまして、それが多少なりとも学生諸君の御参考になりましたならば、非常に自分の光栄とする所であります。

今日は先づ旅順の攻城戦に就て若干申上げようと思ひます。是も初めからの経過を順を逐うて御話すれば、其中に御参考になる事も随分あらうと思ひますけれども、順序を逐うて一々申上げましては非常に時間を費します し、又時間を費した割に効果が少からうと存じますから、其中の軍司令部に居りました者として、御参考に供し得るものの、最も重要なるものを抽出して申上げようと思ひます。

第一には初めの第三軍の旅順攻撃計画、当時私共が総攻撃々々々と申して居りました其第一回の総攻撃の大要

と、其結果に就て若干申上げまして、それから途中は総て省略致しまして、終ひ際の最も緊要である第三回の総攻撃、終に二〇三高地の攻撃に就て、時間の許す限り掻い摘んで申上げようと思ひます。

前以て一言申上げて置きますことは、旅順の攻略戦は、今日諸君が御研究になつた其結果から御覧になつては固よりのこと、当時攻撃戦中に於ける一般の観察からも、又其後の内外の観察からも、一言で申せば実際失敗だらけであるのであります。もう一つ俗に冷評的に言へば、成つて居らぬといふことになるのであります。併しながら後とから冷評して成つて居らぬといふことは、独り旅順の攻略戦のみでなく、日露戦役の全体を通じてさうであるのであります。日露戦役の結果は日本が戦勝の栄冠を獲、勝利の凱歌を揚げて終つたのでありますけれども、只今申す如く、総ての方面に於て不十分な点が沢山あつて、欠点だらけであつた為に、戦勝の効果が少かつたのであります。明治三十八年九月頃の休戦から引続いて講和条約締結当時、即ち四平街の線に相対峙してゐた時の状況を御覧になりますと、直ぐにお分りになりまするが、当時クロバ〔ママ〕トキン〔アレクセイ・ニコラエヴィッチ・クロパトキン、満洲軍第一軍司令官〕が、「戦争がもう少し継続したならば、吾人は日本に対して立派に勝利を得たであらう。」と回顧録に書いて居りますが、是は必ずしもクロバ〔ママ〕トキンの負惜みのみではなかつたやうであります。さういふ点から申しますと、私は自分は唯上官の命を奉じてやつたのに過ぎませぬけれども、作戦上に就て自分等の失敗談を諸君の前へ展げるやうな次第であります。併し今日は主として実験に就てお話を致しまするが、それに対しての観察は寧ろ第三者の位置に立つて観察しながら、実験と併せて申上げます。何分当時はＸＹなぞ未知数の多い多元の方程式を解くやうなものでありまして、私等の如き算術の力の少い者には能く解けぬのであります。それが旅順の当時の状況を追想しますと、解決に必要な既知数が不足でありまして、当然既知数でなければならぬものが未知数でありましたから、式の立てやうがなく、イ、加減に式の真似をして、不確実な答解を求めながら行うたといふやうな次第であります。併し何れの戦争でも未知数が多いのでありまして、それに立派な算式を立てて明瞭に答を出して戦争を始めるといふことは、或は出来ぬかも分らぬのであります。当時の事情は御聞きになつたと思ひますが、我が国が開戦したのも当時政府の当局者としては、立派に勝算があつて開戦したのではなく、国家の存亡上已むを得ずして起つたので、純粋の軍事上の問題から申しますと、必ずしも孫子の言ふやうに先づ勝つて而して後に戦を求むといふ方ではなかつたのであります。余りに心算を確実にして、石橋を叩いてやらうとすれば、戦争は出来ぬ場合が多からうと思ふのであります。此点を多少御考慮を願ひたいのであります。又それかと云うて全く無心算で冒険ばかりでやる戦争はいかぬのでありますが、其間の中庸を得ることが非常に困難であらうと思ひます。旅順攻城当時の状況を申上げますと、其等に就て諸君の御参考になる事が多からうと思ふのであります。

第三軍の編成

最初の第三軍の編成であります。是も戦史で御覧になつた通り、五月上旬当時私共欧羅巴〔ヨーロッパ〕へ派遣されて居つた者が沢山ありまして、独逸〔ドイツ〕、仏蘭西〔フランス〕、英吉利〔イギリス〕辺へ派遣された者が、開戦後地中海は露西亜〔ロシア〕の艦隊が監視して居つて危険だといふ噂の下に、英吉利から亜米利加〔アメリカ〕へ渡つて、亜米利加を見物さして戴いて帰つて来たのであります。当時私共の一行は四十余名もありましたが、其中には久邇宮〔邦彦王、帰朝後第一軍司令部附〕、梨本宮〔守正王、フランス留学から帰朝後参謀本部附。その後第二軍司令部附〕の両殿下が御ゐで遊ばしたのであります。さうして太平洋の航行中に無線によつて確か第一、第二の閉塞戦のこと抔を聞いたのであります。さうして帰朝しましたときには、既に第一軍、第二軍の編成が出来て居て、第三軍の編成中であつたものですから、比較的外に出て居つた者が第三軍の幕僚に入つて居ります。今の井上幾太郎大将

〔ドイツ国私費留学から帰朝後第三軍参謀〕抔も一緒に帰つた仲間で、第三軍に居られたのであります。さういふ風で、大本営ではどういふ計画をされ、どういふ方針であつたといふことは、私共当時能くは承知致して居りませなんだが、第三軍を編成するといふことは、開戦前の日露の風雲が大分穏ならぬといふ時分に参謀本部で計画したので、最初から作戦計画内には入つて居らなかつたやうで、旅順は果して別に一軍を編成して攻略せねばならぬか、攻略せぬでもよいのかといふことは、曖昧でありましたが、仁川で敵艦を潰したり、旅順で敵の艦隊を若干傷めたりして、敵艦の行動が大略推測出来るやうな状況になりまして、第二軍は初めは大孤山の方面鴨〔緑〕江の近くに上陸させようといふのを、ズツと西の塩大澳への上陸を決行するやうな状況になつた時に、始めて旅順を攻略するには、第二軍の外に別に一軍を編成せねばならぬ。何故旅順を別に一軍で攻略する必要があるかといふ問題は、旅順攻略の始めから終りまで関係して居る事でありますが、実は海軍の方からの要求が初めから強いのでありまして、敵の旅順艦隊を一日も早く撃潰せ、それには先づ其根拠地を潰せ、根拠地から出て来ればそれは俺の方で受持つ、逃場を拵へて置いて出て来たり逃げ込んだりされてはいかぬといふことでありますし、もう其当時から噂はありましたけれども、敵の波羅的〔バルチック〕艦隊が東航して来るといふこともあつて、大分海軍当局も頭を痛めて居つたのであります。それが旅順を早く攻略しようといふ第一の必要。それから次に満洲に於ける満洲軍の将来の作戦根拠地として、大連を根拠地とせねばならぬ、さうすれば大連の根拠地の眼の上の、旅順に敵を置くことが出来ない。此二つが主なる原因であります。第二軍の後方を安全ならしめる、旅順の守兵に出撃されては心配であるといふ点は、寧ろ軽微な理由で、それだけならば、海軍の方の必要も無く、又大連を根拠地にするといふこともないといふことになれば、必ずしも旅順は攻略しなくても、必要な若干の兵に監視させて置いても宜しいのであります。けれども以上のやうな理由がありまして、それで此第三軍が編成されたのであります。

其編成当時旅順には果してどれ程の敵が居るかといふことを予て参謀本部でも調査し、開戦後も種々敵情を捜つたのであります。けれども是も甚だ漠としたものであります。私共幕僚として当時さういふことには甚だ迂闊であつて、少々位敵が多くても少くても、余り念頭に懸けて居らぬやうな大雑駁な考であつたのであります。当時第三軍を編成する前に、大本営で旅順のことを調査して居つたので、開戦前に旅順要塞の守兵の増加して居る関係と、それから第二軍の上陸を妨げ、それから一面には北方大石橋の方へ退つた者もあり、一面には旅順の方へ退いた者もありまして、其等のことを考へて、一箇師団内外の兵力と、外に要塞の固定の砲兵と、作業兵が居る位に考へて居つたのであります。一言で申しますれば、敵情に就ては実際よりも余程軽く視て居つたのであります。此軽く視て居つたといふことも、旅順攻撃の失敗の原因に始終なつて居るのであります。敵を軽視するといふことは必ずしも悪いことではない、併しながら軽視するといふことと、大胆であるといふこととは、自から区別しなければならぬと思ひます。敵を軽視して而も往々臆病な者がある。之を重視し非常に慎重な態度を執りながらも、愈〻と云ふ時は甚だ大胆な者がある。寧ろ此第二の方が肝要である。縦ひ大胆であつても、総てを軽視して不用意の下に行うたことは、大胆が余り用を為さずに失敗の原因を為すことが往々ありますが、其当時の状況から見ると我々の頭、我々ではない初め軍を編成した当局者にもそれがあつたと思ひます。其証拠は戦史で御覧の通り、初めの第三軍の編成はタツタ野戦二箇師団であります。又師団もどの師団とどの師団と云ふことは、第三軍の司令部を編成した時にはまだ明瞭に分つて居ない。南山の戦が済んで第三師団と第一師団とが敵を旅順方面へ追うて行つた。当時塩大澳に四国の第十一師団が上陸したのでありまして、其時に旅順の方へ行つて居つた第一師団と、それから此第十一師団、此二つの師団を以て第三軍を編成して、第十一師団が到著すると、第三師団は之と交代して北の方へ行つたのでありますが、それに若干の攻城砲兵を附けたのが初めの編成であります。

南山の戦争が済んだ時には、敵の兵力は西伯利〔シベリア〕の臨時編成の第七師団、初めは旅団であつたのが後に師団に改めたといふことも、当時曖昧ながらも我々の方へ情報が来て判つて居つたのであります。それと要塞砲兵の外に雑種兵を加へれば、それだけで二箇師団の実力になるのであります。同時に海正面の大きな重砲も半分は陸正面に使用することが出来る、それから艦隊から沢山の重砲を陸上に揚げ得るといふことなぞを算用して見ると、攻者の方が要塞守兵よりは兵力が非常に少いといふ奇観を呈して居ります。けれども其当時は、私共兵力に就てはそれ程訴へない、訴へないこと程敵を軽視して居つたと同時に、よく言へばそれほど大胆であつたのであります。がそれが軍編成後南山の戦闘で、敵の防禦力が案外に頑強であるといふことが直接間接に響いて来て、逐次に兵力が増加され、先づ後備第一旅団が増加され、それから第九師団が増加され、此師団は丁度安子嶺の前進陣地を攻撃する際に到著し、後備第一旅団はそれより前に到著して居ります。それから日本に二つしか無かつた内の野戦砲兵第二旅団、次いで愈〻総攻撃に移らうといふ時に後備第四旅団が増加され、さうして兵力は頭数で申せば、第一回の総攻撃の時には、歩兵約四師団、其他に攻城兵の諸隊、並砲兵旅団が加はつたといふことになつて、どうやら攻撃を実行することが出来る様になつた。併し初めの兵力は前申す通り甚だ少かつたのであります。

第一回総攻撃の計画特に主攻撃方面

最初の攻撃計画に就ては先づ任務、敵情、地形といふお定りのことになりますが、敵情に就ては只今申し上げた位で御了解が出来ますが、今度は任務であります。任務が総ての行動を規定する一番大事な基準になるといふことは、諸君も御承知のことでありますが、此任務はどうであるかと云ふと、戦史に明記してあります通り「努めて速に旅順を攻略せよ」、此「速に旅順を攻略せよ」と云ふことが、第三軍の軍司令官〔乃木希典〕以下の脳中に非常に深く刻まれ、前に申しました大体に於て何となく初めから敵を軽く観て居つたといふことと、此「速に旅順を攻略せよ」といふことが、非常に第三軍の行動を律し、同時にそれが後々までも失敗を続けた一大原因をなして居るのであります。任務と敵情といふ両方から出て来た要件を、現地即ち地形へ当て嵌めたのが攻撃計画になつたのであります。「速に旅順を攻略せよ」と云ふことは、是から半年経過した第三回の攻撃、続ての旅順開城まで始終第三軍に課せられた事であります。さうして而もそれが皮肉にも数箇月掛つたのでありますが、是も大本営が空に任務を課したのではないのであります。さうでありますが、速に旅順を攻略せよといふことに就ては、第一回総攻撃を行ふ前後になつたら、一層此任務の速といふことが力が強くなつて来たのであります。それは既に諸君も戦史で十分に御研究になつて居ることと思ひますけれども、其中でも一番強い原因を為したのは、旅順の攻略と敵艦隊との関係であります。まだ第三軍が旅順の前進陣地の攻撃を始めるか始めぬかといふ時、我が海軍では敵の波羅的艦隊が愈〻やつて来るといふのでありましたが、私共は海軍の事は克くは知らぬながらも、唯何となく周囲の者の話を根拠として、「ようやつて来るものか、それは不能の事である。海軍は用心をし過ぎる。」と思つて居つたのであります。一般の評判もさういふ風であり、海軍の中にもさう考へて居る人もありましたけれども、責任の局に当る人はさういふ風に判断してしまふ訳に行かないですから、万一来た場合の処置を講ぜねばならぬ必要がある。其万一といふやうなことが、私等の方に非常に強く感じて来たのであります。初め第一回の総攻撃をする前には、只今も達者で居られる岩村海軍中将（団次郎、第三艦隊参謀。聯合艦隊司令長官の命により、第三軍との連絡のため第三軍司令部に派遣）が、聯合艦隊からお目附役として第三軍司令部へ派遣せられて居つて、八月上旬までに旅順を落して呉れといふことさへも言はれて居ります。まだ八月の上旬には攻城砲の配置が出来るか出来ぬかといふことを考へて居つたときに、それ程の注文であります。御承知でもありませうが、軍艦が長く海に浮んで居ると、新に波羅的艦隊を迎へる為には、どうしても一旦船渠に入れて仕度をし直さなければならない。それには船渠に限がある、今でも限がありますけれども、当時は尚少いのでありますから、逐次に入れなければならない。それを旅順艦隊を其儘に放擲して置いたならば、要塞と外部との交通も自由になり、又海軍から云へば、旅順艦隊を其儘無事にして置いて、更に波羅的艦隊を迎へるといふことは、最も痛いのであつて、それで一刻も早く旅順艦隊を潰して、十分の準備をしようといふのであります。それからもう一つの「速に」といふ必要はそれは満洲軍主力方面からの要求であります。大山元帥〔巌、満洲軍総司令官〕の総司令部は、七月の上旬私共第三軍司令部がまだ大連の傍の北泡子崖にゐたときに、大連に上陸したのでありますが、是も大本営の一般作戦計画から申しますと、初めに第一軍を朝鮮に揚げて、それから鴨緑江の戦闘が済んでから、一刻も早く遼陽附近に全力を集めて敵を潰さうといふので、是は御尤な御計画であります。それには遼陽の会戦までに旅順を攻略して、第三軍を満洲軍の主力に合せしめねばならぬ。言ひ換へれば総司令官から見ますと、旅順の敵艦隊の殲滅は第二、第三で、第三軍其者が一刻も早く満洲軍の方に欲いのであります。是も後の第三回総攻撃の時に、二〇三高地攻撃との物言ひの種になつて居るのであります。それでありますから、当時軍司令官として「速に」といふことは、少々無理をしても、時日の掛つた愚図々々して居る攻撃法ではいけない、兎に角迅速にといふことを第一にしなければならない、斯ういふことが我々の頭に深く浸込んで居つたのであります。それで図に就ては一々は申しませぬが、要塞を見るには第六巻の第十と第十一図、是も諸君は既に御研究になつて居りませうが、若も私共開戦当時に此様な主要砲台の図を持つて居つたならば、どれ程迅速に旅順を攻略し得たかといふ感じを持つのであります。此図（図示）は薄くなつて居りますが、私共向ふへ先に行つて敵の備砲抔を偵察するときに、大本営から貰うた以外の物で、私の行李の底に残つたのを今日捜しましたら是が出ましたが、是等を見ると敵が二〇三高地とか、高崎山とか云ふ前進陣地に築城して居るといふことは、大凡その見当だけは付いて居るのであります。何でも誰かから聞いて鉛筆で自分が書加へたものと思ひますが、敵の備砲を偵察したのを見ると、実際の数の半分位になつて居るのであります。野砲五十門、重砲七十五門、別に臼砲二十門としてありますが、実際用ゐた砲は、戦史で御覧の通り、重砲が百三十門か百四十門で、野砲は割合に少く、野砲外の三十七粍とか四十七粍の軽砲と機関銃とがあつて、それが我が突撃隊に対して多大の妨害を与へたのであります。丁度此敵情偵察其者がボンヤリして居るのと同じ様に、一般の敵情に対し甚だ不確実な判断の下に計画を立てたといふ次第であります。自分が当時の責任者としてさういふことを申すのはお恥かしい次第でありますけれども、実際はさうであります。そこで之を諸君が特に御研究になりますと、攻撃点を東北正面に選んだことに就ては色々言へるでありませうが、是は純粋な戦術上の立場から判断しても、此正面に攻撃点はなるのであります。「速に」といふことを第一としますと、他の正面へ持つて行つても日数が掛る。此準備の中では重砲を据ゑる、即ち諸材料を運搬し、並之を装置するのが主なる事でありますが、それには幸に鉄道があつた、此鉄道も前進陣地から退く時に敵が破壊しましたが、案外それが少かつた、是が第三軍に取つて非常に仕合であリました。大本営から派遣せられて今在郷して居られます私と同期生の武内徹中将〔野戦鉄道提理〕は、当時中佐で、大連へ上陸して初めて鉄道諸部隊を指揮して、露軍の壊した鉄道を修理し、それから重砲や諸材料を運搬して之を陣地へ据付ける。それを若他の正面へ持つて行くと、新に鉄道を敷設するか、延ばすか、他の運搬方法を採るか、又それが為に攻囲線を進めて行かなければならず、前線が確実になつてから後方の仕事をせねばならぬといふことになるのであります。是が第一の迅速の理由であります。それから第二は、御覧の通り是も（図示）当時私共幕僚が使用した図でありますが、此青い線で色々に引いてあるのは、攻撃成功後に一旦停止する位置を線を引いて考へたのであります。此方の側（図示）に青く点々してあるのは、攻城砲の砲台の位置であります。殆ど此図の一番右から一番左までを占領して居るやうになつて居ります。即ち攻城砲を全部有効に使ふには、攻撃点が右か左かに偏すると其余地が少い、それが此正面ならば攻城砲の全力を有効に使用し得ると云ふことになつて、それが第二の理由になつて居ります。是も敵の方を軽く観て、我が攻城砲を有力なるものと観たからであります。それからもう一つの理由は、是は攻撃成功後のことでありますが、攻撃成功と同時に直に、要塞の死命を制することが出来る。例へば今日でも研究の材料となつて居る二〇三高地方面から西正面に向つて行かうといふことになりますと、先づ二〇三高地や高崎山等の前進陣地を攻略し、次で大案子山や太陽溝なぞの堡塁線を打破つたとしても、敵が松樹山から白玉山に亙る第二の線に拠り、新市街の方を棄てて旧市街の方を拠守するとなつたならば、敵艦の方は始末が著くだらうけれども、第三軍として愈〻最後の敵の死命を制するには、時日が掛るだらうといふ点があつたのであります。それには東北正面の永久堡塁の線を潰せば直ぐに敵の中心に迫り、其死命を制し得るといふ必要から、東北正面を択んだ訳であります。戦後になつて其結果から見て、西正面の方がよかつたか、或は当時行うた如く東北正面がよかつたかと云ふことは、私の頭では今日でもまだ疑問であります。急がば廻れの方法で、二〇三高地を早く攻略して、先づ敵艦隊を撃潰すと、実際にあつた通り大に敵が弱つて来る、さういふ精神上の関係から云うても、西方の正面から行つたならば、最終の結果が早かつたかも知れぬ、斯うも言へるのであります。併しながら西方の正面から攻撃するとして、第三回の総攻撃に失敗して、それから二〇三高地へ方向を転じて、第一師団に第七師団を加へて漸く取れた二〇三高地でありますが、初めから彼の方へ攻撃点を向けるとすれば、敵にも直ぐに分る、さうすると失張り〔ママ〕同じやうな困難な攻撃になつたと思ひます。東北正面を攻撃点に選んだことも敵は承知して居つた。旅順でも我が間諜を要塞に入れましたから、同じ間諜が敵の用もして居つたといふことは、支那人に有勝のことであります。それから又芝罘並北京の方からジヤンクでの密輸入、之を海軍の力で一切厳重に防ぐのは不可能なのであります。弾薬も糧食も殆ど公然とジヤンクで運ぶ。老鉄山の西側の方で絶えずやつて居たやうであります。さういふ風に交通も通信も露西亜の本国との連絡が出来て居つたのでありますから、之を見ても早く分つて居つたのであります。随つて初めから西正面の方へ攻撃点を持つて行つてそれが判つたとしたならば、果して二〇三高地が一の前進陣地ではあつたけれども、早く落ちて居つたかといふことも疑はしいのであります。それから今日現に行つて御覧になりましても判りますが、大案子山抔は攻囲後大分工事を加へたのでありますが、其他二龍山や松樹山に劣らぬ堅固な堡塁が沢山あります。是等を攻略するには果してどうするかと云ふことは、どうしても疑問であります。併しながら絶対にどちらといふことは断定は出来ませぬが、当時に於ては無論問題にはならなかつたのであります。若も最も沈著した考を以て西正面へ行つて、さうして総ての攻撃実施も極く旨く出来て、一箇月なり二箇月なりの中に全要塞を攻略し得たといふことであれば、それは戦術上非常に明断な能力と、よい決心を持つた人であると言ひ得るでありませうけれども、当時の状況からさういふ判断をする人を索めることは難かつたのであります。当時第一回の総攻撃をやつた時に、第三者としてはさういふ批評をした人があつたのであります。それから是は私共当時深く考へては居りませなんだが、軍司令官、軍参謀長（伊地知幸介）辺りには相当考慮されて居りました。即ち此東北正面から行くといふことは、只今申した攻城砲を有効に使ふといふことは其通りでありますが、攻城砲のみではない戦闘部隊即ち我が歩、砲其他の攻撃部隊の兵力を、最も多く攻撃点へ使用するといふことは此方面は出来る。何故なれば他の方面に対する敵の出撃を考慮して、他の方面の用心の為に支分して置かなければならぬ兵力は少く出来る、つまり自分の進路に直角の正面を以て攻撃するからであります。其反対に西正面に向つて行くと、北正面の方に対して、比較的有力なものを対峙さして置かなければならぬ。是は当時私共の若い者の方は斯ういふ消極的の方のことは余り考慮しない。当時の参謀副長は今の大庭大将〔二郎〕でありますが、或は副長、参謀長、又は軍司令官辺りには多少ともさういふお考があつたかとも思ひます。それは第一回総攻撃の失敗後一旦攻撃を中止して、さうして諸隊を整頓する位置其新戦闘線の位置に就くときは、軍司令官も参謀長も非常に敵の出撃を考慮されてゐたのであります。又其後二〇三高地へ主攻撃を向けるときにも、多少とも本正面に対する出撃を考慮してゐました。私共には余り其辺の念慮は無かつたと云つて宜しいのであります。併しながらそれは、欧洲大戦にヒンデンブルグ将軍〔パウル・フォン・ヒンデンブルク、第一次世界大戦で第八軍司令官としてタンネンベルクの戦いでロシア軍を殲滅〕なぞが露軍の弱点を善く利用してやつた程、敵を知つて考慮せなんだのではない、唯漠として考慮せなんだといふのに過ぎませぬ。

第一回総攻撃開始の時期

それで攻撃正面に関し、小さいことは申さなくても御解りであらうと思ひますが、愈〻第一回の総攻撃の実施に就て、軍として研究すべき二、三の点に就て申上げませう。結果は戦史で諸君御覧になつて居りませう。唯第一回総攻撃を行ふ時期を何時にするかと云ふことであります。是は嚮に申しました大山元帥の司令部が七月大連へ上陸された時に、軍参謀長が児玉総参謀長〔源太郎、満洲軍総参謀長〕の所へ呼ばれまして、今は故人になられた当時攻城砲兵司令部の佐藤鋼〔次〕太郎中佐〔攻城砲兵司令部高級部員〕、鉄道班の武内徹中佐抔と一緒に、第一回の総攻撃に就ての内協定をしたのであります。此時に総司令部では、其時から第三軍の北進といふことに就て考慮して居られたのであります。第三軍自らも其事を考へて居つたのであります。併し御承知の通り、例の攻城砲兵司令部と鉄道班の乗つて居た佐渡丸が、沖ノ島附近で敵の浦潮〔ウラジオ〕艦隊にひどい目に遭はされて、彼の常陸丸と同行して居つたので、それで一旦内地の港へ引返し、更に出直して来た為に二週間程遅れて居ります。是も戦史を御覧になると判ります。又一方第九師団を加へられましたが、同師団はまだ上陸はして居らず、同時に加へられた砲兵第二旅団も同様であります。それ等のことや鉄道の修築、攻城砲の運搬、据付抔を基準として、時期を予定するのであります。

それから満洲は七月の末から八月へ掛けて雨季で、戦史を御覧になると判りますが、当時随分激しく降りました。けれども、各業務に服して居る人々の努力勤勉に依て、天候の為に計画の後れたことは一日か二日であります。初め攻城砲兵司令官は、今故人になられました豊島陽蔵少将〔攻城砲兵司令官兼第三軍砲兵部長〕であります、其砲兵司令官の意見に依ると、攻城砲の据付が終るのは、我が戦闘部隊が第一の攻囲線に就いて、鳳凰山の後方に攻城砲の位置を定めるのでありますから、鳳凰山の線に就いてから三週間といふことでありましたが、是も諸隊の勤勉に依つて二週間で出来終りましたが、さういふ運動に就ては雨季と其他を考慮して、それから前進陣地の攻撃、第十一師団は其前に剣山を取つて居りましたが、前進陣地の攻略は七月二十六日から始める。それから愈〻前進陣地を前へ進ませると、作業部隊が出て来て破壊された鉄道を修理する、其事が出来るやうになつたのを基準として、此攻撃の日を定めたのであります。是も研究上の一問題であると思ひますが、此安子嶺の前進陣地を攻撃した時期の基準は、若過早に之を攻撃をして、さうして過早に攻囲線に就くと、此間未だ此方の準備が出来ぬのに、長い間空しく我が兵を要塞砲火の下に暴露して置くのは不利である、斯ういふのが原因になつて、愈〻其必要が迫つて来て、始めて前進陣地を攻撃したので、これより遅れては攻城の準備が出来ぬといふのに責められて、茲に愈〻前進陣地の攻略、攻囲線の占領に著手したのであります。前の方からではなく後ろの方から推された形になります。そこで此安子嶺の線抔、第一線からの報告を聞きますと、敵も大に工事を施して居るといふ報告でありましたけれども、軍司令部の当局者としては、余りに重きを置かず、之を蹶〔ママ〕飛ばす位は訳がない、斯ういふ頭があつた。それが為に此前進陣地は一日か半日で蹴飛ばすつもりであつた。それが実際三日もかかつた。丁度其時分に来合せた野戦重砲さへ用ゐたので、これは当時日本では有力なものであつたが、最初は此砲を用ゐるつもりはなかつたのであります。それ程前進陣地の攻撃は軽く観て居つたのでありますが、今日になつて考へますと、やつた事はどうも拙づかつた。寧ろ出来るだけ早く前進陣地を攻略して、もつと早く攻囲線へ就いて居つたならば、或は第一回の総攻撃の失敗を免れたかも知れないのであります。大孤山占領もさうであります。安子嶺の線を取つて、其勢で大孤山及小孤山を取ればよかつたのであります。大孤山、小孤山の線は、戦史にも示してあります通り、攻城砲を布置する為で、此図で御覧になります通り、左の方第十一師団の方面では鄧家屯や郭家屯、ア丶いふ方面へ持つて行きますのに、大孤山が敵の手に在ると、此鉄道線路から分れて谷地を通つて運搬することが出来ない。運搬ばかりでない、攻城砲の位置を掩護することも出来ませぬ。それで余儀なく大孤山を取つたのでありますが、之を過早に取ると敵の要塞砲火に早く暴露して損害が多いといふ理由の下に、時機の迫るまで待つて居つたのであります。是も寧ろ反対であつたと思ふのであります。此大孤山のことに就ては、私が曾つて要塞司令官として旅順へ行つて居りまして、其当時大学の学生の方が見学に御出になつたときに、二三度実際の状況を御話したことがあります。さうして大孤山と二〇三高地の関係を見せたことがありますが、二〇三高地へ上つて大孤山を見ますと、大孤山の価が是程あつたかと、其時始めて気が著いた位で、二日間かかつて八月八日に大孤山を取り、第十一師団が之を占領しましてから、相当に之を利用も致しましたが、それが今日二〇三高地から後ろを振返つて大孤山を見た、彼の感じが我々の頭に無かつたのであります。若此大孤山を早く取り、さうして彼所へ幕僚でも遣つて置いて、大孤山から観察をさしてゐたならば、二〇三高地の攻撃はもつと正確に、もつと早くやれたらうといふ感じがしたのであります。それと同様に此全攻囲線をもつと早く占領して居つたならば、要塞からの砲火に暴露すると云ふよりも、幹部は固より兵卒に至るまでもが、自分等の行動すべき地形及敵情を熟知して居つて、縦ひ強襲であつても、攻撃の実施がもつと手際よく実際に当嵌つてゐたらうといふ感じを懐いて居ります。是は御参考の為に申上げて置きます。

さういふやうな訳で、後方からの関係で、前進陣地の攻撃を七月二十六日とし、それから余程余裕を置いたつもりで、七月三十日に攻囲線に就き、攻囲線を占領してから、前に申した攻城砲兵司令部抔との協定の結果、八月十五日になれば諸準備が出来るだらうといふので、其等を基準として、八月十八日から総攻撃を始めるといふ予定をしたのであります。無論それは予定の攻撃時期でありまして、勿論未だ命令を発したのでもなく、又内牒もしないのでありますけれども、軍司令部と総司令部との協定では略〻さう決つたのであります。それでも総司令部では、それだけ後れたことは非常に遺憾に思はれて居つたのであります。それは遼陽に一刻も早く全力を集結したい為であります。敵の方では日本軍が遼陽附近へ迫つて来るまでに、遥に優勢な兵力を以て迎撃する考であるといふことの情報が大本営へ来て、総司令官がそれを知つて居られますから、其裏を掻いて、此方が早く遼陽附近へ日本の全兵力を持つて行かなければならぬといふのであります。其当時大本営の総予備たる第七師団と第八師団とを出征さすといふことは、万一を考慮して遠慮して居つたのでありますが、此第七師団と第八師団を除いた外の全力は、それまでに遼陽に集めようと云ふので、実際遼陽の戦は段々遅れて、御承知の通り八月の末になつたのであります。八月の首山堡の戦闘が当時の皇太子殿下〔嘉仁親王、後の大正天皇〕の御誕生日の三十一日で、それから九月に亙つたのでありますが、総司令部の一番初めの予定よりづつと遅れて居るのであります。それが初めの予定の時期にさへ、第三軍を遼陽戦に間に合はさうといふ御考が、内々総参謀長辺りにはあつたのであります。私共それほど迫つた考は持ちませなんだが、今予定した通り十八日か十九日に攻撃を開始して、二三日中に旅順を攻略してしまひ、八月中に北方に向つて前進を始められるであらう、併し其当時鉄道は未だ用ゐられなかつたので、第三軍の全兵力を遼陽附近へ持つて行くとして、八月中にはむづかしからうといふやうな考を持つて居りましたが、そんな悠長な考では困るといふ御叱りを受けた位急がれて居つたのであります。

第一回総攻撃の準備及攻撃実施

そこで実際に於ては、殆ど予定通りに、八月の十七、八日頃には攻城砲の配置其他の設備も済み、第一線部隊も皆それ〳〵前進の準備が出来たのであります。併し是は当時第一線に居つた者の実際の話を聞いて見ないと判りませぬけれども、今日当時の状況を追想して見まするに、第一線の諸部隊が攻囲線から進出して、自分の攻撃する攻撃地点を占領するまでの間の行動に就て、甚だ不安の状態に在つたのであります。どの攻撃隊も、どういふやうに前進して、どういふ風に攻撃をするといふ確かな自信は無かつたのであります。どうにかなるだらう、軍から斯ういふ命令が出たからやつて見たら行けるだらう、といふやうなことであつたらうと私は推測す〔る〕のであります。若も各師団が自分の任務に対し、或る程度まで偵察し得たものを材料にして、其行動を研究して見たならば、軍の攻撃計画に対し何とか意見具申をして来なければならなんだと思ふのであります。そこで軍の当時の攻撃命令では、十九日にどの線に、二十日にどの線に、二十一日の払暁までには鉄条網を壊せと云ふやうに示したのですが、所でその鉄条網がどういふ工合に張つてあるか、どれだけの深さがあるか、又之をどうして壊すかといふやうなことは十分に考へて居らぬ、唯占領した線をじつと保持して、前面の敵塁を眺めて居つたのでありります。是等も初め申しました通り、もう少し慎重な態度を執り、十分の心算を得て行うたならば、相当に有効の攻撃が出来たかも知れませぬ。慎重には程度もありますが、其程度が余りに大雑駁であつたやうに考へます。

御承知の通り十九日には途中の龍眼北方の堡塁、これには当時色々の名が付けられて居りました、之を第九師団の右翼隊が攻撃しましたが、此第七図（第六巻）の如く堡塁の状態が若も当時の軍司令部並第九師団に判つてゐたならば、此堡塁は十九日の攻撃で立派に取つて居つたかも知れませぬが、打突かつて見て始めて非常なものであるといふことが分つたので、初めは野戦築城位にしか考へて居なかつた。それまでは初め軍司令部の居つた鳳凰山南方の高地から望んでも、又師団の攻囲線から見ても、そんな大したものとは思へず、突撃して飛込みさへすれば取れる。外壕のあることは分つてゐても、これも大したものではなからう。それに十九日の朝から野戦重砲兵の一部をして、特に此龍眼北方堡塁を砲撃せしめましたが、それを見て居りますと、掩蔽部の木材抔が中天へ飛んで上るのが見えまして、余程効果が有つたやうで、これなら突撃すれば直ぐ取れると思つて居つたのです。攻城砲の砲撃に対し、我々は常に其効果を過大に観て居つたのであります。時には守兵の身体が空に飛上る、それが目に見える位でありますから、ついさういふやうに考へるのであります。龍眼北方の堡塁の如き、これは半永久に近いものであつて、壕の大さ抔も他の永久堡塁と殆ど同じ様に幅も広く、深さも深く、此堡塁も標石を建てて保存してありますから、御覧の御方はお判りでせうが、それに土質が非常に硬く、胸墻の斜面が急なので、一旦壕へ飛込んでもそれから上ることが中々困難で、中には鍬で穴を穿ち足掛りを拵へて塁内へ飛込んだ者もあります。けれども、縦ひ入つても周囲から射撃せられてどうすることも出来なかつたので、さういふのを十九日に行掛けの駄賃にでも取つてしまはうといふのであつて、さてやつて見るとさういふ事に出会はして、非常に驚いたのであります。其等の行動は戦史で御覧になつた通り、随分勇敢にはやつて居つたのでありますが、もと〳〵さういふ堡塁でないと思つて攻撃を命じたのであるから、どうしても取れる筈がない。是が若も初めから此図の半分でも判つて居つたならば、もう少し重砲の力を加へ、砲数も増して、之を徹底的に破壊して、私は必ず此日に取れたと思ひます。後に九月の前進陣地の攻撃と十月の第二回の総攻撃との間に行つた九月中旬の攻撃、これは第一師団の方面では、二〇三高地及水師営南方堡塁、第九師団は此龍眼堡塁を攻撃した。此時には重砲其他の有力なる協力に依り、首尾よく取ったのでありますが、其時は此小さな堡塁に向つて、重、野砲大小四十門を向けたのであります。それさへ随分苦戦してやつと取れたのであります。それから彼の時に二十八糎はまだ到著して居なかつたのでありますが、若二十八糎でも到著して居つて、それを使用したならば、手数なく取れたのでありませう。斯ういふ堅固に出来て居るものを肉弾でやれと云ふのは無理であります。肉弾では取られぬやうに構築して居るのが永久築城の効力で、それを肉弾で行くから取れぬのであります。

さういふ風でありまして、龍眼の堡塁は其儘にして、第九師団は後ろへ出張つた敵の堡塁を置いて、二十日の夜から二十一日へ掛けて攻撃正面の堡塁に向つた訳であります。

それから此攻撃のことは色々問題もありますけれども、時間がありませぬから略します。要するに色々やりましたけれども、失敗したに過ぎないのであります。

唯当時私共現地に就て考へてゐたのでありますが、此両方（図示）の二龍山と東雞冠山北堡塁とはどうしても取らぬと、其後方の砲台並当時H高地と云つて居つた、望台の続きの盤龍山第一砲台と書いてありますが、此高地を占領することが出来ない。此両側にある永久堡塁、北堡塁と二龍山を取つて置きませぬと後ろから撃たれる。第一回の攻撃が失敗したのもそれが一の原因でありました。が此時堡塁線の真中に楔を打込んだやうに奪取し得たのは、東西盤龍山の二つでありましたが、此際同時に此処（図示）には盤龍山北堡塁としてあります、当時鉢巻山と云うて居りました、此堡塁と当時中堡塁と云うて居つた一戸堡塁とも一緒に取つて置いたならば、爾後の攻撃に可なりの地歩を得て、大に都合がよかつたと思ひます。それが当時永久堡塁と臨時築城との差別に就て、其時分に我々技術的の能力の足らなかつた為に、深く考へて居らなんだのが原因でありますが、実際に当つて見ると、永久的に造つてある堡塁の値と、盤龍山の如き臨時的の堡塁の値とは非常に違ふのであります。深い壕の無いだけでも違ふ。胸墻や掩蓋と云うても、之に対し野砲も利けば肉弾も利くのであります。永久堡塁のやうに身体は見せずに、砲弾や銃火で飛込んで来た奴を殪さうといふことは出来ない、肉弾同士で或る程度まで争ふのであります。それで此比較的取り易い臨時築城の諸堡塁に、最初からもう一層眼を著けなかつたかといふことは、永久堡塁と臨時築城との値の差を詳細に吟味して居らなんだのであるといふことも言へるのであります。

そこで二十二日の図を御覧下さい。二十二日の朝私共は軍司令部、鉄道と旅順街道との交叉点の南方で団山子山の東の高地に居つたのでありますが、彼処から攻撃正面の各堡塁は望遠鏡で能く見えるのであります。我が兵の屍体らしいものは点々見えるが、我が部隊らしいものは見えない。所々に少し頭部が動いて居るのが見える。さうして前線からの報告は皆悲惨な報告ばかりであります。此日（二十二日）にはまだ全然攻撃を中止はせぬけれども、此儘継続したら徒らに損害を多くするばかりである。

それから攻城砲兵司令部からは、始終軍司令部へ小言ばかり言うて来たのであります。只今の侍従武官長奈良大将〔武次、攻城砲兵司令部員〕閣下は、当時同司令部の少佐の部員で居られました、又高級部員は佐藤鋼太郎〔次〕中佐で、佐藤君抔に対して私は、攻城砲兵はまるで余所の者と一緒に戦争をして居るやうに、請負で傭はれて来たやうなことを言ふではないかなぞと悪口を申しましたけれども、攻城砲兵から云ふと砲弾を非常に制限されて居る。効力のある砲ほど弾が少かつた。此砲のことに就ては後に申上げようと思ひますが、九糎臼砲や十五糎臼砲抔駄力の薄い方は、砲数も弾丸も比較的多かつたのに反し、十糎半の加農や十二、十五糎の榴弾砲なぞ効力の多い砲は至つて少く、是が旅順の失敗の大なる原因の一つであります。

そこで砲兵司令部の方では、彼程撃つて彼程壊してやつたのによう取らぬではないか、彼程撃つてやつたのに突撃をせぬではないかといふ小言が、始終軍の幕僚へ来るのであります。それで攻城砲兵の方へは喧嘩腰で前のやうなことを言ひますけれども、師団の方に向つては、砲兵の方からのことを伝へますと、今度は師団の方からも逆に、撃つたか知らぬけれども、一つも利目が無い。これは奉天の会戦でもさうでありますけれども、殊に旅順では一層さういふ風でありました。第一線の者が皆彼処を撃つて、あの機関銃を潰して呉れればよいと思うて居つても、砲兵の方では他の機関銃を撃つて居るといふ有様であります。日本の当時の攻城砲としては、砲の種類から云ふと比較的命中がよい方でありますけれども、それで攻撃部隊の注文に当篏らない。言ひ換へれば歩、砲兵の協同が殆ど出来て居らぬのであります。軍司令部が中間に居つて、師団と攻城砲兵とを協力ささうといふ位ですから、砲兵は何度も注文に応じたけれども、攻撃部隊が行つて見るともう敵は其処を修理をして居る、或は機関銃抔それを直ぐに別の処へ持つて行くといふ風であります。そこで攻城砲兵司令部からは、此上砲撃を継続するときは、砲弾を撃尽して、従来の成果を保持して行くことさへ出来ぬと言うて来る。同時に第一線からは前夜来の不成功なことを言うて来る。さういふ状況でありますから、二十二日には一旦攻撃を中止して考へ直さなければならぬ。一方各師団の状況を聞いても、第一線の実況はよく判らないが、此上無理押をしても到底駄目だといふことが判つて、情況を聴いたり命令を与へる為に第九、第十一師団の両参謀長を軍司令部へ呼びました。丁度私共軍司令部の掩壕の穴の中に入つて居つたのでありますが、此日は極く天気の好い日でありまして、前を眺めて居ると、盤龍山東堡塁の我が方の斜面へ、日本の兵が二三名許り登つて行くのが見える、そこで他の幕僚と注意して居ると、一番上で爆弾のやうな物を投込んだらしい。暫くして下へ降りて来る。又二三名上へ登つて同じ様な事をする。是は変だと思つて居ると、次いで三四十人の者がバラ〳〵になつて駆け登る。其内に銃声が聞えま

第十一師団は石田大佐〔正珍、第十一師団参謀長〕、第九師団は須永大佐〔武義、第九師団参謀長〕でありました。

すと第九師団の方からも撃出す。それから攻城砲兵司令部にも通じて皆再び撃出したのでありますが、それから暫くして第九師団司令部から詳しく云うて来まして、それは戦史に書いてある通りの状況であります。当時歩兵第七聯隊は、御承知の通り大内聯隊長〔守静〕以下非常に悲惨な目に遭うて、聯隊長の身体には三十幾箇の弾痕があつたさうです。是は勿論死骸になつてから撃たれたのが多いのでせうが、将校抔は大部分やられて、殆ど一中隊位の実力しかなかつたのであります。後とで整頓したときにはもう少し出て来ましたが、此第七聯隊の残兵を指揮してゐた粥川〔重尾〕、小寺〔外次郎〕両大尉と、そこに一緒に居つた杉山工兵大尉〔茂広〕、それが盤龍山の麓の地隙で相談して、非常な英断をして呉れたのであります。是は戦史を御覧になつてもお分りになる通り、此三人で敵の様子を見るに、盤龍山の正面はヒツソリとして敵は大分弱つたらしく、守兵も余程少いらしいといふので、姫野軍曹〔栄次郎〕以下に命じて勇敢な偵察をさして、それが偶然に成功したのであります。さうして盤龍山に楔を打ち込んだといふことは、第一回の総攻撃は無論失敗致しましたけれども、一つこれだけの獲物があつたのであります。最終の時までを通じて、第一回の総攻撃に此盤龍山の東堡塁を占領し、次で西堡塁を占領し、此正面に楔を入れたといふことは、非常な効果を挙げて居るのであります。これが前に申した如くもう一つ両方へ拡つてゐたならば、尚一層良かつたと考へて居るのであります。第一回の総攻撃に於ては勿論、旅順の攻略に就ては、此三大尉と姫野軍曹以下の勇敢なる行為に対し、多大の敬意を表さねばならぬと、今日でも熟〻思つて居るのであります。

そこで其実況を軍司令部からも目撃し、又師団から其報告を聞いたものですから、余りの喜びに乗じて、両参謀長へは「直ぐ攻撃を続行せよ」といふ有様で、切られたと思うた首がまだ繋がつて居つたといふやうな感じがしたのでありますが、其際もう少し慎重に後の事をよく考へて示して置けばよかつたと思ひます。併しながら恐らく其時は両師団の参謀長にも、第一線の実況は詳しく判つて居らなんだ、それで尚更軍としても慎重な態度を執る必要があつた、是が矢張二十三日の失敗の原因を為して居るのであります。併し盤龍山は兎に角さういふ動機で取つた。敵の本正面に一つ穴を開けたのである。そこで其処から出かけて行きさへすれば、他の永久堡塁も取れるといふやうな感じが浮んで来たのでありますが、それが矢張一番初めからの敵情を軽視して居つたといふことが、主なる原因になつて居ると思ひます。両師団へは此両堡塁を利用して、一つは望台と北砲台、一つはH高地と二龍山とを占領するやうに言うてやりましたけれども、それは実行し得ない、不可能の事を命じたといふことになるのであります。二十三日の両堡塁攻撃の有様を後で私共が聞きますと、全く指揮の統一が出来て居らなんだ。戦史にはどの隊にはどの隊が続き、どの砲台へ行つたといふやうに示してありますが、併し、各部隊は初からそんな計画で行動はして居な〔ママ〕ぬのであります。行当りばつたりでありまして、砲台へ登つた者も唯後方から押し出されたといふやうな有様でありました。それにまだ一戸堡塁や鉢巻山も取れぬのに、前方の高地と同時に北堡塁や二龍山の咽喉部へ行けるものではなかつたので、あの時にもう少し両師団の攻撃部隊が前面の状況を偵知し部下の掌握をよくして、誰れはどれだけのものを率ゐて斯ういふ方へ行け、誰れはどの部隊を以てどうせよといふやうに、銘々によく任務を授けて行つたならば、或はもう少し成功して、H高地の一部分位は彼の時取れて居つたかとも思ひます。実際は唯後から後からと喰つ付いて行つて、二つの師団の者が混同して居つた、それを押し出して行つたといふ状況であります。それでも二十二日の晩に直ぐやつたのではない、翌二十三日の夜にやつと突撃したのであります。後に今の杉山大尉などから聞いたことでありますが、実際自分の直ぐ側に居た十数名を掌握してゐたのであるが、尚其近くに数名づつかたまつて居たことが後とから判つたといふことであつて、粥川大尉の所にも同じやうに若干の者が残つて居つたのであるが、其時もつと広く捜したら、生存者も未だ大分居つたらうと思ふといふやうな訳で、第一線の状態は甚しく混雑して居つた所へ、予めチヤーンと計画してあるやうな突撃法をやつて、さうして永久堡塁までも取れと云ふのでありますから、全然不可能な事であります。果して二十四日の朝になつて私共前方を眺めて見ますと、我が兵が望台の絶頂までも行つて居りまして、日の丸の国旗が沢山立つて居つたので、望台の占領が出来たかと思ふと、こちらの方の斜面の所々に黒い人間らしい物がありますから、占領の仕方がおかしいと思ふと、それが悉く死骸であつたのであります。そこで第一回の総攻撃は到頭断念して止めたのであります。

第三回総攻撃

今度は第三回総攻撃のことを申上げます、第六巻の第二十九図であります。

所謂第三回総攻撃は十一月末に行はれた攻撃でありますが、此事が戦史にも多少載つて居りますから、諸君も既に御承知のことと思ひます。けれども之は第三回の総攻撃に非常に大なる関係がありますから、当時の事情を一、二申上げます。

愈〻波羅的艦隊の東航が確実になつて、我が海軍の方では、一月の末には来る、或は今年中にやつて来るかも知れない、愚図々々して居つたら、此大事な海戦に準備が出来ない、斯う言ふのであります。一方満洲軍総司令部に於ては、沙河の会戦に敵から攻勢を執られた為に、総司令官は思切つたことをされて攻勢に転じ、さうして好果は奏されたのでありますけれども、それは唯敵を旧の位置に押返したに過ぎない。決して完全な勝利を得たといふ訳ではない。此儘ヂツとして居れぱ《〔ママ〕》ヂツとして居る程敵の方が優勢になつて、不利な決戦を交へなければならぬ。斯ういふので、初めに言うた通り、総司令官の方では第三軍の兵力が欲しい、海軍では旅順の敵艦隊を一日も早く潰して欲しい、斯ういふ両方の間に大本営が介まつたのであります。それで其間の経緯は色々ありますが、丁度十一月十八日に私が煙台の総司令部へ総司令官から呼ばれて参つたのであります。其時に児玉総参謀長から、「第三軍の今度の第三回総攻撃はどうか」斯う言はれる。実を申すと私の返答は向ふから注文して返答をさせられるやうな口吻であつた。言ひ換へれば「今度は第三軍は旅順を攻略することは大丈夫だらう、さうだらうナ。」といふやうな様子でありました。そこで私の、イヤ第三軍司令官としての答は、向ふの述べしめようとせられた通りの答をしたのであります。何も向ふの意思を奉じてやつた訳ではないが、それ程第三回の攻撃には、第三軍の司令官以下成功を確信して居つた。それは其筈であります。私共士官学校でも大学校でも若干習ひましたが、永久堡塁に対する攻撃作業と云へば、先づ堡塁外壕の斜堤まで掘つたのが終であります。それで正攻法終りといふ概念を持つて居つたものであります。それで第二回総攻撃の時には概してそこまでやつたのですが、同攻撃で外壕其物でまごついて通過が出来なかつた、それが今度は二龍山でも、北堡塁でも、松樹山でも、壕の通路まで出来たのであります。少くも私共出来てゐたと確信して居つたのであります。後で現場へ行つて見ると十分でなかつた。併し十分でないけれども、どの堡塁でもかつがつ壕の中までは入れる。さうすれば、もうそこから一つ胸壁を飛び越えればいゝのである。さうして攻撃正面も初め第九師団の受持つて居つた松樹山を第一師団に、第九師団は専ら二龍山だけになり、又第十一師団は東雞冠山堡塁方面を止めて、同北堡塁だけにして、段々とマア今日から云へば本当の要塞攻撃らしい形になつたのであります。実際から云へば余儀なくさういふ風にされたのであります。其代り今度は第一線の兵卒あたりまでが、今度は大丈夫いけると言うて居つたといふことを、師団の幕僚から聞いたのであります。第二回の時には、一たび壕の中へ飛び込むと直ぐ横や後からやられて、まるで地獄の池のやうなものであつた。それが今度は鼻唄を唄つて壕の中が通れる、そこから胸墻を飛び越えることは訳がないといふような勢ひで、それ程成功を確信して居りましたので、それで「今度は大丈夫成功します。」と斯う申上げたのであります。それで総司令官や総参謀長の方でも非常に御安心なすつて、「それでは確にやれ。」斯う言はれました。其時私は「唯一つ第三軍としての御願がある。それは外でもないが、どうか砲弾をもう少し頂きたい。兵員や火砲のみなら、何時でもこちらから差上げてもよろしい、どうか砲弾を下さい。」と斯う申したのでありますが、それは依然として刎付けられました。此砲弾のことは当時全般の情況から、軍司令官乃木将軍は敢へて愚痴も泣言も言はれなかつたのですが、我々幕僚は参謀長以下、総司令部に対して、第二回総攻撃前頃から随分注文もし喧しいことも言ひましたけれども、今日から考へますと、総司令部の方にも無理はないのであります。遼陽でも沙河でも、もう一歩といふ所で止まつたのは、肉弾でも何でもない銃砲弾の不足である。さうして満洲軍の方は其勝敗によつて国家の運命を決するのである。旅順の方は縦ひ之をやり損つても、唯一週間なり十日なり其陥落が後れるといふに過ぎない。それであるからどうか旅順の方では肉弾でやつて呉れといふのであります。それで第三回の総攻撃でも随分肉弾を用ゐましたが、矢張それが失敗の大なる原因を為して居ります。併し其時は夫程旅順の攻略を必要と思うて居られるのに、此哀願に対して余りにすげないといふやうな感じを持つたのであります。第二回総攻撃から第三回総攻撃までは可なり長い間がありましたが、此間砲兵の某聯隊長から、何かの機会に斯ういふことを聞かされたことがあります。「自分は砲兵聯隊長として、こんな情けない目を見たことがない。中隊長が何か或る有利な目標を見付けると、聯隊長の所へ之に対して何発撃つていいかと聞いて来る。さうしてそれを聯隊長が許して撃たさうとする時には其目標はもう無くなつてしまふ。何故なれば其当時聯隊長に許されて居る砲弾の数は一日に五発、六中隊で三十六門の砲を持つて居る聯隊に、一日に只の五発であつた。」と、斯ういふことを言うて居つた位であります。それは攻撃と攻撃との間では無論大に節約を致したのでありまして、さういふこともあつたと思ひます。マアさういふ風にして第三回の総攻撃が始つた。前に申した艦隊から派遣の岩村少佐〔団次郎、第一艦隊参謀〈明治三十七年九月付〉〕の如き、私共がそれ程の確信を持つて居つたのにも拘らず、第三軍の今までの御手際を見ても、どうも今度の攻撃も危ぶまれる。先づ二〇三の方をやつたらどうかといふやうな口振りもあつたのであります。敵艦隊の殲滅を急ぐ為でもありませうが、或は他からさう見えたかとも思ひます。そして当時海軍の方では、二〇三高地の奪取を非常に希望してゐたのであります。無論二〇三高地は当時の地図で断面を作つて見ると、港内がスツカリ観測せられるのであります。或る将校がどこか他の地点から旅順港内を見て描いた図がありましたからここに持つて来ましたが、これは港内の一部、白玉山に接した部分はよく見えないのでありますが、二〇三高地は断面図によれば確実に見えるのであります。私は二〇三高地が取れた翌日の六日に同高地の上へ登つて見て、実に愉快な気がいたしました。断面図を疑つた訳ではなく、勿論よく見えるとは考へて居ましたが、実際に見てこれ程よく見えやうとは思ひませなんだ。それは兎に角今二〇三高地方面へ主攻撃を変へて、ここまで準備の出来た現在の正面攻撃を止めるといふやうな考は、毫も浮ばなんだのであります。若仮りに正面攻撃の成功は怪しいから速に敵艦隊の始末を付ける為に二〇三高地をやらうとして、初めから二〇三高地の方へ持つて往つて果してよく成功し得たが〔ママ〕どうか、今でも疑を懐いて居ります。

それから彼の特別支隊、例の白襷隊と称せられた中村少将〔覚、歩兵第二旅団長〕の率ゐられた特別支隊のことであります。これは少し妙なことを計画したやうでありますが、事実は斯ういふ訳であります。当時私共は之に反対の方でありましたが、是は軍司令官が決めて実行せしめられたのであります。元々軍司令部から出た考でなく、第一師団から意見を上申して来て、さうして此師団の中村少将自らが実行するといふので、それに軍司令官が同意なさつたので、私共はああいふ戦法で要塞が取れるなら、何も斯ういふ苦みはせぬといふ感じが個人としてはありましたが、併しながら軍司令官が決行させるといふことになつて、それではといふので、勉めて其成功を期しましたが、それは第一師団が此水師営の正面を占領して以来、永く同方面に居つた部隊が十分に前面の敵要塞の状況を知つて居つて、其部隊自からがやるといふので、或は成功し得るやとも思はれましたが、愈〻やる時になつて色々の注文も出て、他の師団の兵も交り、特に新に第三軍に増加されてやつと上陸して来たばかりの第七師団からも多くの者が加はつたので、却て成功の望が薄くなつたのであります。併し兎に角やりました。けれども、御承知の通り松樹山の第四砲台、今日此戦蹟も保存してありますが、これへ打ち当つて、中には掎子〔ママ〕山の下辺へ迷ひ込んだ者もありますが、大概は此処でやられて、生き残つて夜間に引揚げた者だけがやつと助かつたやうな訳であります。特別支隊のことはさういふ風でありまして、さうして正面の方はどの突撃も失敗に帰し、夜になつて大島第九師団長〔久直〕は、自ら増加された第七師団の一大隊を率ゐて、盤龍山東堡塁へ入つて行かれましたが、此第九師団の方面へは軍の井上参謀―只今の井上大将―が派遣されて居つて、一緒に盤龍山へ往つて居りましたが、どうも成功の望がない。軍司令部の居つた、攻城砲兵司令部のあつた山の上の天幕の中には、乃木軍司令官、伊地知参謀長、豊島砲兵司令官、それに福島少将〔安正、満洲軍参謀〕―後の大将―が総司令部の参謀で、総司令官からのお目附役として軍司令部へ派遣されて一緒に居られた。私共は其少し下で各師団へ通じて居る電話器のある側に居つたのであります。福島少将は「今度は第三軍に是非とも攻撃を遂行させて、縦ひ全滅するまでもやらせろ。」といふやうな大山総司令官の旨を受けて来て居られたのであります。併しながら第九師団長から来る報告も、井上軍参謀からの報告も、何れも「到底望みがない、今新に来た第七師団を加へてやつても駄目である。それは盤龍山から向ふの旧支那囲壁まで僅々百米に過ぎないが皆其処でやられるので、突撃正面も僅の四、五十米位の幅で、それで囲壁へ行くまでの間に、両側から機関銃でやられる。其機関銃は又絶えず其位置を換へて居る。此調子ではいくら新鋭の者をやつても、丁度底のない所へ物を投込むと同じで、到底成功の望みは無い。是非やれと言はるれば、師団が全員殪れるまでやるけれども、しかも到底成功の望みは無い。」といふ報告であります。井上参謀の意見も、最早此方面からは駄目であるといふのであります。同時に前申した特別支隊の方は、負傷して旅団司令部に居られた中村覚少将が自分で電話にかかられて私に言はれたのですが、「支隊の攻撃は全く失敗である。此儘夜が明けたならば、松樹山の斜面に喰付いて居る者は悉くやられてしまふ。今直ぐに退却命令を下せば生存者は救へる。」斯ういふ報告であつたのであります。そこで此儘攻撃を継続するや否やといふのでありますが、若之を此儘山の上の軍司令官の所へ持つて往きますと、其当時の乃木軍司令官や福島少将の御考で、或は是非やると言はれたかも知れませぬ。併しながら私共其下に居りました幕僚の考では、今までの経験に依ても、第一線から斯ういふ風に言うて来ては最早成功する気遣はない。そこで此方を駄目とすれば、今日までの経緯上、どうしても二〇三を何とか始末せねばならぬ。

二〇三高地の攻撃

斯ういふ感じを起しましたので、私が電話で第一師団の星野参謀長〔金吾〕でありましたか、或は他の参謀であつたかも知りませぬが、それへ今から二〇三高地をやつたらどうかと、斯ういふ事を相談して見たのであります。さうしたら第一師団の方の返答が非常に心強い返答でありました。一体、斯ういふ時に部下団隊が指揮者に対して、指揮者の意図以上の返答をするといふことは、大に指揮者の決心を堅くして、時には全軍の運命を左右することがあります。それは斯ういふ返答であります、「今から直ぐやるが、本気になつて、軍の全力を尽くしてやるか。」斯う云ふのであります。全力を尽くすと云うても、従来の攻撃正面に居る第九師団や第十一師団を持つて行く訳には行かない。此時の全力を尽くすといふのは、同方面に使用し得べき砲弾、特に二十八糎の砲弾を十分に奮発するかといふことに帰するのであります。これは余計なことのやうでありますが、二十八糎と云ふのは私共学生の時分観音崎砲台等の見学で、二十八糎榴弾砲は二十七糎加農と違つて命中は悪いが、その代りに若命中すると、上から甲板を打ち抜いて、一発で敵艦を覆してしまふといふことを聞かされて居つたので、実は初め二十八糎を貰うたときにはさほど歓迎はせなんだのであります。それが愈〻持つて来て使つて見ると、命中がよくて、殆ど野砲以上の精密射撃が出来るといふ訳であります。それで第一師団が二〇三に対して此砲を十分に使へといふので、それに其時分にはまだ二十八糎は幸にして満洲軍の方にはなかつたので、其砲弾は内地から可なりに送つて貰つて居りました。兎に角さうして軍が全力を尽くすといふことになれば、成功の望がある。何故なれば二〇三に対して云ふと、今まで軍が全力を尽くした本攻撃が、丁度二〇三攻撃の為には一の助攻撃になつて居るからといふので、これは前の特別支隊に対しても、第一師団の観察が略〻同じやうな所から出て居るのでありまして、高崎山（第一師団司令部の位置）や又は水師営の方面から見て居ると、第一回以来我が本攻撃の行はれるたびに、これは旅順で実地を御覧になつた御方は御承知でありませうが、当時第一師団辺では、九段坂々々々と呼んでゐました、此白玉山の北の麓から東北正面へ通ずる通路のことで、それで此九段坂を多くの部隊が新旧市街の方面から東北正面の方へ移動するのがよく見へる、それだけ他の方面が手薄になつて居るといふのであります。さういふ観察から今直ぐ二〇三をやるなら、本攻撃が有力な助攻であつて、大に成功の望があるといふのであります。是は戦史を御覧になると実際敵の方はさういふ有様になつて居ります。先に私が若も初めから二〇三高地を攻撃して果して成功したかどうかと申したのも、一つは斯ういふ理由からでもあります。そこで私は第一師団の方を確めたので、それから山の上へ登つて、軍司令官に、井上参謀、大島師団長の報告と併せて、特別支隊長の報告を申上げ、次で第一師団の回答と共に二〇三高地攻撃の意見を申上げたのであります。初め福島少将は「二〇三に攻撃を転換するのであつたならば、一遍総司令官の許可を受けなければならぬ。自分は飽くまでも現正面の攻撃を遂行せしむるやうにせよとの任務だから、二〇三攻撃に同意するの権能を持たない。」と言うて居られましたが、段々状況を聴かれて、「それでは御許可は後でもよい、自分が責任を負うて同意するから、一刻も早くするがよい。」と言はれ、それで軍司令官も御決心になつて、二十七日の夜明前でありましたが、今までの攻撃を中止して、二〇三の方へ方面を換へて、同高地を攻撃することになりました。第一師団は二十七日には間に合はずに、翌二十八日に攻撃しましたが、戦史で御覧になる通り之は失敗に帰しまして、次で三十日には一旦同地巓頂の一端を占領しましたが、間もなく敵に奪回せられ、中々成功しない。当時此攻撃に任じてゐた後備歩兵第一旅団長の友安少将〔治延〕は、苦戦の後二度までも失敗に帰したので、責任上辞職するとまで言はれ、後で第七師団の旅団長の斎藤少将〔太郎、歩兵第十四旅団長〕と代られた位でありますが、それ程此二〇三高地の為にも弱らせられたのでありますが、二〇三高地がどうしてそんなに六かしかつたかと云ふに、彼地へ御出になつて実地を御覧になり、又戦史に就ても御研究になつて居りませうが、二十八糎の効力は十分にありましたけれども、突撃部隊が山腹に喰付いて居る間に、正面の敵の射撃よりも、他の方面からする砲火や機関銃、殊に右の方の老鉄山方面から敵砲の妨害を受けることが多かつたのであります。それでありますから、二〇三高地を取るには、左の方の此老虎溝山、当時赤坂山と云ふて居りましたが、少くも此高地を一緒に攻撃すると共に、予め計画して、老鉄山方面の敵砲を確実に制圧するやうにして掛つたならば、他の永久堡塁とは違ひ、二〇三高地自らの塹壕を固守せる敵だけなら、肉弾戦でも成功し得られたのであります。当時児玉大将は新に満洲軍へ加へられた第八師団の歩兵第十七聯隊を連れて、大山総司令官の代理として御出でになつて、頻りに二〇三高地の奪取を督励されて居りましたが、其時私共軍の参謀や師団の参謀長以下に対し、まるで大学校の学生に問題でも課するやうに、二〇三高地の攻撃案を提出せよと命ぜられましたが、其時は我々別に点数を争ふ訳ではないので、師団の参謀長以下皆一緒に相談して同一の答案を出しましたのですが、其時分第一師団は数度の攻撃で大なる損傷を被り、それで新鋭の第七師団が加はり、第七師団長の大迫尚敏閣下が同方面の指揮をされて居りましたが、何時の攻撃にも同高地の西南角に取り付くのに、偶然にも比較的損害が少くして行ける部分があつたのであります。私が旅順に居りました時に徒歩で二三度其辺りを上つて見まして、左右を望みながら、或はさうであつたかといふ感じを起したことがあります。大方其位置が敵砲台抔から遮蔽されて居つたのでありませう。それでありますから其遮蔽されて居るだけの正面へ、縦ひ二十人でも三十人でもよいから、其正面に応ずるだけの突撃隊を幾つも作り、これで繰返し々々何度でも突撃する。飽くまでも肉弾を注入するのでありますが、肉弾同志の争なら、此方には持つて来いで、或は之によつて旅順の死命を制するかも知れぬと、マア斯ういふやうな答解を児玉参謀長へ出しましたら、参謀長も笑ひながら、「ウンマア〳〵斯うだらう。」と言はれましたが、実際彼の時には、第一線の方で多分数度の失敗の結果からでありませう、大概同じやうな考で、最後にはさういふ形でやつたのであります。苦しまぎれからこう斯ふ戦法も出たのでありますが、是も戦史で露西亜側の実際を見ますと、肉弾同志で争ふといふことになると、是は自分の方が失敗する、尚未だ本防禦線を維持せねばならぬといふので、とう〳〵同高地を棄てて呉れたのであります。併し若も第一回総攻撃を此方面に行ひ、仮りに同高地を取つても、果して旅順要塞が直に陥落したかどうか頗る疑問であります。失敗はしましたけれども、本堡塁に対する数回の攻撃があつたから此時機に二〇三を取ることが出来、延いて旅順の攻略を早めたのであらうと思ひます。

非常に時間を取りまして相済みませぬが、旅順の方は是で了りと致します。

日露戦史第八巻附図第五、九、十三、十四、十六及同第九巻附図第五十三、五十四、六十、六十二、六十六参照

其二　奉天会戦に於ける第三軍

今日は前回のお約束に基きまして、奉天会戦に於ける第三軍の行動の主なることに就いて、お話致さうと思ひます。其前に前回に申上げることの内に、二、三緊要のことを残しましたから、それを先に申します。

東西盤龍山の保持

第一回総攻撃の時に奪取致しました東西盤龍山を、其儘後の攻撃準備が整ふまで保持して置くか否かと云ふことに就いては、軍司令部に於ても可なり重要な問題として討議されたのであります。当時の実況を申しますと、第一回の総攻撃を二十四日に思ひ止まりましたので、二、三日と云ふものは両堡塁とも、諸方面の要塞砲から激しい砲撃を受けましたので、非常に苦しんだのであります。それで当時西堡塁の指揮をされて居つた―只今では故人になつて居られますが―後備第四旅団長である竹内正策中将は、―当時少将でありました―斯うして自分の方では何もせずにじつと堡塁に居つて空しく敵弾の犠牲になるばかりであるから、これは一時放擲した方がよくはないかと云はれたことがあります。併し軍司令部に於ても、師団司令部に於ても、是に就ての意見は区々であつたのでありますが、結局は軍司令官の裁決に依つて、多少の犠牲は払つても維持して居つて、次の攻撃に際して発展の基礎にする。同時に第一回総攻撃の唯一の獲物である、そればかりでなく敵弾を恐れて其処を放棄する

と云ふことになると全軍の志気上にも関係すると云ふので、飽くまで之を保持すると云ふことになつたのであります。その時軍工兵部長—今日は中将になつて居られる—当時の榊原工兵大佐〔昇造〕を主任として、遮蔽せる交通路を掘設し、又「レール」なぞ運んで、守兵の掩蔽部を構築したのですが、第二回総攻撃までが約四十日、第三回総攻撃までは約三箇月に亙り、じつと之を保持してゐたのであります。此間私が同堡塁視察に往きました時、丁度私の友人で歩兵第三十五聯隊長であつた佐藤兼毅中佐が、東盤龍山の掩蔽部の中で閑の時で、紙で作つた碁盤の上で碁なんかを部下の将校と打つて居りましたが、「敵が夜襲でもして来て、戦闘して斃れるのであれば本望であるが、かうしてじつとして休んでゐたり、食事なぞして居るところを頭の上からズドンとやられるのは、甚だ情けない〔亡〕」と云つて、幾分か軍司令部に対して小言がましいことを聞かされましたが、当時大に同情を表して居りました。併しだん〳〵時日が長びく内には、敵の砲弾も総攻撃で相当使つた後ですから、大分尽きて居りますし、始めの間は砲撃と同時に屢〻夜襲もやり、こちらでもかなり犠牲を払ひましたが、之に屈せず維持して居つたので、向ふが根敗けをして、だん〴〵砲撃の度数も減り、従つて犠牲も少くなつて、それでやつとしまひまで凌いだと云ふ実況であります。

歩、砲兵の協同

もう一つは前回に申上げましたことによつても、又既に諸君の御研究によつて無論お分りになつて居ることと思ひますが、旅順攻撃の失敗の原因としては種々ありますけれども、其内で今日私共の感じて居りますことは、歩、砲の協力と云ふことが一番大きな原因だつたと思ふのであります。戦史をズツト御覧になりましても、又先日私が大要お話したところを御考察になりましても、お分りのことと思ひますが、トウ〳〵しまひに成功した二〇三の高地と云ひ九月の龍眼北方堡塁の奪取と云ひ、それから東鶏冠山北堡塁、二龍山、松樹山、これは大爆破をやつたのでありますけれども、一言しますと、何れもだん〳〵目標を小さくしトウ〳〵それを一点にして、それに向つて全力を注いだのが、直接間接に成功を収めたのでありますが、之は歩、砲の協力が比較的良く行はれた結果であります。之を第一回の総攻撃に就いて観ますと、歩、砲が全く別々に戦をして居つた訳であります。併しながら其当時は、歩、砲の協力がよく出来たものというても、今日諸君が御研究になつて居られることに比較しますと、十分の協力と云ふ訳ではなかつたのであります。それが初めの間は歩、砲の協力が最も出来て居らなかつた為であります。つまり第一回の総攻撃に予期の成果を収め得なかつたのは、歩、砲の協力が出来て居らなかつたと云ふのが、一番重なる原因であつたと思ふのであります。

つい先達て私が教育総監部の或る将校から聞いた話ですが―諸君は既にお聞きのことと思ひますけれども―仏蘭西のアッタッシェーが日本の大演習を見て、歩、砲の協同に就て日本の将校と一所に話した時に、「これでは戦時に於ける日本の歩、砲の協同は実行上不完全である。それは何故であるかと云ふと、副通信が完全してゐないからだ。」と云ふことであつたさうですが、私には、一寸意外のやうに感じました。自分の現役の時―已に十年前―其当時のことを今日おしはめることは出来ませんが、勿論今日はより以上ズット進歩して居ると確信して居りまするが、私は此ことを聞いて我が歩、砲の協同と云ふことに就いて寧ろ賞讃の言葉を得たものと考へます。つまり現在の電話の通信では遺憾なくやつて居ると云ふことを認めた上に於て、余程通信を活用して居るけれども、戦時では、殊に大戦当時の仏蘭西国境の戦場では、皆様御承知の如く、到る処電話線が切断せらるる為回光とか鳩とかさう云ふ諸種の副通信をやつて、第一線の協同が出来たと云ふ位でありますから、当時のことをおしはかつて、日本は大演習でも平時のことをやつて居る、斯う云ふ批評であつたらしいけれども、夫程我が歩、砲の協同が研究されて居れば結構であると考へます。併し我が将校の観察では未だ夫程には出来て居らんと云ふことでありますが、此ことは諸君の様に早晩軍隊の枢要の位置に就かれる方々は、此点に就いては国軍の威力発揮の上に於て、十分御考慮あらんことを希望致します。

奉天会戦の追想

次いで奉天会戦の第三軍に就いてお話致します。第三軍の行動に関しては、どうしても満洲軍全般の作戦計画並指導等に就て波及して来ることが多いのであります。此ことについては、先年私共志岐中将（守治、奉天会戦当時、後備歩兵第五十九聯隊大隊長）等と相寄つて軍事討究会と云ふものを拵へて、そこから一つの雑誌見たやうなものを或る書店をして出さして居りますが、それへ「第三軍の包翼戦」と題した自分の意見を載せ、それを別に一冊に纏めたのがこれでありますが、諸君の中でも御覧になつた方がお出でのことと思ひます。私は現役当時から参謀本部辺から出る世界大戦の記事、特に東方戦場に於ける諸経過を見て、之を自分等のやつた奉天会戦当時と比較して、自分等のやつたことに就て著しく遺憾の念に打れたのであります。一言に申しますれば、我々が今日に至り彼の時斯うすればよかつた、ああすればよかつたと云ふことを、独軍のヒンデンブルグ、ルーデンドルフ（エーリヒ・ルーデンドルフ、第一次世界大戦において第八軍参謀長としてヒンデンブルクを補佐）、マッケンゼン（アウグスト・フォン・マッケンゼン、第一次世界大戦において第十七軍団司令官などとして活躍）等の諸将軍が、立派に実行して居るのを見て、実に残念に耐へないのであります。殊にあの優勢の敵を殲滅せしめたタンネンベルグや、アルレ河畔の独軍の行動を見まして、若もう一遍奉天戦を繰り返してやるならば、本当に日本軍が敵軍の殲滅を期し得たらうなぞと考へたりして、如何にも遺憾の余り、当時を回想して考を書いて見たのであります。つまり前申した独軍の将軍連は、我々が第三者の位置に在つて観察せる理想的のことを実際にやつてのけたやうなものであります。

当時の実況に就て後から其可否を述べますことは、丁度答の先に出て居る算術のやうなもので、どんな下手な者でも何とかして解式を作り得るのであります。それに独軍があゝ云ふ風に立派に敵をひどい目に合はせたことを手本にして、それによつて第三者としての講評をすることは、甚だ容易でありますけれども、一方にはそれだけ研究の資料になりはせんかと思ひます。

当時の実況は、明からさまに申せば概して拙いのであります、失敗が甚だ多いのでありますが、其拙いことを申上げて、成る程今日ならば斯うすればよかつたと云ふことを、お話して見ようと思ふのであります。

鴨緑江軍の編成と指揮系統

之は間接に第三軍の兵力に関係がありまして、戦史でも十分御研究になつて居ると思ひますが、鴨緑江軍の編成に就て、総司令部では勿論、私共の論議にまで上つたのであります。総司令部の意見は、今日書いた物にある通り、鴨緑江軍の編成には不同意であつたのであります。「主攻撃方面に一兵でも多きを望むのに此の如き山地に多くの兵力を支分するのは不利である。」と云ふので、私共も同じ考でありまして、尚今日に於ても同じ考を持ちます。此鴨緑江軍は、御承知の通り、二箇師団と後備歩兵一旅団とで編成され、而も之を大本営の直轄とし独立して用ゐたので、之に対しても総司令部は大に反対したのでありましたが、兎に角大本営の意見通りに行はれ、而して其結果としては、それによつて一時クロバ〔ママ〕トキンの意志を其方面に引き、多少とも第三軍に利益した点もあつたのでありまするが、其代り他に不利益の点も多くありましたから、結局之はプリウ、モアン〔plus moins〕と云ふことになつて、其利害は見る者によつて其意見も違ふのであります。当時大本営では、機密作戦日誌等でも御覧の通り、大本営として国軍全体の作戦であつて、満洲軍だけの作戦ではなく、特に当時の諸情報に依り或は敵の有力なるものが北方から直に朝鮮に侵入すると云ふような場合をも顧慮して、大本営としては、鴨緑江軍を直轄として置くの必要があり、結局同軍は満洲軍総司令官と協議的系統で参戦したのでありまするが、実際は総参謀長と川村軍司令官〔景明、鴨緑江軍司令官〕とが協定の上で、殆ど命令的指揮を受けてゐたのでありまして、兎に角さう云ふ拙いことをして居つたのでありまするが、それは大本営が万一の場合を顧慮してゐたので、凡て実際に当ると往々消極的のこともどうしても考へなければならんやうになります。次に述べます第三軍の行動でも、一面では消極的のことが始終考へられて居つたのが不成功に終つた大なる原因の一つであると思ひます。

満洲軍の攻撃計画

それから満洲軍の攻撃の計画でありまするが、これは第三軍が愈〻北進を始め二月末には攻勢に転ぜらるることが略〻予定された時、即ち黒溝台の戦闘前に策定されてゐたのでありますが、愈〻行動を開始しようとする時に総司令官大山元帥から非常に緊張した訓示が出て居ります。其第一項の終に、

此会戦に於て勝を制したるものは、此戦役の主人となるべく、実に日露戦争の関ケ原と謂ふも不可なからん。故に吾人は此会戦の結果をして、全戦役の決勝と為す如く努めざるべからず。

と云ふので、明に勝を予期されてありますが、一方総司令部の作戦計画に現れたところを見ますと、従来の沙河戦又は遼陽戦に同じく、只一歩敵を後方へ押し退げると云ふだけであります。併し実際には総司令部でも今度こそは殲滅戦をと期してゐたので、それを期して居つたからこそ、両翼包囲即ち、鴨緑紅〔ママ〕軍に左翼を、第三軍に右翼を包囲させたのでありますけれども、満洲軍の作戦計画を御覧になりますと、両翼とも威嚇であつて、鴨緑江軍も第三軍も共に敵の側背を脅威せよと云ふのであります。脅威では殲滅は出来ない、矢張り正面から敵を一歩後へ押し退げると云ふだけであります。さう云ふ風に総司令官の真の意図と作戦の指導とが始終喰ひ違つて居つたのであります。

第三軍の任務

従つて第三軍の任務、是も既に戦史に依つて諸君にもお分りのことと思ひますけれども、結局此第三軍の任務が至つて曖昧であつたのであります。今日之を研究すればするほど、一層曖昧になるのであります。何故と云ひますに、最初総司令官が軍司令官乃木将軍に示された意図では、「今度の戦は第三軍の行動に依つて敵の死命を制するのである。第三軍は或る場合は全滅を期しても目的の遂行に努めなければならぬ。」と云ふのでありましたし、又実際満洲軍総司令部で期待して居つたのも第三軍の行動でありまして、第三軍自身にも軍司令官初め一同さう云ふ風に考へてゐたのであります。このことは今日になつても私の頭に深く滲み込んで居ります。それでありますから、私共には第三軍の方面が、主攻撃でなければならぬと云ふ観念があつたのであります。然るにそれが、書いて示されたものでは頗る曖昧であります。愈〻第三軍が行動を起し前進を始めようとする前、軍の前進開始は二月二十七日でありましたが、其前確か二十日の日附だと思ひますが、同日発の満洲軍命令に依りますと、

第三軍は敵の右翼を繞回し長灘、茨楡坨の線に於ける敵をして退却せしめよ

と云ふのであります。是では他方面の主攻撃に対する一の助攻に過ぎないのであります。此敵の右翼を後退せしむるが如き、私共は第三軍の主目的たる敵の側背に対する運動によりて自然に生ずる、この副産物位に思つてやつたのであります。併し全体の命令を御覧になりますと、さう云ふ風になつて居りますし、どうも真の目的と喰ひ違つたところがあるのであります。兎に角其当時任務と云ふものに就いて、軍司令官以下軍統帥部の者に対しても頗る徹底を欠いてゐたのであります。

当時私は軍参謀部の作戦部に居りましたが、実は旅順の戦が済むと、軍司令官だけが残られて、軍参謀長と参謀副長、私の如き末輩までが作戦主任であつたと云ふので一同更迭を命ぜられたのであります。私は大本営附に

なり、それまで大本営附であつた当時の菅野少佐〔尚一、大本営参謀から第三軍参謀〕―今の菅野大将―と交代せなければならんことになつて居りました。之は公ではありませんが、只伝聞したのでありますが、当時児玉総参謀長の話に、「之は何にも皆が無能だからと云うて換へたのではない。旅順のやうに、互に石垣にくつつきあつて苦しい戦闘をして居つた者がそれにかぶれるのが自然で、それは誰でもさうである。今度の第三軍は最も活潑の行動を要するので、そこで心気転換の為に更迭したのだ。」と云ふやうなマー幾分か慰安のお言葉もあつたやうでありました。併し其時、私は多忙と怠慢の為に、作戦日誌を書き残してあつたものですから、さう云ふことを口実にして、軍司令官や、後から来られた新参謀副長の河合中佐〔操〕―今の河合大将―にお頼みをして、何も今大本営が自分を必要としてゐる訳でもないから、暫く此儘置いて貰ひたいと云ふことをお願ひしまして、それでマー都合よく其儘第三軍の作戦部に止つて居りました。当時の参謀次長であつた今の長岡中将〔外史、参謀本部次長〕だつたと思ひますが、「苟も戦時に残務があるとは何事か」と云ふやうなお小言があつたと思ひます。兎に角名前だけは大本営附でありますが、実際は第三軍の作戦部に止まつて依然仕事をして居りました。此奉天戦間軍参謀の内津野田大尉〔是重〕―今の少将―は第一師団へ、山岡少佐〔熊治〕は第九師団へ、安原大尉〔啓太郎〕―今の安原少将―は第七師団へ派遣されて居りましたので、第三軍の作戦部には私と、菅野少佐と河西大尉〔惟一〕―今の中将―とが居りました。其頃の作戦日誌や戦闘報告等は、菅野か河西か両人の内誰かが書いたものでありますが、当時の戦闘報告の写が一葉見付かりましたから、持つて参りましたが、此報告の初めに載つてをります軍の任務が、先づ当時の正当なものと見てよろしいと思ひますが、それには、

敵の左翼を脅威し、其運動によつて茨楡坨、長灘附近に在る敵を退却するの余儀なきに至らしめ、又最初の運動方向は、軍の左翼を以て大民屯に向つて攻撃するを要す。

とあります。

第三軍最初の位置

附図第八巻第五を御覧下さい。一寸此図で軍の初の位置でありますが、之で軍は最初は可なり後方へ引つ込んでゐたつもりで居りましたけれとも〔ママ〕、実は今モウ一層遼陽の方に引つ込んだ方がよかつたのであります。かう云ふ風に左の方へ行動したことは間諜や何かで直ぐ判るのであります。

クロバトキン〔ママ〕も第三軍が行動を初めたことは略ゝ知つて居つたのであります。一時鴨緑江軍の行動で迷はされましたが、気が著いて、後で直ぐに第三軍の行動に応じたのであります。それは遼陽から西方の小北河方面へ多くの支那車輌やなんかを行動させたので、かう云ふことは容易に敵方に分るのであります。さて図を御覧になつても今申した任務で見ますと、第三軍は決して主攻撃のやうになつて居らんのであります。

第三軍の兵力

それから第三軍の兵力のことに就いて一言申上げます。勿論大に軍の任務に関係があります。前申したやうに、大本営が鴨緑江軍を編成して之を直轄にして居りましたのは、一面朝鮮方面の掩護を顧慮したのでありまするが、又一方では「今度の戦さは全力を尽して雌雄を決するのであるから、それには不完全ながら両翼包囲でやらねばならん。両翼包囲でやるとすれば其一方を鴨緑江軍にやらせる。」と、さう云ふつもりがあつたかとも推測することが出来ます。それで之は後備一師団と、旅順の第十一師団を以て編成し、尚後備歩兵一旅団を加へ、同時に大本営では、最初には第三軍に対して多くの期待を有して居つたのであります。寧ろ第三軍を主力にしようと云ふ位の考があつたのでありますから、初の戦闘序列では、第三軍は四箇師団、即ち第十一師団の代りに新に出征して遼陽附近に居つた第八師団を加へてあります。此第八師団は後に黒溝台の戦はしましたけれども、初めは最も兵力を充実して居る極有力な師団でありまして、尚それに後備歩兵第八旅団を加へられたのでありますが、慾を云へばこれにいま二箇師団もくれて居つたならばと思ひますが、―之は後の第三軍の行動に就いて御研究になればお分りのことと思ひますが―さうすれば余程有利な行動が出来たらうと思ひます。然るに総司令部の方では、鴨緑江軍が大本営の意図通りになつたので、第三軍の方へ多くの兵力を分けるのはどうも正面が心細い。―これは最も研究を要する所でありまするが、実際責任を持つと中々思切つたことが仕悪い、従つて当時の総司令部に対しては無理な注文であるかも知れません―それで一時第八師団と後備第八旅団とを満洲軍の直轄としたのであります。後には戦闘序列を変へて二つとも第三軍から取り除けてしまひました。此兵力のことに就きましては、第三軍としても種々総司令部に交渉したのであります。前申した総司令官の最初の訓示中にも、「従来の戦闘によつても、堡塁に拠つて居る敵を正面から攻撃するのは、縦ひ多大の犠牲を払つても、其目的を達することが六かしい。それだから堅固な正面にくつついて居る敵は側面から攻撃せよ。」と云ふ戦闘方法まで示されて居たのであります。それに基きますと、全般から云うて第三軍は敵の正面を避けて側背に向ふので、其正面に現れる敵は悉く之を撃破して往かねばならず、従つて軍の兵力は一兵でも多きを要したのでありますが、かう云ふ考は第三軍司令官としては勿論、我々幕僚、又当時総司令部に居つた若手参謀、殊に今大将になつて居らるる当時の尾野少佐〔実信〕などの意見も同様でありまして、少くも今一箇師団を第三軍に増加すべきを主張されてゐました。私共は尚二箇師団か三箇師団、出来れば六箇師団位欲しかつたのでありますが、それは当時許されない状態であつたのであります。そこで第三軍司令官の要求に対し、総司令官としては、今兵力を増加することは出来ないが、総予備隊の行動に依つて之に応ずると云ふのでありましたが、実際に於て総予備は第二軍の左翼を主攻撃として行動したのに過ぎないと云ふのであります。そこでマア第三軍は兵力を減らされて只の三箇師団のみでやることになつたのであります。三箇師団ではどうも苦しいと云ふので、当時兵站守備として第三軍に属せられてゐた後備第十五旅団、—これは余り素質はよくない—それを軍の戦闘部隊に加へたのであります。其時の軍の兵站に就ては当時の兵站参謀長竹島中佐〔音次郎〕なぞも、非常に苦心してゐまして、兵站守備の為に或は一箇旅団位の部隊を途中に残して置かねばならんと云ふことまで考慮したのであります。それは少し其前にミシチエンコ〔パーヴェル・イワノヴィッチ・ミシチェンコ、ウラル・ザバイカル・コサック師団長〕騎兵団の非常に有力なものが遼西を南下して営口を襲撃したことがあつたので、それで軍の前進間遼河の西方から軍の後方を脅かされる顧慮が多く、或は一時後方の連絡を断たれるかも知れぬと云うて其覚悟さへして居つた位で、ところが実際は前進するに従つて案外楽であつたのでありましたが、初めはそれ程苦心をして居りましたから、後備第十五旅団は全部後方の守備に充てる筈でありました。あの時の後備は三箇大隊の二箇聯隊でありますから、六箇大隊居つたのであります。それを一箇大隊だけを兵站部にやつて、残り全部を戦闘部隊に使ふことにしたのです。併し已むを得ざるときは、其内から必要だけを兵站の方へやる積りであつたのでありますが、稍〻皮肉のやうでありましたけれども、総司令部が兵力を増加してくれないから、よしや連絡を断たれても、敵の方に突つ込むと云ふ積りであつたのであります。

敵情に就て

次に当時の敵情に就いて、第三軍がどう云ふ考を持つてゐたかと云ふことを一言しますと、総司令部へ集つた情報等は区々でありましたが、結局は此図に示してあるやうに、長灘から四方台の辺までは陣地が構成してあつて、可なり堅固に保持して居ると云ふのであります。四方台から以西は、ミシチエンコ騎兵隊が有力に活動して居つて、行動をしながらも案外頑強に抵抗するだらうと考へて居りました。又此騎兵団の為に遼河右岸から後方を脅威されるだらうと云ふ心配もして居りました。ところが事実は幸にも其等が杞憂でありました。当時ミシチエンコは病気の為に奉天の病院に入院して居つたのであります。それを知らなかつたものですから、其戦闘振りを見て、ミシチエンコとしては甚だ無能だと思つて居りました。それに其ミシチエンコに代つて此方面の指揮に任じてゐたレネンカンプ〔パーヴェル・カルロヴィッチ・レンネンカンプ、西方支隊長〕が、鴨緑江軍方面に転じて居つて、此方面の騎兵はグレコフ〔V・グレコフ、ウスリー・ザバイカル・コサック騎兵師団長〕と云ふ当時私共一向其名も知らぬ者が指揮をしてをりました。其行動を見ると甚だ拙い、こちらの騎兵団も余り立派の行動をして居らんけれども、それに敗けない位の拙いことをして居つたのであります。それからモウ一つは、遼西の中立と云ふことでありますが、当時此遼西の中立は互に侵さぬと云ふことにしてあつたのであります。其中立を先に破つたものは支那の援助を受けることが出来ないと云ふので、日本も成るべくそれを保持してやらうと云ふ考を持つて居りました。ところがここはミシチエンコが先きに営口へ襲撃して来た時にこれを破つて居る。その時別に支那人に妨げられても居らんのであります。それでありますから、此遼西では敵の騎兵団が行動するだらうと云ふのが、第三軍の為に恐しかつたのであります。初め我が秋山騎兵旅団〔長、騎兵第一旅団長秋山好古〕は第二軍と第三軍との連絡に任じて居つたのですが、其後初めから第三軍に居つた田村騎兵団〔長、騎兵第二旅団長田村久井〕を合して第三軍に属し、始終外側に行動をして居りましたが、初めは田村旅団だけで遼西方面を警戒して居りました。敵情に就てはザツトこれ位でありまして、少くとも四方台の線では可なり大きな抵抗に会ふ積りで居つたのであります。

第三軍行動の大要

それから第三軍の行動の大要を先に申しますが、つまり先程申しました戦闘報告に示せるやうな任務に基き、実際はより以上に繞回運動其者を主といたしましたのと、モウ一つは敵からの砲撃を避けると共に、縦ひ一縦隊が前進を阻止せられても、他の縦隊は依然前進を継続し、是に由り一般の運動を容易ならしむると云ふ目的の下に、出来るだけ縦隊を多くしたのであります。戦史で御覧の通り初めは四縦隊で前進したのでありますが、此縦隊を編成した時に、之は決して表向きの理由にも何にもなつた訳ではありませんが、多少実況を穿つことが出来るかとも思ひますから一寸お話致します。旅順では後から来た第九師団が徹頭徹尾苦しんだのであります。其苦しんだせいでもありませうが、又同師団の戦闘振りは至つて真面目であつたやうに、軍司令部に感じられて居つたのであります。それから一番右翼に行動して居ました第一師団、これは東京の師団で、それに其司令部に江戸つ子向きと云ふやうな人が多かつたせいもありませうが、其行動は中々機敏であつたが、どうも少しコスくはないかと云ふやうな感じが軍司令部、少くも私にはそんな感じがあつたのであります。それで先に旅順で苦しんだ第九師団の方は今度は少し楽の方へ廻はしたつもりで、一番右翼即ち内翼へ置き、さうして最も敵の騎兵団から妨害を被る虞の多い外翼へ第一師団を当てたのであります。それは一つには同師団の機敏性を利用したのでもありまするが、同師団は、苦しい困難のところはどこでも俺の方へ持つて来いと云ふ意気込でありました。ところがそれが実際には全く正反対になつて、第一師団は終ひまで比較的楽な行動をしたのに反して、第九師団は初つ端から終りまで一番困難の目に逢つたのであります。—日露戦役を通じて死傷者の数は第九師団が一番多かつたのであります。—其後私は侍従武官に転じ休戦の時まで時々大本営の衛生部から報告して来る死傷者の数に就いて若干の記憶を存して居りますが、当時第一師団はいろ〳〵の特設部隊を編成し出征者の数も多かつたので、それに比例して死傷者の数も可なり多かつたのでありますが、又第十二師団の如きも可なりいろ〳〵の特設部隊を編成しそれに第一軍は一番早くから出征して居りましたのに死傷数はそれ程でもなかつたのであります。純粋の戦死者の数、正確な数字は記憶して居りませんが、一番多いのが第九師団で確か一万位であつたと思ひます。其次が第一師団で、第一軍の第二師団や第十二師団はヅツーと少い方でありまして、一番少いのが大方二、三千人程だつたと記憶して居ります。それ程第九師団は苦戦をしたのであります。それで第九師団を第一縦隊とし、第二縦隊は後備歩兵第十五旅団と砲兵第二旅団としたのであります。それは矢張り総司令部の命令に基き、右翼の第九師団は第二軍の左翼に連繫して行く為、同師団が敵の右翼に衝突した際、外方から砲兵旅団をして之を援助せしむる為であります。これは幸ひにして四方台の戦闘で敵を退却させた多少の原因になつて居ります。それから第七師団を第三縦隊としたのであります。其理由は先程申しましたやうに、第一師団を外翼の第四縦隊にする為にさう云ふ編成になつたのであります。

只今申しましたやうな縦隊の編成で前進を始めましたが、最初は先づ遼陽から新民府へ通ずる大街道の線まで前進が出来れば先づ半ば成功位に思つてゐたのであります。此線に出たならば、或は沙河正面の敵は撤退するだらうとも予期して居たのであります。ところが、実際は予想外に容易く此線に進出しましたが、正面の敵は少しも動かなかつたのであります。

三月二日―第九巻の第五十三図と、第八巻の第九図参照

二月二十七日と二十八日は予定の如く各方面とも推移しましたが、三月一日になりますと、第九師団が四方台の敵に衝突をしたのであります。併し此四方台の敵も、他の三縦隊は前進を継続してをり、それに近く砲兵旅団も前進してをるので、容易に撃退し得る見込みでありましたが、実際はなか〳〵さうは行きませんでした。此四方台の戦さが済んでから、第二縦隊であつた後備旅団と砲兵旅団とは軍予備隊とし、稍〻後方で他の両縦隊の中間の道を行進させ、第三縦隊の第七師団を新に第二縦隊とし、第一師団を第三縦隊として依然外翼を、前進せしめたのであります。ところで一日の夜は総司令部との電話が通じたり切れたりして居つたのであります。これも一寸申上げますが、私共軍の幕僚としては、通じてよかつたこともあり又悪かつたこともあつたのであります。どつちかと云へば、総司令部との連絡は余り通じないことを希望して居つたのであります。それはいゝ意味で申さば軍は総司令部の掣肘を受けずに、独断的に十分の活動をする積りであつたのであります。一日の晩干家台と云ふ処に居つたときは時々通じましたが、其時の情報は、大体に於て楽観的の敵情の方が多かつたのであります。それはどう云ふ処から来たか知れませんけれども、総司令部の通報によりまするに、「敵は奉天の戦を避けて鉄嶺に退却準備をして居る。さうして其処に陣地を築いたり或は黒溝台の戦に参与し後方に退却したものを整頓し、同時に本国から輸送して居る多くの増援部隊を合する為モウ一歩後へ退つて兵力を充実せんとして居る。」と云ふやうな情報が大本営に来てゐると云ふので、其他の諸情報を綜合した結果、若「敵にさう云ふ景況があれば、第三軍は一層行動を迅速にして敵を抑留しなければならぬ。」と云ふやうな注文もあつたのであります。それに初めの前進が甚だ容易く行けたのと、又敵のグレコフの騎兵団が余り有力でないらしいので、第九師団は其儘にしておいて、他の両師団はドン〳〵と行けるだけ行つて早く敵の後ろへ迫るがいゝと云ふので、やつて往きますと、一日も二日も矢張り容易に前進が出来ますので、私共も甚だ愉快に思つて居りました。併しそれが為第九師団と第七師団の間がこれだけの距離があいて居つたのであります、殆ど二十粁近い距離であります。

三月二日夜の軍司令部の情況並其後方の出来事

此二日の夜の軍司令部の実況をお話いたしまするが、其前に、此日の第二縦隊と第三縦隊の前進目標は、沙嶺堡南北の線でありましたが、途中から軍司令官が、軍司令部が沙嶺堡へ行くから、両師団はモウ一歩前へ出ることを努めよと云ふ訓令を与へました。それで第二縦隊は其右翼を以て徳勝営子—こゝで又一寸申しますが、此会戦前に総司令部から、第二軍の情報部—今朝鮮総督になつて居られる山梨大将、当時の、山梨中佐〔半造、第二軍参謀）が此情報部長であつたと思ひますが―其情報部から出たものの通報によりますと、敵は奉天の西の停車場を通じた南北の線に堅固な陣地を造つて居ると云ふことでありまして、後に李官堡の攻撃に苦んだ時に此堅固な陣地に打つつかつたのだとしてゐましたが、実際此線にそんなものはなかつたので、敵の陣地は何時でも皆堅固に見えたのですが、露軍がデンポフスキー陣地と称へて居つた此徳勝営子から旧鉄道線路に亙つた処には若干の工事を施してありました。

それで第七師団は此徳勝営子から張士屯の線、第一師団は前後民屯から其北方の線、此図の線からモウ四粁か五粁前方に出るつもりで前進したのであります。それで此日の夕方になつて軍司令部は若干の騎兵の衛兵と共に沙嶺堡の手前で候三家子との凡そ中間位の十字路の処で、後備歩兵第十五旅団と書いてある旅の字の処の小さい森林の処まで前進して来て、其処へ止まつたのであります。丁度其時初めて聞いたのに、第七師団は途中若干の敵を駆逐して沙嶺堡の南方の達子堡に進入すると、前方から稍〻有力な敵が攻勢に転じて来たと云ふ報告があつて、其際前方に可なり烈しい銃声がすると、やがて敵の砲声もし出したのでありまして、暫くすると、第一師団からも同様の報告がありました。何れ早晩有力なものに衝突するだらうとは考へて居りましたけれども、其時は全く不意に出会つたのでありました。そこで取敢へず、軍司令部と前後して行進して居つた砲兵旅団と後備旅団とには、直ちに沙嶺堡に前進を命じ、要すれば戦闘に加入するやうに云うてやりました。一寸申上げて置きますが、旅順での経験も御座いますし、又二十七日からの前進間の景況に依りましても、私共、其当時左程敵を恐がつて居らんのであります。両師団から優勢の敵が攻勢に転じて来たと云ふことにも大して驚かなかつた、寧ろそれを駆逐して予定の線に前進出来ると云ふ程の確信を持つて居つたのでありますが、実際に於て敵は攻撃前進をして来て居りまして、其時の状況は図のやうな形になつて居つたと思ひます。其時の軍の管理部長は今の渡辺満太郎中将でありましたが、軍司令部が沙嶺堡へ泊ると云ふので、部員を連れて同村へ先行しまして、管理部の一獣医〔森清克〕が敵弾を受けて、之が為に遂に両眼を潰したのも此時でありました。日の暮れと同時に沙嶺堡の線では両師団とも敢へて苦戦もしないが此方から前進もしない、敵は依然前面へ迫つて来て居る。それが為マー一時両縦隊は防勢に陥つた形になつたのであります。併し軍司令部ではやがて第一線は少し位前へ出るだらうと思つて、兎に角日没と同時に沙嶺堡へ入り込みました。其内に時刻が来ましたので、両師団、砲兵旅団、後備旅団等から命令受領者がやつて来たのであります。其時軍司令官以下幕僚等の居つた家屋の側へも小銃弾が二、三発来たのであります。其時の前面の情況は、両師団の幕僚の報告に依りましても、近く敵と睨み合つてジツト現地に喰つついて居り、つまり此儘夜を徹することになりまするので、斯う云ふ第一線の中で軍司令部の仕事は出来ない、又軍司令部の適当の位置でもないので、今少し後へ下らうと云ふことになつたのでありますが、軍司令官が命令の伝達が終るまで此処に居れと言はれ、之は如何にも其通りでありますから、命令の伝達が終つてから、後方一里程の前胡台と云ふ処に往くことにしたのであります。此時であります。これは一の喜劇と云ふよりは寧ろ悲劇と申した方が適当でせうが、之は勿論戦史にも書いてはないことで、あまり人前で大きな声では云ふことでもありませんが、一つ実況をお話致しませう。命令が出来上つて、之を伝達して居ます時、時々敵弾がピシツ〳〵と音を立てて窓の外辺りに飛んで来てゐましたが、私共別にピク〳〵〔ママ〕ともいたさず、併し多少とも粧うて泰然と命令の伝達をして居りましたが、其時突然沙嶺堡の後方、即ち我々の背後で豆を煎るやうな激しい小銃の音がしたのであります。其時は流石に一同ハツトいたしたのですが、御承知の方もある通り当時の参謀副長であつた只今の河合大将閣下は至つて沈著な方でありますが、此時極くかすかな声ではありましたが、「コリャ事によるとやられたのではないかな。」と独り言のやうに云はれたと覚えます。之は今河合閣下に聞いてもさう御仰るかどうか知りませんけれども、私の耳にはさう云ふ風に響いてをるのであります。併し一同は態と平然と構へ、其処に来て居る師団の参謀にも命じ、又軍司令部からも斥候を派して実況を見させ、依然命令の伝達を続けましたが、其銃声もホンの一瞬時で止みまして、夜半過ぎに軍司令官は前胡台へ往つて其処へ宿営したのであります。只今の背後の銃声が何であつたかと云ふと、丁度後備歩兵第十五旅団は夜暗になつてから、前方の沙嶺堡の銃声を聞きながら前進して来たのであります。所が此後備旅団は初めて戦線へ臨んだので、其時多少共平静を欠いて居つたものと思ひます。後備隊の悪口を申すのは甚だ好まぬことでありますが、此後備旅団も大隊長、中隊長等は長い間現職を放〔ママ〕れて居つた為に、元気はあるが十分の指揮が出来ないと云ふ有様でありました。尚外にも斯う云ふ例は沢山あります。丁度此後備旅団が沙嶺堡の部落内へ入つて開進しつゝある時に、後から、敵襲々々と云ふことを聞いたと云ふのであります。それは我が騎兵が―騎兵の一部は第一、第二両縦隊の中間に位置して其連絡に任じそれで総司令部との連絡をも間接に保つて居たのでありますが―其騎兵が屢〻敵の騎兵に不意に出会して居つた。それは双方共に此処に斯んな大きな空隙があることをよく知らないので、お互にビツクリしながら引つ返して居ると云ふ状態であつたのであります。それで此時の騎兵も何処で敵に衝突をしたか知りませんが、敵襲々々と叫んで後備旅団の近辺に駆けて来たのであります。さうすると誰が号令するともなく射撃し出した。一人が撃ち出すと近所に居つた者一同が何も分らぬままに後方に向つて撃ち出したと云ふ有様だつたので、併し其目標になつたものこそ不幸なもので、それが何であつたかと云ふと、軍司令部の大行李であつたのです。大部分は支那車輌でありまして、それへ我々の副馬なぞも加はつて居ました。例の通り支那人の父子が巧に多くの馬を使つて、馬車を挽かして悠々と軍司令部の所在地に向つてやつて来たのであります。其時分の支那車夫なぞ鉄砲の音位は平気なものです。併しいくら馴れて居ても突然頭の上へピユー〳〵と弾丸が飛んで来てはたまらん、そこは又支那人で、すぐと馬首をめぐらして散り〳〵に散つてしまつたのであります。幸に暗夜の鉄砲であつただけ、大した負傷者もなかつたのでしたが、流石に現役兵から取つてあつた十数名の護衛兵だけはじつと其処に残つて居りました。あとは皆何処へ行つたかわかりませんでした。斯う云ふ時には支那車夫もなか〳〵衛兵の云ふことを聞かない。おかしなことには、後で前胡台へ軍司令部が行き其夜は其処へ泊り、翌日は一日滞在しましたが、其日の正午過になつて、附近の民家からノソ〳〵と副馬の馬丁達が出て来て、日本軍が泊つて居ると云ふことを聞いて、匿まつて貰つてゐた支那人の家から出て来たのであります。又馬の方は馬の方で馬丁から離れた副馬の多くは軍の外側に居つた我が騎兵団の処へ駆け込んで、そこから送り戻して来ましたが、これは自然にさう云ふ風な性質のものだらうと思ひます。

三月三日の情況

そこで此第五十四図を御覧下さい。三日の状況であります。此三日の行動が今日に於ても最も考究に価するもので、当時第三軍司令官として、軍の行動に就いては一番苦慮されたのであります。二日の晩から三日に亙る第三軍の行動に就いて、其当時の戦闘報告これが真かそれとも戦史の方が真か、と云ふことに就ては、研究として当時の実際のお話をして見ようと思ひます。

矢張り二日の日には総司令部との連絡は全く杜絶して居りました。そこで先づ軍司令官の決心に就て申しますと、此決心の基礎たるべき軍の任務、それは先にも申しましたが、軍司令官に示されてある総司令官の意図即ち軍は速に敵の後方に繞回すること、それでなければならぬのであります。一般の状況即ち第一、第四及第二軍方面の状況も、又第九師団即ち第一縦隊の状況も一切不明でありました。此第九師団は二日の晩は前夜の四方台に続いて彰駅站で大分苦戦をしてゐたのですが、それは当時軍司令部には判らなかつたのであります。それから軍前面の敵情は稍〻優勢らしい敵に攻撃されて、二日の夜は相対峙した儘現在地に止つたと云ふのであります。そこで軍は友軍の状況も第一縦隊の状況も不明である、それに前方には優勢かも知れんと思はれる敵を前にして居る、之に対し三日には軍はどうすればよいかと云ふ問題であります。今ここで私がクド〳〵と申さないでも、大学校学生たる諸君に対する問題とすれば、諸君は一斉に前進継続と云ふ答解をなさると思ひます。又それが一番至当だらうと思ひます。当時私共の頭にも第一にそれが浮んだのであります、「前面の敵を攻撃して前進を継続する」。併しそれが実際になつて見ますと、いろ〳〵消極的の考慮が出て来て邪魔をするのであります。総司令部との連絡の杜絶、友軍方面の状況の不明、そこへ偶〻遼河方面に一箇師団或は二、三箇師団の優勢な敵が出現したと云ふやうな情報も飛来して居つて、そこで若此儘前進を継続し、第三軍が孤立して全滅することは、予め期して居つたことだから、それには顧慮せぬとして、之が為に我が全軍の失敗を誘致してはと云ふやうな懸念が湧いて来るのであります。そこで種々に頭を悩まされるのであります。それで当時病を冒して依然従軍してをられた軍参謀長の松永少将〔正敏〕、又軍司令官乃木大将御自身にも、「前進を断行したいは山々であるが、今少しでも友軍の状況が知りたい。」と云ふ風に、そこでつい幾分かの躊躇が出て来るのであります。私は矢張り作戦主任でをりまして、それで参謀副長の河合中佐の意見を定むる際、特に私に向つて平素の学修上の研究は此処ぢやないかと云はれたことが尚耳に残つて居ります。私をして前進断行を軍司令官及軍参謀長に言はしめんとせられたのであります。実際はそれ程に迷うてゐたのであります。併し結局は今も申した理想的の判断の通り「前面の敵を攻撃して前進を継続する」と云ふことにきめたのであります。併し戦史や当時の日誌等を見ますと、実際に於て稍〻其折衷案でも採つたやうな形になつてをりまして、「前面の敵を攻撃はするが、一旦前面の敵を撃攘したならば、一時停止して第一縦隊の到著を待つ。」と云ふ風になつてをります。けれども、此停止のことは後で只両縦隊長〔第一師団長飯田俊助、第七師団長大迫尚敏〕へ内示だけしておいたので、実は翌朝の攻撃間には「何とか第一縦隊の状況が分つて来るだらう、さうしたら其時にイヨ〳〵のことをきめればよい。」と云ふので、それまでは飽までも前進継続でありますが、それが内実に於て矢張り大分躊躇の気分が含まれてゐたのであります。

それで此戦闘報告を見ますと、三月三日軍は前面の敵を攻撃して其前進を継続せんとせしに午前八時四十五分云々・・・とあります。それでありますから、少くも表面だけは此報告通り前進の決心をしたのであります。つまりそれは初めから第三軍自身にも考へて居りましたし、又開戦前の総司令官の訓示に対しても、勉めて敵の正面は避けて、さうして行動し得る方面はドン〳〵行けと云ふのであります。而も前面の敵は二日の行動を見ても甚だ拙いのであります。それでありますから、行けるまではどこまでも行かなければならんのであります。後で当時の彼我の状況を見ますると、此時若も第三軍が飽までも勇敢に其前進を継続してゐたならば、本会戦の結果が、モー少し殲滅戦に近い効果を得たのではなかつたかと思ひます。ところが此午前八時四十五分、—これは此戦闘報告にも書いてありますが—軍は前面の敵を攻撃して前進運動を継続せんとせしに、午前八時四十五分総司令部から三日に於ける軍の前進を中止すべき総司令官の命令に接し、両師団も未だ攻撃前進を開始しあらざりし云々とありますが、今日、全般の戦局から之を考へますと決して幸ではなかつた、寧ろ不幸であつたと思ひます。即ち此時には幸でなく却つて不幸にして両師団が前面の敵に対し攻撃前進を開始して居つてくれればよかつたらうと思ひます。この両師団が午前八時四十五分に攻撃前進をしてをらなんだのにも訳があります。それは後で申しますが、此総司令官の命令は、第二軍の騎兵を通じて騎兵将校が持つて来たのであります。正直に其時の心持を申しますと、助船でも来たやうな気がしました。が、若もあの時ヒンデンブルグ将軍がタンネンベルヒ〔ママ〕戦で露軍を見縊つて居た位の勢であつたならば、此時の軍司令官として強ひて総司令官の命令を奉じないでもよかつたのであります。併しながら其時の景況は、河合将軍も今でもお話なさらうと思ひますが、一面には何となく残念であつたと云ふ気がしながら、他の一面ではヤツと安心したと云ふやうな有様でありました。それならば此結果が一体どうなるのかと云ふに、それは後で彼我の状況が判つてからのことではございますが、当時軍は現在直ぐ前進し得べきものは二箇師団だけでありましたが、それでも之で当面の敵を蹴破つて行つたならば、敵軍に大なる打撃を与へて、或は殲滅に近い結果を得たかも知れないのであります。それは戦史を御覧になると判りますが、二日の夜から三日にかけて各方面からやつて来た敵の大部隊が、非常の混雑を生じて居つたからであります。其処へ殺到して往つたならば、それこそ縦ひ第三軍が全滅しても、それだけの効果があつたと思ひます。それで翌日の四日は既に大分隊伍を整へ陣地を保持して居つたものであります。それで四日に李官堡の敵にブツつかつて、第二軍が代つてからも其儘十日まで同一地に喰つついてしまつたのであります。今更敗け惜みながらも甚だ残念だつたと云ひ得るのであります。今日敵情も分り戦闘の結果を見てから云ふので、是は喧嘩済んでの棒ちぎりに過ぎぬかも知れませぬ。

そこで両師団が朝になつても未だ攻撃前進をせずに居つた、それはどうかと云ふに、この朝にも亦敵の方から攻撃をして来たので、其儘防禦の姿勢を保つて居つたのであります。が、元来此敵は一つは総予備隊から遼河方面へ派遣されたトポルニン中将〔アレクサンドル・カルロヴィッチ・トポルニン、第十六軍団長〕の指揮せる一師団が途中大石橋辺から急に沙嶺堡へ向はされたのと、も一つは渾河左岸から移動されたワシリエフ少将〔第三十一師団長〕の率ゐる約一師団とで、それが一緒になつて、沙嶺堡に向つて来たので、沙嶺堡には或はまだ友軍が居るつもり位であつたので、それは私共の這入たとき、敵がつい前まで居たやうな炊事の跡なぞもあり、又積んであつた糧秣へ火をつけて行つて、それがまだ盛に燃えて居つたのを見ても分ります。又此時渾河右岸諸部隊の総指揮を命ぜら〔れ〕たカウリバルス大将〔アレクサンドル・ワシリエヴィッチ・カウリバルス、満洲軍第二軍司令官〕も、二日の晩には此沙嶺堡へ来る筈であつて、丁度乃木将軍と握手でもするやうになつて居つたのであります。さう云ふ風で、此敵の攻撃は図で御覧になつても分ります、甚だ拙くつて、少しも計画的の行動にはなつてゐないのであります。さう云ふ敵に対し、こちらが地物に拠つて之を迎へたので、それで自然旅順で苦戦をして来た両師団は愉快でたまらぬのであります。此ことに就ては私が現役の時に屢〻団隊長や若い将校に談したこともありますし、又軍事討究会で発行して居る戦陣叢話にも此時のことを書いて出しておきましたが、それは防禦戦闘に対しては大なる考慮を要すると云ふことであります。これは後で聞いたことではありまするが、当時此戦闘に与つた両師団の将卒が、旅順では堅固な堡塁から射撃する敵に対し、こつちは裸で向つて行くので、大に苦まされたのだが、今はこつちが地物に拠り向ふが裸で来るので、これ程楽で且愉快なことはないと云ふやうな話をして居つたさうでありますが、其半面には、再び反対の位置に立つて攻撃前進をして行く気分を鈍らしむるのであります。併し其後の戦闘経過に依りましても、此時にはそれ程深く皆の頭を刺戟した訳ではなかつたと思ひますが、一時は確かにそんな気分を感じてゐたのであります。

二日の夜の軍命令では攻撃前進せよと云ふのであつて、決して停止せよと云ふ命令はしてないのであります。それが敵の方から先に攻撃して来たからと云つて、其儘陣地に拠つて防禦戦闘を継続して居つたのであります。図で見ても分ります通り、敵は統一も何もなく、我が両師団と砲兵旅団とで自然に出来て居る一凹角の中へ這入つて来て居るのでありまして、之に向つて砲火を浴せたので成程愉快であつたらうと思ひます。そこで軍から前進中止の命令を伝へに第一線へ往つたのは当時の菅野参謀だつたと思ひますが・・・其時にも両師団ともまだ前進してゐない、此中止の命令が第一線に伝はつたのは十一時前後であつて、而も敵は大分損害を受けて十時前後から退却を始めたのでありました。我が戦闘部隊は一も追撃に移つて居らぬのであります。そこで先に児玉将軍が言はれた、旅順であゝ云ふ苦しい戦をしたものに野戦的な活潑な行動を求むることは中々六かしいと云はれたことを思ひ当るのです。が、之は決して此両師団を侮辱した訳ではありません。只戦場の心理状態としてさう云ふこともあると云ふことを、御参考までに申上げるのであります。

第八巻の十三図、第九巻の六十図参照
三月四日より六日迄の情況

一寸ここまでの経過の大体を申しますが、三日は前の如く前進を中止して第一縦隊即ち第九師団の到著を待ち、翌四日更に前進しましたが、其時に敵は既に張士屯、李官堡の線を固守して居つたので、第九、第七両師団は此敵にぶつつかり、直に攻撃しましたが、容易に目的を達せず、之を第二軍に譲つて北方へ移つたのでありますが、此正面の敵は、九日の夜敵自ら引退するまで其儘であつたのであります。此李官堡の攻撃では、第三師団が可なり苦戦をしたのであります。当時敵の陣地が非常に堅固に構成されてあつたやうに云ひましたが、実際はそんなに大した工事を施しては居らぬのであります。攻撃が困難だと、何処でも陣地が堅固のやうに感ずるので。只斯う云ふ固定した戦になると、露軍はなか〳〵頑強であります。それで総司令官も正面を避けて側方に進出するやうに訓令されたのであります。ところが此李官堡の正面は、第七師団が五日の晩から六日にかけて、総予備から新に第二軍に増加された第三師団に渡し、それが終りまして此処に喰つ付いて居つたのであります。前の訓令の主旨から云うても、此第三師団を第二軍に加へず、之を第三軍に加へて外側に用ゐて居たならば、敵に先んじて其側背に迫り、繞回の効果を大ならしめてゐたかと思ひます。又一番右に居つた第九師団は、五日夜に行動して、第七師団と第一師団の中間に移つて、新に第二縦隊となつたのでありますが、之も思切つて第七師団も一緒にも

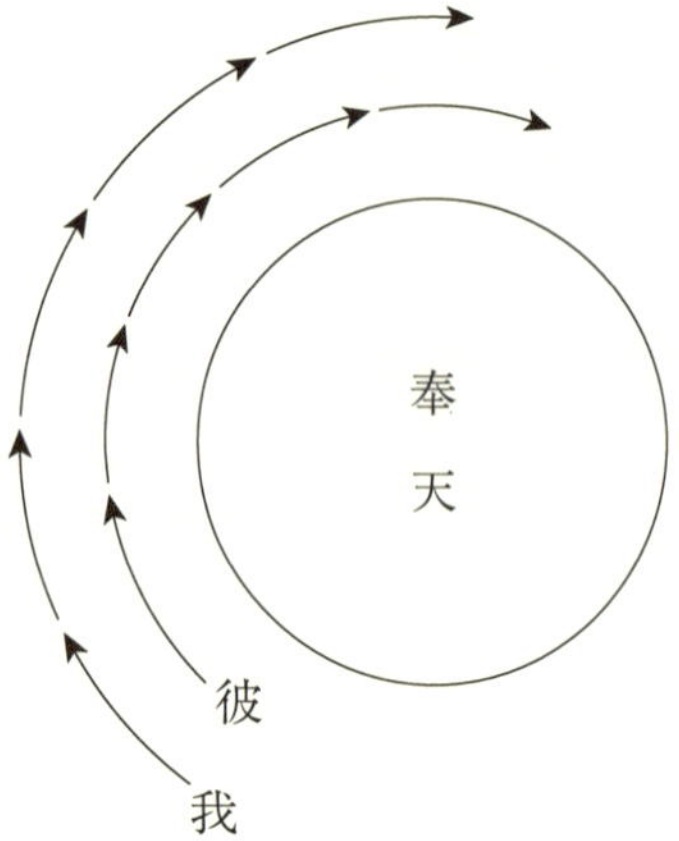

う少し早く北方に移動さして居たならばと思ひますが、何れも後の考でありまして、当時は、軍司令官としても、若や之が為に敵に我が主力との中間を杜絶されてはと云ふ心配があつたのであります。それらの顧慮などからして此図のやうに移動するたびにいつもこつちが一歩づつ敵に先んじられて居つたのであります。

当時第三縦隊の第一師団は始終都合のいゝ処へ出て居りました。これが思切つて南方へ曲つて、敵の背後に迫つて居れば、いゝかと思ひますが、之も過早に軍の主力から孤立するの危険を顧慮してゐたのと、又前面には常に有力な敵が居つて、其正面にぶつつかることを避けて主力の行動に伴つて居たのであります。

我が騎兵団の行動

次に我が騎兵団、当時騎兵団は、秋山支隊と田村支隊を合したものであつて、敵のグラコフ〔ママ〕騎兵団に対しドツチカかと云へば稍〻有力であつたのですが、之も初の状況が先入主となつて居つて、どうも敵の方が優勢だと云ふ考に制せられて居つて、只我が外側を掩護して居つたばかりで、余り活潑な行動は為し得なんだのでありましたが、若此騎兵団と第三縦隊とが、敵に一歩先んじて其後方に迫つて居たなれば、他の第一、第二両縦隊の前進も或は容易に出来て居つたかと思ひます。

三月七日の総司令部

三月七日と云ふ日は、第三軍ではそれ程悲観しては居らぬのであります。それは六日の夜の—此図を御覧になれば一々申上げませぬでも大体御判りのことと思ひますが—此日、之は後で聞いたことではありますが、我が満洲軍総司令部では、大山総司令官、児玉総参謀長以下同統帥部が、日露戦役中で一番其頭脳を苦しめられた日だつたさうであります。又此七日の満洲軍の状態が大本営に伝はつたので、八日に勅語を賜はつて居ります。

三月七日〔八〕に賜はつた勅語

此勅語は「全軍が奮励努力した結果既に奉天を包囲してゐると云ふことを聞いて喜ばしい。此際一層奮闘して其戦果を全うせよ」一言すれば全軍を鼓舞せられたのであります。これまで、一戦闘後に勅語を賜はつたことは屢〻ございましたが、かう云ふ風に中途又は事の初めに賜はつたことは極めて稀でありまして、第三軍としては二回賜はつて居ります。もう一回は旅順で愈〻第三回総攻撃を決行すると云ふ時、即ち同攻撃の前に第三軍に賜はつたもので、それは近く総攻撃を決行することを聞こし召されて「悦ばしい。切に其成功を望む。」と云ふ御主旨で御座いました。

総司令部よりの督励

それで此八日の勅語は、固より満洲軍全般に対するものでございまするが、当時第三軍は総司令部から此勅語以上の激励寧ろひどいお叱言を頂戴して居つたのであります。それは此全般の図によつても分りますが、鴨緑江軍から第二軍の中央辺までは、殆ど開戦当初の位置に喰ついたなりで少しも動いて居らぬのであります。御承知の通り第四軍の正面では二十八糎まで持出して熾に万宝山なぞを砲撃しましたが、一向成功しない。既に総予備隊も第一線へ加へ、日本軍としては、有りつたけのものを悉く用ゐ尽して居つて、もう何もない。此儘じつと過せば敵の兵力が増すばかりで、軍の運命と共に、国家の存亡にも関する。此際どうしても戦況を発展せしめねばならぬ。そこで唯一の頼みは第三軍の果敢なる行動であると云ふのであります。それで当時のことは総司令部の機密作戦日誌には詳しく記してあると思ひます。が、結局総司令部では、此際第三軍を督励して此方面から戦況を発展させるより外ないと云ふのであります。今日になつて申しますと、それならばなぜ第三軍にモウ一、二箇師団くれなかつたかと云ひたいのであります。

後備三箇旅団の増加

其際満洲軍の最後の予備の、後備三箇旅団を貰ひましたが、実際を申しますと、当時後備旅団は貰つても余り有難く感じなかつたのであります。これは先に申した通り、後備隊の素質上已むを得ないので、到底之に独立の行動をさせることが出来ない。当時の状況で之を外側に用ゐ鉄道線路方面にまで活動させようと云ふやうなことは、全く望まれなかつたのであります。二日前まで総予備であつた第三師団を第二軍に加へて、終ひまで正面に固定さしたのでありますが、此第三師団を先づ第三軍に加へ、尚此際に第四、第二軍から一箇師団を抜くなり又は正面の各軍から野戦の二、三旅団を抜いて之を第三軍方面に使用してゐたならば、モツト有利の戦果を得て居たかと思ひます。当時総司令部の参謀の松川少将〔敏胤〕から電話で、私に、「第三軍は最初から其全滅を期して居るのではないか、何故思切て前進を遂行しないか。」と云ふやうな督励もありましたが、其時私は「固より全滅は期して居る。併し只全滅するばかりで、全軍の危殆を招いてはならない。全滅しただけの効果を得ねばならぬ。目下頻りに前進に勉めて居る。」と云ふやうな言ひ訳をして居つたのであります。尚又総司令部全部からは、第三軍を督励する為態と正面の方の状況を有利のやうに言うて、我が第四軍や第一軍の方は、我が攻撃に依り大に戦況が発展して居るやうに言うて来てをつたのでありますが、此方面の敵が退却をしたのは七日の夜からであつて、此時にはまだ初の沙河の線に喰つ付いて居て、少しも発展してゐなかつたのであります。

第八巻の第十四図参照

これが七日の夜でありますが、敵は全く随意に退却して居つて、此青い印は少しも前日来の位置を動いてゐないのであります。併し之は総司令部が第三軍を刺戟する為に多少拵へて言うたのでありましたが、軍司令部なぞへは真相を伝へる方がよかつたのであります。当時総司令部の松川将軍なぞから私に向つて、「今第三軍がグズ〳〵して居つては折角の長蛇を逸してしまふではないか。」と言はれましたが、当時なか〳〵長蛇を逸するどころではない、寧ろ長蛇が逸してくれぬので困つて居ると云ふやうな情けない感じを起したりしまして、後で此ことを総司令部の幕僚に話したことがありますが、それほど前面の敵は頑強に抵抗して居たのであります。其時の電話器は総司令部へ通ずるのと前方の各師団へ通ずるのとが同じ場所に一列にづうツと列んで居たのでありまして、総司令部の電話に呼出されて松川将軍なぞと前申したやうな応答をいたし、今度はこちらから各師団の参謀長や参謀を呼出し、総司令部が軍司令部へ督励したやうに攻撃前進を督促したのでありますが、師団からの返答は私共が総司令部へ答へたよりも中々激烈であつて、しまひには、言はれないでも一生懸命にやつてをる、嘘と思ふなら此処へ出て来て見るがいい、と云ふやうな勢ひでありましたが、実際此時は前面の敵もなか〳〵頑強でありました。丁度此時の出来事であります。さうして此ことは先年乃木将軍の某記念会の節私がラヂオで放送いたしたこともありますが、今申したやうに私共が電話で総司令部や各師団と半ば喧嘩腰に応答してゐました其際に、乃木将軍は私共の争論がましいことを抑へながら、稍〻突然に、「こりや一つ俺がこれから前方へ行つて、師団長や砲兵旅団長〔永田亀、野戦砲兵第二旅団長〕に会つて、よく第一線の状況も聞き、又こつちの意図も示して来よう。」と云はれたのであります。

乃木将軍の心事

当時の乃木将軍の御心事に対しては、後に種々に推測する著〔ママ〕もありまするが、私は当時の実況に対し、乃木閣下は真に全軍の為に自分が行つて親しく師団長、旅団長に話をするのが、それが此際一番に全般の戦況を有利に将軍は旅順でも屢〻危険を冒して第一線にお出でになつてをりましたが、実際軍司令官自からが第一線へ赴いて将士を激励されたと云ふことは、確かに其効果があつたのであります。それで此時も第一線へ行つて大迫第七師団長や大島第九師団長に会うて、親しく話さうとせられたので、又確かにそれだけの効果はあつたらうと信じます。其時当時の河合参謀副長初め私共切にそれをお止めしたのであります。それはかう云ふ大事な時にこそ、軍司令官が猥に軍司令部を離れられてはならぬ。又此時軍司令部の居る大石橋と前方師団との中間は、図を御覧になつてもお分りになりまするが、全く開豁して居りまして、屢〻此の大、小方士屯辺の敵の砲兵から砲撃せられて、単独の伝令でさへ危険を感じてゐた位で、軍司令官に万一のことがあつてはならぬと云ふのであります。然るに乃木将軍は「ナーニそんなに心配するに及ばぬ。一寸往つて直ぐ帰つて来る。」と言うて容易にお聞きにならぬので、河合副長はトウ〳〵「どうしてもお出でになると云ふのならば、総司令官へ伺つて、其許可を受けねばなりません。」と言はれたのであります。これは後で聞きましたが、当時河合副長は、総参謀長辺りから、何か内示を受けて居られたと云ふことであります。そこで軍司令官も少し躊躇されて、何も態々許可なぞ受けぬでもよいではないかと言うてをられましたが、丁度此時でござります、前申したやうに病気を冒して軍司令部と一緒に行動されてをつて、此日も大分お熱があつて側に腰をかけて柱にもたれてウト〳〵と居眠つてをられた松永参謀長が、突然立ち上つて軍司令官に向はれ、「どうか私を代りにやつて下さい。私が第一線へ参つて遺憾なく閣下の御意図を伝へて参ります。」とかう云はれたのであります。其時は一座しんとして一時頗る厳粛の光景を呈して居りましたが、乃木将軍は之に対し暫くお考へになつて居られましたが、「イ、か、行けるか。」と一言おつしやりました。すると松永将軍は「大丈夫です。是非往かして貰ひます。」とおつしやつて、直ぐに其支度にかからうとされますと、軍司令官も「それぢや一つ行つて頂かうか。」とおつしやつて、参謀長はすぐ様乗馬を命じ、名はよく記憶いたしませんが後に聞きますと当時に臨時軍司令部衛兵として来て居た確か舛川少尉と云ふ騎兵将校と伝騎一、二騎を連れて、お出かけになつたのであります。当時の乃木将軍の御心中は私共其場に居た者には大概推察が出来ましたが、それだけ此時は軍司令官始め一同松永参謀長が果して無事にお帰りになるかと云ふことを疑つて居りましたが、それが夕刻になつて任務を果して無難に帰つて来られたことは、実に不思議に感じたほどであります。全く天祐であつたと思ひます。

造化屯の攻撃に於ける野戦砲兵旅団の猛進

かくして松永参謀長が軍司令官の名代として第一線へ行かれたことは、決して無駄ではなかつたのであります。此日夕刻に第九師団が造家屯〔ママ〕を取りました。此造家屯〔ママ〕の攻撃、又翌八日の八家子の攻撃は、戦史に就て御研究になればよくお分りになりますが、当時永田少将の指揮する野戦砲兵旅団が平坦開豁の地を、全然暴露して最も勇敢に前進した光景は実に見物であつたさうで、それが大なる貢献をしたのでありますが、又さう云ふ風に思切つて前進すると案外に損害が少かつたのであります。第六十二図を御覧になると、今申した砲兵旅団の前進の状況がよく分りますが、最初の陣地からは十分に歩兵を援助することが出来なかつたので、それで思切つて一斉に前進したのでありまして、造化屯の敵が同地を棄てたのは、我が第一師団が其後方に廻つたのや、其他の原因もありますけれども、此砲兵の直接の援助が大なる力を与へたのであります。

▲第八巻の第十六図、第九巻の第六十六図参照

三月九日の情況

此九日の状況を極く簡単に申します。戦史にもあります通り、正午前から非常な砂塵が起り、所謂黄塵万丈を全く形に現はしたのであります。併し之も全体から申しますと我が軍の方に利益であつたのでありますが、それが不幸にして第三軍では反対に敵に利用されたのであります。七日の夜に敵が沙河の陣地を撤退したので、是は敵が愈〻北方に退却するのであるから、速に其後方に迫り、鉄道線路と鉄嶺街道を遮断して、奉天を包んでしまはねばならぬと云ふので、之を第三軍に督励して来る。そこで第三軍では八日に八家子を奪取した第九師団、又再び此第九師団を引抜いて之を第一師団の左方、即ち最外翼に出したのでありますが、同師団は初めから度々の戦闘で余程傷んで居つて、当時の実力は三分の一か四分の一位に減じて居り、一箇師団と云つても其実員は一箇聯隊位のものでありました。それだけ一方には動き易かつたのでもありませうが、実に真面目によく活動して居りました。そこで八日の晩の総司令部からの通知によりますると、「九日には第四軍と第一軍の一部が奉天の北方に出る筈であるから、お前の方は一刻も早くそれと連絡するやうにせよ。」と言うて、之は総司令部が殊更第三軍を勢づける為に実況よりも稍〻誇大に言うて来たのでありまするが、それにしても、当時総司令部でも又第三軍司令部でも、敵が愈〻退却を始めたものと確信し、従つて早晩第四軍が出て来るだらうと思うて、各師団に前進を督促して居つたのであります。又各師団でも、さう思うて居たのでありますが、敵は到る処堅固な陣地に喰つついて居つて、なか〳〵動かない。此時後備第一旅団、東京の後備旅団で旅順でも大分働き、其後補充を終り旅団長も代り、其時には隠岐少将〔重節〕が指揮されて居ました、此隠岐と云ふ方はズツト以前には士官学校の兵学教官をして居られて、其時分我が陸軍の戦術家とも云はれた程の人でありましたが、其旅団が第一師団長から「其二箇聯隊を以つて同師団の外翼から前進して、鉄道線路を遮断せよ。」と云ふ命令を受けて出発したのであります。同旅団長は当時の彼我の状況、即ち第九師団は既に我が外側に出てるだらう、又敵はズン〳〵退却して居るのである、と云ふ状況から、戦術上の判断を下して、此際予備隊の必要がないと云ふので、特に予備隊らしきものを拵へずに、殆ど全旅団を第一線に展開して行つたのであります。ところが敵の総司令官クロバ〔ママ〕トキンの方では、九日の昼には退却どころか、まだ攻勢移転の計画をさへして居つたのであります。それに第九師団はまだズツト後方で間隔も大分空いて居つたのであります。そこで同旅団が一線になつて砂塵の中をグン〱鉄道線路に向つて行きますと、文官屯の北方辺から敵の方が砂塵に掩はれて其外翼に逆襲して来て、それが不意であつたのと、後備兵であつたのとで、一たまりもなく撃退されましたが、其時若外翼の後方に若干の予備隊でもあつて、それが一地に伏射でもして敵に応戦したならば、左程のこともなかつたらうと思ひますが、状況を軽信し戦術思想に捉はれ、全旅団を展開して行つたのがこんな結果を来たしたのかとも思ひます。さうして此後備旅団の敗退が、隣接の野戦の第二旅団にも波及して、観音屯を攻撃して居つた第二、第三聯隊も亦退却の已むなきに至つたのであります。後で若い将校がいろ〱と当時の状況を話してゐたことを聞きましたが、随分醜い退却をしたやうでありました。又砲兵旅団、当時未だ弾丸の残りも大分ありましたので、これは鉄嶺街道を退却する敵に対し大々的損害を与へてやらうと云ふので、皆思切つて前方に進出する筈でありましたのが、砂塵の為に前方が見えぬので、射撃が出来ないのみか、今申した後備旅団の敗退の余波で、前へ出るどころか却つて之を後方に引退せしめて、庇護して居つたやうな有様でありました。

九日の夜に北陵へ第七師団の一決死隊が侵入しましたが、敵は直に戦線を塡充して、後が続かずに、中に突入した者が孤立して翌十日敵が退却するまで北陵内にじつとして居つたのであります。前回に申した旅順の白襷隊も同様でありますが、決死隊〱と云ふのは余程考へ物でありまして、かう云ふ際には一部の者だけでは駄目で、全師団又は全軍が決死隊とならねばならぬのであります。

大へん時間がかかりましたから、もうこれ位で止めますが、奉天会戦に於ける第三軍の全行動を通じて見まして、初めに申しました私が第三者として書いて見ました此書（奉天会戦に於ける第三軍の包翼戦）の結論を読んで見ます。

結論

一　元来が兵力の劣勢なる軍を以つて優勢の敵に対し、縦ひ形の上だけに於ても両翼包囲を試みんとしたのは無理である。孫子も十則囲レ之とさへ言うて居る。併し之は統帥の能力及軍隊の素質を彼我同等と看做した上のことであつて、数上の差異を性能の優劣で補ひ得ることは勿論であるが、それにしても完全なる殲滅戦を期するが為には余りに劣勢であつた。而も之は結局当時の両国国力の逕庭に帰せねばならぬ。

二　敵の殲滅を期しながら、其作戦計画に於て、第二軍を以つてする翼攻撃を主とし、第三軍の包翼行動を従とせるのが大なる誤である。言ひ換へれば、第三軍の兵力が余りに寡弱であつた。夫の欲二以レ寡破一レ衆須二以レ衆撃一レ寡の原則を十分に適用し得なんだのである。

　この寡を以つて衆を破らんとすれば須く衆を以て寡を撃つべしと云ふこの句は、私が曾つて金沢の歩兵第六旅団長をいたして居つた時分に、旅団長の部屋の小さい衝立に、先々代の同旅団長であつた松川将軍が書いておかれたものであつて、同将軍は漢学にも達せられ、又中々の能書家でありましたが、当時私は此句を見て「それならばなぜあの時もつと第三軍に兵力を下さらなかつたか」と同将軍に問ひたいやうな思がいたしました。

三、〔ママ〕第三軍の任務は甚だしく明瞭を欠いで〔ママ〕居る。言ひ換へれば総司令官の意図（包翼）に対して其処置が伴うてゐなかつたのである。さうして之が為第三軍司令官自らも又屢〻其去就に迷へるの跡が明示されて居る。

四、〔ママ〕総司令部が始終同一地に固著して居つたのは全く利害の計量を誤つて居たのである。当時の如き通信連絡の不確実なる場合に於て特に然りであつて、之が為最も適切の時機に最も重要なる方面の指揮を執り得なかつたのである。

五、《〔ママ〕》最後に総司令部及各軍司令部を通じ、能く敵を知り、同時に能く之を活用するの明と断とに欠くるところが少くなかつたのが、最も大なる原因を為して居る。奈翁〔ナポレオン・ボナパルト〕も「能く敵の状態を知るより、より以上に、勇気を附与し、又より以上に、思慮を明晰ならしむる何ものもなし。」と言ひ、孫子には〔〕知レ彼知レ己百戦不レ殆。不レ知レ彼知レ己一勝一敗。不レ知レ彼不レ知レ己毎戦必殆。」と訓へてをる。実は「吾人《〔ママ〕》は旅順に於ては未だ能く己を知らずして常に過大の要求を課してゐたるの感があり、本会戦に於ては既に十分に彼を知るの期に達してゐながらに、尚未だ大に到らざるところがあり、特に思切つて其弱点に乗ずるの勇を欠けるの憾がある。さうして此点に関し本戦役特に本会戦の齎せる結果が、十年後の世界大戦に於ける東欧戦場に於て、ヒンデンブルグ、ルーデンドルフ及マッケンゼン等独軍各将の手により最も遺憾なく利用されたのである。

ではこれで講演を終ります。

日露戦役経歴談（旅順攻城戦の部）

井上幾太郎

日露戦役経歴談（旅順攻城戦の部）

陸軍大将　井上幾太郎

第一回

一、序言

今回学校の御要求で、私の戦歴談をせよといふことでありまして、学生諸君、殊に職員閣下各位の為に私に話をする機会を与へられたことは、私の洵に光栄とするところであります。

日露戦争に於て私は終始第三軍の一幕僚として勤務致しました。第三軍は旅順の攻城と奉天の会戦とに加はつたので、随つて私の話も亦之に局限する訳であります。併しながら一度に沢山話しても、唯話が粗略になるだけでありますから、今回は旅順の攻城中に於ける事を御話したいと思ひます。之に就きましても、色々の方面から見て話をすることは大変有益だと思ひます、例へば或は攻城戦として戦術上から研究し、或は旅順には御承知の通り名将軍乃木大将〔希典、第三軍司令官〕が軍司令官で居られ、又其下に居られた師団長、旅団長等有名なる将官が居られて、是等の将軍の此非常に困難な戦闘の裡に於ける言行を軍の統帥上研究することも非常に有益だとは思ひますが、どうも余り混ぜると話が混雑致しますから、今回は其中で単純なる要塞といふ方から見た戦術上の事を主として御話したいと思ひます。それからもう一つ御断りして置きますことは、旅順の事に就きまして、嘗て当校に於て白井中将〔二郎、第三軍参謀〕が御話になりました。同中将は当時軍の作戦主任の参謀をして居られましたから、能く細大の事情を知つて居られまして、其御話も極めて適切な御話でありました。依つて私は此話と成るべく重複を避けたいと思ひます。そこで白井中将の談話記事を併せて御覧下さつたならば、私の話が能く判らうと思ふのであります。もう一つ御断りして置きますことは、私の経歴談でありますから、主として私個人が見聞したこと、感じたことを骨幹として御話致します。個人の話といふものは、聴きやうに依つては甚だ面白くないこともあります。殊に個人の話は功名談のやうに聞える所もあるかも知れませぬ。さういふ所が若しありましたならば、それはどうか私が唯実情を明らかにする為に斯ういふ事を言ふのだと、さう御聴取りを願ひます。それから話の都合に依りましては、相当込入つた事で一般公開の席では言はぬ事を御話するかも知れませぬから、さういふ事は後で記事から取除いて戴くことにしたいと思ひます。

二、戦役前に於ける一般要塞戦に対する準備及研究

旅順攻城の御話を致します前に、一体此要塞戦を行ふに就ての我が国軍の状態がどうであつたかといふことを、申して見たいと思ひます。諸君は既に一般戦史を御研究になりましたから、大体御承知のことと思ひますが、此要塞戦に関することに就てのみ一言申して置きます。

一体日露戦争の始まる前の国軍戦術の傾向は、御承知の通り火力万能主義の戦術であつた。何でも火力万能主義で、歩兵の小銃火、砲兵の砲火の効力を過大に信頼して居つた。それであるから、例へば野戦で言うたならば、

歩兵が進んで或る一定の距離まで行つて、其処で猛烈なる射撃をすれば、もうそれで戦争の勝敗が付く、其距離は概ね六百米で、之を決勝距離と申して居りました、兎に角相当の距離に於て猛烈な射撃をすればそれで戦争の勝敗が付く、砲兵で言へば或る時間砲火を浴びせればどんな術工物も忽ち壊れてしまふ、殊に野戦築城の如きものは、砲火を浴れば忽ち壊れるといふのが、一般の戦術界の考でありまして、之を基調として総ての戦術の研究が行はれたやうに思ひます。それでありますから、防者が陣地を占領する場合にも正面一線を占めれば宜しい、今日のやうに線を重複して設けなければならぬとか、或は側防火を要するとかいふことは毛頭考へて居らない、単に正面射撃を以て十分敵を防止し得ることが出来ると考へ、又攻者としては、或る距離から射撃をすれば敵が参つてしまふ、従つて今日言ふところの火網といふものを破壊しなければ突撃が出来ぬといふ考は毛頭なかつた。

それから其次には土工作業であります。一般に土工作業の効力を非常に軽く視て居りました。当時の築城教範は独逸〔ドイツ〕の教範を飜訳したものでありまして、之が築城教育の基礎を成して居るのであります。併しながら歩兵隊に於ける築城の教育は極めて簡略でありまして、膝射散兵壕を作るのが高々でありました。実際散兵壕を作らうと云つても、それだけの沢山の器具を持つて居らぬ、僅に三人に付き小十字鍬又は方匙一箇といふ有様でありまして、それから要塞戦に必要なるところの攻撃作業即ち歩兵陣地及交通路を作るといふやうなことは、築城教範には載つて居つたけれども、歩兵は固より之を練習して居らぬ。唯工兵のみが少し許り練習して居つた。併し是亦一、二の歩兵陣地と其交通壕並突撃陣地を作るに過ぎずして、所謂対壕とか坑道とかいふものは練習して居らぬ。それよりズツと前に私共が始めて軍隊に入つた頃（明治二十三、四年頃）に於きましては、工兵隊は仏国式の操典を使用して居つた。此時代には反面対壕や坑道のことを稍〻綿密に訓練して居つたのであるが、独逸式の教範を実行するやうになつてから、工兵に於ける攻撃作業といふものも余程軽くなつて来たのであります。

其次には要塞戦術がどういふ風にして研究されてあつたかといふことであります。要塞戦術といふものは、殆んど学界の中で重きを置いて居ない。又要塞戦術は築城学であるのか戦術学であるのか本当に判らない。現に其頃の士官学校の教程の中にも、要塞の攻撃といふやうな事柄は「永久築城学」の終の方に書いてあり、又砲工学校にては「要塞戦」といふ教程はありましたが、是も築城の教官が工兵科の学生に主として教へるといふ位のことが主なる目的であります。陸軍大学校にても、要塞戦術といふ科目はありました。併し是も砲工学校の教程の抜萃位の程度で、極くアッサリしたものでありました。要するに其当時は堅固なる要塞に向つてする攻撃又は之が防禦といふ様なことは、我が学界には殆んど研究されて居なかつたのであります。さういふ状態でありますから、旅順では大におつかな吃驚りで行つたかと云ふと、中々さうではない。それは盲蛇に怖ぢずで、知らぬから怖くない。旅順の要塞は極めて堅固であるといふ話は度々聞いたけれども、なに日本軍が向へば必ず取れると云ふ楽観的の考を持つて、我々は戦地に向つたのであります。

そこで話が外れますが、外国の話を一寸致します。私は日露戦争が済むと直ぐ再び独逸へ参りました、さうして要塞戦術の研究をやつて居りましたが、其時に隊附を致しまして、第二軍団に附いてステッチンといふ処に居りました。衛戍地へ行つて見ると、工兵の作業場に非常に大きな永久堡塁が造つてあります。之は胸墻、外壕、側防機関及斜堤を備へたもので、それで工兵が絶えず攻撃演習をやつて居り、又衛戍地の歩兵も来て度々其処で演習をするといふ風であります。それで是は一体何処の要塞を見て造つたものかと聞いて見ますと、一将校は、是は西方の国境に在る仏蘭西〔フランス〕の堡塁を真似て造つたもので、外壕内にある側防機関や鉄柵抔も其堡塁に在るものを取つて造つたといふやうなことを言つて居りました。其当時私は之を報告して置いたのでありますが、成程要塞を攻撃せんとするのには、此様にして訓練して置かなければ、到底出来るものではないと思つて、大に感服して居つたのでありますが、諸君は、世界大戦の際、戦史で御承知の通り、第二軍団は宣戦布告と共に、まだ動員せずに戦地へ出掛けて行つて、白国〔ベルギー〕要塞の攻撃に当つたのであります、そこで段々と其後の調査に依れば、豈計らんや、例の演習堡塁は仏蘭西国境の要塞ではなく、リエージュ要塞の某堡塁の一部であつたので、独逸軍は日常それで演習をして居つたものであるといふことが、今日に於て始めて判つたのであります。彼等はそれ位にして訓練をやつて居る、それを我々は何等知識も無く、兎に角戦をすれば取れるといふやうな一つの考で、此旅順要塞に掛つたことが、彼の大失敗を惹起した原因であつたのであります。要するに旅順の失敗の原因は此に在るのである。此事は将来重要なる地位に就かれる諸君としては、十分に御顧慮を願ひたいと思ひます。故に私も亦此失敗の原因に就て殊に詳しく是から御話したいと思ひます。

三、軍司令部及攻城部隊の動員並第三軍の任務

第三軍司令部の動員下令は明治三十七年の五月一日であります。それより約二週間許り前に第三軍として旅順の攻城に当るべき軍の編成が、参謀本部で研究せられつつあつて、其当時主として編成に当つて居られた方が大庭中佐〔二郎、大本営参謀の後に第三軍参謀副長〕（今の大庭大将）であります。私は三十五年から独逸に留学して居りまして、丁度戦争の始りました時には独逸に居りましたが、間もなく帰朝命令に接して四月の初に帰朝致しました。而して何も用が無く、待命して居れといふので、参謀本部の空室に毎日為す事もなくして居りました。其時に大庭中佐から話がありまして、今度の攻城軍司令部の職員中に私を加へる考である由を聞きました。之は多分私は独逸留学の目的が要塞戦であつたからでありませう。さうして五月一日に軍司令部の動員下令がありまして、

私も其中に入つて行つたのであります。五月六日に動員が完結致しまして、さうして各部員に命課がありまして、私は其時参謀部の第三課に入りました。第三課は兵站、交通といふやうな事をやる所であります。それに入りましたところが、尚参謀長伊地知少将〔幸介〕から「お前は第三課の仕事の外に要塞戦の事に就て第一課を助けて特に骨を折つて呉れ」といふ命令がありました。勤務令から云つたら甚だ妙なことになつて居りますけれども、兎に角さういふことでありますから、やりませうといふことで、御請した次第でありますが、実際に当つてはどんなやうなことに従事したかを茲で申して置きます。

そこで彼の攻城間私は主として第一線を始終巡視して居りまして、第一線の状況を軍司令官以下其幕僚に明らかに知らせると共に、爾後の作戦指導に関する意見を述べ、又攻撃又は工事の実行法に就ては師団の幕僚と絶えず連絡して第一線部隊の指導を行ふといふやうなことで、絶えず私は第一線の仕事に最も使はれた次第であります。

第三軍司令官が旅順の攻城に任ずべき正式の命令は、是はズツと後でありまして、愈〻第三軍司令部が東京を出発して広島へ行つて、明日乗船するといふ日に、大本営から訓令として貰つたのであります。併しながらそれより前、既にもう動員の時から、第三軍は旅順の攻撃に任ずるといふことは無論明らかであり、随つて此時から、幕僚は夫々攻城に関する色々な研究をして居たのであります。其時から強襲で以て旅順を落すといふことは明らかになつて居つたのであります。是は訓令では「速に旅順を攻略せよ」といふことになつて居るのでありますけれども、兎に角最初から強襲でやるのだといふことは、元来から大本営の計画であり、我々も亦最初から強襲で之を落すといふ腹で研究したのであります。

軍司令部の動員と同時に攻城部隊の動員がありまして、其れは主として攻城砲兵と、それから攻城砲工兵廠で

あります。此時の攻城砲兵としての砲種、砲数を申しますれば、

攻城砲兵

十二珊米加農砲　三〇門
十五珊米榴弾砲　一六門
十五珊米臼砲　七二門
九珊米臼砲　二四門
十半米加農砲　四門
二十八珊米榴弾砲　十八門（十月下旬より使用）

右の外攻城に参加したる火砲は

野戦重砲兵隊

十二珊米榴弾砲　二〇門
十五珊榴弾砲　八門

海軍陸戦隊

十二听速射砲　一〇門（攻城の末期には一九門に増加せり）
十二栂速射砲　六門
十五栂速射砲　二門（攻城の末期には四門に増加せり）
四七密速射砲　一二門

野山砲

野砲　九六門
山砲　八四門
戦利野砲　一〇門

此攻城砲に就て一言申して置きます。十二珊加農は極めて旧式の青銅砲で、嘗て日清戦争の時にも旅順の攻城に使用した砲であります。それから十五珊榴弾砲といふのは是は鉄の砲であります。是は相当威力のある砲でありますが、其数が少ない。それから十五珊臼砲、九珊臼砲は凡て青銅で極めて旧式のものでありますが、此度の攻城砲の主体であります。本当に威力のある砲は十五珊榴弾砲十六門と、十半加農砲四門で、之は新式の砲であります。さういふやうな旧い大砲を持つて行つて、さうして弾と云つたら四百発乃至五百発しか無い、之で以て難攻不落の旅順に向うて、攻城をやらうといふのであります。砲は其当時から甚だ不足を感じたのでありますが、国軍の準備がもう是以上無いのでありますから、之に就ては何人も不平を言ふ者も無く、仕方がないといふことで諦めて居つたのであります。其他に野戦重砲兵として十二珊榴弾砲が二十門、十五珊榴弾砲が八門ありました。是は鴨緑江の戦闘に使つて、其後旅順に持つて来た。それは相当に威力があります。それから其他に予期以外に海軍から陸戦重砲隊が来たのであります。是はこちらから要求したのではないが、海軍では出来るだけ早く旅順を落して貰ひたいといふ希望からして、之を軍司令官の使用に供したのであります。其他野戦隊が持つて居るところの野砲九十六門、山砲八十四門、戦利野砲十門で、之が攻城に与かつたのであります。此中で殊に御注意を願ひたいのは、四十七密速射砲十二門でありますが、是は第一回総攻撃後、敵の機関銃を撃つ目的で取寄せたのであります。斯ういふ小口径の砲を持つて来て、近く歩兵陣地に据ゑて敵の機関銃を撃たうといふ著意は、此時から起つたので、それまでは我々はさういふことを考へて居なかつたのでありますが、余り敵の機関銃にやられるので、之を打ち壊すものが欲しいといふので、此四十七密砲を使用した。今日では此目的の為に歩兵砲といふものが制定せらるるやうになつたのであります。

それから攻城の内命を受けると同時に、参謀本部で其時迄に調査してあつた旅順要塞の防禦設備図を受領致しました。此地図（一枚の要図を示す）が即ち其時貰つたものでありまして、今日持つて参りました。是は詰まり第三軍が旅順を攻める為に、参謀本部から貰つた所謂要塞記録様のものであります。此外に何も情報は無い。是には本防禦線が書いてある。此本防禦線は大体合つて居ります。戦史第五巻の第十一図と比較して御覧を願ひます。此第十一図は旅順要塞の一般防禦配備の図でありまして、此本防禦線は右の方から申しますと、白銀山旧砲台を始としまして、東北正面を経て、それから椅子山を経て西太陽溝堡塁といふ所へ行つて此本防禦線が終つて居ります。其他に前進陣地として、北正面には龍眼北方の堡塁、水師営南方堡塁、それから西方の龍王廟山、南山、坡《〔ママ〕》山及二〇三高地、之に前進陣地が斯ういふ風に出来て居ります。が我々の貰つた要塞記録とも謂ふべき此地図には、そんなものは無論無いのであります。本防禦線が概略記載してある位のものであります。工事の状況は大に異なつて居ります。即ち此図には永久築城と臨時築城とが区別して書いてありますが、それは間違が多く、殊に東北正面の主なる堡塁たる二龍山堡塁及東鶏冠山の堡塁は臨時築城になつて居ります。是等も攻撃正面を東北正面に選んだ理由の一つであります。此地図が当時攻城の計画を立てたる為の唯一の材料でありまして、外には何一つとしてありません。平時調査は誠に不行届でありました。之は一つは、旅順に築城を始めてから時日がないのと、もう一つは一体に其当時の我々の頭の中が築城を軽視して居つたからであります。併し当時私共は此不完全なる要塞記録にても何等不十分とも思はず、唯志気一方で戦勝を占め得ると考へ、敵の施設などは重きを措かず、殊に旅順は日清戦争の時にも一度取つたことがあるから、日本軍が攻めさへすれば必ず取れると信じて居つたのであります。

次には強襲といふことでありますが、強襲を用ゆるといふことは、是は前に申しました通り、大本営の訓示には、強襲と明言してはありませんけれども、速に攻略せよといふことで、強襲で取らなければならぬやうに余儀なくされて居つたのであります。それから一方には海軍の関係からして出来るだけ早く、出来るならば八月初旬までに旅順を落して呉れといふのが海軍の要求であります。それから一方には陸軍の方から云へば、第三軍を遼陽の会戦に用ひたいから早く旅順を落して呉れといふのが満洲軍の要求であります。色々な事情からして、どうしても強襲を以てやらなければならぬことは必然のことでありまして、それが大本営の命令として「速に旅順を攻略すべし」といふことで現はれました。此命令に応ずる為第三軍は強襲に依つて任務を果すといふ決心を取ることになつた。旅順攻城中に一番頼りになつたものがタツタ一つあります。それは此処にあります旅順の附近の二万分一の地図であります。之が非常に頼りになりました。此図は非常に良く出来て居りまして、凡ゆる計画、又砲兵の射撃等、総て此地図に依つて行うて極めて正確でありました。此図は日清戦争後一時旅順を占領して居る間に取つて置かれたものであります。それが十年の後に於て大に役に立つたのであります。

其次に申上げますことは、攻撃正面の決定であります。第三軍は御承知の通り東北正面即ち松樹山から東雞冠山の間に向けて攻撃したのであります。是は今日に於ても相当議論がある様に聞いて居ります。又諸君に於ても此攻撃正面の問題を研究なさるといふことは、大変興味のあることと思ひます。併し攻撃正面のことに就ては、白井中将の講話中に東北正面を選定した理由及又他正面との比較を十分に論じ尽してあり、又私も此議論に全然同意をして居りますから、今日は此話は止めて、私は東北正面と決定したる当時の経緯を御話したいと思ひます。

まだ第三軍が編成されない前に、参謀本部に於て研究せられたものがありました、其案では主攻撃を西北正面に向ける様に計画してありました。併しそれとても先刻申しました通り、彼の不完全な要塞記録の図で計画したものでありまして、此正面前に於ける二〇三高地其他の前進陣地は全然無いものとして立てた計画でありましたが、之は未だ参謀本部の成案ではなく、単に要塞課の研究に止りましたものである。

第三軍が動員を終りましてから、司令部で直に研究を始めました。トコロが幕僚の大部の意見は、どうしても西北正面よりも東北の方に向つた方が宜しいといふやうな考でありました。併しながら内地で之を決定して出掛けるといふことは余り過早であらう、もう少し状況が判つてから決めたら宜からうといふことでありまして、到頭出征するまでは、どちらとも決定しなかつたのであります。さうして第三軍の司令部が出征した後で、攻城砲兵司令部がまだ内地に残つて居る、是は軍よりも約一箇月間遅れて出たのであります。そこで攻城砲兵司令部では、攻撃正面が判らないから、砲兵の展開計画を確定する訳に行かぬので、二つの案を作つた、其第一案を西北の正面、第二案を東北の正面、斯ういふ風にして作つて戦地へ出掛けて行きました。さうして七月の七日に攻城砲兵司令部が大連に上陸して、北泡子崖に在る第三軍司令部に到りました。此時は最早第三軍が攻撃正面を決定しなければならぬ時機に到達したのであります。それはどういふ訳かといふと、一体ならば攻囲線を占領して要塞の状態を能く見た上で攻撃正面を定めることが最も良い策であらうと思ひますが、当時の状況は之を許さない。何となれば攻撃は最も急を要するから、攻囲線占領前に攻城砲兵の展開其他凡ゆる攻撃の計画を定め、攻囲線を占領すると直に攻撃を実行するといふ計画でありましたからです。そこで旅順のまだズツと前で大連附近に居る時に攻撃方面を決定した。それは七月八日頃であります。さうして東北正面として決まりました。攻城砲兵司令部案から云へば、其第二案が採用された訳です。さうして其通りに砲兵の展開を計画し、其他の計画を進めるといふ風になつたのであります。併しながら攻城砲兵司令部の第一計画案といふものも、矢張参謀本部案と同じことでありまして、此二〇三高地附近の防禦線といふものは全然考へて居らない、直に椅子山、太陽溝の線に対し砲兵を展開して行くやうな案であります。それでありますから、若も参謀本部の初に作つた案、或は攻城砲兵司令部の第一案を採用したならば、それこそ大変な事が起つたのであります。それは第一に敵がそれよりずつと前に防禦して居る、容易にそれを我々に渡さぬ、随つて攻城砲兵の展開が出来ない為、攻撃著手は大に遅れると云ふことが起つただらうと思ひます。

サテ又話が後へ戻りまして、若し仮りに第三軍が初めから此第十一図の通りに敵が防禦して居ることが判り且あれだけの兵器、材料と兵力とを持つて、さうして第三軍のやつた通りに強襲に破れたら直に正攻に移り、或は最初から正攻して数箇月間掛つても宜しいといふ考を以て攻城した場合に、どちらを攻撃正面に選んだら宜しいかといふことは、是は純然たる学問上の問題でありまして、研究の価値もあらうと思ひますが、私は其場合に於ても矢張東北正面が宜しいと思ふのであります。併し是は全然学問上の問題になつて、実際とは関係の無い問題であります。又此見地からして第三軍の行動を批評するのは大に間違であります。

四、攻囲線占領に至るまでの作戦方針

それから次には第三軍が出征してから、攻囲線占領に至るまでの経過をざつと御話致します。第五巻第一図を御覧を願ひます。第二軍は南山攻撃の後に敵を追撃して旅順の方に追込んだのでありますが、後方の考慮、即ち北方から南進する敵に対する考慮からして、遠く敵を追撃することが出来ず、第一師団と第三師団とを以て、大連の西方に止つた。それから間もなく第十一師団が上陸して、第三師団と交代して、詰まり第一師団と第十一師

団とは大連の西方の陣地を占めて居りました。即ち右は案子山の西方から火石嶺子を経てズツと左は黒石礁に亙つた陣地で、大連の市街地を我が有にするといふ最小限の陣地であります。之を二箇師団で占領して居る時に丁度第三軍司令部が、六月八日に此処へ到著したのであります。此時に於ける一般の概況を申しますれば次の通りであります。

此時、敵の方では南山の敗退後一旦旅順の方に逃込んで長嶺子以南に退却したのでありますが、我が軍が追撃して行かぬものであるから、又のこ〱前へ出て来た、さうして此六月八日頃に此図の通りの配置の位置を取つたのであります。第三軍司令部が到著した頃には、何処の陣地を占めて居るか能く判りませぬ。敵の方でもどの線を占領すべきか決定して居らなかつたらしく、それがこちらが一向に出て行かなかつたものだから、敵は遂に此処に堅固なる前進陣地を構へたのであります。其線は右は双台溝附近から、左の方は大龍王塘の東の附近までに亙り、さうして逐次に防禦の編成をしたのであります。是は後で詳しく申上げます。

それから大連は其時は「ダルニー」と云つて居りましたが（露西亜〔ロシア〕語です）、露国が遼東半島占領と同時に商港として設備したもので、港としての設備は大略出来て居りました。而して此処を敵が捨てる時に、大連湾内に水雷を敷設して逃げたので、此処に船舶を入れることが出来ない。そこで海軍が之を掃海しなければならぬといふので、之が為に約一箇月掛つて、六月の末に至れば船を入れることが出来るであらうといふ状態でありました。

第三軍の後方連絡線は随つて、上陸点の塩大墺に取つて居つたのであります。此頃丁度第二軍が北方に向うて前進を非常に急ぐ時期でありまして、総ての兵站輸送材料は第二軍の使用に供せられ、第三軍は辛うじて其日〱の捕給を欠かぬだけで満足して居つたといふ状況であります。それから第一師団の輜重は未だ半分しか戦地に到著せず第十一師団の輜重の全部はまだ海上輸送途中であります。それから其時の軍の戦闘序列中にあつた後備第一旅団もまだ到著して居らぬ、第九師団は未だ戦闘序列に入らぬといふ状態であつて、此状態の下に於て第三軍司令官の執つた計画の大要を申しますれば、

一、大連湾に船舶の出入が出来後備旅団の上陸するまで第三軍は現在地より前進せず

二、要塞攻撃開始の時機は次の要領に依り定める

イ、我が野戦部隊が攻城重砲兵の掩護なくして攻囲線上に在る時間を成るべく短くする為に野戦軍の前進は成るべく遅くして攻城砲兵の展開上必要なる時機に始めて前進する

ロ、攻城砲兵は大連の海上交通が開け鉄道材料の揚陸が終つたならば軍を前進せしめて鉄道の修理を行ひ之に依つて輸送する

ハ、攻城砲兵の展開に要する日数は十日間と予定す

ニ、砲兵展開後直に砲撃を行ひ（概ね二日とす）次で突撃を行ふ

即ち右の攻撃計画では、要塞攻撃は成るべく早く実行したいが、野戦部隊のみを以て攻囲線に在る時間を短縮する為に、其前進は攻城砲兵の展開準備上必要の時機まで成るたけ遅くすると云ふやり方であります。之は要塞重砲の威力を過度に恐れて居つたからであります。

然るに此計画の通り攻城砲兵の展開出来るまで野戦軍の前進を遅延したることは、第三軍の一の重大な過失でありました。固より当時の状況は兵力の上からも将又後方輸送機関からも前進を行ふ為には決して容易ではなかつたが、併し前進の決意さへあつたなら、前進の絶対出来ないといふ次第でもなかつた。然るに第三軍が此前進を敢行しなかつた為に、敵は其前進陣地を確実に占領し之に堅固なる工事を行つた許りでなく、要塞の本防禦線

の工事は何等の妨害を受けることなく十分に実行することが出来たのである。若し第三軍司令部が戦地到著後間もなく前進を起したならば、双台溝附近の前進陣地は大なる戦闘なくして奪取することが出来たのみならず、早くより攻囲線を占領して、一には敵の工事を妨げ、二には能く要塞の状況を偵察して適当なる攻撃計画を立てることが出来たでありませう。此ことは一の大失策でありました。それで戦後攻城教令の草案が出来るときにも此事に注意を払ひまして、「攻城部隊の到著を待たずして野戦軍は出来るだけ速に攻囲線を占領すべし」といふことが書いてあるのでありますが、今日の攻城教令にも尚現存して居ることは洵に至当なことと思ひます。

それから一体其頃軍の諜報勤務が非常に悪い。諜報勤務といふことに重きを置かぬことは前にも言ひましたが、諜報勤務に重きを置かぬ為に中々情報が挙らない。敵の内部の状態が中々判らない。判らぬでも左程に苦心しない、ナニ攻撃さへすれば敵は逃げるといふ位な考でやつて居つた。併しながら、攻城の終頃になりましてから、間諜を要塞内に入れるやうになつて、稍〻状況は判るやうになりましたが、最初は甚だ諜報勤務が悪くありました。

五、軍の前進、攻囲線の占領及攻城砲兵の展開

第五巻第六図を見て下さい、是は七月二十六日の戦闘の図であります。是より前に若干の戦闘はありましたが、それは略しまして、之が主なるものでありますから申上げます。此時になつて敵の陣地がはつきりと致しまして、左の方即ち南の方から申しますと、鵠子洞山から起つて老座山を経て中央は鞍子嶺に亙り、而して鞍子嶺の東北方の所に非常に突出した標高348の高地を経て、北の方は双台溝の西南方の高地に亙つて居ります、斯ういふ陣地

を占めて居ります。此陣地に敵が真面目に工事を始めたのは七月の初頃であります。それまでは余り工事はしなかつたのでありますが、其頃から段々材料を運んで来て、真面目に工事をする様になりました。併しながら第三軍司令部では、敵がどんな工事をしても、矢張半日も掛れば攻撃が出来る位に楽観して居りました。丁度七月の末に至りまして、もう大連が開けて攻城砲兵も上陸を行ふ様になり、又同時に軍の戦闘序列に新に加へられた第九師団も戦闘部隊が段々と戦場に到著するやうになりましたから、軍は前進を起して敵の陣地の攻撃を始めました。此陣地は妙な形をして居りまして、只今申上げたところの標高348高地が非常に出て居る、それで此高地は相当堅固なものであるとは思ひましたけれども、之が突出して居りますから、此突出部から掛つて行けばよいといふので主攻撃を之に向けました。此高地は当時は凹字形高地と云つて居ります。是は山の頂上に岩石がありまして其岩石が我が方から見れば凹字形をして居るからであります。此高地に対して、主力を向けて、第一師団と第九師団とは相連繋して此高地に向うて攻撃しました。野砲は固より野戦重砲兵等にて盛に射撃したる後歩兵が突撃しても、敵は何等損害を被らず銃眼より我を射撃する為に突撃は成功せず、此高地の攻撃に二日間を費しましたが、戦闘は此地点よりは発展せず、第三日目に第一師団が双台溝の方面へ出て攻撃して始めて此陣地を取ることが出来たのであります。

此戦闘の為第三軍は三千人からの死傷者を出し、第一回の大失敗をやつた、露西亜軍が防禦に於ては極めて頑強に抵抗するものだといふことも能く味ひました。是は七月二十六日から掛りまして、三日掛つて二十八日に敵を撃退して、さうして敵は更に後方の鳳凰山の陣地に拠つたのであります。そこで日本軍は二十九日は一日休んで、三十日に之を攻撃しましたが、ほんの朝飯前の戦闘でありました。之は工事も甚だ粗略であつた許りでなく、敵が之を占領してから余裕がなかつたからであります。是に於て七月三十日に攻囲線と目指す陣地に到著して、攻囲線を占領したのが此第十図であります。

次には終末停車場の決定に関するお話を申します。大連から攻城材料を汽車輸送しなければならぬ、無論露軍が鉄道を破壊して居りますから、先づ鉄道を修理して行かなければならぬ。さうして攻城材料を輸送して之を卸すところの停車場―即ち終末停車場を何処にするかといふ問題が起つたのであります。私共幕僚の方では、東北正面へ持つて行つて、出来るだけ近い処に作りたい、即ち周家屯に終末停車場を置くを最も適当とする。斯くすれば火砲を輸送するにも、弾丸を輸送するにも極めて便利であるからであります。殊に速に要塞を攻略するといふのが目的であるから、さういふことが一層必要であつたのであります。ところが鉄道提理部の方では、どうしても長嶺子に置きたい是より前には進めたくないといふので、幕僚と鉄道提理〔武内徹、野戦鉄道提理〕との間に大分議論がありました。提理部の申分では提理部は提理以下二、三の将校の外は全部鉄道院の文官及び雇傭員から成つて居つて、内地にて編成する時から敵弾の来る処へはやらぬといふ約束で連れて来た、ところが此長嶺子以南は敵の弾丸が来る虞がある、さういふ危険の処にはどうしても使へない。だから終末停車場は是非長嶺子に置き、此処から先は攻城材料を人力に依り輸送したいといふのであります。然るに我々軍人では敵弾の来る抔のことは考へて居らぬから、是非周家屯附近に置きたいというて議論したのでありますが、軍参謀長の仲裁的意見もありまして、遂に長嶺子に置き、之より先は人力にて輸送することになりました。併し攻城の中頃よりは周家屯まで進めました。是等を以て見ましても、敵弾の来る処にて鉄道業務に当らしむるには矢張鉄道隊が無ければいかぬといふことが感ぜられるのであります。

愈〻八月八日頃になりまして鉄道の修理が了り長嶺子まで汽車が通ふやうになりました。八日から運転を始める。そこで攻城材料を前に出すに就て問題が起つたのは、長嶺子から以南の地区は大孤山の頂上から展望が出来、砲撃を受ける虞がありますから、之を奪取すべき必要が生じました。此山は可なり高い山であります。是は八月七日と八日の二日掛つて非常に苦戦の後漸く奪取しましたが、此状況は志岐中将〔守治、歩兵第十二聯隊大隊長〕の講演録に詳しく載つて居ります。私も其際丁度此方面へ行つて居りまして、目撃致しましたが、志岐中将が詳しく話して居られますから茲には申上げませぬ。それで二日掛つて大小孤山が取れた、此攻撃も矢張軍の一つの失敗でありまして、若七月三十日に鳳凰山の線の攻撃と同時に行つたなら、容易に取れたのみ〔な〕らず、此高地上に展望哨を置いて早くより要塞の内部を偵察したならば、良ひ結果を得られたと思はれます。攻撃が一週間許り遅れた為に非常に苦戦をした上に、高地の利用が十分に出来なかつたのであります。

次は攻城砲兵の展開であります。そこで東北正面に対する攻城砲兵展開の計画を攻城砲兵司令部で作りましたものが之であります（一枚の図を示す）。此計画は支障なく予定通り実行が出来たのであります。何しろ火砲及弾丸を合すれば四、五千噸のものがあつたと思ひます。大連から長岺子までは日々六列車運行して、其中の一列車は糧食に当て他の五列車を攻城材料の輸送に使用して、八日から十五日まで四十列車を運転したのであります。此四十列車の材料を逐次第一線に展開して、さうして予定通り八月十八日の夜までに全部之を陣地に据付けて、之は大作業でありますが非常に旨く行きました。当時は日々降雨が続きまして、非常な泥濘でありまして、軽便鉄道も流れるといふことで非常に困難致しましたが、併しながら計画が宜かつた為実行に少しの支障なく出来ました。それからもう一つ此処にありますのは、攻城砲兵の展開の為の日々の行事予定表であります。之を御覧になりましても能く判るが、日々の各細大の行事と必要の人員とが規定してありまして、実に綿密な計画であります。是は当時攻城砲兵司令部部員であつた奈良少佐〔武次〕（今の大将）及吉田大尉〔豊彦〕（今の大将）等に依りて出来たもので、非常に綿密な計画を作られてありまして、実に能く実行されたのであります。将来の為には大変好い模範であらうと思ふのであります。

六、第一回総攻撃直後の状況

それから次は第一回の総攻撃でありますが、此事は白井中将が大変詳しく述べられて居りますから、私は直に第一回攻撃直後の状況を御話しようと思ひます。第六巻第二図を御覧を願ひます。第一回の総攻撃の砲撃は八月十九日から始まつて、さうして二十一日の朝から突撃に移つて、さうして日々悪戦苦闘を致しまして、二十五日には愈〻攻撃力尽きて如何ともすべからずといふことになつてしまつたのであります。其第一回総攻撃の結果は、此図にある通りで、東西盤龍山の堡塁を二つ取つたのみである。而も本当に奇蹟的の働で取れたのであります。それだけで以て終つた。もう此上は如何ともすべからず、弾丸が尽きてしまふ、歩兵の兵力が無くなる、或る聯隊の如きは僅に軍旗の護衛兵のみ残るといふやうなことで、一万五千人の死傷者を作つて此攻撃は終つたのであります。そこで将来どうして攻撃を継続するかといふことであります。簡単に考へれば強襲で破れたらば正攻でやるのが当然だと御考へになるかも知れませぬが、なか〳〵正攻といふことの案に決著するには、さう簡単に行かなかつたのであります。それは其当時我が陸軍で正攻などすることは、誰も考へて居ない、正攻抔といふ土を掘つてさうして堡塁にこぎ付けるといふことは、一般に前世紀の戦法である、今日の戦闘法ではない、今日の戦法は有力なる砲兵を以て砲撃し次で突撃するのであると考へて居つた。又軍の任務から云うても、或は今日までの諸般の施設から云うても、之に応じて出来て居る。従つて直ぐ正攻といふことに考が運ばないのであります。そこで軍司令部の中で色々評議があつて、もう一遍弾丸を造つて強襲をやらうといふ議論もあり、又中には、他の正面で敵の不意に乗じて奇襲をすれば取れるだらうといふ議論も出ました。

そこで一寸前に戻りますが、七月三十日に攻囲線を占領致しました直後に、私は第一線を度々巡視して要塞を偵察して、始めて此時に旅順の築城の状態が本当に判つたのであります。それまでは判らない。それまでは先に御覧になりました参謀本部から貰つた要塞防禦設備図（即ち要塞記録の如きもの）のみで、あれより外には何等信用すべきものが何も無く、多少其間に二、三間諜の報告がありましたけれども、信を置くに足るべきものが無かつた。ところが攻囲線を占領して要塞を展望して見ると、二龍山堡塁、東雞冠山堡塁の如きものは立派な分派堡である。唯土を新しく掘つた為に、上面は整然としては居ないが、兎に角立派に建設してある。それから外壕が確かに見える。赤い土の割目の所から相当幅のある外壕が見える。側防機関の有無は分らないが、是はどうも強襲では失敗することがあるかも知れぬといふことが、私かに頭の中に感じられ、随つて強襲に失敗した場合には何うするかといふやうなことも多少考へられましたが、兎に角強襲は既定の方針であるから、極力之を実行しなければならぬ、随つて其他の方法は深く考を定める必要もないのでありました。ところが第一回総攻撃の砲撃をして見ると、中々攻城砲の威力が意外に熾んである、砲弾をドシ〳〵打込むと爆煙が立つて土が掘上げられて、さうして堡塁、砲台が見る間に形が変つて来る。恰も破壊し尽した様な感じがする。そこで此間の偕行社記事に奈良大将の所感がありましたが、軍司令部の幕僚が各堡塁は砲弾の為に破壊し尽されて最早歩兵の突撃するのは無くなるといふことを戯談に言つたといふことがありますが、実に其通りでありました。私共最初攻撃開始前は多少悲観して居りましたが、砲撃の状況を見て是は大丈夫、これなら強襲で要塞は取れると思つた。而も突撃の前日の如きは野、山砲を猛射して其曳火弾が破裂する為殆んど堡塁が見えなくなるといふ景況で、これならば必ず取れると斯う思つたのであります。ところが豈計んや堡塁は些つとも壊れない、唯外観の変つただけで、凡ての掩蔽部は完全に残つて居つて、敵はチヤンと完全に守備して居つた。之が実状でありますが、さういふやうな事からして愈〻此強襲的攻撃がいかぬといふことになつたときに、茲に別に新な考を出さなければならぬといふのは必然のことであります。此事に就きましても和田中将〔亀治、第一師団参謀〕の講話に軍司令部は十日間無為にして暮したとしてありますが、之は事実が違ひまして、軍司令部は此間に非常な苦心をしたのであります。而して正攻に決定をしたのは八月三十日で、其前に第一回総攻撃の失敗に決した翌日でありましたか、今後は正攻法に依る外はあるまいといふ私共の考でありまして、此事を軍司令官、参謀長に上申しましたところ、略〻同様の御考であり、依つて私は此目的で二十七日より二日間偵察に出掛けました。之は言ふまでもなく正攻の為には何れの堡塁を目標とすべきか、又其土質、地形の関係は之を許すや否や、作業に要する日数等の偵察であります。さうして偵察の結果攻撃の目標としたのは、第一師団の方面では海鼠山と水師営南方堡塁、第九師団の正面では龍眼北方の堡塁及盤龍山北堡塁、又第十一師団の正面では雞冠山の北堡塁及東雞冠山の砲台等で、之に向つて正攻をやらうといふことになりました。此時に私は単独で偵察に参りましたが、其時の状況を申しますと、我が第一線の各地を駆け廻はり、時には敵堡塁の前方五、六百米までの処へ行つて見ましたが、何処へ行つても我が軍は見当らない。居つたことは居つたでせうが、何処へ行つても見当らない、随つて第一線を越えて前進するといふことを我が部隊に言つて行かなければならぬ所が一つもない。唯日中ノコ〳〵と戦場到る処を歩いて居つた。敵も戦ひ疲れたのか余り射撃をしない。一番左翼の第十一師団の所へ行つたときに、始めて兵卒が二人居つたから、お前の隊長は誰かと聞いて見ると、大隊長は志岐少佐であると言ふ。聞いて見ると第十一師団の全正面を志岐少佐の一箇大隊で守備して居つたのである。さういふ工合に第三軍の正面はがら明きであつた状況でありました。さて話は戻りまして、此偵察の結果は茲に一枚の図と一枚の計画案がある通り、極めて簡単な計画でありますが、之は当時此正攻法実行の為に上官に提出したものであります。之を諸君の御覧に入れます。此計画案〔一一九頁附表参照〕にては、予定日数は一番長いものは二十五日、少いものは十二、三日でありますが、此予定日数を定める為に大に苦心致しました。其れは第一に此の如き攻撃作業を遣るのに実際何日掛るか判らない、さういふことに経験がない、唯平時工兵隊の演習の経験では二週間かかれば可なりの攻撃作業が出来ることを知るのみである。又一つは余り日数が多く掛ることを予定して報告することは宜しくない。之は軍の任務上一刻も速に旅順を取らなければならぬ許りでなく、三、四箇月も攻撃作業に掛るといふことでは軍隊が快く承知しない。依つて此予定日数は成るべく短縮して一番長いのが二十五日、短いものが十二、三日として報告したのであります。併し尤も之は突撃陣地を造るまでの日数でありまして、側防穹窖を壊し、或は胸墻下に坑道を穿けるといふことは、予定日数に考へて居りませんでした。それで八月二十九日に此正攻作業案が出来まして、参謀長に出して、軍司令官の決定を仰いだのでありますが、御決定前に先づ各師団の参謀長を集めて意見を聴くといふことになりました。そこで八月三十日に各師団の参謀長〔第一師団参謀長星野金吾、第九師団参謀長須永武義、第十一師団参謀長石田正珍〕、工兵隊長〔工兵第一大隊長大木房之助、工兵第九大隊長代理杉山茂広、工兵第十一大隊長石川潔太〕、攻城砲兵司令部員〔佐藤鋼次郎〕を軍司令部に集めて、軍参謀長が主宰で会議を開いて、さうして今の案を見せて、兎に角今後の攻撃は斯ういふ風にしたいが何うかといふやうに、十分意見を言はせるやうに仕向けて会議を開きました。ところが其時の景況を申しますと、各師団参謀長は同様に、攻撃作業はやれと仰しやればやりませうが、砲兵の掩護射撃は出来ますかとの問が出ました。さうすると攻城砲兵の方では弾丸は最早一発もないとの返辞である。そこで各師団の参謀長は敵前で作業をするのに砲兵の掩護射撃が無ければ到底出来るものでないと主張した。唯一人工兵第十一大隊長をして居りました石川大佐（今の少将）のみは「どうも従来欧洲の戦例に依るも強襲に破れたら正攻より他に仕方がない様であります。依つて此際は正攻が宜しいと思ひます。」と述べた。其他の人々は凡て「掩護射撃をして下さらぬときには、敵前で塹壕を掘ることは出来ませぬ。」と主張して居りました。そこで中々議論が決しない。軍参謀長は気の長い人でありましたから、容易に決定を与へない。朝から晩まで議論をしても中々決しない。乃木軍司令官は朝から此会議に列して傍聴して居られましたが、午後に至ると、会議の決せぬを見兼ねて、最後に斯ういふことを言はれました、「我々は兵員を損傷しても、兎に角後方に補充兵を持つて居る。敵は要塞に在るだけの兵員と弾丸しか持つて居ない。それだから我に対して一発の弾丸を撃てば要塞の命脈は其れだけ減るのである。此目的を以てしても正攻作業を実行するを望む。而して若し他の良き攻撃法を採り得る時機があつたら、何時でも之に移るとして、目下は先づ正攻を実行せよ。」斯ういふやうな軍司令官の一声で、正攻法をやるといふことに直に決定したのであります。翌日直様軍の訓令として今後正攻を実行することを発布せられました。そこで正攻をやることになりましたが、平時から歩兵隊には一切教育はしてないから、工兵も亦如何に歩兵を指導すべきか、要するに歩、工兵の担任の分界が判らない。又夜どういふ事をして、昼どういふ事をしてよいか判らぬ。そこで作業法の指導に就ては軍でも大変努力致しました。併し工事は実行して居る内に段々と上手になりまして、大体に於て昼は土嚢を詰めて夜は之を運んで掩体を造り、且其後方を若干掘る、翌日はそれを掘拡するといふ風に仕事をしますと、最初非常に心配した敵の射撃も案外に恐れるに及ばないことが判りました。段々とそれに各隊が慣れて来て、上手になりまして、工事が、一週間の後には余程進捗するやうになりました。斯ういふことも矢張平時訓練が無いのでありますから、戦場に於て色々失敗しては考へ、失敗しては考へまして、さういふことになつたのであります。

もう一つ重要な事は、東西盤龍山の二堡塁を保持したことであります。之は第一回総攻撃の際我が有に帰したものでありますが、其後軍は一旦ズツと後方まで退つて来て、さうして唯此二堡塁だけが敵の中へ突込んで居るものであるから、敵は之が恢復攻撃を企てずに置かぬのは固よりのことであります。そこで敵は此恢復攻撃に非常に力を入れた。毎日昼間は要塞の各方面の砲火を集中してさうしてドン〱撃つて居る。元々臨時築城で出来て居る堡塁でありますから、抵抗力が無い、術工物は忽ち破壊せられる。夜は其前に在る囲壁を基点として突撃をして来る。前からも、横からも、ノベツに突撃をする。丁度私は其間或日堡塁に行つて見ましたが、それは実に憫れなものでありました。守兵は打壊された堡塁の僅かの土魂《〔ママ〕》の後にピタツとへばり著いた儘終日一歩も動かない。動けば敵から射撃を受ける。傍の人が死傷しても、それに手を触れることは出来ない。唯ベツタリ土体に喰付いて、さうしてドン〱撃たれ砲弾の自分に来るのを待つて居るといふ有様でした。さうして夜になると活動を始めて補修工事にかかる。併しながら敵は夜分ノベツに突撃して来るので、其処に居る間は各員生きた心地は無かつたのである。そこで此二堡塁を守備する為に日々百五十人から二百人の損傷が起る。詰まり日々一中隊づつ潰れる訳である。そこで問題が起りまして、「どうも如何にも損傷が激しい。彼の堡塁は他日再び取ることも難かしくはあるまいから、寧ろ今日は之を捨てたらどうか。」といふやうな議論も起つたのでありますが、併し軍司令官の御考で、一旦取つたものは如何なる損害を生ずるも棄つべからずといふことで、之を棄てぬことになりまして、是は丁度第一回総攻撃後勅語を賜はつた関係もありましたが、兎に角軍司令官が如何に損傷があつても棄てぬといふ堅い決心がありましたから、之を棄てずに保持したのである。然るに如何でありませうか、敵も我が軍が確に之を守備し、幾たび攻撃しても結果が挙らぬのであるから、到頭一週間許りの後には攻撃を断念しました。それから我が軍の方でも一週間経つと工事が大に進んで来て、此堡塁の総体が堅固になり、余り損害が無いやうになりました。然るに此二堡塁を堅く保持した為に爾後の攻撃は之を基礎として両方面に拡がり、遂に東北正面の全堡塁を奪取する様になりましたのであります。

第二回

七、正攻法に依る最初の堡塁攻撃

前回の最後に御話致しましたのは、第一回総攻撃後に於ける状態として二つ挙げて置きましたが、第一は正攻法に移つた時の状態、第二は東西盤龍山の非常な困難な保持に方つて、軍司令官が此堡塁をどこまでも保持するといふ堅い決心を取られたといふことであります。今日は其後の正攻法に依るところの攻撃の状況を御話したいと思ひます。

先般申しました通り、正攻法を以て堡塁を攻撃するといふことは、軍司令官の一言、即ち「敵は有限の弾薬を有し、我は無限の兵力を後方に持つて居るのである。それだから如何なる損傷を冒しても我は攻撃作業を行うて宜しい。敵は弾丸を一発撃てば一発だけ要塞の命脈が縮まるものである。」といふ堅き決心を以て、此正攻法を命令し、之を軍隊に強ひたのであります。軍隊側では日頃から攻撃作業の訓練もなく、作業をして要塞を取らうといふことは日頃から考へて居なかつた。それであるから、軍司令官の命令があつても、之を実行するに就ては各団隊長も非常に苦心したのであります。どういふやうにして宜しいか、歩兵と工兵との仕事の関係、昼と夜との仕事の区分、守備兵と作業兵との区分、作業兵の交代をどういふやうにしてやつてよいかといふことが、中々判らない。それで最初は色々失敗もあり、作業も進捗せず、為に軍司令部も頻りに骨を折り、工兵部長〔榊原昇造、第三軍工兵部長〕の如きは絶えず戦線を廻つて教育をして歩いたのであります。それで段々と要領が判つて来、それから非常に憂慮して居つたところの敵前で作業をすれば敵火の為に甚しく損害を被るであらうと思うたことが案外で、意外に損害が少い。暗夜に敵前で作業をすれば敵も暗夜に矢たらに鉄砲を放つと云ふ訳に行かない。是は軍隊が意外に感じたところであります。唯第十一師団の方面にては割合に損害が多く、最初には毎夜四、五人位死傷者がありましたが、他の第九師団、第一師団の方面には殆んど無いと謂つてもよい、時々一人か二人の死傷者が出来るといふやうなことで、工事がズン〳〵進んで行つたのであります。唯其間にも色々なことがありまして、作業の遣り方が前へ〳〵と出る師団もあり、拡張工事にのみ力を入れて一向前へ進まぬ師団もあるといふので、其等の指導には軍でも非常に骨を折つたのであります。中には色々の失敗もありました。今其一例を申しますれば、某師団にて余り作業の進捗を急ぎ中間の攻撃陣地を余り遠く前進して第一夜の作業を行うた。然るに第一夜の作業たるや土嚢を並べて其後方僅かに土を掘りたるに過ぎないから、守備兵を置かずして未明に後退したところ、翌日夜再び其処に到つて見ると、敵が代つて占領して居るといふ次第で、我は更に後方に陣地を掘開し之を拠点としたり前の敵を駆逐した為に、作業の進捗は反つて数日遅れたといふこともありました。さういふやうに色々な失敗を重ねて、段々工事の遣り方も上手になりました。それから約二週間許り経つて九月の中旬になつて、龍眼北方並水師営南方の堡塁に対しては愈〻之から突撃陣地を造つて突撃をしなければならぬといふやうに工事が進んで来たのであります。そこで問題が起つたのは、一体突撃陣地といふものはどういふ風に造るべきか、又突撃陣地から堡塁に対する突撃は如何に実行すべきかといふことが判らない、無論全部判らぬのではありませぬが、軍隊が其教育をして居ないのであります。そこで軍司令部は、突撃陣地を造つて堡塁を攻撃する方法を教示したら宜からうといふことになりまして、突撃教令〔二〇二頁に収録〕といふものを書くことになりました。是は私共が命ぜられて作りましたものでありますが、第三軍で編纂した旅順要塞攻撃作業といふ書籍の第三附録として、其十七頁に載つて居りますから、是はどうか後で見て戴きたいと思ひます。戦を見て矢を矧ぐとか、泥棒を見て縄を綯ふとかいふ諺がありますが、此時の景況は全く斯ういふやうな景況でありました。是は突撃の準備と突撃の実行との二編に分けてありまして、突撃準備の所で、突撃陣地の距離を此教令には四十米突乃至百米突と書いてあります。是杯《〔ママ〕》は第一回総攻撃の経験から来たのであります。此節の一般の戦術の傾向は、突撃距離は概ね二百米といふのでありました。是は我が砲弾が歩兵に損害を与へないといふことを基礎として言つて居つたのでありますが、第一回総攻撃の経験からすれば、そんなに遠くてはいかぬ、砲火中止後敵が掩蔽部から出て防禦線に就く前に我は突撃陣地より敵線に到達しなければならぬ、之が為には出来るだけ近い方がよい、我が砲弾の為に突撃陣地に在る者は若干の損傷を生ずるといふことは敢て顧慮するに足らない、敵砲弾に撃たれて死ぬのも我が砲弾に撃たれて死ぬのも同じことだといふ考から、突撃距離が成るべく近い方が宜しいと主張せられて、其時の軍隊の意嚮は茲に載せられたものであります。

それから突入の場合に手投爆薬を使用するといふことが書いてあります。之を軍隊に渡すから使へといふことで、此教令に示すと同時に軍隊に之を渡しました。手投弾を使ふといふことの著意も其時に始めて起つたことであります。昔の戦闘法には成る程擲弾を使つたといふことがありましたけれども、それは幾百年忘れられて、其後日露戦争前までは歩兵が手投弾を使つて戦闘するといふことは、夢にも想はなかつたのであります。ところが第一回総攻撃の経験に依ると、敵に近接して胸墻を一つ挟んで彼我相対する様な場合には小銃の撃ちやうもないから、互に手当り次第の石を投合つて居るといふ次第である。此経験から、此手投爆薬を投げたらよからうといふことが始まつたのであります。併しながら攻城工兵廠にて急造したものでありまして、黄色薬又は綿火薬を三箇たばねてそれに雷管と緩燃導火索とを附けたもので、火を点けて敵の陣地へ投げるのであります。さういふ物を拵へて正攻法に依る第一回の突撃だけは兎に角成功した。此第一回の攻撃に失敗したならば、恐らくは軍隊は再び正攻作業をやらなかつたかも知れませぬ。此手投爆薬は今日にては手榴弾として制式の兵器となり、又各国とも之を使用する様になりました。それで此突撃教令は、後に攻城教令の出来るときにも大変参考になつたのでありますが、此突撃教令は半分は理想、半分は第一回の総攻撃の経験から出来たものであります。相当に研究の価値のあるものと思ひますから、一度御覧を願ひます。

　此の如くにして先づ突撃陣地を造ること、突撃をやることも、それから其間に於ける歩、砲兵の協同といふことも、略〻判つたので、九月十九日に正攻法に依る第一回の攻撃をやりました。此時攻撃したものは（第六巻第一図を御覧を願ひます）、右の方から言ひますと第一師団正面にて二〇三高地の東北方に在るところの南山〔ママ〕、坡山（是は海鼠山と当時言つて居りました）及水師営南方の第一堡塁、第九師団の正面にては龍眼北方の堡塁であります。今日は此龍眼北方の堡塁の攻撃だけ稍〻詳しく御話致します。第六巻第十六図を御覧願ひます。此図の一番右上の図に書いてあるところが、十九日午後の攻撃の図であります。此時は突撃陣地は敵の堡塁から八十米の処に出来た。それから其東南方の東八里庄から西に向つての工事がありますが、此突撃陣地は約百米許りの処に出来た。此東八里庄から向つた攻撃作業は軍から命じたのではありませぬ、師団の方で造つたものであります。是は盤龍山と此龍眼北方堡塁との間が著しく空いて而も側面を暴露して居るから、此方面から攻撃する為に作業をしたのであります。

　要するに此攻撃の第一は正攻法の試験で、第二は突撃教令の試練であつたのであります。さうして無論此日の攻撃は以上の三堡塁に限られて居りましたから、我が砲兵も専ら此三つの堡塁に対する射撃を行ひ、最も火力を有効に働かせることが出来、又歩兵も能く突撃を行うた為遂に成功したのであります。午後五時から攻撃を始めて、翌朝までに幾度か攻撃を繰返しましたが、突撃を繰返しても突撃陣地が近い為に損害が割合に少い。従つて幾度も繰返すことが出来る。併しながら敵も頑強に抵抗し、又敵の砲兵が後方砲台から能く支援射撃をするので、攻撃は随分困難でありましたが、夜間連続突撃をして、翌朝までに此堡塁を取つたのであります。此堡塁が取れると同時に、水師営南方の堡塁及海鼠山も取れたといふやうな訳で、攻撃作業をすれば、意外に易く堡塁が取れるといふことが始めて判つたのであります。

そこで攻撃作業に関する軍隊の信頼が非常に湧いて来た。それまでは攻撃作業は軍から命ぜられていや〳〵やつて居つて、「斯んな事をしたつて、堡塁がどうして取れるものか。」といふやうな考をもつた者がありましたが、段々やつて見ると是は大によいものである、死傷者も意外に少くして成功が容易であることが判つた。是に於て、軍全体の攻撃作業が非常に活気を呈して来て、一層進捗するやうになつたのであります。此三堡塁が取れるや否や、第九師団は二龍山堡塁に向つて、第一師団は松樹山堡塁に向つて攻撃作業をするといふことになりました。此時二龍山と松樹山との中間を以て両師団の境界としたのであります。さうして各師団とも一大堡塁に向つて攻撃作業を進めるやうになつたのであります。

八、第二回総攻撃より開城までの状況

是から第二回総攻撃並其以後の状態に就て御話しようと思ひます。九月二十日第九師団は龍眼北方の堡塁を取

ると同時に直様二龍山堡塁の攻撃作業に掛り、第一師団は松樹山の堡塁に掛つて鋭意前進に努めた。さうして十月下旬を以て軍は第二回の総攻撃をやることに決めたのであります。それは十月下旬になれば、各堡塁に対する攻撃作業も大に進捗して、突撃陣地が完成するであらう、又其時になれば内地から補充兵も無論到著するし、それから弾丸も若干補充が得られる、斯ういふやうな関係からして、此第二回総攻撃が企てられたのであります。そして十月三十日に之を実行したのでありますが、此総攻撃はマンマと失敗に終つた。それはどういふ訳で失敗したかといふことを簡単に申しますと、此三大堡塁には外壕のあることは遠方から見ても能く判つて居りましたが、果してどれだけの幅や深さがあるか、又側防機関が存在して居るか否かは不明でありました。依つて攻撃法としては矢張斜堤頂又は其前方にて外壕から多くも四、五十米の処に突撃陣地を作れば壕の通過の如きは之を埋めるか又は急造携帯橋を用ゆれば容易であると考へて、此突撃陣地を完成するまでの日子を基礎として、総攻撃の日を決定したのでありました。さて十月三十日に至り突撃陣地が出来て見ると壕は案外に深さ幅共に大にして、乾草等にて之を埋めることも容易でなく、急造携帯橋も敵に妨害せられて架けることが出来ず、其上壕内には外岸穹窖に依る側防機関が儼然として存在して居るので、結局之を破壊し且壕の通過法を設けなければ突撃は出来ないこととなつて、此攻撃は中止することになり、爾後は更に坑道を用ひて外岸穹窖を破壊し外岸を顚覆することになり、茲に始めて地中戦を実行する様になりました。

次に第三回の総攻撃の御話に移るのでありますが、第二回の総攻撃に於て失敗し、即ち八月下旬には要塞を奪取する一般の計画であつたものが、十月末になつてもまだ落ちない、さういふやうな事からして段々状況が切迫して来る。それに十一月の初になつて見ると、欧羅巴〔ヨーロッパ〕の方面からバルチック艦隊がやつて来るといふこともはつきり判つて来た、既に一部は地中海を通つて来、一部は喜望峰を廻つて、目下航行しつつあるといふことになりました。そこで非常に状況が切迫して来たので、第三軍も非常な苦しい立場になつて来たのであります。是等の関係は既に凡ゆる書類にも出て居りまするし、又白井中将の講話にも詳しく出て居りますから、私は是は余り詳しく述べませぬで、直ぐ先に移ることに致します。

兎にも角にも第三回の総攻撃を企てるには、攻撃の準備に於て絶対に遺憾のないやうにして掛らうといふのが総ての考であつた。それでありますから、其前に外岸も顚覆し、外岸側防機関も占領し、外壕の通過は最早自在になつた。もう此上は唯胸墻を超越して堡塁の中へ突撃しさへすればよいだけにして居つた。恐らくは其時の総ての人の考では、是より以上に準備の要求は無い、唯足らぬのは弾丸のみである。内地から送るところの弾丸が極めて僅少でありまして、一門の野砲に漸く六発か七発の補充を受けたといふやうな状態でありまして、是だけは極めて遺憾でありましたが、其他の工事の準備に於ては遺憾の無いといふ準備をして、第三回総攻撃に掛つたのであります。ところが此攻撃が復た失敗に終つた。そこで攻撃正面の堡塁を攻撃するのを止めて、兎も角も旅順港内に在る敵艦を撃沈するといふ目的を以て、二〇三高地に掛つたのであります。此攻撃には第一師団と第七師団の全力を費して、八日間の攻撃を連続して遂に其目的を達し、之に依りて直に敵艦を潰したといふ訳であります。

次は二〇三高地の奪取後に起つた問題を御話致します。第四十一図を御覧下さい。之は十二月七日の状況で、十二月六日に二〇三高地を取つた直後の軍の配備であります。此時又攻撃正面変更の議論が起つたのであります。此事を御話しようと思ひます。先般攻撃正面の選定に就て御話致しましたが、それは第一回総攻撃即ち強襲をやつたときの攻撃点の選定に就て色々な研究があつて遂に東北正面が攻撃点になつたといふことを申しましたが、二〇三高地が取れて見ると、其眼前に敵の要塞の本防禦線が出て来た。そこで議論が起つたのは、「此際攻撃正面を改めて、さうして西北正面から要塞を攻撃したらどうか。」といふ議論が出て来た。それは東北正面は如何にも堅固であつて、攻撃が困難であるから起つたのであります。主に此議論をしたのは、丁度二〇三高地の攻撃の際に第三軍に来て居られた児玉総参謀長〔源太郎、満洲軍総参謀長〕であります。それから軍の中にもさういふ意見の人もありました。そこで又私は再び偵察を命ぜられて、西北正面を仔細に偵察しましたが、其結果は矢張攻撃正面は変更する必要はないといふことになりました。今之を少しく詳しく述べて見ますれば、二〇三高地の頂上より展望すれば、此正面の各堡塁、砲台の防禦設備は能く判りますが、決して東北正面に比して劣つては居らぬ。殊に椅子山及大〔ママ〕陽溝の堡塁は極めて堅固であつて、二龍山又は雞冠山北堡塁に比して少しも遜色はない。又第一線の後方は数線に散兵壕が設けられてあるから、逐次に之を攻撃することを要するのみならず、最後には白玉山の線を奪取するにあらざれば要塞の核心に達することが出来ない状況である。又二〇三高地の斜面を下りて攻撃作業を進めることは、上り斜面に向うて行ふよりも一層困難である。而して堡塁の外壕に達するまでには更に今後二箇月を要する。之に反して東北正面にては第三回総攻撃失敗後直に著手して胸墻の下方に坑道を穿ちつつあつて、二、三週の後には爆破を行ひ得る状況にあるを以て、今日攻撃正面を変更することは決して有利でないからであります。而して此意見は児玉総参謀長も能く承知せられたるを以て、依然東北正面より攻撃を進めることになりました。

そこで攻撃正面の堡塁の攻撃に戻りますが、此三堡塁は第三回の総攻撃の失敗から、各師団とも期せずして胸墻の下に坑道を穿つて之を顛覆するといふことになつたのでありまして、著々工事を進めて居りました。併しながら是で果して堡塁が落ちるや否や甚だ不安であるといふので、到頭胸墻の下のみでなく、堡塁の咽喉部に在るところの掩蔽部まで掘付け、そして堡塁全部を爆発するが宜しいといふ議論が出まして、堡塁に大坑道を穿つことに著想しました。そして之を掘ることを考へた。ところが迚も工兵の力では岩石地に何十米といふ坑道を掘る訳には行かぬ。其当時胸墻下に坑道を掘つて居る速度が一昼夜掛つて四、五十糎づつであるから、十米掘るには二十日掛るといふ訳である。然らば他に方法はないかと研究したところ、其当時鉄道提理部に隧道を掘ることの上手な技師（月野正五郎）が一名ありまして、笹子隧道、小仏隧道を掘つた経験があるから、それが宜からうといふので、其技師を態々戦地から内地へ還して、さうして隧道掘開に要する人員、器材等を整備して再び旅順へ来らしむることにしたのであります。要するに最後に咽喉部まで掘付けるといふ考であつたのでありますが、其技師が旅順に帰来しない中に旅順が陥落したのであります。そこまでやらうといふ勢であつたといふことを御承知を願ひます。

そこで此本攻撃の正面に於ては、胸墻の爆破に依つて十二月十八日に第十一師団が東雞冠山北堡塁を取り、同二十八日には第九師団が二龍山堡塁を、又同三十一日には第一師団が松樹山の堡塁を取つて、是に於て本防禦線の三箇の大堡塁が我が手に入つたのであります。そこで露軍も遂に力竭きて、翌一月一日に我に降服状を送つて、旅順の陥落を告げた、斯ういふやうな経過になつて居ります。

九、東雞冠山北堡塁の攻撃に関する詳述

私は是から堅固なる堡塁の攻防戦の実際はどんなものであるかといふことを、或る一堡塁の攻撃に就て御話して見たいと思ひます。さうして当時の失敗と成功との状況を御話して見たならば、諸君の御参考とならうと思ひます。私は攻城間始終第一線を廻つて巡視して居りました、其中でも二龍山及び東雞冠山北堡塁は絶えず行つて

現状を目撃しましたから、能く知つて居りますが、今日は右の内東雞冠山北堡塁の攻撃に就て最初から終まで、どんな経過を取つて攻撃の失敗及び成功をしたかといふことを御話して見たいと思ひます。

第六巻の第一図の右及第十一図、此東雞冠山北堡塁は東北正面に於ける有力な分派堡であります。之と二龍山とは、此方面に於ける最も堅固な堡塁で、本防禦線の骨幹であつたのであります。ところが先般申しました通り、内地で調査したときは此堡塁は臨時築城になつて居ります。それでありますから、強襲で容易に取れる積りで居つたところが、戦地へ来て見ると大に違つて居つて完全な永久築城であつて、而も外壕が厳存して居るから、果して強襲に依つて取れるかどうかといふことは、私共心陰に心配して居つたのであります。ところが此間も申しました通り、第一回総攻撃の為の砲撃をやつて見ると其効果は如何にも大きく見える。胸墻の土砂は飛散し堡塁は其外形を変じ恰も根柢より粉砕せられた感がある、守兵など恐らくは居るまいと思はれた。随つて之ならば大丈夫強襲も必ず成功すると思ひました。今其当時に各堡塁に撃つた弾の総噸数を申しますと、此北堡塁に撃つた弾丸が四十一噸で、東雞冠山砲台に七十五噸、望台は二十五噸、盤龍山東堡塁に九十三噸、西堡塁に六十五噸、二龍山堡塁に三十四噸、松樹山堡塁に四十一噸、是だけの弾丸を撃つて居ります。是は攻城砲だけで、其外に野砲弾を撃つて居りますが、是だけ撃つて居るから相当効果が無ければならなかつた。ところが実際歩兵が突撃して見ると幾らも堡塁が壊れて居ない、唯土砂が飛散して新しい土が現はれて来たから、外観は大に変つて来たが、実質的には何等壊れて居らなかつたのであります。

茲で私は攻城砲の威力といふことに就て若干御話したいと思ひます。大凡要塞を攻撃するに方つて、守者が最初要塞を構築する場合に攻城砲として予期した種々の攻城砲を以て砲撃しても、堡塁は中々壊はれず、随つて中々攻城の成功は期し難いのであります。旅順の要塞を建設するときに露軍が考へたのは、外国軍が此処へ持つて来る火砲は大抵十五糎程度のものだらうから、之に対して十分に抗力がある様にと考へて設計したことは、露西亜の方の記録に載つて居ります。然るに我々は丁度それ位又はそれ以下の火砲を用ひて居る、それであるから砲撃の効果が挙らない、幾ら弾を撃つても術工物が破壊されない。効力の足らぬ弾丸を幾ら撃つても、それだけの結果が挙らないのは無理からぬことであります。現に後に至つて二十八珊の榴弾砲を以て攻撃するやうになつてから、段々弾丸の効力が現れて来て、現に北堡塁でも掩蔽部を破壊して非常な死傷者が出来て、当時の最も有力な露西亜の将軍であつた「コンドラチェンコ」〔ロマン・イシドロヴィッチ・コンドラチェンコ、東シベリア第七狙撃兵師団長〕が、此二十八珊の榴弾砲の弾丸に依つて死んだといふことがあります。さういふ工合で、どうしても要塞を攻撃するには、其要塞を設計した時の考よりも、より以上の効力ある火砲を持つて行かなければいかぬ。彼の独逸軍が四十二糎といふ大口径の火砲を以て白耳義〔ベルギー〕の要塞を攻撃したのは、実に此日露戦争に於ける我々の経験を利用したものでありまして、之でどし〳〵撃つたから術工物は立ちどころに破壊され要塞は遂に陥落したのであります。要するに戦争は絶えず敵の意表に出て常に敵の予期したより以上の威力を逞うすることが必要であります。

そこで第一回総攻撃に方つて此堡塁の突撃がどんな景況であつたかといふことの概要を申しますと、略〻之に一箇聯隊が向ひまして、さうして正面及左の間隔の方から突撃して行つたのでありますが、恐らくは斜堤にまで幾人も行つて居ないと思ひます。斜堤の頂に行くまでに殆んど全部潰れて居る。唯左の方から地隙を伝つて行つたのが、比較的近く堡塁の近所にまで行つたけれども、是も数日経つ中に他の堡塁より撃たれて殆んど全部死傷して居る。そこで折角第一回総攻撃であれだけの犠牲を払つたのであるが、後で攻撃に与かつた者に就て堡塁の状況を調べて見ても一向に判らぬ。唯彼の堡塁は化物屋敷だとか、突撃した者は皆行方不明になるとか云ふ様な恐怖的な報告のみでありました。之は日本軍殊に歩兵に永久築城の知識がなかつたからであります。結局彼の様な多大の犠牲を払つても堡塁の正体は遂に解らぬ。外壕がどれだけの幅があり、側防機関がどういふ風に設けてあるか、堡塁の形がどうであるか、どうしても解らなかつたのであります。此第十図の右の下の方に此堡塁の図が書いてあります、之を御覧を願ひます。此堡塁は五角形を成して居ります。正面が比較的短くして両側面が長い。さうして其壕を側防する為に外岸匣室が妙な形をして居つて、さうしてそれの通路が右側の壕の外岸壁内を通つて咽喉部の方に達して居る。而して兵舎及掩蔽部は咽喉部に在りて其面壁は外壕の内岸壁をなして居ります。

　第一回総攻撃の後、八月三十一日軍の訓令に依つて、第十一師団が之に向つて攻撃作業を始めた。其計画は、工兵一中隊及歩兵二中隊を作業隊とし、外に歩兵一箇大隊を掩護隊とし、所用材料は土嚢七千箇を用ひて、突撃に至るまでの所用日数を十三日間として、九月二日に著手したのであります。

　そこで話が一寸横に入りますが、此土嚢の話を茲で加へます。軍の最初の計画では土嚢三十余万あれば各方面全部の攻撃作業が出来る積りでありましたところが、愈〻著手して見ると中々そんなことでは足らぬ、之は攻撃作業が殆どん《〔マヽ〕》土嚢一点張であつて、昼は土嚢を詰め、夜はそれを積んで其蔭で土を掘るといふのが作業の一般順序であります。従つて土嚢は多数に要ることとなり、旅順の陥落するまでには遂に百七十万箇を使用しました。而してそれだけの土嚢を如何にして集めたかと申しますと、是は皆上海及香港から買うたので、彼の雑穀を入れるズックの嚢であります。併し中立地帯から買うたのでありますから、直接旅順に送ることは難かしい。一旦之を船で営口に送つて、同地から糧食を北方方面に輸送し、帰りの空列車に依つて之を旅順に輸送して来た。此時私共は中立国から物をドン〳〵買うて旨いことをやつて居ると思つて、自分で自慢のやうに思つて居つたところが、後で聞くと、露西亜軍も矢張策源地を上海及香港に置いて、さうして其処から威諾《〔マヽ〕》〔ノルウェー〕又は丁抹

〔デンマーク〕の船に依つて輸送して居る。是等の船は常に日露両方の物資を輸送して居つたのであります。是等は将来大に気を著けなければならぬと思ひます。

そこで話は北堡塁の攻撃作業に戻りまして、第一図を御覧ください。作業は前申す通り九月二日に著手して、敵塁より約七百米の処に第一歩兵陣地及交通壕を設けましたが、最初は敵の為火箭又は探照灯の照明と共に射撃を被り、毎夜数人の死傷がありましたが、日を経るに従うて敵の妨害も減少して、十月十一日は第五歩兵陣地を作るに至りました。これまでに四十日を費したわけであります。之から深対壕に依りて二条の攻路を進めましたが、十月二十日からは敵の瞰制を受くる為に深対壕は困難となり、坑道を掘つて進むの已むなきに至りました。此坑道の目的は、申すまでもなく外岸壁にまで掘り著けて、之を顚覆するに在りました。然るに此頃より敵も亦坑道を穿つて我に向うて前進を始め、外岸窖室〔ママ〕を起点として前進したのであります。さうして十月二十七日に至り、敵の方から先づ坑道を爆発したのであります（第六巻第二十一図を御覧を願ひます）。其爆発に依つて無論こちらの坑道も爆破せられ、坑道内に居つた我が兵卒も全部死傷したのでありますが、併しながらそこで非常な獲物が出て来た、即ち敵の爆破した跡を見ると、其処へ白い壁が現はれ、即ちペトン壁が現はれて来た。サア大変だ多分外岸壁であらうと云ふので偵察して見ると、「外岸壁にしては壕まで余程距離がある、是はどうしても側防穹窖の奥壁でなければなるまい。」といふことが想像出来た。それでは直様此処を壊せといふので、爆薬を其現はれたペトン壁の後に著けて二回ばかり爆破した。さうすると大きな穴が開いて、人が出入が出来るやうになつた。そこで我が歩兵が其処から突入して、敵と格闘の上之を駆逐したが、敵は予め窖室内に土嚢にて区画をして居つた為、頭正面の全部を占領することが出来ず、左方の半部のみ占領した。此窖室の占領に依り始めて我が軍は外壕の状況を知ることが出来た次第であります。敵は窖室を区画して防禦して居る為に、茲に窖室内にて、土嚢にて作りたる区画を距てて狭ひ室内にて苦しい戦闘が始まりました。十月三十日は第二回総攻撃の予定日でありますが、我が軍は其占領せる窖室の面壁を爆破して外壕に通ずる通路を作り、之より突撃兵を胸墻に進めましたが、外岸窖室の全部が未だ我が有に帰せず、敵は尚側防を行ひます為に、此突撃も遂に不成功に終りました。

そこで側防窖室の全部を奪取することは最も緊急のことでありますから色々の手段を講じました。即ち一には窖室内では堆積せる土嚢を逐次前方に繰出して我が占領部を拡め、又窖室の外側にては壁に沿うて坑道を掘つて進みましたが、何れも中々容易に進捗せず、其中十一月二十日に至り壕内より不意に進んで窖室の面壁に爆薬を装し之を破壊して凸角より二十五米許り占領して、之にて頭正面だけは敵の側防を受けぬ様になりました。

十一月二十一日より胸墻爆破の目的にて外壕より二箇の坑道を進めまして、二十五日までに約四米八〇掘進して此処に爆薬を装しました。

第三回総攻撃は十一月二十六日に開始しましたが、此堡塁には依然歩兵第四十四聯隊が攻撃に当つて居りました。早朝より攻城砲兵及野砲の砲撃の後午後一時に胸墻の大爆破を行ひました。爆破は土石高く冲天に昇り非常の壮観でありましたが、元来坑道の掘進少き為に僅かに胸墻の一部を破壊したるに止まり、胸墻の巓頂より四、五米の厚さは残り、其外方に約二分一の斜坂を作つただけでありました。

突撃の為には二隊を作り、一隊は右側方より咽喉部に向ひ、一隊は正面より堡内に突入しましたが、数回繰返し実行したる突撃も遂に其効なく、皆失敗に終りました。此失敗の主なる原因は、敵は堡の内庭に頭正面に向うて新なる防禦設備を設け、機関銃を以て之を守備して居ります為、我が突撃兵は直に堡内に入るを得ず、一旦胸墻の頂斜面上に止まりて之と対戦するの已むなき状勢となりまして、茲に永く停止する間に、左右又は後方の堡塁、砲台より射撃を受けて全部死傷し、遂には胸墻の全部が再び敵の有に帰するといふ次第であります。

要するに此突撃不成功の最大の原因は、我が兵が何等遮蔽物なき大なる胸墻の頂斜面上に在つて堡内、内庭の安全地に在る敵と永く相対峙して居るからであります。此状況は他の二大堡塁に対しても同様でありました。

第三回総攻撃の失敗に鑑みて、どうしても胸墻全部を破壊することが必要となり、其直後から一層大規模の坑道に取り懸りました（第六巻第二十一図を御覧願ひます）。即ち二箇の大坑路を出し、之より更に各二箇の枝坑路を作ることになりました。十二月十六日までに結局七箇の薬室を作り装塡を始めました。薬量は総計で二千三百五十瓩（多くは綿火薬）でありました。

十二月十八日を以て大爆破と同時に突撃を行ふことになりました。今回は師団の砲兵は固より攻城砲兵まで凡ての砲兵は単に此一堡塁の奪取といふことに使用せられ、或は直接堡塁を射撃し、或は他砲台の敵火の制圧に任じたのであります。又十五珊臼砲二門を特に其西方に在る一戸堡塁の内部に据付けて、此堡塁の咽喉部の縦射に任ぜしめ、而して砲兵の射撃は凡て前以て行はず大爆破を以て始めることにしたのであります。之は不意の大爆破に依り成べく多くの敵兵を損傷せしめようとする考からであります。

突撃隊は第一より第四に至る四隊とし、各隊は又更に四区隊に分ち、各区隊の兵力は概ね三十乃至四十人として、以て逐次突撃を行はしむることとし、而して第一突撃隊は外岸窖室内に、第二突撃隊は第七陣地の後方交通路に新に設けたる掩蓋下に、第三、第四突撃隊は第六陣地後方の交通路内に待機せしめました。

爆破は規定より少し遅れて午後二時十一分に実行しましたが、轟然大振動と共に土石高く昇り、実に凄絶を極めました。土石は半径二百五十米の周囲に落下しました。此意外なる大爆破の為に第一突撃隊は外壕埋没の為突撃の進出路を失ひ又第二、第三突撃隊の大部は土石の為に埋められ七十余名を失ひましたが、併し胸墻の爆破は見事に成功し、長さ約三十米間胸墻を飛散し、大噴火孔を作り、其前縁は胸墻内斜面脚に達したといふ有様でありました。

是に於て工兵隊は先づ外岸窖室出口の土石を取り除き歩兵の進出路を作り、午後二時三十分第一突撃隊は胸墻に上りました。次で堡の内庭に進出しようとしたが、敵は相変らず内庭の線を固守する為、容易に進むを得ず、併し我が兵も亦噴火孔を占領して敵と対戦したが、今回は噴火孔の周縁がある為に他堡塁、砲台の射撃を被ること少く、安全に之を占領して後続隊の来著を待つことが出来た。続いて第二、第三突撃隊も前進して屢〻突撃を行ひましたが、目的達成に至らず、是に於て師団長〔鮫島重雄〕は師団の予備隊全部を之に注入して攻撃を続行せしめ、自らは外岸窖室に進みて士卒を督励せられた為に、午後十一時五十分に至り漸く堡塁全部を我が有とすることが出来たのであります。

此攻撃の成功した主なる原因は、胸墻の爆破に在るのでありますが、此爆破も最初之を計画するときには胸墻上に拠点を作るといふ考よりも寧ろ敵の占拠する所を破壊するといふことが主目的でありましたが、戦闘後の結果に依つて見ますれば、此爆破に依りて生ずる噴火孔が我が突撃兵の為に極めて安全なる拠点を成形し、之を占領するときは堡内に在る敵と対等の姿勢にて戦闘を交へることが出来るといふことが、最大の利益であつたのであります。此状況は十二月二十八日に行うた二龍山の攻撃にも、同三十一日に行うた松樹山の攻撃にも同様でありました。

次に此成功の原因として挙げるべきは、攻城砲兵の全力を挙げて一堡塁の攻撃に使用したことであります。是迄第一、第二、第三回の総攻撃には何時も広正面に攻撃を行うたる為、唯さへ微力なる砲兵の力が諸方面に分散して使用せられ、従つて歩兵に対する協同が十分に行き届かぬ点が多かつたが、最後の攻撃には各堡塁は時機を異にして逐次行うた為に、砲兵の力が常に一点に集中して使用せられたのであります。

十、結言

以上は旅順攻城間に於ける私の経歴の一端を概説したのでありますが、今此講演を終るに臨み尚概括的に一言申したいと思ひます。

旅順の攻城は開城後の効果から見ますれば、其結果は極めて大であつて、爾後の陸海軍の全勝の基礎を作つたと謂うて差支はありませんが、併し此戦闘は終始難戦苦闘で、作戦は常に予期に反し、多大の死傷者を作り、失敗に失敗を重ねたのであります。此失敗の細大の原因を探求することは、将来戦の為に甚だ有益であると思ひますが、茲には其二、三を述べて見たいと思ひます。

一　平戦両時を通じて要塞の調査、偵察甚だ不十分なりしこと

前に申しました通り平時の調査が甚だ不十分なりし為、攻城に関する準備が極めて行届かず、即ち攻城軍の編組、兵力殊に火砲、弾丸の準備適当ならず、攻城の計画も至つて粗略であつた。又攻城間に於ても要塞内及防禦設備に関する諜報が行届かず、為に戦闘の実行が何時も失敗に陥ることが多かつたのである。将来国軍にして敵国要塞の攻略を予期せば、平時より大に之に注意を要することと思ひます。

二　攻城砲の威力甚だ微弱なりしこと

攻城砲は其砲数及弾丸に於て甚だ不十分なりしのみならず、殊に旧式の火砲多く、其威力の極めて微弱なりしは、失敗の一大原因であります。第一回総攻撃の際の如きは、一目標に対しては相当多数の弾丸を射撃し、其総鉄量も可なり大なりしに拘らず、効力は極めて微弱であつて、何等術工物を破壊することが出来なかつた。其後

の攻撃に於ては常に弾丸の不足の為愈〻効力を見ることが出来ず、僅に二十八珊榴弾砲の増加に依りて効力を見ることが出来た。

此二十八珊榴弾砲の使用に依り始めて堡塁に対して効力ある射撃を行ひ其術工物を破壊し得たることは、大に注目すべきことでありまして、之に依りて考へれば、攻城砲としては砲数の多きよりも寧ろ威力の大なる火砲が必要で、殊に要塞構築の際予想せざりしところの大威力の火砲を使用することは、極めて緊要であつて、之に依つて始めて術工物の破壊が出来るのである。彼の欧洲大戦の初め独逸軍が驚くべき大口径の火砲を用ひて白耳義の要塞を攻撃して偉大の功を奏したのも、此著眼に依るもので、恐くは彼は我が此二十八珊榴弾砲の例に倣うたのであらうと思はれます。

三　完全なる外壕及之が側防機関を有する堡塁に対しては強襲は成功の見込少きこと

攻城砲の威力が莫大にして、堡塁を真に根柢より破壊し得る様な場合は別として、尋常の場合に於ては、砲撃の後外壕を超越して突撃を行ふことは至難である。又敵火の下にて架橋其他の方法にて壕の通過法を設けることも不可能である。従つて強襲で以て能く守備せる堡塁を奪取することは殆んど望はないと謂うてよろしい。殊に旅順の如く壕の通過法が完全に出来ても敵尚頑強に守備し、且つ両側及後方の砲台より能く之を支援するときには、遂に胸墻の爆破まで行はなければならぬことも考へて置く必要があります。

四　次に失敗の原因として挙げるべきことは、当時我が軍は正面射撃の効力を過大に信用し、防禦に於ては一線配備を主義とし側防等のことは少しも考へず、又攻撃に於ては敵の火網を破壊する等のことは念頭にもなかりし際に於て、防禦に巧なる露軍は常に重層配備を行ひ、又地形を利用して巧に側防設備を施し、陣地前は常に十字火の威力を発揚したる為、我が軍は何時も多大の損害を被り意外の失敗を招いたのであります。

之にて講演を終ります。以上二回に亙り各位の御清聴を賜はりたるを感謝いたします。

解説　第三軍参謀の史料による旅順・奉天戦の再検討

長南政義

第一章　史料解題

1、「大庭二郎中佐日記」・「大庭二郎大将　難攻の旅順港」について

「大庭二郎中佐日記」（防衛省防衛研究所戦史研究センター所蔵、戦役―日露戦役３２２）は、日露戦争の旅順攻囲戦に第三軍参謀副長として従軍した大庭二郎（一八六四～一九三五）が記した史料である。

大庭は、長州藩士大庭此面の長男として生まれ、明治十九年に陸軍士官学校を卒業（旧陸士八期）し、明治二十五年には陸軍大学校を卒業（八期）している。日清戦争時には兵站総監部副官を務め、明治二十八年から三十三年までドイツに留学している。日露開戦と共に大本営参謀となり、明治三十七年五月第三軍参謀副長に就任し旅順攻囲戦に参戦。旅順開城後、大本営参謀に補職され、直後に後備第二師団参謀長に就任し終戦を迎えた。大正期にはシベリア出兵に従軍し、朝鮮軍司令官を務めるなどした後、大正九年に陸軍大将に昇進し、教育総監などを務めた。

「大庭二郎中佐日記」は、Ａ５判相当のノート一冊に鉛筆縦書きで記されている。表紙はなく、「大庭二郎中佐日記」という史料名は、所蔵先が便宜的につけたものと考えられる。

「大庭二郎中佐日記」は、編者が「第三軍参謀たちの旅順攻囲戦～「大庭二郎中佐日記」を中心とした第三軍関係者の史料による旅順攻囲戦の再検討～」（『國學院法研論叢』第三十九号、二〇一二年）で指摘したように、所蔵先の史料名は「日記」となっているが、厳密には日記ではない。「明治四十年八月二十七日、東京附近洪水にて強雨中、旧記を続け完成す」との一文があることからもわかるように[1]、「大庭二郎中佐日記」は明治四十年八月二十七日以後に

成立した、日記の形式をとった回想録である。なお、成立は、明治四十年以後であるが、旅順攻囲戦当時のものと思われる、野戦攻城歩砲兵弾薬景況一覧表および命令文書が貼付されている。

また、「大庭二郎中佐日記」本文に「突撃の時刻、方法等に関しては後世評論あるへし」などの文言があることから推測すると、「大庭二郎中佐日記」は日露戦争後に何らかの意図のもとに編纂されたものである可能性が高い。[2]

先行研究によると、「大庭二郎中佐日記」および「大庭二郎大将　難攻の旅順港」を含む防衛省防衛研究所戦史研究センター所蔵の大庭二郎関係史料は、大庭から大庭の次女・猪俣富美子氏に渡され、その際、大庭から極秘史料として代々受け継ぐために厳重に保管するよう言われたという。その後、大庭の孫にあたる史料旧蔵者の大庭敏雄氏から防衛研究所に寄贈された。[3]

「大庭二郎中佐日記」は、大庭二郎中佐日記を読む会により翻刻がなされているが、同会の翻刻には翻刻の誤りが多数存在する。その幾例かを指摘すると次の通りだ。すなわち、「三縦隊」・「右縦隊」が正しいところを「三聯隊」・「右聯隊」と翻刻したり、「王家店」が正しいところを「王家居」と翻刻したり、「爾他の砲兵有煙火薬」が正しいところを「余地の砲兵有煙火薬」と翻刻したり、「徒歩砲兵独立大隊」が正しいところを「徒歩砲兵約五大隊」と翻刻したり、「国旗」が正しいところを「団旗」と翻刻したり、「十月十六日」が正しいところを「十月十三日」と翻刻したり、「重砲も歩兵も北方に赴援」が正しいところを「重砲も我兵も北方に赴援」と翻刻したり、「攻路は進み」が正しいところを「攻略は進み」と翻刻したり、「奮励」が正しいところを「奮働」と翻刻としたり、「飛報軍司令部に」が正しいところを「飛報軍令支部に」と翻刻したりするなど、文意が本来の意味と全く異なるような翻刻の誤りが存在するのがそれだ。[4] そこで、本書では、可能な限り正確を期して翻刻を行なった。

「大庭二郎大将　難攻の旅順港」（防衛省防衛研究所戦史研究センター所蔵、戦役―日露戦役323）は、大庭執筆の回想録の原稿である。「大庭二郎大将　難攻の旅順港」の「目次」から、大庭が旅順開城まで執筆する意図であったことがわかるが、原稿は第一回総攻撃途中の明治三十七年八月二十二日頃までの記述で終わっており、未完であることが惜しまれる。

「大庭二郎大将　難攻の旅順港」は、陸軍罫紙にペン縦書きで記入されている。「大庭二郎大将　難攻の旅順港」は、自序から、大庭が朝鮮軍司令官在任中の大正十一年秋頃に執筆されたものと推測される。なお、表紙に「難攻の旅順口」、自序に「難攻の旅順港」とあることからわかるように、「大庭二郎大将　難攻の旅順港」という史料名は、所蔵先が便宜的に附与したものである。

「大庭二郎中佐日記」は第三軍参謀副長を務めた人物の執筆による貴重な史料であり情報量も豊富であるが、「日露戦役従軍日記」や参謀本部編『明治卅七八年日露戦史』全十巻・附図十巻（東京偕行社、一九一二～一九一五年）の記述と比較すると記憶間違いと思われる箇所が若干存在する。そのため、利用に際しては、これら他の史料との比較が必要である。

2、「日露戦役従軍日記」について

「日露戦役従軍日記」（靖國神社靖國偕行文庫所蔵）は、日露戦争に第三軍参謀（第三課：運輸・交通・通信担当）として従軍した井上幾太郎（一八七二～一九六五）の日誌である。

井上幾太郎は、農業井上清蔵の次男として山口県で生まれ、明治二十六年に陸軍士官学校を卒業（陸士四期）し、明治三十三年には陸軍大学校を卒業（十四期）している。明治三十五年からドイツに私費留学したが、日露戦争開戦に伴い帰朝を命じられ、明治三十七年五月第三軍参謀（第三課）となった。井上は、第三軍司令部編成当時唯一の工兵将校であったため、旅順攻囲戦に際しては第一課（作戦）に関する職務も担当している。第三軍は、強襲法による第一回総攻撃失敗後、攻撃方法を正攻法に変更したが、現地偵察に基づき正攻法の採用を強く具申して採用させたのが井上である。井上は、「攻撃作業計画」の立案や「堡塁突撃に関する教示」を起案するなど正攻法による要塞攻撃の中心人物であった。井上は奉天会戦に際しては、後方計画・給養および兵站設置の計画などを立案し、兵站面で第三軍の進軍を支えた。大正期の井上は、大正八年に陸軍航空部本部長を、大正十五年から昭和四年まで陸軍航空本部長を務めるなど陸軍航空の基礎を確立した。昭和二年には陸軍大将に昇進している。

「日露戦役従軍日記」（一・二の二冊）は、原本ではなく写本である。「日露戦役従軍日記一」は自製の原稿用紙に、「日露戦役従軍日記二」は「井上用紙」罫紙に書かれている。

写本作成時期に関しては、井上幾太郎伝刊行会編『井上幾太郎伝』（井上幾太郎伝刊行会、一九六六年）の編纂に際して写本が作成されたものと推測されるが詳細は不明である。

なお、「日露戦役従軍日記」の存在は戦前から知られていた。宿利重一『旅順戦と乃木将軍』（春秋社、一九四一年）は、「井上参謀―幾太郎―の次の手記に依」るとして、本書八九頁から始まる七月十六〔八カ〕日条の記述の一部を引用したり、「或る参謀は其の日記に」として本書一〇二頁八月二日条の記述の一部を引用したり、「井上参謀―幾太郎―は、次のやうに手記してをる」として本書一一一頁から始まる八月二十一日条の記述の一部を引用している。[5]

旅順要塞攻略成功の要因の一つは正攻法の採用にあるが、「日露戦役従軍日記」は正攻法の主唱者である井上の日誌として高い価値を有する。ただし、「日露戦役従軍日記」は写本であるため、転写時の誤記が存在する。そのため、本書では、参謀本部編『明治卅七八年日露戦史』などの史料を基に可能な限り誤記を訂正した。

3、「旅順の攻城及奉天会戦に於ける第三軍に就て」・「日露戦役経歴談（旅順攻城戦の部）」について

白井二郎「旅順の攻城及奉天会戦に於ける第三軍に就て」は多門二郎編『陸軍大学校課外講演集　第一輯』（陸軍大学校将校集会所、一九二九年）に、井上幾太郎「日露戦役経歴談（旅順攻城戦の部）」は牛島貞雄編『陸軍大学校課外講演集　第二輯』（陸軍大学校将校集会所、一九三一年）に収録されている史料である。

『陸軍大学校課外講演集』は全部で第三輯まで刊行されている。その内容は、一部の例外もあるが、主として日露戦争で満洲軍参謀・軍司令部参謀・師団参謀などの要職を務めた人物による講演の速記録をまとめたものである。『陸軍大学校課外講演集』は内容の濃さもさることながら、国立国会図書館にも所蔵されておらず閲覧・入手が困難であるため、第三軍の作戦に深く関与した白井二郎と井上幾太郎に関する部分を本書に収録することとした。

白井二郎（一八六七～一九三四）は、長州藩士白井胤永の次男として生まれた。明治二十年に陸軍士官学校を卒業（旧陸士九期）し、明治二十六年には陸軍大学校を卒業（九期）している。日清戦争には、第一軍兵站監部副官として出征している。日露開戦時はフランスに駐在していたが、明治三十七年四月に参謀本部附、同年五月に第三軍参謀（作戦主任）となり旅順攻囲戦に従軍した。白井は旅順陥落後の明治三十八年一月九日に大本営に転じることとなったが、機密作戦日誌の整理未了を理由に第三軍に留まり続け、奉天会戦間も作戦主任参謀として勤務し、奉天会戦終

了後の同年四月、侍従武官に転じている。白井は大正五年に陸軍中将に昇進し、旅順要塞司令官や第八師団長を経て予備役となった。

回想録の執筆者は自己の失敗を隠そうとする傾向がある。しかし、白井は「旅順の攻城及奉天会戦に於ける第三軍に就て」において、自己の失敗を隠さず率直に述べており、記憶間違いの部分を除けば、「旅順の攻城及奉天会戦に於ける第三軍に就て」は全体として信頼性の高い史料といえる。さらに、白井が旅順攻囲戦及び奉天会戦において第三軍作戦主任参謀を務めた人物であることから、「旅順の攻城及奉天会戦に於ける第三軍に就て」は第三軍の作戦研究を行なうに際し不可欠の史料である。

次章以降では、本書収録の史料を使用し、旅順攻囲戦や奉天会戦の詳細について新事実を中心に考察を加えてみたい。

第二章　新史料で見る旅順攻囲戦

谷寿夫『機密日露戦史』（原書房、一九六六年、以下、谷戦史と略す）の旅順攻囲戦の章（第六章）の問題点として、同書が第三軍司令部側の史料を殆んど利用していない点を指摘できる。谷戦史の第六章は長岡外史の史料を主たる典拠としており、第三軍司令部側の史料を殆んど利用できなかった点は、谷戦史の限界であるといえるであろう。そこで、本章では、第三軍司令部参謀副長大庭二郎の日誌・回想録をメインに、第三軍司令部参謀井上幾太郎の日誌・回想録及び攻城砲兵司令部部員奈良武次の回想録なども併用しながら、従来旅順攻囲戦を語る際に引用されることが多かった長岡外史及び田中国重の回想録の信憑性を検証することを中心に、旅順攻囲戦を再検討したい。

1、もし第一回総攻撃当時から二〇三高地を攻撃していたら？

旅順攻撃に於ては、敵の左翼の方から迂回して攻撃したならばよかつたらうと思ふ。そのことは当時私なんぞは唱へたが、第三軍ではそれを用ひずに正面から攻撃したから失敗を招いたのである。〔中略〕成るべく野戦的の動作で敵の左翼から迂回して行つた方がよかつたことは後には明瞭になつた。

（満洲軍総司令部参謀・尾野実信）[6]

陸軍はなぜ二〇三高地攻略を海軍から要求されるまで考えなかったのか。第一回総攻撃から二〇三高地を攻めていれば旅順要塞は容易に攻略可能であったのでは。日露戦争以来、尾野実信のように日露戦争に従軍した軍人や日露戦争を研究する識者が疑問に思う論点である。

しかし、陸軍は日露開戦前の旅順攻略計画において既に西北方面からの攻略を考慮していたし、さらにもし西北方面から旅順を攻撃していたら、旅順攻略までにさらに多くの日数がかかっていた、といったら読者は驚くであろうか。

（1）なぜ「東北方面」を「強襲法」で攻撃したのか？　〜無謀ではなかった強襲法〜

旅順要塞攻撃の主攻方面を東北正面にするのか西北方面にするのかについては、第三軍編成以前から研究が開始されていた。参謀本部第五部員（第五部は要塞担当）の佐藤鋼次郎は、明治三十五年夏、参謀本部第一部員田中義一から「旅順を攻撃するとしたなら、どうしても西方正面を攻撃方面として」攻撃した方が良いからと、その研究を命じられている。[7]明治三十七年一月には、第五部の旅順要塞攻撃計画研究を基礎としたものが参謀本部第一部案として参謀本部の部長会議に提出されたが、その攻撃案では、主攻方面は案子山及び椅子山砲台附近とされていた。[8]つまり、開戦前の攻撃計画案では東北正面ではなく西北方面からの攻撃が想定されていたのである。

ところで、作戦計画立案に際しては、任務分析を行ない、敵情に基づいて自軍の作戦方針（特に、攻撃方法と本攻撃正面）を決心する経緯をたどる。そこで、第三軍の任務と、第三軍が認識していた敵情を見てみよう。

五月一日、第三軍が編成され、二十九日には大本営が「第三軍作戦の目的は可成速《なるべくすみやか》に旅順を攻略するに在り」との訓令を出した。すなわち、これが第三軍の任務である。[9]さらに、この後、第三軍の任務である「可成速《なるべくすみやか》に旅順を攻略」が、陸軍首脳部及び海軍によって急《せ》かされることになる。

六月十日、総理大臣桂太郎、山県有朋元帥、参謀総長大山巌、参謀本部次長児玉源太郎、陸軍大臣寺内正毅が大本

営に会して、対露作戦計画大方針を評議した。その協議事項中に、「旅順要塞の攻撃目的を達せは第三軍は直に野戦に使用」するとの項目があり、旅順陥落後の第三軍は陸軍首脳部によって最重要視されていた遼陽会戦へ参加することを期待されていたことがわかる。[10]

さらに、聯合艦隊司令長官東郷平八郎は、バルチック艦隊（四月三十日編成決定）東航の報がもし確実ならば、「一日も早く旅順を攻略」するのが最大急務であると海軍中央に打電している。これをうけて参謀総長山県有朋（大山巌の満洲軍総司令官就任に伴いその後任として参謀総長就任）は満洲軍総司令官大山巌に「第三軍に少しく無理押しを望むは実に已むを得ざるべし」と電命している。[11] また、第三軍参謀井上幾太郎によれば海軍は「八月初旬までに」旅順を陥落して欲しいと要望していた。[12]

つまり、第三軍は陸海両軍から、無理押しをしてでもできれば八月初旬までに一日も早い旅順攻略を要望されていたわけである。そして、第三軍が強襲法を採用した理由もこの第三軍の任務にあった。この点に関し井上は「大本営の訓示には、強襲と明言してはありませんけれども、速に攻略せよといふことで、強襲で取らなければならぬやうに余儀なくされて居つた」と述べている。[13]

陸軍の要求が第三軍の野戦使用を可能にするための「旅順要塞陥落」であったのに対し、海軍の要求はバルチック艦隊東航前に「旅順艦隊を撃滅」するのが本旨で要塞陥落は二次的目的であった。そのため、第三軍に対する陸海軍の要請は、第三軍の任務に二重の目的を内包させることになったのである。旅順要塞攻略を考えるに際しては、この外的圧迫がいかに強かったか、第三軍が二重の目的のどちらを重要視していたのかを絶えず想起する必要があろう。

次に、敵情である。大本営は旅順のロシア軍兵力をかなり下算して見積もっていた。大本営は、五月の段階では兵力一万未満、七月の段階では兵力一万五千、砲二百門程度と見積もっており、[14] この下算した敵兵力を基礎として三個師団、砲三百六十門（うち攻城砲兵司令官隷下の重砲百八十門）という第三軍の兵力編組が決定されたのである。

第一回総攻撃において、日本軍は望台を一度占領するものの増援兵力不足が原因でロシア軍の恢復攻撃により奪還されていることや、第七師団が第三軍の隷下に入ったのが十一月十一日であったことを考えると、もし第七師団が第一回総攻撃の段階で投入されていたならば望台を占領する可能性が極めて高かったものと思われる。

この筆者の推測を裏付けるかのように、歩兵第六旅団長として第一次総攻撃に参加した一戸兵衛は「我に更に、新鋭二聯隊ありて、強襲を敢行せば、旅順は彼の時已に陥落したるならん」と述べている。この一戸の発言は単なるたられば論ではない。というのも、旅順にいた従軍記者オイゲン・ノルドが「露の損害甚大にて、全滅に瀕せし聯隊あり、何時陥落の不幸を見るやも計られず、城将ステツセルを始め将卒恐怖狼狽の極に達し、急に将官会議を開き、ステツセル議長となりて開城の議を練る。幾多の将官悉く開城に傾いた時、独り将軍スミルノフ断然開城に反対し、為めに守城に決す」と書いているからである。[15]

つまり、日露両軍の記録を読む限り、第一回総攻撃失敗の原因は、強襲法にあったのではなく、敵兵力見積もりに失敗したことに起因する第三軍の兵力編組の失敗にあったといえよう。そして、強襲法は無謀どころか、成功の一歩手前まで到達していたのだ。

陸軍大学校教官の村上啓作は「尚一師団を増加しありたりとせは成功したるへし」と分析しているが、[16]大本営の敵兵力見積もりの甘さが第三軍の編成を当初から第七師団を加えた四個師団編成とせずに三個師団編成とする決定につながり、ひいては兵力不足のため第一回総攻撃が失敗する原因の一つとなったと指摘することが可能であり、開戦前の参謀本部の敵情分析の甘さはもっと責められてもよい。

さらに致命的であったのが、参謀本部が旅順要塞攻略研究用に第三軍に渡した地図である。第三軍参謀井上によれば、この地図は、本防御線（右から白銀山旧砲台から東北正面を経て、椅子山、西太陽溝堡塁と繋がるライン）の記載はおおよそ正確であったが、龍眼北方堡塁、水師営南方堡塁、龍王廟山、南山坡山、二〇三高地といった「前進陣地」が「我々の貫つた要塞記録とも謂ふべき此地図には、そんなものは無論無い」というのである。さらに問題なのは、参謀本部が第三軍に渡した地図の記載は、旅順要塞の工事状況に誤記があった点である。井上によれば、「東北正面の主なる堡塁たる二龍山堡塁及東鶏冠山の堡塁は臨時築城」であり、東北正面が「臨時築城」と記載されていたことが「攻撃正面を東北正面に選んだ理由の一つ」だというのである。この地図が、攻城計画立案に際しての「唯一の材料」で「外には何一つとしてありません」というから、開戦前の参謀本部の準備不足が、第三軍の攻撃正面決定に大きな影響を及ぼしていたといえる。[17]

第三軍司令部は、東北正面の要塞線を半永久築城ではなく攻略容易な「臨時築城」と記載する参謀本部調査のお粗末な地図を基礎として攻城計画を策案したのであり、第三軍が東北正面に主攻方向を決定したのにはやむを得ない理由があったと評価できよう。さらにいえば、第三軍司令部の判断は、攻撃立案に使用した地図の観点からすれば、「妥当」な判断だったのである。

（2）もし、西北方面主攻説を採用していたらどうなったか？

> 全力を西方に移し奇襲的に勝を制するが宜しい。〔中略〕此方面は薄弱に相違無い。
> 第三軍司令部は二〇三高地の戦術的価値を算出すること能はず。
> 総司令部の旅順攻撃に対する意見も亦第三軍の見込と同一にして、正面鉄壁主義である。
> （参謀本部次長・長岡外史[18]）

ところで、既述の通り参謀本部第五部の旅順攻略研究を基礎とした参謀本部第一部案では主攻方面が西北方面になっていた。しかし、第三軍の動員終了後、第三軍司令部内の研究に際して、大部分の幕僚の意見は東北正面主攻説であり、結局現地の状況が不明な内地で決定するには過早ということで、主攻方面の決定は出征後の七月八日頃まで持ち越された[19]。

すでに指摘されているように、東北正面主攻説には、①砲兵の展開が容易、②要塞の死命を一挙に制することが可能などといった利点があり、西北正面主攻説には、①展開までに敵前で開闊した平地を長距離移動しなければならない、②二〇三高地の後方には主防御線が控えているなどの欠点がある。そのため「利害相半して幾ら研究しても可否の決論〔ママ〕に到達することが出来ない」ので、二案を第三軍司令官乃木希典の採決に任せることとなり、乃木は「明治二十七、八年の旅順攻撃の成果に鑑み」主攻方面を東北正面に選定し「松樹山、二龍山より盤龍山北砲台の間を突破する」ことに決定した[20]。日清戦争では日本軍は西北方面から攻撃して攻略に成功しているが、その戦例を基に乃木は、「敵は多分西正面より攻撃を受くるならんと予想し居るべきを以て其裏を掻き其不意に出でんが為め」にこの決定を下したのだという[21]。さらに、第三軍参謀白井二郎は、西北方面を主攻とした場合、第三軍が二〇三高地の後背に所在する主防御線突破に時間がかかっている間にロシア軍が出撃してきて東西に分断される可能性があり、それを乃木が危惧したと述べている。[22] つまり、長岡外史の指摘とは異なり、第三軍司令官乃木希典や第三軍参謀長伊地知幸介は西北方面＝二〇三高地方面の戦術的価値を軽視していたわけではなかったのであり、第三軍司令部は東北方面・西北方面両攻撃案を比較考量した結果、主攻を東北方面にする決定を下したのだ。

ところで、攻城砲兵司令部では攻撃正面未定のため第一案（西北主攻）、第二案（東北主攻）の砲兵展開計画を策案して現地へ進出していた。[23] 先に、参謀本部調査の地図には二〇三高地周辺の前進陣地が全くの無記載であったことを述べたが、攻城砲兵司令部の第一案（西北主攻）もこの地図を基礎として立案されていた。つまり、前進陣地が無いという前提なので、攻城砲兵司令部の第一案は「直に椅子山、太陽溝の線に対し砲兵を展開」する案であったのだ。[24] 従って、もし、長岡外史や尾野実信が主張するように、第一回総攻撃の際に、乃木が第一案を採用していたならば、予想もしていなかった前進陣地に敵が所在して攻略する必要が生じ、攻城砲兵の展開が遅れ、攻撃着手時期は大いに遅延するという結果が生じたわけである。

さらに、第三軍は第一回総攻撃失敗後に正攻法を採用するが、結果論ながら正攻法の観点からも東北方面を主攻として正解であった。すなわち、西北方面の太陽溝砲台付近は「岩石質の断崖が乞〔屹〕立して」正攻法の攻路掘開に非常に困難であったが、東北方面である松樹山や二龍山方面は「傾斜も緩て土質も比較的軟く」攻路掘開が比較的容易であったのだ。[25] 正攻法は土質が軟らかい東北方面でも一日に数十センチずつ（第三軍参謀副長大庭二郎によれば一日平均五十センチ）[26] しか進展しなかったが、土質が岩石質で堅い西北方面から正攻法を実施していた場合、旅順陥落はより遅延した可能性が大きい。この観点からも、乃木の判断は正しかったのである。

ところで、従来全く指摘されてこなかったが、二〇三高地奪取後の十二月六日、満洲軍総参謀長児玉源太郎が攻撃重点を西北方面に転換してはとの意見を出している。そこで、七日、乃木の命を受け第三軍参謀井上が現地を偵察した。その結果、①二〇三高地前面の椅子山、太陽溝堡塁は東北方面の堡塁と比較して堅固さの点において遜色がなく、②二〇三高地からその方面に正攻法の攻路を掘開するには降傾斜を進まなければならず、東北方面の上斜面に向かう攻路掘開と比べ困難である、③最終的には白玉山の防衛ラインの奪取が必要、などの理由で、井上は攻撃正面変更の不可を説き、児玉もその説明を聞いて西北方面転換の非なることを納得している。[27]

また、戦後の先行研究では詳細に検討されたことがないが、備砲数と堡塁・砲台の工事の程度からみても、実は西正面は東北正面よりも堅固であった。備砲数についていえば、東北正面百四十七門、西正面百六十六門と西正面の方が多い。工事の程度についていえば、東北方面の永久築城で工事完成していたものがA砲台・B砲台、半完成のものは第一分派堡・北砲台・二龍山・松樹山なのに対して、西正面の永久築城で工事完成のものは大案子山・小案子山・椅子山・鴨湖嘴、半完成のものは太陽溝北・太陽溝南であった。備砲数及び堡塁・砲台の工事の程度からみても、西正面は東北正面より堅固であったのだ。[28]

つまり、長岡が述べているのとは異なり、西北方面は要塞の弱点ではなかったのであり、旅順要塞は西北方面から攻略しても長岡が無策だとして批判する正面鉄壁攻撃となって攻略が至難であったのだ。さらに、それだけではなく、西北主攻説を採用していた場合、旅順要塞攻略はより遅延していた蓋然性が高かったのである。結果論になるが、第三軍司令部の主攻方面選定の決断は正しかったのだ。

2、第一回総攻撃の攻撃時期・攻撃方法をめぐる問題

第三回旅順攻撃の結果も、亦全く前回のと同一の悲惨事を繰り返して、〔中略〕一、二、三回共殆んど同一の方法で同一の堅塁を無理押しに攻め立てた。

（参謀本部次長・長岡外史）[29]

第三軍の実行したる如き白昼の強襲は固より無理なる事は万々承知。

（満洲軍総司令部参謀・井口省吾）[30]

長岡外史及び井口省吾は第一回総攻撃が強襲であったことに批判的であるが、彼らはなぜ第三軍司令部がそのような決断を下さざるを得ない状況に立ち至ったのかについて言及していない。第三軍司令部の構成員は軍事の専門教育を受けた陸軍のエリートであり、第三軍が第一回総攻撃に際し強襲法を採用するに至ったのにはそれなりの理由が隠されているはずである。そこで本節では、第三軍があの時期に、旅順攻略の方法として強襲法を採用するに至った原因が、いかなるものであったのかについて考察してみたい。

第三軍司令部の攻撃計画では、二日間の総砲撃で各砲準備総砲弾数の約三分の二を発射し、三分の一は万一の予備

として残し、三日目払暁から突撃に移る計画であった。[31]そのため、第三軍は、八月十九日の総砲撃開始から二十一日の総突撃開始までの間に総計三百七十四門を使用し、合計三万六千八百十二発（六百九十四・七トン）もの砲弾を撃ち込んでいる。[32]一般的なイメージと異なり、第一回総攻撃は単なる肉弾突撃ではないのだ。

ところで、乃木が二十一日に攻撃開始を決断した理由は「突撃奏功の望み十分なりとする能はす。然れとも攻城砲兵の現有する砲弾少数にして完全なる砲撃を継続するを許さ」ないために歩兵による突撃を開始したことにある。[33]

第三軍参謀副長大庭によれば、二十日の夕方に第三軍の接伴武官が某国の観戦武官に砲撃効果について質問した際に「サア今一週間も砲撃するかな」と答えたそうであるが、[34]その日の夕の会議で、第三軍参謀長伊地知から、総突撃が成功するか否かを下問された大庭は、「砲撃の効果未た十分なりとは認め得さるも、全体の情況攻撃を急くと砲弾の関系上《ママ》、最早突撃を試むるの他に策なかるへし」と答えている。「砲弾の関系上《ママ》」とは、翌日の総突撃に際し、歩兵による突撃が成功しても周囲の砲台を奪取するためには二日間で撃った以上の量の砲弾が必要なため、第三軍がこの日までに総弾数の三分の二を射耗している関係もあって、突撃時期をずらすことができない状況にあったことを意味する。[35]

従来、攻城砲兵司令部員奈良武次に対する大庭による「敵の堡塁砲台を破壊し呉れ有難う」という発言を取りあげ、大庭が砲撃の効果を十分だと判断したかのように書かれることが多かったが、[36]大庭の日誌や回想録によれば、大庭は砲撃の効果は不十分だと認識しながらも、「砲弾の関系上《ママ》」やむを得ず歩兵突撃を実行したというのが真相のようである。

では、なぜ、第三軍は砲弾不足のまま成功の見込みがない歩兵突撃を実行するはめになってしまったのであろうか。

実は、大庭によれば、旅順攻略に必要な攻城砲の弾数は一門八百発と計算していた。その算定の根拠は、欧州において、要塞攻略に際して必要とされる一門当たりの砲弾数が千発であることにあったが、旅順に対しては千発も必要ないとして、二割減の八百発と見積もったことにある。そして、一門八百発という数が、大本営から砲弾調達を管掌する陸軍省へと移牒された。しかし、陸軍省は何の回答も与えることなく勝手に一門四百発と修正した。納得いかないのは要塞攻略を任された側である。攻城砲兵司令部高級部員の佐藤鋼次郎は砲弾の件に関して陸軍省の主任者と交渉したが、陸軍省側は「是れ以上に為す力なし」と述べたという。[37]

　さらに、第一回総攻撃計画を立案した大庭は、第三軍参謀副長就任時に、第三軍参謀長伊地知に弾薬の件を相談、伊地知参謀長は陸軍省砲兵課長山口勝と交渉し、山口は「八百発になすことは負請ふ《（ママ）》能はさるも六百発迄にはなさん（攻城開始迄に）」と答えたが、この約束は履行されなかった[38]。大庭は、第一回総攻撃後、「苦き経験は左の数問を発せしめた」として、「攻城砲弾四百発は全然不足なること」との戦訓を日誌に書いているが、大庭によるこの苦吟の背景には叙上のような事情が存在したのだ[39]。

　長岡は、第三軍の肉弾突撃を策がないとして批判する。しかし、砲弾不足で「可成速《なるべくすみやか》に旅順を攻略」せよというのであれば、第三軍が実施したように肉弾による強襲策しか他に手段はなかったのである。つまり、第三軍司令部は、陸軍省の杜撰な兵器行政のツケを一身に背負わされたのだ。

　さらに、砲弾不足とは別に砲種にも問題があった。八月十八日現在の攻城砲兵の砲種及び砲数は、十五サンチ榴弾砲十六門、十五サンチ臼砲七十二門、十二サンチ加農砲三十門、十サンチ半加農砲四門、九サンチ臼砲二十四門であり、野戦重砲兵聯隊のそれは、合計で十二サンチ榴弾砲二十八門であった。しかし、砲数上、主砲の地位を占める十五サンチ臼砲は攻城砲として旧式であり、九サンチ臼砲も日清戦争の遺物であって共に威力不足であった（両砲合計九十六門）。新式砲である十五サンチ榴弾砲、十二サンチ榴弾砲及び十サンチ半加農砲は砲数が少なかった（合計四十八門[40]）。

　ロシア側は仮想敵である日本陸軍が有する最新鋭の十五サンチ榴弾砲を標準に要塞の強度を決めていたため十五サンチ榴弾砲の威力でも不足気味であったが[41]、その十五サンチ榴弾砲ですら十六門と、主砲たる臼砲に対して約十七％の比率でしかなかった。砲種の選定の点でも第三軍司令部は平時における杜撰な兵器行政の被害者といえるであろう。

　また、井口は「第三軍の実行したる如き白昼の強襲は固より無理なる事」だと書いている（強襲とは、砲兵による数日間の砲撃の後、歩兵が突撃し要塞を奪取する方法）。しかし、この攻撃思想は、当時の軍事常識からみて妥当なものであった。

　日露戦争開戦前の戦術は、歩兵の小銃火や砲兵の砲火の効力を過大に信頼する「火力万能主義の戦術」であり、野戦では、ボーア戦争の教訓から約五百〜六百メートルを決勝距離と称して、この距離で猛烈な射撃をすればそれで勝敗が決するとされており、歩兵と砲兵の協同戦術（例えば、砲兵が歩兵の前進と協同して、前進の邪魔となる機関銃を砲火で破壊するなどの戦術）は平時においてあまり演練されていなかった。[42]

砲兵に関しても、一定時間砲火を浴びせれば「どんな術工物も忽ち壊れてしまふ、殊に野戦築城の如きものは、砲火を浴れば忽ち壊れる」というのが、日露開戦当時の戦術界の常識であり、「之を基調として総ての戦術の研究が行はれ」ていたという。さらに、このような戦術界の常識を反映してか、攻撃側は、ある距離から射撃をすれば勝敗が決するため、「火網といふものを破壊しなければ突撃が出来ぬといふ考は毛頭なかつた」という。[43]

既述したように、第三軍司令部が攻撃計画作成に際し使用した地図には、東北正面の要塞線が半永久築城ではなく攻略容易な「臨時築城」と記載されていたが、野戦築城に砲撃を加えれば工作物は破壊されるというのが当時の戦術常識であったことを考えると、第一回総攻撃に際し第三軍の採用した強襲法は荒唐無稽なものではなく、当時の戦術水準からみて妥当な方法であったと評価できる。

ところで、「日本工兵の父」上原勇作は日露開戦前当時の戦術を評して以下のように述べている。「当時の独逸戦術は野戦万能主義でありまして、要塞の如きも、大口径火砲に拠らんでも、野砲並十二珊砲を多数に併《ママ》べて、其の援助の許に、歩工兵の強襲で落すことが出来るとの議論か勝を制して居り（中略）、併しながら、（中略）我には独逸だけの火砲数と砲弾の準備並補給能力を持たなかったのであります」[44]。すなわち、上原の証言からもわかるように、①強襲法は当時の戦術界の常識であると共に、②陸軍の火砲数と砲弾製造能力という兵器行政の欠点が、第三軍の攻撃方法及び攻撃時期の選択の自由を制約する要因となっていたのだ。

3、第三軍は二〇三高地の価値を全く認識していなかったのか？

二〇三高地には九月中旬迄には山腹に僅かの散兵壕があるのみにて、敵は茲に何等の設備をも設けなかった。故に九月二十二日の第一師団の攻撃に於て、今一と息奮発すれば完全に占領し得る筈であった。

（参謀本部次長・長岡外史）[45]

第一回総攻撃に失敗した第三軍は、バルチック艦隊東航という刻下の情況に対処する必要もあり、第一師団の希望を容れ二〇三高地攻撃を決意した。九月十九日、龍眼北方堡塁及び水師営周辺の堡塁群に対する攻撃の助攻として、第一師団は二〇三高地に突入した。第三軍は、この攻撃で、龍眼北方堡塁、水師営南方堡塁及び海鼠山を占領することに成功したが、二〇三高地占領には失敗した。

参謀本部次長長岡外史は、この攻撃を評して、「二〇三高地には九月中旬迄には山腹に僅かの散兵壕があるのみにて、敵は茲に何等の設備をも設けなかった」という点を根拠とし、「故に九月二十二日の第一師団の攻撃に於て、今一と息奮発すれば完全に占領し得る筈であった」と主張している。しかし、この長岡の説は第一線の現状を知らない者による机上の空想である。

第三軍参謀副長大庭は、第一師団による二〇三高地攻撃が失敗した理由を「203高地の攻撃成功せさりしは遺憾に堪へさるも、敵の陣禦工事は極めて堅牢にして、鉄板、大木材を使用しありて、十二珊榴弾砲弾は之を破壊する能はさりしに依り、突撃隊は多大の損害を被むるも、終に占領する能はさりしなり」と日誌に記している[46]。つまり、九月中旬時点における二〇三高地の防御設備は「僅かの散兵壕があるのみにて、敵は茲に何等の設備をも設けなかった」という長岡の指摘と大きく異なり、十二珊榴弾砲の砲弾ですら破壊困難な相当堅固なものであったのである。

ところで、この攻撃の失敗後に第一師団は攻撃部署を改め攻撃再興を希望したが、第三軍司令部は「砲弾の関系〔ママ〕を顧慮して部分攻撃の続行を制止」している[47]。

この時期、主攻方面以外の部分攻撃の実施は砲弾の関係上極めて難しかった。この窮境を大庭は次のように説明している。

「軍は攻撃を企画するに、必す先つ弾丸の数を限り、一門何発との制限を設けたり。攻撃開始のとき、第一師団は野砲各約二百発を所有せしか、其内約七、八十発を使用するを許可せり。第一師団には此攻撃に野戦重砲三中隊、海軍砲五門を属せしが、野戦重砲の弾数は約五、六十発と限れり。海軍砲は弾数不定なり。是れ弾丸豊富なるに依る。其他第一師団には砲兵第十七聯隊属しありしか、其弾数も亦約七、八十発と限れり。然るに、二〇三攻撃は容易に結を結はす、殆んと各砲は其有する弾数を射尽し、九月二十二日之朝に於て第一師団の野砲は僅に三十余発を有するに過きす。幸に満州軍総参謀長児玉大将ダルニーにありて、野砲弾薬二千発を分配せられたるに依り、砲弾を射尽するの難境を救ふを得たり」[48]。

長岡は「九月二十二日の第一師団の攻撃に於て、今一と息奮発すれば完全に占領し得る筈であった」と述べているが、二十二日の段階で二〇三高地攻撃を担当する「第一師団の野砲は僅に三十余発」という状況では、「今一と息奮発」など到底できない相談であったのだ。

そして、大庭は、①海鼠山占領により、旅順港内の敵艦の観測が多少は可能になったこと、②九月中に据え付けが完了する予定の二十八珊榴弾砲により港内射撃が可能なことから、「多大の損害と多数の砲弾を費し軍の攻撃力を失ふは不得策なるを以て、終に二〇三高地の攻撃を断念」する決断を下した。大庭は、「当局者が兵器行政を誤りたるは其責を免るゝ能はさる所なるへし」と述べているが、至言であろう。[49]

九月中旬の段階で、二〇三高地は十二珊榴弾砲の砲弾ですら破壊困難な程度の防御工事がなされており、また第三軍司令部が第一師団による攻撃続行の希望を却下せざるを得ないほど第三軍の砲弾不足は深刻だったのである。

4、第二回総攻撃をめぐる満洲軍と第三軍との意見対立

第二回総攻撃の作戦計画は以下のようなものであった。四日間にわたる砲撃後の第五日目に、第一師団は松樹山堡塁に、第九師団は二龍山堡塁・盤龍山東堡塁東南の独立堡に、第十一師団は東鶏冠山堡塁・同山第二堡塁・同山砲台に突撃し、次いで後方高地を攻略するというのが第三軍司令部の作戦計画の骨子である。ところが、従来あまり指摘されていないが、この第二回総攻撃の作戦計画をめぐり、満洲軍総司令部と第三軍司令部との間で、意見対立が存在した。

この点に関し第三軍参謀津野田是重は「総司令部と我軍との間に意見の相異ありて、数回電報の往復を重ねた」と述べるだけで、意見対立の詳細については言及していない。[50] ところが、「大庭二郎中佐日記」にはその詳細が書かれている。

すなわち、満洲軍総司令部は、第三軍司令部の作戦計画を、攻撃正面が過広であると指摘して、第十一師団を盤龍山砲台より二龍山方面に向かわせることを可とし、計画の変更を要求してきたのである。満洲軍総司令部の意図は、「弾丸を一点に集中し、又兵力を一点に集めんとする」ことにあった。この満洲軍総司令部の見解に対し第三軍司令

部は、①「望台一帯の高地を占領するにあらされは二竜山、松樹山方面よりのみ戦況の発展を求むるの困難」であるという理由と、②盤龍山方面より二龍山方面に向かい敵前に側面運動をなす戦術運動は要塞戦では到底不可能であるという理由から、従来の計画を断行する決断を下した。[51]

　十月二十三日、第三軍司令官は、各師団参謀長、攻城砲兵司令官及び砲兵旅団長を会して軍の攻撃計画を示した。ところが、この晩、再度、満洲軍総参謀長児玉源太郎より来電があり、二龍山及び松樹山方面に全力を挙げて攻撃するのを可とする意見が示された。この電報を見た第二回総攻撃作戦立案者である第三軍参謀副長大庭は以下のような考案をめぐらすこととなる。以下、重要なので長いが引用する。

「今回の攻撃は実に国家安危の判る〔ママ〕〻所なり。若し此攻撃にして不成功に終か〔ママ〕、攻撃を再興するの砲弾なきに至るは勿論、バルチツク艦隊東航し来らは我海軍は之に対する為め戦略上の不利を免れす。此間、北方に敵戦略攻勢を採らは、我満州軍は実に第三軍の赴援を得る能はすして或は失敗に帰するなきを保せす。

右の情況を綜合推究すれは、第三軍は実に国家の安危を双肩に担へりと云はさる可らす。万一敵艦の処決を促すに至らすして敵バルチツク艦隊来り吾海軍不利の戦を交へるに至らんか、其責は第三軍之に任せさる可らす。旅順陥落遅延して、重砲も歩兵も北方に赴援する能はす、満州軍不利の戦を交へんか、第三軍亦速に旅順を攻略せさるに依り此戦略上の不利を来せりとの責を免る〻能はさるへし。第三軍の行動難しと云ふへし。〔中略〕

我砲弾は廿八榴弾砲を除き、其他の攻城砲にて大約六万発を有するに至れり。是れ九月下旬、児玉総参謀長の来られたるとき、野砲弾の製作を若干日間延期して攻城砲弾の製作に宛てられたるの結果なり。

若し此弾丸を以て旅順を攻略する能はさるときは、再ひ此の如き攻城砲弾を得んことは望む可らさる所たり。

然るに、バルチツク艦隊の東航に依り、少くも旅順港内を瞰臨すへき一地点を占領するの必要は刻一刻に迫れり。

予は思へらく、二竜山砲台の重砲線を占領するを得は若干港内を望むを得へし。仮令全く港内を望む能はすとするも、二竜山砲台にして我手に落ちは盤龍山新砲台を略取すること難からす。盤龍山新砲台よりは確に海面を望むを得へしと。〔中略〕

依て思ふに、松樹山、二竜山を攻撃し、併て望台一帯の高地を占領する、旅順攻略の順序として可は即ち可なりと雖とも、広正面に射弾を散布し、万一成功せさる場合には国家を沈淪せしめたるの罪は第三軍之を辞する能はす。今や攻撃計画は已に示されたるも、之に多少の手加減を為すの余地は尚存す。寧ろ今に於て手加減をなし、先つ兎も角も二竜山と松樹山両砲台を占領し、其占領確実となるに及ひ更に東鶏冠山其他の諸砲台に及ほし、次て一挙に望台高地に進出するを可とすと」[52]。

つまり、第二回総攻撃を「国家安危の分岐点」と認識する大庭は、松樹山、二龍山及び望台一帯高地を一度に占領するという第三軍の作戦計画が広正面に射弾を散布するため、万一攻撃が失敗に終わった場合、砲弾不足という取り返しのつかない事態になりかねないことを恐れたのである。そして、大庭は、この事態を回避するため、攻撃に先後の順位をつけ、①二龍山・松樹山両砲台占領確実後に、②東鶏冠山その他の砲台を攻略し、望台一帯高地に進出するという、二段階攻撃案を案出したのである。

十月二十四日、作戦計画をめぐる議論を「国家の重大事」と認識する大庭は、自身の考えを第三軍司令部参謀に諮った。参謀のうち、山岡熊治及び津野田是重は、これ以前に参謀長伊地知幸介より意見を聴取された折にも同じ意見であったこともあって作戦変更に同意したが、その他の参謀は、既に示された軍の作戦計画は、「今日大に人の乗り気となりし時期に於て寧ろ成功の望最も大」であるとして作戦変更を不可であると主張し、大庭も作戦変更不可の意見に同意し、攻撃に前後の順番をつけるという二段階攻撃案は放棄された[53]。

なお、大庭は、自身の意見に固執した結果、二段階攻撃案の提案が遅れたことを後悔し、「若し予の攻撃に多少の前後を附し、先つ松樹山、二竜山を奪取し、然る後東方の堡塁と高地に及ほすの策を採りしならんには、東方堡塁に向ひ発射せし砲弾と第十一師団の犠牲の幾分は之を救ふを得たりしならん」と日記に書いている[54]。

また、作戦変更が不可とされた背後には、またもや砲弾不足が存在した。大庭は以下のように述べている。「参謀中にも、松樹、二竜両砲台に向ひ先つ部分攻撃を為すの考はありしも、部分攻撃は砲弾を要すること多く、有限の砲弾を以て至大の効果を収むるには多少の犠牲を払ふも旅順の死命を制するに足る大目的に出てさる可らすとの考にて、終に総攻撃に決せしなり」[55]。

つまり、部分攻撃はまず攻撃目標に向かって十分に砲撃すると共に、本目標と連繋している周辺砲台に向かって制圧射撃を実施する必要があるが、この制圧射撃に使用した弾丸は、次回以降において他の攻撃目標の本攻撃に対して全く無価値となるので、第三軍のように有限の砲弾をもって戦闘を実施する軍が最も不利とする所であったのだ。このため、第三軍司令部は、結果として部分攻撃となる二段階攻撃案を採用することができなかったのである。

5、第三回総攻撃をめぐる論点

（1）なぜ、第三軍は、第三回総攻撃において、大本営や海軍の要請する二〇三高地攻略を最後まで決断しなかったのか？

第三軍司令部が此の高地〔二〇三高地〕の真価を見出す事能はず。

（参謀本部次長・長岡外史[56]）

聯合艦隊参謀秋山真之は、「総攻撃不成効の上は最早二〇三高地占領の外、他に策無し」（明治三十七年十一月二十八日）、「旅順の攻略に四、五万の勇士を損するも左程大なる犠牲にあらず」（十一月三十日）、「海軍の見地より言へば、旅順の敵艦隊さへ片付けは、要塞は陥落せざるも、来年五、六月迄現状維持の儘にて左程苦痛を感せす」（十二月四日）などと、第三軍に海軍の連絡参謀として派遣されている岩村団次郎に書き送っている。[57]

なぜ、第三軍司令部は、海軍の二〇三高地攻略要請を拒否して、東北方面攻撃に固執し続けたのであろうか。司馬遼太郎は、第三軍が東北方面攻撃に固執し続けたことについて、「無能者が権力の座についていることの災害が、古来これほど大きかったことはない」と第三軍司令部を批判するが、[58] この背景には、第三軍が付与された任務の二重性が大きな影を落としていた。

第三軍参謀副長の大庭は、海軍の二〇三高地攻略要請と旅順要塞攻略のどちらを優先すべきかで悩む胸中を日記に以下のように書いている。重要な箇所なので、少し長いが引用する。

「当時、バルチツク艦隊は漸次東航し、大本営の心配一と片ならす、軍は昼夜寝食を安んせさるの情態にあり。海軍側よりは此間一寸二〇三高地を占領するを得さるやと促し、大本営よりも暗に此意をほのめかされしも、軍は今や全く攻撃配備にあり、此間一寸二〇三を攻撃する為め砲の配備を動すは容易の業にあらす。且つ二〇三攻撃の主任者たるへき第一師団は今や全力を尽し松樹山の攻撃作業に任しあるを以て、之をして其配備を改めしめ一寸二〇三に指を染めしむる如きは、軍の為し能はさる所なり。特に二〇三は軍始《ママ》めて之を攻撃するにあらす。曩に之を攻撃せしとき、十二珊榴弾砲の弾丸は弾き返りて奏功せさりしは軍の十分に記臆〔ママ〕する所たり。若し軽易に之か攻撃に着手し容易に奏功せさらんか、軍は実に容易に正面の総攻撃に着手し能はさるの情況に陥るへく、而して二〇三の高地の攻略容易ならさるは軍の信せんと欲する所なり。是を以て軍は断然正面の攻撃にして已に着手せるものを遂行し、他に容易に心を動さゝるに決せり。

軍は二様の任務を有せり（ダルニーの掩護は別として）。即ち、一は旅順を攻略すること、一は敵海軍を全滅せしむること、是なり。

若し軍の任務、単に速に敵艦の全滅のみにありしならんには、始より二〇三高地に向ふこと素より得策なれとも、二〇三を攻略し敵艦を全滅せしめたりとて旅順は攻略さるゝものにあらす。また弾丸には限りありてあちらこちらをつゝき廻はすは弾丸の使用上よりも許す可らさるものたり。故に軍は断然先つ旅順攻略の主目的たる正面攻撃に従事するに決せり」[59]。

大庭が日記に、「軍は二様の任務を有せり（ダルニーの掩護は別として）。即ち、一は旅順を攻略すること、一は敵海軍を全滅せしむること、是なり」と書いているように、第三軍は、①一刻も早く旅順を攻略して、北方でロシア軍との決戦を控える満洲軍主力部隊と合流すること（攻撃目的：旅順要塞陥落→攻撃目標：旅順の死命を制することができる望台一帯の占領）、②バルチック艦隊東航前に旅順を封鎖する聯合艦隊が艦船の修理等を行なえるように、在旅順の敵艦隊を撃滅すること（攻撃目的：敵艦隊撃破→攻撃目標：旅順艦隊砲撃のために観測点として必要となる二〇三高地の占領）、という二重の攻撃目的を有していた。戦いの原則の一つとして、「目的の統一」が挙げられるが、大本営はこの原則に反して第三軍に二重の攻撃目的を課していたのである。昭和十七年のミッドウェー海戦において、日本海軍が、ミッドウェー基地攻略と米機動部隊撃滅の二重の目的を課せられ、判断に逡巡し敗北したように、第三軍も二重の目的に悩まされていたのだ。

大庭の日記からは、「二様の任務」のどちらを優先すべきかで悩む大庭の姿が浮かび上がる。そして、大庭は二様の任務のうち、「断然先つ旅順攻略の主目的たる正面攻撃に従事する」ことを優先したのだ。そしてこの判断を下した理由は、

①第三軍は第三回総攻撃の攻撃配備を完了しており、二〇三高地を攻撃するための砲の配備転換が容易ではないこ

と、

②二〇三攻撃を担当することとなる第一師団が全力を尽くして松樹山の攻撃作業に任じているため、部隊の配置転換を行ない二〇三高地に第一師団を指向することが困難であること、

③第三軍司令部は、九月中旬の二〇三高地攻撃に際し十二珊榴弾砲の砲弾が弾き返された経験から、二〇三高地攻略を容易でないと認識していたこと、

④軍の任務が旅順艦隊撃滅「だけ」ならば二〇三高地攻撃は「得策」であるが、二〇三高地を攻略し旅順艦隊を撃滅できても、旅順は攻略できないこと、

⑤弾丸不足のため、「あちらこちらをつゝき廻はす」ことができないこと、

というものであった。

大庭が、軍の任務が「単に速に敵艦の全滅のみ」であったならば「始より二〇三高地に向ふこと素より得策」と述べているように、第三軍司令部としても、二〇三高地の価値を全く無視していたわけではなく、瞰制高地としての二〇三高地の価値を正確に認識していたのである。

しかし、「旅順の攻略に四、五万の勇士を損するも左程大なる犠牲にあらず」、「旅順の敵艦隊さへ片付けは、要塞は陥落せざるも、来年五、六月迄現状維持の儘にて左程苦痛を感せす」という海軍の認識と異なり、一刻も早く旅順を攻略して、北方でロシア軍との決戦を控える満洲軍主力部隊と合流する任務を有する第三軍司令部は、なるべく少ない損害で旅順要塞そのものを一刻も早く陥落させる必要があった。そのため、第三軍司令部は、二〇三高地攻略を後回しにせざるを得なかったのである。

（2）第三軍は兵力増加を希望したのか？

第三回総攻撃開始前の明治三十七年十一月九日、満洲軍総司令官大山巌は参謀総長山県有朋に宛て、「鋭意果敢の攻撃は新鋭なる兵力の増加に依り初めて事実となるを得可く、新鋭なる兵力の増加は第七師団の派遣に依らざる可らず。此の難局を速に解決する為には兵力増加の英断ありて然るべきことと信ず」と書き送っている[60]。

この満洲軍総司令官による第三軍への兵力増加要請に関しては大本営も異論はなく、十一月十一日、日本軍唯一の

予備隊である第七師団は第三軍の戦闘序列に入った。

長岡外史は、この措置に対しても「之を遣れば可憐旅順塁下骨尚是春閨夢裡人で、無論最初の突貫に師団の大部分は無くなる」として批判的である[61]。

しかし、増援を受け取る側の第三軍は第七師団の増援を希望していなかった。第三軍参謀副長の大庭は以下のように述べる。

「大本営及総司令部は旅順の陥らさるは攻撃の活気足らさるなりとなし、新鋭の第七師団を第三軍戦闘序列に加へ(十一月十一日)、且つ旅順攻略の為には多大の損害を払ふも顧る所にあらさる旨の訓示あり。

此訓示に対しては吾々第三軍にあるものは実に残念に感したり。要塞の陥らさるは攻撃の活気乏しきが為にあらずして、実に敵の術工物の破壊の不足にあり。若し第三軍にして精鋭の火砲と十分の砲弾を有せは、攻撃の進捗尚観るへきあるは信して疑はさる所なり。然るに、砲の大多数は旧式砲にして現世紀文明の利器にあらす。加ふるに弾丸は欠乏し、軍の参謀部は砲声を聞く毎に弾丸の減少を考へ冷々せし次第なり。攻撃の活気如何は独り第三軍のものにして之を之〔ママ〕を知るを得へし。兵卒は其職分を尽すに於て申分なかりし。勿論、最初の攻撃に於て多大の損害を被むり、其後日々の死傷にて、中隊に初め出征せし兵士は約二十名あるに過きさりし景況にて、殆んと大部は補充兵、然も短期教育の補充兵なりし。又幹部は大部分死傷し、残るは予備、後備の将校多かりし故、隊の働き振り新鋭の野戦隊の如くなきは自然の数なりと雖とも、然も従来の攻撃に於て行けと言はれて行かさるはなく、特に第九師団は続々数回の小攻撃を行ひしが皆着々成功せり。其成功は土工と砲撃と相待〔ママ〕て得たるものにして、今仮りに数万の新鋭を以て攻撃を施こすも、皆敵火の犠牲に供するのみにして、恐く悉く陣没し然も何等得る所なくして終りしならん。故に予は第三軍は攻撃を実行するには十分の兵力あり、活気もあり、唯時日を要す。此時日は勇気を以て短縮する能はす。北方にも兵は不足なりと称せらる。寧ろ第七師団を北方に招致せらるゝを以て策の得たるものなりとなし、之を総司令部の友人に通知せしこともありたり」[62]。

つまり、大庭の観察では、旅順が陥落しない原因は「精鋭の火砲と十分の砲弾」さえあれば解決する「術工物の破壊の不足」にあり、例え新鋭なる第七師団の増援を受けても「皆敵火の犠牲に供するのみにして、恐く悉く陣没し然も何等得る所なくして終りしならん」というのである。大庭は、旅順攻撃に必要なものは「時日」であり、「時日は勇気を以て短縮する能はす」とも述べ、北進中の満洲軍主力も兵力不足なので、第七師団は第三軍に増加するより「寧ろ第七師団を北方に招致せらるゝを以て策の得たるものなり」と満洲軍総司令部にいる友人に語ったのだという。

大庭の日記の記述からは、大庭の戦略・戦術眼が健全なものであったことが窺知できると共に、大庭が第七師団を北方へ招致することを得策と判断していたことを勘案すれば、第七師団を第三軍に増加するよう大本営に要請したのは、第三軍司令部ではなく、満洲軍総司令部独自の判断であったことがわかる。

さらに、「数万の新鋭を以て攻撃を施こすも、皆敵火の犠牲に供するのみ」という大庭の懸念は実際に的中している。十一月二十九日払暁、高崎山附近に開進した第七師団は「未た地形と堡塁と堡塁戦に慣れさる所あるを以て、本日は攻撃を止め、将校下士をして攻撃目標を熟視せしめ、其他堡塁攻撃の要領を示す等準備に忙し」という状況であり、十一月二十八日夜半から二十九日にかけては、いったん占領した二〇三高地を守備していた「第七師団の一部隊は未た爆薬戦に慣れさるに依り混雑を生し、終に二〇三を失へり」と、経験不足のため苦戦を強いられることになったのである。[63]

（3）白襷隊（特別予備隊）編成をめぐる軍司令部内の意見衝突

谷戦史は、白襷隊の編成理由を「口述」としており、詳細が書かれていない。また、先行研究でも「第一師団長（松村務本中将）の意見具申に基づくものとされていますが、熱心に主張したのは、本人の中村覚少将だったといわれています」としており、白襷隊編成までの詳細な経緯はわかっていない。[64]そこで、本節では大庭二郎及び井上幾太郎の日誌を使用して、白襷隊編成の経緯を説明する。

白襷隊編成が公式の場で提案されたのは、明治三十七年十一月十八日のことである。この日、軍司令部で開かれた師団長会議の席上、第一師団長松村務本が、敵の中央地区、すなわち松樹山西方地区に対して大奇襲を実施すべきであるとの意見を述べたのだ。

奇襲案は松村の独創ではない。もともと、この奇襲案は歩兵第二旅団長中村覚が提案したもので、中村の意見は、松樹山西方補備砲台に向かって奇襲を実行すべきというものであった。[65]

第一師団参謀の和田亀治も、特別予備隊は中村が「常に主唱」していたものであり、中村から「師団長〔松村務本〕

に対しても、口頭及筆記で再三非公式に意見具申」がなされたと述べている。[66]

翌十九日の夜、奇襲案の可否を決定するために幕僚会議が開催された。過去数回の実験から、松樹山西方地区のような中間地区に対する奇襲が成功しそうにないことは明らかであったので、井上幾太郎が主として反対論を唱え、その他の幕僚も井上の意見に賛成した。だが、独り津野田是重のみが奇襲決行を主張した。彼は「兵は奇道なり。理屈に於ては成算なきものも、時に大に成功することあり」という理由で奇襲案に賛成したのである。

だが、この日も「優柔不断」の軍参謀長伊地知が裁決を与えることができなかったので、未決のまま会議は散会となった。[67]

十一月二十二日、第三回総攻撃の作戦計画の中に、約一個旅団（第七師団を含む各師団から歩兵一～二個大隊を抽出して編成）の特別予備隊（白襷隊）を編成し、同部隊が、本攻撃進捗状況により、夜陰に乗じ水師営附近から要塞内に突入し、本攻撃と相まって全要塞を中断し、少なくとも本攻撃を容易にするとの計画が盛り込まれた。

この特別予備隊編成は、「軍司令官の意図」により決定したもので、編成理由は次のようなものであった。

第一に、敵の総兵力は一万以下で、いずれの方面にも対応可能な遊動兵力はそのうちの二～三千名に過ぎない。

第二に、第一～第二回総攻撃の際に第一師団方面から観察した結果、松樹山南方、旅順街道附近には守兵が特に少なく、本攻撃と共に猛烈果敢な突撃を実施すれば、この方面を突破できる可能性がないとはいえない。

第三に、正面攻撃には万全の準備を尽くしたが、万一失敗した場合の対策を考えておく必要がある。

第四に、特別予備隊投入は「無謀」のようであるが、状況の変化に対して一定の原則を固守すべきではない。第一回総攻撃の際に特別予備隊を投入するのは無謀といえるが、諜報により得られた敵情及び軍の死活を賭した第三回総攻撃の重要性を鑑みると、これを決行すべきである。これについては、本攻撃の正否如何に関せず、特別予備隊の全滅を覚悟して行なうべきである。「要は之を断するに在り」なのだ。

第五に、特別予備隊投入はもちろん冒険である。しかし、用法の良否、特に投入時機が適切であれば成功の可能性が高くなる。[68]

第一から第三までの理由は合理的なものである。特に第一及び第二の理由は敵の弱点を看破したものであり評価に値する。しかし、第四及び第五の理由はあまり説得力が無く、この時の乃木がいかに心理的に追いつめられていたかを推測させて余りある。

ところで、乃木が幕僚多数の大反対を押し切って特別予備隊編成を断行したのには次のような理由がある。乃木が特別予備隊の熱心な主唱者中村の意見に現状打開のために一縷の望みを託したのがそれだ。たとえば、「大庭二郎中佐日記」によれば、十一月二十日乃木は中村を呼び出し次のような会話を交わしている。

中村「先つ六大隊の兵を以て、月出前の夜暗を利用し鉄道堤に沿ひ松樹山補備砲台下に進ひ〔ママ〕、更に地隙を利用し不意に起て松樹山補備砲台を占領す。次て劉家溝の東方高地を占領し、更に進んで白玉山を占領す。之に用ふる兵力は六個大隊にして、各大隊は各特別の目標を有し、前者功を奏すれは之を占領守備し、後者は更に進んで次の己れの目標に進み、此の如くして終に白玉山を占領するに至る。而して、第七師団の全部之に続て前進し、通路を設け砲兵を進め弾薬を補給し、之に依て全要塞を中断すへし」。

乃木「或は六個大隊の兵力を与へ之を実行せしむるも計られす、十分に研究を重ね置くへき」。

中村「六個大隊の兵にても白玉山迄を占領する計画を立つへきも、可成は大規模に第七師団の全体直に続行、要塞を中断するの策に出てられん」ことを希望する。[69]

第一師団参謀の和田亀治も、中村が乃木に対し「非公式に筆記を送り、或は同司令官が巡視の為に来られた時には直接口頭で、熱心に意見を具申」したと述べている。[70] このように、中村が主唱者であった白襷隊は、中村の熱心な意見具申を容れた乃木自身の決断により採用された。ただし、白襷隊の投入は、あくまで「攻撃の第二策」（第二の手段）であり、第一師団・第九師団・第十一師団による東北方面の攻撃が万一不成功に終わった場合「宵暗を利用して中村支隊を放ち、松樹山補備砲台を奇襲」させる計画であった。[71] なお、白襷隊投入の結果は、支隊長中村自身も負傷し、死傷者が続出し失敗に終わった。

別宮暖朗氏より「司令官が局所攻撃に没頭したことは致命的なミス」であると酷評される白襷隊の投入であるが、[72] 乃木や伊地知といった当事者には已むを得ない事情が存在した。大庭は乃木や伊地知の窮状を以下のように説明している。

「当時、ハルチツク艦隊東航の噂に連れ、総司令部も大本営も海軍も、やれ旅順を陥せ、それ旅順を落せ、旅順を落す為には死傷も問ふ所にあらす、新鋭の活気に乏しき故、第七師団を加ふとせつかれ、軍司令官と参謀長の胸中は実に其苦心惨憺推量するに余りあり。其究〔ママ〕余の究〔ママ〕に、終に此の如き究〔ママ〕策をも併せ行はんとせられたるは机上の議論を以て決して漫に之を評すへきものにあらす。当時の情況を明にするものにして、善く軍司令官と参謀長が尚一縷の望を此奇襲に置き、総て望あるものは其多少を問はす悉く実行せられたるを推知するを得へし[73]」。

後に第三軍参謀長になった一戸兵衛は、旅順攻囲戦当時における軍司令部の作戦日誌を見たときに、大本営からの早期旅順陥落の催促について乃木から「アレよりモッと酷い苦労を要求されて居るのだけれ共それは余り記録に留める事は好まない、私が省いて了つた」と聞かされたというが[74]、筆者は、白襷隊による奇襲策に一縷の望みを託した乃木の心情を思うとき、彼の決断を批判する気にはなれない。

また、別宮氏の説と異なり、白襷隊の投入地点は適切なものであったと考える。カラムイシェフ少将の著書には、白襷隊が突入した松樹山第四砲台の守兵は、当初百八十名であり、まさに日本軍に奪取される危機に瀕していたが、勇敢なる日本軍将校に続行するものが少なかったため、ロシア軍救援隊の来着により撃退されたとある[75]。

つまり、白襷隊の投入地点はロシア軍の守備が脆弱な地点であり、もしも、中村の献策通り第七師団全部が投入されていれば成功した確率が高かったのである。白襷隊投入は乃木無能の証拠とされることが多かったが、この通説は再検討の必要があろう。

（4）児玉源太郎は二〇三高地で何をしたのか？　～田中国重回想談に対する疑問～

児玉源太郎「鞍馬天狗説」なるものがある。司馬遼太郎『殉死』で書かれた乃木希典無能説に反論して書かれた『乃木将軍と旅順攻略戦』の中で福田恆存が、満洲軍総参謀長児玉源太郎が第三軍司令官乃木希典から指揮権を剝奪し、児玉の活躍により二〇三高地が陥落したことを評して児玉を「鞍馬天狗」と評したのがそれである[76]。

しかし、児玉源太郎は、本当に鞍馬天狗的活躍をしたのであろうか。また、二〇三高地攻略に関し、第三軍司令部は何等の貢献もしなかったのであろうか。さらに、児玉の活躍の根拠となっている史料は信憑性が高いものなのであろうか。本節では以上の点を考察する。

明治三十七年十一月二十九日、児玉は旅順行きの決心を満洲軍参謀松川敏胤に示した。

松川「その必要なからん、特に前回の南行に鑑み、北進軍のためにも南下を希望せざる」。

児玉　激昂し「自分は大迫第七師団長と共に二〇三攻撃をあくまで貫徹せんとす。然し行く目的は親友乃木と会い、軍に忠告するのみ故安心して可なり」。

松川「小官より大山総司令官に、乃木将軍へ、予に代り児玉を差遣す。児玉の云う所は予の云う所と心得べしとの一札を乞う」。

児玉「不要」と述べるも、松川の熱心な説得に負け同意する。[77]

この「一札」に関しては、児玉の総司令部帰還後に満洲軍総司令官大山に返納されたため、「存在に非常な疑問を持つ」と疑問視されることがある。[78] 乃木擁護論者が擁護論の根拠の一つとして提示することが多い論拠である。

しかし、「満洲軍機密作戦日誌」を引用した『明治天皇御伝記史料　明治軍事史』によれば「一札」は存在した。文面は以下の内容であった。[79]

十一月廿九日午後　総司令官より

訓令

一、貴官を第三軍に派遣す

二、余は第三軍の攻撃指導に関し要すれは満洲軍総司令官の名を以て第三軍に命令することを貴官に委す

三、貴官は明治三十七年十一月廿九日烟台を出発すへし

『明治天皇御伝記史料　明治軍事史』が引用する「満洲軍機密作戦日誌」十一月二十九日の項には、総司令部の所見として、第三軍司令官は「用兵の術を誤りて二〇三高地の攻撃を失敗に終らしめたり。依て総司令官は目下の戦局に顧み飽迄二〇三高地を略取せんと」してこの訓令を児玉に与えたとある。[80] 十一月二十九日というと、前日に第一師団による二〇三高地攻撃が失敗に終わった後だけに、児玉は第三軍司令部に二〇三高地攻略を任せきれなくなったため旅順行きを決心したように思われる。さらに、児玉の発言や「満洲軍機密作戦日誌」の記述から、児玉は旅順要塞攻略ではなく二〇三高地攻略のため旅順に赴いたことがわかる。

この児玉の旅順行きは、軍司令部に総司令部から総参謀長が派遣されて戦闘指導に臨むのであるから、「軍司令部

だ。

の恥辱」である。尾野は、旅順攻撃が意の如くならず、海軍の督促も頻繁なこの時期を回顧して、「日露戦争中で最も陰惨悲痛の気分に陥つた」と述べている。[81]まさに、この時が日露戦争における満洲軍最大の危機的瞬間であったのだ。

そして、児玉に同行した満洲軍参謀田中国重によれば、十二月一日、児玉は乃木と会見し「二〇三高地の指揮を予に委せよ」と述べ、乃木は「涙を流して致方なし委す」と述べたという。[82]

秦郁彦氏の研究を基に、田中国重の回想談、第三軍参謀白井二郎の回想及び田中の回想に依拠して書かれた谷戦史の記述を総合すれば、児玉が指示したとされるのは以下の三つである。[83]

一、重砲隊（十五珊榴弾砲十五門、九珊臼砲十二門）を高崎山に陣地転換して、二〇三高地を支援している椅子山を制圧する。

二、二〇三高地占領後、敵の逆襲に備えるため、二十八珊榴弾砲で一昼夜十五分ごとに頂上付近を砲撃する。

三、増援隊は二十〜三十人で構成され、二〇三高地陥落まで繰り返し繰り返し何度でも投入する（肉弾戦）。

田中国重の回想を基にして書かれた谷戦史は、上記二に関して攻城砲兵司令部部員の奈良武次が「友軍に危険なり」と不同意を唱えたが、児玉が「砲撃は味方打ちを恐れず」と承服しなかったとする。[84]

この逸話は『坂の上の雲』にも登場する有名な話である。しかし、谷戦史の記述は発言者たる奈良の回想と食い違う。奈良によれば、二〇三高地が占領される前に、児玉に呼ばれてその宿舎に赴いた所、第七師団長大迫尚敏も同席しており、以下のような会話を交わしたという。[85]

児玉「師団長より我突撃前后に亘り二十八珊砲弾は其部隊附近に散落し其破片に依り我兵の死傷する者相当にあり忍び難き故突撃前后射撃を見合すか射程を延ばして敵の後方を射撃するやうせられたしと申出であるも如何」。

奈良「一応御尤なり余自らも之を目撃し居れり、唯是迄の経験に徴すれば露兵の頑強なる陣地堅守は意外に勇敢にて我砲撃の止むや否や直に復陣地に進入し守備に就く故敵の塹壕既に破壊し守備兵既に死傷せりと思惟し突入すれば直に新守備兵の猛烈なる機関銃射撃に遇ひ撃退せらるるの悲況を呈するを常とす、依て余は忍て突入するまで射撃を継続し敵の再進入を防遏する方針を取り居るなり、突撃隊も亦我砲弾に依る多少の損害を忍で突入の成功陣地の奪取に猛進せられては如何哉と考ふ」。

児玉「〔第七師団長に向い〕師団長は如何に考ふるや」。
大迫「然らば止むを得ざるべし」と首肯納得。
田中は奈良が「友軍に危険なり」として反対したと述べ、奈良は味方撃ちを恐れず賛成したと述べ、二人の回想は百八十度異なる。どちらの回想が真実なのか今となっては不明であるが、児玉は「何でも自分に解らぬ事は、誰にでも質問する。其質問の答に対し少しでも腑に落ちない事は、ドシドシ反問する。能く分りさへすれば、直に採用して決行する」というやり方だったことや、[86]奈良の回想は自身の日誌に基づいたものであることから、筆者は奈良の回想が真実に近いのではないかと推測する。

さらに上記三に関し、第三軍作戦主任参謀白井二郎によれば、満洲軍総司令官大山の代理として旅順に来て二〇三高地奪取を督励していた児玉は「私共軍の参謀や師団の参謀長以下に対し、まるで大学校の学生に問題でも課するやうに、二〇三高地の攻撃案を提出せよ」と命じたが、白井らは点数を競うわけではないので「師団の参謀長以下皆一緒に相談して同一の答案を出し」たら児玉も笑いながら「ウンマア〳〵斯うだらう」と述べたという。この答案は、二十人から三十人の突撃隊をいくつも作り、敵砲台から遮蔽されている場所に、繰り返し何度でも突撃するという「飽くまでも肉弾を注入する」案であった。[87]後に露国の戦史を見た白井は、ロシア軍は本防御線を維持する必要があり、肉弾同士で日本軍と争うと不利なので、二〇三高地を棄てたと述べている。[88]

この白井の回想が正しければ、二〇三高地攻撃計画は第三軍及び師団の参謀が計画し、児玉はそれを承認しただけである。また、二〇三高地は児玉が承認した「肉弾」を注入する攻撃法により陥落したことになる。第三軍司令部の「肉弾」攻撃ばかりが批判されることが多いが、児玉も「肉弾」を投入するしか良策はなかったのだ。そして、日本軍は最初から消耗戦による勝利を狙ったわけではないものの、ロシア軍が消耗戦に負けたため、日本軍は二〇三高地を占領できたわけなのである。

二〇三高地攻撃における児玉の役割をどう評価すべきであろうか。乃木が児玉に二〇三高地攻撃の指揮を任せたのは確かであるが、児玉はいつもの彼のやり方通り、参謀に質問をしてそれを承認するという、参謀の智嚢を巧みにリードする方法で作戦を指導した。乃木と児玉の会見を知らない参謀たちは、自分が命令されたとは感じていなかったであろう。児玉は乃木の権威に傷がつかないよう巧妙に作戦を指導したのだ。旅順行きに際し、児玉は松川に「親友乃木と会い、軍に忠告するのみ故安心して可なり」と述べたが、児玉の発言は本心からのものであったと評価できる。だからこそ、児玉は松川が携帯することを進めた「一札」を持参することを渋ったのである。

旅順における児玉の存在が二〇三高地陥落を「早く」実現させたことは確かである。しかし、児玉のやり方は「陸大問答的」方法で第三軍司令部や師団の参謀の考えを引き出すものであったため、被質問者が従来の経験に基づいて「二〇三高地陥落」という正答を導き出したのも確かなのであり、第三軍司令部及び師団の参謀たちが二〇三高地陥落に果たした役割は決して小さかったわけではないのだ。従って、筆者は、児玉「だけ」が二〇三高地攻略の立役者ではなく、第三軍司令部及び師団参謀たちも二〇三高地攻略の立役者であったと評価したい。

6、まとめ

これまで考察してきたように、大庭二郎及び井上幾太郎の日誌・回想録などの第三軍司令部側の史料によって、旅順攻囲戦を分析した場合、これまでとは全く違った旅順攻囲戦の側面が見えてきた。

第一に、旅順攻囲戦の失敗を第三軍司令部のみに帰責するのは誤りであり、参謀本部の開戦前の準備不足や陸軍省の兵器行政の誤りも問責されて然るべきであること。

第二に、第一回総攻撃及び九月中旬の攻撃に際し、二〇三高地を攻撃したとしても、同高地占領は難航した蓋然性が高いこと。

第三に、第三軍司令部も二〇三高地の価値を正確に認識していた。認識しつつも直ちに二〇三高地攻略を実施できなかったのには、第三軍の任務や砲弾不足など、第三軍の指揮の拙劣さ以外の要因が影響していたということ。従って、第三軍のみに旅順難戦の責任を帰責する史観は浅見というべきであろう。

さらに、「鞍馬天狗的」と評される二〇三高地における児玉の活躍についても、児玉のやり方は「陸大問答的」方法で第三軍司令部や師団の参謀の考えを引き出すものであったため、第三軍司令部及び師団の参謀たちが二〇三高地陥落に果たした役割は決して小さかったわけではない。

また、奈良武次の回想から、従来、旅順戦を語る際に頻繁に引用されてきた田中国重の回想に依拠して書かれた谷戦史の記述にも誤りがあることが分かった。谷戦史は日露戦史に関する一級の史料ではあるがその全てが正しいわけではないのである。

第三章　乃木の果断と伊地知の不決断

第三軍司令官乃木希典と参謀長伊地知幸介が名将であったのか？　愚将であったのか？　という論点は、これまで多くの論者によって議論されてきた。大江志乃夫氏が「乃木軍司令官には致命的ともいうべき欠陥」があると書き乃木無能説を展開する一方で、[89] 福田恆存氏及び桑原嶽氏などが乃木・伊地知愚将論に疑問を呈している。

しかし、乃木再評価論には大きな欠点が存在する。福田氏の研究を除くと、使用している史料が谷戦史中心で、第三軍参謀の日記や回想録があまり使用されていないという問題だ。日記という一次史料や関係者の回想録という良質な史料をあまり使用することなく乃木の再評価を行なうという研究手法には問題があるといえよう。

そこで、本章では、乃木と伊地知の評価を、本書に収録した井上幾太郎「日露戦役従軍日記」を中心に、作戦会議などでの乃木・伊地知の発言に注目しながら行ないたいと思う。

1、伊地知幸介の冤罪　～「老朽変幻」（老朽変則）とは伊地知のことなのか？～

司馬遼太郎が伊地知のことを「老朽変則の人物」と書いて以来、「老朽変則」は伊地知の代名詞となった。[90] この「老朽変則」なる語の出典は谷戦史である。

谷は、第三軍某旅団長から参謀本部次長長岡外史に出された書簡の中に「老朽変則の人物を挙げて参謀長の位置に置くは決して軍隊の慶事に非ず」とあるのを引用したうえで、「吾人はこれを以て軍参謀長を非難するにあらず。かくの如き難局に処する参謀長の立場に同情せざるを得ず」と批評している。[91] つまり谷は、「老朽変則」の人物が伊地知であるという史料解釈を行なったのである。

この谷戦史の記述を典拠に、大江志乃夫氏も「戦術家としては無能力の乃木軍司令官のもとに、情実人事による『老朽変則』の参謀長を配した」と述べており、研究者の間でも「伊地知＝老朽変則」というイメージが定説化している。[92]

しかし、今回筆者の調査により、谷の史料解釈は誤りであり、「老朽変則」の人物とは「軍参謀長」伊地知幸介のことではなく「第十一師団参謀長」石田正珍のことであることが判明した。以下、この点について論証する。

谷のいう第三軍某旅団長とは、第十一師団歩兵第二十二旅団長神尾光臣のことである。神尾が書いた書簡の関係部分を引用してみたい。

「生の兄に待期《ママ》する所のものは参謀官の撰択是れなり。特に老朽変幻の人物を挙げて参長〔参謀長〕の位置に置くは決して軍隊の慶事にあらず。生も曾て其職を演ぜし事ありしもそは数年前の事にして今は時勢一変しあり、即ち各師団とも正途に教育を受けたる候補者目を突く程あるなり。速に此等の人を挙げて其任を充たし、真個参長の活働《ママ》をなさしむるは目下急務中の急務なりと信ず」[93]。

まず目につくのは、谷戦史が「老朽変則」としている部分が「老朽変幻」となっていることである。これは谷寿夫の翻刻ミスである可能性が高い。

次に、神尾書簡の内容を確認してみよう。注目すべきポイントは、神尾が、老朽変幻の人物を参謀長にするのは軍隊の慶事ではないと述べた直後に、「生も曾て其職を演ぜし事あり」と述べている点だ。

日露戦争以前の神尾の履歴を確認してみると、神尾は、明治三十三年には第一師団参謀長に、明治三十四年には第十師団参謀長に就任しているが、軍参謀長に就任した経験はない。つまり、神尾が老朽変幻の人物としている参謀長は、軍参謀長ではなく師団参謀長のことであるのだ。

神尾が遼東半島上陸以後の戦場における経験をふまえてこの書簡を書いたのは七月二十日である。当時、第三軍隷下の師団は第一、第九及び第十一の三個師団である。第九師団の戦線加入は七月二十一日以降であるので、神尾が批判する師団参謀長は、第一師団参謀長星野金吾か、第十一師団参謀長石田正珍のどちらかということになる。では両者のうちのどちらであろうか。この謎を解くカギは神尾の書簡にある。神尾は「正途に教育を受けたる候補者」を抜擢して師団参謀長にせよと述べている。参謀職にとっての「正途の教育」とは、参謀ないし高級指揮官養成を目的とする陸軍大学校での教育を意味する。星野は陸軍大学校卒業者（六期）であるのに対し、石田は陸軍大学校を卒業していない。従って、神尾が批判している師団参謀長とは神尾旅団が属する第十一師団の参謀長石田である蓋然性が高い[94]。

つまり、神尾が老朽変幻の人物であると批判している参謀長は、軍参謀長伊地知幸介ではなく師団参謀長石田正珍のことなのだ。神尾は石田を「老朽変幻」としたうえで、その更迭を長岡に求めているが、石田の無能ぶりを非難しているのは神尾だけではない。

たとえば、歩兵第二十二旅団第十二聯隊長新山良知は、「第十一師団の作戦計画の不充分、不完全、不決定」を「言語同断《ママ》」であると強く批判したうえで、その原因を「石田参謀長の無為無能」に帰し、石田の更迭を求めている[95]。

さらに、伊地知も、第一回総攻撃直後に、今日までの第十一師団の戦闘ぶりに「失当」とすべき点があると指摘したうえで、その原因が石田にあるとして、次のように述べている。「石田は寧ろ一の精神者にして個人としては立派なる人物なれ共、参謀長としては知識なく技能乏し、師団が上陸以来の作動に失当の事多し、到底石田は其職に適せず、幸に師団には河村、足立等の大学校卒業者あり、此際更迭せしめられんことを望む[96]」。

以上考察してきたように、「老朽変幻」（老朽変則）の人物は、「軍参謀長」伊地知幸介ではなく、「第十一師団参謀長」石田正珍であった。原史料を翻刻した史料集が刊行されているにもかかわらず、史料集を使用して正確な史料解釈を行なう努力を放棄し、谷戦史からの孫引きを続け、伊地知を「老朽変幻」（老朽変則）としてきた研究者の姿勢は批判されて然るべきであろう。

2、軍司令官乃木希典と軍参謀長伊地知幸介との組み合わせの悪さ

伊地知が「老朽変幻」（老朽変則）の人物であるという冤罪ははれた。だが、伊地知の参謀長としての能力に問題がなかったわけではない。

高等司令部職員の編合の良否は作戦に多大の影響を及ぼす。先行研究では指摘されていないが、第三軍司令部職員の編合は不適切であった。この点に関して、満洲軍参謀尾野実信は次のように指摘している。

第三軍では「軍司令官の考へと軍参謀長の考へ」との間に若干の「齟齬」が存在した。さらに、「幕僚の意見も区々で、且之を統一するだけの方が無かった」。その原因は、軍司令部編成の際に「人撰並其配合が不適当」であったことにある。[97]

つまり、尾野は、①軍司令部編成の際の人選ミスが原因で、②軍司令官乃木の考えと軍参謀長伊地知の考えとの間に齟齬が存在し、③意見がバラバラの幕僚の意見を統一する人物が司令部内に存在しなかったというのである。

第三軍司令官と参謀長との組み合わせの悪さを指摘するのは外部の人間ばかりではない。攻城砲兵司令部高級部員として旅順攻囲戦に参加した佐藤鋼次郎も次のように述べている。

軍司令部編成に「非常な欠点」があったのが、旅順攻城に苦戦した原因の一つである。軍司令部職員の決定に際しては、「軍司令官と軍参謀長との配合丈けは、今少し注意を払はなくてはならない」が、日露戦争当時の第三軍の場合、両人の性格が「正反対」であった。乃木は、大山巌・野津道貫・黒木為楨より「学識もあり才能も相当にある」ので、「伊地知の如き参謀長に一任して置くのも不安心、さりとて干渉するのも宜しくないと躊躇したらしく、そこで心配しながら遠慮して何にも云はない」という傾向が見られた。[98]

では、伊地知の何が問題であったのだろうか。旅順攻囲戦の重要局面における乃木と伊地知の動静を詳細に考察することで、この点を検討してみたい。

3、遅かった前進陣地攻略開始時期　～失敗だった伊地知の作戦方針～

第三軍司令部は、六月六日、張家屯に上陸した。六月二十六日、第三軍は歪頭山及び剣山を占領し、六月三十日には戦闘序列が変更されて第九師団及び後備歩兵第一旅団などが第三軍に増加された。

歪頭山及び剣山確保後に活発化したのが前進陣地攻略の時期をめぐる軍司令部内の意見対立である。この件に関しては、谷戦史も「詳細は口述」としており、[99] これまで其詳細は不明であったが、「日露戦役従軍日記」によればその詳細は次のようなものであった。

歪頭山及び剣山占領以前から、幕僚の大部分は、「後備第一旅団の到着の時期を以て、前面の陣地の未た堅固ならさる時に於て之を攻撃し、直に敵を本防禦線に圧迫する」のが良策であると参謀長伊地知にしばしば意見具申をしていたが、伊地知はこれを採用せず、参謀副長大庭も敢然と伊地知と争うことをしなかったため、攻城砲兵の展開を待つという伊地知の意見が軍の作戦方針となった。[100] つまり、幕僚の大部分が攻城砲の展開を待っていては敵陣地が堅固になると考えたのに対し、砲兵出身の伊地知は攻城砲の展開を待つという慎重策を採用したのだ。なお、後備歩兵第一旅団が上陸を完了したのは七月十三日である。

大庭が敢然と伊地知と争わなかったのには理由がある。伊地知は剛腹な人物であったのだ。たとえば、「剛腹」な伊地知は参謀本部第一部長時代に、陸軍の実力者である総務部長の田村怡与造と対立し、伊地知のやることが気に入らない田村は、伊地知の不在中に第一部員を集めて作戦計画の批評をすることがあった。田村は第一部に勢力が及ばなかったため、伊地知を野戦砲兵監に転出させ、後釜に松川敏胤を据え、これにより田村は第一部を遠慮なく指導できるようになった。[101]

伊地知転出後の田村は松川をバイパスして第一部員に指示を出しており、松川は「第一部長は有りても無くても好きものと云はん斗りの仕打なり」と述べていることから田村の影響力の大きさがわかる。[102] 大庭が、田村ほどの有力者を抑えた剛腹さを持つ伊地知に対し敢然と争う勇気を持てなかったのも無理がないといえよう。

七月十八日、伊地知は大連で満洲軍総参謀長児玉源太郎と協議し、「前地〔進〕陣地の攻撃時期を来る二十五日頃とし、直に攻囲線を占領」することを決定した。伊地知の主張理由は、次のようなものだ。

第三軍が「攻城砲兵を有せすして攻囲線に在るは徒らに損害を大ならしむる」ので、「此時日を可成短縮する為に、攻囲線占領後直に線内の鉄道を修理し、攻城砲兵を直に展開し得るを」基準として定める必要がある。[103]

つまり、伊地知は、攻城砲兵の援護のない野戦部隊のみが攻囲線にあると敵の砲撃に曝されて損害が大きくなると考え、野戦部隊のみが攻囲線にある時間をできる限り短縮するために、野戦部隊の前進を攻城砲兵の展開が可能となる時期まで遅くする決断を下したのである。

しかし、第三軍参謀井上幾太郎は、この伊地知の決定を「重大な過失」であったと批判する。というのも、第三軍が前進陣地への前進を遅らせたことで、ロシア軍は前進陣地や本防御線に堅固な工事を施す時間的余裕を得ることができたからだ。同様の批判は第三軍作戦主任参謀白井二郎や攻城砲兵司令部高級部員佐藤鋼次郎も行なっており、当時から伊地知の作戦方針に対し反対意見が存在したことは確かであるようだ。[104]

第三軍が前進陣地の攻撃を開始するのは七月二十六日からである。だが、第三軍が前進陣地攻略を遅らせる決定を下したことは、海軍と参謀総長山県有朋を激しく焦燥させた。二十六日附の乃木宛山県書簡には次のようにある。「目下海軍側の事情と、バルチック艦隊の東航、並浦港艦隊の我臥榻下に鼾睡を恣にするの現状とに依り、陸海作戦之大局面より打算し来れば、旅順攻落の為には、頗る拙速を尚ぶの不得止之事情に立到り候」。「旅順陥落の遅速は全軍勝敗之繋る至重、至大問題」であり、「老生苦心之存する所」である。[105]

四月三十日に編成が決定されたバルチック艦隊がバルト海に面するリバウ港を出港したのは十月十五日のことであるが、第三軍による前進陣地攻撃以前からその東航説は、大本営や海軍の脅威となっていたのである。

七月二十六日、第三軍による前進陣地攻撃が開始され、苦戦の後、二十八日に第三軍は鞍箕山、鞍子嶺、老座山、大白山附近の線の奪取に成功し、三十日には攻囲線を確保している。

4、勧降書と旅順開城時の聖旨誤解の問題　～聖旨の内容を誤解した乃木～

八月十六日、第三軍参謀山岡熊治は、非戦闘員の退去勧告及び投降勧告を携え水師営北方のロシア軍陣地を訪れて、関東軍参謀長レイス大佐に手交した。翌日、ロシア側はこれを拒絶している。

小林道彦氏は、「降伏勧告」は、駐英武官宇都宮太郎の発案に基づくもので、参謀総長山県有朋が同意し、山県有朋→大山巌→乃木希典という経路で実行されたとする。[106] しかし、これは非戦闘員の退去勧告と投降勧告（降伏勧告）を混同した誤りであり、山県→大山→乃木の経路で出されたのは、投降勧告（降伏勧告）ではなく非戦闘員の退去勧告であるというのが正しい。投降勧告は第三軍司令官乃木希典が聯合艦隊司令長官東郷平八郎に諮って、連名で出されたものだ。[107]

井上によれば、投降勧告書送付は、第三軍が攻囲線を占領したころから第三軍幕僚中の間で生じた議論であった。勧降書送付を「敵を蔑視」した処置であると考える井上は常にこの議論に反対しており、その経緯を日記に「軍か攻囲線を占領したる当時より、要塞攻撃の例に依りて、勧降書を城内に送らんとする外交形式好みの愚論幕僚中に起りしか、余は常に之に反対せり」と苦々しげに書いている。

勧降書がロシア側の拒絶にあったことを知った井上は、ロシア側の反応を「当然過きる程当然」と思ったが、「十中八九降伏」するであろうと予想していた伊地知以下の幕僚はこれに失望した。その様子を井上は「笑止の至りなり」と日記に書いている。[108]

第三軍は攻撃前に敵降伏の場合の処置を考える悪癖があった。第二回総攻撃に際しても、伊地知は幕僚に開城規約の起案を命じており、井上はこの処置を「之は第三軍の最初からの悪い僻〔ママ〕である。要塞攻撃の手段に万全の策を講することなくして、常に敵か降伏せる場合に処することのみ考へ、云はは獲らぬ狸の皮算用をすること多かりし」と批判的に書いている。[109]

また、旅順開城後の明治三十八年一月一日、明治天皇の内意を受けた山県が乃木に対して、ステッセルが祖国のために尽くした功績をたたえ、ステッセルの武人としての名誉を尊重すべきとの注意を出している。[110]

先行研究では指摘されていないが、この有名な挿話には後日談が存在する。乃木はステッセル個人の武士の名誉を尊重すべしとする明治天皇の内意を誤解し、これを全将校にまで及ぼしたのがそれだ、山県はこの乃木の処置を誤ったものであるとして明治天皇に上奏し、明治天皇もこれに「同感」であったという。[111]

5、第一回総攻撃失敗と正攻法への転換　〜乃木の果断と伊地知の優柔不断〜

（1）ロシア軍の出撃を顧慮した伊地知

窮地の時にこそ人間の真価があらわれるといわれる。第一回総攻撃後の第三軍司令部ではそれが顕著であった。伊地知の優柔不断な性格が表面化し、乃木の決断が第三軍を救ったのである。

第一回総攻撃を肉弾突撃だと誤解する風潮があるが、八月十九日〜二十一日にかけて第三軍が投入した大砲は総計三百七十四門、発射弾数三万六千八百十二発（六百九十四・七トン）という史上空前規模の攻撃準備射撃の後に突撃を実施しており、単なる肉弾突撃ではない。[112]

だが、第一回総攻撃は、東西盤龍山砲台奪取には成功したものの、戦闘総員五万七百六十五人中一万五千八百六十人も戦死傷者を出し失敗に終わった（損耗率約三十一％）。

総攻撃中止命令が出された八月二十四日、伊地知はロシア軍の出撃を「大に顧慮」して、第一線を後退させて鳳凰山の線を保持しようという内意を幕僚に示したが、幕僚の多くは敵の出撃に関しては比較的楽観視するものが多く、各師団は現在占領地を保持することに決まった。[113] ここから、伊地知の優柔不断で心配性の性格が明確に出始める。

（2）乃木の果断　その1　〜乃木、東西盤龍山堡塁の死守を決断する〜

八月二十五日、第三軍司令部幕僚の大部分は、連日の疲労と戦況の不利を悲観して「床を離るの勇気も失せん計り」の様子であった。ここから井上幾太郎の活躍が始まる。井上は、強襲法を放棄して正攻法に転換するしかないとの決心を抱き、参謀長及び各幕僚を説得してその同意を得ることに成功し、みずから正攻作業の目標となる堡塁を偵察しようと、水師営南方堡塁及び龍眼北方堡塁の偵察に赴いたのである。龍眼北方堡塁の前面では、単身土饅頭を転々と伝って敵堡塁に接近したが、敵に発見されて狙撃を受け、「数時間土饅頭の後方に伏臥して日の暮るるを待たねばならなかった。[114]

八月二十六日、井上は、東盤龍山堡塁を偵察した。同堡塁を守備する歩兵第六旅団長一戸兵衛は、井上に対して「同堡塁は我有に帰してより敵は日々之か回復攻撃を行ひ、昼間は第一線各方面の砲台より重砲弾を集中して我兵の前夜作れる防禦設備を破壊し兵員を損傷し、夜は前方二百米に在る支那囲壁を拠点として之より突出して前方及ひ左右より絶へす突入を試み、我兵は之か応接に暇あらす。為に我兵の死傷するもの日々百名に達す」と述べた。つまり、一日半個中隊が損傷するという凄惨な状況を示していたのである。井上自身も塁内の至る所に死傷者が横たわり呻吟の声が絶えない状況を見て、「此堡塁守備の如何に困難なるかを思はしむ」と日誌に書いている。[115] こうして、東西盤龍山堡塁を保持するか否かが第三軍司令部内で重要問題となった。

八月二十九日、第九師団より、東西盤龍山堡塁の守備のために、戦死傷者が一日百五十名に達するので、このような状況が継続すると守備が困難であるとの報告が軍司令部にあった。ただちに幕僚会議が開催された。その際、幕僚間では「どうも如何にも損傷が激しい。彼の堡塁は他日再び取ることも難かしくはあるまいから、寧ろ今日は之を捨てたらどうか」という放棄論が議論された。しかし、乃木がこの意見に反対して「一旦取つたものは如何なる損害を生ずるも棄つへからず」と述べ、東西盤龍山堡塁を保持することとなった。[116]
一週間経過すると堡塁の防御工事が堅固となって損害も少なくなり、以後の攻撃はここを基礎として行なわれたので、乃木の果断は第三軍の以後の攻撃を容易にしたといえよう。

(3) 乃木の果断　その2　〜乃木、小田原評定に終止符を打つ〜

第一線を偵察した井上は、八月二十七日に工兵部部員宮原国雄を司令部に招致して正攻法実施計画を立案し、翌二十八日これを乃木及び伊地知に提出し、これを基に幕僚会議が開催され、伊地知以下幕僚がこれを承認した。[117]

こうして、八月三十日、攻城砲兵司令部高級部員佐藤鋼次郎、第一師団参謀長星野金吾、第九師団参謀長須永武義、第十一師団参謀長石田正珍、工兵第一大隊長大木房之助、工兵第九大隊長代理杉山茂広、工兵第十一大隊長石川潔太を軍司令部に招致し、砲兵・工兵部長を含む軍司令部幕僚も出席し、軍参謀長司会のもとに井上案が討議された。

席上、各師団参謀長は全員、

「砲火の有力なる援助あるにあらされは敵前の土工作業は困難なるへきを以て、正攻の実施は成るへく之を取り止め、更に弾丸の補充を得て強襲を繰返すへき」

と強襲法の再実行を主張した。

この時、独り石川のみが、

「古来の戦史にも強襲に失敗したるときは正攻に移ること多きを以て、今日我軍か正攻に移ることは止むを得さるへし」

と正攻法に賛成したが、各師団参謀長は、

「攻城砲兵の支援なくしては作業は困難なるへし」

と再反論して止まなかった。軍司令部幕僚は、各師団参謀長に対して説明するものの、十分な自信がなかったため、会議は甲論乙駁して容易に決しなかった。

会議が長引いた原因は伊地知にあった。「決心の遅鈍」な伊地知がいずれの意見に対しても賛否を表明せず、その結果、午前十時から始まった会議は午後四時に至るも結論が出ない小田原評定となったのだ。

この小田原評定に終止符を打ったのが乃木である。朝から会議を傍聴していた乃木が、ついにたまりかねて口を開いて、

「砲兵の援助射撃なくして作業を行ふことは困難にして、我に大なる死傷を生するやも知れす。然れとも、敵は有限の弾薬を有し、我は無限の人員を有す。彼れ若し一発の弾丸を発射せは、それ丈要塞の命脈を減するものなり。故に、我は此目的を以て正攻作業を実施すへし。而て、後日弾丸の補充来り、再ひ他の攻撃法を採り得る機会を得は、直に之に移るへし」

との鶴の一声を発した。この乃木の発言で、さすがの小田原評定もたちどころに決し、九月一日を期して全軍一斉に正攻作業に着手することとなった。[118]

正攻法への戦術転換が旅順攻略成功要因の一つであることは先行研究が指摘するとおりであるが、その決定の経緯は以上のようなものであった。乃木の決断が旅順攻略の一歩となったのである。

（4）決心遅鈍な伊地知

軍参謀長は幕僚の意見を集約して作戦方針を決定し、それを軍司令官に提示するのが主たる職務だ。井上が伊地知を評して決心が遅鈍であると書いたことからもわかるように、優柔不断な伊知地は軍参謀長としての役割を果たせないことがあった。

井上は「例の優柔不断にして突嗟の決断に乏き伊地知参謀長」とか「軍参謀長は気の長い人でありましたから、容易に決定を与へない」というように伊地知の優柔不断さを幾度も批判している。[119]

伊地知の優柔不断さを批判するのは井上ばかりではない。佐藤鋼次郎は「殊に躊躇逡巡して決断力に乏し」と評し、山県有朋は「伊地知等か優柔不断之説を講し、其為め乃木は判決に困しみ遷延躊躇之情況」と書いている。[120]

尾野が、①軍司令部編成の際の人選ミスが原因で、②軍司令官乃木の考えと軍参謀長伊地知の考えとの間に齟齬が存在し、③意見がバラバラの幕僚の意見を統一する人物が司令部内に存在しなかったと述べていたことは既述した。第一回総攻撃失敗後から正攻法に転換までの経緯を見ていると、尾野が指摘した第三軍司令部の問題点は、伊地知の優柔不断に起因するものであったといえるだろう。

6、乃木の統率力

軍司令官としての乃木には、決断力以外にも統率力及び大局観という長所が存在した。統率力は不可視的なものであるため、先行研究では、乃木の統率力について、具体的事例が指摘されてこなかったが、井上の日記には乃木の統率力を可視化可能な記述が存在する。

たとえば、井上は、食事に関して次のように書いている。「軍の幕僚は管理部の給与にて甚た不満を訴へ、材料を受領し、幕僚附書記をして自炊す。但し、軍司令官は依然管理部の食事にて満足しあり[121]」。

乃木が旅順攻囲戦の陣中で兵士と同じ食事を摂っていたというのは有名な逸話であり、通説化している。しかし、井上の日記によればこれは誤りである。真相はこうだ。軍司令部幕僚は、戦地の給与に閉口して不満を口にし、七月七月一日から食材によって給与を受け、幕僚附書記に調理させるようになった。これに対し乃木のみは管理部の給与で満足していたというのだ。つまりは、乃木が管理部の給与を摂っていたことが、兵士と同じ食事を摂っていたという風に誤って伝えられたのである。

また、第一回総攻撃において、軍司令部は各師団にかなり無理な要求を行なったが、総攻撃失敗後、各師団長から不平の声が上がらなかったのは乃木の人格の力が与っていたという。これに関する井上の記述は次の通りである。「過日来の第一回総攻撃に於ては、軍より各師団に相当無理な要求を行ひ、難きを求め、従て各師団とも各大なる損害を蒙れるを以て、師団長の間には軍に対し多少不平の向きもあらんかと思惟せしか、本日の会合に依りて見れは、各師団長とも乃木大将の人格に服せるにや、更に不平の色あるものを見す、皆喜んて軍司令官の意図を向へ、進んて其重任を果さんとする色見へたり[122]」。

全軍の約三分の一にも及ぶ損害を出しながら、各師団長から不平の声があがらなかったというから、乃木の統率力はかなりのものがあるといえよう。

7、乃木の大局観

軍司令官はややもすると自軍のことを優先的に考えてしまい、他の軍に対する配慮が不足してしまいがちだ。しかし、乃木は優れた大局観を持っており、第三軍が旅順で苦戦中も、大局的見地から、満洲軍全体の利益を優先させる傾向があった。

十一月十三日、第三軍参謀白井二郎が、第三回総攻撃計画の打ち合わせのために満洲軍総司令部を訪問した。この時、「今度は第三軍は旅順を攻略することは大丈夫だらう、さうだらうナ」との児玉の問いに対して、白井は、「今度は大丈夫成功します」と答えている。

だが、第三軍には満洲軍に対する要求事項があった。白井に与えられた訓令に「野山砲弾の要求」及び「砲数は北へ割くも弾丸を欲す」という項目があったのがそれだ。つまり、白井は児玉に対して、第三軍が有する火砲の幾分かは沙河方面の決戦正面に提供しても良いので、そのぶん砲弾を増加してくれるよう要求したのである。しかし、満洲軍は第三軍に対し一門あたり約二百発の弾丸を支給したのみであった[123]。

当時の第三軍は攻城砲の弾薬がたいへん欠乏していた。攻城砲一門あたりの平均消費弾薬数は、九月八十七発、十月五十二発と大変厳しい状況にあり（第一回総攻撃が行なわれた八月三百十七発）、特に破壊力の大きい最新式の十五サンチ榴弾砲の一門平均消費弾薬数は十月四発とほぼ弾丸切れといってもいい悲境にあった[124]。

それゆえ第三軍司令部の幕僚が満洲軍に対し砲弾増加を要求するのは当然といえる。だが、乃木の考えは違った。乃木は白井に対し、次のように述べて「愚痴も泣言も言はれなかつた」というのだ。

「沙河の方面で、国軍の主力たる満洲軍が敗退しようならば、是は直ちに我が日本国の国運の消長に関係する。旅順の攻撃に失敗しては相済まぬ。けれども其成否は唯時日の問題で、第三軍が北方の方面へ行くのが早くなるか遅れるかと云ふのであつて、国軍の勝敗を決し、延ひて我が帝国の運命を左右することは、どうしても北方の総司令官の率ゐて居る満洲軍の成敗によるのであつて、それが一番大事である。それであるから満洲軍の方へは砲でも弾でも弥が上にも多くして置かなければならぬ[125]」。

乃木がこのように第三軍による旅順攻撃の成否よりも沙河方面の戦況を重視したのには理由がある。先行研究では指摘されていないが、十一月六日に乃木は次の内容の児玉書簡を接受していたのである。

「如此情況に付、何時破裂致候哉も難計に付、貴軍より野砲弾之御請求も御座候へども、何分此大決戦を前面に引受居候場合にて、御求めに応じ難く、是又遺憾千万に御座候」[126]。

つまり、乃木は、沙河方面で決戦が生起する可能性を報じる児玉からの私信に接していたため、第三軍方面の作戦の成否よりも日本の運命を左右する沙河方面の作戦を優先し、第三軍よりも北進軍の砲弾状況を優先させたのである。先行研究では等閑視されてきたが、乃木の大局観はもっと高く評価されてもよい。

8、存在した乃木更迭論　～乃木をやめさせてはならぬのか?～

旅順攻防戦に関する通説で一番有名な話は、乃木更迭論が台頭した時に、明治天皇が乃木更迭に反対したというエピソードであろう。著名な戦史研究者が著者として名を連ねている『歴代陸軍大将全覧　明治篇』において著者の一人である横山恵一氏は「度重なる攻撃の失敗に、乃木を罷免すべしの声は天皇の耳にも入ってくるんです。山県が参内すると、『乃木をやめさせてはならぬ。だれが乃木のあとを継ぐのか。そういう者がおると言うのか』と天皇は告げたそうです」と述べている[127]。

これに対して、伊藤之雄氏は、明治天皇の侍従であった日野西資博の回想を典拠として、明治天皇が「乃木も、アー殺しては、どもならぬ」と述べていることを指摘して、天皇が乃木更迭論に反対したという通説に疑問を投げかけているが、乃木更迭論の詳細については言及していない[128]。

乃木更迭論の詳細はこれまで実証的に研究されてこなかったが、乃木更迭論は現実に存在し、実現しかけたというのが真実である。そして、乃木更迭論は、軍司令官の単独更迭という形ではなく、第三軍旅順攻略後の軍司令部復員解散という形をとるものであった。本節では、乃木更迭論について論じてみたい。

（1）存在した乃木更迭論

管見の限りでは、乃木更迭論が一次史料から確認できる最古の時点は、十一月二十九日である。この日に書かれた長岡外史（参謀本部次長）宛井口省吾（満洲軍兵站主任参謀）書簡に、「旅順の始末付きたる後に於ける第三軍の処置に付いては来意の如くにて可然、総参謀長に於ても御同感に候。即ち、第三の司令は本国へ帰還せしめ復員解散せしめ、北方の為めには新に一司令部を起す方、宜敷かるべし」とあるのがそれだ[129]。

これによると、二十九日以前から、旅順陥落後に第三軍司令部を解散し、新軍司令部を編成して第三軍を沙河方面に転進させる案が、大本営に存在し、満洲軍総参謀長児玉源太郎もこの案に同意していたことがわかる。

十二月二十二日、井口は東京に戻り、その日から明治三十八年一月八日に新橋駅を発つまでの間に、参謀総長山県有朋と何度か会談を行なっている。この時、井口は山県に対して、次の事を話している。

「第三軍の野戦師団は成し得る限り後備隊に代へて北方作戦に用ひ、〔中略〕之か為め、来春解氷の期に至れは第五軍司令部の編成を要す。司令官西大将、参謀長松石大佐」。

「第三軍司令部は旅順陥落と共に凱旋復員せしむ[130]」。

これに先だつ十二月九日、山県は児玉に宛てて、ロシア軍が遠くない時期に決戦を挑んでくる徴候があるのに対して、正攻法による旅順攻略には時間がかかるので、「敵の突出するを防止するの兵員砲熕を要衝之地に備へ、残余の兵員兵器をして北上せしむるの策」を講じる必要があるのではと書いている[131]。

以上から考えると、旅順攻略に時間がかかると考えた大本営と満洲軍総司令部は、沙河方面での決戦に備えるために、第三軍の編成を四個野戦師団編成から後備部隊中心の編成に換えて、抽出した四個師団で第五軍を編成し、遼東守備軍司令官の西寛二郎を第五軍司令官に就任させると共に、旅順陥落後に第三軍司令部を復員解散させる計画であったようだ。

（2）乃木更迭を防いだ松川敏胤

旅順陥落の報が満洲軍総司令部に届いた翌日の明治三十八年一月二日、満洲軍総司令部では、「児玉の意を受け」た満洲軍参謀田中義一が電文案を児玉に渡した。児玉がこの電文に署名しようとする瞬間、同室で起居していた満洲軍作戦主任参謀松川敏胤がこの電文を「第三軍復員の電報案」であると直感的に悟り、児玉に対して次のような意見具申を行なった。「第三軍司令部復員のことは予て承知すと雖、これ陥落以前の問題に属し、今これをなすは禍根を後世に残すものなり」。

松川の意見を聴いた児玉は、松川に電文案の研究を命じた。松川は佐官参謀と協議した結果、「第三軍の行動今は奏効せり。而して奏効軍に恥をかかすは不要のことなり。故に第三軍参謀長を整理委員となすことに決し、之を総参謀長より大本営に電報し、大本営より直接公式に第三軍司令官に協議せしむるを最良策とす」との結論を得た。[132]

軍参謀長伊地知幸介ら数名は更迭されたものの、松川が児玉に発した一言により乃木は第三軍司令官の座に留任することができたのである。

「乃木をやめさせてはならぬ」という明治天皇の一言で乃木更迭論が吹き飛んだという通説は誤りである。乃木更迭論は、旅順攻略後の第三軍司令部復員解散という形で確かに存在し、後任人事まで内定していたのだ。そして、通説とは異なり、乃木更迭を阻止した人物は、明治天皇ではなく松川敏胤であったというのが史実である。

（3）それでも残った乃木転職論

しかし、問題はここで終わらなかったようだ。それを示す書簡が残されている。明治三十八年に児玉が長岡に宛てた次の書簡がそれだ。

「十一日出の手紙見た。大将の転職に付きては、長谷川第三軍に、西遼東（書簡切れ）に、乃木韓国に当たるを当然と考ふ。然らされは紛議の生するも計り難し。慎重に再考を望む[133]」。

つまり、乃木が第三軍司令官に留任した後も、乃木転職論が大本営及び満洲軍総司令部においてくすぶり続け、韓国駐箚軍司令官長谷川好道を第三軍司令官に就任させて、乃木を長谷川の後任に据える人事案が児玉の胸中には存在したのである。

9、乃木と伊地知に対する評価

（1）「軍司令官」乃木に対する評価

通説と違い、乃木の単独更迭案は存在しなかったが、旅順陥落後の第三軍司令部復員解散という形で、乃木更迭案は存在した。そして、その復員解散案を阻止したのは松川敏胤であった。

では、児玉による作戦指導という屈辱や軍司令部復員解散論（更迭論）まで存在した乃木「軍司令官」に対する評価はどうあるべきであろうか。

軍司令官はその行なった決断により評価されるべきである。乃木が、第一回総攻撃失敗後に幕僚が主張する東西盤龍山放棄論に一人反対して東西盤龍山の維持を決定したことや、強襲法の継続を主張する各師団参謀長の反対を抑えて正攻法に戦術を転換したことは、旅順攻略のきっかけをつくったという意味で高く評価されてよい。さらに、乃木には、全軍の約三十一％の死傷者を出す第一回総攻撃失敗後も各師団長から不満の声があがらなかったほどの統率力があった。そして、乃木には、自己が指揮する軍が苦戦している最中でも視野狭窄に陥ることなく大局的見地から満洲軍全体の利益を考える大局観があった。乃木が持つこれらの長所は、名将という名に恥じないものであろう。

（2）「軍参謀長」伊地知に対する評価

本稿で指摘したように、「老朽変幻」（老朽変則）という伊地知に対する批判は冤罪であった。伊地知は、日露開戦前夜の明治三十七年一月京城公使館附に転じ特別任務に従事している。その際、フランス語に堪能で西洋の風俗習慣に精通していた伊地知は外国人の間で非常に信任があったため、開戦直前直後の外交問題を巧妙に処理することに成功している。また、日韓議定書締結交渉が難航した際、一計を案じ、調印反対者である大蔵大臣李容翊を巧みに説得し日本に送り出した。その意味で、伊地知は特別任務や情報収集任務に秀でた人物であったといえる[134]。

だが、軍参謀長としての伊地知の能力には問題があった。軍参謀長としては「気の長い人で、容易に決定を与へない」（井上幾太郎）、「事に躊躇逡巡して決断力に乏し」（佐藤鋼次郎）、「伊地知等か優柔不断之説を講し、其為め乃木は判決に困しみ遷延躊躇之情況」（山県有朋）と評されたように優柔不断であったため、第三軍司令官乃木希典の補佐に失敗し、旅順開城後に旅順要塞司令官に左遷されたのだ。

伊地知の評価は難しい。人には得手不得手がある。特別任務や情報収集任務には抜群の手腕を発揮した伊地知であるが、参謀の意見を集約し軍司令官に作戦方針を提示するという軍参謀長としての職務には不向きな性格であったといえるだろう。

しかしながら、軍参謀長としての失敗を理由に、伊地知の男爵授爵を非難する声もあるが、日露開戦前夜の活躍を考慮すれば授爵は妥当なものであるといえよう。

第四章　奉天会戦の作戦計画とその問題点　～奉天会戦は中央突破だったのか？～

『坂の上の雲』は、日本軍が奉天会戦でロシア軍の両翼に脅威を与えることで、中央に所在するロシア軍予備兵力を引き付け、手薄になった「中央を突破」する作戦計画であったとする。戦史の専門家が書いた歴史雑誌等の記事でも、日本軍が「中央突破説」を企図していたと論じられることがあり、「包囲説」論者との間で見解の相違が存在している。「中央突破説」の根拠となった史料は、第三軍参謀津野田是重の回想録であるが、以下で詳述するように、満洲軍総司令部の作戦計画に対する認識は、一参謀にすぎない津野田の認識と第三軍司令部の認識とでは大きく相違する。

さらに、日本軍は奉天会戦以前に戦われた会戦の経験から、敵野戦陣地に対する正面攻撃が多大な損害を伴うことを認識しており、満洲軍総司令官大山巌は、奉天会戦開始直前の訓示で、敵の陣地の「側背」から攻撃すべき旨を述べている。

はたして満洲軍総司令部は、自らの訓示に反して中央突破を企図したのであろうか。本章では、奉天会戦における日本軍の作戦計画が、『坂の上の雲』で書かれたように「中央突破」を企図したものであったのか否かを中心に、満洲軍の作戦計画を再検証する。

1、包囲を企図した満洲軍総司令部の作戦構想

司馬遼太郎は、奉天会戦における満洲軍総司令部が、ロシア軍の左翼と右翼を突くことで、ロシア軍が中央の予備兵力を左右に転移した隙に乗じ、中央突破を実行する企図を有していたとする。[135]中央突破説は、戦史の専門家も著者の一人として名を連ねている『徹底検証　日清・日露戦争』においても半藤一利氏により、「この両翼での二つの陽動作戦をもって、ロシア軍の兵力を散らしておいて、その間隙を衝き、主力の第二軍と第四軍が正面攻撃をかけて突破する」として紹介されており、通説となっているといえよう。[136]中央突破説の典拠となった史料は、第三軍司令部参謀津野田是重の回想録「奉天に於る乃木将軍　軍服の聖者」である。関係箇所を引用してみよう。

「松川大佐〔敏胤、満洲軍作戦主任参謀〕の言はるるには、『第三軍には多くを期待してゐない。ただなるべく多くの敵の予備隊をこの方面に引つけ、新民屯附近に於て旅順の二の舞を、逆にやればよいのだ。さうすれば、満洲軍の主力は渾河に沿ふた中間地区から第二軍を以て新局面を開くだらう。〔中略〕』。

　そこで予は失礼だとは思つたが、全般の関係から中央を突破する事は至難で、戦局の進展は第一軍か、または第三軍の策動に待つほか他に手段はないと繰返し」た。[137]

　さらに津野田は、奉天会戦における満洲軍総司令部の作戦計画について以下のように説明している。

「一、先づ最右翼兵団である鴨緑江軍（川村軍）を鮮満の境上に進出させて、敵の意図をこの方面に惹き、次で第一軍の運動を促進して出来得るだけ敵の予備隊を吸収すること。

二、さらに最左翼たるわが第三軍を推出して敵の右翼又は側背を脅かし、奉天の西北部に位置するだらうと判断せらるる敵の他の予備隊を牽制すること。

三、この行動が効を奏したとき中央即ち第二、第四軍を勇躍させ特に渾河に沿ふ地区から第二軍の主力に満洲軍の総予備隊を加へて中央突破を決行すること」[138]。

　津野田は、①「先づ」鴨緑江軍及び第一軍でロシア軍の左翼を攻撃してロシア軍の注意及び予備隊をこの方面にひきつけ、②「さらに」第三軍がロシア軍の右翼を攻撃して奉天西北部所在のロシア軍予備隊をひきつけ、③①及び②

の行動が成功したら第二軍、第四軍及び満洲軍総予備隊が「中央突破」を行なうというように、満洲軍の作戦計画を説明している。しかし、満洲軍総司令部が①〜③の順序で中央突破を企図していたという津野田の回想は、あくまで第三軍参謀津野田の個人的見解であり、第三軍司令部の認識と異なる。二月十九日策定の「二月下旬に於ける第三軍作戦計画」によれば、第三軍司令部の認識は、次のようなものである（以下、傍線部筆者）。[139]

一、一般の策動

満洲軍及鴨緑江軍は左の如く策動するものと判定す。

一、第一軍は鴨緑江軍と策応して敵の左翼側を脅威し、先つ敵の意図を此の方面に牽制す。

二、次て、正面に於て総砲撃を開始し、主攻撃点を秘匿す。

三、最後に第二、第三軍は敵の右翼に向ひ全軍の主攻撃に任し、第三軍は特に敵の翼側に向ひ前進す。

第三軍の作戦計画からは、津野田の回想と異なり、第三軍司令部が満洲軍総司令部の作戦計画を、①鴨緑江軍及び第一軍が敵左翼を脅威することで「先つ」ロシア軍をこの方面に牽制し、②「次て」正面での総砲撃により主攻撃点を秘匿し、③「最後に第二、第三軍は敵の右翼に向ひ全軍の主攻撃に任し、第三軍は特に敵の翼側に向ひ前進」すると認識していたことがわかる。明治三十八年二月十九日当時の第三軍の認識と後年になって書かれた津野田の回想とでは、満洲軍の企図に関し、主攻撃点も攻撃順序も異なるのである。

特に問題の主攻撃点に関しては、第二・第四軍を主攻とする中央突破という津野田の認識と、第三軍司令部の認識である日本軍の右翼と正面で陽動を行ない、第二・第三軍で敵の右翼に向かって主攻撃を行なうという認識とには大きな齟齬がある。そこで、実際の満洲軍総司令部の命令の原文がどのようになっているのかを確認してみたい。

訓示

二月二十日、満洲軍総司令官大山巌は、各軍司令官及び第三師団長を会し、攻撃準備の命令及び訓示を与えた。[140]命令及び訓示ともに起案者は、満洲軍作戦主任参謀松川敏胤らである。[141]

一、〔前略〕重要中の重要なる会戦にして、此の会戦に於て勝を制したるものは、此の戦役の主人と成るへく、実に日露戦争の関ケ原と云ふも不可なからん。故に吾人は、此の会戦の結果をして全戦役の決勝と為す如く勉めさるへからす。

二、此の度の大会戦に対する希望は既に第一項に述へたるか如く然り。故に我か作戦の為に取るへき方針も亦之に伴はさるへからす。乃ち土地を略し塁壍を陥るは、此の大作戦方針の主眼にあらす。須く成るへく多大の損害を敵に与へ、敵をして復起つ能はさらしむる如くせさるへからす。〔中略〕

四、〔前略〕敵塁壍に拠るに遇はは、腕力を以て之を攻略することを避け、其の側背より之を攻撃し、敵の動揺に乗し一挙之を撃破するに在り。敵の陣地の側背に出て、之をして退却を余儀なくせしめたるは、今日迄の経歴明瞭に之を示せり。扨、敵の陣地に遭遇し、直ちに之を攻撃し、其の頑強なる抵抗を受け、我か損害の大なるに及ひ、始めて陣地の側背に力を用ひんとするは、交戦者の常勢とは云ひなから、其の施策は既に遅しと云ふへし。〔後略〕

命令　二月二十日午前十一時　於烟台

〔前略〕

五、第一軍は、敵の左翼を脅威し、且為し得れは之を撃破するの目的を以て、強大なる団隊を松樹咀子、海浪寨〔いずれも第一軍の前面〕の方向に向け差遣し、二月二十七日には該方向の敵に対して攻撃動作を開始し得る如く部署すへし。〔中略〕

六、第三軍は、敵の右翼を繞回し、其の運動に依り茨楡坨附近より長灘附近〔第二軍左翼から第三軍右翼にわたる線に相当〕に亙る敵をして退却を余儀なくせしむる目的を以て、二月二十六日以後何時にても現在の位置より直ちに運動に就き得る如く準備すへし。

第三軍の最初に於ける運動方向は、軍の左翼を以て大民屯〔奉天の西方〕に向ふ如く部署せらるるを要す。〔中略〕

七、第四軍は、先つ第一軍の左翼より林盛堡〔第四軍と第二軍の境界〕に亙る間を占領し、全軍の両翼に於ける繞回運動の効果を現すに先たち我か中央に向つて企図せらるるやも測り難き敵の突撃に対し、且随時我より進んで万宝山〔第四軍のほぼ中央〕の敵に対し攻撃を為し得るの準備に在るへし。〔中略〕

八、第二軍は、〔中略〕現在の陣地に在りて、第三軍の繞回運動の効果を待ちて、用ひ得へき最大の兵力を以て、沈旦堡附近より来神堡方向〔第二軍の左翼付近〕に攻撃前進に移るの準備に在るへし。第二、第三軍の中間に於ける連絡は確実に維持せらるるを要す。

九、総予備隊は攻撃前進に方り、第二軍の左翼後に在りて運動する目的を以て〔後略〕。

訓示のポイントは、以下の点である。①奉天会戦が関ヶ原の戦いに匹敵する日露戦役の決勝戦であり、②従って、本会戦の目的は、陣地を攻略するとか堡塁や塹壕を奪取するのではなく、敵軍に「成るへく多大の損害」を与え、敵を再起不能にすることにある。③攻撃方法は、敵陣地を正面から攻撃することを避け、「側背より之を攻撃し、敵の動揺に乗し一挙之を撃破」する。満洲軍総司令官が、敵軍に再起不能な大損害を与えることを奉天会戦の目的とし、各軍に側背からの攻撃を行なうよう示していたことを、ここでは確認しておきたい。

満洲軍総司令官の命令のポイントは以下の通りである。

①第一軍の任務は、なるべく多くの兵力を使用し、ロシア軍左翼に脅威を与え、可能であればロシア軍左翼の敵を撃破する目的で、前面の敵を攻撃する。なお、日露戦争当時の「脅威」とは、敵に痛痒を感じさせることにより、敵をして他を顧慮する余裕をなくさせ、かつ敵をして他に移動することを困難にさせることである。類似の概念に牽制があるが、こちらは敵を欺騙して、ある地点に敵兵力を抑留すること、もしくはある地点に所在する敵を他の地点に誘致することである。[142]

②第四軍の任務は、現陣地に在って、日本軍の中央に対して実施される可能性の高いロシア軍の攻撃に備えると共に、敵に対して何時でも攻撃に移れる準備をしておくこと。なお、攻撃の重点は第四軍のほぼ中央部である万宝山と明記されている。

要するに、第四軍は支撑正面（防御陣地中、頑強な抵抗を持続し、攻勢移転の拠点となる地点）ということになる。

③第二軍の任務は、第三軍の繞回運動の効果を待って、使用可能な全兵力を以って攻撃に移れる準備をしておくこと。なお、攻撃の重点は沈旦堡付近より来神堡方向（第二軍左翼）と明記されている。

命令文に「攻撃前進に移るの準備」と「攻撃」ということが明確に示されているのは第二軍のみである。従って、第二軍左翼が満洲軍の主攻方面であると解釈できる。

さらに、第二軍と第三軍との連絡を確実に維持するよう明記されている点にも留意する必要がある。満洲軍総司令部は第三軍が敵中深く突進することを望んでいなかったのだ。

④第三軍の任務は、敵の右翼を繞回し、第二軍左翼から第三軍右翼にわたる線に所在する敵を退却させる目的で、奉天西方に向かって機動を行なう。換言すると、第三軍は主攻方面である第二軍左翼の行動を容易にするために繞回を実施するに過ぎないということである。

ちなみに、繞回とは、敵の翼側を直接攻撃するため正面攻撃兵団と連繫して、敵の翼端を包囲するように行動することである。[143]

なお、繞回運動に際し、第三軍の左翼が奉天西方の大民屯に向かうように、命令は明記している。先に引用した司馬が中央突破説の典拠として引用している津野田の回想録では、松川が、第三軍は「新民屯附近に於て旅順の二の舞を、逆にやればよいのだ」と述べたとしているが、満洲軍総司令官は第三軍に大民屯に向かうよう命令していたのが真相である。

繞回は現在の軍事学では使用されない用語であるため、桑原嶽氏に代表されるように、繞回を迂回と同じ意味であると説明するのが通常化しているが、これは誤りである。[144]繞回は迂回と極めて類似しているが、両者は本質的に異なる。迂回は攻者が準備された敵陣地を直接攻撃することを回避し、敵側背に向けて機動することで敵軍を陣地より撤退させて陣地外で戦闘を強要することを意味する。包囲は、正面及び側面より合撃して優勢なる火力で敵を圧倒することを指す。そして繞回とは、包囲を実施するために敵の側背に向かって行なう機動のことを意味するのである。[145]

⑤総予備隊は、第二軍左翼後方に所在しながら運動する。

⑥なお、満洲軍総司令官命令にある地名から考えると、満洲軍は決戦場を渾河左岸（渾河以南地区）と考えていたようである。

命令には、第一に第二軍の攻撃重点（主攻）が第二軍左翼方面と明記され、第二に戦果拡張のために使用される予備隊の位置が第二軍の左翼後方と明記されているので、中央突破を図るという作戦構想は命令から読み取れない。満洲軍総司令部の作戦企図は、第二軍の翼端突破と第三軍の繞回運動とにより、奉天西南もしくは奉天西方よりロシア軍を包囲することにあったように命令からは読める。さらに、予備隊の位置から、満洲軍の攻撃重点を「第二軍の左翼方面」であったとした谷戦史の推測は正しかったといえる。[146]

命令の原文を読んでも読者は満洲軍の企図（作戦構想）を理解できないであろうが、これは当然といえば当然なのである。陸軍大学校兵学教官村上啓作は、奉天会戦における満洲軍総司令部の作戦命令に関し「命令上に満洲軍の企図（作戦構想）を、奥行深く、具体的に示さることは、遼陽、沙河に於けると同様」にして「主決戦方面を明示せさることも従来の通りなり」と評しているが、[147]満洲軍総司令部が作戦構想や主決戦方面を具体的に明示しない方針であったため、読む人によっては津野田のように中央突破だと解釈することも可能であるのだ。

ところで、命令では明記されていない満洲軍総司令部の意図はどこにあったのだろうか。この点に関し、満洲軍総司令部参謀尾野実信が以下のような証言を残している。

「作戦班が作った攻撃案も大方針は奉天の西南若くは西方より包囲する」[148]
「攻撃の重点を我が左翼方面に置くことに定めて立案された」
「今度こそ敵を取り逃がさず、彼を殲滅に陥らしめたい」
「奉天戦は、〔中略〕主として第二軍及び第三軍の方面よりの攻撃動作が進展した。尤もこれは左様に進展する如く指導も致されたのである。是れ主として奉天の西方より敵を包囲することを主眼とされたからである」[149]

二月二十日附の満洲軍総司令官命令及び尾野の証言によれば、満洲軍総司令部の作戦構想は、①渾河左岸（渾河以南地区）において、②攻撃重点を第二軍左翼とし、③第二軍の翼端突破（主）と第三軍の繞回運動（従）とにより、奉天西南もしくは奉天西方よりロシア軍を包囲することによって、④ロシア軍を殲滅することにあった。さらに、命令には「第三軍は、敵の右翼を繞回し、其の運動に依り茨楡坨附近より長灘附近〔第二軍左翼から第三軍右翼にわたる線に相当〕に亙る敵をして退却を余儀なくせしむる目的を以て」とあるので、⑤第二軍の翼端突破は、第二軍左翼前面に所在する敵の敵側背を脅威することによりロシア軍に退却を余儀なくさせる第三軍の繞回運動と連繋したものであったということになる。

2、満洲軍は「殲滅」を企図しなかったのか？

満洲軍総司令部作戦主任参謀松川敏胤は、「側面攻撃と正面攻撃と合した」ものを「包翼、包囲」と定義している。松川は、包囲と包翼の相違について「包翼を敵の両翼に施すときは包囲」であると定義している。つまり、正面攻撃と片翼攻撃を合したものが包翼で、正面攻撃と両翼攻撃を合したものが包囲ということである。さらに、松川は「包囲に依りて勝を得るときは其戦利極めて大にして他の攻撃の及ぶ所にあらず」としている。[150]

瀬戸利春氏は『日露激突　奉天大会戦』の中で、明治四十四年刊行の『戦略戦術詳解』を引用し、明治陸軍の「包囲」の定義を「敵に対する正面、側面の同時攻撃のことだった」と指摘した上で、「敵を正面に拘束し、主攻を敵の側背に指向して敵の退路を遮断し、敵を捕捉撃滅しようとする攻撃機動の方式を『包囲』」とする現在の包囲の概念との相違を指摘し、この明治陸軍の包囲の定義から「奉天会戦における包囲作戦は、包囲・殲滅を意図しない古いタイプの包囲を狙ったものだった。それ故、満州軍は包囲・殲滅を意図したとするのは勇み足となる」と述べている。[151]

瀬戸氏の指摘する包囲の定義には誤りはないが、奉天会戦で満洲軍が「殲滅」を意図しなかったという点には問題がある。その根拠は以下の二点だ。

第一に、明治陸軍では包囲の利点として敵を「殲滅」できることが説明されていた。たとえば、明治三十六年度陸軍大学校入学試験問題で出題された「包囲攻撃の利害」に関する問題に対する模範答案には、包囲攻撃の利点として「敵を席巻して遂に殲滅するを得へし」とある。[152]

第二に、満洲軍参謀の尾野は、奉天会戦の作戦構想に関し「今度こそ敵を取り遁がさず、彼を殲滅に陥らしめたい」と証言しているし、さらに、満洲軍総司令官の訓示には「成るへく多大の損害を敵に与へ、敵をして復起つ能はさらしむる如くせさるへからす」とあり、この訓示を読んだ第三軍作戦主任参謀白井二郎は「総司令部でも今度こそは殲滅戦をと期してゐた」と認識したと述べている。[153]

瀬戸氏の指摘には首肯できる部分が多いが、満洲軍による包囲が「殲滅を意図しない」「殲滅を意図したとするのは勇み足」という点はどうやら誤りのようである。

3、満洲軍はなぜ「殲滅」に失敗したのか？　～作戦命令の問題点：任務の不明確と兵力部署の不徹底～

松川敏胤「長蛇を逸すべからず」。
白井二郎「長蛇が逸するを待ちつつあり」。
（奉天会戦末期の会話[154]）

奉天附近の会戦には攻撃力の欠乏に因り退路遮断の任務を全ふするに至らす。（「第三軍司令官復命書」[155]）

（1）不明確な任務

先に、満洲軍総司令部が作戦構想や主決戦方面を具体的に明示しない方針であったと述べた。第三軍作戦主任参謀として奉天会戦の第三軍作戦計画を立案した白井二郎は、訓示が「成るへく多大の損害を敵に与へ、敵をして復起つ能はさらしむる如くせさるへからす」として「殲滅」を期していたのにもかかわらず、命令には第三軍は敵の右翼を繞回し、長灘、茨楡坨の線における敵をして退却せしめよとあるため「正面から敵を一歩後へ押し退げる」だけで、ロシア軍の側背を脅威はできても「殲滅は出来ない」と指摘し、「総司令官の真の意図と作戦の指導とが始終喰ひ違つて居つた」と述べている。[156]

白井によれば、満洲軍総司令官大山巌が第三軍司令官乃木希典に示した意図は、「今度の戦は第三軍の行動に依つて敵の死命を制するのである。第三軍は或る場合は全滅を期しても目的の遂行に努めなければならぬ」というもので、「実際満洲軍総司令部で期待して居つたのも第三軍の行動でありまして、第三軍自身にも軍司令官初め一同さう云ふ風に考へてゐた」ため、「私共には第三軍の方面が、主攻撃でなければならぬ」という観念があったという。しかし、二月二十日附の満洲軍命令によれば、第三軍の任務は、敵の右翼を繞回し、長灘、茨楡坨の線における敵をして退却せしめよとあり、これでは「他方面の主攻撃に対する一の助攻に過ぎない」ため、上述の総司令官の意図と比較した場合、第三軍の任務が曖昧であり、任務について第三軍司令官以下の軍統帥部に対し「頗る徹底を欠いてゐた」と、白井が批判するのも首肯できる。[157]二月二十日附の満洲軍命令は、訓示の中で示されたり、乃木に対して示されたりした大山の意図を、第三軍の任務として明確な形で表現していなかったのだ。

白井の回想だけでも通説である津野田の中央突破という認識が津野田個人の認識であって事実と相違することが窺知できるのであるが、それはさておき、白井だけではなく満洲軍総司令部参謀尾野実信も「奉天攻撃の為には敵の右翼を包囲する第三軍に大なる期待を持つて」いたと証言しているので、満洲軍総司令部作戦主任参謀松川が「第三軍には多くを期待してゐない」と述べたとする津野田の回想に反し、満洲軍総司令部は「第三軍に大なる期待」を持っていたようである。[158]

だが、満洲軍総司令部は、第三軍に対する「大なる期待」や「第三軍の行動に依つて敵の死命を制する」という満洲軍総司令官の意図を第三軍の任務として明確化しなかったのである。そして、このことが奉天会戦における満洲軍総司令部の第三軍に対する作戦指導を不適切なものとする原因となったのだ。

(2) 兵力部署の不徹底

ところで、二月下旬、第三軍司令部及び満洲軍総司令部幕僚の一部には、大きな期待をもつ第三軍の兵力をさらに増加すべきだという意見があった。[159] しかし、満洲軍総司令部は、鴨緑江軍編成によってこの方面に兵力を奪われたためもあって、右翼から中央に位置する第一・第四・第二軍の兵力を減少させてまで第三軍の兵力を増強しようとはしなかった。その結果、会戦末期に際し、兵力不足が主因となって第三軍の進撃力が鈍化し、満洲軍総司令部参謀松川と第三軍参謀白井との間で先に引用した長蛇云々のやりとりが交わされることとなった。

満洲軍総司令部参謀尾野実信によれば、満洲軍総司令部作戦班の立案した作戦計画を見た尾野は、兵力部署が適当でないと感じ、二月六日に意見書を松川に提出し、満洲軍総参謀長児玉源太郎の注意により、尾野案を参考にして、作戦班が計画の改訂を行なった。[160]

尾野案は、第一軍及び第四軍正面は堅固な防御工事と砲兵とで敵の突出を防止可能であるため、同方面の兵力・火力を節約し、節約によりういた兵力によって主攻方面である満洲軍左翼（第三軍及び第二軍左翼）を強化し、「非常なる重鎚」をもって「敵の右翼を打破」しようというものであった。[161]

しかし、尾野によれば、改訂案でも尾野案と「余程隔り」があった。例えば、改訂案では、機動性を備えた野戦砲兵第一旅団が第四軍所属となっているが、尾野は同旅団を「第三軍又は第二軍方面に配属するを至当」としている。[162]改訂案では、第二軍には後備兵で編成された運動性のない砲兵部隊が配属されているので、満洲軍左翼に大きな期待をもっているならば、配属を逆にすべきであったろう。

第二に、第二師団を第一軍に配属し敵の左翼を脅威させているが、機動が困難な山地に所在する第一軍に第二師団を増加するよりも、第二師団を満洲軍総司令官の総予備とし、改訂案で満洲軍総予備となっている第三師団を第二軍か第四軍方面に増加するのが適当であった、と尾野は指摘している。[163]

第三に、奉天攻撃のためには「敵の右翼を包囲する第三軍に大なる期待を持つて居るのですが、第三軍の兵力は十分でないから、尚残つて居る、後備旅団でも宜いから之を属したら、どうか」と、尾野は主張したがこれもそのままになってしまったという。[164]

第四に、脅威を任務とする戦闘方面の配兵の割合が高いのに反して、主攻撃を実施する方面の配兵の割合が僅少であるという問題がある。作戦班の案では、一メートル当たりの銃数は、第一軍が一・七〇、第二軍が一・一〇（総予備である第三師団を含めないで計算すると一・四〇）、第三軍が一・八六、第四軍が三・五八となっている。第四軍の数値がずば抜けて高いことに注意してほしい。これに対し、尾野案では、第一軍が一・五〇、第二軍が一・八六、第三軍が二・七四、第四軍が一・五三と、第二・第三軍の兵力密度（特に第三軍の兵力密度）を濃くしている。[165]

尾野によれば、尾野案も作戦班の案も「奉天の西南若くは西方より包囲」するという点では大差がなかったが、作戦班の案は、包囲の方針と兵力部署という「方針と処置とが一致して居らぬ」ものであった。尾野案の意図は、第一・第四軍といった「正面を破られぬ程度に止めて」、第二・第三軍に十分な兵力を与え、「大鉄槌を以て奉天の西南方及西方正面より敵の右側背を完全に包囲する」という点にあった。[166]

尾野は方針と処置の不一致について、松川に対し、「思切つて左翼方面に兵力を増加せぬと、戦闘終局の時期に幾ら閣下が軍の参謀長を叱咤鞭撻されても駄目です。今迄の会戦悉く然り。さあ行れ《ママ》も少し猛烈に攻撃せよと言はれましたが、結局相当の兵力を与へねば、目的を達しなかつた。此際十分に兵力を左翼方面に増加されねばならぬ」と力説したが、結局聞き流しで終わってしまった。[167]

尾野の危惧は杞憂に終わらなかった。会戦の末期になり、奉天北方で包囲の環が完成せず、満洲軍はロシア軍が大縦隊で鉄道線路両側を鉄嶺に向けて続々退却するのを許してしまったのだ。この時、尾野と松川は次のようなやりとりを交わした。[168]

尾野「どうでありますか」。

松川「残念だ」という他に、何の返事もなし。

尾野は、満洲軍が全周包囲の環を閉じることができなかった原因を「全く思切つた兵力区分を仕なかつた罪であります」と結んでいるが、至言であろう。[169]

包囲戦はただ敵を包囲するだけでは殲滅的効果を期待できない。殲滅的効果を得るためには包囲したうえで敵軍を押し詰めるに足りるだけの戦力がなければならない。また敵中深く突出する危険を冒す包囲翼兵団には向かってくる敵軍を撃退しうるに足る兵力を配当する必要がある。このように考えると、満洲軍総司令官が、訓示で示していたように、奉天会戦において敵に再起不能な損害を与えることにより日露戦争の局を結ぶ殲滅的効果を企図していたならば、この企図に応じて敵中に突出する包囲翼兵団（第二軍左翼及び第三軍）に十分な兵力を与える必要があったといえるであろう。奉天会戦における満洲軍の作戦計画は、目的を達成するに十分な資源（兵力）が適切な形で配置されていなかったのだ。

(3) 均衡を欠いていた会戦目的・手段・資源

大山は奉天会戦を日露戦争の「決勝」戦であると述べ、敵野戦軍に対し再起不能な損害を与える意図を訓示で示した。これが奉天会戦の会戦目的である。

決勝的攻撃を行なうためには、敵に再起不能な損害を与えなければならない。そのためには、敵野戦軍の大部分を撃滅ないし捕虜にする必要がある。つまり、敵を殲滅しなければならないのだ。そして、敵に殲滅的打撃を与える戦術的手段には、猛烈な追撃戦（ナポレオンによるイエナ会戦後の追撃戦が典型例）によるものと包囲（普仏戦争のセダン会戦が典型例）によるものがある。そして、包囲では敵軍の退路を遮断できるか否かが重要である。

満洲軍が包囲により敵野戦軍の殲滅を企図していたことは本解説で論証した。つまり、満洲軍は、会戦目的達成の手段として、包囲を選択したのである。

そして包囲（包翼）には主攻的包翼と助攻的包翼とが存在する。主攻的包翼とは遠く敵の側背に機動して敵の殲滅を企図するものであり、助攻的包翼とは自軍主力の外翼に連なって敵の一側を圧迫することにより主攻撃を容易にしようとするものである。[170]

大山が乃木に示した意図は、「今度の戦は第三軍の行動に依つて敵の死命を制する」というものであった。そして、大山のこの意図を知った第三軍司令部は「第三軍の方面が、主攻撃でなければならぬ」と考えた。しかしながら、二月二十日附の満洲軍命令では主攻は第二軍左翼とされた。これについて白井は、「敵の殲滅を期しながら、其作戦計画に於て、第二軍を以つてする翼攻撃を主とし、第三軍の包翼行動を従とせるのが大なる誤である」と批評している。[171] つまり、満洲軍総司令部は、敵に再起不能を与えるという会戦目的達成のために相応しい手段の選択に失敗したのである。

さらに、既述したように、二月二十日附の満洲軍命令は、目的を達成するために必要な資源（兵力）を適切に配分することにも失敗していた。

ある戦略が有効か否かを判定する手段としてアーサー・F・リッケ（Arthur F. Lykke）が提唱する戦略モデルがある。[172] リッケは戦略を三本脚のスツールにたとえることで、戦略理論を概念的・抽象的なものからより視覚的・具体的なものにした。リッケが提唱する三本脚のスツール戦略モデルとは、①戦略＝目的＋方法＋資源であり、②もしこの要素がバランスを崩すと、戦略が崩壊する可能性が大きくなるというものである。

リッケのモデルは作戦計画にも適用可能だ。二月二十日附の満洲軍命令は、会戦目的、手段及び資源のバランスを欠いていたため敵野戦軍の殲滅に失敗したといえるであろう。

4、なぜ兵力部署が不徹底に終わったのか？

既述したように、津野田の中央突破説と異なり、満洲軍総司令部の作戦構想は、①渾河左岸（渾河以南地区）において、②攻撃重点を第二軍左翼とし、③第二軍の翼端突破（主）と第三軍の繞回運動（従）とにより、奉天西南もしくは奉天西方よりロシア軍を包囲することによって、④ロシア軍を殲滅することにあった。そして、⑤第二軍の翼端突破は、第二軍左翼前面に所在する敵の側背を脅威することによりロシア軍に退却を余儀なくさせる第三軍の繞回運動と連繫したものであった。

また、満洲軍総司令部が、ロシア軍の「殲滅」を達成できなかった理由は、①二月二十日附の満洲軍命令で第三軍に与えられた任務が、満洲軍総司令官大山巌の意図を明確に表現する文面になっていなかった点と、②作戦計画において主攻撃方面である第二軍左翼及び第三軍の兵力を強化しなかった兵力部署の不徹底とにあった。

ところで、包囲された軍が敵の包囲に対処する方法の一つに、正面より進んで攻勢に転じる方法がある。[173]

奉天会戦は、日本軍が約二十五万の劣勢な兵力で約三十一～三十二万の優勢なロシア軍を包囲するものであった。満洲軍総司令部が兵力部署の不徹底に陥った理由は、包囲の任に当たる第二・第三軍の兵力を過度に強化しすぎると中央が手薄になり、優勢な予備兵力を有するロシア軍に中央突破を狙われることを、満洲軍総司令部が憂慮した点にあるのだろう。

これを裏付ける史料がある。満洲軍総参謀長児玉源太郎が英国軍観戦武官に話した内容を記録した覚書がそれだ。この史料には次のようにある。

私（児玉）は奉天における「交戦は並行かつ同時に戦われる二つの戦闘に分解できる」と考えていた。「これら二つの戦闘は鉄道線路の両側で生起し、この場合、ロシア軍はいずれか一方で攻勢をとり、他の一方では守勢に立つと想定していた[174]」。

つまり、児玉はロシア軍が鉄道線路を境として東西いずれか一方で攻勢に出ると判断していたのである。この児玉の証言と二月二十日附の満洲軍総司令官の命令に第四軍が予想される敵の攻撃に備えるとあったことをあわせて考えるならば、児玉は第四軍に対するロシア軍の攻撃を危惧しており、この児玉の懸念が既述した第四軍の一メートル当たりの銃数の高い数値となって表出したのではなかろうか。

白井二郎は、この点に関し「第三軍の方へ多くの兵力を分けるのはどうも正面が心細い。〔中略〕実際責任を持つと中々思切つたことが仕悪い、従つて当時の総司令部に対しては無理な注文であるかも知れません」と述べているが、この白井の一言の中に満洲軍総司令部の苦悩と、日露の国力差に起因する日本の兵力不足とが集約されているように思える。[175]

第五章　奉天会戦における第三軍包翼戦の真実　～第三軍の猛進を控制する満洲軍総司令部～

奉天会戦における第三軍は「前進が遅々」であるとして批判されることが多い。たとえば、司馬遼太郎は、「二月末以来、総司令部は乃木軍の前進が遅々としすぎているとおもい、毎日のようにせきたて、ついには三月一日、『乃木軍ハ猛進セヨ』と、いった」と書いている。[176] 確かに、奉天会戦末期には、第三軍の兵力損耗が激しかったため（会戦末期の三月八日に第三軍左翼に推進した第九師団の実力は一個聯隊程度しかなかった。さらに、第三軍全体でも会戦末期におけるその実力は「二分の一弱に減じ、それが将校に於て特に甚しかつた」という）[177] 攻撃力が鈍化したのは事実であるが、奉天会戦初期における第三軍の進撃は満洲軍総司令部の予想を上回るもので、満洲軍総司令部は第三軍の猛進を控制しようとしたというのが真相である。本稿では、奉天会戦初期における第三軍の包翼戦を井上幾太郎「日露戦役従軍日記」によって再検討してみたい。

1、作戦目標をめぐる論争

明治三十八年二月二十日、満洲軍総司令官より与えられた命令及び訓示に基づき、第三軍は以前に策定していた作戦計画に若干の修正を加えた。この第三軍の作戦計画は、作戦目標について「軍の作戦目標を馬三家子とし、先つ大民屯及小新民屯の線に向つて前進す」としていた。[178]

実は、この作戦目標に関し、満洲軍総司令部と第三軍との間で意見の相違が存在した。満洲軍総参謀長児玉源太郎は「馬三家子は左に偏し奉天停車場を可」とする意見であったが、第三軍司令部は「馬三家子」を適当として軍の中央を同地に指向しようとしたのである。[179]

谷寿夫によれば、この作戦目標の相違は満洲軍総司令部と第三軍の意図の相違から生じていた。すなわち、満洲軍総司令部は「第三軍により敵の多くを牽制し、第二軍を以て決戦を企図」していたのに対し、第三軍は「初めより大々的繞回を計画」していたというのだ。[180]

奉天会戦前に満洲軍総司令官大山が第三軍司令官乃木希典に示した意図は、「今度の戦は第三軍の行動に依つて敵の死命を制するのである。第三軍は或る場合は全滅を期しても目的の遂行に努めなければならぬ」というもので、「実際満洲軍総司令部で期待して居つたのも第三軍の行動でありまして、第三軍自身にも軍司令官初め一同さう云ふ風に考へてゐた」というが、[181]第三軍は「全滅を期して」大々的繞回運動を実施しロシア軍を大きく包囲しようとしたのである。

満洲軍総司令部は奉天会戦中の三月三日になって、作戦方針を変更し、奉天付近でロシア軍を大きく包囲する意図の下、主力を渾河右岸に移し、第二軍に総予備であった第三師団を投入して右岸に転移させると共に、第三軍は馬三家子を第三軍の右翼とし東北面して作戦すべきとの命令を出した。[182]このことを考えると、会戦前において当初よりロシア軍を大々的に包囲しようとした第三軍の意図は洞察力のある適切な判断だったと評価できる。

ところで、瀬戸利春氏は『日露激突　奉天大会戦』において、満洲軍総司令部による三月三日の作戦方針変換について、「満州軍の新作戦は、奉天付近でロシア軍を包囲・殲滅することとされる。〔中略〕松川参謀にはそのつもりはあったように思われる」と指摘した上で、満洲軍参謀松川敏胤と松川案を支持した総参謀長児玉源太郎が包囲殲滅という「新たな包囲の概念に入り込んだ」のに対し、第三軍は「旧来からの包囲や後方遮断の考えにとらわれ」ていたと述べ、「おそらく、第三軍首脳部は、松川や児玉の真意を理解できていなかった」と推測している。[183]

しかし、会戦前において第三軍が、作戦目標を馬三家子として軍の中央を同地へ向け、初めより大々的繞回を計画していたということと、満洲軍総司令部が三月三日になって奉天付近においてロシア軍を大々的に包囲するため第三軍の右翼を馬三家子とすべきと命じたことをあわせて考えると、時系列的に考え、瀬戸氏のいう第三軍首脳部が松川や児玉の新たな包囲概念を理解できなかったという指摘には首肯し難い。第三軍こそが会戦前の作戦計画の段階から「全滅を期して」でもロシア軍の側背に迫ることで、奉天前方の沙河に沿って布陣するロシア軍主力を袋の鼠にする企図であったのに対し、満洲軍総司令部は第三軍の突出を望まず、四軍轡を並べてロシア軍を撃破しようという企図だったのである。

そして、会戦前の作戦目標をめぐる意見の相違に象徴される、満洲軍総司令官大山が乃木に示した「今度の戦は第三軍の行動に依つて敵の死命を制する」という総司令官の「意図」と、満洲軍総司令官の命令に書かれた敵の右翼を繞回し、長灘、茨楡坨の線における敵をして退却せしめよという「他方面の主攻撃に対する一の助攻に過ぎない」第三軍の「任務」との間の齟齬は[184]、第三軍の作戦計画に上述のような影響を及ぼしただけではなく、奉天会戦の戦闘中においても満洲軍総司令部と第三軍司令部間の作戦方針を巡る意見対立として度々表面化している。

谷寿夫は「会戦の初動に於て総司令部がよく目的を明示し重要なる任務に服すべき第三軍の相違せる企図を修正しなかったのは「当を得ざるもの」であったと指摘しているが至言であろう[185]。

なお、別宮暖朗氏は、第三軍の繞回運動を「鉄嶺」を作戦目標とする「大中入れ」戦術だとして、作戦立案者の松川敏胤を批判しているが、これは事実に反する[186]。児玉が第三軍の作戦目標を「奉天停車場」にすべきだと主張し、第三軍司令部が「馬三家子」としたことからもわかるように、別宮氏の説には何らの史料的根拠がなく、同氏の松川批判は妥当ではない。

2、満洲軍総司令部、第三軍の猛進を控制する

前にも述べたように、包翼には、遠く敵の側背に機動して敵の殲滅を企図する主攻的包翼と、自軍主力の外翼に連なって敵の一側を圧迫することにより主攻撃を容易にしようとする助攻的包翼とが存在する。

満洲軍総司令官や満洲軍総司令部が「第三軍に大なる期待」を持っていたにもかかわらず、二月二十日附の満洲軍命令で示された第三軍の任務は助攻的になっており、満洲軍総司令官の意図と比較した場合、第三軍の任務が曖昧であった。そして、この満洲軍総司令官の意図が第三軍の任務に明確に反映されていなかったことが原因で、奉天会戦における満洲軍総司令部による第三軍の作戦指導は主攻的包翼と助攻的包翼との狭間で揺れ動くのである。

二月二十七日、第三軍は、繞回運動を容易にすると共に敵からの砲撃を避けるためにできるだけ縦隊の数を多くし[187]、第一縦隊（第九師団）、第二縦隊（後備歩兵第十五旅団及び野戦砲兵第二旅団）、第三縦隊（第七師団）、第四縦隊（第一師団）及び第五縦隊（騎兵第二旅団基幹の騎兵部隊）の五個の縦隊区分で前進を開始した。

この日、第三軍司令部から各師団に連絡の名目で軍参謀が派遣された。津野田是重が第一師団に、安原啓太郎が第

七師団に、山岡熊治が第九師団に派遣されたため、残員が四人（白井二郎・菅野尚一・井上幾太郎・河西惟一）となった。表向きの派遣理由は各師団との連絡であるが、これには次のような裏の事情が存在した。

第三軍の参謀中には、「口許りにて手足の之に伴はさるもの」が多かった。そのため、「議論百出、部内喧噪を極め業務捗らす」という事態が生じていた。そこで、第三軍司令部は、奉天会戦において、最少の人員で業務を実施することにしたのである。[188] 端的にいうと、議論百出して業務に支障が出ないように、議論ばかりが達者で事務能力がない参謀を追い出したということである。

二月二十八日、第三軍の前進は順調で、退却する敵は東北方に退路をとった。そこで、第三軍は、「敵の右翼を包囲」する形で前進を部署し、第九師団に四方台附近の敵を攻撃させる命令を下した。[189] だが、この四方台攻撃が後に問題を惹き起こす一因となった。

三月一日、満洲軍は全軍を挙げて真面目の攻撃に転じた。[190] 満洲軍総司令官の命令（二月二十八日発）には、第三軍は明一日より「四方台附近の敵を成るへく西方及西北方より攻撃すへし」とある。[191] 井上がこの命令に関して「此命令を見ても、総司令部か第三軍使用の根本を誤りあることを知るへし」と批判しているように、満洲軍総司令官のこの命令には問題があった。[192]

四方台は第二軍と第三軍との境界附近に位置する。満洲軍総司令官による四方台攻撃命令は、長灘附近の敵に対する第二軍の攻撃を容易にする目的に基づくものであった。従って、この命令は満洲軍総司令部が第三軍に第二軍に対する助攻的動作を要求したものだといえる。もし、第三軍が主攻であるならば、四方台に構わずに敵の側背に向かって前進すればよい。その意味で、満洲軍総司令官によるこの命令は、第三軍による包囲の効果を薄めるものであったということができる。

一日の午後八時までに第三軍司令官乃木希典は、満洲軍総司令官より欧州情報の通報を受領した。その内容は、信憑性に確信を置けないとしながらもロシア軍が鉄嶺へ向け退却するという情報があるので、この情報が事実となった場合には「我か元来の目的の如く敵を決戦に余儀なくせしむるは、第三軍繞回運動の成功に依ること多かるへし」というものであった。そして乃木は「目下我か軍の前面を退却せる敵の退路に進出し、間接に他軍の正面攻撃を容易ならしめん」という意図を固め、「軍は明日敵の退路に迫るの目的を以て林家台より拉木河に亙る線に進出せんとす」

という命令を隷下部隊に発した[193]。

この日は、満洲軍総司令部と第三軍司令部間の連絡が途絶しがちであったが、第三軍作戦主任参謀白井二郎は「軍は総司令部の掣肘を受けずに、独断的に十分の活動をする積りであった」ため、「総司令部との連絡は余り通じないことを希望」していたと述べている[194]。

二日午前零時頃、第二軍から延線して来た裸線により連絡は回復したが、満洲軍総司令部は「第三軍か明日尚第二軍正面の敵の右翼に迫ることなく長駆奉天西方に向はんとするを好ます之を引き止めんと欲し」ていた。そのため、満洲軍総参謀長児玉源太郎自身が第三軍参謀長松永正敏を電話に呼び出し交渉しようとしたが、松永は耳が遠いのを口実に軍参謀井上幾太郎に代わって電話に出させた。事の重大性を認識する井上は、まず軍司令官乃木の意向を確認したところ、「総司令部の命令の如何に関せす軍は予定の通り前進する」決意であったため、電話に出るや児玉の発言が一切聞こえないふりを装って、「軍司令官の決心は明日孤家子、拉木河の線に前進するに在る」旨だけを告げて電話から離れた[195]。

この満洲軍総司令部と第三軍司令部とのやりとりについて、『井上幾太郎伝』は以下のように解説している。「乃木将軍と総司令部との間に奉天会戦指導上大きな食違いがあったことは事実である。即ち満洲軍としては、四軍轡を並べて敵を撃破せんとの思想だったが、乃木将軍の考えは寧ろ断乎外翼に機動し、敵主力を遠く奉天附近に捕捉撃滅せんとするに在って、危険ではあるが虎穴に入らずんば虎児を得ずとの思い切った構想であった[196]」。

本稿で筆者は、第三軍が「全滅を期して」大々的繞回運動を実施しロシア軍を大きく包囲しようとしたと指摘したが、井上による電話番の一件はこれを裏付けているように思える。また、先に引用した二月二十日の満洲軍総司令官命令には「第二、第三軍の中間に於ける連絡は確実に維持せらるるを要す」とあったが、これを念頭に考えると「四軍轡を並べて敵を撃破せんとの思想」であったとする『井上幾太郎伝』の著者の論評には首肯できる部分が多い。さらに、司馬の書く「総司令部は乃木軍の前進が遅々としすぎているとおもい、毎日のようにせきたて、ついには三月一日、『乃木軍ハ猛進セヨ』と、いった」というのは完全なる臆説である。史実はそれと真逆で、満洲軍総司令部は第三軍の猛進を控制しようとしたというのが真相だったのである。

三月二日、第三軍司令部は満洲軍総司令部の命令を接受した。この命令では、「予は敵をして決戦をなすに余儀なくせしめんとす」と満洲軍総司令官の企図が示され、第三軍の任務に関しては「第三軍は〈中略〉軍の右翼師団をして第二軍の攻撃に何時にても右側背より参与せしむる如くすへし。軍の主力は状況之を許せは奉天の西北に向ひ策動を継続すへし」とされ、さらに秋山支隊が第三軍の指揮下に置かれることとなった。[197]この命令を受け乃木は「退却せる敵を潰乱に帰せしめんとし猛然迅速に前進せん」とし、「各縦隊は最迅速に前進運動を行ひ勉めて指定の線以外に超出し敵の退却を蹂躙すへし」との訓令を発した。[198]

午前三時、児玉から「第三軍本二日に於ける任務は〈中略〉敵の右側背より第二軍の攻撃に参与することを益々迅速に実施」することにあるとの通報があった。さらに同時刻、満洲軍参謀田中義一は、電話で第三軍参謀副長河合操に、通信不完全のため第三軍司令部から本日一回の通信もなかったことを指摘し、「通信不完全なるに拘らす軍司令部は本日濫りに前進せる為総司令部との連絡益々不確実となれり。此の如くんは将来何を以て全軍を指揮するを得んや」と述べ、二日における第三軍の前進を控制しようとした。これに対し河合は「軍司令部か軍隊の指揮を棄てて遠く後方に止るは不可能なり。然らされは軍一般の前進を停止せしむるの外なし。而して当軍は状況上尚明日も全軍の作戦進捗を顧慮し、寧ろ連絡は不確実となるへきも進んて目的を達する如く命令せられたり」と答えた。[199]司馬は奉天会戦に関するくだりで「司令部が後方すぎるのは乃木軍の戦術上の癖のようになっていた」と書き、[200]その影響を受けた乃木批判者も第三軍司令部の位置が前線から遠いことを非難するが、少なくとも奉天会戦では、乃木の軍司令部が猛進し過ぎたため、満洲軍総司令部はそれを控制しようとしたというのが真実である。

その証拠に次のような事件が起こっている。この日、第三軍司令部は沙嶺堡に進出していた。午後七時頃に軍参謀井上が黄三家子から沙嶺堡の司令部に到着すると、前方で銃声が盛んに聞こえる。幕僚の部屋に入ると、各員「昂奮」の様子であった。事の子細を質問すると、軍の第一線は沙嶺堡の村縁にあって敵と銃火を交えている。そのため、「銃弾頻りに軍司令部の屋舎に命中」し、軍司令部獣医部三等獣医森清克が両眼に負傷したとの答えが返ってきた。沙嶺堡の軍司令部家屋は第一線にあまりにも近く「絶へす敵弾来りて執務困難」であったため、翌三日のための軍命令を下達後、第三軍は軍司令部を約四キロ後方の前胡台に後退させなければならなかった。[201]

現場に居合わせた軍作戦主任参謀白井によれば、状況はかなり緊迫したものであった。白井曰く。「第一線の中で軍司令部の仕事は出来ない、又軍司令部の適当の位置でもないので、今少し後へ下らう」ということになったのだが、乃木が「命令の伝達が終るまで此処に居れ」といった。そして、命令伝達中に豆を煎るような激しい小銃音がして、軍参謀副長河合操が「コリャ、事によるとやられたのではないかな」とつぶやいたという。[202]

しかも、この時の銃声の大半は、敵兵ではなく味方の射撃によるものであった。事の真相は次のようなものだ。後備歩兵第十五旅団が沙嶺堡部落に入り開進中、味方騎兵が「敵襲」と叫んで後備歩兵旅団の近辺に駆けこんできた。そうすると、命令もないのに射撃が始まった。しかも、その射撃目標になったのは第三軍司令部の大行李で、大行李と副馬は混乱を来たし後方に退却したのだ。[203]

ところで、下達された軍命令には次のような経緯が存在した。第三軍の通信網はこの日も不良であったため、軍司令部は夜に入っても第二軍方面の状況に関し確報を得ることができず、第一縦隊（第九師団）の状況も不明であった。悪いことに、軍司令部は田村支隊から諸兵連合の敵兵約一万が西北方から馬三家子附近に到着したとの報告を受領した。こうした状況から、乃木軍司令官は、第三軍のみが孤立して過度に敵地深く進入するのは時期尚早であり、過度に敵地に進入した場合、第三軍の「覆滅」を来たし、延いては「全軍に危害を及ぼす」可能性があると判断した。そこで、乃木は前面の敵を撃破し、然る後に爾後の行動を決定しようとして、午後九時に、第二、第三縦隊は明払暁より連繋して前面の敵を攻撃すべしとの命令を下達したのだ。[204]

この日の夜には、第三軍は独断で敵の退路に迫る企図の下、徳勝営子・前民屯・後民屯（いずれも、奉天の西方で、沙河の線に主力を展開するロシア軍の背後に当たる）に到達している。[205]

三月三日。第三軍作戦主任参謀白井二郎によれば、この日の行動が「最も考究に価」し、第三軍司令官が「軍の行動に就いては一番苦慮された」日であった。[206]

二日夜における軍司令官乃木の決心は速やかに敵の後方に繞回することにあった。軍司令部においては、第一軍、第四軍及び第二軍の戦況も不明で、軍前面の敵情はやや優勢と推測された。ここで、三日における第三軍はどのように行動すべきかという問題が作戦主任参謀白井の頭を悩ませた。白井曰く。「頭に第一に浮んだのは『前面の敵を攻撃して前進を継続する』といふ案であつた。併しそれが実際になつて見ると、いろいろ消極的の考慮が出て来て邪魔をするのである。総司令部との連絡の杜絶、友軍方面の状況の不明、そこへ偶々遼河方面に一箇師団、或は二、三箇師団の優勢な敵が出現したと云ふような情報も飛来して居つて、そこで若し此儘前進を継続し、第三軍が孤立して全滅する事は、予め期して居つたことだから、それには顧慮せぬとしても、之が為に我が全軍の失敗を誘致しては、と云ふやうな懸念が湧いて来るのである。〔中略〕軍司令官乃木大将御自身にも、『前進を断行したいは山々であるが、今少しでも友軍の状況が知りたい』と云ふ風に、そこでつい幾分かの躊躇が出て来るのである」。[207]

第三軍司令部をより不安にさせていたのは第九師団との連絡の途絶である。第九師団との連絡は、一日以降途絶しており同師団からは「一日夜已来何等の状〔ママ〕報到らず」という状況であり、四方台攻撃にてこずったため前進が遅滞した第九師団と第七師団との距離は約二十キロも空いていた。[208]第三軍主力は、敵中深く孤立していたのである。

戦況至難にして友軍の状況不明なる際に、往々にして戦場心理が指揮官や幕僚の決心や状況判断に影響を及ぼす事が大きいとされるが、乃木や白井ら第三軍首脳部はまさにその困難な状況に直面したのである。悩んだ白井は参謀副長の河合に意見を求めた。河合は「平素の学修上の研究は此処ぢやないか」と前進断行を示唆し、河合の言により白井も前進継続を決心したという。[209]

しかし、公的記録には「前面の敵を撃破せは此の附近に停止して他軍の情況を察知し、且第一縦隊の到著を待ちたる後、爾後の行動を定むる」に決したとあるので、前進継続とはいってもだいぶ躊躇の色がみられる。[210]

そして、第三軍が前面の敵を攻撃しようとした三日午前八時四十五分、「貴官は明三日軍の運動を中止せしむへし」という満洲軍総司令官からの命令が第三軍司令部に到着し（発令は午前一時四十五分）、乃木は隷下部隊に「一時攻撃動作を中止して現在の線を保守」すべしとの訓令を発した。[211]そして、公刊戦史によれば「此攻撃動作中止の命令各部隊に到達せしは午前十時頃より十一時頃に到る間にして恰も敵の主力を撃退せし時なり」とある。[212]

しかし、この満洲軍総司令部による前進停止命令は高くついた。白井は次のように指摘する。戦後判明したこの時における彼我の状況を見ると、第三軍が直ちに前進させることが可能であった兵力は約二個師団であったのに対し、ロシア軍は「二日の夜から三日にかけて各方面からやつて来た敵の大部隊が、非常の混雑を生じて」いたため、もし第三軍がこの二個師団をもって前面の敵を攻撃していたならば、たとえ「第三軍が全滅」しても、「殲滅に近い結果」を得られた可能性が大きかったのである。[213]換言すると、満洲軍総司令部の前進停止命令は、ロシア軍に態勢立て直しの時間的余裕を与えてしまったのだ。

白井の負け惜しみと思われるかもしれないが、先に引用した公刊戦史も、攻撃動作中止命令が到達した時が「恰も敵の主力を撃退せし時なり」としているので、白井が指摘するように、もし第三軍が攻撃を続行していたならば、その効果は大きかったものと思われる。

満洲軍総司令部は、第三軍を外翼に機動させれば大なる戦果が得られることを知りつつも、ロシア軍による第四軍及び第二軍方面の圧力に対し神経過敏となって、第三軍をして絶えず第二軍の左翼を庇うように行動させようとしたのであるが、この決断は誤りだったといえる。満洲軍参謀尾野実信はこの点に関して、満洲軍総司令部が「始終孤立を気遣ひ、屡々其前進を引止め」たが、これは「不必要」であったと批評しているが、妥当な意見であるといえよう。[214]

3、乃木第三軍の独断前進の是非

三月四日午前四時五十分、第三軍司令部は、三日午後八時二十五分発の満洲軍総司令官の作戦計画に関する通報を受領した。この計画は、ロシア軍が日本軍により沙河右岸から撃攘された後、あらかじめ構築していた渾河右岸の陣地に拠り再度頑強に抵抗することを予想して立案されたもので、その場合、努めて敵の防御陣地、特に渾河堡附近の敵陣地正面に対する力攻を避けることとされていた。より具体的には、第二軍は渾河の旧鉄道橋より沙嶺堡にわたる地区に兵力を集結し、奉天の西方もしくは西北方から敵を攻撃し、軍の左翼を大石橋に置くこと、第三軍は「馬三家子」に「軍の右翼」を置き、「東北方」に面して「敵の退路に進出」できるように運動を計画実施すること、満洲軍総予備隊は第二軍の運動に跟随すべきであるという内容であった。[215]つまり、満洲軍総司令官は、これまでの渾河左岸(以南)地区で敵を捕捉撃滅するという方針を修正し、堅固な敵正面陣地に対する力攻を回避するために軍主力を渾河右岸(以北)に移し、ロシア軍の退路を遮断して奉天附近でロシア軍を撃滅しようとしたのである。なお、満洲軍総予備隊の位置から推測するに、この段階でも満洲軍総司令部は、主攻を第二軍方面としていたようである。

ちなみに、この渾河右岸攻撃の作戦計画は、満洲軍作戦主任参謀松川敏胤が立案し、「過早」であると考える満洲軍参謀井口省吾の反対を押し切って満洲軍総参謀長児玉源太郎が採択したものである。[216]

しかし、第三軍司令部は、ロシア軍がすでに退却を開始していると判断していたため、「若し一刻にても猶予」したならば敵を捕捉することが不可能になると考えた。そこで、第三軍司令部は、第二軍の前進を待つことなく「速かに直進して奉天停車場を占領」すべきであると考え、「総司令部の命令に従はす前進を継続」する決定を下した。[217] この方針だと、第三軍の右翼を「馬三家子」に置くという満洲軍総司令部の方針と異なり、軍右翼を「奉天停車場」に置くことになってしまい、満洲軍の方針と比べて包囲の環が小さくなってしまう。

この方針を決定するために午前五時に開かれた幕僚会議では、第三軍参謀副長河合操以下、白井、菅野、井上、河西が奉天停車場への前進に賛成したため、「不満」の色があった軍参謀長松永正敏もやむを得ず同意し、乃木の決裁を得て前進を継続することとなった。[218] この時の第三軍司令官の意図は午前六時発の第二軍宛第三軍司令官通報に明確に示されている。これによると、第三軍司令官は「奉天停車場及其の北方の地区」に向かって前進し、敵の退却を「崩潰」に変えることを企図している。そして、第三軍司令官は、満洲軍総司令官の予定計画は到底実施し難いものであり、もしこれを強行したならば「空しく敵を逸する」ことになるとまで述べている。[219]

だが、第三軍から、満洲軍総司令官の命令に反して独断で奉天停車場へ前進するという報告を受けた満洲軍総司令部では、議論が勃発した。

満洲軍参謀福島安正及び井口省吾は、「第三軍の此行動こそ現況に通ぜる」案なので、この際満洲軍の命令を変更すべきだと、総参謀長児玉源太郎に意見具申した。

だが、これを聞いた満洲軍作戦主任参謀松川敏胤は、第三軍の行動は「現下の情況上適合」するかもしれないが、通信連絡が不確実な現状下で新命令を下達したとしても「六菖十菊」（時機に遅れて役立たずに終わること）になる可能性が高いので、「戦況自然の推移に委する」のが「最良策」であると述べた。[220]

つまり、松川は第三軍との通信が途絶しがちな現情勢の下で新命令を発したとしても、新命令が第三軍に到着する頃には情勢が変化して時機遅れで役立たずの命令になる可能性が高いので、第三軍の独断を黙認すべきだと主張したのである。

そして、松川の意見を聞き終わった児玉が、開口一番松川説に賛同したため、この問題は第三軍の独断に任せ自然放置することとなった。[221]

三月五日。前日四日午前十一時十五分、満洲軍総司令官大山巌は、第二軍司令官奥保鞏より、戦闘が漸次良好に進捗しているので軍主力を渾河右岸に移すとの通報に接したのを受け、総予備隊の第三師団を第二軍に投入すると共に、午後十一時十分第二軍を第三軍の右翼に連繋して渾河右岸に移動させ、渾河左岸地区の戦闘指揮を第四軍司令官に任せるのが有利であると判断し、[222]敵と交戦中の第三軍に楊士屯附近から後民屯附近にわたる地区を開放して第二軍に譲るべきとの命令を発した。いよいよ満洲軍総司令部は延翼行動に着手し、第三軍に敵軍の退路遮断を期待し始めたのだ。

なお、この決定がなされた経緯については公刊戦史には登場しない裏話が存在する。実は、この時、第二軍は渾河右岸に移ることの可否については決定していなかった。第二軍作戦主任参謀鈴木荘六は、第二軍参謀長大迫尚道に対し「今は総司令部との電話線も通じある故、総司令部の意図を尋ねん」と述べ、総司令部の作戦主任参謀松川敏胤を呼び出して総司令部の意図を確認したところ、松川が「勿論右岸に進出せられん事を望む」と回答したので、転進運動に着手したのだという。[223]

第三軍が命令を受領したのは五日午前五時であった。この命令を受領した乃木は、鴨緑江軍、第一軍及び第四軍方面の戦闘が進捗していないことを知り、奉天附近の敵主力が退却すべきか否かを疑うと共に、奉天西方の堅固な敵陣地を正面から攻撃する不利を覚った。そこで乃木は、前日四日の攻撃方針を変更し、軍の主力を北方に移転する決心をした。[224]

つまり、馬三家子に軍の右翼を置き東北方に面して敵の退路に進出せよという満洲軍の命令が正しく、四日の乃木の独断が的外れであったのだ。この独断により第三軍は前進方向を変換することになり、軍の前進が遅滞したといえる。敵情は後方の司令部よりも第一線兵団司令部が熟知しているといわれるが、それは局地的な敵情のみで全体的敵情ではないのだ。中山隆志氏は四日の乃木の独断を高く評価しているが、これは誤った評価であるといえよう。[225]

第三軍は満洲軍総司令官の命令を実行しなければならない。軍参謀井上が第二軍に赴いてその調整にあたることとなった。第二軍司令部に到着した井上は、第二軍参謀長大迫尚道に対して、譲与すべき地区に展開している第九師団の交代師団の指示を仰いだ。大迫は、「第三師団を同地に充つる筈なり。依りて、直に其命令を与ふへし」と答えた。しかしここで、第二軍作戦主任参謀鈴木荘六が、「第三、第九師団の交代に当り、敵前に於て一方は退却し、一方は前進することは結局将来の攻撃を遅緩せしむる所以なるを以て、第三師団か攻撃前進を行ふときは、第九師団も亦共に協力して前進攻撃を行ひ、一段落の後、第九師団は退却する様せられたし」との提案があった。

井上は何気なくこの提案を承諾し、この件を第九師団に伝えようと答えた。そこで、第二軍からは軍参謀金谷範三が派遣されることとなり、現地で委細協議の上、第九・第三師団に命令を下すこととなった。

井上が金谷と共に第九師団司令部に到着し、師団参謀長足立愛蔵に、第二軍との協定の趣旨を述べたところ、足立は「それは服すへからす。師団は軍の命令にて一刻も速に北方に転移せさるへからす。第三師団の攻撃前進なと共にすることを得す」と述べ、井上らの提案に反対した。

井上は足立の反対が「正当の議論」であると考えたが、第二軍と約束したことでもあるので、足立に向かって「他軍との関係には自軍のことは多少犠牲とすへし」との意見を開陳したが、足立は容易に聴き入れなかった。しかも、第三軍司令部から第九師団に派遣されていた山岡熊治までが足立の意見を支持したため、井上は大いに困却した。だがここで、第三師団が今日日中に攻撃前進すればこれと攻撃を共にした後、夜に入って第九師団は直ちに戦線を退去するとの折衷案が出て、この線で議論がまとまった。[226]

敵前近くにおいて敵と交戦中である部隊の交代が難しいことを考えると、足立の反対はもっともなことである。だが、一刻を争う包囲運動の真っ最中に意見対立が生じて師団の転進が遅滞したことは批判に値する。

だが、第一線師団だけではなく満洲軍総司令部の作戦指導にも問題は存在する。満洲軍参謀尾野実信が「第二軍の渾河渡河は遅きに失しました」と述べているように[227]、満洲軍総司令部が第二軍に渾河右岸への渡河を命じた時期が遅すぎたのだ。

4、満洲軍の攻撃督促命令と谷寿夫『機密日露戦史』の誤り

三月六日。この日、満洲軍総司令官は、総予備隊である後備歩兵三個旅団（後備歩兵第一旅団、同第十三旅団、同第十四旅団）を翌七日に第三軍の隷下に入れるとの命令を下した。いよいよ、満洲軍総司令部は、主攻を第三軍による退路遮断運動に切り換えたといえる。

だが、兵力増加は第三軍が望む所であったが、予備隊投入の時機が遅すぎた。しかも、野戦師団と比較して素質に劣る後備旅団の能力と兵站上の負荷とを比較すると、兵力増加の利よりも兵站上の害の方が多かった。この点につい

て、第三軍の兵站を担当していた井上は次のように述べている。「三旅団を此時機になりて第三軍に属せらるることは止むを得さるも、軍としては兵力の増加の利よりも給養力の不足の害多き方と云ふへし」[228]。

午後八時、乃木は、翌七日前面の敵を撃攘して、まず昭陵（北陵）、田義屯の線に進出しようとし、第一師団に田義屯に向かい前進して努めて速やかに奉天、鉄嶺間の鉄道を破壊すべしとの命令を下した[229]。乃木は、断然敵の側背に迫る決断を下したのである。

三月七日。満洲軍作戦主任参謀松川敏胤によれば、この日は、満洲軍にとって奉天会戦中「最大苦痛」の一日であった[230]。松川は、総予備隊をすべて投入し尽くしていたうえに、戦況が険悪であったため、「大山元帥及児玉総参謀長の面上は暗雲漲りて、〔中略〕苦悶の裡に七、八両日を送りたる困難は忘れんとしても忘る能はざる所」であったと回想している。松川が、陸軍記念日となった三月十日よりも「困難の絶頂」である「三月七、八両日を永久に記念」すべきであると述べていることからも、松川や児玉らにとっていかにこの日が苦悩に満ちた一日であったかがうかがえる[231]。

そして、険悪な戦況に対する児玉や松川の焦慮や「苦悶」が第三軍に対する攻撃督促命令となって表出した。午後十時、午後八時十分発の満洲軍総司令官命令が第三軍に届いた。

「一、諸報告を綜合して第三軍の戦況を判断するに、本七日に於ける運動は頗る遅緩なるを覚ゆ。甚た遺憾とす。
二、全般の戦機を発展する目的を以て、奉天附近の敵を撃退するは、第三軍の攻撃迅速果敢なるに依らすんはあらす。
三、貴官は充分なる決断を以て、貴官の命令を厳格に実行せしめ、以て攻撃をなすへし」。

この命令を読んだ第三軍司令部幕僚は、内容の「甚た劇《ママ》烈なるに驚」くと共に、「軍は数日来不眠不休を以て攻撃に従事し多大の死傷を作り大に功《ママ》果を挙けつつあるに拘らす此命令を受くることは甚た遺憾」であると感じた。しかし、乃木のみは従容として迫らず、「飽く迄総司令官の命令を聴取すへき」であると主張し、各師団長に対し「本日総司令官より別紙命令を受領す。誠に遺憾に堪へす。諸子之に鑑み、明日以後猛烈果敢に動作し、重て失態なからんことを切望す」との訓示を与えた[232]。

さらに、この日、第三軍作戦主任参謀白井は松川と満洲軍総司令部の焦慮を象徴させる次のようなやりとりを交わしている。

松川「第三軍は最初から其全滅を期して居るのではないか、何故思切て前進を遂行しないか」。

白井「固より全滅は期して居る。併し只全滅するばかりで、全軍の危殆を招いてはならない。全滅しただけの効果を得ねばならぬ」[233]。

本稿で指摘したように、第三軍の猛進を控制しようとしたのは満洲軍総司令部であった。それにもかかわらず、第一、第四、第二軍方面の戦況が発展しないからといって、第三軍に対し「迅速果敢」な攻撃を要求する督戦命令を打つのは、酷な仕打ちであるといえる。

なお、谷戦史は、三月七日のこととして、児玉から「乃木に猛進を伝えよ」との電話があったことを知った乃木が、軍司令部に前進を命じ、軍司令部が小銃火を浴び、獣医が頭部貫通銃創を受け斃れ、田中国重の副馬が逸走したと書いている[234]。だが、児玉からの督戦電話があったことは否定できないとしても、その結果乃木が軍司令部に前進を命じて以降の話は信憑性が薄い。というのも、①軍司令部が小銃火を受けた、②獣医が負傷した、③副馬が逸走という事実は、すべて本章で述べた三月二日の事項と一致するからである。しかも、井上幾太郎の日誌、白井二郎の回想、四手井綱正の編著いずれにも谷戦史が書くような話は登場しない。従って、谷戦史が三月七日のこととするこの話は二日の誤りであると思われる。谷戦史のこの記述は先行研究で無批判に引用されてきたが、これも谷戦史の誤りの一つであるといえよう[235]。

5、再度の督戦電報と第一線に赴こうとした乃木

三月八日。 満洲軍総司令部は八日朝までに、第一、第四軍正面の敵が退却を開始したことを知った。この時、松川は敵の退却を察知できなかった口惜しさのあまりテーブルを叩き「敵に出しぬかれたるは、真に大元帥陛下に対し申訳の無い次第を致したり」と述べた[236]。

松川が悔しがるにも理由がある。ロシア軍は七日に戦場掃除のために休戦を申し込むなど退却の徴候を示していたのだ。

この日、連日の激戦により損耗著しい第三軍は逐次兵力を増加させるロシア軍と戦闘を交えていた。午後二時四十分、満洲軍総司令官から、「第三軍の猛烈なる攻撃前進を希望」する旨の通報が第三軍にあった。[237]

この満洲軍総司令官からの通報を隷下各師団に通報して各師団の前進を督促しなければならない作戦主任参謀の白井は電話で隷下師団と半ば「喧嘩腰」に応答していた。この時、乃木が争論を抑えながら、「こりや一つ俺がこれから前方へ行つて、師団長や砲兵旅団長に会つて、よく第一線の状況も聞き、又こつちの意図も示して来よう」との言を発した。これを聞いた参謀副長の河合操らは、軍司令部の位置する大石橋と前方師団との中間は開豁地であったため敵砲兵から砲撃を受けて単独の伝令さえ危険を感じていたこともあり軍司令官に万一のことがあってはならないとして、「大事な時にこそ、軍司令官が猥に軍司令部を離れられてはならぬ」と乃木の第一線訪問に反対した。

しかし乃木は「ナーニそんなに心配するに及ばぬ。一寸往つて直ぐ帰つて来る」と参謀の諫言に対し容易に首を縦に振らなかったため、河合は「どうしてもお出でになると云ふのならば、総司令官へ伺つて、其許可を受けねばなりません」と述べるに至った。この河合の発言の裏には、河合が児玉源太郎より受けた何らかの「内示」があった。

ちょうどその時である、病気で発熱していたため柱にもたれてウトウトと居眠りをしていた参謀長松永正敏が突然立ち上がって乃木に向かい「どうか私を代りにやつて下さい。私が第一線へ参つて遺憾なく閣下の御意図を伝へて参ります」と発言した。

一瞬静まり返る司令部内。暫く考えていた乃木は「イヽか、行けるか」と述べ、松永は「大丈夫です。是非往かして貰ひます」と答えた。乃木が「それぢや一つ行つて頂かうか」と述べ、松永は騎兵将校一名と伝騎一、二騎を従え第一線に向け司令部を出発した。

白井によれば、乃木を含め軍司令部一同が松永の生還を疑問視した任務であったが、その日の夕刻、松永は任務を果たして司令部に無事帰還した。[238]

これは乃木の勇猛果敢さを示す挿話である。巷説では第三軍司令部が前線に出なかったといわれることがあるが、奉天会戦における乃木軍司令部は決して前線の実情を知ろうとしなかったのではない。むしろ、危険を冒してまで前線の情況を知り、軍司令部の意向を伝えようと努めたのである。

三月九日。この日は第三軍にとって厄日となった。後備歩兵第一旅団がロシア軍の反撃を受け幹部の多数が戦死して潰乱状態に陥り、その余波を受けた第一師団歩兵第二旅団も退却を開始したのである。第一師団に派遣されていた津野田是重は、歩兵第二旅団の敗走ぶりについて、旅団長中村正雄、歩兵第二聯隊長渡辺祺十郎、歩兵第三聯隊長牛島本蕃が「敗走者の先頭」に立って退却し、部下がどのような状況にあるのかも把握していなかったとして「言語同断《（ママ）》」と厳しく非難しているからただごとではない。[239]

先行研究では、この窮地を救ったのが津野田是重による機関銃薙射命令であったとする。確かにそれは事実であるがそれは要因の一つにしかすぎない。先行研究では指摘されていないが、第一師団が潰走状態に陥るのを防げたのには第一師団長飯田俊助の活躍もあった。

飯田は第六師団麾下の歩兵第十一旅団長として出征、遼陽会戦、沙河会戦などを戦った。第六師団長大久保春野は「老練と沈勇の質により部隊の指揮円滑」、「旅団成績は他に譲らず、然るに其割合傷死者を出す事少なし。是、無理を為ささるに基く」と飯田の指揮振りを高く評価している。[240] 明治三十八年二月、飯田は中将に進級し第一師団長に親補されて奉天会戦に参加しこの難局に遭遇した。

飯田は、中村正雄が師団司令部を訪問し退却の余儀無き事を報告した際に、「直に原位置へ帰れ」と述べた。平素「極めて寡黙」で、師団参謀が作戦計画を持参しても一回も一言一句改めたことがない飯田が発したこの一言に、師団参謀和田亀治は感動したと述べている。[241] この飯田の督励により退却が停止し、第一師団は戦線を立て直すことができたのである。

この日は、松川が白井と有名な次の会話を電話で交わした日である。

松川「長蛇を逸すべからず」。

白井「長蛇を逸するを待ちつつあり[242]」。

白井はこの時を回顧し「長蛇を逸するどころではない、寧ろ長蛇が逸してくれぬので困つて居ると云ふやうな情けない」感情を持ったと説明しているが、この白井の回想をもってこの日の第三軍の苦戦を想像すべきであろう。[243]

三月十日、第三軍は速やかに鉄道線路に向い進出して退路遮断を完成しようとしたものの、ロシア軍の頑強な抵抗に遭い、退路遮断は思うように達成できなかった。この間、ロシア軍は午後一時三十分頃より北方に退却したものの、第三軍は望見するしかなかった。

そして、閉じることのできなかった包囲の環からロシア軍の大縦隊が退却していくのを知った満洲軍総司令部では、満洲軍参謀松川敏胤と尾野実信との間で次のようなやりとりが交わされたのである。

尾野「どうでありますか」。
松川「残念だ」という他に、何の返事もなし。[244]

こうして、満洲軍は奉天占領には成功したものの、これまでの会戦同様ロシア軍を戦場から後退させただけにとどまり、野戦軍に対し再起不能な損害を与えて日露戦争の決勝戦とするという満洲軍総司令官の意図は達成できないまま奉天会戦を終えたのである。

6、なぜ満洲軍はロシア軍の殲滅に失敗したのか？

奉天会戦における日露両軍の兵力と損害は、日本軍戦闘総員約二十四万九千八百人、死傷七万二十八人（損耗率約二十八％）、ロシア軍戦闘総員約三十二万人、損害約九万人（損耗率約二十八％）である。[245]

四手井綱正は奉天会戦を評して、第三軍の「繞回進捗に伴ふ総司令部の会戦指揮十分ならざりしを感ぜざるを得ず。〔中略〕此の指揮にして適切に行はれしに於ては、本会戦に於ける戦果を遥かに大ならしめ得たりしならん」と述べている。[246]

では、満洲軍がロシア軍の包囲殲滅に失敗する原因となった会戦指導の問題とは何を意味するのであろうか？

（1）包囲翼兵団の兵力不足

奉天会戦当初における各軍の兵力分配は、
鴨緑江軍　歩兵三十一個大隊（うち後備大隊十九個）　砲七十八門
第一軍　歩兵五十二個大隊（うち後備大隊十六個）　砲百七十四門
第四軍　歩兵四十三個大隊（うち後備大隊十九個）　砲二百五十二門
第二軍　歩兵四十五個大隊（うち後備大隊八個）　砲二百七十八門

第三軍　歩兵四十一個大隊（うち後備大隊五個）　砲百七十四門
総予備隊　歩兵二十八個大隊（うち後備大隊十八個）　砲三十六門

というものであった。

満洲軍の総兵力がロシア軍と比較して劣勢であったことは既述した。この劣勢な兵力で包囲を企図したため、兵力分配は難しい問題であり、ロシア軍の第四軍に対する突出に対する懸念もあって、尾野実信の意見具申にもかかわらず、包囲翼兵団である第三軍の兵力が全体の約六分の一に抑えられたのは当時の実状を考えるとやむを得なかったといえる。

しかも、本稿で奉天会戦のための満洲軍総司令官の命令を分析した結果、満洲軍総司令部の第三軍に対する当初の期待は助攻程度のものであったことが判明している。従って、満洲軍としては、当初は第三軍に大兵力を与える必要は無かったのだ。しかし、遼陽会戦直後から実施された奉天会戦のための作戦研究の結果、ロシア軍の右側背に迫る第三軍の行動が奉天会戦の戦果を左右することは、満洲軍も理解していたはずである。[247]と考えるならば、第三軍の兵力はその任務に比して過少の感があるといえる。

本章でも考察したように、第三軍は会戦初期こそたいした敵に遭遇することなく順調に前進していたが、三月二日になり沙嶺堡附近の線で二個師団と衝突してからその前進が遅滞し始め、沙嶺堡附近から敵の後方連絡路である鉄道線路附近までの二十〜三十キロの地域を運動するのに八日も費やしている。この原因の一つが、兵力不足であったといえる。味方から離隔して敵中深く進出する包囲翼兵団には敵の反撃を排除するに足りるだけの兵力が必要とされるが、第三軍にはこれが欠けていたのである。

作戦の進捗に伴い、総予備隊を投入するとか、他軍から抽出転用するなどして包囲翼兵団たる第三軍の兵力を増加すべきであったのだが、満洲軍は会戦末期の三月七日になって素質の悪い後備歩兵旅団三個を投入したに過ぎなかった。

一方、ロシア軍が第二軍及び第三軍方面に配置した兵力は、三月八日朝の時点で日本軍の編成に換算して約十五個師団にのぼっている。そのうちの約三個師団が第三軍の中央及び左翼に対し、他の約十個師団が第三軍の右翼及び第二軍と対峙していた。[248]

第二軍（四個師団基幹）・第三軍（三個師団基幹）は七個師団＋数個後備歩兵旅団なので、第三軍が苦戦するのも当然であろう。

既述したように、包囲は、敵を取り囲んだだけでは大した効果が得られるものではない。敵を取り囲んだうえでそれを圧迫する力がなければ殲滅的効果を獲得できないのだ。第三軍には、包囲殲滅的効果を達成するための手段である、敵を圧迫するに足りるだけの十分な兵力が附与されていなかったということができる。

（2）不明確な任務

包囲翼兵団に対する総司令官の希望が、主攻方面の攻撃を容易にする助攻的性格のものであるのか、遠く敵の側背に進出して敵の退路を遮断し殲滅的効果を企図する主攻的性格のものであるのかにより、包囲翼兵団に対する任務は異なる。総司令官は、自身の企図を包囲翼兵団に対し明確に示し、包囲翼兵団が全力を挙げて任務に邁進できるようにすることが肝要である。

では、奉天会戦において満洲軍総司令官が第三軍に与えた任務はどのようなものであったか。

満洲軍総司令部が一月二十二日に策定した「結氷末期における作戦計画」では、第二軍左翼が主攻撃であり、第三軍は「渾河と遼河との間の地区を前進し、遠く敵の右側背に向い機動をなす」とされていた。[249] また、これを修正した二月二十日の満洲軍総司令官の命令によれば、「第三軍は、敵の右翼を繞回し、其の運動に依り茨楡坨附近より長灘附近に亙る敵をして退却を余儀なくせしむる目的を以て、二月二十六日以後何時にても現在の位置より直ちに運動に就き得る如く準備すへし」という助攻的なものであった。

しかし、満洲軍総司令官が第三軍司令官に示した意図は「今度の戦は第三軍の行動に依つて敵の死命を制する」というもので、第三軍を主攻にするというものであった。そのため、第三軍司令部は、ロシア軍を大々的に包囲して第三軍による敵側背への機動により勝敗を決しようとしていた。

つまり、満洲軍総司令官の意図と任務との間に齟齬が存在したのだ。そして、満洲軍総司令官の意図が第三軍の任務に明確に反映されていなかったことが原因で、奉天会戦における満洲軍総司令部による第三軍に対する作戦指導は主攻的包囲翼と助攻的包囲翼との狭間で揺れ動くこととなった。

満洲軍総司令部は、二月二十八日には第三軍に対し効果の薄い四方台攻撃を命じて第九師団を二日間にわたり軍主力と分離させたり、三月二日には「第三軍本二日に於ける任務は〔中略〕敵の右側背より第二軍の攻撃に参与する」にありと通報して、第二軍方面に兵力を割かせて包翼行動の敏活性を減少させたり、三日には第三軍の前進中止命令を出したり、四日夜には第三軍に第九師団方面の地区を開放して第二軍に譲与するように命じて一日を空費させるなど、第三軍の前進速度を減少させる命令を多く出している。

満洲軍総司令部は会戦末期の三月六日になりようやく第三軍が主攻であることを明確にしたが、この時にはロシア軍は左翼に投入した部隊を右翼に戻しており、第三軍の進撃速度は低下してしまった。

「第三軍の行動に依つて敵の死命を制する」という満洲軍総司令官の意図や満洲軍総司令部が抱く第三軍に対する「大なる期待」を第三軍の任務として明確に表現しなかったことが満洲軍総司令部による第三軍に対する作戦指導を不適切なものにしたのである。

(3) 包囲運動の遅滞を招いた第三軍の孤立感

もちろん過失は満洲軍総司令部のみにあったわけではない。第三軍にも不手際はあった。

包囲翼兵団は、行動距離が正面攻撃を担当する部隊と比較して長遠であるため迅速な機動を求められる。しかも、敵軍が我の包囲行動を察知して対抗手段をとった場合、敵軍は内側を行動するだけ我の包囲運動よりも迅速に行動可能であるから、包囲翼兵団にはより一層の速度が要求されることになる。

奉天会戦における第三軍の運動速度は、三月一日頃までは順調であったが、二日に沙嶺堡附近で敵と衝突して以降低下し始め、鉄道線路附近までの二十〜三十キロの地域を運動するのに八日も費やしていることからもわかるように遅々たるものがあった。

包囲運動の速度に影響を及ぼす条件は多々あるが、ここでは包囲翼兵団が受ける危険感に焦点を当ててみたい。

包囲翼兵団が受ける危険感は、遠く敵の側背に向かって機動することにより生じる孤立無援感や外翼の暴露感に基づくものだ。

奉天会戦初期において第三軍は、遼河河畔に強力なミシチェンコ騎兵団が配置されていて、遼河右岸から第三軍の後方連絡線に対し攻撃をしかけてくると判定していた。ところが、ミシチェンコは病気入院中であり、代わりに騎兵団を指揮したグレコフの用兵ぶりは消極不活発なものであった。[250]つまり、第三軍は敵情を過大に判定していたわけであるが、これも敵中深く行動する包囲翼兵団が受ける孤立感に基づくものであろう。

三月二日夜、第三軍司令官は、第二軍方面の状況に関し確報を得ることができず、第一縦隊（第九師団）の状況も不明であったため、第三軍のみが孤立して過度に敵地深く進入するのは時期尚早であり、過度に敵地に進入した場合、第三軍の「覆滅」を来たし、延いては「全軍に危害を及ぼす」可能性がある。そこで、乃木は前面の敵を撃破したならばこの附近に停止して第一縦隊の到着を待つという命令を下達している。第三軍が敵側背への機動により勝敗を決しようと意図していたことを考えると、この命令は包囲翼兵団としてふさわしくない決定であるといえる。

三月九日、第三軍は翌十日のための命令を出したが、その内容は「現在地附近に停止して待機の姿勢」をとるというものであった。軍参謀井上はこの命令が出された理由について、「他の各軍の正面に於ては敵兵未た退却の色なく、第三軍のみ余り遠く孤立して作戦せるの感ありたるを以てなり」と述べているが、これこそ孤立感・外翼の暴露感により生じる危険感に他ならないといえる。[251]

以上考察してきたように、奉天会戦の戦果が満洲軍総司令官の当初の企図よりも過少にとどまった理由は、①包囲翼兵団に対する兵力部署の不徹底、②満洲軍総司令部が附与した任務の不明確さ、③満洲軍総司令部が第三軍の包囲運動を控制したことといった満洲軍総司令部の作戦指導の過失に、④第三軍が感じていた孤立感から生じた前進の抑制が組み合わさったものといえる。

末文になりますが、「大庭二郎中佐日記」及び「大庭二郎大将　難攻の旅順港」の翻刻をご快諾いただいた大庭敏雄様、「日露戦役従軍日記一・二」の翻刻をお許しいただいた井上武昌様、史料所蔵先の防衛省防衛研究所戦史研究センター、靖國神社靖國偕行文庫、史料複写・閲覧などにご協力いただいた靖國神社靖國偕行文庫前室長白石博司様、現室長葛原和三様及び本書の編集・刊行にご高配を賜りました国書刊行会編集部清水範之様には心より御礼を申し上げます。どうもありがとうございました。

注

1 「大庭二郎中佐日記」明治三十八年一月一日条。本書六五頁。

2 「大庭二郎中佐日記」明治三十七年八月二十四日条末尾、事の実想《ママ》。本書三一頁。

3 大庭二郎中佐日記を読む会「防衛研究所戦史研究センター所蔵『大庭二郎中佐日記』解題と翻刻」『東京大学日本史学研究室紀要』第十七号（東京大学大学院人文社会系研究科・文学部日本史学研究室、二〇一三年）一七三〜一七四頁。

4 大庭二郎中佐日記を読む会「防衛研究所戦史研究センター所蔵『大庭二郎中佐日記』解題と翻刻」、一七八頁六月二十六日条二・九行目、一七八頁七月三日及四日条五・十二・二十一行目、七月三日及四日条十四行目、一八一頁上段右から十四行目、一八八頁上段左から六行目、一九二頁上段左から四行目、一九三頁上段左から十一行目、一九四頁上段左から二行目、一九八頁下段左から四行目、二〇〇頁上段右から一行目。

5 宿利重一『旅順戦と乃木将軍』（春秋社、一九四一年）二五〇〜二五一頁、二七七〜二七八頁、四〇三〜四〇四頁。

6 「日露戦役当時の回顧談と我が外交」『偕行社記事』第七二六号附録別冊（偕行社、一九三五年）五一頁。

7 佐藤鋼次郎『日露戦争秘史　旅順攻囲秘話』（軍事学指針社、一九三〇年）一〇五頁。

8 金子砲兵少佐「旅順攻城戦史」（靖國神社靖國偕行文庫所蔵）。

9 参謀本部編『明治三十七・八年秘密日露戦史』第三（巌南堂、一九七七年）三一〜三二頁。

10 陸軍省編『明治天皇御伝記史料　明治軍事史』下巻（原書房、一九七九年）一三五八〜一三六三頁。

11 沼田多稼蔵『日露陸戦新史』（芙蓉書房、一九八〇年）八五〜八六頁。

12 井上幾太郎「日露戦役経歴談（旅順攻城戦の部）」牛島貞雄編『陸軍大学校課外講演集』第二輯（陸軍大学校将校集会所、一九三一年）六八頁。本書六二八頁。

13 井上幾太郎「日露戦役経歴談（旅順攻城戦の部）」牛島貞雄編『陸軍大学校課外講演集』第二輯、六八頁。本書六二八頁。

14 参謀本部編『明治三十七・八年秘密日露戦史』第三、一一頁。陸戦史研究普及会編『陸戦史集11　旅順要塞攻略戦』（原書房、一九六九年）三六頁。

15 帝国在郷軍人会本部編『一戸将軍』（帝国在郷軍人会本部、一九三二年）七九頁。

16 村上啓作「日露戦史講述摘要」（戦役―日露戦役3・防衛省防衛研究所戦史研究センター所蔵）。

17 井上幾太郎「日露戦役経歴談（旅順攻城戦の部）」牛島貞雄編『陸軍大学校課外講演集』第二輯、六七〜六八頁。本書六二七頁。

18 長岡外史関係文書研究会編『長岡外史関係文書　回顧録篇』（吉川弘文館、一九八九年）一六六、一六七、一八二頁。

19 井上幾太郎「日露戦役経歴談（旅順攻城戦の部）」牛島貞雄編『陸軍大学校課外講演集』第二輯、七〇頁。本書六二八〜六二九頁。井上幾太郎「日露戦役従軍日記一」明治三十七年五月八日、十日条。本書七三頁。
20 大庭二郎「大庭二郎大将　難攻の旅順港」。本書五三〇～五三一頁。
21 波多野澄雄、黒沢文貴責任編集『侍従武官長奈良武次日記・回顧録』第四巻（柏書房、二〇〇〇年）五二～五三頁。
22 白井二郎「旅順の攻城及奉天会戦に於ける第三軍に就て」多門二郎編『陸軍大学校課外講演集』第一輯（陸軍大学校将校集会所、一九二九年）一六八～一七一頁。本書五六〇～五六二頁。
23 井上幾太郎「日露戦役経歴談（旅順攻城戦の部）」牛島貞雄編『陸軍大学校課外講演集』第二輯、七〇頁。本書六二九頁。
24 井上幾太郎「日露戦役経歴談（旅順攻城戦の部）」牛島貞雄編『陸軍大学校課外講演集』第二輯、七一頁。本書六二九～六三〇頁。
25 大庭二郎「大庭二郎大将　難攻の旅順港」。本書五三一頁。
26 大庭二郎「大庭二郎中佐日記」明治三十七年十一月十日条。本書五〇頁。
27 井上幾太郎「日露戦役経歴談（旅順攻城戦の部）」牛島貞雄編『陸軍大学校課外講演集』第二輯、九六～九七頁。本書六四九～六五〇頁。井上幾太郎「日露戦役従軍日記二」明治三十七年十二月七日条。本書一七四～一七五頁。
28 井上幾太郎「旅順攻城戦史」（一九〇九年、靖國神社靖國偕行文庫所蔵）一〇～一三頁。
29 長岡外史関係文書研究会編『長岡外史関係文書　回顧録篇』一六九頁。
30 明治三十七年八月二十一日附長岡外史宛井口省吾書簡、長岡外史関係文書研究会編『長岡外史関係文書　書簡・書類篇』（吉川弘文館、一九八九年）一五頁。
31 大庭二郎「大庭二郎大将　難攻の旅順港」。本書五三九頁。
32 井上幾太郎「日露戦役従軍日記一」明治三十七年九月五日条。本書一二三～一二八頁。
33 参謀本部編『明治卅七八年日露戦史』第五巻（東京偕行社、一九一二年～一九一五年）四〇七頁。
34 大庭二郎「大庭二郎大将　難攻の旅順港」。本書五三九頁。
35 大庭二郎「大庭二郎中佐日記」明治三十七年八月二十四日条末尾、事の実想《〔ママ〕》。本書二九～三一頁。
36 波多野澄雄、黒沢文貴責任編集『侍従武官長奈良武次日記・回顧録』第四巻、五四頁。井上幾太郎「日露戦役経歴談（旅順攻城戦の部）」牛島貞雄編『陸軍大学校課外講演集』第二輯、八二頁。本書六三八頁。
37 大庭二郎「大庭二郎中佐日記」明治三十七年八月二十四日条末尾、事の実想《〔ママ〕》。本書三〇頁。
38 大庭二郎「大庭二郎中佐日記」明治三十七年八月二十四日条末尾、事の実想《〔ママ〕》。本書三〇頁。
39 大庭二郎「大庭二郎中佐日記」明治三十七年八月二十四日条末尾、事の実想《〔ママ〕》。本書二九頁。
40 砲の威力については、佐藤鋼次郎『日露戦争秘史　旅順攻囲秘話』一〇七～一一〇頁、井上幾太郎「日露戦役経歴談（旅順攻城戦の

部）」牛島貞雄編『陸軍大学校課外講演集』第二輯、六六頁。本書六二五～六二六頁。砲種及び砲数については、四手井綱正「日露戦史講授録　第一篇（旅順攻城戦）」（陸軍大学校、一九四二年）九八頁、大庭二郎「大庭二郎中佐日記」野戦攻城歩砲兵弾薬景況一覧表。本書三二～三三頁。

41 井上幾太郎「日露戦役経歴談（旅順攻城戦の部）」牛島貞雄編『陸軍大学校課外講演集』第二輯、一〇〇頁。本書六五二～六五三頁。

42 井上幾太郎「日露戦役経歴談（旅順攻城戦の部）」牛島貞雄編『陸軍大学校課外講演集』第二輯、五八～五九頁。本書六二〇～六二一頁。鈴木砲兵中佐「日露戦史講授摘録　昭和六年二学年」（戦役—日露戦役５６・防衛省防衛研究所戦史研究センター所蔵）。

43 井上幾太郎「日露戦役経歴談（旅順攻城戦の部）」牛島貞雄編『陸軍大学校課外講演集』第二輯、五九頁。本書六二一頁。

44 上原勇作「日露戦役の感想」（戦役—日露戦役１４０・防衛省防衛研究所戦史研究センター所蔵）。

45 長岡外史関係文書研究会編『長岡外史関係文書　回顧録篇』一八八～一八九頁。

46 大庭二郎「大庭二郎中佐日記」明治三十七年九月二十二日条。本書三九～四〇頁。

47 大庭二郎「大庭二郎中佐日記」明治三十七年九月二十二日条。本書四〇頁。

48 大庭二郎「大庭二郎中佐日記」明治三十七年九月二十二日条。本書四〇頁。

49 大庭二郎「大庭二郎中佐日記」明治三十七年九月二十二日条。本書四〇～四一頁。

50 津野田是重「旅順に於ける乃木将軍　斜陽と鉄血」『戦記名著集　熱血秘史』5（戦記名著刊行会、一九二九年）三一五頁。

51 大庭二郎「大庭二郎中佐日記」明治三十七年十月二十一日条。本書四三頁。

52 大庭二郎「大庭二郎中佐日記」明治三十七年十月二十三日条。本書四四～四六頁。

53 大庭二郎「大庭二郎中佐日記」明治三十七年十月二十四日条。本書四六頁。

54 大庭二郎「大庭二郎中佐日記」明治三十七年十月二十四日条。本書四六頁。

55 大庭二郎「大庭二郎中佐日記」明治三十七年十月二十四日条。本書四六頁。

56 長岡外史関係文書研究会編『長岡外史関係文書　回顧録篇』一八九頁。

57 「旅順攻囲軍参加日誌」（JACAR〈アジア歴史資料センター〉Ref.C09050758900・C09050759000・C09050759100。海軍省—日露—Ｍ３７—４８３・防衛省防衛研究所戦史研究センター所蔵）。

58 司馬遼太郎『坂の上の雲』四（文庫新装版、文藝春秋、二〇〇九年）三〇九頁。

59 大庭二郎「大庭二郎中佐日記」明治三十七年十一月十日条。本書五〇～五一頁。

60 長岡外史関係文書研究会編『長岡外史関係文書　回顧録篇』一八二頁。

61 長岡外史関係文書研究会編『長岡外史関係文書　回顧録篇』一八三頁。

62 大庭二郎「大庭二郎中佐日記」明治三十七年十一月十日条。本書五一～五二頁。
63 大庭二郎「大庭二郎中佐日記」明治三十七年十一月二十九日、十一月二十八日条。本書五八頁。
64 谷寿夫『機密日露戦史』（原書房、一九六六年、以下、谷戦史と略す）二三三頁。半藤一利・横山恵一・秦郁彦・原剛『歴代陸軍大将全覧　大正篇』（中央公論新社、二〇〇九年）三六頁。
65 井上幾太郎「日露戦役従軍日記一」明治三十七年十一月十八日、十九日条。本書一五八、一六〇頁。
66 和田亀治「日露戦役に於ける経歴談」多門二郎編『陸軍大学校課外講演集』第一輯（陸軍大学校将校集会所、一九二九年）一〇〇頁。
67 井上幾太郎「日露戦役従軍日記一」明治三十七年十一月十九日条。本書一六〇頁。
68 井上幾太郎「日露戦役従軍日記一」明治三十七年十一月二十二日条。本書一六四～一六五頁。
69 大庭二郎「大庭二郎中佐日記」明治三十七年十一月二十日条。本書五三頁。
70 和田亀治「日露戦役に於ける経歴談」多門二郎編『陸軍大学校課外講演集』第一輯、一〇〇頁。
71 大庭二郎「大庭二郎中佐日記」明治三十七年十一月二十二日条。本書五六頁。井上幾太郎「日露戦役従軍日記一」明治三十七年十一月二十三日条。本書一六六頁にも同様の趣旨の記述あり。
72 別宮暖朗『旅順攻防戦の真実　乃木司令部は無能ではなかった』（PHP研究所、二〇〇六年）二四八頁。
73 大庭二郎「大庭二郎中佐日記」明治三十七年十一月二十二日条。本書五五頁。
74 一戸兵衛「軍人としての乃木大将」中央乃木会編纂『軍人乃木大将の偉影』（成武堂、一九二八年）二六〇～二六一頁。
75 本郷中佐「戦史講義録（日露戦史）昭和十七年度第十期専科」（中央―軍隊教育学校陸大校―１０３・防衛省防衛研究所戦史研究センター所蔵）。
76 福田恆存『福田恆存全集』第六巻（文藝春秋、一九八八年）一〇七頁。
77 谷戦史二三三～二三四頁。
78 桑原嶽『名将乃木希典』（中央乃木会、二〇〇五年）二六六頁。
79 陸軍省編『明治天皇御伝記史料　明治軍事史』下巻、一四四七～一四四八頁。この電報の所在を最初に指摘したのは、秦郁彦「再考・旅順二〇三高地攻め論争」『政経研究』四三巻四号（日本大学政経研究所、二〇〇七年）である。
80 陸軍省編『明治天皇御伝記史料　明治軍事史』下巻、一四四八頁。
81 尾野実信「満洲軍総司令部の統帥に就て」今井清編『陸軍大学校課外講演集』第三輯（陸軍大学校将校集会所、一九三四年）三二～三三頁。
82 参謀本部編『明治三十七・八年秘密日露戦史』日露戦役回想談、三一頁。

83　秦郁彦「再考・旅順二〇三高地攻め論争」を参照した。参謀本部編『明治三十七・八年秘密日露戦史』日露戦役回想談、三一～三二頁。谷戦史二三五頁。白井二郎「旅順の攻城及奉天会戦に於ける第三軍に就て」多門二郎編『陸軍大学校課外講演集』第一輯、一九五～一九六頁。本書五八〇～五八一頁。
84　谷戦史二三五頁。
85　波多野澄雄、黒沢文貴責任編集『侍従武官長奈良武次日記・回顧録』第四巻、五九頁。
86　佐藤鋼次郎『日露戦争秘史　旅順攻囲秘話』一〇四頁。
87　白井二郎「旅順の攻城及奉天会戦に於ける第三軍に就て」多門二郎編『陸軍大学校課外講演集』第一輯、一九五～一九六頁。本書五八〇～五八一頁。
88　白井二郎「旅順の攻城及奉天会戦に於ける第三軍に就て」多門二郎編『陸軍大学校課外講演集』第一輯、一九六頁。本書五八一頁。
89　大江志乃夫『日露戦争と日本軍隊』（立風書房、一九八七年）二七三頁。
90　司馬遼太郎『坂の上の雲』四、一九七頁。
91　谷戦史二〇三～二〇四頁。
92　大江志乃夫『日露戦争と日本軍隊』三三〇頁。
93　明治三十七年七月二十日附長岡外史宛神尾光臣書簡、長岡外史文書研究会編『長岡外史関係文書　書簡・書類篇』一一九頁。
94　神尾の経歴については、秦郁彦編『日本陸海軍総合事典』（東京大学出版会、一九九一年）四四頁。第九師団戦線加入の日付は、参謀本部編『明治卅七八年日露戦史』第五巻、八七頁。星野の陸軍大学校卒業については、秦郁彦編『日本陸海軍総合事典』五一七頁。
95　明治三十七年八月十六日附長岡外史宛新山良知書簡、長岡外史文書研究会編『長岡外史関係文書　書簡・書類篇』二四九頁。
96　明治三十七年八月二十八日附長岡外史宛伊地知幸介書簡、長岡外史文書研究会編『長岡外史関係文書　書簡・書類篇』三四頁。
97　尾野実信「満洲軍総司令部の統帥に就て」今井清編『陸軍大学校課外講演集』第三輯、五五頁。
98　佐藤鋼次郎『日露戦争秘史　旅順攻囲秘話』一七四～一七六頁。
99　谷戦史二〇〇頁。
100　井上幾太郎「日露戦役従軍日記一」明治三十七年七月十六日条。本書八九頁。
101　参謀本部編『明治三十七・八年秘密日露戦史』日露戦役回想談、二五～二六頁。
102　松川敏胤「明治三十五年　随筆」（「松川家資料」仙台市博物館所蔵）。
103　井上幾太郎「日露戦役従軍日記一」明治三十七年七月十六日条。本書八九頁。井上日記は十六日とするが、公刊戦史は十八日のこととする。本書では、公刊戦史の十八日を採用した。

104 井上幾太郎「日露戦役経歴談（旅順攻城戦の部）」牛島貞雄編『陸軍大学校課外講演集』第二輯、七四〜七五頁。本書六三二〜六三三頁。佐藤鋼次郎『日露戦争秘史　旅順攻囲秘話』一七七〜一七八頁。白井二郎「旅順の攻城及奉天会戦に於ける第三軍に就て」多門二郎編『陸軍大学校課外講演集』第一輯、一七二〜一七三頁。本書五六三〜五六四頁。
105 徳富猪一郎『公爵山県有朋伝』下巻（原書房、一九六九年）六五三頁。
106 小林道彦『児玉源太郎　そこから旅順港は見えるか』（ミネルヴァ書房、二〇一二年）二五五頁。
107 宮内省臨時帝室編修局編『明治天皇紀』第十巻（吉川弘文館、一九七四年）八二九〜八三一頁。
108 井上幾太郎「日露戦役従軍日記一」明治三十七年八月十六日、十七日条。本書一〇九〜一一〇頁。
109 井上幾太郎「日露戦役従軍日記一」明治三十七年十月十六日条。本書一三七頁。
110 宮内省臨時帝室編修局編『明治天皇紀』第十一巻（吉川弘文館、一九七五年）四頁。
111 井口省吾文書研究会編『日露戦争と井口省吾』（原書房、一九九四年）四八四頁。
112 井上幾太郎「日露戦役従軍日記一」明治三十七年九月五日条。本書一二三〜一二八頁。
113 井上幾太郎「日露戦役従軍日記一」明治三十七年八月二十四日条。本書一一四頁。
114 井上幾太郎「日露戦役従軍日記一」明治三十七年八月二十五日条。本書一一五頁。
115 井上幾太郎「日露戦役従軍日記一」明治三十七年八月二十六日条。本書一一六頁。
116 井上幾太郎「日露戦役従軍日記一」明治三十七年八月二十九日条。本書一二〇〜一二一頁。井上幾太郎「日露戦役経歴談（旅順攻城戦の部）」牛島貞雄編『陸軍大学校課外講演集』第二輯、八六〜八七頁。本書六四一〜六四三頁。
117 井上幾太郎「日露戦役従軍日記一」明治三十七年八月二十七、二十八日条。本書一一七〜一二〇頁。
118 井上幾太郎「日露戦役従軍日記一」明治三十七年八月三十日条。本書一二一〜一二二頁。
119 井上幾太郎「日露戦役従軍日記一」明治三十七年十一月二十六日条。本書一七〇頁。井上幾太郎「日露戦役経歴談（旅順攻城戦の部）」牛島貞雄編『陸軍大学校課外講演集』第二輯、八五頁。本書六四一頁。
120 佐藤鋼次郎『日露戦争秘史　旅順攻囲秘話』一七六頁。明治三十七年十一月二十一日附寺内正毅宛山県有朋書簡（「寺内正毅関係文書」三六〇—三六、国立国会図書館憲政資料室所蔵）。
121 井上幾太郎「日露戦役従軍日記一」明治三十七年七月一日条。本書八五頁。
122 井上幾太郎「日露戦役従軍日記一」明治三十七年九月六日条。本書一二八頁。
123 以上、谷戦史二一九〜二二〇頁。白井二郎「旅順の攻城及奉天会戦に於ける第三軍に就て」多門二郎編『陸軍大学校課外講演集』第一輯、一八六〜一八八頁。本書五七四〜五七五頁。

124 宿利重一『旅順戦と乃木将軍』六一、六七頁。
125 白井二郎「旅順の攻城及奉天会戦に於ける第三軍に就て」多門二郎編『陸軍大学校課外講演集』第一輯、一八八頁。本書五七五頁。白井二郎「乃木将軍の大局観」中央乃木会編纂『軍人乃木大将の偉影』一四四頁。
126 宿利重一『児玉源太郎』(国際日本協会、一九四三年)六五五頁。
127 半藤一利・横山恵一・秦郁彦・原剛『歴代陸軍大将全覧 明治篇』(中央公論新社、二〇〇九年)一八九頁。
128 伊藤之雄『明治天皇』(ミネルヴァ書房、二〇〇六年)。堀口修監修・編集『臨時帝室編集局史料「明治天皇紀」談話記録集成』第一巻(ゆまに書房、二〇〇三年)二二二頁。
129 明治三十七年十一月二十九日附長岡外史宛井口省吾書簡、長岡外史文書研究会編『長岡外史関係文書 書簡・書類篇』二一頁。なお、長岡外史回顧録は、第三軍司令部改造論が十一月六日以前より存在していたとする。長岡外史文書研究会編『長岡外史関係文書 回顧録篇』一七三～一七四頁。
130 井口省吾文書研究会編『日露戦争と井口省吾』三二四～三二七、四七八頁。
131 明治三十七年十二月九日附児玉源太郎宛山県有朋書簡、井口省吾文書研究会編『日露戦争と井口省吾』五二三頁。
132 谷戦史二三八頁。
133 明治三十八年附長岡外史宛児玉源太郎書簡、井口省吾文書研究会編『日露戦争と井口省吾』五一一頁。
134 長南政義「坂の上の雲には描かれなかった謀将伊地知幸介」『坂の上の雲5つの疑問』(並木書房、二〇一一年)六二～六五頁。
135 司馬遼太郎『坂の上の雲』六(文庫新装版、文藝春秋、二〇〇九年)三四〇～三四一頁。
136 半藤一利・秦郁彦・原剛・松本健一・戸高一成『徹底検証 日清・日露戦争』(文藝春秋、二〇一一年)二〇二頁。
137 津野田是重「奉天に於る乃木将軍 軍服の聖者」『戦記名著集 熱血秘史』5(戦記名著刊行会、一九二九年)四〇二～四〇三頁。
138 津野田是重「奉天に於る乃木将軍 軍服の聖者」『戦記名著集 熱血秘史』5、四〇六頁。
139 四手井綱正「日露戦史講授録 第二篇(奉天会戦に於ける第三軍の包翼)」(陸軍大学校、一九四二年)三二頁。
140 四手井綱正「日露戦史講授録 第二篇(奉天会戦に於ける第三軍の包翼)」二〇～二三頁。訓示は沼田多稼蔵『日露陸戦新史』(芙蓉書房、一九八〇年)一八七～一八九頁にもあり。
141 谷戦史五三六頁。
142 メッケル『独逸基本戦術 前編 定規の部』(偕行社、一八九八年)一三頁。石藤市勝『指揮鑑 乙の部』(小林又七、一九〇二年)二三三～二三四頁。
143 防衛庁防衛研修所戦史部編『戦史叢書 陸海軍年表』(朝雲新聞社、一九八〇年)三二六頁。

144 桑原嶽『名将　乃木希典』一八七頁。
145 安西理三郎編『是でもわからぬか　原則問答　第一集』（軍事学指針社、一九〇九年）三四〜三五頁。
146 谷戦史五五一頁。
147 村上啓作「日露戦史講述摘要」。
148 尾野実信「満洲軍総司令部の統帥に就て」今井清編『陸軍大学校課外講演集』第三輯、四五頁。
149 『日露戦争に関する尾野大将閣下の講演』（陸軍士官学校、一九二九年）四九〜五二頁。
150 松川敏胤『基本戦術講授録』（陸軍大学校、一八九七年）九四、九五、九八頁。
151 瀬戸利春『日露激突　奉天大会戦』（学研パブリッシング、二〇一一年）二七三〜二七六頁。
152 横尾民蔵『既往十年間陸軍大学校初審再審試験問題答案集　戦術之部』（兵林館、一九〇九年）一二一頁。
153 白井二郎「旅順の攻城及奉天会戦に於ける第三軍に就て」多門二郎編『陸軍大学校課外講演集』第一輯、二〇三頁。本書五八七頁。
154 谷戦史五四六頁。
155 陸軍省編『明治天皇御伝記史料　明治軍事史』下巻、一五五八頁。
156 白井二郎「旅順の攻城及奉天会戦に於ける第三軍に就て」多門二郎編『陸軍大学校課外講演集』第一輯、二〇三頁。本書五八七頁。
157 白井二郎「旅順の攻城及奉天会戦に於ける第三軍に就て」多門二郎編『陸軍大学校課外講演集』第一輯、二〇三〜二〇四頁。本書五八八頁。
158 尾野実信「満洲軍総司令部の統帥に就て」今井清編『陸軍大学校課外講演集』第三輯、四五頁。
159 四手井綱正「日露戦史講授録　第二篇（奉天会戦に於ける第三軍の包翼）」一三頁。
160 尾野実信「満洲軍総司令部の統帥に就て」今井清編『陸軍大学校課外講演集』第三輯、四四〜四五頁。谷戦史五三一〜五三四頁。
161 谷戦史五三一〜五三四頁。
162 尾野実信「満洲軍総司令部の統帥に就て」今井清編『陸軍大学校課外講演集』第三輯、四四〜四五頁。
163 尾野実信「満洲軍総司令部の統帥に就て」今井清編『陸軍大学校課外講演集』第三輯、四五頁。
164 尾野実信「満洲軍総司令部の統帥に就て」今井清編『陸軍大学校課外講演集』第三輯、四五頁。
165 谷戦史五三一〜五三四頁。
166 尾野実信「満洲軍総司令部の統帥に就て」今井清編『陸軍大学校課外講演集』第三輯、四五頁。
167 尾野実信「満洲軍総司令部の統帥に就て」今井清編『陸軍大学校課外講演集』第三輯、四五〜四六頁。
168 尾野実信「満洲軍総司令部の統帥に就て」今井清編『陸軍大学校課外講演集』第三輯、四六頁。

169 尾野実信「満洲軍総司令部の統帥に就て」今井清編『陸軍大学校課外講演集』第三輯、四六頁。
170 白井二郎『奉天会戦に於ける第三軍の包翼戦』（教育研究会、一九二六年）五二～五三頁。
171 白井二郎「旅順の攻城及奉天会戦に於ける第三軍に就て」多門二郎編『陸軍大学校課外講演集』第一輯、一三六頁。本書六一四頁。
172 J. Boone Bartholomees. Jr., *U. S. ARMY WAR COLLEGE GUIDE TO NATIONAL SECURITY ISSUES VOLUME I*, 5th Edition (United States of America, Carlisle: Strategic Studies Institute, 2012) pp.48-50.
173 伊藤芳松『改正歩兵操典詳解　巻之上』（兵事雑誌社、一九〇九年）一一九～一二〇頁。
174 War Office, *The Russo-Japanese War: Reports from officers attached to the Japanese forces in the field Vol.4* (Great Britain, Bristol: Ganesha Pub, 2000) p.248.
175 白井二郎「旅順の攻城及奉天会戦に於ける第三軍に就て」多門二郎編『陸軍大学校課外講演集』第一輯、二〇七頁。本書五九一頁。
176 司馬遼太郎『坂の上の雲』七（文庫新装版、文藝春秋、二〇一〇年）八八頁。
177 偕行社編纂部編『偕行叢書三　戦争秘話（日露戦役）』第一輯（偕行社、一九三五年）一八五、一八七～一八八頁。
178 四手井綱正「日露戦史講授録　第二篇（奉天会戦に於ける第三軍の包翼）」三四頁。
179 四手井綱正「日露戦史講授録　第二篇（奉天会戦に於ける第三軍の包翼）」三五頁。
180 谷戦史五五二頁。
181 白井二郎「旅順の攻城及奉天会戦に於ける第三軍に就て」多門二郎編『陸軍大学校課外講演集』第一輯、二〇三～二〇四頁。本書五八八頁。
182 谷戦史五四〇頁。
183 瀬戸利春『日露激突　奉天大会戦』三一七～三一八頁。
184 白井二郎「旅順の攻城及奉天会戦に於ける第三軍に就て」多門二郎編『陸軍大学校課外講演集』第一輯、二〇三～二〇四頁。本書五八八頁。
185 谷戦史五五二頁。
186 別宮暖朗『日露戦争陸戦の研究』（筑摩書房、二〇一一年）二三二、二五三頁。
187 白井二郎「旅順の攻城及奉天会戦に於ける第三軍に就て」多門二郎編『陸軍大学校課外講演集』第一輯、二一一～二一三頁。本書五九三～五九五頁。
188 井上幾太郎「日露戦役従軍日記二」明治三十八年二月二十七日条。本書二四八頁。
189 井上幾太郎「日露戦役従軍日記二」明治三十八年二月二十八日条。本書二五〇頁。

190 谷戦史五三八頁。
191 四手井綱正「日露戦史講授録　第二篇（奉天会戦に於ける第三軍の包翼）」五三～五四頁。
192 井上幾太郎「日露戦役従軍日記二」明治三十八年三月一日条。本書二五二頁。
193 四手井綱正「日露戦史講授録　第二篇（奉天会戦に於ける第三軍の包翼）」五八～五九頁。
194 白井二郎編「旅順の攻城及奉天会戦に於ける第三軍に就て」多門二郎編『陸軍大学校課外講演集』第一輯、二一三頁。本書五九五～五九六頁。
195 井上幾太郎「日露戦役従軍日記二」明治三十八年三月一日条。本書二五四～二五五頁。
196 井上幾太郎伝刊行会編『井上幾太郎伝』（井上幾太郎伝刊行会、一九六六年）八四頁。
197 四手井綱正「日露戦史講授録　第二篇（奉天会戦に於ける第三軍の包翼）」六七頁。
198 四手井綱正「日露戦史講授録　第二篇（奉天会戦に於ける第三軍の包翼）」六八頁。
199 四手井綱正「日露戦史講授録　第二篇（奉天会戦に於ける第三軍の包翼）」六九頁。
200 司馬遼太郎『殉死』（文庫新装版、文藝春秋、二〇〇九年）一一四頁。
201 井上幾太郎「日露戦役従軍日記二」明治三十八年三月二日条。本書二五七～二五八頁。
202 白井二郎「旅順の攻城及奉天会戦に於ける第三軍に就て」多門二郎編『陸軍大学校課外講演集』第一輯、二一六～二一七頁。本書五九八頁。
203 白井二郎「旅順の攻城及奉天会戦に於ける第三軍に就て」多門二郎編『陸軍大学校課外講演集』第一輯、二一七～二一九頁。本書五九九～六〇〇頁。
204 四手井綱正「日露戦史講授録　第二篇（奉天会戦に於ける第三軍の包翼）」七八～八〇頁。参謀本部編『明治卅七八年日露戦史』第九巻、七五八～七五九頁。
205 谷戦史五三九頁。
206 白井二郎「旅順の攻城及奉天会戦に於ける第三軍に就て」多門二郎編『陸軍大学校課外講演集』第一輯、二一九頁。本書六〇〇頁。
207 偕行社編纂部編『偕行叢書三　戦争秘話（日露戦役）』第一輯、一七二頁。本書六〇〇～六〇一頁にも同趣旨の記述あり。
208 井上幾太郎「日露戦役従軍日記二」明治三十八年三月三日条。本書二六〇頁。参謀本部編『明治卅七八年日露戦史』本書巻末収録第八巻附図第九参照。
209 白井二郎「旅順の攻城及奉天会戦に於ける第三軍に就て」多門二郎編『陸軍大学校課外講演集』第一輯、二二〇～二二一頁。本書六〇〇～六〇一頁。

210　四手井綱正「日露戦史講授録　第二篇（奉天会戦に於ける第三軍の包翼）」八二頁。字句は若干異なるが、同内容の記述が、参謀本部編『明治卅七八年日露戦史』第九巻、七五九頁にある。
211　四手井綱正「日露戦史講授録　第二篇（奉天会戦に於ける第三軍の包翼）」八三頁。参謀本部編『明治卅七八年日露戦史』第九巻、七六八頁。
212　参謀本部編『明治卅七八年日露戦史』第九巻、七六八頁。
213　偕行社編纂部編『偕行叢書三　戦争秘話（日露戦役）』第一輯、一七五頁。本書六〇二～六〇三頁にも同趣旨の記述あり。
214　尾野実信「満洲軍総司令部の統帥に就て」今井清編『陸軍大学校課外講演集』第三輯、四八頁。
215　四手井綱正「日露戦史講授録　第二篇（奉天会戦に於ける第三軍の包翼）」一〇七～一〇八頁。
216　谷戦史五四〇頁。
217　井上幾太郎「日露戦役従軍日記二」明治三十八年三月四日条。本書二六四頁。
218　井上幾太郎「日露戦役従軍日記二」明治三十八年三月四日条。本書二六四頁。
219　四手井綱正「日露戦史講授録　第二篇（奉天会戦に於ける第三軍の包翼）」一〇九頁。
220　谷戦史五四一頁。
221　谷戦史五四一頁。
222　参謀本部編『明治卅七八年日露戦史』第八巻、四九～五〇頁。
223　鈴木荘六「自叙　荘六一代記」（「鈴木荘六文書」一。国文学研究資料館所蔵）二三一頁。
224　参謀本部編『明治卅七八年日露戦史』第八巻、五八頁。
225　中山隆志「旅順の合理的戦法と奉天の果断が第三軍の奇跡を呼んだ」『歴史街道』二〇一三年一月号（二〇一二年、ＰＨＰ研究所）一九頁。
226　井上幾太郎「日露戦役従軍日記二」明治三十八年三月五日条。本書二七二～二七三頁。
227　尾野実信「満洲軍総司令部の統帥に就て」今井清編『陸軍大学校課外講演集』第三輯、四八頁。
228　井上幾太郎「日露戦役従軍日記二」明治三十八年三月六日条。本書二八〇頁。
229　参謀本部編『明治卅七八年日露戦史』第九巻、八六三～八六四頁。
230　『神戸新聞』明治四十五年三月十日、一面。
231　『神戸又新日報』大正三年三月十日、一面。
232　井上幾太郎「日露戦役従軍日記二」明治三十八年三月七日条。本書二八七～二八八頁。

233 白井二郎「旅順の攻城及奉天会戦に於ける第三軍に就て」多門二郎編『陸軍大学校課外講演集』第一輯、二二九頁。本書六〇八頁。
234 谷戦史五四四頁。なお、児玉からの督戦電話については、宿利重一『児玉源太郎』六七九～六八〇頁にも同趣旨の記述があるので事実であろう。
235 瀬戸利春『日露激突　奉天大会戦』三二〇頁。別宮暖朗『日露戦争陸戦の研究』二四四～二四五頁など。
236 谷戦史五四五頁。
237 井上幾太郎「日露戦役従軍日記二」明治三十八年三月八日条。本書二九四頁。
238 井上幾太郎「日露戦役従軍日記二」明治三十八年三月八日条。本書二九四頁。四手井綱正「日露戦史講授録　第二篇（奉天会戦に於ける第三軍の包翼）」一六四頁。偕行社編纂部編『偕行叢書三　戦争秘話（日露戦役）』第一輯、一八一～一八四頁。白井二郎「旅順の攻城及奉天会戦に於ける第三軍に就て」多門二郎編『陸軍大学校課外講演集』第一輯、二三〇～二三三頁。本書六〇九～六一一頁。
239 井上幾太郎「日露戦役従軍日記二」明治三十八年三月九日条。本書三〇五頁。
240 明治三十七年十二月二十三日附寺内正毅宛大久保春野書簡（「寺内正毅関係文書」二二二―九）。
241 和田亀治「日露戦役に於ける経歴談」多門二郎編『陸軍大学校課外講演集』第一輯、一三七～一三八頁。
242 谷戦史五四六頁。
243 白井二郎「旅順の攻城及奉天会戦に於ける第三軍に就て」多門二郎編『陸軍大学校課外講演集』第一輯、二三〇頁。本書六〇九頁。
244 尾野実信「満洲軍総司令部の統帥に就て」今井清編『陸軍大学校課外講演集』第三輯、四六頁。
245 沼田多稼蔵『日露陸戦新史』一九七頁。
246 四手井綱正『戦争史概観』（岩波書店、一九四三年）四六三頁。
247 谷戦史四八五～四八九、五〇八～五一一、五一五～五一七頁。
248 参謀本部編『明治卅七八年日露戦史』第八巻、九〇～九五頁。
249 沼田多稼蔵『日露陸戦新史』一七五～一七六頁。
250 白井二郎「旅順の攻城及奉天会戦に於ける第三軍に就て」多門二郎編『陸軍大学校課外講演集』第一輯、二〇九～二一〇頁。本書五九二～五九三頁。
251 井上幾太郎「日露戦役従軍日記二」明治三十八年三月九日条。本書三〇六頁。

人名索引

＊氏名のうち名字のみ判明して名前が判明しない人物については名字だけを採録した。

＊史料中において、役職名で言及されていて、その人物が個人として特定できる場合は、一部を除き原則として採録した（例「第三軍司令官」→「乃木希典」)。ただし、役職名が人物個人ではなく職名を指す場合、また部隊通称に人物名が入っている場合（例「乃木軍」）は、一部を除き原則として採録しなかった。

＊人名の読みや人物の特定に関しては、秦郁彦編『日本陸海軍総合事典』（東京大学出版会、1991年)、歴史群像編集部編『日露戦争兵器・人物事典』（学研パブリッシング、2012年)、陸軍省編『明治三十七年七月一日調　陸軍現役将校同相当官実役停年名簿』・『明治三十七年七月一日調　陸軍予備役後備役将校同相当官服役停年名簿』（陸軍省、1904年）などを参考とした。

あ

い

う

え

お

か

き

く

こ

さ

し

す

せ

そ

た

ち

つ

て

と

な

に

ね

の

は

ひ

み

む

め

も

や

ゆ

よ

り

る

れ

ろ

わ

長南政義（ちょうなん　まさよし）

宮城県出身。戦史研究家。

國學院大學法学研究科博士課程前期（法学修士）及び拓殖大学大学院国際協力学研究科安全保障学専攻（安全保障学修士）修了。國學院大學法学研究科博士課程後期単位取得退学。国立国会図書館調査及び立法考査局非常勤職員（『新編　靖国神社問題資料集』編纂に関与）などを経て現職。

著書に、『坂の上の雲５つの疑問』（並木書房、2011年、共著）、伊藤隆・季武嘉也編『近現代日本人物史料情報辞典』３巻、４巻（吉川弘文館、2007年、2011年、共著）、『新史料による日露戦争陸戦史の研究』（並木書房、2014年秋刊行予定）などがある。

論文に、「史料紹介　陸軍大将松川敏胤の手帳および日誌―日露戦争前夜の参謀本部と大正期の日本陸軍―」『國學院法政論叢』第30輯（國學院大學大学院、2009年）、「陸軍大将松川敏胤伝　第一部―補論　黒溝台会戦と敏胤」『國學院法研論叢』第38号（國學院大學大学院法学研究会、2011年）、「第三軍参謀たちの旅順攻囲戦～「大庭二郎中佐日記」を中心とした第三軍関係者の史料による旅順攻囲戦の再検討～」『國學院法研論叢』第39号（2012年）、「児玉源太郎は名将だったのか？～「参謀本部次長」「満洲軍総参謀長」としての児玉源太郎の手腕～」『國學院法研論叢』第40号（2013年）、「新史料「自叙　荘六一代記」（鈴木荘六自叙伝）を用いた日露戦争初期における第二軍の作戦指導の研究～第二軍上陸作戦・南山・得利寺・大石橋の戦いの虚像と実像～」『國學院法研論叢』第41号（2014年）などがある。

日露《にちろ》戦争《せんそう》第三軍《だいさんぐん》関係《かんけい》史料集《しりようしゆう》
大庭二郎日記・井上幾太郎日記でみる旅順・奉天戦
2014年６月20日初版第１刷印刷
2014年６月30日初版第１刷発行
編者　長南政義
発行者　佐藤今朝夫
発行所　株式会社国書刊行会
東京都板橋区志村１-13-15　〒174-0056
電話03-5970-7421
ファクシミリ03-5970-7427
URL : http://www.kokusho.co.jp
E-mail : sales@kokusho.co.jp
印刷所　株式会社シナノ パブリッシング プレス
製本所　株式会社ブックアート
ISBN978-4-336-05638-2 C0021
乱丁・落丁本は送料小社負担でお取り替え致します。

『明治卅七八年日露戦史』附図

第三軍

第一師團
第十一師團
大連
縮尺十万分一
（凡例）堡壘　砲臺
一、歩兵第一聯隊第六中隊ハ金州附近ノ守備ニ第十二聯隊第五中隊ハ第二軍兵站監ノ指揮ニ屬シ共ニ金州ニ在リ
二、第一師團ノ輜重ハ後革鎮堡金州間第十一師團輜重ノ一部ハ王家溝中三道溝間（其大部ハ未タ上陸セス）ニ在リ

諸隊之位置

六月八日

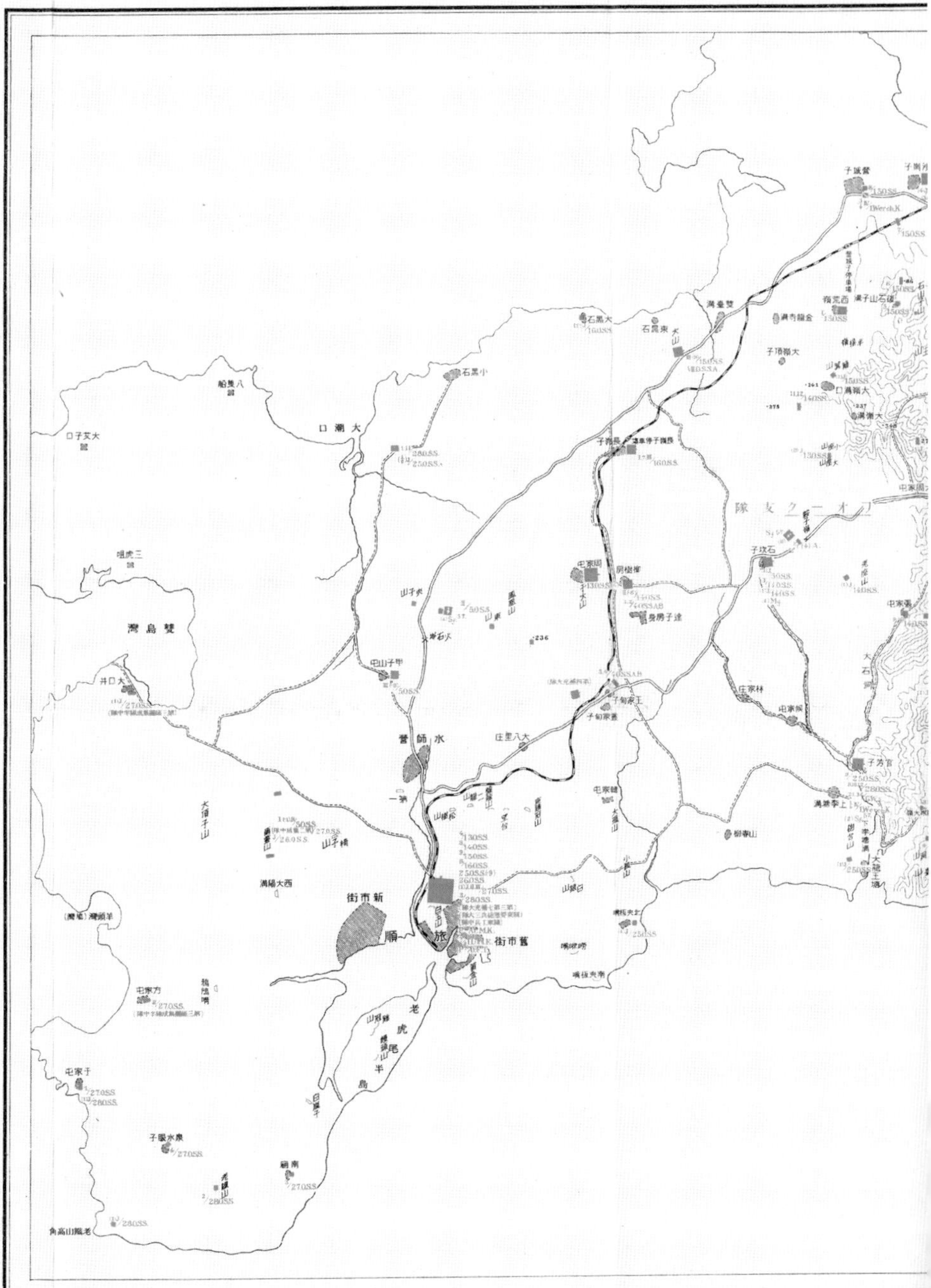

株式會社秀英舍印行

旅順要塞攻撃作業一覧圖

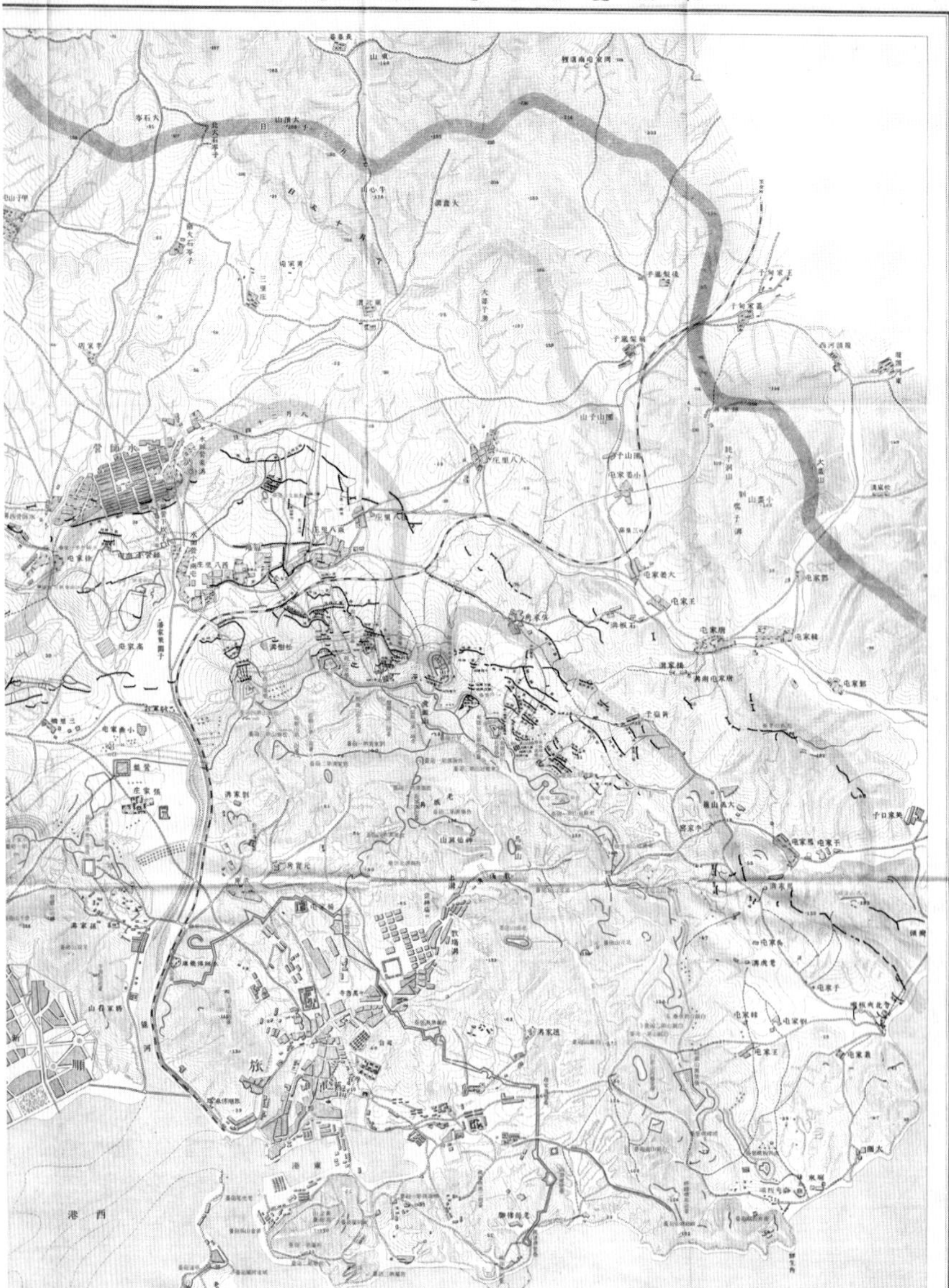

附圖第一（右）

旅順要塞攻擊作業一覽圖

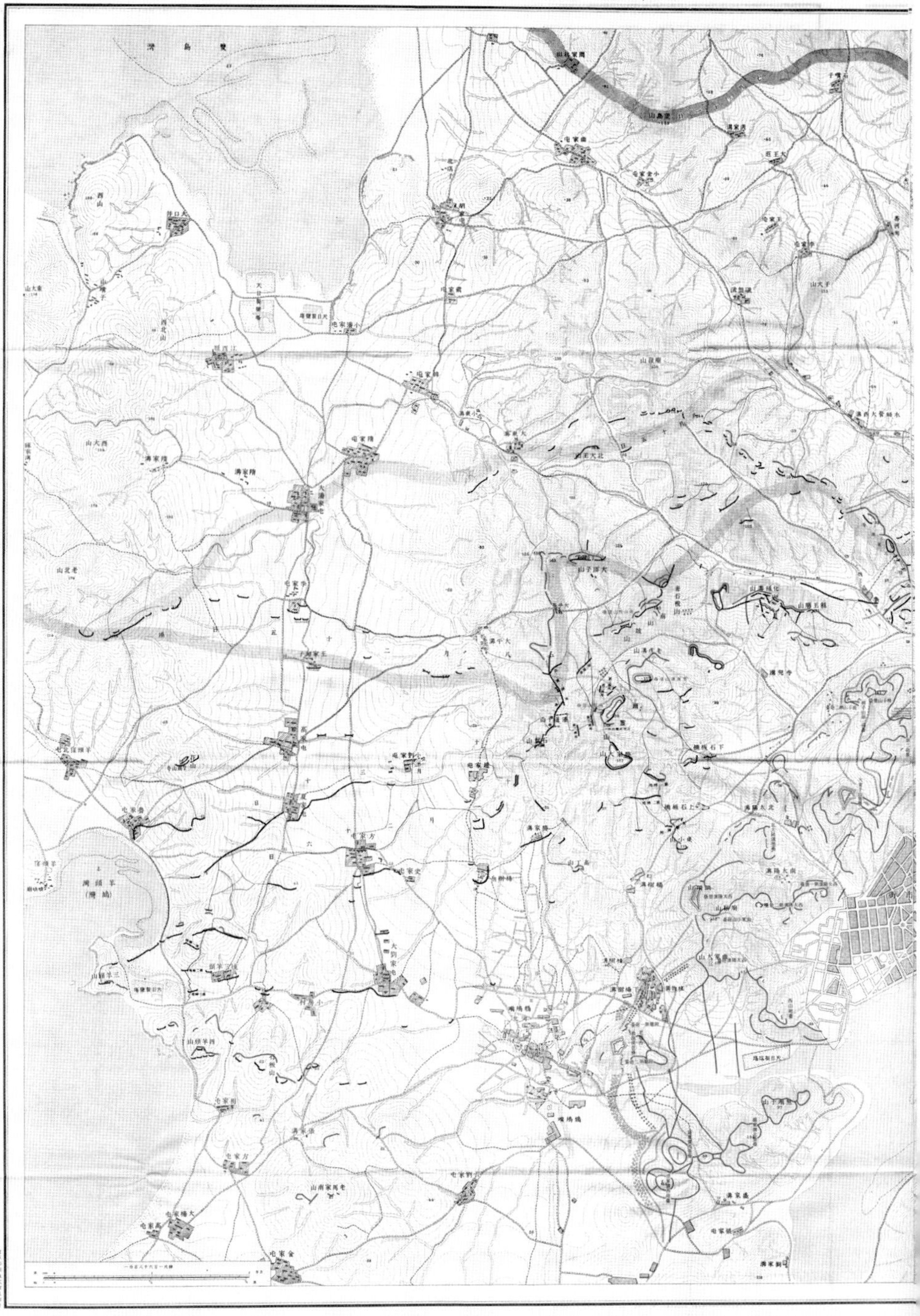

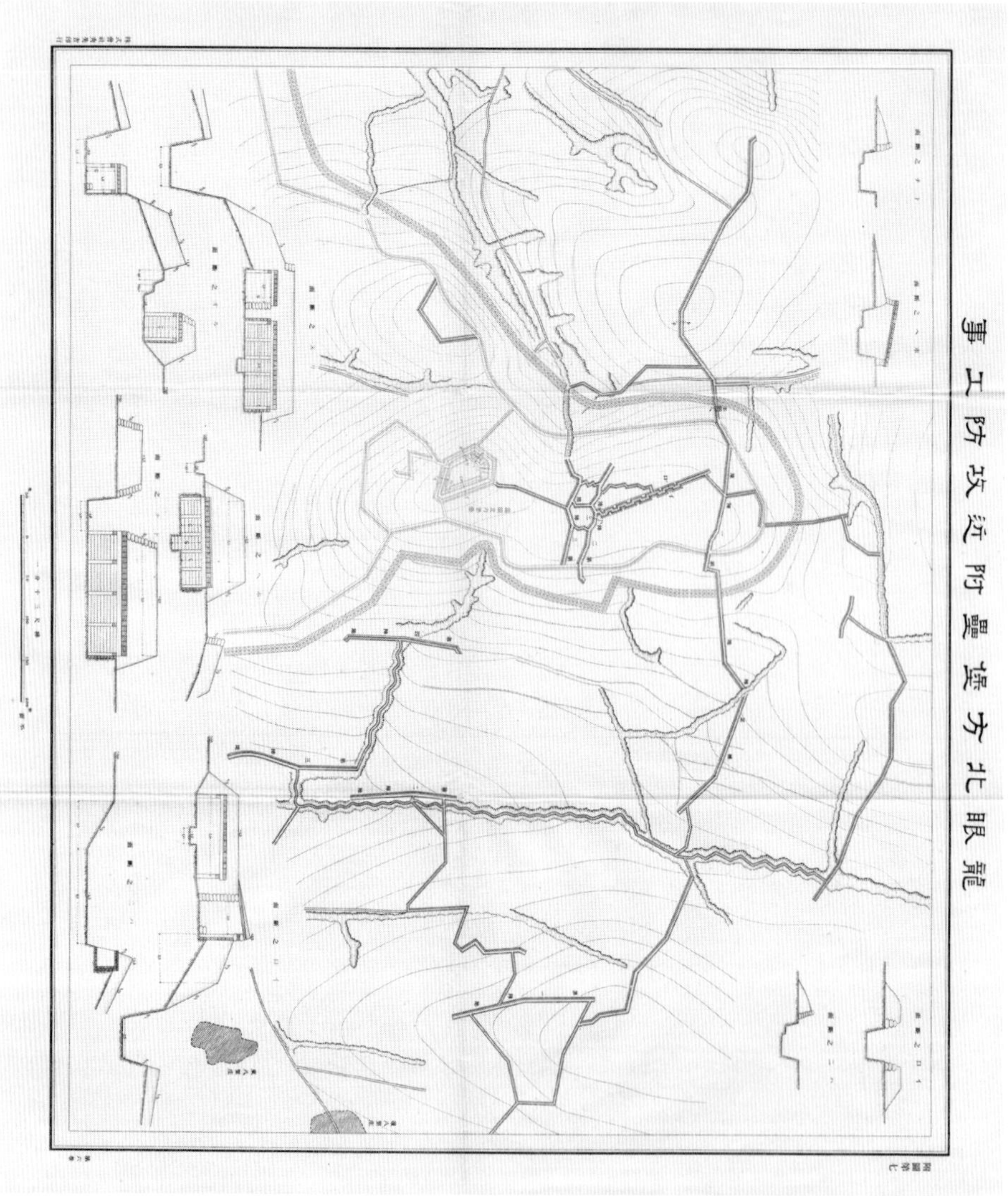

第六巻附図第七

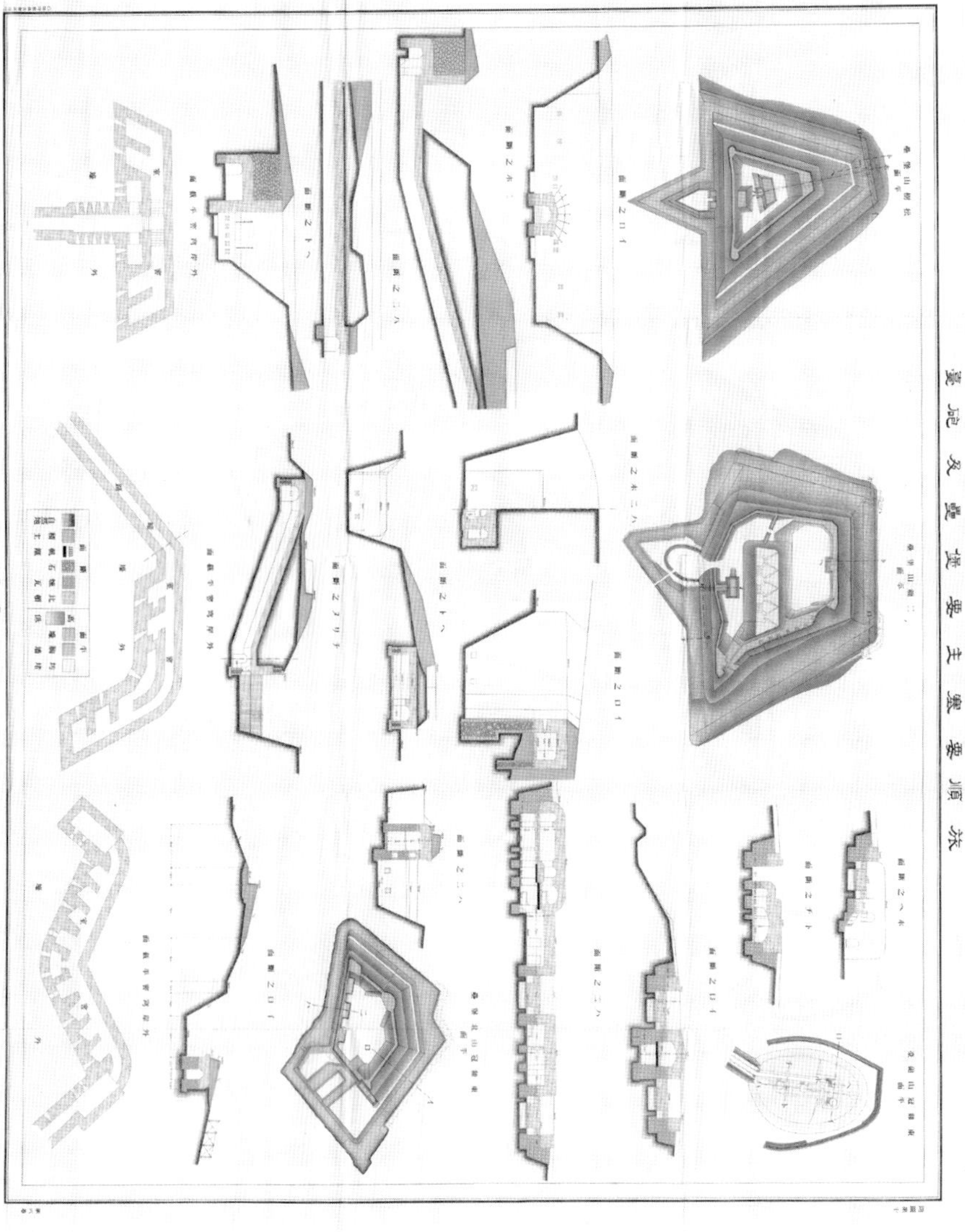

第六巻附図第十

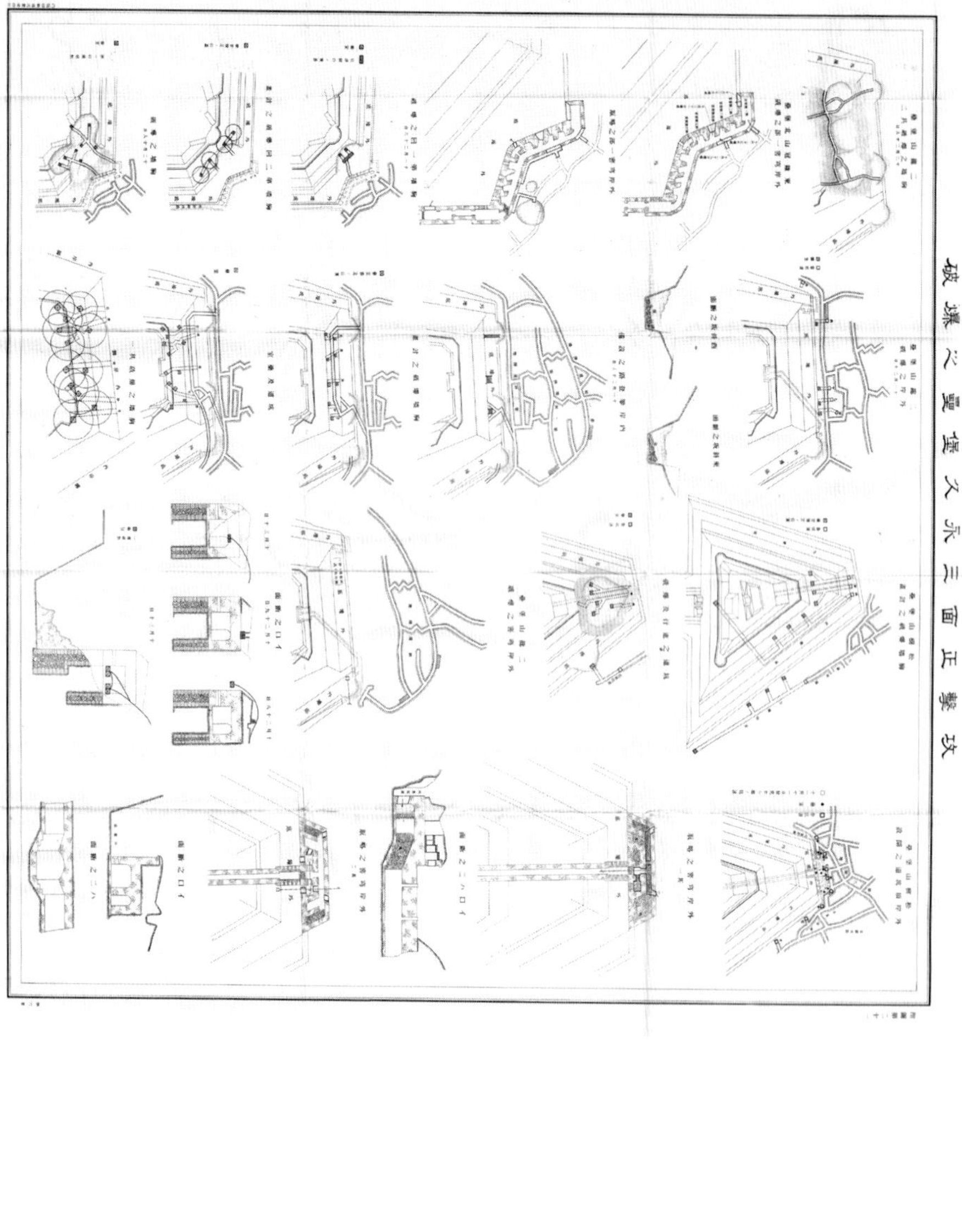

第六巻附図第二十一

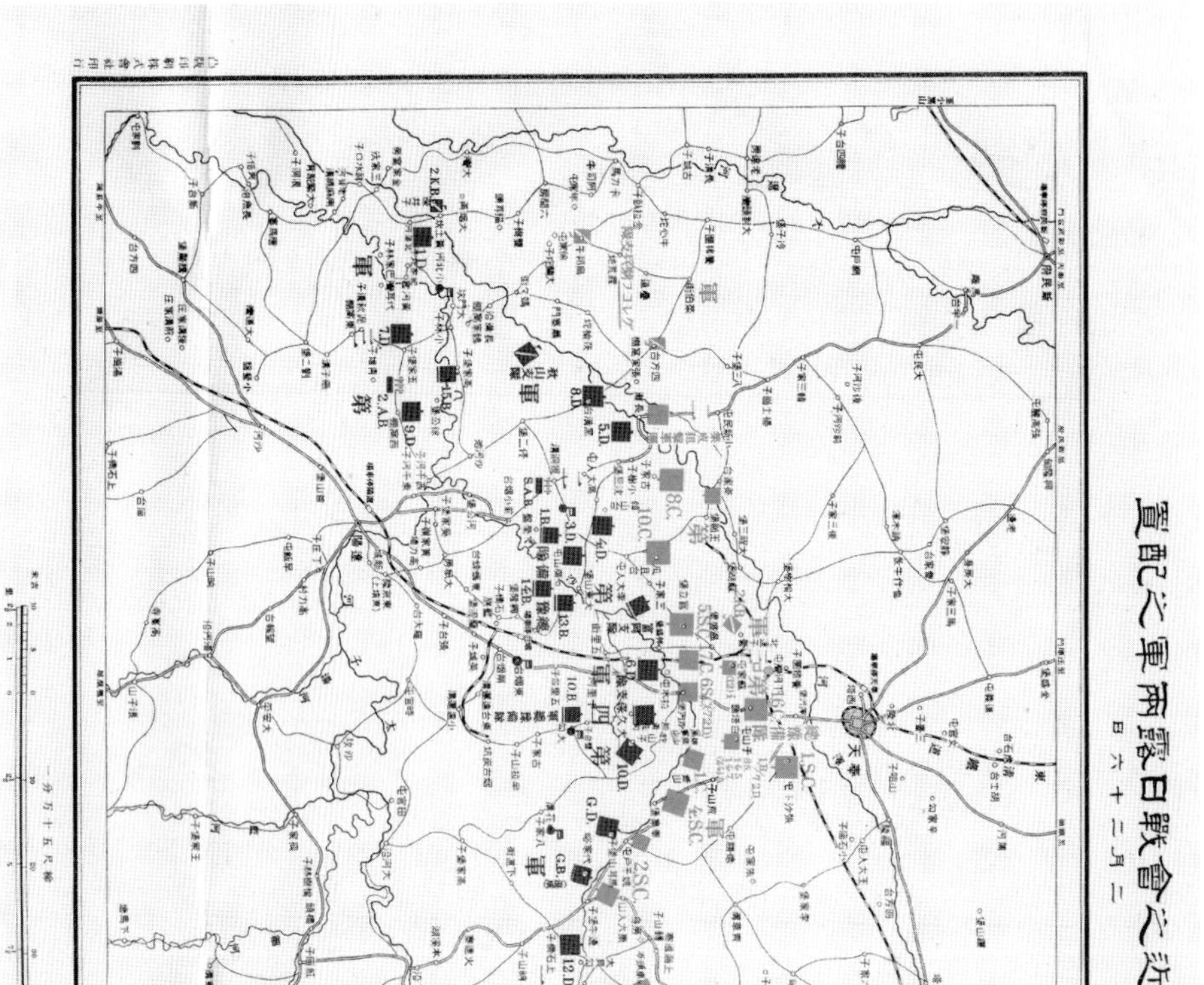
奉天附近之會戰日露兩軍之配置
二月二十六日
附図第五

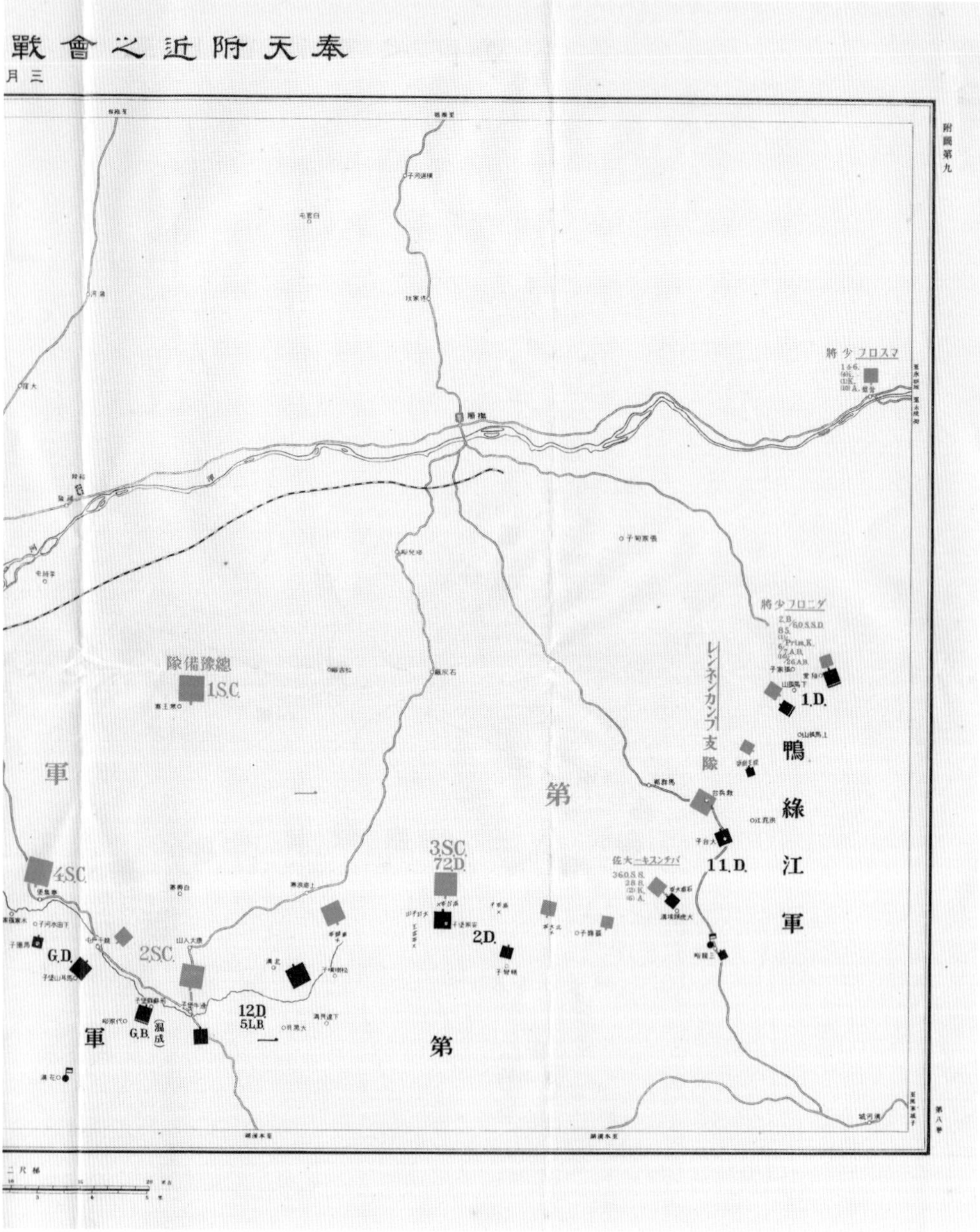
奉天附近之會戰
三月
附圖第九
撫順
總豫備隊
1.S.C.
4.S.C.
2.S.C.
3.S.C.
72.D.
2.D.
12.D.
5.L.B.
G.D.
G.B.
(混成)
第一軍
マスロフ少將
ダニロフ少將
レンネンカンプ支隊
1.D.
11.D.
バチンスキー大佐
鴨綠江軍
第八巻

日露兩軍之配置

二日

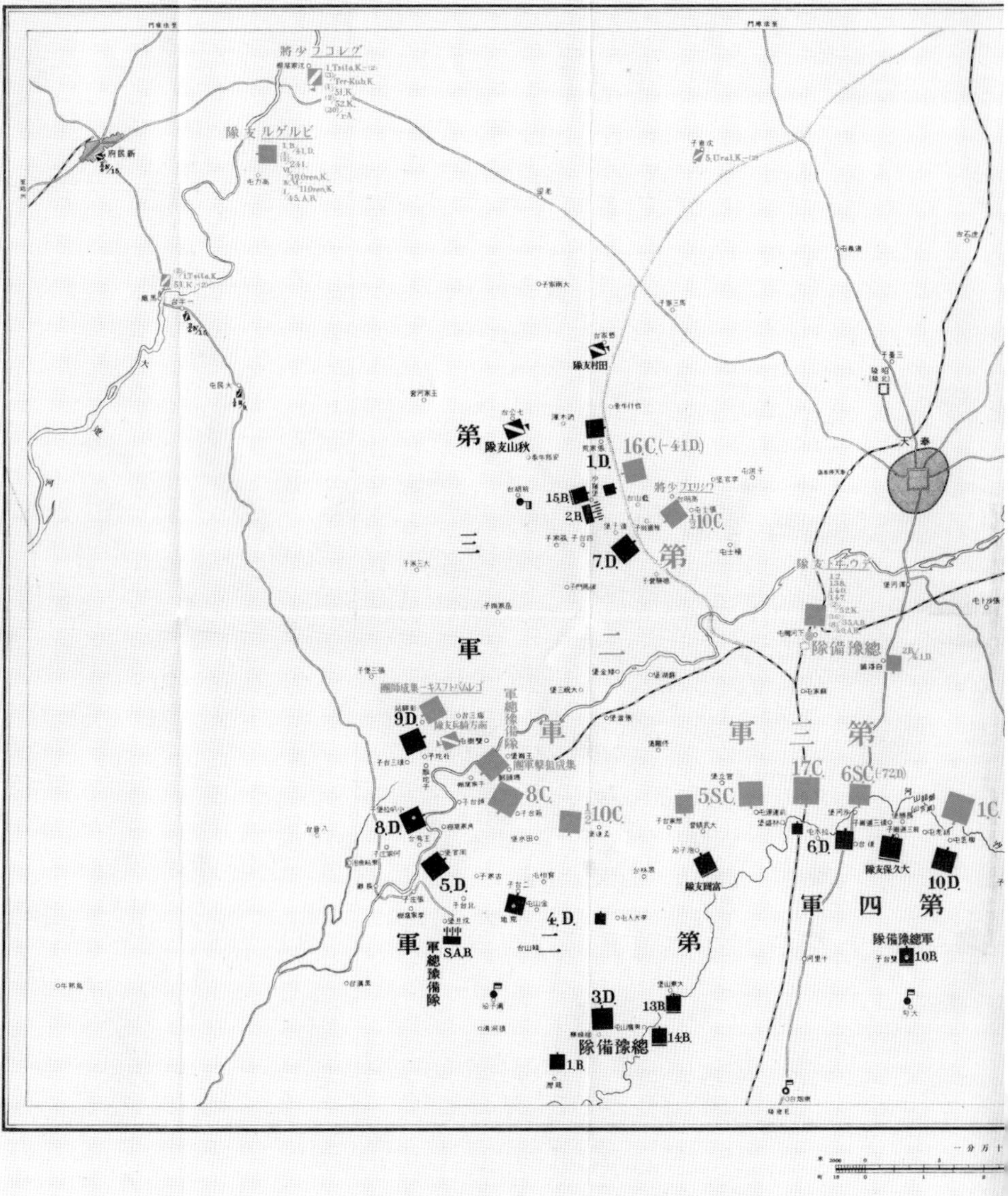

東京國文社印行

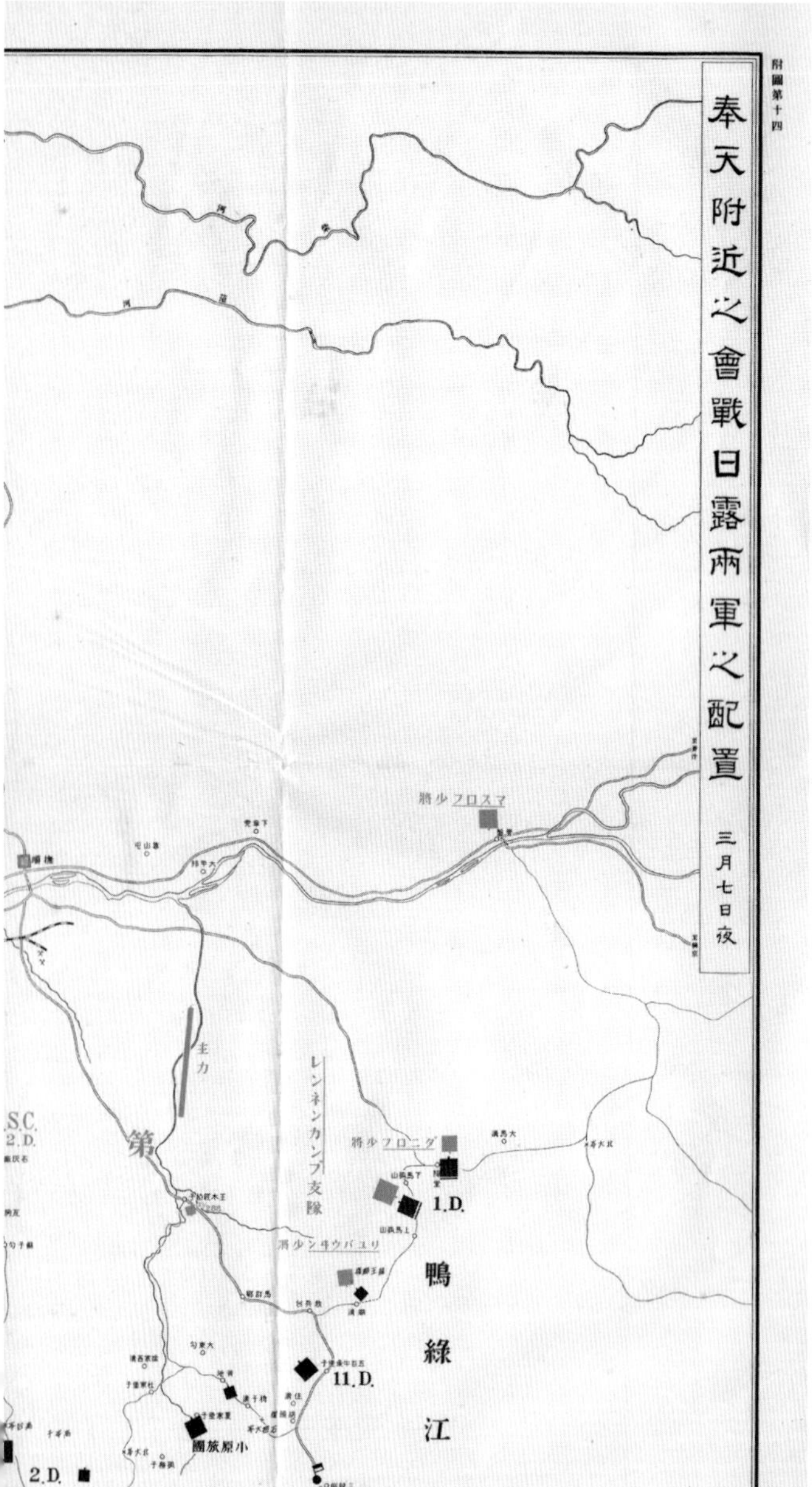
附圖第十四
奉天附近之會戰日露兩軍之配置
三月七日夜
マスロフ少將
主力
レンネンカンプ支隊
ダニロフ少將
1.D.
11.D.
2.D.
鴨綠江軍
小原旅團
第
第
マドリトフ支隊ハ興京ニ在リ
縮尺二十万分一
第八巻

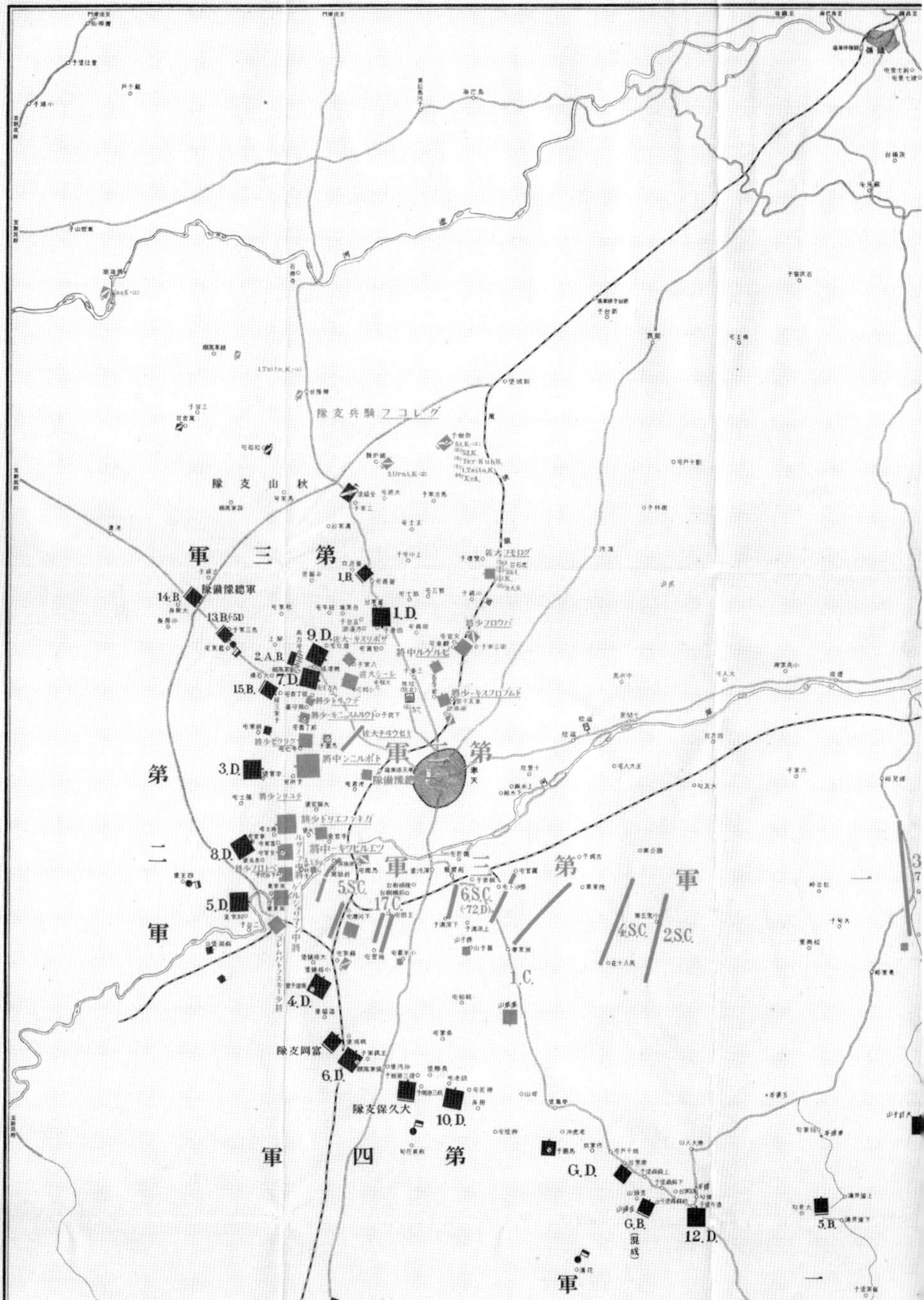
第三軍
秋山支隊
グレコフ騎兵支隊
軍總豫備隊
14.B.
13.B.(-5D)
1.B.
1.D.
9.D.
2.A.B.
7.D.
15.B.
3.D.
8.D.
5.D.
4.D.
6.D.
富岡支隊
大久保支隊
10.D.
第二軍
奉天
總豫備隊
第三軍
5.S.C.
17.C.
6.S.C.(-72.D)
4.S.C.
2.S.C.
1.C.
第四軍
G.D.
G.B.(混成)
12.D.
5.B.
第一軍

東京圖文社印行

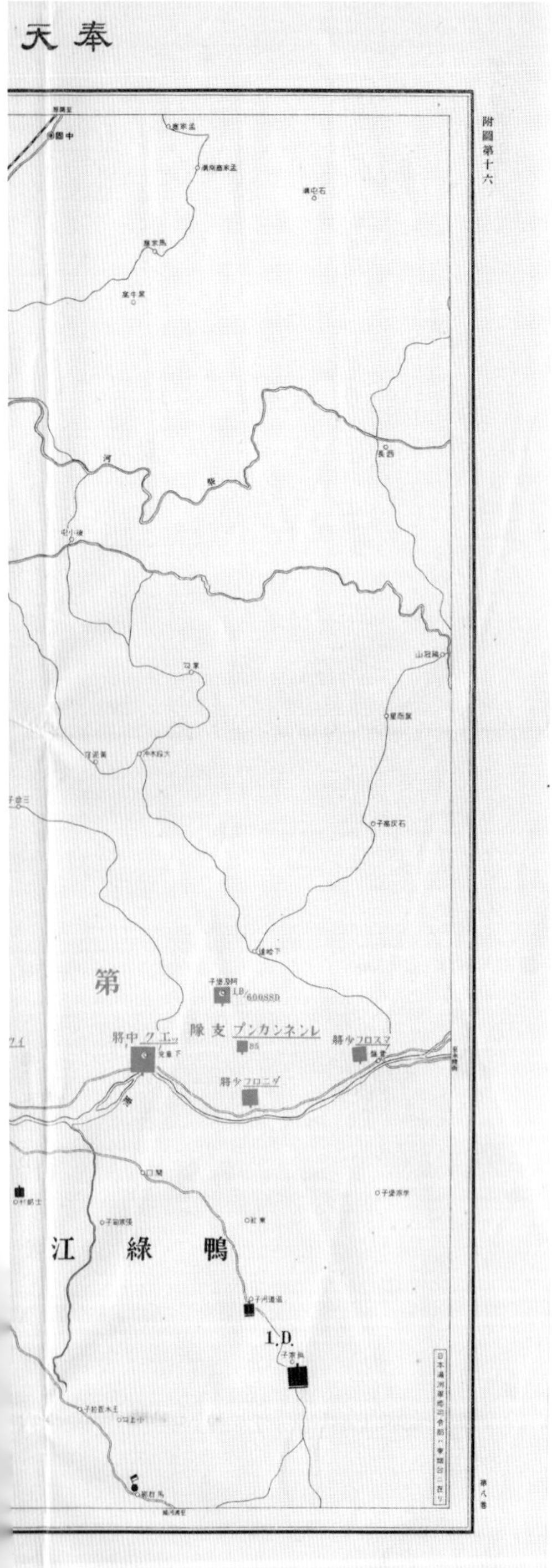
奉天
附圖第十六
第
レンネンカンプ支隊
マスロフ少將
鴨緑江
1.D.

附近之會戰日露兩軍之配置

三月九日夜

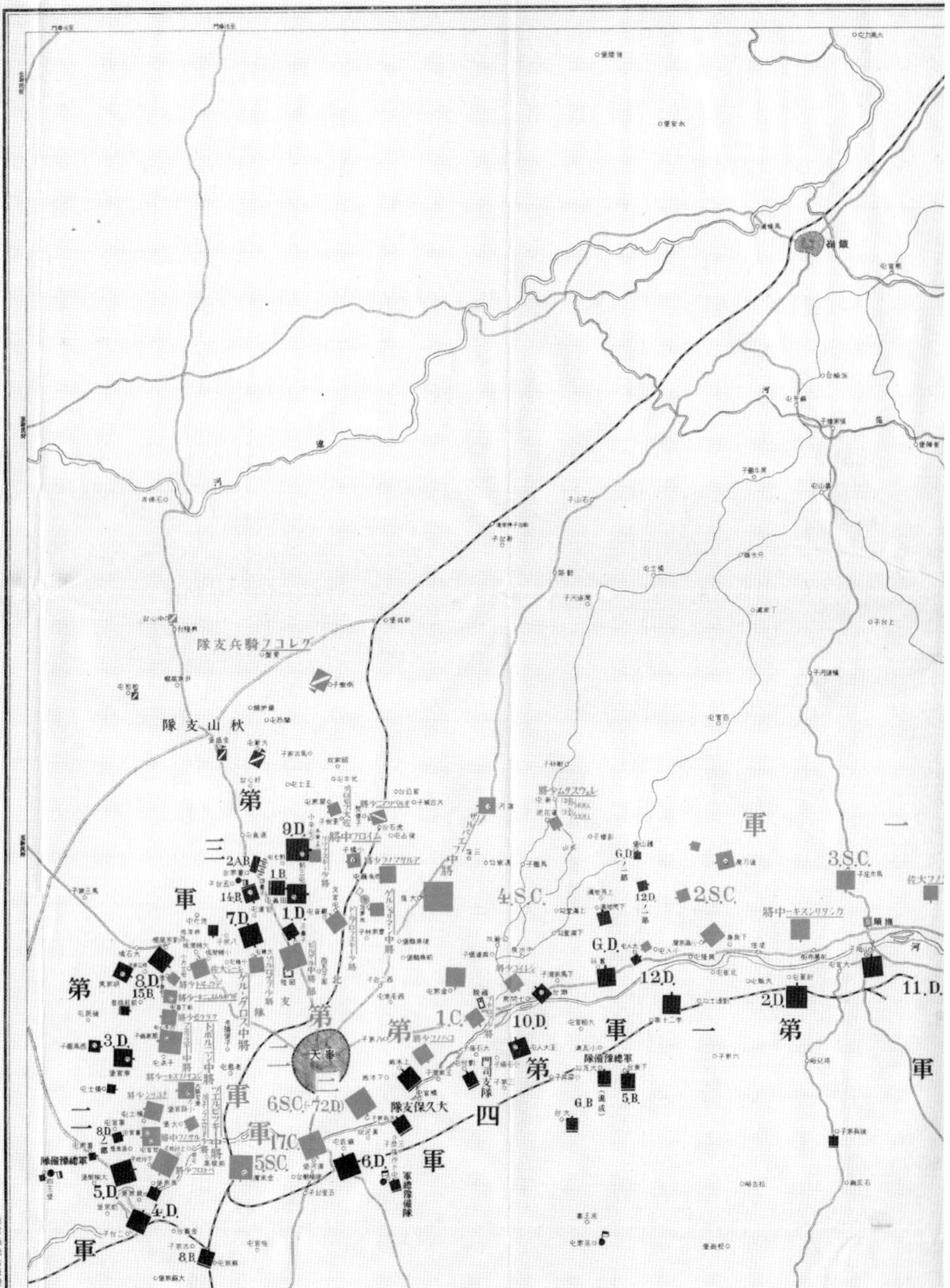

縮尺二十万分一

東京築地活版製造所印行

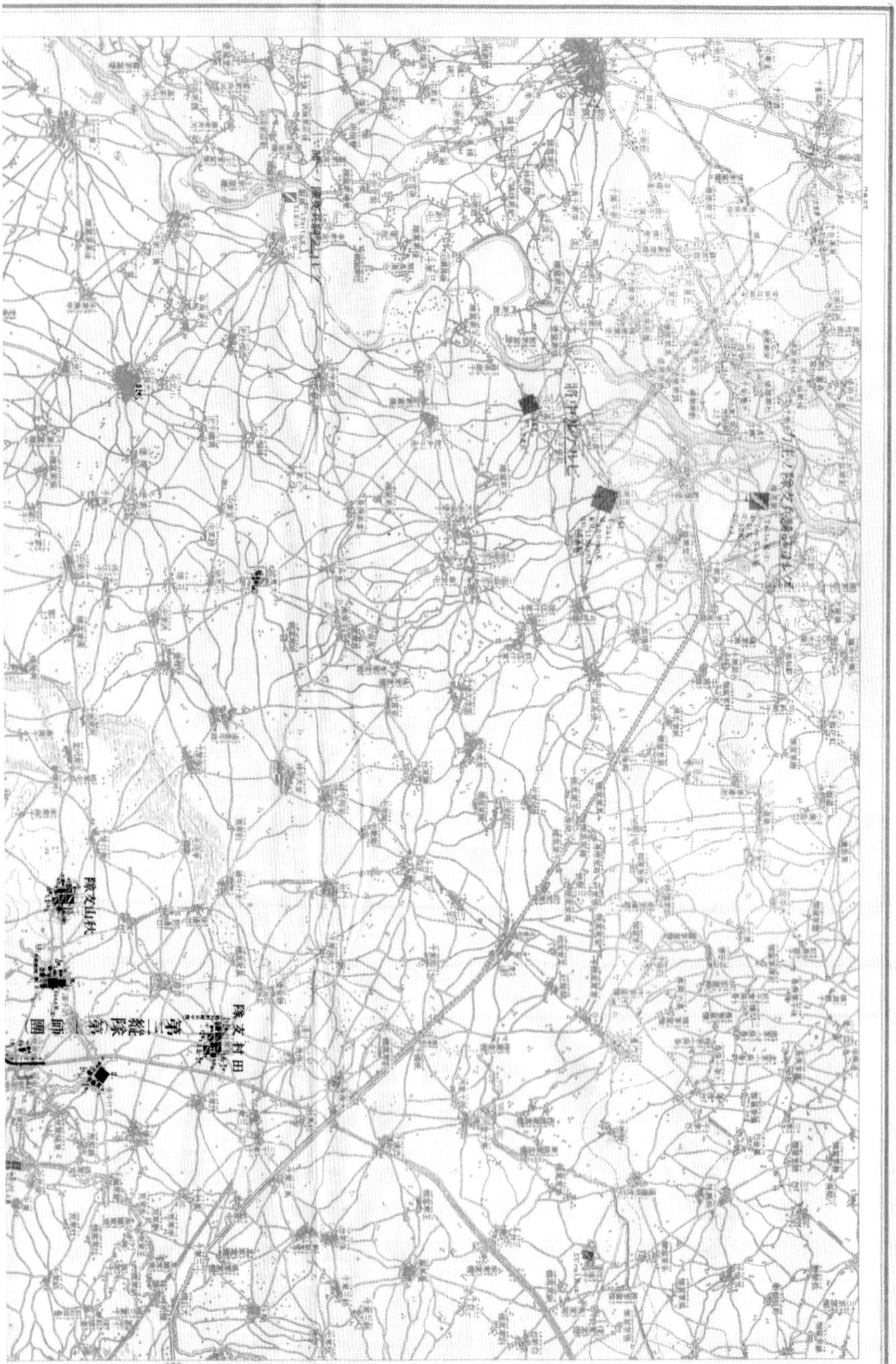

第三軍諸隊之位置

三月二日夜

附圖第五十三

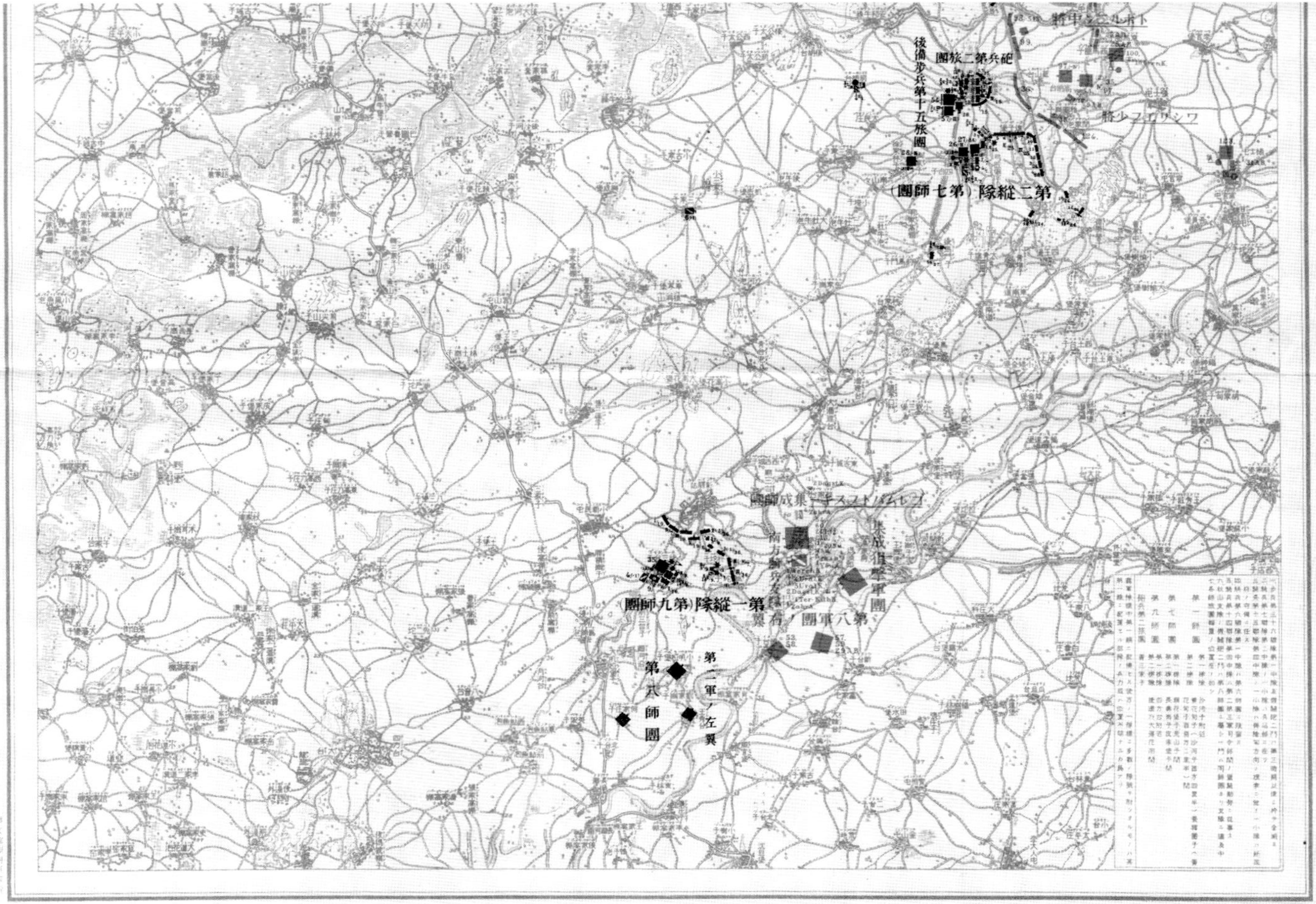
砲兵第二旅團
後備歩兵第十五旅團
第二縦隊（第七師團）
第一縦隊（第九師團）
集成狙撃軍團
第八軍團ノ右翼
第六師團
第二軍ノ左翼

縮尺十万分一

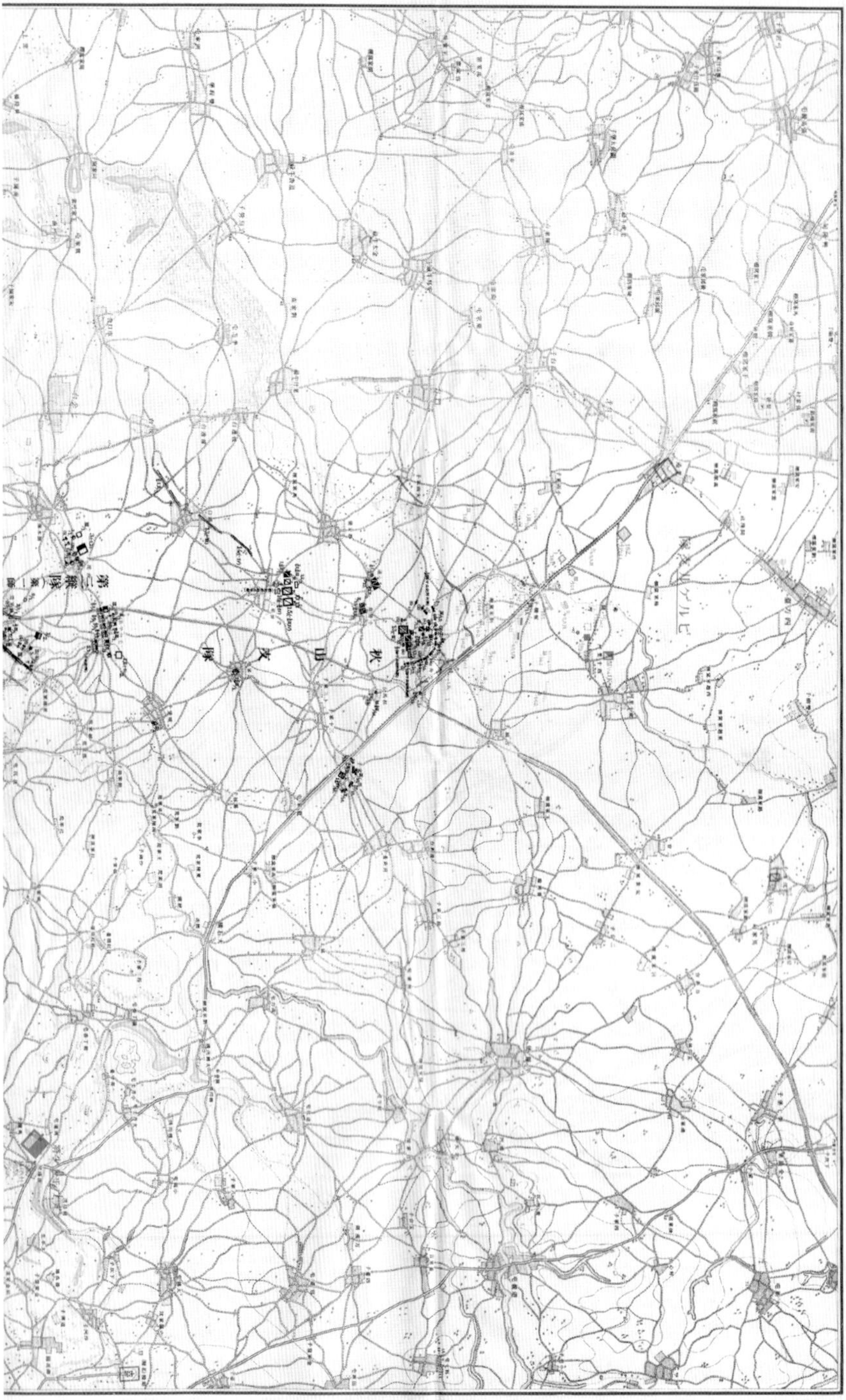

奉天附近之會戰第三軍之戰鬪

三月三日

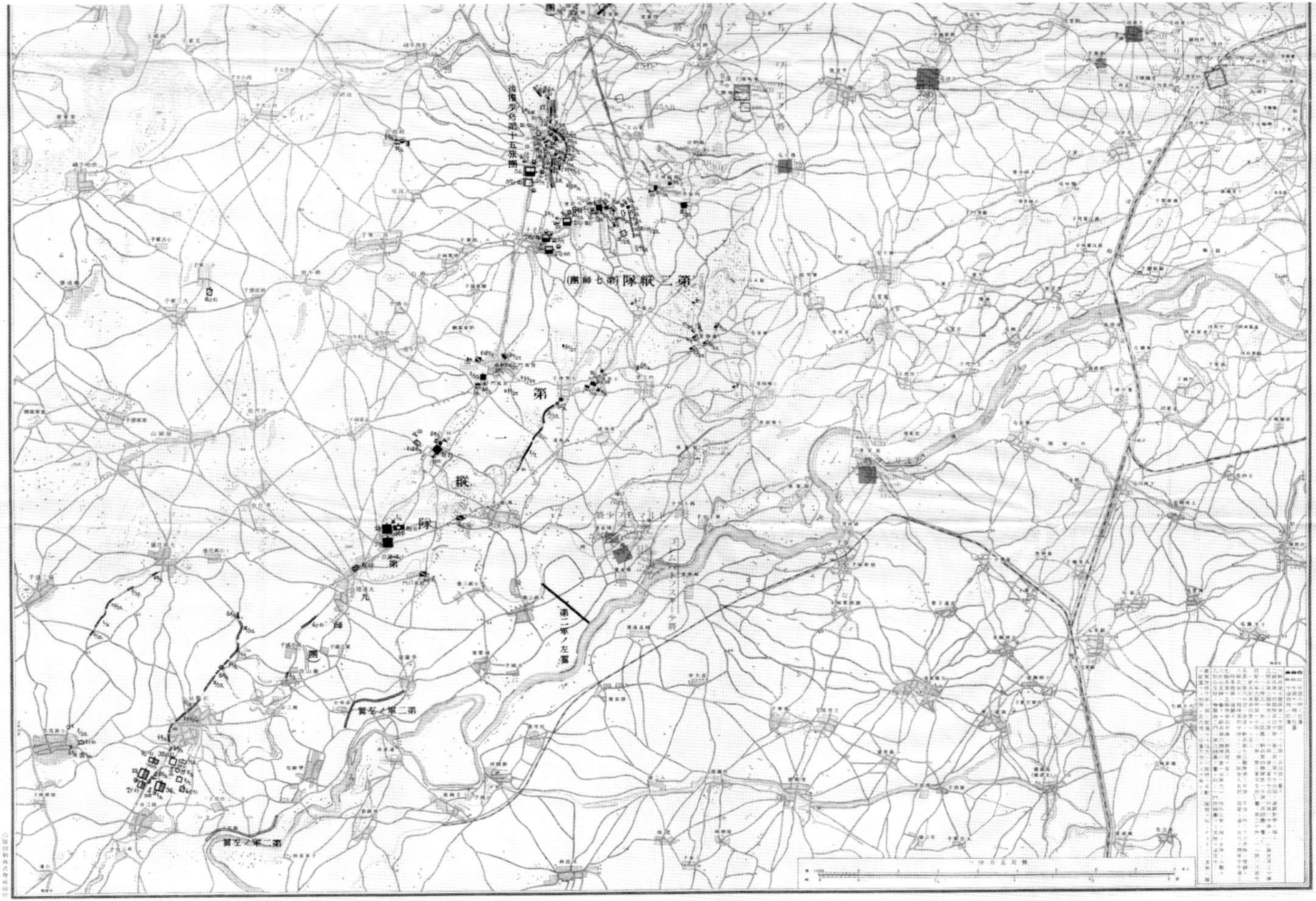

第九巻